U0794734

新编21世纪研究生系列教材·社会工作硕士（MSW）

当代社会政策分析

李迎生 / 等著

中国人民大学出版社
·北京·

撰稿人（按姓氏音序排列）：

方　舒　郭　燕　韩央迪　李　玲

李泉然　李文静　李迎生　刘海湘

刘艳霞　吕朝华　乜　琪　孙　平

卫小将　杨　静　袁小平　袁　争

张朝雄　张瑞凯

前言

《当代社会政策分析》系李迎生教授主持撰写、团队通力合作完成的一部研究生教材，也是一部全面系统分析研究当代中国社会政策的学术专著，第一版曾以《当代中国社会政策》作为书名于 2012 年在复旦大学出版社出版。此次根据十年来中国社会政策理论、实践与研究的最新进展以及社会政策、社会工作学科建设的实际需要，在体系、内容、资料（数据）、文献等各个方面做了大幅度修订、补充、改写、更新与完善，力求从内容到形式都焕然一新。

随着改革开放的深入，特别是中国特色社会主义进入新时代以来，社会政策作为中国共产党坚持“以人民为中心”的发展思想的重要制度保障，其地位和角色越来越重要，越来越受到党和政府的重视，社会政策理论研究、学科建设在国内方兴未艾，有望成为显学之一。适应学科发展对教材的需求和社会政策实践发展对此类著作的需要，2021 年秋主编响应学校部署，以《当代中国社会政策》为基础申报了中国人民大学研究生精品教材计划，10 月顺利获准立项，11 月中旬正式启动修订工作，到 2022 年 5 月初定稿交出版社，10 月出版社完成审读并反馈修改意见。党的二十大胜利召开，大会报告做出的重大理论创新和新的战略部署对本书具有重要的指导意义。报告关于中国式现代化的系统阐述，特别是将“全体人民共同富裕”作为中国式现代化的特征之一，昭示着社会政策在新征程中具有更加重要的地位。在二十大精神引领下，编写组全体成员经过充分协商沟通，按出版社要求完成了进一步的修订。从 2021 年 11 月中旬启动修订至完成修订，其间经过了一年多的时间，经历了反反复复的酝酿协调、打磨完善。新冠病毒感染疫情肆虐，风险叠加，团队成员又都是所在单位的骨干，工作千头万绪，全体编写人员克服了重重困难，保质保量完成了本书的修订工作。在此谨对学校的支持、全体编写人员的辛勤付出表达诚挚的感谢。

现就本次修订工作做以下几点说明。

1. 先进思想引领。教材修订以习近平新时代中国特色社会主义思想为基本遵循，将这一中国化时代化的马克思主义全面贯彻到教材体系中，将社会主义核心价值观贯彻到教材体系中，通过学习当代社会政策分析课程，引导学生加深对我国党和政府坚持以人民为中心的发展思想、通过社会政策改革创新在发展中保障和改善民生、落实共享发展、扎实推进共同富裕的认识，从一个侧面引导学生增强中国特色社会主义道路自信、理论自信、制度自信、文化自信。

2. 明确教材定位。“社会政策分析”是社会工作、社会政策等专业学位硕士研究生的核心课程之一。这次修订明确将本书定位为社会工作硕士（MSW）、社会政策硕士（MSP）专业学位研究生教材，也可供相关专业研究生使用，类似于“社会政策分析”课程的教材定位，但又有所不同，体现出本书的特色。使用本书的假设前提是，学生已在本科阶段先行修过“社会政策概论”“社会福利思想”等课程，已掌握社会政策原理、方法、历史、流派等基本知识。故本书有以下特征：（1）社会政策理论、流派等不是本书的重点内容，但是作为实际社会政策分析的学理支撑，于行文中自然体现；（2）本书是研究生教材，政策分析与本科内容相比体现出一定的深度和层次性；（3）本书是专著的撰述方式，不是一般教材的撰述方式，体现出一定的研究性、严谨性、递进性；（4）与全国 MSW 教指委大纲内容要求优势互补，适用面更广。

3. 全书体系修订。这次修订改变了上一版按总一分展开分析的逻辑体系。全书按总一分一总逻辑展开，导论是对全部内容的总领性分析，中间主体部分 13 章是对各个领域、不同人群社会政策的具体分析，最后是中国社会政策展望，基于已有的发展前瞻中国社会政策的未来，探讨分析在扎实推进共同富裕的中国式现代化新征程上社会政策的作用机制、作用空间与发展前景。

4. 分析框架修订。（1）初版总体框架主要围绕“再分配”即社会政策的经典领域、范围展开，兼及初次分配（就业、分配等）、三次分配（社会互助、第三部门等）相关内容。这次修订明确按照分配制度“三次分配”即三大层次视角组织分析框架，但以“再分配”涉及的主要领域、范围为主。（2）《当代社会政策分析》的前身《当代中国社会政策》共 15 章，修订后仍为 15 章，但做了重要调整：原第 14 章“第三部门政策”、第 15 章“社会互助政策”现整合为一章“公益慈善政策”；原“医疗社会政策”调整为“健康社会政策”，“农民工社会政策”调整为“新产业工人社会政策”，“流浪乞讨政策”调整为“救助管理政策”；增加一章“中国社会政策展望”作为第 15 章。

5. 全书内容修订。（1）除“导论”及第 15 章“中国社会政策展望”等概括、总领全书的章节外，每章（具体社会政策）一般涉及相关社会政策概述、相关社会政策的历史演进、当下相关社会政策的主要内容（政策）、相关社会政策前瞻等。（2）各章总体统一、不求一律，即可以适当灵活，具体内容具体设计，避免呆板单调。如新整合的一章“公益慈善政策”是这样安排的：公益慈善政策概述、我国的社会组织及志愿服务政策、公益慈善政策展望。与其他章节有所不同。(3) 社会政策的概念内涵远远大于社会保障，故本书将社会保障的主要内容放到社会政策的具体领域内，如将养老保险政策放到老年社会政策中，将医疗保险政策放到健康社会政策中，将失业保险政策放到就业社会政策中，将生育保险政策放到妇女社会政策中，将社会救助政策放到反贫困社会政策中等，这也是本书与同类著作的重要区别之一，是本书的创新之一。(4) 在每个章节中适当引进国际的理论、实践等，但都不独立成节。相关内容起参考借鉴的辅助作用。(5) 不少章节内容有一定交叉，如就业政策、收入分配政策等，循初版的设计，就业政策、收入分配政策讨论一般内容，其他相关章节讨论具体内容。(6) 除基本理论、历史演进等方面的内容外，政策、数据、案例、实践等，尽可能引用最新的数据，以体现最新进展。

6. 篇幅字数修订。本次修订的原则之一是修订框架、内容，篇幅、字数与前身篇幅、字数大体一致，力求概括、精练。

本次修订团队主要延续了前身的阵容，根据实际变化、需要做必要调整。修订工作具体分工如下：

第一章，导论：李迎生（中国人民大学）

第二章，就业社会政策：张瑞凯（北京科技大学）

第三章，收入分配政策：张瑞凯（北京科技大学）

第四章，教育社会政策：李迎生（中国人民大学）

第五章，健康社会政策：郭燕（北京市科学技术研究院）

第六章，住房社会政策：方舒（中央财经大学）

第七章，老年社会政策：李泉然（华中科技大学）、杨静（中国劳动关系学院）

第八章，儿童社会政策：刘艳霞（华东理工大学）、李文静（北京科技大学）

第九章，妇女社会政策：卫小将（中国人民大学）

第十章，新产业工人社会政策：李泉然（华中科技大学）、刘艳霞（华东理工大学）

第十一章，残疾人社会政策：韩央迪（复旦大学）

第十二章，救助管理政策（即原先的流浪乞讨政策）：李文静（北京科技大学）、杨静（中国劳动关系学院）

第十三章，反贫困社会政策：袁小平（南昌大学）

第十四章，公益慈善政策：乜琪（首都师范大学）

第十五章，中国社会政策展望：李迎生（中国人民大学）

中国人民大学出版社策划编辑盛杰女士在本书获得立项不久拜访主编，热忱欢迎本书在中国人民大学出版社出版，主编及团队备受鼓舞。在审稿过程中，盛杰女士字斟句酌、一丝不苟，提出的意见和建议非常具有建设性。责任编辑徐德霞、白泽琼女士在本书成书过程中严谨、细致、精益求精的工作使本书增色并避免了不少不足乃至错误。谨对人大出版社一直以来的热心支持、策划及编辑团队高成效高质量的工作表达诚挚的谢意。博士生林淑仪女士作为修订工作联络人承担了必要的联系服务工作，在此也一并表示感谢。

本书既是一部比较系统的教材，也是一部比较严谨的当代中国社会政策的研究专著，至今在同类著作中尚不多见。本书除可作为前述相关专业研究生教材，还可作为社会政策研究工作者、智库工作者及党、政、群、社等实际部门工作者的参考书。

社会政策在我国还是一个新兴学科，发展虽快但还不成熟，加上时间、条件等的限制，以及主编、团队的学力、经验有限，本书一定存在各种不足、缺陷乃至错误，恳请广大读者朋友不吝指正。

主编　李迎生

2023 年 3 月于北京

目录

第一章
导　论

第一节　社会政策的内涵、类型及发展取向 …… 002
第二节　社会政策在中国革命、建设、改革时期的角色转换 …… 009
第三节　中国社会政策发展历程的经验启示 …… 015
第四节　中国社会政策建设的现状及特点 …… 022

第二章
就业社会政策

第一节　就业社会政策概述 …… 028
第二节　我国就业社会政策的历史演变 …… 034
第三节　我国当前的就业社会政策 …… 039
第四节　我国就业社会政策的创新发展 …… 050

第三章
收入分配政策

第一节　收入分配政策的理念及其工具 …… 054
第二节　我国收入分配政策的发展演变 …… 060
第三节　我国主要的收入再分配政策 …… 066
第四节　我国收入分配政策改革展望 …… 078

第四章
教育社会政策
第一节 教育社会政策概述 …… 084
第二节 我国教育社会政策的发展与现状 …… 091
第三节 我国当前教育社会政策的主要领域 …… 099
第四节 我国教育社会政策展望 …… 107

第五章
健康社会政策
第一节 人人享有卫生保健与健康社会政策 …… 112
第二节 我国健康社会政策的历史沿革 …… 116
第三节 我国健康社会政策的发展现状 …… 127
第四节 我国健康社会政策的完善 …… 132

第六章
住房社会政策
第一节 住房福利与社会政策 …… 141
第二节 我国住房社会政策的历史发展 …… 145
第三节 我国住房社会政策的现状与成就 …… 152
第四节 新征程我国住房社会政策的改革完善 …… 160

第七章
老年社会政策
第一节 银色浪潮与老年社会政策 …… 168
第二节 我国老年社会政策的发展演变 …… 172
第三节 我国当前主要的老年社会政策 …… 178
第四节 我国老年社会政策的改革与发展 …… 187

第八章
儿童社会政策
第一节 儿童社会政策概述 …… 197
第二节 我国儿童社会政策发展历程 …… 201
第三节 当前我国儿童社会政策具体构成 …… 205
第四节 新时期我国儿童社会政策展望 …… 220

第九章
妇女社会政策
第一节 妇女社会政策概述 …… 226

第二节 妇女社会政策的发展演变及其理论基础 …… 229
第三节 我国当前的妇女社会政策 …… 236
第四节 我国妇女社会政策的发展 …… 252

第十章
新产业工人社会政策

第一节 从农民工到新产业工人 …… 256
第二节 我国新产业工人社会政策的发展演变 …… 265
第三节 我国当前的新产业工人社会政策 …… 269
第四节 风险全球化时代新产业工人社会政策的改革 …… 276

第十一章
残疾人社会政策

第一节 残疾与社会政策 …… 282
第二节 残疾人社会政策的发展演变 …… 289
第三节 当前我国主要的残疾人社会政策 …… 295
第四节 残疾人社会政策的改革创新 …… 303

第十二章
救助管理政策

第一节 救助管理政策概述 …… 314
第二节 我国救助管理政策发展历程 …… 319
第三节 我国救助管理政策现状 …… 329
第四节 我国救助管理政策展望 …… 332

第十三章
反贫困社会政策

第一节 贫困与社会政策的关系 …… 343
第二节 我国反贫困社会政策的历史演进 …… 352
第三节 我国当前的主要反贫困社会政策 …… 358
第四节 我国反贫困社会政策的创新发展 …… 364

第十四章
公益慈善政策

第一节 公益慈善政策概述 …… 372
第二节 我国的社会组织及志愿服务政策 …… 381
第三节 公益慈善政策展望 …… 392

第十五章
中国社会政策展望
第一节　社会政策与共同富裕 …… 399
第二节　创新社会政策、完善分配制度 …… 402
第三节　中国社会政策展望 …… 415

第一章
导　论

社会政策是社会学、社会工作、公共管理等的分支学科，其理论基础来源于社会学、经济学、政治学、法学、哲学等现代社会科学，在促进社会公正、解决社会问题、实现社会和谐、推动社会发展方面发挥着不可替代的作用。早在20世纪初，随着社会学、社会工作被引进，现代意义上的社会政策理论与实践就已进入我国。新中国成立后，由于社会学、社会工作、政治学等被取消，社会政策学科也进入三十年的沉寂期，但社会政策实践依然存在。改革开放以来，随着社会学、社会工作陆续重建，社会政策逐渐取得了应有的学科地位，对社会政策实践起到了重要的推动作用。1992年党的十四大确立建立社会主义市场经济体制的改革总目标后，社会政策在我国开始受到重视。党的十六大后，中国共产党从全面建设小康社会、开创中国特色社会主义事业新局面的全局出发，明确提出了构建社会主义和谐社会的战略任务。为此，中共中央陆续提出了落实科学发展观、推进社会建设、创新社会管理等一系列重大战略举措。党的十八大以来，以习近平同志为核心的党中央提出"五位一体"总体布局和"四个全面"战略布局，加快推进以保障和改善民生为重点的社会建设，加强和创新社会治理。在党的十七大提出民生"五有"目标的基础上党的十九大提出民生"七有"目标，在全面建成小康社会后，又将扎实推进共同富裕作为中国式现代化新征程的重大战略目标。党的二十大对中国式现代化特征的新概括，尤其是关于"中国式现代化是人口规模巨大的现代化""中国式现代化是全体人民共同富裕的现代化"的概括，对新征程社会政策建设具有重要的指导和引领意义。进入21世纪以来，党和国家的一系列重大理论创新和重大战略决策的实施使社会政策的意义凸显。正因如此，社会政策在当今中国受到了前所未有的关注和重视，并取得了举世瞩目的重大成就。本章首先对社会政策的内涵、类型、发展取向等基础理论问题进行概括梳理，接下来讨论中国革命、建设、改革不同时期的社会政策发展历程及其经验启示，最后分析中国社会政策建设的现状及特点。

第一节 社会政策的内涵、类型及发展取向

一、社会政策概念的起源及其演变

“社会政策”不是本土概念，是一个外来词，是英语“social policy”的直译。“社会政策”一词最早出现于德国。1873年，德国“新历史学派”① 的经济学教授们为解决德国当时最迫切的社会问题——劳资冲突，组织了德国社会政策学会。“社会政策”一词即发端于此。日本于明治三十年（1897年）效仿德国成立日本社会政策学会。我国所使用的“社会政策”一词，最初是由日文转介过来的，自20世纪40年代初开始使用。但新中国成立后较长一个时期这个词很少出现。直到20世纪90年代，由于社会问题日趋严重，尤其是民生问题比较突出，关于社会政策的讨论渐渐多了起来，乃至成为学术研究的一个热点。

“社会政策”最初出现时，基于当时劳资关系紧张、对资本主义制度的存在构成严重威胁的现实，当时的学者特别关注劳资冲突的解决与缓和，强调劳动政策的重要性。在1872年为成立德国社会政策学会举行的筹备会上，会议主席休谟纳（Gustaw Schmoller）在开幕词中指出：该会的性质，不是讨论主义，而是要深入问题的中心，把握当前最重要的改良事项，例如罢工、工会、工厂法以及劳动住宅问题，以求产生实际的效果。可见其着重点在于解决当时与劳动有关的各种现实问题。赫德林（Freiherr Hertling）、瓦塞拉普（K. Wasserrab）、亚蒙（Alfred Amonn）等人虽然认为社会政策的任务，是基于全民福利的立场，调解社会成员间一切利害冲突，而不应以国民中的某一阶层、部分的利益为对象；但又认为这样广义的社会政策的实行为时尚早，在当时仅能达成劳动阶级所要求的特殊的社会政策。德国社会政策学会的另一主干人物瓦格纳（Adolph Wagner）则认为，所谓社会政策，就是要把分配过程中的各种弊害，采取立法及行政手段，以争取公平为目的而加以消除的国家政策。其着重点在于解决劳资之间的分配不公问题。②

第二次世界大战以后，社会政策研究在欧美各国普遍受到重视，关于社会政策的界定更多。其时的社会政策不再仅仅针对劳工阶级，也不再局限于劳动领域。马歇尔（T. H. Marshall）在1965年出版的《社会政策》一书中认为：社会政策指的是与政府有关的政策，这些政策涉及向公民提供服务或收入的行动，通过这些行动

---

① “新历史学派”也被称为“讲坛社会主义学派”，其代表人物有休谟纳（1838—1917）、瓦格纳（1835—1917）等，都是在德国各高校讲授社会主义学说的教授、学者。该派一方面反对自由放任的资本主义举措，一方面又不主张根本改变资本主义制度，并极力维护刚获得统一的德意志帝国。他们所主张的是通过社会政策对现存制度加以改良。

② 刘修如．社会政策与社会立法．台北：五南图书出版公司，1984：54－56.

对公民的福利造成直接的结果。因此，其核心由社会保险、公共救助、健康和福利服务、住房政策等组成。[①] 简言之，社会政策即通过政府供给对公民福利造成直接结果的政策。迈克尔·希尔（Michael Hill）的看法与此类似，他认为："社会政策可以定义为'影响福利的政策行为'。虽然非国家机构也可以有'政策'，但'社会政策'这个一般性的表达方式主要是用来界定与公民福利有关的国家所起的作用。"[②]

蒂特马斯（Richard M. Titmuss）认为社会政策主要关注在资源稀缺条件下，在市场机制之外通过人类组织来满足的一些人类需求。这种需求他称为社会需求。他指出："我们所关注的是对一系列社会需求，以及在稀缺的条件下人类组织满足这些需求的功能的研究。人类组织的这种功能传统上称之为社会服务或社会福利制度。社会生活这个复杂的领域处于所谓的自由市场、价格机制、利益标准之外。"[③] 除社会福利之外，"社会政策的另两个范畴是'财政福利'和'职业福利'"[④]。可见，在蒂特马斯那里，社会政策是包括社会福利、财政福利、职业福利三个部分的广泛领域。因此，社会政策不仅指政府供给，也包括广泛的社会供给。[⑤]

以上马歇尔、蒂特马斯等人的社会政策定义的共同之处是，指出或强调了社会政策对象的全民性，这与西方世界普遍实行"福利国家"体制的背景相适应；至于社会政策的内容，他们基本上都将其限定于再分配领域。二者的差别在于，蒂特马斯界定的社会政策主体要比马歇尔的广泛，政府之外的社会供给，也是社会政策的主体。

马歇尔、蒂特马斯关于社会政策的界定具有经典的意义，对后来的学者产生了重要影响。自 20 世纪 80 年代以来欧美学术界兴起的关于"社会排斥"的研究，对社会政策的认识和理解有了深化乃至突破。社会排斥是西方学者在对福利国家的贫困与不平等的研究中提出来的，是指社会边缘群体缺乏正常的活动与社会参与，处于被社会排斥的劣势地位。劣势地位"导致某些排斥，这些排斥又导致更多的劣势和更大的社会排斥，并最终形成持久的多重（剥夺）劣势"。可见，劣势地位与社会排斥是互为因果、循环往复的"一个动态过程"，而社会排斥则进一步加剧了一些人的劣势，它导致社会纽带的断裂。[⑥] 西方学者关于社会排斥的研究得出的结论是，传统的社会政策已经无法单纯通过政府控制的经济或收入再分配的手段来解决贫困问题，这就拓展了社会政策解决问题路径的认识，丰富了社会政策的内涵。

一些国际组织、机构也给社会政策做过界定。1971 年，国际社会福利协会第 16 届大会在荷兰海牙召开，会上印发的一份公报中有一段话涉及社会政策的定义："按

---

① MARSHALL T H. Social policy. London：Hutchinson & Co. Ltd.，1965：7.

② 希尔．理解社会政策．刘升华，译．北京：商务印书馆，2003：1.

③ TITMUSS R M. Commitment to welfare. London：Allen and Unwin，1958：41.

④ TITMUSS R M. Essays on "the welfare state". London：Allen and Unwin，1976：20.

⑤ 杨伟民．社会政策导论．北京：中国人民大学出版社，2004：45.

⑥ HAAN A D. Social exclusion：enriching the understanding of deprivation. Studies in social & political thought，2000 (2)：22 - 40.

照传统定义，社会政策是一个国家所采取的旨在减少被剥削阶级的社会问题的政策；而现代的观念则认为，社会政策乃是改善社会环境、探求全体人民的社会安全与平等的政策。”[①] 1995 年，联合国在丹麦哥本哈根召开的“社会发展及进一步行动”世界峰会虽未直接对社会政策做出界定，但对社会政策的目标做了重新定位，将反对社会排斥、促进社会整合确定为社会政策所追求的目标。

我国学术界关于社会政策的界定，借鉴西方学者的经典定义，同时也注重结合国情，具有自己的特点。早在 21 世纪初，郑杭生、李迎生就认为：“社会政策是国家和政府为解决社会问题以实现公正、福利等特定的社会目标而制定的，是各种法律、条例、措施和办法的总称。”[②] 王思斌认为：“社会政策是国家或机构为解决社会问题，增进成员福利，实现社会进步所采取的基本原则或方针。”[③] 他还指出：“由于现代市场经济可能伤害较低竞争能力者，并可能对他们的生活和社会秩序带来严重冲击，因此，从社会公正和社会安全的角度考虑，国家会制定一定的社会政策（或称社会福利政策），对社会或经济资源进行再分配，以公平合理地解决问题。”[④] 在《社会工作概论》（第三版）中，李迎生将社会政策界定为“国家或政府为解决社会问题、改善社会环境、促进社会公正和实现社会发展而制定和采取的各种原则、方针”[⑤]。在近期出版的马克思主义理论研究和建设工程重点教材《社会政策概论》中，关信平认为，社会政策是“政府或其他组织在社会公平等价值目标指导下，为了满足民众基本需要、解决社会问题、维护社会稳定和提高社会生活质量等社会目标而向民众提供各种福利性社会服务的政策体系”[⑥]。

中国学者的这些定义都指出社会政策是为“解决社会问题”而制定的，这里的“社会问题”并非广义上的，主要是和满足民生需要、实现社会公正有关的问题，这和西方学者的经典界定是基本一致的。但中国学者关于社会政策对象的认识和当代西方学者的认识有所不同，前者更多地将市场经济中“较低竞争能力者”或困难群体作为社会政策的对象，而后者则更强调社会政策对象的全民性。当然，随着时间的推移，中国学者关于社会政策对象的认识也在加深。此外，在中国，目前尚主要通过政府控制的经济或收入再分配来解决困难群体的问题，同时应当看到，反对社会排斥的问题开始受到关注，2021 年的中央财经委员会第十次会议及 2022 年召开的党的二十大等都将扩大中等收入群体规模提升到新的高度并做出切实部署，其实现主要通过社会政策路径。

综合以上的讨论，可以认为，对社会政策概念的界定，既不能过宽，使之包罗万象，与公共政策难以区分，也不能过窄，仅限于社会福利或劳动保护一类的政策。

---

① 陈国钧．社会政策与社会立法．台北：三民书局，1980：3.

② 郑杭生，李迎生．社会分化、弱势群体与政策选择//郑杭生．中国人民大学中国社会发展研究报告 2002. 北京：中国人民大学出版社，2003：15.

③ 王思斌．社会工作概论．北京：高等教育出版社，2006：133.

④ 王思斌．改革中弱势群体的政策支持．北京大学学报（哲学社会科学版），2003（6）：83 - 91.

⑤ 李迎生．社会工作概论．3 版．北京：中国人民大学出版社，2018：295 - 296.

⑥ 关信平．社会政策概论．3 版．北京：高等教育出版社，2014：5.

立足中国实际，特别是结合中国式现代化新征程落实共享发展、增进民生福祉、创新社会治理、推进共同富裕对社会政策的新要求，可将社会政策界定为国家或政府为满足民生需求、提升生活品质、促进社会公正、推动协调发展而制定和实施的各种法律法规和政策体系。社会政策具有托底保障、促进发展、推动共富、实现有序等多种功能。

二、社会政策的类型

当今学界对社会政策的分类研究成果很多，争议较大。我们认为，不同的划分标准可以区分出不同类型的社会政策，都有一定的参考价值。概括起来，社会政策大致有以下几种分类方法。

按照社会政策实施领域（对象）来分，可以大致分为社会保障政策、公共卫生政策（医疗社会政策）、公共住房政策（住房社会政策）、公共教育政策（教育社会政策）、劳动就业政策（就业社会政策）、反贫困社会政策、社会福利服务政策、针对特殊人群（老人、儿童、残疾人、农民工等）的社会政策和其他领域的社会政策体系等。其中每一类社会政策还可以进一步进行分类，如社会保障政策就可进一步划分为社会救助政策、社会保险政策、社会优抚政策等。而这些具体的政策还可再进一步进行划分，如社会保险政策就可以进一步细分为养老保险政策、失业保险政策、医疗保险政策、工伤保险政策、生育保险政策等。

按照社会政策制定和实施的目标来分，可以分为剩余型社会政策、制度型社会政策和发展型社会政策。剩余型社会政策是指只针对那些真正困难的群体而制定的社会政策。制度型社会政策是指国家或政府积极解决社会问题，满足公民的需要，保障公民的基本生存和促进社会发展，且以法律文件的形式予以规范化和制度化的社会政策。发展型社会政策强调在应对社会问题和满足公民需要时实施对象的主体性，是强调个人、家庭、社会和政府多种力量共同合作，同时也强调将社会政策、经济政策和社会发展相融合，使三者相互促进、相互支持的社会政策。

按照社会政策主体的不同来分，可以分为单一型社会政策和多元型社会政策。社会政策的主体包括社会政策的制定者和责任者、政策资源的提供者、服务行动的组织者和直接供给者等。单一型社会政策主要将政府看作以上所有角色的集合，政府承担福利事业的所有职责，而这必然会增加政府的负担，导致行政效能降低和个人对政府的依赖等弊端。与此相对，多元型社会政策在强调政府主导地位的前提下，充分发动个人、家庭、社区、社会机构、企业等社会力量共同参与社会政策行动，而政府作为社会政策的制定者、监督者和资金支持者发挥作用。这一方面增强了个人的责任意识，另一方面也弥补了政府力量的不足，减轻了政府的负担。

按照社会政策实施的目标群体来分，可以分为普遍型社会政策和选择型社会政策。普遍型社会政策是指社会政策行动倾向于不加区分地给全社会或某些群体中的所有社会成员提供相同的福利待遇，而不论他们是否都有相应的需要。而选择型社会政策是指社会政策行动更倾向于先界定社会中或一个群体中哪些人真正有特殊困难，并在此基础上将政策项目集中提供给那些最困难的个人或家庭，即不同需求产生不同的政策和行动。

按照社会政策的资金来源和运行过程来分，可以大致分为纯福利型社会政策和准市场型社会政策。[①] 纯福利型社会政策是指，社会政策的运行和服务的提供主要由政府或“准政府机构”来发起，社会广泛实施再分配和收入转移，社会政策的目标群体可以无偿获得政府资助的公共服务而无须直接付费。这类社会政策注重公民的权利，体现了社会公正。而准市场型社会政策是指，社会政策的运行可以引入一定的市场机制，主要在改变政府的拨款方式、扩大受益者的选择范围、强化政策目标群体的责任和提高对政策实施机构的要求等方面，促使社会政策体系具有更高的效率和更大的活力。

按照社会政策的层次来分，可以分为总社会政策、基本社会政策和具体社会政策。[②] 总社会政策是一个国家或地区社会政策体系中带有全局性和原则性、决定社会发展基本方向的社会政策。它对其他各项社会政策起着指导和规范作用，是其他各项社会政策的出发点和基本依据。基本社会政策是用以指导某一领域、某一方面或某一部门的指导性政策，它是连接总的社会政策与各项具体社会政策的中间环节。具体社会政策是基本社会政策的具体化，是为了贯彻、实施基本社会政策而制定的具体行为规则，体现并服从于总社会政策和基本社会政策的目标，是实现总社会政策和基本社会政策的手段和方法。

按照社会政策的意识形态背景来分，可以将社会政策划分出不同类型。如埃斯平-安德森（Esping-Andersen）依据社会政策背后所涉及的理念来分，将社会政策划分为保守主义社会政策、自由主义社会政策和社会民主主义社会政策，这也是一种社会政策的分类方法。[③]

按照社会政策与分配制度的关系视角来分，也可以将社会政策划分出不同类型。近年党中央将扎实推动共同富裕作为中国共产党第二个百年奋斗目标的关键抓手，在初次分配、二次分配之外，又提出发挥第三次分配（慈善公益、志愿服务）的调节作用。社会政策与三次分配都有关，因此可将社会政策划分为初次分配社会政策、二次分配社会政策、三次分配社会政策。[④]

本书主要采用上述第一种分类方法并结合第八种分类方法对社会政策进行分类：以第一种分类方法为主，将社会政策划分为不同领域（对象）的社会政策；又结合第八种分类方法，将社会政策与三次分配制度结合起来。不同领域（对象）社会政策涉及就业、分配（主要从与社会政策的关系、着重从再分配角度加以分析）、教育、健康、住房、老年、儿童、妇女、农民工、残疾人、救助管理、反贫困、慈善

---

① 杨团，关信平．当代社会政策研究．天津：天津人民出版社，2006：31.

② 丁建定．社会政策概论．武汉：华中科技大学出版社，2006：16.

③ 埃斯平-安德森．福利资本主义的三个世界．苗正民，滕玉英，译．北京：商务印书馆，2010.

④ 李迎生．完善推动全体人民共同富裕的社会政策体系．光明日报，2021－09－28.

公益等；从与三次分配制度的关系看，就业、分配等与初次分配相关，公益慈善等与三次分配相关，其余更加广泛的内容与二次分配相关。

三、当代全球社会政策的发展取向*

当今世界正在经历深刻的变革。在这一社会历史背景下，各国经济、政治、社会、文化等结构性因素及全球化趋势正推动着社会政策的不断发展与创新。具体而言，当代社会政策的发展取向主要有以下四点。

首先，福利国家危机及其调整强化了新自由主义对社会政策的影响。一般认为，“二战”以后的近四十年被视为市场经济的黄金时期，因为它较好地平衡了经济增长与平等、社会团结的关系。然而，日益上行的福利支出逐步加重了福利国家的负担。一个持久而贫困的下层阶级（underclass）使“二战”后的全面福利思想遭到普遍诟病，福利依赖现象成为右派竞相打击左翼的靶子。在福利供给上，新自由主义者所宣称的“最小国家”成为福利国家20世纪70年代至20世纪90年代福利意识形态的核心观点。① 在这一背景下，福利国家普遍采取了降低税率、紧缩银根的举措，大刀阔斧地致力于严控福利支出，更多地吸纳了市场与志愿部门的力量。这使福利国家的重负得到部分缓解，扩大了市场的介入空间；而在大多数发展中国家，“华盛顿共识”② 直接影响了国家在社会政策领域中的功能限度。鉴于新自由主义对社会政策的影响带来了贫富差距扩大、民生危机深化、社会冲突加剧等社会风险，发达国家乃至发展中各国寻求超越左和右的福利中间道路，因而发展型社会政策、社会投资模式成为各国社会政策的主流范式。从各国实践看，现行的发展型社会政策只不过是对新自由主义范式的修补，社会政策的社会公平追求大大弱化了。

其次，全球对贫困问题及贫困治理的再认识拓展了社会政策的内涵与外延。越来越多的人认识到，基于收入指标的贫困并不能完整地反映其本质。在阿马蒂亚·森看来，仅着眼于收入上的增量政策往往趋于收效甚微甚至失败，因为它们未能从能力剥夺的角度来完整地解析“贫困”所具有的内涵。③ 可以说，绝对贫困—相对贫困、贫困—剥夺—社会排斥、结构—文化—发展，不同视角上的这些切入点变化，反映出人们对贫困的认识已从个体主义范式或社会结构范式走向了两种范式的交融。这种思考促使人们从治理的高度来重新审视贫困及其消除方式，以及如何从公民权

---

* 本部分内容的初稿由复旦大学社会发展与公共政策学院的韩央迪副教授提供。

① 哈维．新自由主义简史．王钦，译．上海：上海译文出版社，2010：23－30.

② 华盛顿共识（Washington Consensus），是指20世纪80年代以来位于华盛顿的三大机构——国际货币基金组织、世界银行和美国政府，根据20世纪80年代拉美国家减少政府干预、促进贸易和金融自由化的经验提出来并形成的一系列政策主张。1989年，陷于债务危机的拉美国家急需进行国内经济改革。美国国际经济研究所邀请国际货币基金组织、世界银行、美洲开发银行和美国财政部的研究人员，以及拉美国家代表在华盛顿召开了一个研讨会，旨在为拉美国家经济改革提供方案和对策。美国国际经济研究所的约翰·威廉姆森（John Williamson）对拉美国家的国内经济改革提出了与上述各机构达成共识的10条政策措施，称作“华盛顿共识”。

③ 森．论社会排斥．王燕燕，摘译．经济社会体制比较，2005（3）：1－7.

的角度激活社会政策以赋权贫困者，而不是一味地依赖自上而下的资源再分配。这种认识论上的变化自然会推动现行政策的反思，促进政策内涵与外延的再调整。

再次，风险社会及其分配机制的改变推动了对公民需求的重新界定。不管是马克思、涂尔干、韦伯，还是哈贝马斯、吉登斯、贝克，直至今下，风险始终都没有游离出社会学家的视野。新冠病毒感染疫情下各种风险叠加交织，无论是社会学家还是深陷风险的普通民众，都极大地强化了对风险社会的认知。正如韦伯在论述科层制时所抒发的悲观情绪一样，现代资本主义社会在使传统社会“脱魅”的过程中也使整个人类生活逐步陷入异化的牢笼。这一观点与波兰尼对市场乌托邦的论断如出一辙——当市场自由主义在创造它凌驾于社会之上的经济体系的时候，市场乌托邦已经并将使人类社会不断处于风险之中。① 吉登斯对现代性之“双刃剑”的阐释与之不谋而合，即社会发展一方面将人类抽离出贫穷与匮乏的束缚，另一方面却将人类置于无可挽救的毁灭性之中。贝克则进一步总结了风险社会对人类的影响——在现代化的连续进程中，“财富—分配”与“风险—分配”冲突机制的糅合产生了两种不同冲突类型的叠合效应，加大了对人类有限理性的挑战与压力。② 因此，作为一个具有客观性、动态性、双面性等特点的社会事实，风险社会势必增强人类需求的迫切性、复杂性和多元化。西方在这方面有着深刻的教训，我国的社会政策如何应对当今的风险社会，还面临着严峻的挑战。

最后，全球化的推拉作用加大了社会政策改革创新的内外张力。尽管受英国“脱欧”、2016 年美国大选等国际形势影响，近年来国际上不时出现逆全球化的思潮，但全球化仍然不可逆转。全球化是一种不断变化的状态，它使事物的发展在全球范围内变得日益关联。③ 一方面，它表现出诸国家体系的反思性自身所固有的权力集中化倾向；另一方面，它又呈现出各特定国家所具有的维护各自主权的倾向。④ 从经济全球化角度看，劳动力市场的弹性化与去管制化引致的新风险，国家由减少赤字、负债与税赋向减少福利支出的行动调整，等等，这些因素均不同程度地削弱了社会政策的自主性。⑤ 而政治全球化则在一定程度上制约了“探底竞争”（race to bottom）与“探顶竞争”（race to roof）机制在各国社会政策建设中的活动限度。此外，文化全球化使各国能够在全球性话语框架下探讨社会政策所面临的挑战及其解决方案，尽管最终的方案设计与实施经受了地方性的过滤。⑥ 在全球化的推拉作用下，公民福利权所倡导的价值理念开始转向更操作化的“社会标准”。这意味着，在经济发展的过程中，社会福利不应一味地下滑，而应呈现出与经济发展的契合性。

---

① 波兰尼．大转型：我们时代的政治与经济起源．冯钢，刘阳，译．杭州：浙江人民出版社，2007：74.

② 贝克．风险社会．张文杰，何博闻，译．南京：译林出版社，2004：15.

③ 库诺．全球化与社会政策发展．陈永杰，译．公共行政评论，2009（5）：24－36，201－202.

④ 吉登斯．现代性的后果．田禾，译．南京：译林出版社，2000：64.

⑤ MISHRA R. Beyond the nation state：social policy in an age of globalization. Social policy & administration，1998，32（5）：481－500.

⑥ 同③.

第二节 社会政策在中国革命、建设、改革时期的角色转换

重视民生问题在我国由来已久。早在春秋战国时期，儒家思想的创始人和集大成者孔子就阐述了儒家传统的“大同”社会理想：“大道之行也，天下为公。选贤与能，讲信修睦，故人不独亲其亲，不独子其子，使老有所终，壮有所用，幼有所长，矜寡孤独废疾者，皆有所养。男有分，女有归……是谓大同。”（《礼记·礼运·大同》）“大同”社会理想影响深远，中国民主革命的先行者孙中山曾经指出：“民生主义就是社会主义，又名共产主义，即是大同主义。”① 中国共产党继承了中华民族自古以来重视民生问题的传统，自中国共产党成立以来便将解决中国最广大人民的生存和发展（即民生）问题作为初心使命和不懈追求。“中国共产党从成立之日起，就坚持把为中国人民谋幸福、为中华民族谋复兴作为初心使命，团结带领中国人民为创造自己的美好生活进行了长期艰辛奋斗。”②

社会政策作为国家解决民生问题的制度化举措自中国共产党诞生以来一直受到关注和重视。社会政策在党的百年发展历程中一直在场，在我国革命、建设和改革等不同历史时期，党对社会政策角色的运用会根据时代的特点、国情的变化、解决民生方针策略的需要做出调整和改变。建党以来中国共产党解决民生问题的路径大致划分为三个阶段：自党建立至新中国成立前系党为解决民生问题创造政治前提阶段，社会政策被作为政治动员的重要手段（1921—1949）；新中国成立至 1978 年系党为解决民生问题创造经济前提（基础）阶段，社会政策依附经济体制，服务于经济发展（1949—1978）；改革开放以来系党在中国特色社会主义市场经济条件下为解决效率与公平的矛盾不断加大保障和改善民生的力度、民生事业不断取得新的进步阶段，社会政策相对独立发展，其地位和作用不断强化（1978 年至今）。对我国革命、建设、改革不同时期党和政府的社会政策探索进行系统梳理分析，具有重要意义。

一、党的建立至新中国成立前（1921—1949）

中国共产党诞生之初，中国仍处于半殖民地半封建社会，以社会政策解决民生问题是不现实的，要解决中国最广大人民的民生问题，首先要为此创造政治前提，即取得民族独立、人民解放。在中国革命的各个阶段，中国共产党都提出了相应的社会政策主张，甚至在共产党领导的根据地实行了一定的社会政策举措，这些主张和举措作为革命战略策略的重要组成部分有效且有力地配合了各个阶段的革命目标。为动员工农革命而提出的一些社会政策主张及根据地实行的不少福利举措甚至成为

① 孙中山．孙中山全集：第 9 卷．北京：中华书局，1986：355.

② 习近平．在全国脱贫攻坚总结表彰大会上的讲话（2021 年 2 月 25 日）．北京：人民出版社，2021：3.

社会主义建设时期社会福利项目的雏形、蓝本。

中国共产党成立不久，在党的帮助下，1924 年 1 月召开的中国国民党一大正式开始实行国共合作。为配合大革命，1925 年 1 月，中国共产党“四大”制订了开展群众运动的计划。大会后，领导“五卅运动”和省港大罢工，在全国掀起群众性革命高潮。在北伐战争中，中国共产党发动并组织广大工农群众积极支援和配合。1926 年 10 月和次年 2—3 月，周恩来等共产党人领导上海工人举行了三次武装起义，第三次起义打败军阀部队，占领上海。1927 年 1—2 月，中国共产党领导群众反帝运动同武汉国民政府外交谈判相结合，迫使英国交还汉口、九江租界。这一时期共产党将社会政策作为动员、发动工人运动的重要策略和手段。中国共产党建立之初，在领导工人运动时就将获得社会保险作为重要目标之一。① 1921 年 8 月，成立不久的中国共产党便在上海成立了专门领导工人运动的机构中国劳动组合书记部，从 1922 年到 1929 年先后举行了五次全国劳动大会，都明确提出争取劳工社会保障权利的要求。② 在中共二大上，提出将“八小时工作制”确定为劳资谈判的基础，将最低工资制度确定为工人运动的六大核心议题之一。③ 工人社会保险、劳动保护成为早期中国共产党关注的重点。1923 年，《中国共产党党纲草案》明确要求“制定强迫的劳工保险法”④。“应限令资本家对于工人因工作上及其他故障，不能做工的时候，给以经济上的补助，以维持工人本身的疗治和生活，并减少工人家属生活的困难。”⑤ “工厂卫生及劳动条件以法律规定，由国家设立监察机关监督执行。”⑥ “一切企业机关，应设法消除或减少于工人身体有害的工作及生产方法，并当预防不幸的事情之发生。”⑦ 其时共产党人将女工、童工作为特殊关注对象，提出男女同工同酬、女工生育及关联期保护、童工保护等针对性政策主张，得到了广大工人阶级的拥护和响应。据统计，在 1927 年蒋介石叛变革命之后的 7 月至 10 月之间，中国共产党在上海领导的 47 次罢工中，就有 7 次是为要求病伤待遇而举行的。⑧

大革命失败后，中国共产党的斗争策略被迫发生战略转移，开始探索并实施农村包围城市、最后夺取城市的革命道路。后来在抗日战争爆发、达成第二次国共合作及抗战后国共合作破裂、解放战争爆发等各个阶段，中国共产党都根据斗争形势的变化，在坚持完善先前提出的社会政策主张的同时，不断调整政策策略主张，发动农民、工人及一切可以团结的力量，为实现党在不同阶段的革命目标而努力。为发动农民参加革命，党提出了减租减息、土地公有、土地均分等政策主张。抗战时

---

① 马杰，郑秉文．计划经济条件下新中国社会保障制度的再评价．马克思主义研究，2005（1）：38－48.

② 李静，柯卉兵．毛泽东战争时期社会保障思想及其实践．学习与实践，2010（1）：117－124.

③ 万国威．中国共产党早期社会政策的历史使命与建设方略．江淮论坛，2018（2）：143－148，188.

④ 中共中央文献研究室，中央档案馆．建党以来重要文献选编：一九二一——一九四九：第一册．北京：中央文献出版社，2011：254.

⑤ 中共中央文献研究室，中央档案馆．建党以来重要文献选编：一九二一——一九四九：第二册．北京：中央文献出版社，2011：340－341.

⑥ 同④.

⑦ 同⑤357.

⑧ 《当代中国》丛书编辑部．当代中国的职工工资福利和社会保险．北京：中国社会科学出版社，1987：292.

期，明确提出国统区的工人运动应当尽可能利用一切合法的斗争方式，求得群众生活的改善，并于1939年提出劳动仲介制度，即"在政府仲介之下，劳资双方订立劳动契约，根据各地不同的生活条件，酌量增加工资，减少工作时间，改良工人生活待遇"[①]。在中央苏区，党于1928年即建立"市政部""社会保证部"，其职能涉及推进、管理社会福利举措，这些举措有力地配合了革命战争需要。[②]

二、新中国成立至改革开放前（1949—1978）

新民主主义革命取得胜利及社会主义制度的建立，为通过社会政策来解决民生问题提供了可能。但无产阶级革命大多是在比较落后的国家取得胜利的，这些国家经济基础都十分薄弱，比如我国就是在"一穷二白"的基础上建设社会主义的，首先面临着为确保政治独立、社会稳定而需要推动经济发展和解决民生建立强大的物质（经济）基础的重大历史任务。在中国共产党举全国之力推进以重工业为核心的工业化的情况下，社会政策依附（从属）于经济政策是迫不得已的必然选择。

改革开放之前的30年，我国仿照苏联实行高度集中的计划经济体制，并仿照苏联，基于社会改良主义的渊源而不承认、不接受社会政策，没有建立独立的社会政策体系，甚至"社会政策"这个词也罕有提及。但社会政策作为解决民生问题的国家举措在计划经济时期就实际存在了。在城镇，依托高度集中的计划经济体制，新中国为城镇职工提供了涵盖充分就业、养老、医疗、工伤、生育、子女教育、住房等项目的比较齐全的员工福利。在实施社会主义"三大改造"的同时，中央人民政府政务院于1951年2月26日发布《中华人民共和国劳动保险条例》（简称《条例》），该《条例》于1953年1月2日经中央人民政府政务院修正实施。"三大改造"完成后，社会主义公有制建立，国有及集体企业成为基本经济组织形式，《条例》成为国有及集体企业员工福利基本的法规依据。《条例》详细规定了职工所享有的各项保障待遇，主要包括职工病伤后的公费医疗待遇、公费休养与疗养待遇，职工退休（职）后的养老金待遇，女职工的产假及独子保健待遇，职工伤残后的救济金待遇，以及职工死亡后的丧葬、抚恤待遇等。《条例》甚至规定了职工供养的直系亲属享受半费医疗及死亡时的丧葬补助等。[③] 在农村，没有实施城镇那样的社会政策项目，农村居民依托生产队、生产大队、人民公社"三级所有、队为基础"的集体经济，实行终身就业，除实施了初级合作医疗、"五保"供养、临时救济等小范围、低水平的福利项目外，没有实施类似城镇企业职工的比较齐全的福利项目。

在国家加快推进工业化，且当时的工业化以重工业为重心的大背景下，我国迫

---

① 中共中央文献研究室，中央档案馆．建党以来重要文献选编：一九二一—一九四九：第十六册．北京：中央文献出版社，2011：59.

② 万国威．中国共产党早期社会政策的历史使命与建设方略．江淮论坛，2018（2）：143-148，188.

③ 国务院法制局．中华人民共和国现行法规汇编：1949—1985：劳动人事卷．北京：人民出版社，1987：10-21.

切需要解决工业化所需要的资金积累、原料供应和销售市场问题，而我国不可能像西方国家那样走对外掠夺扩张获得建设资金、原料供应和销售市场之路，当时我国所处的国际环境也不具备大规模利用外资的条件，因此，推进工业化所面对的这些问题只能通过内部解决。除工业自身的积累外，主要靠农业提供积累。① 在这样的历史背景下，我国在城镇实行了“低工资、高积累”的分配模式，由低工资而导致的职工难以应对各种生存风险的问题通过实施前述《条例》等加以解决。当时实行“先生产、后生活”的发展原则，员工福利总体上项目少、标准低、水平低，是依附于经济体制、服务于经济建设和国家工业化总体战略的。而城乡二元分割格局的形成和长期存在，使农民福利在当时不仅项目更少，而且处于更低水平。国家通过“统购统销”使农业积累源源不断地用于工业化，且解决了工业品的销售市场问题。也就是说，对农民实行低福利政策也是为了配合满足工业化所需要的高积累。当然，依托集体经济，国家确保农民充分且终身就业；通过集体救济，国家初步保障农民能够维持基本的生存和劳动力的再生产。

这一时期的福利项目、福利举措之所以难以被称为社会政策，还在于它实际上是初次分配格局的自然延伸，是对初次分配低工资、低工分的必要补充，而不是严格规范的再分配意义上的社会政策——这种社会政策是与市场经济相联系的。按1986年制定的贫困标准，改革开放初我国绝对贫困人口达2.5亿，而绝对贫困人口主要分布在农村地区。按2010年的不变价格人均年可支配收入2 300元（这个标准实际上相当于国际贫困标准的每人每天2.3美元②）计算，1978年中国的贫困人口为7.7亿。③ 1978年我国总人口为9.6亿，贫困人口占总人口的比例超过80%，表明当时全国总体是比较贫穷的。

三、改革开放以来（1978年至今）

与经济政策相比，社会政策主要涉及再分配。德国新历史学派代表性人物之一施穆勒把推行社会政策的目标限定为促使财富的生产和收入分配趋于合理化，以满足公正及道德完善的需要。④ 在新中国成立之初至改革开放之前，国家经济基础还比较薄弱，财富蛋糕还比较小，因而推进社会政策显然不是这一阶段的当务之急。彼时我国实施计划经济体制，实行平均主义的分配模式，虽然当时依托计划经济体制也推行了各种福利项目，但难以称之为严格意义上的社会政策。

经过改革开放，上述情况迅速发生了变化。市场导向的经济体制改革迅速打破了平均主义的分配模式，在经济快速发展、生产力水平不断提高、社会财富急遽增

① 李迎生．我国城乡二元社会格局的动态考察．中国社会科学，1993（2）：113－126.

② 鲜祖德，王萍萍，吴伟．中国农村贫困标准与贫困监测．统计研究，2016，33（9）：3－12.

③ 李小云，徐进．消除贫困：中国扶贫新实践的社会学研究．社会学研究，2020，35（6）：20－43，242.

④ 马颖．论古斯塔夫·施穆勒的经济发展思想．经济评论，1994（2）：12－17.

加的同时，社会分化也在不断加剧，社会不平等、收入分配差距也在快速扩大，出现了规模庞大的困难群体，其生存和发展面临种种障碍，导致社会成员的不满增加。在这种经济社会背景下，推进社会政策并以社会政策作为保障和改善民生的主要手段就成为现实的必要了。

1978年开始改革开放至今的社会政策演进大致又可分为三个小的阶段。其中第一个小的阶段是从1978年到2002年，这一阶段是经济体制改革兼顾社会政策发展的阶段。虽然正式文件上是1993年首次提出“效率优先，兼顾公平”[①]，并将其作为分配原则的，但实际上自改革开放始，这个原则就一直是我国分配领域实际推行的原则，也是我国处理经济政策与社会政策关系的基本原则。当然，在2002年之后情况发生了较大的变化。这一阶段随着城镇用工制度的改革，首次出现了失业现象，1986年国务院颁布《国营企业职工待业保险暂行规定》，1999年国务院颁布《失业保险条例》，正式出台失业保险制度。企业职工养老保险、医疗保险等制度也进行了相应改革，实行社会统筹和个人账户相结合。社会救助制度开始规范化，1999年国务院颁布《城镇居民最低生活保障条例》。教育、医疗、住房的市场化改革也在不断推进。农村社会福利改革没有与经济体制改革同步，农民养老、医疗、救助等制度的建设都未实际展开，有些项目如农村合作医疗的覆盖率甚至较改革开放前大幅下降，福利保障城乡不平衡加剧。1986年针对农村的国家反贫困举措出台，1994年国务院颁布《国家八七扶贫攻坚计划（1994—2000年）》，农村贫困人口大大减少，成为这一阶段农村乃至国家社会政策发展的一个亮点。[②] 这个阶段社会政策演进的主要特征是：以经济政策作为解决社会问题的基础手段，或者说通过发展经济带动社会问题的解决；市场机制成为社会福利供给的基础或重要机制，政府的作用弱化、社会组织发展不足；社会政策相对独立但依附于经济政策，仍处于事实上的从属地位；补缺式、制度式社会政策并存，城乡、地域、职业、阶层之间社会福利供给的不平衡加剧。[③]

第二个小的阶段是从2003年到2011年，这个阶段可以称为经济政策、社会政策协调发展阶段。由于“发展主义”[④] 的社会政策导致国家从不少社会政策领域退出，片面追求GDP的发展模式造成经济社会发展严重失衡，困难群体问题突出，城乡差距、贫富差距等不平等加剧，因而对这一模式进行调整变得迫在眉睫了。时任中共中央总书记胡锦涛在2003年7月28日的讲话中首次提出要更好坚持全面发展、

---

① 中共中央关于完善社会主义市场经济体制若干问题的决定.（2008-08-13）[2022-02-09]. http://www.gov.cn/test/2008-08/13/content_1071062.htm.

② 按照1985年确定的温饱线206元/（人·年）计算，农村贫困人口从1978年的2.5亿下降到2000年的3 209万，贫困发生率由30.7%下降到3.4%。

③ 李迎生.从依附到自主：中国社会政策的历史演进与范式转换：基于社会政策与经济政策关系的视角.中国人民大学学报，2020，34（4）：79-90.

④ 岳经纶，方珂.从“社会身份本位”到“人类需要本位”：中国社会政策的范式演进.学术月刊，2019，51（2）：68-77.

协调发展、可持续发展的发展观，坚持在经济社会发展的基础上促进人的全面发展。① 这一思想经进一步丰富、完善，形成科学发展观，成为中国共产党的重大战略思想。“科学发展观，第一要义是发展，核心是以人为本，基本要求是全面协调可持续，根本方法是统筹兼顾。”②在科学发展观的指导下，我国政府改变了改革开放20多年来片面追求GDP增长的发展模式，强调并推动经济社会协调发展，高度重视长期没有得到应有发展的福利制度，并采取了切实措施加以推进，我国进入了社会政策建设的黄金期。2006年10月，党的十六届六中全会通过《中共中央关于构建社会主义和谐社会若干重大问题的决定》，提出到2020年构建社会主义和谐社会的目标和主要任务包括：“城乡、区域发展差距扩大的趋势逐步扭转，合理有序的收入分配格局基本形成，家庭财产普遍增加，人民过上更加富足的生活”；“社会就业比较充分，覆盖城乡居民的社会保障体系基本建立”；等等。其中，“覆盖城乡居民的社会保障体系基本建立”是首次提出，史无前例。在城镇社会政策深化改革的同时，农村社会政策也得到高度重视，在一定程度上得到倾斜发展，新型农村合作医疗、新型农村养老保险、农村低保先后建立起来。社会政策法制化进一步推进，2011年，新中国第一部社会保险法《中华人民共和国社会保险法》颁布实施。继《中国农村扶贫开发纲要（2001—2010年）》实施后，2011年国家又出台了《中国农村扶贫开发纲要（2010—2020年）》。

第三个小的阶段是从2012年至今，发展型社会政策是这一阶段的主要范式。2012年，党的十八大召开，在以习近平同志为核心的党中央领导下，中国共产党领导全国人民发起了向2020年全面建成小康社会、实现中国特色社会主义现代化第一个百年奋斗目标的最后冲刺。2017年召开的党的十九大做出了中国特色社会主义进入新时代的重大战略判断。在党的十七大提出民生建设“学有所教、劳有所得、病有所医、老有所养、住有所居”（即“五有”）的基础上，党的十九大又增加了“幼有所育、弱有所扶”，使之变成了“七有”，成为涵盖个体全生命历程的民生建设目标。党的十八大以来，我国在健全国家基本公共服务制度体系方面取得了长足进步，人民生活水平显著提升。关于新时代社会政策建设取得的巨大成就将在本章第四节详细阐述，这里从略。

国内外各方面条件的变化，加上新冠病毒感染疫情的影响等，使世界进入百年未有之大变局，中国进入开启新发展阶段、贯彻新发展理念、构建新发展格局的历史新时期。社会政策的发展与完善，要与时俱进地满足人民群众特别是困难群体的民生需要，满足人民美好生活需求，但也要注意不能影响经济发展的活力。坚持“尽力而为，量力而行”是民生保障事业发展的主基调和基本原则，“注重加强普惠性、基础性、兜底性民生建设，保障群众基本生活”③。社会政策应与我国国情和经

---

① 胡锦涛．胡锦涛文选：第2卷．北京：人民出版社，2016：67.

② 胡锦涛．高举中国特色社会主义伟大旗帜　为夺取全面建设小康社会新胜利而奋斗：在中国共产党第十七次全国代表大会上的报告（2007年10月15日）．北京：人民出版社，2007：15.

③ 中共中央关于坚持和完善中国特色社会主义制度　推进国家治理体系和治理能力现代化若干重大问题的决定．(2019-11-05)[2022-02-09]. http://www.gov.cn/zhengce/2019-11/05/content_5449023.htm?ivk_sa=1024320u.

济发展相适应，既要推动高质量发展、创造高品质生活以满足人民日益增长的美好生活需要①，又要循序渐进地推进。党中央强调从制度设计层面实现社会政策与经济发展的结合乃至融合，习近平总书记近年一直强调精准扶贫的重点是“扶智扶志”，党中央强调优先发展教育事业，推动高质量就业，推进健康中国建设，构建可持续社会保障制度，重视幼儿儿童福利建设以切断贫困“代际传递”，推动巩固拓展脱贫攻坚成果同乡村振兴有效衔接等。发展型社会政策或者说积极进取型社会政策成为这一阶段社会政策发展的主要范式（特征）。这一特征在精准扶贫阶段就已经得到强调和体现，还将延续较长一个时期。

第三节 中国社会政策发展历程的经验启示

在中国革命、建设和改革不同时期，为解决最广大人民的民生问题，我国人民在党的领导下对社会政策进行了长期的探索和实践，取得了丰硕的成果，其间也在认识上出现过偏差，在实践中有过一些失误。总结提炼这些成果，包括偏差和失误，对认识中国特色社会政策演进规律、更好地指导新时代新征程的社会政策实践、丰富中国特色社会政策理论等，都具有重要的意义。

一、中国社会政策的演进既体现普遍性规律又具有鲜明的独特性

社会政策的核心旨趣是化解市场经济下民众面临的社会风险。德国社会政策学会创始人之一瓦格纳 1891 年在其发表的一篇论文中就指出：“所谓社会问题，就是分配上的不公平。所谓社会政策，就是要把分配过程中的各种弊害，采取立法及行政手段，以争取公平为目的而加以清除的国家政策。”② 也就是说，社会政策是运用立法和行政手段，调节财产所得和劳动所得之间的分配不均问题的政策。从社会政策的产生及发展演变看，它直接同市场经济相联系，可以说是与市场经济相伴而生的，且长期以来作为资产阶级改良派、左翼政党促进市场经济运行、改革资本主义体制、维护资产阶级统治的工具。

正因如此，马克思主义创始人马克思和恩格斯极少提及“社会政策”一词，在他们所处的时代，通过暴力革命推翻资产阶级统治是无产阶级翻身解放的唯一正确道路。而社会政策具有鲜明的社会改良性质，马克思恩格斯生活的时代及其后的民主社会主义、费边社会主义等形形色色的社会主义思潮都主张通过社会政策改良、通过议会民主和平进入社会主义，因此马克思主义经典作家对此是持批判态度的。从中国共产党建立起直至 1949 年长达 28 年的历史时期，更多的是将社会政策作为批判的武器，号召广大的工农阶级为争取基本的社会权益而斗争。马克思主义经典

---

① 李培林．推动高质量发展 创造高品质生活．人民日报，2021－01－12（9）．

② 曾繁正，等．西方国家法律制度 社会政策及立法．北京：红旗出版社，1998：35.

作家对社会政策的这种认识在当时的社会历史条件下显然是有科学根据的。在1992年的“南方谈话”中，邓小平提出了举世瞩目的新论断：计划经济不等于社会主义，市场经济不等于资本主义，计划和市场都是经济手段。① 既然计划经济不是社会主义经济制度的本质特征、市场经济不是资本主义经济制度的本质特征，那么，在社会主义制度下推进市场经济和社会政策就顺理成章了。然而，新中国成立初期，中国共产党对社会政策的认知偏差由于受苏联取消社会学（含社会政策）的影响而进一步强化，以致整个计划经济时期都不承认社会政策（虽然依附计划经济体制实施了一整套社会福利措施），这显然是有失偏颇的，因为马克思主义不仅有革命批判形态，还有维护建设形态，前者是针对旧社会的，后者是针对新社会的。② 社会主义制度建立后，就有必要通过社会政策等手段保障和改善民生，对社会主义制度加以维护。在国家经济基础整体薄弱的情况下，社会政策首先应满足和服从经济发展的需要。党的十一届三中全会召开、改革开放后，社会学（含社会政策）等学科恢复重建，市场经济获得了应有的地位，社会政策在中国有了用武之地，并不断得到发展与完善。

党的十四大明确提出，我国经济体制改革的目标是建立社会主义市场经济体制，这样，社会政策在我国就有了广阔的发展空间和前景。资本主义市场经济条件下运用社会政策解决民生保障问题有长久的历史和丰富的经验，其中有大量体现一般规律的内容，我们都可以充分借鉴并使之本土化。之所以说社会主义制度下社会政策具有广阔的发展前景，是因为社会主义强调共同富裕，追求所有人的全面自由发展。正如习近平所指出的：“共享理念实质就是坚持以人民为中心的发展思想，体现的是逐步实现共同富裕的要求。”③ 而这与资本主义存在本质不同——社会政策在西方演进的前途是什么其实很不清晰，这一困境至今难以突破，根源在于议会民主社会政策往往循环往复，成为政治斗争的工具。随着中国特色社会主义现代化的发展，社会政策在其中扮演的角色将变得越来越重要。

二、社会政策是坚持以人民为中心的发展思想的重要制度保障

以人民为中心的发展思想是中国特色社会政策的灵魂。在历史唯物主义看来，人民群众是历史的创造者。人民群众作为社会实践的主体，是社会物质财富、精神财富的创造者和社会变革的推动者，对历史发展起着决定性的作用。毛泽东在《论联合政府》一文中指出：“人民，只有人民，才是创造世界历史的动力。”④ 人民创造了历史，创造了财富，也应当是财富的享有者。代表人民的利益，“为人民服务”，是中国共产党人始终遵循的基本政治准则。毛泽东要求把它写入党章。“我们共产党人区别于其他任何政党的又一个显著的标志，就是和最广大的人民群众取得最密切

---

① 邓小平．邓小平文选：第3卷．北京：人民出版社，1993：373.

② 郑杭生．论马克思主义社会学的两种形态．光明日报，1985-07-29（3）.

③ 习近平．深入理解新发展理念．求是，2019（10）.

④ 毛泽东．毛泽东选集：第3卷．2版．北京：人民出版社，1991：1031.

的联系。全心全意地为人民服务，一刻也不脱离群众；一切从人民的利益出发，而不是从个人或小集团的利益出发。”[①] 以毛泽东为代表的第一代中国共产党人领导中国人民推翻了“三座大山”，在新中国成立后推进工业化和现代化，为解决民生问题提供了政治前提和经济基础。党自成立起就为争取广大劳工阶级、农民阶级的社会权利而不懈奋斗。新中国成立后，社会政策依附经济体制才得以推进，但由于不承认市场经济，僵化的计划经济体制没有很好地解决公平与效率问题，使平均主义、贫困问题长期存在。

邓小平曾强调：“为人民造福，为发展生产力、为社会主义事业作出积极贡献”，应作为我们党用人的主要政治标准和衡量我们各项工作做得对或不对的根本标准。[②] 江泽民指出：“建设有中国特色社会主义全部工作的出发点和落脚点，就是全心全意为人民谋利益。”[③] “党的理论、路线、纲领、方针、政策和各项工作，必须坚持把人民的根本利益作为出发点和归宿。”[④] 他还特别强调：“最大多数人的利益是最紧要和最具有决定性的因素。”[⑤] 胡锦涛强调：“各级领导干部都要牢固树立全心全意为人民服务的思想和真心实意对人民负责的精神，做到心里装着群众，凡事想着群众，工作依靠群众，一切为了群众。要坚持权为民所用、情为民所系、利为民所谋，为群众诚心诚意办实事，尽心竭力解难事，坚持不懈做好事。”[⑥] 以邓小平为代表的中国共产党人通过改革开放极大地发展了我国的生产力，增强了我国的综合国力，并将社会政策创新作为解决两极分化、不平等问题的重要路径，对此进行了不懈的探索。据测算，20 世纪 90 年代，我国贫困人口减少与经济增长的弹性系数为－0.8，即国内生产总值每增长 1 个百分点，农村贫困人口可减少 0.8％。[⑦]

习近平在党的十九大报告中明确提出了“坚持以人民为中心”的发展思想，强调要“把人民对美好生活的向往作为奋斗目标”。[⑧] 党的十八届五中全会提出了包括“共享”发展在内的新发展理念。“共享发展”的内涵主要包括全民共享、全面共享、共建共享及渐进共享。“以人民为中心的发展思想，不是一个抽象的、玄奥的概念，不能只停留在口头上、止步于思想环节”[⑨]，“调整收入分配格局，完善以税收、社会保障、转移支付等为主要手段的再分配调节机制，维护社会公平正义，解决好收入差距问题，使发展成果更多更公平惠及全体人民”[⑩]，是落实共享发展的具体要求，而这正是社会政策的作用空间和本职所在。党的十八大以来，习近平总书记领导中国人民打赢了脱贫攻坚战，这是落实共享发展的重大成果。

---

① 毛泽东．毛泽东选集：第 3 卷．2 版．北京：人民出版社，1991：1094－1095.

② 邓小平．邓小平文选：第 2 卷．2 版．北京：人民出版社，1994：151.

③ 中国共产党第十五次全国代表大会文件汇编．北京：人民出版社，1997：50.

④ 江泽民．在庆祝中国共产党成立八十周年大会上的讲话．北京：人民出版社，2001：21.

⑤ 同④23.

⑥ 中共中央文献研究室．十六大以来重要文献选编：上．北京：中央文献出版社，2005：371.

⑦ 任理轩．书写人类发展史上的伟大传奇．人民日报，2021－02－22（9）.

⑧ 习近平．决胜全面建成小康社会 夺取新时代中国特色社会主义伟大胜利：在中国共产党第十九次全国代表大会上的报告（2017 年 10 月 18 日）．北京：人民出版社，2017：21.

⑨⑩ 习近平．深入理解新发展理念．求是，2019（10）.

三、党的领导、中国特色社会主义制度是中国推进社会政策的显著优势

党的领导和举国体制是中国特色社会主义制度的本质特征和最大优势。习近平总书记强调："党政军民学，东西南北中，党是领导一切的。"① 在中国革命、建设和改革不同历史时期，中国共产党对社会政策角色的运用是不同的。如前所述，革命时期，党主要运用社会政策作为政治动员的手段，社会政策在动员工人、农民参加革命方面发挥了重要作用。革命成功后的前三十年建设时期，党主要将社会福利作为经济体制的辅助部分，其在推进社会主义工业化、现代化方面功不可没。改革开放以来，党将社会政策作为保障和改善民生的主要手段，并不断强化社会政策的作用，社会政策与经济政策相对独立，其地位也在不断提高。可见，社会政策是解决民生问题的专业手段，中国共产党在各个不同历史时期都曾利用它来完成自己的历史使命。

举国体制，是以国家利益为最高目标，举全国之力，取得重点领域或重大项目关键突破的组织体系和运行机制。集中力量办大事是举国体制的基本特征和效能保障，党的领导是举国体制实施的根本保证。邓小平指出："社会主义同资本主义比较，它的优越性就在于能做到全国一盘棋，集中力量，保证重点。"② 在不同的历史时期，举国体制推进社会政策承担着不同的使命，发挥了显著的优越性。自新中国成立起至改革开放前，我们在计划经济体制下依托国有企业和集体经济，建立了配合国家推进社会主义工业化的福利体系，为国家在特定历史条件下快速建立强大的经济基础发挥了特殊的作用。改革开放以来，我们聚焦全局性、战略性、长远性目标任务，在收入分配改革、区域协调发展、城乡统筹发展、脱贫攻坚、抢险救灾、生态环境保护、防范化解重大风险等方面，办成一件又一件民生大事，取得一个又一个重大成就；在幼有所育、学有所教、劳有所得、病有所医、老有所养、住有所居、弱有所扶等方面取得了显著进展。

党通过领导一个个国家经济与社会发展"五年规划"的制定和实施、通过重大社会政策项目的重点突破、通过完善举国体制推动社会政策的发展与完善。自20世纪80年代中期开始，不仅将脱贫攻坚列入历次"五年规划"、中央"一号文件"，而且专门出台各种相关重要文件。实施精准扶贫以来，建立了包括"五级书记一起抓"的领导体制和"全国一盘棋"的运行机制。25.5万个驻村工作队，290多万名第一书记、驻村干部同贫困群众同吃同住同劳动，长年奋斗在脱贫攻坚第一线。342个东部经济较发达县结对帮扶570个西部贫困县，310家中央单位定点帮扶592个扶贫开发工作重点县，军队和武警部队定点帮扶3 500个贫困村，中央企业开展"百县万村"扶贫行动，民营企业实施"万企帮万村"精准扶贫行动，凝聚起脱贫攻坚

① 中共中央宣传部．习近平新时代中国特色社会主义思想学习纲要．北京：学习出版社，2019：68.
② 邓小平．邓小平文选：第3卷．北京：人民出版社，1993：16－17.

的强大合力，最终实现了 2020 年决胜脱贫攻坚的预定目标。①

实践证明，在党中央的坚强领导下，全党全军全国各族人民能够围绕共同的社会政策目标，集中各方面力量，调动各方面资源，上下一心，高效有力地办成民生大事，这是我国推进社会政策的显著优势之一。

四、积极进取型社会政策是整个社会主义初级阶段社会政策的范式选择

如何协调社会政策与经济发展（经济政策）的关系是必须处理好的一个重大课题。在半殖民地半封建的旧中国，中国共产党处于未执政、不合法地位，没有推行社会政策的条件，当时的主要任务是利用包括社会政策主张在内的一切手段推翻国民党反动派的统治，取得政治独立的地位。党取得全国政权并进行“三大改造”后，鉴于薄弱的经济条件，发展经济是第一选择，且我国 20 世纪 50 年代推进的是以重工业为重点的工业化，在没有外援的情况下，需要大量的内部积累，社会福利只能服务于经济建设，新中国成立后直至 1978 年近三十年虽然依托经济体制在城市建立了比较齐全的福利项目，但实际上是“低工资、高积累”分配模式的延伸。如果称其为社会政策，那便是彼时中国特色的发展型社会政策，因为它以服务经济发展为主要目的。

“发展型社会政策”是 20 世纪 70 年代以来国际社会政策理论与实践发展的一个重要的新趋势，强调社会政策与经济政策二者的整合形态，认为社会政策是内嵌于经济发展政策之中的，发展是最重要的主题，经济发展之后才能提高社会福利，增加就业岗位和人民收入。这一政策范式也称为“积极社会政策”，本书结合中国现实称其为“积极进取型社会政策”，新中国成立后前三十年我国的社会福利政策可以看作比较极端的发展型社会政策——社会政策依附于经济体制，“先生产，后生活”。改革开放以来适应建立社会主义市场经济体制的需要，社会政策虽然取得了相对独立的地位，但在整个社会主义初级阶段，效率原则是必须始终遵循的，在此情形下，在一个较长时期实施“兼顾范式”的社会政策后，推进“互构范式”的社会政策（即发展型社会政策）仍是一个较长时期的政策选择。②

现阶段推进积极进取型社会政策重在社会政策创新，同时也应强调发挥政策对象的积极性、主动性、进取性。邓小平曾经指出：“人民群众的觉悟性、积极性、创造性愈是发展，工人阶级的事业就愈是发展。”③ 他还认为，工人阶级的政党就是要通过“正确地给人民群众指出斗争的方向，帮助人民群众自己动手，争取和创造自己的幸福生活”④。习近平总书记强调：“要通过推进就业创业，发展社会事业，打

---

① 任理轩．书写人类发展史上的伟大传奇．人民日报，2021－02－22（9）．

② 李迎生．从依附到自主：中国社会政策的历史演进与范式转换：基于社会政策与经济政策关系的视角．中国人民大学学报，2020，34（4）：79－90．

③④ 邓小平．邓小平文选：第 1 卷．2 版．北京：人民出版社，1994：217．

好扶贫开发攻坚战，不断打通民生保障和经济发展相得益彰的路子。”① “贫困地区发展要靠内生动力，如果凭空救济出一个新村，简单改变村容村貌，内在活力不行，劳动力不能回流，没有经济上的持续来源，这个地方下一步发展还是有问题。一个地方必须有产业，有劳动力，内外结合才能发展。”②

五、社会政策建设既要尽力而为又要量力而行、避免“福利病”

党的二十大强调要“紧紧抓住人民最关心最直接最现实的利益问题，坚持尽力而为、量力而行”，“采取更多惠民生、暖民心举措，着力解决好人民群众急难愁盼问题，健全基本公共服务体系，提高公共服务水平，增强均衡性和可及性”③。保障和改善民生没有终点，只有连续不断的新起点。党的十八大以来，我们党通过采取切实举措，不断把民生保障事业推向前进。但也要看到，民生改善是一个渐进的过程，是一个从低层次到高层次、从不均衡到均衡、从简单到复杂、从不完善到比较完善的过程，在特定阶段、节点，保障和改善民生只能量力而行，切不可提大而无当的目标。

尽力而为，源于坚实的物质基础和财力保障。我国国内生产总值突破 100 万亿元，稳居世界第二位。综合国力的不断增强，为保障和改善民生奠定了雄厚的物质基础。现阶段，我国农村养老、医疗、社会救助等社会保障主要项目已经建立起来，并与城镇居民相关保障项目走向并轨，过去长期存在的社会保障的城乡二元格局正在破解。其中，新农合向城镇居民基本医疗保险并轨后，人均财政补助标准不断提高，2022 年已经达到每人每年 610 元。

尽力而为，旨在应对我国民生保障事业存在的短板、不足、缺陷和问题。在党的十七大提出学有所教、劳有所得、病有所医、老有所养、住有所居等民生建设五大目标的基础上，党的十九大又补充了“幼有所育”“弱有所扶”两大目标。当前，我国民生建设取得了有目共睹的成就，但限于各方面因素制约，也存在不少短板，特别是在扶贫、住房、教育、医疗、就业、养老、育儿等领域，还存在诸多迫切需要解决的问题。这些影响美好生活实现的障碍，要求我们必须尽力而为、有效应对。

必须认识到，我国社会主要矛盾的变化，没有改变我们对我国社会主义所处历史阶段的判断，我国仍处于并将长期处于社会主义初级阶段的基本国情没有变，我国是世界最大发展中国家的国际地位没有变。当前，我国虽已成为世界第二大经济体，但人均 GDP 仍只有 1 万美元，是美国的 1/6。加之我国发展不平衡不充分的一些突出问题尚未解决，经济增长内生动力还不够足，创新能力还不够强，发展质量和效益不够高，受疫情及世界百年未有之大变局影响，经济下行压力较大，推进民

---

① 习近平．习近平谈治国理政：第 2 卷．北京：外文出版社，2017：362.

② 习近平．在河北省阜平县考察扶贫开发工作时的讲话（二〇一二年十二月二十九日、三十日）//做焦裕禄式的县委书记．北京：中央文献出版社，2015：17－18.

③ 习近平．高举中国特色社会主义伟大旗帜　为全面建设社会主义现代化国家而团结奋斗：在中国共产党第二十次全国代表大会上的报告（2022 年 10 月 16 日）．北京：人民出版社，2022：46.

生事业不可急躁冒进。

量力而行，是对民生保障内在规律的遵循。“二战”后，西方国家普遍实施福利国家模式，实行高税收、高福利，在短时间内起到了凝聚国内民心、提升国家认同的作用，但长期来看，由于过度福利化，结果导致效率低下、增长停滞、通货膨胀，收入分配情况最终反而恶化。法国、英国等欧洲国家因为福利改革引发了严重的社会和政治危机，这方面的教训我们应当吸取。因此，我们应遵循民生保障内在规律，将收入提高建立在劳动生产率提高的基础上，将福利水平提高建立在经济和财力可持续增长的基础上。

六、社会政策建设必须走法治化道路、依法推进

依法推进，走制度化、体系化、规范化道路，是社会政策创新发展的一般规律，国际上发达国家、不少发展中国家社会政策的推进就是走的这条道路。在社会政策发展史上，英国早在1601年市场经济初步兴起时就颁布了著名的《伊丽莎白济贫法》，德国俾斯麦政府19世纪80年代出台了系列社会保险政策，也是走的议会立法的道路。美国1935年出台《社会保障法》，英国在“二战”结束后宣布建立“福利国家”，基于《贝弗里奇报告》制定了《国民保险法》《国民卫生保健服务法》《家庭津贴法》《国民救助法》等一系列法律。

社会政策依法推进、走制度化道路，在党的历史上由来已久。早在1930年中央苏区就颁发了《劳动暂行法》，对社会保险等做了明确规定。1931年，中华苏维埃共和国成立，中华苏维埃第一次全国代表大会通过了《中华苏维埃共和国劳动法》，1933年又进行了修订，依法保护包括就业、失业、医疗、工业伤害、婴幼儿津贴、贫困救济等劳工社会权利。[①] 新中国成立以来，特别是改革开放以来，社会福利依法治理，不断取得进步。党的十八大以来，党领导人民推动中国特色社会福利体系建设，社会福利制度更加完善、法治化程度进一步提高、治理能力明显提高，为人民幸福提供了有力保障。实践证明，我国社会福利制度与治理体系具有“坚持以人民为中心的发展思想，不断保障和改善民生、增进人民福祉，走共同富裕道路的显著优势”[②]。

毋庸讳言，我国社会政策在依法推进方面，还有很大的提升空间。长期以来，尤其是计划经济时期，我国社会政策的推进走的是行政命令的道路，彼时著名的企业职工劳动保险政策就是通过政务院《中华人民共和国劳动保险条例》颁布实施的。改革开放以来这一状况得到较大改变，就业、教育、社会保险、老年、儿童、残疾人等相关国家法律陆续颁布，推动了福利治理体系和治理能力的建设；但还有很多社会政策领域如住房福利、医疗福利、社会救助等还未立法，已立法的领域还较笼

---

① 李静，柯卉兵．毛泽东战争时期社会保障思想及其实践．学习与实践，2010（1）：117－124.

② 中共中央关于坚持和完善中国特色社会主义制度　推进国家治理体系和治理能力现代化若干重大问题的决定．北京：人民出版社，2019：4.

统、未进一步细化，制约了福利制度的权威性和治理能力的提升。

党的十九届四中全会要求“坚持和完善统筹城乡的民生保障制度，满足人民日益增长的美好生活需要”，强调“必须健全幼有所育、学有所教、劳有所得、病有所医、老有所养、住有所居、弱有所扶等方面国家基本公共服务制度体系，尽力而为，量力而行，注重加强普惠性、基础性、兜底性民生建设，保障群众基本生活”。应当按照上述要求，加快福利制度立法建设，推动新时代社会政策创新发展。

第四节　中国社会政策建设的现状及特点

随着中国特色社会主义进入新时代，在前期建设、改革的基础上，我国社会政策建设取得了新的长足进步，党的二十大报告宣布我国已“建成世界上规模最大的教育体系、社会保障体系、医疗卫生体系”，这是我国社会政策建设最突出的成就。总体而言，我国社会政策制度经过持续优化，已跨入相对成熟、定型发展的新阶段。但基于中国式现代化新征程的新要求，我国社会政策建设的现状还存在着诸多不足，切实需要加以改变。

一、新时代社会政策建设取得巨大成就*

（一）实施就业优先政策，人民群众充分就业

2012 年以来，我国城镇新增就业年均 1 300 万人以上，十年累计实现城镇新增就业 1.3 亿人。城乡就业格局发生历史性改变，2021 年城镇就业人员占比超过六成，比 2012 年提高了 13.8 个百分点。就业结构不断优化，第三产业从业人员占比从 2012 年的 36%提升到 2021 年的 48%。失业水平保持低位，城镇调查失业率总体低于预期控制目标。高校毕业生、农民工、就业困难人员等重点群体就业平稳，脱贫劳动力外出务工规模保持在 3 000 万人以上。面对新冠病毒感染疫情冲击和经济下行压力，出现了市场岗位需求减少的情况，特别是一些青年的求职就业出现了新的困难，党中央、国务院推出了一系列有针对性的举措，使失业率保持在较低水平。

（二）推进教育高质量发展，提升人民人力资本

财政性教育经费支出占 GDP 之比 2012 年首次突破 4%，此后连续保持在 4%以上。2021 年全国共有各级各类学校 52.93 万所，专任教师从 2012 年的 1 461.4 万人增加到 2021 年的 1 844.37 万人，在校生从 2012 年的 2.63 亿人增加到 2021 年的 2.91 亿人，是全球最大的教育体系。从 2012 年到 2021 年，全国幼儿入园率、义务

* 本部分所引数据除特别标出外，均来自国家统计局历年的“中国统计年鉴”。

教育巩固率、高中及大学阶段毛入学率均有不同程度提升。其中，高等教育毛入学率从 30%提高到 57.8%，我国已名副其实进入世界公认的高等教育普及化阶段。2012 年，我国研究生招生规模 58.97 万人，2021 年，全国共招收研究生 117.65 万人，增加 1 倍左右。截至 2022 年 5 月，我国接受高等教育的人口达 2.4 亿，劳动年龄人口平均受教育年限 10.9 年，新增劳动力平均受教育年限达 13.8 年。

（三）推进“健康中国”战略，人民健康状况实质改善

以习近平同志为核心的党中央把维护人民健康摆在更加突出的位置，做出实施“健康中国”战略的决策部署，卫生健康事业取得新发展，人民健康水平不断提高。从 2012 年到 2021 年，我国医疗卫生服务能力明显增强，全国医疗卫生机构床位、卫生技术人员、每千人口执业（助理）医师和注册护士、每万人口全科医生等主要医疗卫生指标均大幅提升；婴儿死亡率从 10.3‰下降到 5.0‰，5 岁以下儿童死亡率从 13.2‰下降到 7.1‰，孕产妇死亡率从 24.5/10 万下降到 16.1/10 万，新生儿死亡率从 2012 年的 6.9‰下降到 2020 年的 3.4‰，我国已被世界卫生组织列为全球十个妇幼健康高绩效国家之一；我国人均预期寿命从 2012 年的 73.5 岁上升到 2022 年的 78.2 岁，居于中高收入国家人均预期寿命前列。

（四）重大突发公共事件治理成效卓著，人民健康生命安全充分保障

面对肆虐全球的新冠病毒感染疫情，我们坚持科学精准防控，取得了良好效果，我国新冠病毒感染死亡病例数、住院病例数远低于全球平均值，最大限度保护了人民生命安全和身体健康，充分体现了我们党坚持人民至上、生命至上的价值取向和社会主义制度的优越性。

（五）实施精准扶贫方略，全面消除绝对贫困

脱贫攻坚是全面建成小康社会的底线任务。党的十八大以来，坚持精准扶贫方略，确立不愁吃、不愁穿和义务教育、基本医疗、住房安全有保障工作目标，实行“军令状”式责任制，动员全党全国全社会力量，上下同心、尽锐出战，攻克坚中之坚、解决难中之难，组织实施人类历史上规模最大、力度最强的脱贫攻坚战，形成伟大脱贫攻坚精神。党的十八大以来，全国 832 个贫困县全部摘帽，12.8 万个贫困村全部出列，近 1 亿农村贫困人口实现脱贫，提前 10 年实现联合国《2030 年可持续发展议程》减贫目标，历史性地解决了绝对贫困问题，创造了人类减贫史上的奇迹。

（六）适时调整人口政策，人口发展态势改善

党的十八大以来，以习近平同志为核心的党中央高度重视人口问题，科学把握人口发展规律，着眼现代化建设全局，做出逐步调整完善生育政策、促进人口长期均衡发展的战略决策。人口工作的思路和方法实现历史性转变，生育政策逐步优化，

服务管理改革同步推进，配套支持措施不断完善。人口发展态势得到改善。第七次全国人口普查数据显示，0～14 岁少儿人口占总人口比重从 2010 年的 16.60%提高到 2020 年的 17.95%。出生人口中二孩及以上占比由政策调整前的 35%左右提高到近年来的 55%以上。出生人口性别比从 2010 年的 118 降至 2020 年的 111 左右，逐步趋于正常水平。

（七）建成世界最大的社会保障体系，织密织牢社会安全网

从 2012 年到 2021 年，我国参加基本养老保险的人数从 7.9 亿人增长到近 10.3 亿人，按月领取养老金的人数从 2 亿人增长到近 3 亿人，参加基本医疗保险的人数达 13.6 亿多人，基本实现了城乡老年人都有养老金和全民医保。企业退休人员月人均养老金从 1 686 元增长到 2 987 元，城乡居民月人均养老金从 82 元增长到 179 元，增幅分别超过 77%、118%。职工、居民医保政策范围内报销比例分别达到 80%以上和 70%。城乡居民低保标准分别从 2012 年的月人均 330 元、年人均 2 000 元提高到月人均 700 余元、年人均 6 200 余元。适应人口老龄化、少子化形势，城乡养老服务不断发展，儿童服务从困境儿童向普通儿童扩展。坚持“房住不炒”原则，住房保障向中低收入家庭倾斜，多元协同，租购并举，并启动大规模棚户区改造和城乡危房改造项目，有效缓解了中低收入家庭的住房困难，提升了居住质量。

（八）扎实推动共同富裕，全体人民生活水平显著提高

从 2012 年到 2021 年，我国人民生活水平显著提高。2021 年，全国居民人均可支配收入 35 128 元，其中，城镇居民人均可支配收入 47 412 元（2012 年 24 565 元），农村居民人均可支配收入 18 931 元（2012 年 7 917 元）；全国居民人均消费支出 24 100 元，城镇居民人均消费支出 30 307 元（2012 年 16 674 元），农村居民人均消费支出 15 916 元（2012 年 5 908 元）；全国人均储蓄存款余额 7.3 万元（2012 年 29 508 元），户均存款 22.54 万元；城镇化率 64.72%（2012 年 52.57%），比 2012 年提高超过 12 个百分点；城乡居民收入比为 2.5∶1（2012 年为 3.1∶1）；恩格尔系数为 29.8%（2012 年为 33.0%）。根据联合国的划分标准，我国已跨入富足区间。

二、中国社会政策建设存在的不足

关于中国社会政策发展历程提供的丰富的经验启示、新时代社会政策建设取得的巨大成就等，我们在前面已经做了全面系统的梳理，这里主要讨论中国社会政策现状存在的不足，以作为新征程中国社会政策改革创新的参考。

（一）相对于经济政策，社会政策的地位和作用尚需提升

党的二十大就增进民生福祉、提高人民生活品质、扎实推进共同富裕做出具体部署，这些显然需要通过加强社会政策建设加以实现。虽然一个时期以来社会政策

在我国已经受到更多的关注和重视，成为一个相对独立的领域，但相对于经济政策而言，社会政策依然实际上处于从属、配套的地位。在计划经济时期，中国政府对社会生活的干预是全方位的，涉及每个人的衣食住行、生老病死等各个方面，特别是针对城市职工实行的福利制度虽然内容几乎无所不包，但在“先发展，后福利”“先生产，后生活”意识的支配下，总体而言，给予每个人的福利待遇基本保持在较低水平上。进行社会主义市场经济体制转型以来，特别是伴随着建立现代企业制度的改革，社会政策开始从经济体制中剥离出来，但对社会政策与经济政策关系的片面理解，使社会政策长期处于从属、兼顾的地位。以上是导致我国目前社会公平问题仍然比较突出、基尼系数居高不下的重要原因。进入 21 世纪以来，情况发生了很大的改变，特别是进入新时代以来，以新发展理念引领经济协调社会发展，社会政策的地位进一步提高，我国建成了世界上规模最大的教育体系、社会保障体系、医疗体系，但相对于经济政策，相对于新时代社会主要矛盾变化对社会政策提出的要求，社会政策的地位、作用都还有较大的提升空间。

（二）社会政策体系尚需进一步健全完善

现行社会政策纵横两个维度都有进一步健全完善的空间。从纵向结构看，从保护人民群众尤其是困难群体基本的生存权和发展权的需要出发，我国针对困难群体的社会政策包括补偿性社会政策和发展性社会政策。前者主要是针对困难群体的社会保障政策、社会救助政策、住房保障政策及其他各种基本权利的保护政策，这类社会政策旨在维护困难群体的基本生存权利。后者主要是指有关促进困难群体的社会参与、市场参与以消除社会排斥、实现社会融合的政策，如针对困难群体的就业政策、教育政策、扶贫政策，这类政策旨在维护困难群体平等参与社会发展的权利、机会和必要的素质。与补偿性社会政策相比，发展性社会政策对困难群体民生问题的解决更具有根本性的意义，但在现实中，补偿性社会政策往往受到重视，而发展性社会政策，如教育公平政策、就业公平政策、健康公平政策等，往往由于这样那样的原因或困难而没有被充分考虑。从横向结构看，在上述两类社会政策内部，也都存在着各种不足，需要加以补充、改革和完善。换一个视角，从民生“七有”目标视角看，从幼有所育到弱有所扶，各个目标之间、内部都有健全完善的空间，只是程度不同而已。

（三）存在地域、城乡、阶层、行业、性别、群体等不平衡性

其中社会政策发展的城乡不平衡性是各个维度不平衡性的集中体现。由于城乡分割的二元社会格局的长期影响，我国目前的社会政策仍然存在着城乡差别，无论是养老、医疗、失业、工伤、生育等社会保险政策，还是社会救助、社会福利、住房、教育、就业、公共卫生政策，大多都对农村户口的居民采用和城市居民有所差别的制度路径。20 世纪中叶沃伦斯基（Harold Wilensky）和莱博克斯（Charles Lebeaux）根据国家在社会福利供给中的职能，将社会福利制度区分为“补缺型”

和“制度型”（也称“普遍型”）两种类型。第一种是指国家的社会福利机构只有在其他通常的渠道如家庭和市场不能维持时，才应为遇到困难的人提供帮助。它实际是主张一种针对困难群体的有限的、基于家计调查的服务。第二种则将社会福利服务当作工业社会的一种正常功能，它以提供制度化的、针对全体人民的普遍福利为职责。上述划分旨在说明西方社会福利制度是由补缺型向制度型演变的。就我国城乡福利制度的类型看，长期以来实际上是制度型（针对城市居民）与补缺型（针对农村居民）并存。当然，进入 21 世纪以来，特别是新时代以来，这种情况发生了较大变化，但制度的路径依赖的影响还需较长一个时期才能消除。

（四）社会政策待遇给付的不充分性

基本上，我国社会政策提供人民群众社会福利的标准普遍偏低，难以满足人民群众多元化、多层次的福利需求，与新时代基于社会主要矛盾变化满足人民美好生活需要还有较大的距离。这不仅表现在托底性社会政策领域，也体现在保基本性社会政策领域。前者可以社会救助制度为例，我国的社会救助长期基本上定位于满足温饱的生活标准，主要满足的是困难群体的最低生活需要。我国精准扶贫贫困线以 2010 年年人均收入 2 300 元不变价为基准，在 2020 年底实现全部脱贫已属相当不易。目前，这个标准在调整，但各地很不一致，力度也不足。在保基本性社会政策领域，例如养老保障政策，目前城市职工基本养老保险尚只基本上涵盖保障老年基本物质生活，至于老年健康护理、社会服务方面的内容除少数试点地区外，都未包括进来。

（五）社会政策尚主要通过政府法规、命令等途径推进，法治化不足

我国目前的社会政策建设尚存在法治化程度低，稳定性、权威性不足的问题。这个问题在计划经济时期就存在，但在当时，由于政府强有力的干预，且由于当时属于社会政策的内容实际上和经济体制掺杂在一起，其推行的阻力并不大。不过由于法治化程度低，彼时又受政治运动的影响，也存在着朝令夕改的问题，难以保证政策的连续性。在社会主义市场经济条件下，政策不能通过立法的途径加以明确，由于政府权力窄化，其推行的阻力大大增加了。阻力一大，就出台变通的政策加以取代，变通的政策遇到阻力，就再做变通，其结果是使政策的稳定性、权威性受到影响。客观来说，我国处在社会快速转型时期，新问题、新矛盾层出不穷，又受到人口城市化、经济全球化、少子老龄化、风险常态化的挑战，这些都给社会政策的决策者制造了巨大的压力。为应对上述挑战，出台的一些社会政策就具有应急性特点。这些应急性政策往往由于和其他政策不配套而难以保持稳定性。

（六）社会政策执行的瞄准性不足，影响了政策成效的正常发挥

我国目前的社会政策在执行过程中的瞄准性还有较大的提升空间。不同社会政策都存在这个问题，只是问题严重程度不同而已。这导致部分该受政策支持的人不

能得到实际的支持，不该受支持的人却获得了支持。如低保对象的选择，就使一些本不该享受低保的人钻了空子，而本该享受低保的人却得不到救助，存在错保、漏保问题。① 这既表明相关政策的目标群体或受益群体不够明确或有意无意模糊，也表明政策执行手段的欠合理、欠规范，专业化、法治化不足。再就是我国目前的社会政策分属于不同的政府部门或准政府部门、社会团体管理和执行，大多缺乏统一的协调机构或协调力不足，使政策在执行过程中可能出现有的目标人群成员获得了重复支持、有的成员得不到应有的支持、有的成员不该得到支持却得到了支持等状况。这些都会导致政策的执行难以取得应有的效果。

思考题

1. 什么是社会政策？社会政策可以分为哪些类型？
2. 当代国际社会政策发展出现了哪些新的趋向，我国应当如何因应？
3. 社会政策在中国革命、建设、改革等不同历史时期的角色是如何转换的？其背景是什么？
4. 中国社会政策发展历程提供的经验启示有哪些？
5. 试述当代中国社会政策建设取得的成就及存在的不足。

① “杨改兰事件”就是一个典型案例。事件主人公杨改兰，汉族，甘肃省临夏回族自治州康乐县人，一位年轻的母亲。在杨改兰家，原本生活着四代 8 口人。2016 年 8 月 26 日下午，杨改兰杀死 4 个孩子后服毒自杀。不日，杨改兰的丈夫也服毒身亡，四世同堂的 8 口之家，6 口人身亡。杨改兰对生活绝望主要原因是低保资格被不正常取消，生存困难。鉴于这起特大故意杀人案造成了恶劣的社会影响，相关方面人员负有不可推卸的责任，临夏州、康乐县纪委和监察部门按照《中国共产党纪律处分条例》《行政机关公务员处分条例》等法规，对相关责任人员分别做出严肃处理。

第二章

就业社会政策

就业是民生之本。就业不仅提供劳动者生存的经济基础和基本保障，也是其融入社会、共享社会经济发展成果、实现发展的基本条件。就业问题，关系到亿万劳动者及其家庭的切身利益，关系到社会和谐发展、长治久安，是各国经济和社会发展的核心问题之一。我国劳动力总量在逐渐减少，但是劳动力基数庞大，进入劳动力市场的人数持续增加，劳动力供大于求的格局将长期存在；就业的结构性矛盾越来越突出；新成长劳动力就业、农业富余劳动力转移就业和产业结构调整中脆弱群体再就业的矛盾交织，使就业问题具有长期性、艰巨性和复杂性。本章将首先介绍就业社会政策相关概念，然后在探讨我国就业社会政策变迁的基础上重点分析我国现行的就业社会政策，最后结合其他国家的相关经验对我国就业社会政策的发展做出展望。

第一节　就业社会政策概述

一、就业社会政策概念界定

2001 年，国际劳工组织召开了“全球就业论坛”，会上通过的《全球就业议程》明确提出：“工作是人们生活的核心。不仅是因为世界上很多人依靠工作而生存，它还是人们融入社会、实现自我以及为后代带来希望的手段。这使工作成为社会和政治稳定的一个关键因素。”[①] 多项关于贫困的研究显示，没有工作是很多家庭贫困发生的主要甚至

① 孙祖芳．关于就业与失业问题的理论政策研究．社会科学，2004（3）：5－12.

是首要因素，也是社会阶层扩大的主要原因。[①] 无论在什么情况下，大量失业人员的存在都必然会严重威胁正常的社会生活秩序，就业问题也就成了影响社会稳定、社会团结与社会整合的主要社会经济因素，就业问题的性质由社会经济问题转变为政治议题。[②]因此，贝弗里奇提出："社会政策所能做的全部就是减轻因为失业而引起的痛苦。"[③]

在市场经济条件下，劳动力成为一种可以在市场上进行交易的特殊商品，因此，在很长一段历史时期，就业政策被视为经济政策的主要组成部分。但是，市场分割、信息不充分等各种市场失灵现象的存在，加上人力资本投资具有周期长、收益不确定等特点，导致无法提前预警人力资源的变化和储备方向，也无法或者不愿对就业能力弱的群体进行保护，这造成了劳动力市场的动荡、大规模失业的出现，进而影响社会的稳定和良性运转。因此，20 世纪 50 年代以来，就业政策逐渐成为社会政策的重要组成部分。但不管是在经济学层面还是在社会政策层面，就业社会政策都还不是一个十分成熟或得到清晰定义的概念。结合各国政府在就业领域采取的干预措施，本书认为，就业社会政策可以定义为：以国家或政府为主体，在特定经济社会条件下实行的以优化劳动力素质、规范劳动力市场、开展就业救助、消除就业歧视为主要内容，旨在促进劳动力资源合理配置、实现就业公平、满足社会经济发展以及劳动者个人需要、促进社会融合和社会公正的政策。其基本内容主要包括以下几个方面。

第一，根据社会经济发展趋势改善劳动力供给的政策。劳动力资源的生产具有周期长、不确定性强和外部性等特点，因此需要政府根据社会经济发展需求，采取措施优化劳动力结构、提升劳动力素质。这方面的政策主要包括提高劳动力素质、提高人力资本、优化劳动力结构的政策等。

第二，提供公共就业服务、优化劳动力市场效力的政策。劳动力市场是劳动力要素买卖双方从事交易活动的场所和空间，其通过劳动力使用权的转让与购买来实现劳动力在各种社会用途之间的分配。公共就业服务一方面通过就业服务机构帮助劳动者获得就业岗位和提升就业能力，另一方面帮助用人单位寻找到合格劳动力，它可以通过提高劳动力市场信息的透明性有效提高劳动力市场运作的效益，还可以通过其本身的公平性和均等性，有效减少劳动力市场分割的负面影响。[④] 这方面的政策主要有：建设公共就业服务平台的政策；收集、分析与发布各种就业信息，开展就业咨询、职业介绍、用工指导的政策；根据经济社会发展需求设计并开展职业技能培训的政策；协同管理失业保险、开展失业救济的政策等。

第三，开展就业救济、保护就业脆弱群体的政策。每个社会都有一定数量在竞争性劳动力市场中处于相对劣势地位的劳动者。开展就业救济，有助于降低这部分社会成员的失业率，维持经济健康增长。这方面的政策主要包括失业保险政策、对竞争力相

---

① 林闽钢，梁誉，刘璐婵．中国贫困家庭类型、需求和服务支持研究：基于“中国城乡困难家庭社会政策支持系统建设”项目的调查．天津行政学院学报，2014，16（3）：3－11，2.

② 刘继同．就业与福利：欧美国家的社区就业理论与政策模式．欧洲，2002（5）：89－97，107.

③ 杨伟民，罗桂芬．失业保险．北京：中国人民大学出版社，2000：46.

④ 陈建刚．完善我国就业公共服务体系的几点建议．中国行政管理，2005（5）：109.

对弱的成员给予救助的就业救助政策、鼓励雇主雇佣就业困难人员的税收减免政策等。

第四，改善就业环境、促进就业公平的政策。社会公平体现了人类共同的价值追求，是衡量社会进步的重要尺度，更是社会政策的核心价值。[①] 就业公平是社会公平的重要维度，也是就业社会政策追求的关键目标。受生理特点、传统观念、社会制度、劳动力市场分割等诸多因素的影响，女性、残疾人、农民工等许多群体都遭遇了不公平对待。因此，促进就业领域公平的政策成为就业社会政策的核心内容。

二、就业社会政策的三种经典范式

就业社会政策的提出和改进往往与研究讨论失业成因的理论密切联系。自 19 世纪初期法国经济学家让-巴蒂斯特·萨伊在其 1803 年出版的《政治经济学概论》中提出“供给会自己给自己创造需求”起至今，这方面的理论探讨已有 200 多年的历史，经历了从否认非自愿失业存在的古典就业理论到承认非自愿失业存在的凯恩斯主义就业理论，再到货币主义就业理论、新古典综合学派就业理论、工资黏性理论的转变，解决失业的办法也经历了“强调市场—依赖政府—否定政府，回归市场—市场与政府相结合”的变化过程，形成了多种就业理论流派及就业社会政策的三种经典范式（见表 2-1)。

表 2-1　就业理论主要流派及就业社会政策的三种经典范式

	古典就业理论	凯恩斯主义就业理论	货币主义就业理论[②]	新古典综合学派就业理论	新凯恩斯主义的工资黏性理论	发展型福利观
兴起时间	20 世纪 30 年代之前	20 世纪 30 年代	20 世纪五六十年代	20 世纪 70 年代	20 世纪 80 年代	20 世纪 90 年代
代表人物	马歇尔、庇古等	凯恩斯	弗里德曼	萨缪尔森、莫迪里安尼、托宾、杜生贝等	费希尔、泰勒、贝利、戈登等	梅志里、谢若登、伊瓦斯等
对失业的看法	坚持“供给会自己给自己创造需求”，否认普遍性失业的可能性，即使存在失业，也主要是自愿失业和摩擦性失业	承认非自愿失业的大量存在	资本主义经济中存在的不是“非自愿失业”，而是与“自然失业率”有关的失业[③]，这一类型的失业在现代社会中会始终存在，但并不是一个固定不变的量	现代经济中普遍存在着结构性失业	接受自然失业率的存在；非自愿失业既是可能的，又是可信的	接受自然失业、非自愿失业的存在

① 李迎生．中国社会政策改革创新的价值基础：社会公平与社会政策．社会科学，2019 (3)：76-88.

② 20 世纪 70 年代石油危机后经济滞胀现象的出现让凯恩斯主义就业理论失效，此后，经济学领域中涌现出了一批以凯恩斯主义为对立面的就业理论，其中货币主义理论、供给主义理论和理性选择理论是当时最引人注目的理论。这三种理论中，货币主义理论影响力最大，供给主义理论和理性选择理论的主张虽然非常有创见，但没有形成体系。

③ 自然失业是指由于经济结构、就业生命周期的变化而造成的劳动力流动以及摩擦性因素造成的失业，它包括自愿失业和摩擦性失业。自然失业率是指在没有货币因素干扰的情况下，劳工市场和商品市场自发供求力量发挥作用时应有的处于均衡状态的失业率，自然失业率也可以说是充分就业时的失业率。

续表

	古典就业理论	凯恩斯主义就业理论	货币主义就业理论	新古典综合学派就业理论	新凯恩斯主义的工资黏性理论	发展型福利观
对失业原因的解释	工会和劳动者人为地阻止货币工资的下降，工人不接受现行工资水平而宁愿不工作；因季节性或技术性因素造成失业	“消费倾向”“边际效用”“流动性偏好”三大基本心理规律导致有效需求不足①，有效需求不足引发非自愿失业	经济结构、就业生命周期变化及摩擦性因素的存在	劳动力供给与需求的结构失调、部门发展不平衡等	工资黏性的影响，即工资不能随着需求的变动而迅速调整，工资易涨不易跌②	风险社会中不确定性的存在，市场壁垒的存在，就业者能力不足，就业政策滞后和消极

① 凯恩斯所谓的“有效需求”是指商品的总供给价格和总需求价格达到均衡状态的社会总需求。

② 新凯恩斯主义的工资黏性理论包括名义工资黏性理论和实际工资黏性理论。前者包括交错调整工资论和长期劳动合同论；后者包括隐性合同理论、内部人-外部人理论、效率工资理论、失业回滞理论。

交错调整工资论。这一理论认为，一个社会经济中所有的劳动合同不可能是在同一时间签订的，也不可能同时达到终止期，因此，各种长期合同都是交错签订的，从而工资的调整也是交错进行的。这种合同的交错签订使工资的调整不可能非常及时，进而导致工资具有黏性。

长期劳动合同论。在发达经济中，工资不是在现货市场上每天或者每月被决定，而是通过明确的（或隐含的）合同形式预先规定一年或者更长时期内的名义工资率。劳动合同的这种分批到期的性质使工资不可能快速调整，因而具有黏性。

隐性合同理论。这一理论认为，实际经济生活中充满着不确定性，对于风险，劳资双方的态度是不一致的，雇员厌恶风险，雇主是风险中性者，他们在确定工资时会达成默契，使实际工资保持相对稳定以避免随经济波动而变化，这实际上是达成了一个一致的隐性合同。隐性合同的存在使工资水平僵化，工资水平不能充分发挥随劳动力市场供求情况的变动而波动的调节功能，削弱了工资调节劳动力需求的作用，最终导致了失业的出现。

内部人-外部人理论。该理论将就业人员分为内部人与外部人，内部人是指在职的有经验的雇员，外部人主要指失业者。对于雇主而言，其用失业的外部人替代内部人的成本很大，如包括招募、辞退、培训成本，以及内部人不合作成本等等。因此，一方面企业为避免工人变动而不断提高或保持内部人的工资水平，另一方面大量外部人无法被聘用，由此造成高失业与高工资并存的现象。

效率工资理论。所谓效率工资就是使劳动总成本最小化的工资。这一理论认为，工资率与工人的生产率（或效率）存在一定联系，即实际工资水平与工人的努力程度相互依存。为保持工人的劳动积极性，提高劳动生产率，企业可能愿意支付高于市场出清水平的工资（市场出清工资是使劳动市场出清的工资，也就是使劳动供给等于劳动需求的工资，效率工资一般高于市场出清工资），如果企业削减工资，则要承受生产率下降的代价。这一理论认为，支付比市场出清工资更高的工资，劳动总成本可能最小，企业能够获得更多的利润。效率工资不是一个固定的值，其高出市场出清工资多少才能起到激励作用，取决于其他企业支付的工资、失业率、工人怠工被抓住的概率等因素。

失业回滞理论。该理论认为，失业不仅取决于当前产生它的因素，还取决于失业率过去的发展程度。如果失业者处于失业状态，其人力资本价值将会随着时间的流逝而损耗，即人力资本也会折旧，长期失业可能会丧失职业技能，使再就业变得十分困难。雇主在聘用雇员时，更倾向于聘用没有失业或者失业时间不长的人员。这种机制的存在，使过去的较高的失业率再生出目前的较高失业率。

续表

	古典就业理论	凯恩斯主义就业理论	货币主义就业理论	新古典综合学派就业理论	新凯恩斯主义的工资黏性理论	发展型福利观
解决失业的对策	反对政府干预，强调依赖市场机制，如物价、工资率的伸缩性来实现充分就业	赞成政府干预经济，主张政府运用宏观经济政策增加岗位需求，促进就业；积极实施人力政策，强化职业训练，提高就业人员素质，优化劳动力供给结构；建立福利国家，发挥失业保障制度在保障失业者利益和促进就业方面的积极作用；为社会弱势群体失业者提供“失业接济金”；等等	尽量减少政府对经济生活的干预，只要发挥市场机制的自发调节作用，就可把失业控制在可以承受的范围内	主张政府干预经济，实行工资、物价管制，以制止通货膨胀；对低工资收入家庭实行有差别的津贴，代替单纯依靠政府救济的做法；把福利支出与技术教育、职业培训结合起来；重新培训劳动者，提高劳动者的地区流动性和职业流动性，政府提供劳工市场信息，指导失业工人寻找就业岗位；等等	主张政府积极干预，如政府增加投资，提高总就业水平；干预劳动工资合同，使工资较有弹性，以提高就业率；实施再培训计划和改善失业补偿制度，增加局外人的权利	主张市场、政府、社会力量等多主体的参与；主张社会资源的“预分配”，在社会成员人生的不同阶段实施积极的劳动力政策，通过投资教育提升劳动者能力；通过灵活的劳动力市场机制打破就业壁垒；通过提供家庭社会服务缓解家庭就业压力；强调劳动者权利与义务平衡的“工作福利”
就业社会政策范式	以市场为中心的就业社会政策范式	凯恩斯主义就业社会政策范式	以市场为中心的就业社会政策范式	“第三条道路”就业社会政策范式		

以市场为中心的就业社会政策范式深受古典就业理论、货币主义就业理论的影响，认为在完全竞争的条件下工资可以随劳动力供求变化而自由涨落，那么市场力量就能够自动产生劳动力市场的供需平衡，实现充分就业；过多的国家干预会限制市场的作用，因此，解决失业问题的对策就是要增加激励机制、消除制约市场力量的因素，让市场发挥筛选和配置劳动力的作用。20 世纪 80 年代以来，美国、英国采取的政策就是这种范式的典型代表。这两个国家实施了一系列政策以减少政府和工会对劳动力市场的干预，如给予企业解雇工人的自主权，并降低其解雇工人所承

担的经济赔偿，推行弹性工资和协议工资制，以及取消全国性的产业集体谈判等。在减少政府和工会干预的同时，这两个国家还不断改革社会保障制度，如严格审核失业保障资格申请，缩短失业保障期限并降低失业保障水平。借此希望能够从侧面“激活”失业者，促使他们积极地重返劳动力市场。

凯恩斯主义就业社会政策范式认为失业存在的根源在于总需求不足，解决这一问题的有效途径是国家积极干预经济，对社会需求进行管理，并对收入进行以平等为取向的再分配。这种范式的中心目标是通过需求管理实现充分就业。以瑞典、奥地利、荷兰为代表的北欧及其他一些欧洲国家是该范式的代表。这些国家一直信守国家应当而且必须肩负起实现充分就业的责任，不把就业与失业问题完全推给市场、社会或劳动者个人的充分就业承诺，并赞同通过宪法和规章制度将其进一步法律化、制度化。在具体实践中，这些国家一方面实施积极的劳动力市场政策，不断创造新的就业机会；另一方面积极构建普惠型的、非商品化的社会福利体系，为社会成员提供全方位的社会保护。以瑞典为例，作为最早实施积极的劳动力市场政策的国家，目前瑞典已将这一政策内容扩展为三种项目计划：一是需求主导计划，即通过公共工程、政府补贴等措施为失业者、新进入劳动力市场的年轻人以及其他有就业障碍的人创造更多的就业机会；二是供给主导计划，即通过在职培训、岗前培训和其他继续教育形式，解决因劳动者不能适应技术的进步和其他就业环境的变化所导致的结构性失业问题；三是工作匹配计划，即通过提供信息咨询等公共就业服务，消除失业与职位空缺并存现象。

“第三条道路”就业社会政策范式的理论支撑是新古典综合学派就业理论、新凯恩斯主义以及社会投资理论，其在 20 世纪 80 年代之后被逐渐关注。该范式一方面借鉴市场范式的假定，强调充分发挥市场的力量，认为国家干预和严格的劳动力市场制度会造成僵化和结构性失业；另一方面，其主张政府应提供充分的保障性措施，尤其是为弱势群体提供工作保护，借此减少因频繁解雇造成的工作安全性降低的问题，确保每一个人能实现最大限度的自我发展。20 世纪 90 年代以来，在社会投资理论的影响下，这一范式的政策实践将政府的社会福利投入视为一种社会投资，主张将风险形成环节的“上游”作为干预重点，通过人力资源投资、个性化的就业服务和技能培训等能力建设，提升社会成员尤其是弱势群体的就业能力与就业质量。

这三种就业社会政策范式是对当前一些国家实际采取的就业社会政策的抽象，在不同的社会经济政策背景下，许多国家的就业社会政策不一定和上述范式完全吻合，而是可能介于这些范式之间，甚至不属于上述范式中的任意一种。另外，需要特别说明的是，虽然三种就业社会政策范式在解决失业问题时采用的具体路径不一样，但是自 20 世纪 90 年代以来，采用这些范式的国家对就业的认识都发生了朝向“体面就业”（decent work）的转变，“体面就业”成为多个国家就业社会政策的重要目标。国际劳工组织总干事胡安・索马维亚在 1999 年召开的第 87 届国际劳工大会上详细论述了“体面就业”的含义，指出“体面就业”就是“在自由、公正、安全和具备人格尊严的条件下，获得体面的、生产性的工作机会的权利”，主要包括

“促进工作中的权利、就业、社会保护和社会对话”四个方面的内容。[①] 具体而言，体面就业强调就业对于劳动者来说不仅仅是获得一份工作，而是获得了一个能充分发挥其生产技能和得到尊重的职位。因此，劳动者获取的收入应该足以使其本人及家庭成员摆脱贫苦；在其遭遇失业、职业伤害、疾病等需要救助的情形时能获得及时可靠的劳动保障，并有权力参与影响劳动者生活和生活条件的各项决策。一言以蔽之，体面就业就是指劳动者获得一个受到足够尊重、有助于实现自我价值和维持家庭稳定的职位。

体面就业理念的提出让人们意识到，工作不仅仅是谋生的手段，还是自我实现的一条途径；劳动者拥有更多的民主权利、更平等的就业机会、更多的参与企业和社会管理的机会、不断改善的劳动条件以及更高的生活质量，这是社会公正的题中应有之义及社会成员应有的基本权利。

第二节　我国就业社会政策的历史演变

一、1949—1978年：计划经济体制下统包统配的就业社会政策

新中国成立之初，随着生产资料私有制的社会主义改造迅速完成和大规模工业化建设的开始，我国逐渐形成了以高度集中为特征、以行政管理为主要机制、以公有制占绝对优势的计划经济体制。在这种经济体制下，受当时占主流地位的经济学理论关于失业问题认识（失业现象是资本主义制度下的产物，在社会主义社会不应存在失业问题）的影响，我国政府非常重视失业现象，想方设法地解决城市居民的就业问题。这个时期，我国形成了以农村人口的自然就业（人们达到劳动年龄就自然成为人民公社社员，可以挣工分、分口粮）和城市人口的“统包统配”为主要内容的就业制度，这一制度具有以下四个特征。[②]

一是以户籍制度为基础，实行城乡分割的二元就业制度，城市和农村的就业高度隔离，并严格限制农民进城就业。

二是在劳动力资源匹配上，以指令性计划为基石，国家制订统一的指令性计划对城镇劳动力进行调节，以行政手段配置人力资源；企事业单位没有用人自主权，既不能辞退职工，又不能让职工自由流动；就业者没有择业自由权，强调服从分配。

三是实施“低工资、高福利”的收入和福利政策。由于实行“充分就业，消灭失业”的政策，安排就业的劳动力数量远远超过当时社会的需求，结果只能实行“低工资、高福利”政策，即降低城镇就业者平均收入，同时为从业者提供包括住房、教育、医疗、养老、子女照料等在内的一系列排他性福利。

---

① 宋鸿，刘伟，毛冠凤．体面劳动问题研究的新进展与未来研究展望．经济与管理，2013，27（11）：18－23.

② 黄晨熹．社会政策．上海：华东理工大学出版社，2008：78.

四是在就业保护和促进就业公平领域进行初步探索。针对新中国成立初期的失业问题，我国政府制定了暂时性的失业救济政策，并于1951年颁布了《中华人民共和国劳动保险条例》，规定城镇企业职工可以在因工负伤、残疾、死亡等方面享有保险待遇，在就业保护、促进就业公平方面进行初步探索。

以城乡劳动力分割、城市就业统包统配、低工资高福利等为主要特征的就业社会政策一直沿用到20世纪70年代末。在此期间虽然也出现了一些变化和调整，但总体来说没有突破这一框架。作为在计划经济体制下产生和发展并与重工业优先发展的产业政策相对应的政策，其在一定时期内对促进经济发展、推动工业化进程、扩大劳动者就业、保障社会安定等做出过贡献。但是，这种制度安排严重限制了就业渠道，削弱了企业和劳动者的积极性，助长了单纯等待国家安排就业的消极依赖思想，国家成了用人与就业的双重主体，虽然竭尽全力为劳动者提供就业岗位，但是面对基数庞大的就业人群，这个政策的效果逐渐衰退，甚至逐渐成为发展经济、扩大就业的障碍。

二、1978—1992年：计划与市场相结合的就业制度

随着我国经济体制由计划经济向有计划的商品经济体制过渡，上一阶段的就业制度与城市劳动适龄人口亟待就业安置之间的矛盾冲突日益明显。这一点在改革开放初期表现得最为明显：一方面大批上山下乡知识青年返回城市等待优先安置就业①；另一方面城市积累的大批待业人员等待就业，城镇就业形势十分严峻②。统包统配的就业制度难以继续执行下去，对就业制度进行改革被提上了日程。

统包统配就业制度的松动首先在农村出现。家庭联产承包责任制的实行和科学种田的推广，在提高农业劳动者耕作能力的同时，也使农村剩余劳动力问题开始显现。为解决这一规模庞大的群体的就业问题，中央政府一方面采取大力发展乡镇企业、增加农村非农就业的措施，另一方面开始放松对农村劳动力进入城镇的控制。这些政策不断冲击着延续多年的城乡隔离的就业制度，并在一定程度上推动着城镇就业政策的改革。

面对城镇严峻的就业形势，1980年8月，中共中央和国务院召开了全国劳动就业工作会议，提出解决当前就业问题的方针，即“在国家统筹规划和指导下，实行劳动部门介绍就业、自愿组织起来就业和自谋职业相结合”的方针（简称“三结合”的就业方针）。“劳动部门介绍就业”是指国营和大集体企业、事业单位按国家计划指标招工；“自愿组织起来就业”是指群众自愿组织各种集体经济单位实现就业；“自谋职业”是指个体劳动者从事个体商业和服务业。1981年10月，我国政府又发布了《关于广

① 政府承诺优先安排1972年以前上山下乡的城镇知识青年，在两年内基本解决他们的就业问题，逐步安排他们从事有固定收入的工作。

② 1978年待业人数总计530万，其中待业青年（特指城镇中尚未获得进入正式工作或具有固定收入之岗位机会的预备劳动力）为249.1万，占待业人员总数的47%；1979年待业人数继续上升到567.6万，其中待业青年为258.2万，占待业人员总数的45.5%。

开门路，搞活经济，解决城镇就业问题的若干规定》，肯定了“三结合”就业方针的政策精神，强调要把解决就业问题和调整所有制结构、产业结构密切结合起来。“三结合”的就业方针突破了统包统配的就业制度，并且允许集体和个体经济发展，从而在所有制结构上突破了原有就业社会政策的框架，为解决就业问题指明了新的方向。在就业方针发生变化的同时，国有（国营）企业用工制度也开始发生重要变化。1984年我国开始在部分国有企业中试行合同制，要求新进企业的员工必须签订为期5年的合同；1986年9月，国务院公布了改革劳动制度的四项暂行规定，即《国营企业实行劳动合同制暂行规定》《国营企业招用工人暂行规定》《国营企业辞退违纪职工暂行规定》《国营企业职工待业保险暂行规定》，明确了国有企业实行劳动合同制以及企业用人主体的地位，打破了职工能进不能出的限制，使劳动力有了一定的流动性。随着劳动用工制度的缓慢变革，到1990年国有企业职工中已经有18%是合同制职工。[①] 四项暂行规定中的《国营企业职工待业保险暂行规定》的覆盖面虽然非常有限，且保障水平低、基金来源单一[②]，但是其代表着我国失业保险制度的正式建立。另外，1980年，我国政府签署《消除对妇女一切形式歧视公约》，1988年颁布了《女职工劳动保护规定》，1990年颁布了我国第一部保护残疾人权益的专门性法律《残疾人保障法》，1992年颁布了《妇女权益保障法》，在消除就业领域不平等、保障劳动者权益方面进行积极实践。这一时期，一些地区开始成立劳动服务公司，开展输送和管理企业临时用工、发展就业训练等服务，这是我国公共就业服务体系的雏形。

农村剩余劳动力的非农就业流向、城镇国有企业用工制度的变革与“三结合”就业方针的实施，标志着我国的就业社会政策在双轨制经济体制下开始朝着依靠市场机制对劳动力资源实行自主配制、劳动力与企业间“双向”选择以及聘用制的市场化方向转向。

三、1993—2012年：市场化取向、积极就业社会政策的确立

1992年10月，党的十四大做出了关于建立社会主义市场经济体制的决定，党的十四届三中全会正式提出了培育和发展“劳动力市场”的目标。从1993年起，原劳动部不再下达职工人数、工资总额和技工学校招生等计划指标，并开始以劳动力市场作为劳动力资源配置的基础手段，提出逐步建立“国家宏观调控，城乡协调发展，企业自主用人，个人自主择业，市场调节供求，社会提供服务”的新就业政策。

这个时期，国有企业改革的逐步深入使国有企业内部隐性失业人员逐步显性化，产业结构调整升级不断释放多余劳动力、农村剩余劳动力大规模向城镇转移，同时，

---

① 胡鞍钢，程永宏．中国就业制度演变．经济研究参考，2003（51）：2-19，25.

② 仅限于国有企业法定整顿期间被精减的职员、宣告破产的企业职员、企业终止与解除劳动关系的职员、企业辞退的职员四类人。1991年，我国城镇登记的失业人数为352万，待业保险参保受益率只有2.8%，受益人数仅有10万；1990年，我国的人均消费支出是1 279元，平均每月大约是107元，而待业保险金是每月53元，替代率只有25%～40%。［宋晓梧．中国社会保障制度70年演变及展望．中国劳动，2019（10）：5-15.］

大量新生适龄劳动力开始进入劳动力市场，多种因素相互交织，就业总量压力不断加大，就业结构矛盾日益凸显。为扩大就业，1998年，中共中央在《关于切实做好国有企业下岗职工基本生活保障和再就业工作的通知》中提出“劳动者自主择业、市场调节就业、政府促进就业”的新时期就业方针，进一步明确了市场调节就业的基础作用及政府在市场经济条件下促进就业的角色定位。2002年，中共中央、国务院在全国再就业工作会议上再次提出“要坚持市场导向的就业机制，实施积极的就业政策，多渠道开发就业岗位，努力改善就业环境，支持劳动力自谋职业和自主创业，鼓励企业更多吸纳就业，帮助困难群体就业”，并首次提出了积极就业政策的概念。2006年1月，《国务院关于解决农民工问题的若干意见》发布，这一文件正式将农民工特别是农村劳动力培训问题纳入国家发展战略。2006年5月29日，中央组织部、教育部等14部门联合下发了《关于切实做好2006年普通高等学校毕业生就业工作的通知》，把大学生就业纳入了劳动力市场体系的宏观调控中。2008年1月1日施行的《就业促进法》将“实施积极的就业政策，坚持劳动者自主择业、市场调节就业、政府促进就业的方针”纳入法律范围。至此，我国完全确立了以“国家促进就业、市场调节就业和劳动者自主择业”为指导方针、面向国有企业下岗职工-城镇新增劳动力-农民工-高校毕业生“四位一体”的积极就业社会政策体系。

随着市场机制的确立，作为就业服务重要机构的各类职业介绍所在全国各地不断涌现。1998年，原劳动和社会保障部下发了《劳动工作配合国有企业改革规划》的通知，明确要求各地政府或公立机构要建立再就业服务中心，负责下岗职工再就业服务。2008年1月开始施行的《就业促进法》再次明确了各级政府设立公共就业服务机构、健全公共就业服务体系的责任，确立了我国公共就业服务和公共就业服务机构的法定地位；同时配套的《就业服务与就业管理规定》自2008年1月1日起开始施行。这些法律法规为公共就业服务工作的全面开展提供了法律依据，我国的公共就业服务也在逐渐完善。

另外，这个时期我国陆续颁布了《国有企业职工待业保险规定》（1993年）、《最低工资规定》（2004年）、《残疾人就业条例》（2007年）、《劳动合同法》（2007年）、《社会保险法》（2010年）等法规和政策，逐步加强对劳动力市场的监管力度，提高对劳动者权益的保护程度以及对特殊群体的就业保护。如在女性就业权益保护方面，《社会保险法》把生育保险作为独立章节，明确规定妇女平等享有社会保障的权利。2011年颁布的《中国妇女发展纲要（2011—2020年）》也专门增设“妇女与社会保障”领域，将女性平等享有社会保险、社会福利和社会救助列为重要目标和内容，进一步加强对女性从业者的劳动保护。

随着经济社会的发展以及就业形势的变化，我国积极就业社会政策不断健全与完善，政策覆盖对象从最初只关注下岗失业人员的再就业转变为面向所有就业人员，就业机制上从单纯注重政府作用转变为强调政府作用与市场作用并重，政策体系上从不重视经济增长对扩大就业的作用转变为强调经济发展与扩大就业的良性互动。同时，我国公共就业服务体系逐渐完善，对特殊群体的劳动保护程度也在不断提高。

四、2012年至今：充分就业、高质量就业的更加积极的就业政策

2008 年爆发的全球金融危机影响了对外贸易对我国经济增长的拉动作用，而人口红利的逐渐消失也使以压低劳动报酬的方式来参与国际大循环的经济发展模式遇到了障碍。另外，随着新一轮科技革命的深入发展，新一代信息技术、人工智能、生物技术等技术的应用，各国都在积极推动产业结构优化升级。在这种背景下，我国政府对就业政策进行了调整，做出鼓励创新创业、促进充分就业、提高就业质量的决策。2012 年，党的十八大首次明确提出“劳动者自主就业、市场调节就业、政府促进就业和鼓励创业”的新时代就业方针，在此基础上，2015 年国务院在《关于进一步做好新形势下就业创业工作的意见》中提出强化公共就业服务体系、加强职业培训和创业培训、建立失业保险与就业的联动机制等具体措施。党的十九大进一步提出“坚持就业优先战略和积极就业政策，实现更高质量和更充分就业”。2021 年《中华人民共和国国民经济和社会发展第十四个五年规划和 2035 年远景目标纲要》则把“健全有利于更充分更高质量就业的促进机制，扩大就业容量，提升就业质量”作为下一阶段就业工作的目标，并再次提出采取“健全覆盖城乡的就业公共服务体系、全面提升劳动者就业创业能力”等方法增强劳动力市场的包容性，促进充分就业，提高就业质量。

在这一阶段，我国政府更加重视就业公平。我国政府陆续颁布《关于实施残疾人职业技能提升计划（2016—2020 年）的通知》（2016 年）、《关于进一步落实残疾人辅助性就业机构扶持政策的通知》（2017 年）、《关于促进残疾人就业政府采购政策的通知》（2017 年）等政策法规，这些政策法规在完善原有残疾人就业方式规定的同时，还提出辅助性就业和公益性就业两种新的就业方式，使残疾人拥有了更多的职业选择。在保障女性就业权益方面，《女职工劳动保护特别规定》（2012 年）对女职工禁忌劳动范围和产假假期、产假待遇进行了调整，推动女性从业者劳动条件不断改善。2019 年，全国妇联、人力资源和社会保障部、教育部等九部门联合印发了《关于进一步规范招聘行为促进妇女就业的通知》，要求用人单位在拟订招聘计划、发布招聘信息、招用人员过程中，不得限定性别（国家规定的女职工禁忌劳动范围等情况除外）或性别优先，对实施性别歧视行为的用人单位、人力资源服务机构，采取罚款、吊销人力资源服务许可证、纳入人力资源市场诚信记录等处罚措施，积极推动就业领域的性别平等。

回顾我国就业社会政策的演变历程，可以看到，在由计划经济体制向社会主义市场经济体制转变的过程中，我国的就业制度和就业机制发生了几个重大变化。

一是就业机制实现了从统包统配到市场为主体的本质转变。传统的就业机制中，个人是国家分配计划的对象，个人和用人单位都没有相互选择的机会和权利，在市场经济的发展过程中，就业机制转变为劳动部门介绍就业、自愿组织起来就业和自谋职业相结合的“三结合”模式，并进一步发展到了“个人自主择业，市场调节就业，国家促进就业”的模式。虽然城乡身份户籍制度尚未取消，但城市就业机会的增加和就业

门槛的降低，为农民进入城市就业创造了条件，以户籍为标志的身份就业制度日益淡出。

二是就业领域多元化，非公有制经济成为吸纳劳动力的主渠道，城镇就业成为主力。1978 年，我国城镇就业人口几乎都集中在国有和集体单位，占比高达 99.8%。随着社会主义市场经济体制建立和完善，到 2017 年，城镇私营企业、个体经济吸纳的城镇就业人数已经过半，分别占城镇就业人数的 31.4%、22.0%，国有、集体、股份合作、国有独资等公有单位就业人员占城镇就业的比重下降到 17.4%①，非公有制经济成为吸纳劳动力的主渠道。随着城镇化进程进一步加快，城镇就业人员数量高速增长，2014 年城镇就业人员数量首次超过农村，我国城乡就业格局发生了历史性转变。②

三是劳动力市场逐渐规范，就业环境更加公平。我国不断完善和就业公平相关的法律法规、行政条款，加强对劳动力市场的监测和执法力度，尽可能消除就业领域的性别歧视、学历歧视、户籍歧视等，就业环境更加公平。

第三节　我国当前的就业社会政策

一、我国当前就业基本形势及存在问题

改革开放 40 余年来，随着市场就业为主、政府保障就业为辅就业机制的确立及不断完善，我国社会就业总量持续增长，社会就业总量从 1978 年的 1.8 亿上升到 2020 年的 7.5 亿③，增加了约 3.2 倍；就业结构不断调整优化，从 1978 年到 2020 年，第一产业就业人数所占比重从 70.5%④下降至 23.6%⑤，下降了近 50 个百分点，第二、第三产业就业人数从原来的 17.3%、12.2%⑥，分别上升至 28.7%、47.7%⑦，分别上升了 11.4 个百分点和 35.5 个百分点；就业质量显著提升，居民人均可支配收入从 1978 年的 171 元上升到 2020 年的 32 189 元，增长了 187 倍⑧；

---

① 国家统计局．就业总量持续增长　就业结构调整优化：改革开放 40 年经济社会发展成就系列报告之十四．(2018-09-12)[2022-12-05]. http://www. stats. gov. cn/ztjc/ztfx/ggkf40n/201809/t20180912_1622409. html.

② 改革开放 40 年来，我国就业工作取得历史性成就、发生历史性变革．(2018-08-08)[2022-12-05]. https://m. sohu. com/a/245911032_729356/.

③ 从 1.8 亿人到 7.5 亿人　就业夯实民生之本．(2021-11-12)[2022-12-05]. https://m. thepaper. cn/baijiahao_15355817.

④ 改革开放 40 年中国民生发展．(2018-12-20)[2022-12-05]. https://baijiahao. baidu. com/s? id=1620320162193561215&wfr=spider&for=pc.

⑤ 人力资源和社会保障部．2020 年度人力资源和社会保障事业发展统计公报公布．(2021-06-04)[2022-12-05]. https://baijiahao. baidu. com/s? id=1701572525703105345&wfr=spider&for=pc.

⑥ 同④.

⑦ 同⑤.

⑧ 1978 年—2020 年，全国居民人均可支配收入从 171 元增加为 32 189 元．(2021-09-28)[2022-12-05]. https://m. gmw. cn/baijia/2021-09/28/1302617020. html.

就业形式日益灵活多样，以“互联网+”为主要形式的就业渠道高速发展，非全日制就业、季节性就业、弹性工作等就业形式迅速兴起。目前，虽然我国劳动力总量在逐渐减少，但是我国劳动力基数庞大，进入劳动力市场的人数持续增加，并且随着经济形态调整、产业形态升级和人口老龄化等新问题的出现，我国目前的就业压力非常大。我国当前就业形势呈现以下特点。

第一，经济增长对劳动力的拉动作用相对减弱，劳动力供求总量矛盾突出。

众所周知，我国人口基数庞大，虽然其他国家的发展历史已经证明，在从传统农业社会向工业社会再向后工业社会转变过程中，人口规模的缩减是一个必然趋势，但这种转变在短时间内是无法实现的。对比第四次至第七次全国人口普查数据，15～64岁劳动年龄人口分别为7.5亿、8.9亿、10亿、9.7亿①，第七次全国人口普查的人口总量虽然和第六次人口普查相比降低了，但是这个数量依然非常庞大。另外，由于产业结构转变和经济结构调整，我国经济增长进入新常态，经济增长速度放缓、对就业的拉动作用下降，经济增长的就业弹性呈现在波动中下降的趋势。据测算，1980年至1989年间，就业弹性系数平均为0.30，GDP每增长1个百分点可以新增146万个就业岗位。1990年至1999年，该系数下降至0.11，GDP每增长1个百分点只能新增72万个就业岗位。2000—2005年，该系数继续下降，仅为0.056 5。2006—2015年就业弹性系数平均为0.03。2016—2018年更是出现断崖式下跌，甚至在2018年由正变负，经济增长对就业的拉动作用跌入低谷。② 一方面劳动力供给依然处于高峰期，另一方面经济增长的就业弹性下降，我国劳动力供求总量矛盾依然非常突出（见表2-2）。

表2-2 中国历年三次产业就业弹性系数变化的比较统计（1980—2018年）

时间	总体	第一产业	第二产业	第三产业
80年代平均	0.30	0.24	0.49	0.52
90年代平均	0.11	−0.2	0.12	0.57
2000—2005年	0.056 5	−0.199 9	0.067 1	0.242 9
2006—2010年	0.024 3	−0.446 7	0.264 6	0.139 2
2011—2015年	0.034 9	−0.708 1	−0.122 7	0.348 7
2016年	0.024 9	−0.471 5	−0.293 8	0.260 2
2017年	0.004 4	−0.787 8	−0.192 8	0.297 7
2018年	−0.007 2	−0.772 1	−0.199 0	0.298 2

注：本表中20世纪80年代数据系使用1980—1989年数据计算得出，20世纪90年代数据系根据1990—1999年数据计算得出。

资料来源：张本波．我国就业弹性系数变动趋势及影响因素分析．经济学动态，2005（8）：31-36；马海涛，王斐然．我国就业市场变化的税收因素分析：基于产业结构调整视角．税务研究，2020（10）：5-15.

① 七普数据公布：十年间，我国人口发生了这些重要变化．(2021-05-12)[2022-12-05]. https://m.gmw.cn/baijia/2021-05/12/1302288199.html.

② 马海涛，王斐然．我国就业市场变化的税收因素分析：基于产业结构调整视角．税务研究，2020（10）：5-15.

第二，产业转型升级过程中劳动力供需结构性失衡突出。

党的十八大以来，随着“经济社会高质量发展”“建设制造强国”“发展现代化产业体系”等战略的提出，以及互联网、大数据、人工智能等技术同产业的逐渐融合，从劳动密集型转为技术密集型、发展战略性新兴产业成为我国产业转型升级的目标。2016 年，装备制造业对工业增长的贡献率达到 50%，比 2012 年提高了 22.7 个百分点；高技术制造业的贡献率达到 21.6%，企业对高技能劳动力的需求不断攀升。[①] 我国从业人员整体文化程度不高、劳动力素质较低是长期存在的问题。2008 年以来，我国加大教育投入，社会成员的受教育水平有了显著提高，但是问题依然非常突出。第七次全国人口普查数据显示，16～59 岁劳动年龄人口平均受教育年限为 10.75 年，比 2010 年第六次全国人口普查的 9.67 年增加约 1 年。[②] 从业人员的能力与新技术的需求差距非常大。与此同时，为了降低用工成本，一些企业会减少用工数量，甚至会将低技能工作外包[③]或者使用工业机器人填补空缺[④]，这使技能单一化和简单化的低技能劳动者处于不利地位[⑤]。传统行业出现大量失业人员，人工智能、信息技术、生物技术等新兴产业、行业所需的技术性人才短缺，对高级工程师、高级技师、高级技能人员的需求缺口大。“招工难”和“就业难”并存的结构性失衡问题突出。

第三，青年群体[⑥]、农民工等重点群体的就业形势严峻。

“青年是社会上最富活力、最具创造性的群体”[⑦]，但是随着技术进步、产业结构的更新换代，就业部门对没有工作经验的初次就业者及非技能劳动者的需求大大降低，这使青年群体的就业形势日益严峻。2006 年《中国首次青年就业状况调查报告》显示，2005 年，15～29 岁中国青年总体失业率为 9%，高于当前 6.1%左右的社会平均失业率。[⑧] 2010 年第六次全国人口普查数据显示，16～19 岁城镇青年失业率为 9%，20～24 岁的失业率为 8.84%。[⑨] 国家统计局的调查数据显示，2021 年年

---

① 吕荣杰，郝力晓．人工智能等技术对劳动力市场的影响效应研究．工业技术经济，2018，37（12）：131－137；孙早，侯玉琳．工业智能化如何重塑劳动力就业结构．中国工业经济，2019（5）：61－79.

② 七普数据公布：十年间，我国人口发生了这些重要变化．(2021-05-12)[2022-12-05]. https://m.gmw.cn/baijia/2021－05/12/1302288199.html.

③ 屈小博．机器人和人工智能对就业的影响及趋势．劳动经济研究，2019，7（5）：133－143.

④ 吴慈生，周震．工业机器人对企业人力资源管理的影响分析．现代管理科学，2013（12）：91－94；潘文轩．人工智能技术发展对就业的多重影响及应对措施．湖湘论坛，2018，31（4）：145－153.

⑤ 蔡昉．经济学如何迎接新技术革命？．劳动经济研究，2019，7（2）：3－20.

⑥ 1985 年，联合国首次将青年界定为 15～24 岁的人群。失业青年主要指年龄为 15～24 周岁，有劳动能力和工作意愿，在一定时间内没有工作或没有找到工作的人群。我国规定年满 16 周岁为法定就业年龄，禁止招用未满 16 周岁的未成年人。考虑到我国社会成员的教育年限在不断延长，将 24 岁作为青年人的年龄上限太小，因此有些研究就采用 16～29 周岁这个界定标准。

⑦ 习近平：青年是社会上最富活力、最具创造性的群体．(2019－04－29)[2022－12－05]. http://www.qstheory.cn/2019－04/29/c_1124432500.htm.

⑧ 《中国青年就业调查报告》公布．(2005-05-25)[2022-12-05]. https://news.sina.com.cn/o/2005－05－25/15155986628s.shtml.

⑨ 马艳林．我国就业、失业及劳动参与现状和特征分析：基于第六次全国人口普查数据．调研世界，2014（7）：6－10.

底，16～24 岁青年失业率已攀升至 14.3%。[①] 失业对青年的影响，不仅在于暂时性地抑制了青年未来薪资和就业能力的提升，还会对其自我评价、身体健康等产生不同程度的负面影响，增加抑郁症的发病率，留下永久“伤疤”，即产生“青年失业的多重伤疤效应”。[②] 青年群体中，值得特别关注的是大学生群体的就业问题。据教育部统计，2001—2021 年，我国普通高校当年毕业生人数从 103.63 万增长至 909 万，2014—2018 年，就业率在 91%左右。[③] 按照教育部高校学生司“中国高等学校毕业生就业形势的分析与预测”课题组的划分标准[④]，这一就业率表明高校毕业生市场供求基本平衡。但是，大量研究显示，就业压力已成为当前我国大学生面临的最大心理压力[⑤]，毕业前的就业焦虑情绪尤其强烈[⑥]。大学生就业难是我国就业问题尖锐化和失业问题扩大化的必然反映，它表明我国的失业群体范围越来越广泛，不仅低学历的劳动者容易失业，高学历的劳动者也容易失业。

农民工群体是我国就业政策重点关注的另一群体。新中国成立后的很长时间，城乡二元分割的就业制度使大量农村劳动力滞留农村，农村富余劳动力问题非常突出。改革开放之后，随着城乡分割就业制度限制的逐步弱化，大量农村劳动力进入城镇打工。根据《全国农民工监测调查报告》，2011—2021 年，全国每年外出务工农民工总量在 2.9 亿人左右。[⑦] 但是，随着我国经济增长进入新常态以及近年来国际贸易摩擦和争端加剧，作为传统产业就业主体的农民工面临就业岗位减少、就业不稳定性增强等问题，就业压力异常突出。根据流动人口监测数据，2017 年，当前工作从业时间不足 1 年的农民工占 26.4%，从业时间不足 2 年的占 43.8%。[⑧] 而且受城乡劳动力市场二元分割的影响，大部分农民工只能进入工作环境差、待遇低、晋升慢、劳动保护不良的次级劳动力市场。就收入水平看，《2020 年农民工监测调查报告》显示，农民工月均收入在 4 072 元左右[⑨]，同年全国城镇非私营单位就业人

---

① 国家统计局．2021 年就业形势总体稳定．(2022-02-28)[2022-12-05]. http://www.stats.gov.cn/ztjc/zthd/lhfw/2022/lh_sjjd/202202/t20220228_1828030.html.

② 鲍威，陈得春，岳昌君．青年就业扶持政策的国际比较：对后疫情时代中国高校毕业生就业政策的启示．教育发展研究，2020，40 (23)：66-76.

③ 《2019 年中国大学生就业报告》发布　去年软件工程专业就业率最高．(2019-06-12)[2022-12-19]. https://hn.cnr.cn/hngbxwzx/20190612/t20190612_524647162.shtml.

④ 就业率在 90%以上表示毕业生供不应求；就业率在 70%至 90%之间表示供求基本平衡；就业率在 50%至 70%之间表示就业有一定压力；就业率在 30%至 50%之间表示就业有一定困难；就业率在 30%以下表示可能产生就业危机。[闵维方，丁小浩，文东茅，等．2005 年高校毕业生就业状况的调查分析．高等教育研究，2006 (1)：31-38.]

⑤ 张云龙，叶宝娟，罗照盛，等．应对效能对大学生可就业能力的影响：职业探索的中介作用．中国临床心理学杂志，2015，23 (5)：815-817.

⑥ 刘芷含．大学生就业压力与主观幸福感：双向中介效应．中国临床心理学杂志，2019，27 (2)：378-382.

⑦ 国家统计局．2021 年农民工监测调查报告．(2022-04-29)[2022-12-09]. http://www.stats.gov.cn/xxgk/sjfb/zxfb2020/202204/t20220429_1830139.html.

⑧ 刘长全，李文．农民工就业问题的发展及新特点、新挑战．河北学刊，2019，39 (2)：136-139，148.

⑨ 国家统计局．2020 年农民工监测调查报告．(2021-04-30)[2022-12-05]. http://www.stats.gov.cn/xxgk/sjfb/zxfb2020/202104/t20210430_1816937.html.

员年平均工资为 97 379 元，城镇私营单位就业人员年平均工资为 57 727 元①，二者差距显而易见。农民工群体就业质量不高的问题非常突出。

第四，劳动力市场分割严重，针对女性、残疾人等群体的就业歧视普遍存在。

女性是社会的重要人力资源，但是从劳动参与率上看，2020 年年末我国女性就业人员占全社会就业人员的比重为 43.5%，低于男性约 13 个百分点。② 2002 年，欧盟 20～64 岁女性的就业率为 58%，2013 年该比例上升到 63%，其中德国、瑞典、芬兰、丹麦等国的女性就业率都超过了 70%。③ 从就业境遇以及就业质量看，情景更加不乐观。从初次就业看，女性遭遇的难度要大于男性；再就业过程中，女性也因受到排挤而使再就业的难度高于男性。从就业人员从事的行业结构看，2013 年，中高级专业技术人员中女性所占比例为 44.1%，比 2000 年提高了近 9 个百分点④；2019 年，企业职工董事和职工监事中女性比重仅为 33.4%和 36.4%⑤。劳动力市场性别歧视的存在，扭曲了女性劳动力的配置效率，使其人力资本红利无法充分释放。

相对女性，残疾人群体在就业领域遭遇的排斥和歧视更为严重。为了保障残疾人的就业权，我国早在 1990 年就制定了《残疾人保障法》，之后又陆续颁布了《残疾人就业条例》（2007 年）、《关于继续推进 2013 年残疾人就业服务有关工作的通知》（2012 年）、《关于进一步落实残疾人辅助性就业机构扶持政策的通知》（2017 年）、《关于促进残疾人就业政府采购政策的通知》（2017 年）等文件、法规，不断加大对残疾人群体的就业支持力度，我国残疾人就业环境不断改善。但一些用人单位宁愿缴纳残疾人就业保障金，也不愿为残疾人提供岗位，个别单位明确拒绝接收残疾人的事情也时有发生，致使残疾人就业权受到严重损害。全国处于就业年龄段的残疾人中，超过 90%的残疾人具有部分或完全劳动能力，但是截至 2018 年年底，持有残疾证的就业年龄段（男性 16～59 岁，女性 16～54 岁）的1 694.8 万残疾人中，已就业 948.4 万人，就业率仅为 56%。⑥

第五，就业保护不足，整体就业质量不高。

劳动力是市场上特殊的商品，其生产、使用和再生产会受到人体生理阈值的影响，且具有社会性的特点，但是市场机制对利润最大化的追逐会使用工者忽视这些特殊性，进而给劳动者自身以及其所在的经济系统带来极其严重且长期的破坏。因

① 国家统计局．统计局解读 2020 年城镇单位就业人员平均工资数据．(2021-05-19)[2022-12-05]. http://www.stats.gov.cn/xxgk/jd/sjjd2020/202105/t20210519_1817673.html.

② 国家统计局：我国女性平均预期寿命突破 80 岁 就业人员占全社会比重为 43.5%.(2021-12-21)[2022-12-05]. https://baijiahao.baidu.com/s?id=1719733580328095291&wfr=spider&for=pc.

③ 杨琳琳．福利国家儿童照顾政策的发展与镜鉴．兰州学刊，2021 (2)：87-105.

④ 中国性别平等与妇女发展．(2015-09-22)[2022-12-05]. http://www.gov.cn/xinwen/2015-09/22/content_2936716.htm.

⑤ 中国妇女发展纲要：2019 年企业职工董事女性占比超 33%.(2020-12-21)[2022-12-05]. https://www.sohu.com/a/439639675_260616.

⑥ 中国残疾人就业率稳步提升．(2019-08-02)[2022-12-05]. https://www.chinanews.com.cn/sh/2019/08-02/8915152.shtml.

此，许多国家都将劳动保护作为就业政策的重要内容，在工作时间、薪酬待遇、工作环境、职业病预防、社会保险等方面进行积极干预。我国政府也一直积极推动就业保护制度建设，先后颁布了以《最低工资规定》《工伤保险条例》《劳动合同法》《劳动争议调解仲裁法》《社会保障法》等为代表的就业保护政策。

但是，多项研究显示，我国很多从业人员都面临着劳动强度大、工作时间长、工资水平较低、工作环境差、职业病高发等问题，得到的劳动保护不足、就业质量不高。2006 年，我国平均周工时为 47.3 小时，2015 年虽有所下降，但仍高达 45.5 小时。① 在一些劳动力集中的行业，工时超长问题更加严重。如 2016 年流动人口平均周工时为 54.57 小时，超过国家法律规定的周工时 40 小时的占 72.58%，超过 44 小时的占 70.41%。② 过度劳动不仅会危害劳动者个人身心健康，还会给社会稳定和经济发展带来负面影响。职业病是衡量就业安全的另一重要指标。根据国家卫生和计划生育委员会发布的数据，2010 年至 2013 年，每年职业病发病病例为 2.6 万～3.0 万例，年均 2.7 万例。③

综合以上资料，可以看到，近年来我国就业领域存在劳动力供求总量矛盾和就业结构性矛盾并存、新成长劳动力就业困难和传统行业从业人员失业风险增加交织、就业领域排斥现象严重、就业质量不高等一系列棘手问题。2010 年以来，我国人口出生率下降，老龄化程度加深，人口红利逐渐消失；与此同时，我国经济增长进入新常态，国际贸易保护主义抬头。在这个背景下增加社会就业数量并提高就业质量，任务异常艰巨。

二、我国积极就业社会政策体系的构成

面对严峻复杂的就业形势，我国坚持就业问题市场化导向，在“劳动者自主就业，市场调节就业，政府促进就业和鼓励创业”就业方针的指导下，实行就业优先战略和更加积极的就业社会政策，强调“对失业者从消极的救济到积极带动就业；对就业的促进从开发就业岗位到同时开发人力资源，通过培训提高劳动者就业能力；在开发就业多种形式中大力提倡鼓励自谋职业、自主创业，通过推动创业带动就业”④。具体而言，我国更加积极的就业社会政策体系由以下几个方面构成。

（一）优化劳动力供给的政策

如前文所述，虽然我国劳动力总量在逐渐减少，但是我国劳动力基数庞大，进

---

① 丁守海，丁洋，吴迪．中国就业矛盾从数量型向质量型转化研究．经济学家，2018（12）：57－63.

② 周战强，王馨．身份认同与流动人口劳动时间．首都师范大学学报（社会科学版），2021（5）：148－159.

③ 钟学飘，朱志良，马争，等．2005—2013 年全国职业病发病情况分析．实用预防医学，2015，22（7）：858－859.

④ 赖德胜，孟大虎，李长安，等．中国就业政策评价：1998—2008. 北京师范大学学报（社会科学版），2011（3）：110－124.

入劳动力市场的人数持续增加，劳动力供求总量矛盾会在很长一段时间内存在。同时，随着经济形态调整、产业形态升级，我国劳动力供给的结构性压力日益增加。多项研究显示，职业培训和基础教育是提升人力资本的重要手段，对于就业促进有着显著影响。[①] 因此，在更加积极的就业社会政策体系中，我国把职业技能培训作为促进就业、缓解结构性就业矛盾、提高就业质量的根本举措。

我国一直以来都非常重视职业技能培训在促进就业和推动经济发展中的作用。新中国成立伊始，就颁布了《政务院关于开展职工业余教育的指示》（1950 年）、《职工业余教育暂行实施办法》（1951 年），提出对职工进行培训，只是这个阶段的教育重点是“扫盲教育”。改革开放之后，为了快速提高劳动者的就业素质和能力，先后颁布了《中共中央、国务院关于加强职工教育工作的决定》（1981 年）、《关于职工初中文化补课若干问题的通知》（1981 年）等行政规定，要求各单位制订职工教育计划，对工人、技术人员、经营管理人员、领导干部进行训练。党的十四届三中全会之后，为了使劳动力素质与市场机制相匹配，发布了《企业职工培训规定》（1996 年）等，指出要建立与经济和社会发展相适应的职工职业技能培训制度，并对企业、职工在培训中的权利义务进行界定。此后，面对城镇规模庞大的下岗失业工人和缺乏劳动技能却急需在城市就业的农民工群体，《加强职业培训提高就业能力计划》、《2003—2010 年全国农民工培训规划》出台，职业培训开始成为积极就业政策的重要组成部分。基于职业技能培训在提升劳动力素质、促进就业方面的突出成效，《就业促进法》以法律形式将地方政府对劳动力培训的责任固定下来。2010 年，《国务院关于加强职业培训促进就业的意见》颁布，首次明确提出职业培训工作要面向全体劳动者，并从风险预防的角度提出建设贯穿劳动者职业生涯发展全阶段的职业培训制度，标志着职业培训成为积极就业社会政策的重要支柱。2008 年全球金融危机之后，我国经济增长进入新常态。为了积极回应经济转型升级和产业结构调整的需求，2018 年发布了《国务院关于推行终身职业技能培训制度的意见》，提出建设覆盖城乡全体劳动者、“国家-企业-社会力量”多元主体参与、具有“普惠性、均等化、服务终身”特点的终身职业技能培训制度，将职业技能培训视为人力资源供给侧结构性改革的重要举措。

具体做法包括：第一，以政府补贴培训、企业自主培训、市场化培训为主要供给方式，以公共实训机构、职业院校（含技工院校，下同）、职业培训机构和行业企业为主要载体，开展从劳动预备开始，到劳动者实现就业创业并贯穿学习和职业生涯全过程的终身职业技能培训。第二，围绕就业创业重点群体（如大学生、返乡农民工、退役军人、就业困难人群）开展有针对性的职业技能提升培训和创业培训。如在乡村实施“返乡创业培训五年行动计划”“新型职业农民培育工程”“农村实用人才带头人和大学生村官示范培训”“农村青年创业致富‘领头雁’计划”等项目。第三，通过新知识、新技术培训以及技术研修攻关等方式，培养重点关键岗位高技

① 尹希文．职业培训对农民工就业稳定性影响的机制分析．福建师范大学学报（哲学社会科学版），2021（2）：61－69．

能人才；结合战略性新兴产业、先进制造业、现代服务业等发展需求，开展技师、高级技师培训。第四，推进创业创新培训。以高等学校和职业院校毕业生、科技人员、留学回国人员、退役军人、农村转移就业和返乡下乡创业人员、失业人员和转岗职工等群体为重点，依托高等学校、职业院校、职业培训机构、创业培训（实训）中心、创业孵化基地、众创空间、网络平台等，开展创业意识教育、创新素质培养、创业项目指导、开业指导、企业经营管理等培训。第五，实施新型学徒制度，对企业新招用和转岗的技能岗位人员，通过校企合作方式，进行系统职业技能培训。第六，实施与国家职业资格制度相衔接、与终身职业技能培训制度相适应的职业技能等级制度。

2020 年年末，全国共有就业训练中心 2 622 所，民办培训机构 25 851 所。全年共组织补贴性职业培训 2 700.5 万人次和以工代训 2 209.6 万人，其中，培训农民工 1 046.6 万人次，培训贫困劳动力 270.4 万人次，培训城镇登记失业人员 80.5 万人次，培训高校应届毕业生 109.8 万人次。[①]

（二）完善公共就业服务体系、提高促进就业服务能力的政策

公共就业服务是连接劳动者和用人单位的桥梁，其发挥着提高劳动力市场信息透明性的作用，可以有效提升劳动力市场的运作效益，还可以通过本身的公平性和均等性，减少劳动力市场分割的消极影响。[②] 1994 年，原劳动部颁发了《促进劳动力市场发展，完善就业服务体系建设的实施计划》，中组部等部门颁发了《加快培育和发展我国人才市场的意见》，此后，多种类型的劳动力市场和人才市场中介组织迅速涌现出来。2007 年颁布、2018 年 1 月 1 日开始施行的《就业促进法》明确规定了公共就业服务的内容、管理与完善策略，同年《就业服务与就业管理规定》、次年《国务院关于做好促进就业工作的通知》先后增加了招聘用人指导服务、代理招聘服务、跨地区人员招聘服务、企业人力资源管理咨询服务、劳动保障事务代理服务、职业技能鉴定服务、创业服务和创业培训等 8 个职能，我国公共就业服务的职能基本确定。随着产业结构转型和就业形势转变，《中共中央关于全面深化改革若干重大问题的决定》指出，要“完善城乡均等的公共就业创业服务体系，构建劳动者终身职业培训体系”。《“十三五”推进基本公共服务均等化规划》提出，要积极引导社会力量参与，通过政府和社会资本合作（PPP）丰富公共就业服务。我国逐渐形成了一套适合我国劳动力市场、有中国特色的公共就业服务体系。

当前我国公共就业服务主要包括 10 项，其重点服务包括：为劳动者提供就业政策法规咨询、信息发布、职业指导和职业介绍；开展就业登记、失业登记、就业援助；为创业者提供项目选择、开业指导、融资对接、跟踪扶持等创业服务；为城乡

① 2020 年度人力资源和社会保障事业发展统计公报．(2021-06-04)[2022-12-09]. http://www.gov.cn/xinwen/2021-06/04/content_5615424.htm.

② 蒲晓红，鲁宁宁，李军．提升我国农业转移人口就业质量的途径：基于公共就业服务视角．上海行政学院学报，2015，16（5）：81-91.

从业人员提供就业技能培训、岗位技能提升培训和创业培训；进行劳动关系协调和劳动权益保护。此外，还提供就业见习服务、大中城市联合招聘服务、职业技能鉴定等。2020 年年末，全国人力资源服务机构 4.58 万家，人力资源服务业从业人员 84.33 万人，全年共为 4 983 万家次用人单位提供人力资源服务，帮助 2.90 亿人次劳动者实现就业、择业和流动。①

（三）加强劳动保护、促进就业公平的政策

为增加利润和节省成本，企业很有可能做出一些损害劳动者合法权益的行为，尤其是当员工相对于企业处于不利地位时，员工工资水平过低、社会保险缺失、被针对性歧视以及被随意解雇等无效率和不公平问题频繁出现。② 因此，许多国家都采取制定最低工资标准、劳资双方必须签订劳动合同等法律制度，对劳动市场进行监管，保护劳动者权益。

为保护劳动者的合法权益，1949 年 9 月中国人民政治协商会议第一届全体会议通过的《中国人民政治协商会议共同纲领》就明确规定："人民政府应按照各地各业情况规定最低工资。"但由于多种原因，这个规定一直未能以法律形式贯彻落实，直到 1993 年 11 月，原国家劳动与社会保障部发布《企业最低工资规定》，最低工资标准制度再次被提出来。1994 年颁布的《劳动法》要求用人单位支付劳动者的工资不得低于当地最低工资标准，从法律高度对劳动者收入进行保护。为了增强这一劳动保护制度的效果，2003 年，原劳动和社会保障部颁发了《最低工资规定》，要求用人单位根据当地就业者及其赡养人口的最低生活费用、城镇居民消费价格指数、当地经济发展水平、就业状况等因素确定月最低工资标准、小时最低工资标准。

为了明确劳动合同双方当事人的权利和义务、保护劳动者的合法权益，《劳动合同法》从劳动合同的订立、劳动报酬、劳动条件、工作保护等多个维度对劳资关系做出了新的强制性约定。如要求用人单位与劳动者建立劳动关系时必须订立书面劳动合同；在制定、修改或者决定工作内容、工作时间、职业危害、劳动报酬等直接涉及劳动者切身利益的规章制度或者重大事项时，须经职工代表大会或者全体职工讨论，提出方案和意见，与工会或者职工代表平等协商确定。另外，要求劳动者在试用期的工资不得低于本单位相同岗位最低档工资或者劳动合同约定工资的百分之八十，并不得低于用人单位所在地的最低工资标准。

我国保障女性就业权利的政策主要包括以下两方面：一是保障女性享有和男性平等的就业权。1949 年的《中国人民政治协商会议共同纲领》就规定："妇女在政治的、经济的、文化教育的、社会的生活各方面，均有与男子平等的权利。"《劳动法》《妇女权益保障法》《就业促进法》等多部法律对女性享有和男性平等的就业权

---

① 2020 年度人力资源和社会保障事业发展统计公报 .（2021-06-04）[2022-12-09]. http://www.gov.cn/xinwen/2021-06/04/content_5615424.htm.

② 戴华娟，李玉双 . 劳动保护影响了企业经营绩效吗?：来自我国最低工资标准调整的经验证据 . 财经理论与实践，2021，42（6）：139-146.

进行了明确说明。如《劳动法》第十三条规定：“妇女享有与男子平等的就业权利。在录用职工时，除国家规定的不适合妇女的工种或者岗位外，不得以性别为由拒绝录用妇女或者提高对妇女的录用标准。”《妇女权益保障法》第二十五条规定：“在晋职、晋级、评定专业技术职务等方面，应当坚持男女平等的原则。”2019 年《关于进一步规范招聘行为促进妇女就业的通知》更是明确要求用人单位在拟订招聘计划、发布招聘信息、招用人员过程中，不得限定性别（国家规定的女职工禁忌劳动范围等情况除外）或性别优先，对包含性别歧视行为的用人单位、人力资源服务机构，采取罚款、吊销人力资源服务许可证、纳入人力资源市场诚信记录等处罚措施。二是对女性进行劳动保护的政策。这方面的政策主要涉及对女性从事的劳动范围以及在怀孕期、产期、哺乳期“三期”就业权和待遇的保障。1988 年国务院发布的《女职工劳动保护规定》（2012 年废除）明确界定女职工禁忌劳动范围和产假假期、产假待遇，如“禁止安排女职工从事矿山井下、国家规定的第四级体力劳动强度的劳动”“女职工在月经期间，所在单位不得安排其从事高空、低温、冷水和国家规定的第三级体力劳动强度的劳动”等。2012 年颁布的《女职工劳动保护特别规定》对女员工经期禁忌从事的冷水、温水作业范围做了更具体的规定，扩大了孕期禁忌从事的劳动范围，补充了冷水、低温、高温和噪声作业的禁忌规定。

（四）面对重点人群的就业扶持政策

从各国的经验看，解决困难群众的就业问题，单靠经济增长的拉动是不够的，还必须辅之以特殊的扶持政策。针对劳动力市场上的重点人群（如大学生、农民工、退役军人、就业困难人群等），我国政府通过采用失业保险、就业救助等制度，向其提供就业支持。

新中国成立初期我国就出现了第一次失业高峰。面对庞大的失业人群，1951 年政务院颁布了我国第一部社会保险法规《劳动保险条例》，确定了工伤、疾病、生育、老年等保障项目，但并未将失业列入其中。直至 1986 年，国务院发布《国营企业职工待业保险暂行规定》，将国营企业的待业职工、宣告破产的企业职工、濒临破产的企业法定整顿期间被精减的职工、企业终止和解除劳动合同的职工以及企业辞退的职工列为保险覆盖人群。这个规定的颁布拉开了我国失业保险制度建设的序幕。1993 年，《国有企业职工待业保险规定》颁布，把保障对象扩大到撤销、解散企业的职工、停产整顿被精减的职工以及被企业除名或开除的职工。1999 年，《失业保险条例》正式颁布，标志着我国的失业保险制度建设取得了突破性进展。该条例明确了失业保险在保障生活、促进就业方面的两大制度定位，并扩大了失业保险的覆盖范围，覆盖到所有城镇企业事业单位。2011 年我国第一部《社会保险法》正式实施，将失业保险制度列为五大社保项目之一，强化了失业保险相关各方的法律责任。

根据 2018 年修订的《社会保险法》，我国的失业保险由用人单位和职工共同缴纳失业保险费，非因本人意愿中断就业、已经缴纳失业保险费满一年的失业人员，可以领取最长不超过24个月、不低于城市居民最低生活保障标准的失业保险金。根据《2020年度人力资源和社会保障事业发展统计公报》，2020年末全国参加失业保险人数为21 689万，全国领取失业保险金人数为270万，失业保险金月人均水平1 506元。[①]

为了推进失业保险发挥预防失业和促进就业的作用，2015年开始实施“失业保险支持企业稳定岗位”政策，对那些采取有效措施不裁员、少裁员，上年度未裁员或裁员率低于统筹地区城镇登记失业率的企业，由失业保险基金按不超过该企业及其职工上年度实际缴纳失业保险费总额的50%给予稳岗补贴。[②] 在此基础上，2018年又先后启动了“援企稳岗护航行动”“失业保险支持技能提升展翅行动”两项行动。“护航行动”扩大了援企稳岗政策的覆盖范围，“展翅行动”则给予参保企业员工技能提升补贴，鼓励其主动根据经济转型升级、产业结构调整的需求提升自己的就业技能和能力。

就业救助是“一项针对生活贫困、有劳动能力但就业困难的失业人员给予就业扶持和帮助的制度”[③]。我国的就业救助制度始于2002年，当年的中央12号文件首次提出建立再就业救助制度，要求各级政府建立公共就业服务制度，对下岗职工和所有登记失业人员提供免费就业服务。到2007年，各地普遍建立了“出现一户，援助一户、稳定一户”的动态工作机制。党的十七大报告明确指出：“要完善面向所有困难群众的就业救助制度，及时帮助零就业家庭解决就业困难。”在这些工作的基础上，2008年1月，我国施行《就业促进法》，其中专门设置了就业救助章节，要求各级人民政府建立健全就业援助制度，采取税费减免、贷款贴息、社会保险补贴、岗位补贴等办法，通过公益性岗位安置等途径，对就业困难人员实行优先扶持和重点帮助。2014年，我国颁布第一部统筹各项社会救助制度的行政法规《社会救助暂行办法》(2019年3月2日根据《国务院关于修改部分行政法规的决定》修订)，就业救助成为八项社会救助项目之一。针对就业救助政策实施中出现的福利依赖等问题，2020年，中共中央办公厅、国务院办公厅印发了《关于改革完善社会救助制度的意见》，提出“对已就业的低保对象，在核算其家庭收入时扣减必要的就业成本，并在其家庭成员人均收入超过当地低保标准后给予一定时间的渐退期”，进一步完善这一政策。

综合《社会救助暂行办法》《关于改革完善社会救助制度的意见》的主要内容，我国当前的就业救助措施主要包括：通过贷款贴息、社会保险补贴、岗位补贴、培训补贴、费用减免、公益性岗位安置等办法，对最低生活保障家庭中有劳动能力并处于失业状态的成员给予就业救助；公共就业服务机构为其免费提供就业岗位信息、

---

① 2020年度人力资源和社会保障事业发展统计公报.(2021-06-04)[2022-12-09]. http://www.gov.cn/xinwen/2021-06/04/content_5615424.htm.

② 关于失业保险支持企业稳定岗位有关问题的通知.(2014-11-17)[2022-12-05]. http://www.mohrss.gov.cn/xxgk2020/fdzdgknr/zcfg/gfxwj/shbx/201411/t20141117_144457.html.

③ 杨德敏.就业援助：社会救助立法的基本取向.江西社会科学，2012，32(12)：159-164.

职业介绍、职业指导等就业服务；吸纳就业救助对象的用人单位，享受社会保险补贴、税收优惠、小额担保贷款等就业扶持政策。为了解决福利依赖问题，对那些无正当理由连续 3 次拒绝接受为其介绍的与其健康状况、劳动能力等相适应的工作的救助对象，会实施减发或者停发其最低生活保障金的惩罚措施（见表 2-3）。

表 2-3　我国就业救助制度的相关内容

救助对象	最低生活保障家庭中有劳动能力并处于失业状态的成员	
救助措施	劳动力供给	培训和培训补贴，职业指导和介绍
	劳动力需求	吸纳就业救助对象的用人单位，享受社会保险补贴、税收优惠、小额担保贷款；提供公益岗位安置
	惩罚措施	无正当理由连续 3 次拒绝接受为其介绍的与其健康状况、劳动能力等相适应的工作的，减发或停发其本人低保金
	激励措施	对已就业的低保对象，在核算其家庭收入时扣减必要的就业成本，并在其家庭成员人均收入超过当地低保标准后给予一定时间的渐退期
获得方式	救助对象住所地街道、社区公共就业服务机构免费提供相关就业救助服务	

梳理我国积极就业社会政策的主要内容，可将这一政策概括为四项政策体系，分别是优化劳动力供给的政策体系、就业公共服务政策体系、促进就业公平公正政策体系、开展就业救助政策体系，其核心内容分别是：开展贯穿职业生涯全过程的终身职业技能培训；建设提高劳动力市场透明度、公正规范的就业公共服务体系；通过实施最低工资标准、订立劳动合同和消除劳动力市场歧视的政策，为劳动者提供劳动保护，促进就业公平；通过失业保险、就业救助等制度，为重点人群提供就业扶持。这四个体系与我国的产业发展政策、金融政策、教育政策等相互配套，相互支撑，相互促进，构成了一个比较完整积极的就业社会政策体系，其在扩大就业、维护社会稳定、促进经济发展等方面发挥了积极作用。

第四节　我国就业社会政策的创新发展

一、新时期促进就业的国际经验

20 世纪 90 年代以来，在经济全球化步伐加快和新一轮结构调整的背景下，世界就业形势严峻。尤其是受 2008 年全球金融危机、2012 年欧洲次贷危机的影响，各国失业人口猛增。根据国际劳工组织的估计，2019 年全球失业率为 5.4%，失业人口将近 1.88 亿。① 为了降低失业水平，除了优化产业结构、扶持中小企业和第三产业发展，通过促进经济增长创造更多就业机会外，各国政府普遍采用积极的劳动

① 国际劳工组织报告：世界失业率 2021 年或回升．(2020-01-22)[2022-12-05]. https://baijiahao.baidu.com/s? id=1656403110189682969&wfr=spider&for=pc.

力市场政策，通过强化就业培训、实施“工作福利”导向的就业救助、以困难失业群体为目标开展专项就业计划等措施，千方百计解决失业问题。

（一）强化就业培训，优化劳动力供给结构

针对严重的青年失业问题，西方多个国家实施社会投资型福利政策，将就业培训和教育视为促进经济发展、解决失业问题的重要策略，采取在教育阶段开展和就业相关的课程、强化雇主的主体性，提高就业培训的瞄准度等措施，优化劳动力供给结构。

第一，结合产业升级目标，将技能培训作为重点。2010 年美国启动“为了美国未来的技能”政策行动，加速培养与其产业发展相匹配的高技能劳动力。2016 年，英国推行“16 岁后技能计划”（Post－16 Skills Plan），计划通过建设“学徒制学院”和高级技能培训学院对技能人才培养模式进行改革，使技术教育成为学生的核心选择。2021 年 1 月，英国政府又发布了《就业技能：终身学习的机会和成长》，将其作为应对未来挑战的最新劳动力发展战略。①

第二，就业认知教育前置，强化职业生涯规划。针对青年失业问题，多个国家把生涯规划指导、职业能力培训纳入课程体系，通过学习培训、职业教育、实习和创业能力培养等途径，增进青年对劳动力市场与自我的认知，提升其可就业能力。②2014 年，英国启动职业教育改革项目，该项目以 14～19 岁学生为对象，在全日制教育体系中引入职业发展引导、技能培养等教学内容，同时为学生提供就业实习平台和创业教育经历，使其提前体验职场特点，提升可就业能力。

第三，强调政府、行业企业、学校之间的合作，推动雇主深度参与，强化教育与劳动力市场之间的契合性与有效衔接。2017 年，英国创立了由企业雇主独立领导的学徒制学院，负责学徒制开展的一切事宜；2021 年 1 月颁布的《就业技能：终身学习的机会和成长》，鼓励、推动雇主参与设计几乎所有的学徒制和技术课程。③ 法国、瑞典、加拿大等国实行“政府购买培训成果”机制，全面调动社会培训机构参与职业培训的积极性④，强化教育与劳动力市场之间的契合性。

（二）强化福利投资理念，实施“工作福利”导向的就业救助

美国、英国以及欧盟诸国为了促进失业人员尤其是长期失业人员再就业，并解决引起较大争议的福利依赖问题，特别强调工作与福利挂钩，把福利享受转为福利投资，提倡通过“工作福利”解决失业问题。在具体措施上，将失业保险金改为“求职津贴”，将失业人员是否积极寻找工作、是否参加就业技能培训、是否

---

① 王建梁，王秀文．英国“技能战略”的新走向及启示．现代教育管理，2021（7）：112－120.

② 鲍威，陈得春，岳昌君．青年就业扶持政策的国际比较：对后疫情时代中国高校毕业生就业政策的启示．教育发展研究，2020，40（23）：66－76.

③ 同①.

④ 李娟．国外就业资金管理运行的特征、经验及其启示．兰州学刊，2013（12）：87－92.

接受职业介绍机构提供的工作岗位、是否完成一定时间和任务的社区工作等作为接受救助的必要条件并对救助期限进行限定[①]；对失业者实施技能计划，将劳动力从低生产力部门转移到高生产力部门；加强劳动力市场信息化建设，向失业人员提供个性化服务，从就业指导、职业培训到求职活动都给予跟踪帮助[②]；提供支持性服务，如交通、孩子照管和紧急情况下的现金及食品援助等，消除就业障碍；改善低收入群体的居住社区环境，强化社区服务功能，以帮助低收入群体获得更好的就业机会[③]。

（三）推动就业公平，促进女性群体就业

世界上主要国家和地区都非常重视就业领域的性别公平问题，除了从法律高度推进就业领域的性别公平外，多个国家还通过直接补贴与税收减免，鼓励用人单位雇佣女性就业。如日本对执行女性产假育儿制度的企业给予“育儿休假奖励金”的奖励。同时，发展普惠性儿童照顾服务，以缓解女性在就业与照顾家庭中面临的矛盾。2017 年日本政府推出了“安心育儿计划”，政府出资建设保育所和儿童托管机构，为灵活就业的女性提供托管照顾孩子的服务、为需要夜间工作的女性提供上门服务。[④] 英国、法国、瑞典、韩国等国家也有类似的保育服务。

二、发展中的中国就业社会政策

随着我国人口红利逐渐消失、“刘易斯拐点”加速到来，以及 2008 年国际金融危机后国际经济格局调整等一系列内外因的作用，我国经济增长逐渐进入“速度变化、结构优化、动力转换”的新常态，社会主要矛盾转化为人民日益增长的美好生活需要和不平衡不充分的发展之间的矛盾。党的二十大报告指出：“强化就业优先政策，健全就业促进机制，促进高质量充分就业……消除影响平等就业的不合理限制和就业歧视，使人人都有通过勤奋劳动实现自身发展的机会。”借鉴其他国家在促进就业方面的做法，可为我国就业社会政策增加新的元素。

首先，引入发展型福利观，从社会投资的视角进行就业政策体系设计。在顶层设计上，就业政策体系与我国的人口政策、产业政策、教育政策、健康政策、新型城镇化建设等相匹配，使其既能提升劳动者的积极性、促进经济快速增长，又能推动更深层次、更大范围的公平。同时，建构政府主导、社会多元主体（社会民间组织、企业、社区与个人）深度参与的政策体系和机制，全方位拓展就业空间。

---

① 林亦府．从“福利依赖”到“工作自救”：美国福利制度改革对中国城市低保制度可持续发展的启示．哈尔滨工业大学学报（社会科学版），2013，15（1）：45－50.

② 陈玉萍．中外青年就业援助政策措施研究．湖北社会科学，2013（10）：77－80.

③ 刘凯，张瑞凯．低收入家庭的失业与就业：人群、趋势及国际比较．社会建设，2017，4（3）：16－25.

④ 夏婧，刘莉．如何创造生育福利?：国际比较视域下“三孩”政策推进及配套措施构建．广州大学学报（社会科学版），2021（6）：85－94.

其次，前置职业认知教育、提高就业培训精准度，优化劳动力结构、提升劳动力素质。一方面，把职业认知教育的时间前置，为初中、高中学生系统性地提供职业指导，协助他们制定生涯规划，让他们在加入劳动力市场之前就对就业市场有必要的认知。另一方面，根据职业生涯发展特点，提供满足不同阶段需求的职业能力培训，提高用人单位在职业技能培训中的主体性作用，提高培训与劳动力市场需求的契合度。更重要的是，充分考虑产业结构升级和就业环境变化带来的挑战，开展具有前瞻性的就业服务和职业技能培训，从而优化劳动力结构、提升劳动力素质。

再次，使用大数据、云计算等技术，提高公共就业服务的有效性。充分利用以大数据、人工智能为代表的智能化技术，精准识别服务对象及其特殊需求，为不同性别、不同年龄、不同人生规划的劳动者提供差异化的精准服务，促进劳动力在地区、城乡、行业之间有序高效流动，提高公共就业服务的有效性。

最后，营造公平的就业环境，提高就业质量。如上文所提，推动高质量就业是现阶段我国就业政策的重点。因此，要改善就业环境、提高劳动者工资待遇，使劳动报酬提高与劳动生产率提高同步，增强劳动者的获得感和幸福感；完善劳动争议、劳动仲裁、劳动保护等方面的法律法规，使用更加灵活有效的劳动监察手段对劳动力市场进行监督，加强劳动者权益保障，尤其是加强对灵活就业群体的保障；完善就业救助制度，加强对产业结构调整中受冲击群体的有效保护；强化失业保险和失业救助对就业的促进功能。

思考题

1. 不同就业社会政策范式关于失业现象的解释分别是什么？其区别和联系何在？

2. 如何理解社会政策对解决失业问题的功能？

3. 什么是高质量就业？社会政策在推动高质量就业中的作用和机制是什么？

4. 如何理解就业歧视？从社会政策视角入手如何解决就业歧视问题？

5. 有研究者提出“劳动保护会增加企业负担，进而影响就业”。如何理解劳动保护与促进就业的关系？

第三章
收入分配政策

收入分配政策是经济学、政治学、社会学、法学、社会政策等重要社会科学学科的共同研究对象，但侧重点各不相同。社会政策学科对收入分配政策的研究，主要是从收入分配政策与社会政策的关系入手，并着重从再分配的角度加以分析。

第一节　收入分配政策的理念及其工具

一、收入分配政策的界定

利益关系是人类社会最基本、最普遍的关系，“每一个社会的经济关系首先是作为利益表现出来”[①]，“人们奋斗所争取的一切，都同他们的利益有关”[②]。在追逐不同性质的利益中，体现为收入的经济利益是利益最基本、最直接、最主要的体现，对利益的追逐往往表现为对收入的追逐。在财富和利益总量即收入总量总是有限或是稀缺的条件下，不同的分配政策直接决定了不同社会主体在分配过程中的地位和作用，决定了社会财富和利益在不同主体之间的分配结果。不同利益主体为了寻求和维护自身的利益，往往会与其他利益主体产生矛盾与冲突，进而影响到社会的稳定和发展。经济学家威廉·刘易斯（William Lewis）明确指出：“收入分配的变化是发展进程中最具有政治意义的方面，也是最容易诱发妒忌心理和混乱动荡的方面。”[③] 因此，对于一个国家和社会来说，采取什么样的原则对社会财富进行分配，

① 马克思，恩格斯．马克思恩格斯全集：第18卷．北京：人民出版社，1964：307.

② 马克思，恩格斯．马克思恩格斯全集：第1卷．北京：人民出版社，1956：82.

③ 刘易斯．发展计划：经济政策的本质．何宝玉，译．北京：北京经济学院出版社，1988：78.

是关系到国家存亡的议题。

收入分配政策是一定区域内的权威主体根据既定的目标而制定的、与收入分配活动有关，调节社会财富分配、个人收入总量和结构变动方向的一系列措施、计划、方案和行动准则的集合。“一定区域内的权威主体”通常指的是现代民族国家范围内的政府或执政党，也可以指涉一个城市、地区、组织内部在收入分配行为中居于有利地位的组织或个体。

从分配的具体流程看，社会成员个人可持有收入的形成通常需要经过初次分配、再分配以及第三次分配等多个环节，收入分配政策也因此可以分解为与其对应的三个层次的政策。

第一层次的收入分配政策是初次分配领域中的政策及相关配套措施。国民收入的初次分配是分配对象在参与生产过程的生产要素（如劳动力、资本、土地和技术等）之间进行的分配，分配标准是各生产要素所有者和政府对生产的参与状况和贡献。在市场经济条件下，初次分配过程中发挥主导作用的是市场机制，每个人所得到的财富份额由市场机制及其偶然因素来决定。各生产要素能够自由流通、交易规则公开透明是市场机制发挥调配作用的必备条件。因此，该层次的政策主要涉及不同生产要素参与分配原则的政策，保证初次分配领域的公平、合理，防范、纠正不正当竞争的反不当竞争和反垄断政策，保证劳动力资源和资本正常、自由流动等的法律和政策等。

国民收入的再分配是指在初次分配结果的基础上，出于公平和均衡发展原则，政府以社会管理者的身份，通过税收、财政支出等途径对所积聚的财政收入进行分配，以满足不直接参与生产的各个社会部门和各类社会群体的需要，使其获得相应收入的过程。在再分配过程中，国家（政府）是国民收入再分配的主要主持者，且这一分配过程主要以实现收入分配的公平和均衡发展为目标。因此，第二层次的分配政策通常包括税收调节政策、财政转移支付政策及各项福利政策等。

第一次分配和第二次分配之后，社会财富的使用会留下一些空白，需要第三次分配来填补，即在道德力量的作用下，通过个人收入转移、个人自愿缴纳和捐献等非强制方式进行的再一次分配，这是一种非市场、非政府行为的人道主义、理想主义的分配行为。和再分配一样，第三次分配也是在市场经济活动之外进行的分配，其要实现的目标也是社会公平，但两者的侧重点有所不同。第二次分配在国民收入再分配中居于主体地位，其主体是政府，主要实现分配公平的社会目标；第三次分配是第二次分配的补充，其主体是社会，主要实现分配公平的伦理目标。第三次分配过程中的政策主要包括鼓励和规范社会成员自愿缴纳或捐献等行为的慈善法、社会救助法、救灾捐赠管理暂行办法等。

二、分配公正——社会政策视野中的收入分配政策

公正是一个涉及政治、经济、文化等诸多维度和领域的概念，分配领域的公正

是一个社会公平程度的经济基础和实质性内容，“公正是社会政策的基本理念依据，社会政策则是公正在社会领域的具体化”[①]。因此，在社会政策的发展历程中，收入分配一直是众多研究者的关注焦点。不同于经济学家强调分配的效率、重点研究生产要素投入（贡献）与其所得收入之间的关系，社会政策对收入分配的研究主要侧重于如何改善国民收入在一个国家（或地区）不同群体、个人之间的分配状况，如何使分配更加公正，从而提高社会成员的福利水平。受不同时代社会发展的影响，社会政策关于收入分配领域的公正观以及实现分配正义的措施经历了旧福利经济学“均等收入”到凯恩斯主义的“收入均等、效率优先”再到罗尔斯的“差别原则”的演变。

（一）旧福利经济学的“均等收入”公正观

社会政策领域较早对分配领域内公正的理解是“均等收入”。这一公正观以旧福利经济学创始人、英国经济学家庇古为代表。他认为货币对持有者的边际效用是递减的：一个人的收入越多，货币收入的边际效用越小；收入越少，货币收入的边际效用越大。[②] 如果将高收入群体的货币收入向低收入群体转移，就会使社会总经济效用增加，社会福利也会增加。也就是说，在国民收入既定的情况下对收入进行平均分配，就能够最大限度地提高社会整体福利水平。为实现福利最大化，庇古提出了几项措施：一是增加必要的货币补贴，改善劳动者的劳动条件，使劳动者的患病、残疾、失业和养老能得到适当的物质帮助和社会服务；二是向收入高的富人征收累进所得税，向低收入劳动者增加失业补助和社会救济，以实现收入的均等化，从而增强普遍的福利效果；三是建立普遍养老金制度，或按最低收入进行普遍补贴制度，通过有效的收入转移支付实现社会公平。

（二）凯恩斯主义的公平效率观

“二战”前后，凯恩斯主义的公平效率观（收入均等、效率优先）成为社会政策领域影响力最大的学术主张。凯恩斯认为收入分配会影响居民消费倾向，收入分配的均等化有助于增强社会成员的消费倾向并促进经济增长，而收入分配不平等最终将阻碍资本主义经济的发展。因此，他主张以国家干预经济的方式增加全社会所有要素的收入，特别是要提高居民收入，同时解决收入分配不公问题，以增加有效需求，实现充分就业，促进经济增长。就具体干预措施，凯恩斯认为可以实施“普遍福利”的社会政策，并提出了一系列影响至今的缩小收入差距的政策措施，如实行累进所得税、建立最低工资制度、加大转移支付力度、提供社会保障、消灭贫穷等。比较来看，凯恩斯主义的公平效率观是一种收入均等化意义上的公平效率观。

（三）罗尔斯的“差别原则”公正观

作为 20 世纪 70 年代以来公正研究的集大成者，罗尔斯在假设了“无知之幕”

---

① 吴忠民．公正与社会政策．理论前沿，2002（7）：13－15.

② 庇古．福利经济学．朱泱，等译．北京：商务印书馆，2006：237.

的原初状态中就分配正义提出了两个基本原则。第一，每个人都在最大限度上平等地享有和其他人相当的基本的自由权利。第二，社会和经济的不平等应该这样安排：（1）使得人们有理由期待它们对每个人都有利，尤其是适合于最不利者的最大利益；（2）并且在公平的机会平等的条件下，所设置的职务和岗位对所有人开放。[①] 在罗尔斯看来，要以“最不利者的最大利益”作为分配正义的最低标准，通过经济再分配缩小贫富差距，这种不平等分配要比简单的平等分配能给所有人带来更大的利益。[②]

梳理这些公正观的演变，可以发现强调收入在社会成员之间实现合乎“正义”的分配，使“每个人得其所得”的理念一直贯穿其中。这种对公正的追求使现代社会中社会政策主要发挥作用的领域——第二次分配——得到了越来越多的关注。但是，必须看到，初次分配是再分配的前提和基础，如果初次分配不注重公平，造成收入差距过大，社会政策对此又不加以干预，必然导致再分配矫正的困难，因此，无论是再分配还是初次分配，社会政策的建设都至关重要。[③]

三、收入再分配的政策工具

现代经济理论和世界经济发展的历史已证明，在初次分配领域，市场是迄今为止最具效率的调节机制。但是，每个主体进入市场之前，个人禀赋、能力、生产要素拥有量不同，工作勤勉程度不同，在市场竞争中的机遇也有差别，因此其获得的劳动收入、利息、红利等也自然不同。因此，初次分配结果中社会成员收入存在差距在所难免，甚至会出现收入差距悬殊的状况，这意味着市场机制对社会财富和利益进行公平分配时存在失灵现象，甚至成为造成分配不公平的直接因素。当收入分配不均衡达到某一个临界点以后将引起社会动荡，进而阻碍经济发展和整个社会福利水平的提高。因此，政府通过税收或财政转移支付等再分配政策工具，在一定范围内直接对社会共同体的分配状况进行必要的调节，使财富在整个社会的分配呈现公正合理的一面，是实现分配正义的必然选择。目前收入再分配领域的政策工具主要包括以下几种。

（一）调节高收入群体收入的税收调节政策

税收调节政策是指在国民收入分配过程中，通过税收对个人收入的形成、分配、使用、财富积累与转让等实施全面调节的政策。政府通过税收可以直接对高收入群体的收入进行调节，还可以将通过税收筹集到的资金以转移支付等方式用在有益于贫困者的支出上，从而明显改善整个社会的收入分配状况。因此，税收调节政策成

---

① 罗尔斯．正义论．何怀宏，等译．北京：中国社会科学出版社，1988：102.

② 文长春．分配正义及其局限．马克思主义与现实，2007（3）：118－122；卢昌军．对罗尔斯“差别原则”的解读与评析．社会主义研究，2007（3）：59－61.

③ 李迎生．中国社会政策改革创新的价值基础：社会公平与社会政策．社会科学，2019（3）：76－88.

为各国政府调控收入分配差距的重要手段。

税收调节政策一般通过直接调节和间接调节这两个策略对收入进行再分配。属于直接调节的税种主要包括所得税与财产税，属于间接调节的税种有消费税、关税和增值税等（见图 3-1）。

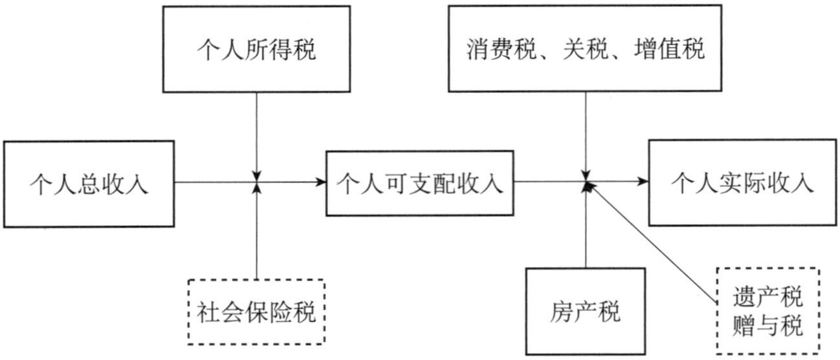

图 3-1　税收调节收入分配机制示意图

注：虚线方框内为我国目前尚未开征的税种。

所得税又称收益类税收，是以收益额为课税对象的一类税收。根据对象不同，所得税分为企业所得税和个人所得税。市场经济条件下，个人所得税从根本上体现了对高收入者多课税、对低收入者少课税或者不课税的量能课税原则，因而能有效地缩小收入分配差距，达到调节收入分配的目的。同时，由于个人所得税能够直接影响到每个成员的收入，因此，在某种程度上，其比企业所得税在收入调节方面发挥的作用要大。

财产税对个人收入分配的调控功能体现在两个方面：首先，对财产课税有助于直接调整社会财富分布的不公平状态。其次，财产税的税负难以转嫁，财产税特别是遗产税和赠与税的征收，对于防止社会财富过于集中、减少个人收入分配不公、补充个人所得税对个人收入分配调节的不足具有积极作用。在具体税种方面，财产税主要由房产税、契税、遗产税、赠与税构成。与房产税、契税相比，遗产税（或继承税）和赠与税实行较高的累进税率，在缩小收入分配差距上产生的效果更突出。

消费税和关税都是在收入消费环节征收的税种，这两种税会依商品的供求状况和需求弹性转嫁给消费者，通过影响居民的实际收入水平、实际购买力来发挥调控收入分配的功效。另外，已有研究显示，针对在商品流转过程中产生的增值额进行征收的增值税，其征收主体虽然不是公民个体，但其税负转嫁的特性使其最终会转嫁给个人，最终也会对收入分配产生影响。

除上述税种外，社会保险税作为一种有指定用途的专款专用的税种，也具有调节收入分配的作用。社会保险税入库后，政府可以按照不同的保险类别分别纳入各专项基金专款专用，以保险救济金的形式再分配给符合条件、有需要的社会成员。作为政府转移支付的重要资金来源和社会保障制度的财力基础，其对促进社会公平具有特有功能。

（二）提高低收入者收入水平的财政转移支付政策

转移支付（transfer payment）是源自西方经济学和西方财政学的概念，旧福利经济学的创始人庇古首次就其进行了明确界定："用于支付本国人民内债利息、抚恤金、养老金、奖金等方面的经费，称之为国家经费中的转移经费。它不直接消耗资财，只是在国民经济中通过国内购买力的转移调节所得分配关系。"① 这一定义形成了转移支付政策的特点和核心功能，即政府对财政资金进行无偿的、单方面的转移和再分配，借以调节中央与地方之间、不同地区之间以及不同群体之间的分配关系，最终缩小不同区域、不同群体之间的收入差距，实现国家对社会和经济的调控功能。"二战"前后，随着国家干预经济的力度加大，转移支付在财政支出中所占的比重越来越大，其对收入差距的调节作用也日益被发现和认可。

根据转移支付的对象，可将转移支付分为政府间转移支付和政府对居民（包括企业）的转移支付。政府间转移支付是资金在各级政府间的无偿转移，这是一种与分税制分级财政体制相配套的制度安排，它是在解决中央政府与地方政府财政之间的纵向不平衡和各地区财政之间的横向不平衡问题过程中产生和发展起来的，是当今世界各国调节收入分配、缩小地区收入差距、促使地区间公共服务水平均等化的重要政策工具。

政府对居民（包括企业）的转移支付是政府通过公共教育、社会保障、反贫困干预等渠道将资金直接或间接转移到低收入者手中，从而提高低收入者的收入水平，缩小收入分配差距的一种制度安排。政府通过转移支付建立完善的国民教育体系和公共教育系统，保证每个公民无论收入高低都可以享受"免费"的公共教育，从而防止了由于收入不平等而导致的教育机会不平等，为最终实现收入公平分配创造条件，是缩小收入分配差距的重要因素。社会保障是使用经济手段解决社会问题的制度安排。强制性的养老、医疗、工伤、失业和生育等社会保险，通过缴费结构、缴费比例的设置，可以切实使一定比例的企业经营收益流向劳动者，调节了劳资收入分配差距，具体改善了国民收入的初次分配状况。主要由国家财政承担资金、具有权利义务单向性的社会救助制度，则可以直接或者间接增加特定群体的收入，具有明显的收入分配调节功能。社会保障的统筹机制实际上发挥着促进社会成员互助共济的作用，进而推动着更大领域、更深层次的公平，尤其是养老保险制度，更是通过收入的代际转移实现了代际公平。因此，政府通过转移支付建立统一和完善的社会保障和保险制度，可以有效地防止各种绝对贫困的发生和大规模疾病的出现，在增加每一个社会成员利益的同时，也会使低收入者的实际收入增加，减少收入分配的不平等，促进社会公正和稳定。大量关于社会保障对收入调节、促进社会公平效

---

① 庇古．福利经济学．朱泱，等译．北京：商务印书馆，2006：32.

应的实证研究发现，社会保障在缩小收入差距、促进社会公平方面发挥着极其重要的作用。[①] 反贫困的转移支付，特别是直接补贴可以提高低收入者的收入，提升他们的社会经济福利水平，缓解收入不平等的社会紧张度，减少收入不平等对经济增长以及社会发展的负面影响。

第二节　我国收入分配政策的发展演变

一、新中国成立以来我国收入分配政策的演进历程

根据不同历史时期收入分配政策坚持的分配原则，可将 1949 年以来我国收入分配政策的变迁分为四个阶段。

（一）1949—1978年：以平均主义为特征的收入分配政策阶段

从新中国成立后到改革开放前这一时期，我国实行了计划经济体制，在收入分配领域，农村是实行工分制，城市实行固定的八级工资制，这一分配制度具有鲜明的平均主义特征。

受平均主义收入分配政策的影响，当时我国收入分配的基尼系数比世界上大多数发展中国家都要低。陈宗胜等根据各省统计年鉴以及《1949—1952 中华人民共和国经济档案资料选编》等文献资料数据，对 1949—1978 年间我国农村基尼系数估计值均值为 0.267，城市是 0.21[②]；与其相似，国家统计局对 1978 年城镇基尼系数的估计值是 0.16、农村是 0.212[③]。与城市相比，农村的基尼系数略高。同期许多发展中国家，城市的基尼系数为 0.37～0.43，农村的基尼系数则为 0.34～0.40。[④] 由此可见，这个时期我国收入分配领域的公平度很高，但其呈现出的公平是一种低水平的公平，表现为“共同贫困”。1978 年我国的人均国民收入世界排名第 175 位，绝对处于低收入国家行列。[⑤]

---

① 郑功成．社会保障：调节收入分配的基本制度保障．中国党政干部论坛，2010（6）：19－22；吕承超，王志阁．“逆向转移”还是“正向调节”：社会保障的收入再分配效应．现代经济探讨，2018（11）：108－115；李琼，张登巧．少数民族地区社会保障制度减贫的功能及实践．甘肃社会科学，2017（4）：87－92；黄文正，何亦名，李宏．社会保障城乡收入差距调节效应的实证研究．经济体制改革，2014（6）：19－22；邓大松，仙蜜花．社会保障转移支付对收入分配差距的调节效应：基于东部 12 个省市的实证研究．社会保障研究，2013（6）：3－9；陶纪坤．西方国家社会保障制度调节收入分配差距的对比分析．当代经济研究，2010（9）：65－69.

② 陈宗胜，张杰．新中国前 30 年中国居民收入差别估算及影响因素分析：兼及改革开放前后中国居民收入基尼系数总趋势及比较．中国经济史研究，2021（2）：160－183.

③ 李实，赵人伟．中国居民收入分配再研究．经济研究，1999（4）：5－19.

④ 赵人伟，李实．中国居民收入差距的扩大及其原因．经济研究，1997（9）：19－28.

⑤ 金碚．1978 年以来中国发展的轨迹与启示．中国工业经济，2007（5）：5－12，70.

（二）1978—2002年：以效率导向为主的改革阶段

从党的十一届三中全会到 2002 年党的十六大这一时期，我国收入分配政策以打破平均主义为突破点、以效率为导向，一步步深化和完善。从政策文本的表述上看，这一阶段制度的发展轨迹为：打破平均主义，允许一部分地区和一部分人先富起来，最终实现共同富裕—坚持按劳分配为主体，其他分配方式为补充；效率优先，兼顾公平—坚持以按劳分配为主体，多种分配方式并存的分配制度，允许生产要素参与收益分配，董事会、经理层等经营管理阶层、技术拥有者等可以根据各自的贡献取得报酬。对平均主义和单一的按劳分配制度的突破促进了我国经济的快速增长。从 1978 年到 2001 年，我国 GDP 剔除价格因素后年均增长 9.4%，是同期世界经济增速的 3 倍强，位居世界之首。①

这一阶段生产效率显著提高的同时，分配不均等问题逐渐显现。根据国家统计局的数据计算，无论是农村还是城市，由基尼系数所反映出来的收入差距总的来说呈现出一种上升的趋势。农村居民收入的基尼系数从 1978 年的 0.212 上升到 2002 年的 0.366，城镇居民收入的基尼系数从 1978 年的 0.16 上升到 2002 年的 0.319；综合基尼系数从 1981 年的 0.288 增加到 2001 年的 0.447，明显超出了国际公认的 0.4 的警戒线。②

（三）2002—2012年：追求效率与公平良性互动的改革阶段

经过 20 多年的发展，我国的经济总量、国家综合实力大大提升。面对日趋严重的收入分配不平等问题，我国开始探索效率与公平良性互动的收入分配制度，着力使全体人民共享社会进步成果。

党的十六大对收入分配制度提出了改革思路，要求“确立劳动、资本、技术和管理等生产要素按贡献参与分配的原则……再分配注重公平，加强政府对收入分配的调节职能……以共同富裕为目标，扩大中等收入者比重，提高低收入者收入水平”。党的十七大报告首次提出在初次分配过程中也要处理好效率和公平的关系，并提出“逐步提高居民收入在国民收入分配中的比重，提高劳动报酬在初次分配中的比重”“让更多群众拥有财产性收入”的分配策略。这一时期，我国围绕社会保障体系建设、税收、农村居民收入增长等方面进行了重点建设。

为解决企业退休人员养老保障水平低的问题，2005—2007 年连续三年提高企业职工基本养老金待遇，2008—2012 年又不断调整缴费比例。为解决农村老年人生活保障问题，从 2009 年起开展新型农村社会养老保险试点，并在 2011 年开展城镇居民社会养老保险试点，将城镇无业人口覆盖进来。在进一步完善城镇职工医疗保险的基础上，2002 年 10 月，《中共中央、国务院关于进一步加强农村卫生工作的决

---

① 中国年均 GDP 增长居世界之首．(2002-09-16)[2022-12-05]. http://www.chinanews.com.cn/2002-09-16/26/223012.html.

② 魏杰，谭伟．基尼系数理论与中国现实的碰撞．光明日报，2006-02-14 (10).

定》指出要“逐步建立以大病统筹为主的新型农村合作医疗制度”以及“对农村贫困家庭实行医疗救助”，增强农村居民的健康风险预防能力。除了养老保险、医疗保险的建设外，在工伤、失业、生育保险方面也进行了调整和完善。更为重要的是，2010 年《社会保险法》颁布，从法律高度对我国社会保障体系的建设框架进行了界定（即基本养老保险、基本医疗保险、工伤保险、失业保险、生育保险等）。此外，我国还积极完善税收制度，2005—2011 年对个人所得税起征点进行了两次调整，强化其在调节收入分配方面的作用。

（四）2012年至今：追求共同富裕的深度改革阶段

2010 年，我国人均国民总收入（GNI）突破 4 000 美元大关，迈入了中等偏上收入国家的行列，但是收入分配差距问题更加突出。2012 年，基尼系数高达 0.474，我国面临着落入“中等收入陷阱”的风险。① 因此，党的十九大报告明确指出我国社会主要矛盾已经转化为人民日益增长的美好生活需要和不平衡不充分的发展之间的矛盾，要促进收入分配更合理、更有序，不断促进人的全面发展、全体人民共同富裕。党的二十大报告再次强调“中国式现代化是全体人民共同富裕的现代化……着力维护和促进社会公平正义，着力促进全体人民共同富裕，坚决防止两极分化”。习近平总书记对共同富裕的内涵和实践原则进行了解释：“共同富裕是全体人民共同富裕，是人民群众物质生活和精神生活都富裕，不是少数人的富裕，也不是整齐划一的平均主义。”“坚持以人民为中心的发展思想，在高质量发展中促进共同富裕。”②

这个阶段，在初次分配领域，我国不断完善生产要素参与收入分配的制度。党的十八届三中全会强调“健全资本、知识、技术、管理等由要素市场决定的报酬机制”，首次将“知识”作为生产要素纳入其中；党的十八届五中全会加入了“土地”这一基本生产要素；党的十九届四中全会增加了数据要素，提出“健全劳动、资本、土地、知识、技术、管理、数据等生产要素由市场评价贡献、按贡献决定报酬的机制”。

在再分配领域，积极优化社会保障制度，不断扩大社会保障的覆盖面，提高社会保障水平。2014 年，国务院印发《关于建立统一的城乡居民基本养老保险制度的意见》，将新型农村基本养老保险制度和城镇居民基本养老保险制度合并，建立了全国统一的城乡居民基本养老保险制度。在医疗保障方面，2012 年开始开展城乡居民大病保险试点，并在 2015 年颁布《关于全面实施城乡居民大病保险的意见》，推动全国所有地市实施这一制度。截至 2020 年，我国基本医疗保险覆盖超 13.5 亿人，基本养老保险覆盖超 10 亿人。③ 另外，这一阶段，我国还把治理贫困作为政府转移

---

① 基尼系数提示了什么 .（2013-01-21）[2022-12-05]. http://opinion.people.com.cn/n/2013/0121/c1003-20264118.html.

② 习近平 . 扎实推动共同富裕 . 求是，2021（20）.

③ 中国的全面小康 .（2021-09-28）[2022-12-05]. http://www.gov.cn/zhengce/2021-09/28/content_5639778.htm.

支付的重点任务，通过实施精准扶贫切实解决农村贫困问题。2012—2020 年，中央、省、市县财政专项扶贫资金累计投入近 1.6 万亿元，实现了在我国现行贫困标准下 9 899 万农村贫困人口的全部脱贫。[①]

二、现阶段我国居民收入分配格局的主要特征

（一）城乡居民收入大幅提高，收入分配失衡状况明显，形势依然严峻

新中国成立 70 多年来，我国城乡居民收入快速增长。1949 年我国居民人均可支配收入仅为 49.7 元，2018 年居民人均可支配收入达到 28 228 元，名义增长 567 倍，扣除物价因素实际增长 59.2 倍，年均实际增长 6.1%。[②] 城乡居民恩格尔系数分别从 1978 年的 57.5%、67.7%下降到 2020 年的 29.2%、32.7%[③]，而且 2014—2019 年，全国居民人均收入增速始终保持在 6%以上[④]，基本与国民经济的快速增长同步，社会成员享受到了改革带来的实惠。

但是，我国收入分配的失衡状况也非常明显。自 2000 年开始，我国基尼系数突破 0.4 的国际警戒线 2[⑤]，并持续爬高，到 2008 年达到了 0.49，远远高于同一时期的大多数发达国家和一些发展中国家。我国政府通过调整税收制度、完善社会保障制度、实施精准扶贫对全社会财富进行重新分配，2010—2020 年基尼系数呈下降态势，2015 年的基尼系数下降到 0.462，为有官方统计数据以来的最低值。[⑥] 但是，必须看到，我国的基尼系数依然在“警戒线”上运行，居民收入分配差距依然比较大。

（二）居民收入差距扩大伴随明显的群体特征

在居民收入总体性差距逐年扩大的过程中，群体性收入差距问题逐渐凸显。

首先，城乡二元经济壁垒存在，城乡居民收入差距加大。根据国家统计局公布的数据，我国城乡居民收入差距从 1980 年的 191 元扩大到 2020 年的 17 131 元；城

---

① 习近平：在全国脱贫攻坚总结表彰大会上的讲话 .（2021-02-25）[2022-12-05]. http://www.gov.cn/xinwen/2021-02/25/content_5588869.htm.

② 人民生活实现历史性跨越　阔步迈向全面小康 .（2019-08-09）[2022-12-09]. https://baijiahao.baidu.com/s?id=1641351511814774155&wfr=spider&for=pc.

③ 中国的全面小康 .（2021-09-28）[2022-12-05]. http://www.gov.cn/zhengce/2021-09/28/content_5639778.htm.

④ 统计局：2016 年至 2019 年，居民人均可支配收入年均实际增长 6.5%.（2020-10-30）[2022-12-05]. https://baijiahao.baidu.com/s?id=1681949368621458669&wfr=spider&for=pc.

⑤ 经济学家常用洛伦兹曲线、基尼系数、库兹涅茨指数等工具对一个国家的收入分配格局进行判断，其中基尼系数是最常用的工具。根据国际惯例，当一个国家的基尼系数小于 0.2 时，表明该国的国民收入分配相当平均；在 0.2～0.3 之间时，表明收入分配比较平均；在 0.3～0.4 之间时，表明收入分配比较合理；在 0.4～0.5 之间时，表明收入分配差距比较大；在 0.5～0.6 之间时，表明收入分配差距悬殊；超过 0.6 时，表明该国的收入分配出现了严重的两极分化。0.4 为国际上公认的收入差距警戒线，超过这一警戒线将引起一系列的经济风险、社会风险、政治风险。

⑥ 基尼系数“七连降”说明了什么 .（2016-01-20）[2022-12-05]. http://www.gov.cn/zhengce/2016-01/20/content_5034566.htm.

镇居民人均可支配收入与农村居民人均纯收入之比从 1980 年的 1.67 倍，扩大到 2020 年的 2.56 倍。当一个国家的经济发展水平处在人均 GDP 为 800～1 000 美元阶段时，该国的城乡居民人均收入之比合理的值约为 1.7。[①] 因此，党的十八大之后，我国政府采取积极措施推动缩小城乡差距，这个收入比开始下降，但是 2020 年还是高达 2.56 倍。从基尼系数看，2019 年，城乡居民收入差距的基尼系数都处于 0.4 警戒线上下。[②] 另外，需要特别注意的是，与城乡居民收入差距在一定程度上缩小的趋势相比，城镇内部和农村内部收入差距在快速扩大。2000 年，20%高收入组城镇居民人均可支配收入是 11 299 元，20%低收入组的收入为 3 132 元，前者是后者的 3.6 倍；此后，这个差距一直拉大，2020 年，高收入组是低收入组收入的 6.16 倍（见图 3-2）。在农村，这个收入比更高，2000 年，高收入组收入是低收入组收入的 6.47 倍，2017 年达到了 9.48 倍的最高值。[③]

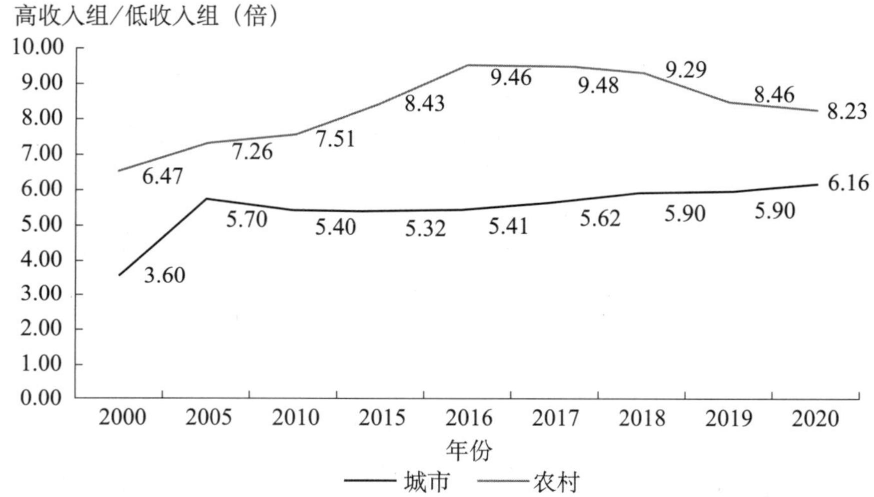

图 3-2　2000—2020 年城乡居民高收入组与低收入组收入对比

资料来源：根据国家统计局官网 2000—2020 年“中国统计年鉴”的数据制作。

其次，不同地区居民收入差距显著。由于地理位置、自然资源、国家政策等方面的差异，改革开放以来，我国社会成员的收入呈现由东向西逐渐递减的趋势。2005 年，东部地区城镇居民人均可支配收入分别是中部地区和西部地区的 1.52 倍。[④] 2012 年之后，地区间的差距逐渐缩小，但差距依然不容忽视。不考虑城乡差异，2020 年，东部与西部、中部与西部、东北与西部地区的收入之比分别为 1.62、1.07、1.11；2011 年，收入最高省份（上海）与最低省份（西藏）居民人均可支配收入之比是 4.62（上海与西藏居民收入之比），2020 年这个比例还是高达 3.55（上

① 武少俊．我国居民收入差距剖析．金融研究，2002（6）：95-103.

② 李实，沈扬扬．中国农村居民收入分配中的机会不平等：2013—2018 年．农业经济问题，2022（1）：4-14.

③ 数据来自国家统计局 2000—2020 年的“中国统计年鉴”。

④ 数据来自国家统计局的《中国统计年鉴 2006》。

海与甘肃居民收入之比）。[①]

最后，行业差距突出。改革开放以来，我国各行业从业者的收入都有较大幅度的增长，但是行业间的收入差距也在逐渐拉大（见图 3-3）。我国城镇单位在岗职工平均工资从 2000 年的 10 870 元增加到 2020 年的 97 379 元，增长了 7.96 倍，但是行业最高工资与最低工资的差距也快速攀高。2003 年，工资最高行业（信息传输、计算机服务和软件业）从业人员的平均工资是 30 897 元，工资最低行业（农、林、牧、渔业）的平均工资是 6 884 元，前者是后者的 4.48 倍，2005 年更是达到了最高值 4.73 倍，此后逐年下降，2015 年降至最低点（3.59 倍），但是 2016 年之后，这个差距又开始拉大。2019 年，最高工资行业（信息传输、计算机服务和软件业）的平均收入是 161 352 元，工资最低行业（农、林、牧、渔业）的平均收入是 39 340 元，前者是后者的 4.1 倍。[②]

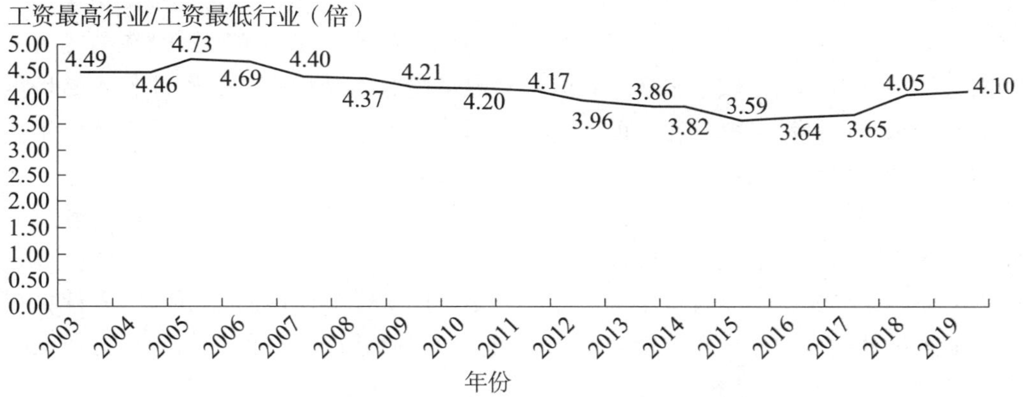

图 3-3　2003—2019 年最高行业与最低行业年平均收入比

（三）社会财富朝高收入群体集中，中等收入群体占比不足

我国收入分配不平衡的第三个表现是中低收入群体收入占全部收入的比重下降，高收入群体收入比重上升，出现收入向高收入群体集中的“逆向转移”现象。

2004 年，城镇居民中，低收入群体的收入占全部收入的比重为 7.4%，中等收入群体收入占比为 57.7%，高收入群体收入所占比重为 41%[③]；2010 年，这三组群体占可支配收入的比重分别为 10.1%、35.21%、54.68%，高收入组收入所占比重接近 55%[④]，收入极化现象严重。党的十八大之后，我国积极推动收入分配领域的改革、推动社会成员共享改革开放成果。2020 年，低、中、高收入群体的收入占全部可支配收入的比例变化为 6.68%、52.1%、41.2%[⑤]，高收入组收入所占比例有所

① 中国的全面小康.(2021-09-28)[2022-12-05]. http://www.gov.cn/zhengce/2021-09/28/content_5639778.htm.

② 根据国家统计局 2000—2020 年“中国统计年鉴”的数据计算而得。

③ 袁春晖. 完善分配制度与构建社会主义和谐社会. 山东社会科学，2009（12）：140-143.

④⑤ 数据来自国家统计局的《中国统计年鉴 2020》。

降低，但是也占了40%强。农村居民的收入分配也与城镇居民类似。2020年，20%高收入组农村居民可支配收入占全部可支配收入的43%，剩余80%的农村居民可支配收入仅占了57%。①

（四）劳动要素占比偏低，初次分配领域不公平凸显

研究显示，1999—2005年，收入法GDP核算口径下我国收入初次分配中，劳动报酬占GDP的份额从1990年的53.42%、1995年的51.4%下降至2004年的41.6%②、2007年的39.74%③。党的十八大之后，劳动报酬在初次分配中的占比总体有小幅提高，2015年升至47.89%，2016年降至47.46%，2017年又小幅回升至47.51%。④ 发达国家劳动报酬份额一般稳定在50%～60%，资本收益（企业）一般在35%左右，政府所得（生产税净额）的占比在10%左右。⑤ 20世纪90年代以来，美国的劳动报酬份额占比最高为60.4%，最低为56.2%；日本的劳动报酬份额占比最高为56.7%，最低为50.8%。⑥ 与世界其他国家相比，我国劳动报酬在国民收入初次分配中的占比处于较低水平。我国社会成员的收入结构中，工资性收入是最重要的收入来源，劳动报酬占比过低使我国很高比例社会成员的收入增长比例低于经济增长比例，出现了经济增长而居民获得感低的困境。

通过上述分析，可以看出，我国居民收入差距在城镇内部、农村内部、城乡之间、地区之间乃至行业之间全方位存在。另外，上述数据只是显示了我国居民显性收入的差距，如果将不能直接用货币衡量又是居民实际享受的隐性福利收入计算在内，如各种补贴（如住房、物价补贴等）和社会保险费用（如医疗保险、失业保险等），这种差距会更加显著。

第三节　我国主要的收入再分配政策

随着对收入差距成因的认识深化，我国政府对再分配政策工具有了更精准的理解。党的十八大报告明确提出“加快健全以税收、社会保障、转移支付为主要手段的再分配调节机制”，我国的收入再分配政策工具体系基本形成（见图3-4）。

① 数据来自国家统计局的《中国统计年鉴2020》。

② 罗长远，张军．经济发展中的劳动收入占比：基于中国产业数据的实证研究．中国社会科学，2009（4）：65-79，206.

③ 蓝嘉俊，方颖，马天平．就业结构、刘易斯转折点与劳动收入份额：理论与经验研究．世界经济，2019，42（6）：94-118.

④ 吴凯，范从来．劳动收入份额的驱动因素研究：基于1993年至2017年数据的LMDI分解．世界经济与政治论坛，2019（1）：147-167.

⑤⑥ 李迎生．中国社会政策改革创新的价值基础：社会公平与社会政策．社会科学，2019（3）：76-88.

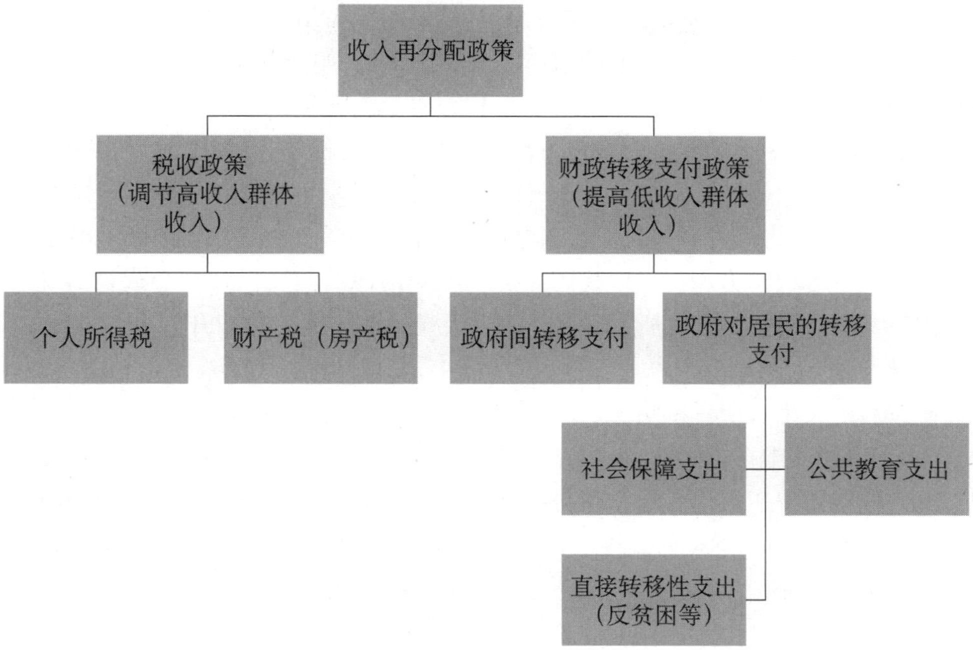

图 3-4　我国的收入再分配政策工具

一、调节高收入群体收入的税收政策

通过 1994 年的分税制改革以及之后逐步推进的以增值税改革为主轴的全面税制改革，目前我国共设了包括增值税、个人所得税等在内的 18 个税种①。超额累进的个人所得税、财产税和资源税是收入分配功能显著的税种。由于我国目前对遗产税还未开征，而房产税中个人缴纳的占很少比重，资源税主要是面向国有大型资源类企业实行从量征收，难以对由自然资源禀赋差异导致的收入差距进行有效调节，因此，个人所得税成为调节高收入者收入水平的主要税收手段，"没有任何税比所得税更为民主、更富有人性及社会性"②。

早在新中国成立之初我国就设置了个人所得税，1950 年颁布的《全国税政实施要则》就曾列举对个人所得课税的税种，当时定名为"薪给报酬所得税"，由于生产力和人均收入水平低，虽然设立了税种却一直没有开征。党的十一届三中全会以后，为适应社会经济发展的新形势，我国于 1980 年 9 月制定了《个人所得税法》，之后又于 1986 年颁布了《中华人民共和国城乡个体工商业户所得税暂行条例》《中华人民共和国个人收入调节税暂行条例》，形成了和个人所得税相关的三个税收法律、法

① 分别是增值税、消费税、企业所得税、个人所得税、资源税、城市维护建设税、房产税、印花税、城镇土地使用税、土地增值税、车船税、车辆购置税、烟叶税、耕地占用税、契税、环境保护税、船舶吨税、关税。

② 葛克昌．所得税与宪法．北京：北京大学出版社，2004：3.

规并存的局面。上述三个税收法规的发布实施，对于调节个人收入水平、增加国家财政收入起到了积极作用，但也暴露出一系列问题，如按内外个人分设两套税制、税政不统一、税负不够合理等。为了规范和完善个人所得税制度，全国人大常委会1993年公布了《关于修改〈中华人民共和国个人所得税法〉的决定》，对个人所得税法进行了第一次修订，国务院于1994年1月颁布了《中华人民共和国个人所得税税法实施细则》，将个人所得税、个人收入调节税和城乡个体工商业户所得税合并为统一的个人所得税。为深度回应我国经济发展中出现的问题以及社会成员对社会财富分配正义的需求，《个人所得税法》又先后在1999年、2005年、2007年、2011年、2018年进行了修正。

修正后的《个人所得税法》（2018年修正）将扣除标准从每月3 500元提高到每月5 000元（年扣除标准60 000元），将原来分类征收的工资薪金、劳务报酬、稿酬、特许权使用费所得作为综合所得按纳税年度合并计税，实现了从分类向综合与分类相结合税制的转变（见表3－1）。而且，这次税改首次引入专项附加扣除项目①，这不仅考虑到了个人在家庭层面的负担，还为未来转向以家庭为申报单位奠定了基础。

表3－1　我国个人所得税税率表

级数	全年应纳税所得额（综合所得）	税率（%）	级数	全年应纳税所得额（经营所得）	税率（%）
1	不超过36 000元	3	1	不超过30 000元	5
2	超过36 000至144 000元	10	2	超过30 000至90 000元	10
3	超过144 000至300 000元	20	3	超过90 000至300 000元	20
4	超过300 000至420 000元	25	4	超过300 000至500 000元	30
5	超过420 000至660 000元	30	5	超过500 000元的部分	35
6	超过660 000至960 000元	35			
7	超过960 000元部分	45			

税率的设置直接决定了纳税人负担水平的高低。个人所得税税率一般分为分级累进税率与比例税率。按照国际惯例，劳务所得和财产定期所得宜采用统一的累进税率，资本利得宜采用比例税率，因为比例税率本身具有累退性，不利于税收对收入差距调控作用的发挥。但是，我国个人所得税对工薪所得、生产经营所得采用了超额累进税率，最高税率达45%，对财产租赁所得，股息、利息、红利所得以及偶然所得等非勤劳所得采用了较低的比例税率（20%）。随着数字经济的繁荣发展，依托互联网平台的新就业形态不断壮大，个人收入来源越来越多元，个人所得税采取的正列举法逐渐无法涵盖各种收入；随着产业机构和经济形态转型，个人收入中工资、薪金所占比重逐渐降低，资本利得所占比例不断增加，实际征收中资本要素享

① 分别是子女教育、继续教育、大病医疗、住房贷款利息、住房租金、赡养老人支出。

有多种优惠政策，使得对资本要素收入征税力度较小，税率最高不超过4%[①]；此外，信息不对称以及监控不力，高收入群体中一定比例的收入无法计入测算基数中，如信托收益、期货收益、分红型保险收益等资本利得均未被纳入个人所得税征税范围[②]。诸多因素的存在造成了我国个人所得税制度在实践中存在名义税率高、实际税率低的情况。国际对比研究显示，2018年新税制后我国个人所得税的累进性并不低，与德国税制的累进性非常接近，但是税收的再分配效应仅为德国的1/10。[③] 究其原因，是因为在收入差距较大的经济体中，个人所得税的累进性作用被较低的平均税率抵消，导致其对收入分配调节效应不明显[④]，甚至产生了一定的逆向调节效果，即高收入阶层的个税负担低于中低收入阶层。

从税收结构看，我国的个人所得税属于占比小的"小税种"。近年来我国个人所得税的税收额每年都有较大幅度的增长，其占税收总额的比重也在不断提高，但与增值税、企业所得税、营业税等税目相比，所占比例依然非常低（见表3-2）。2020年我国个人所得税收入完成11 568亿元，但其占税收总额的比重仅为8.46%。[⑤] 2018年，丹麦、芬兰、挪威和瑞典个人所得税占税收收入的比重分别为54.44%、28.85%、25.3%和28.99%［经济合作与发展组织（OECD）成员国的平均水平为23.91%］。[⑥] 北欧国家虽然初次分配收入（总收入）基尼系数都超过了国际警戒线0.4，但税收与转移支付之后，基尼系数都降到了0.2～0.3区间，个人所得税发挥了较好的收入再分配作用。[⑦] 与这些国家相比，我国个人所得税规模过小，缩小收入差距的作用微弱。

表3-2　1995—2020年我国个人所得税征收情况

年份	个人所得税总额（亿元）	个人所得税总额/税收收入总额（%）
1995	131.4	2.17
2000	660.4	5.21
2005	2 093.9	6.78
2010	4 837.17	6.60
2015	8 618	7.79
2020	11 568	8.46

注：1995年数据来自《中国财政年鉴1998》统计的1991—1997年数据，2000—2020年数据根据国家税务总局官方网站数据计算而得。

① 吕冰洋，刘潘，赵厉，等. 中国居民资本要素收入有多少？. 统计研究，2020，37（4）：3-17.

② 解垩. 个人所得税、高收入不平等与收入流动性. 吉林大学社会科学学报，2021，61（5）：43-54，236.

③ 闫晶晶，易宇，王伟尧. 税收与转移支付的再分配效应分析：基于欧元区国家和中国的经验证据. 投资研究，2018，37（4）：20-37.

④ 张玄，岳希明. 新一轮个人所得税改革的收入再分配效应研究：基于CHIP 2018的测算分析. 财贸经济，2021，42（11）：5-19；王静，邓晓兰. 我国个人所得税改革收入分配效应评价. 西安财经大学学报，2021，34（4）：54-63；胡显莉，王安喜，陈立. 我国现行个人所得税的收入再分配效应研究. 重庆社会科学，2020（11）：104-118.

⑤ 2020年财政收入超18万亿元　个税收入超1.1万亿元.（2021-01-28）[2022-12-05]. https://baijiahao.baidu.com/s?id=1690100973168784375&wfr=spider&for=pc.

⑥⑦ 彭海艳. 北欧四国最新个人所得税制评析及启示. 税收经济研究，2021，26（1）：7-15.

二、提高低收入群体收入的财政转移支付政策

（一）我国政府间转移支付制度

1. 我国政府间转移支付制度的发展历程

新中国成立初期，我国中央政府就开始了对地方政府的转移支付，需要注意的是，我国政府间转移支付只是管理意义上的概念，是中央政府统一配置财政资源的行为，不存在所有权的转移问题。① 这一阶段转移支付采用的方式主要有三种：一是定额补助（又称体制补助），是在按计划年度对财政收支重新划分的基础上，对基年支出基数大于收入的省份给予补助；二是专项补助，主要用于救灾、扶贫等特定用途；三是结算补助，即在每年财政预算执行结束后，对中央与地方相互交叉的支出和中央出台新政策后对收支带来的影响，通过财政结算加以调整。此外，还有一些与地方基础设施建设有关的拨款、基金等资金转移支付。

1994 年，我国进行了自新中国成立以来涉及范围最广、调整力度最大、影响最为深远的一次财政体制改革——分税制改革。这次改革的基本原则是“存量不动，增量调整，逐步提高中央宏观调控能力，建立合理的财政分配机制”②。分税制改革后，我国政府间转移支付形成了从原体制继承下来的专项拨款、原体制补助、决算补助、其他补助和反映原体制既得利益格局的税收返还几种形式并存的体制。1995 年，《中华人民共和国预算法》颁布，其对财政转移支付的目标、分类和程序进行了明确规定，意味着我国政府间转移支付制度正式建立起来。2014 年，全国人大通过了《中华人民共和国预算法》修订案，基于此，2015 年财政部又修订了《中央对地方专项转移支付管理办法》，转移支付制度进一步完善。

2. 我国现行政府间转移支付的主要类型

2019 年，我国将以往单列的税收返还纳入“一般性转移支付”中，并增加了一项“共同财政事权转移支付”，将 46 项原来属于专项转移支付的项目划分到这个类别中；2020 年又新增“特殊转移支付”，与“一般性转移支付”“专项转移支付”并列。目前我国政府间转移支付项目分为一般性转移支付、专项转移支付和特殊转移支付。

（1）一般性转移支付。

从 1995 年开始，我国中央财政就开始对地方财政进行财力转移支付，这是一种以实现地方政府公共服务均等化为基本目标、按照统一公式进行计算的转移支付形式，地区收支均衡是其核心。内容主要包括均衡性转移支付、重点生态功能区转移支付、县级基本财力保障机制奖补资金、资源枯竭城市转移支付、产粮大县奖励资

① 叶静．双重集权：财政变迁中的中央和地方关系．学海，2019（6）：120－126.

② 建立有效促进生产力发展的公共财政体系研究．(2008-06-20)[2022-12-05]. http://xzzf.mof.gov.cn/jyjlydy/200806/t20080620_47266.htm.

金、生猪（牛羊）调出大县奖励资金、共同财政事权转移支付（含 54 项具体支付，城乡义务教育补助经费、学生资助补助经费等都包含在内）、税收返还①及固定补助和体制结算补助②。

（2）专项转移支付。

这是中央政府为实现特定经济社会发展目标无偿给予地方政府、地方政府按照中央政府规定的用途安排使用的预算资金。因此，专项转移支付的主要特点是专款专用和拨付款项的有条件性。早在 20 世纪 80 年代初期，我国就采用“专项拨款”的方式作为中央政府对地方政府的财政转移支付，1994 年实行分税制改革后，这种方式被保存下来。目前专项拨款的内容主要包括食品药品监管补助资金、文化产业发展专项资金、中小企业发展专项资金等 22 项。

（3）特殊转移支付。

这是一次性财力安排，重点用于地方基本民生、基层运转、公共卫生体系建设、应急物资保障体系建设以及应对全球疫情下的不确定因素等。

3. 我国政府间转移支付制度对收入分配公平的绩效分析

分税制改革前，我国中央政府对地方的转移支付额并不大，地方公共支出中只有 15%～30%来自中央的转移支付③，改革后这种情况发生了显著变化，转移支付额大幅上升。从支付额度上看，中央对地方的转移支付数额从 1994 年的 461 亿元④上升到 2020 年的 83 315.3 亿元，占地方当年一般公共预算支出的 45%⑤。从资金流向上看，转移支付资金主要面向财力薄弱的中西部地区。1994—2019 年，中西部地区的转移支付比重从 1994 年的 69.6%上升至 2019 年的 81%。⑥ 无论是一般性转移支付还是专项转移支付，实施中大多遵循均等化原则，体现了对中西部地区和经济社会发展较弱地区的照顾，对促进地区间基本公共服务均等化、缩小东中西部地区的社会经济发展差距发挥了积极作用。

但是，在分税制的财政体制中，不管是一般性转移支付还是指定用途的专项转移支付，都被地方财政视为额外收入，从而出现了“粘蝇纸效应”，使其无法按照计

---

① 在 1994 年开始分税制改革时，为了减轻改革的阻力，中央政府采取了保持原有地方利益格局的办法，将原属于地方税源、改革后上划给中央的增值税和消费税的一部分，按照来源地原则返还给地方政府。1994 年以来，中央对地方税收返还总额占当年中央对地方转移支付总额的比重呈逐步下降的趋势，但税收返还仍然是我国目前财政转移支付最主要的形式，绝对值依然很大。

② 中央财政在每一个财政年度终了后，都要与地方财政发生一些结算关系，对上一财政年度在财政体制之外发生的某些事项进行单独结算，其中既有中央财政给予地方财政的结算补助，又有地方财政给予中央财政的结算上解，属于上下级政府间的双向财力转移。这是在分级财政体制下，中央与地方之间财力转移的结算性调整。

③ 杨六妹，钟晓敏，叶宁．分税制下财政转移支付制度：沿革、评价与未来方向．财经论丛，2022（2）：26－37.

④ 中央对地方财政转移支付：从讨价还价到科学透明．(2007-06-25)[2022-12-05]. http://www.ce.cn/xwzx/gnsz/szyw/200706/25/t20070625_11924989.shtml.

⑤ 关于 2020 年中央和地方预算执行情况与 2021 年中央和地方预算草案的报告．(2021-03-13)[2022-12-05]. https://baijiahao.baidu.com/s?id=1694104928395820132&wfr=spider&for=pc.

⑥ 同③.

划用于公共服务提供或者造成低效率使用。另外，一般性转移支付存在对资金指定用途的状况，与专项转移支付的边界不清晰，偏离了均衡地区间公共服务的目标。因此，政府间转移支付只在一定程度上缓解了地区间财力分配不均和公共服务水平差距悬殊的问题。

本章第二节已详细描述了地区间的经济差距，无论从人均 GDP 还是从人均可支配收入来看，东部地区都远远高于中西部地区，即使近年来国家投入中西部地域的财政资金有了大幅增加，这个差距依然非常明显。在公共产品和公共服务方面，中东西部地区间的差距更是显著。在义务教育方面，无论从教育经费投入来看，还是从办学条件、师资力量来看，地区之间差异都较明显。2020 年，东部地区普通小学、中学的师生比分别是 16.65、12.09，中部地区的则为 17.02、13.12。在公共卫生方面，东部地区医院数占全国 35.2%，中部和西部地区分别是 24.2%、31.3%，中部地区远远少于东部地区；执业（助理）医师数量，东部地区执业（助理）医师数量是 172.8 万人，占全国的 42.3%，中部和西部地区分别是 100.4 万人、104.6 万人，占比分比为 24.6%、25.6%（见表 3-3）。[①]

表 3-3　2020 年东、中、西部地区公共服务情况统计

指标	全国	东部地区		中部地区		西部地区	
		绝对数	占全国比重（%）	绝对数	占全国比重（%）	绝对数	占全国比重（%）
普通小学师生比	16.67	—	16.65		17.02	—	16.09
普通初中师生比	12.73	—	12.09		13.12	—	12.68
医院数（个）	35 394.0	12 457.0	35.2	8 568.0	24.2	11 072.0	31.3
执业（助理）医师（万人）	408.6	172.8	42.3	100.4	24.6	104.6	25.6
医院床位数（万张）	713.1	257.6	36.1	188.2	26.4	204.0	28.6

注：东部地区包括北京、天津、河北、上海、江苏、浙江、福建、山东、广东、海南 10 个省（市）；中部地区包括山西、安徽、江西、河南、湖北、湖南 6 个省；西部地区包括内蒙古、广西、重庆、四川、贵州、云南、西藏、陕西、甘肃、青海、宁夏、新疆 12 个省（市、自治区）；东北地区包括辽宁、吉林、黑龙江 3 个省。

资料来源：国家统计局的《中国社会统计年鉴 2020》。

（二）政府对居民的转移支付政策分析

为提高低收入者的收入，缓解收入分配差距过大给社会带来的冲击，许多国家会采取对低收入者提供无偿的食物、服务、资金或资产所有权等方式，改变收入分配的结果，即政府对居民的转移支付。在这一领域，转移支付工具主要由各种社会保障支出（各种社会保险支出、社会福利救济支出）、反贫困支出为主要内容的直接政策手段和以公共教育支出、医疗卫生支出为主要内容的间接支出手段构成。鉴于本书将有专门章节对反贫困支出进行研究，本部分主要就社会保障支出、公共教育

① 数据来自中华人民共和国人力资源和社会保障部 2016—2020 年度人力资源和社会保障事业发展统计公报。

支出进行探讨。

1. 社会保障支出调节收入分配的实践与成效

经过改革开放40多年的努力，以《社会保险法》《社会救助法》的实施为标志，我国基本建成了包括养老、医疗、工伤、失业、生育、社会救助等在内的社会保障体系。截至2021年6月底，全国基本养老、失业、工伤保险参保人数分别达到10.14亿人、2.22亿人、2.74亿人，基本医疗保险覆盖超过13亿人。[①]

大量研究和实践发现，社会保障支出总量和结构对基尼系数的调整力度优于个人所得税和社会保障缴费。[②] 过去十几年我国社会保障支出总量明显增加，但与世界上主要国家和地区相比仍然处于较低水平。依据大口径统计指标（包括医疗卫生、养老保障、残疾人保障、社会服务、就业保障、住房保障），我国社会保障支出占GDP比重从2008年的5.9%提高到了2015年的11.5%，人均社会保障支出2015年为5 742.0元；而欧盟成员国2008—2014年一直维持在28%以上，2014年人均社会保障支出为7 903.4欧元。[③]

我国现行的社会保障水平存在显著的群体差距、地区差距。2016年至2020年，我国城乡居民养老保险待遇从117元/月提高至174元/月，城镇职工养老保险待遇从2 627元/月提高至3 350元/月[④]（见表3-4）。与城镇职工相比，城乡居民社会保障水平仅为前者的5%，离退休金成为扩大居民收入差距的主要因素。[⑤] 另外，我国养老保险制度以省级统筹为主，城镇职工医疗保险和城乡居民医疗保险[⑥]以市地级统筹为主。省级、市地级的统筹层次使不同地区养老保障水平、医疗保险金的起付线、报销比例和当地社会经济发展水平高度相关。而且，省级、市地级的统筹层次限制了基金收入的规模，也削弱了它的抗风险能力。在东部地区、经济发展水平高的地区的社会成员，其养老保障、医疗保障保险待遇明显高于中西部地区。2020年，北京市城乡居民医疗保险基金的门诊报销限额为4 000元[⑦]，而广西的门诊报销限额为300元（含一般诊疗费）[⑧]，前者是后者的13倍多。

---

① 中国的全面小康 .（2021-09-28）[2022-12-05]. http://www.gov.cn/zhengce/2021-09/28/content_5639778.htm.

② 岳希明，种聪 . 我国社会保障支出的收入分配和减贫效应研究：基于全面建成小康社会的视角. China economist，2020，15（4）：100-131.

③ 国家统计局 . 我国与欧盟社会保障支出对比分析 .（2017-09-29）[2022-12-05]. http://www.stats.gov.cn/tjzs/tjsj/tjcb/dysj/201709/t20170929_1539209.html.

④ 根据人力资源和社会保障部《2016年度人力资源和社会保障事业发展统计公报》《2020年度人力资源和社会保障事业发展统计公报》的数据计算而得。

⑤ 朱勤 . 实现城乡基本养老保障均等化的改革路径：兼议农民退休制度 . 人民论坛，2020（25）：80-84.

⑥ 2021年6月，国家医保局、财政部、国家税务总局印发了《关于做好2021年城乡居民基本医疗保障工作的通知》，通知指出，居民医保人均财政补助达到每人每年不低于580元，居民医保个人缴费达到每人每年320元。

⑦ 关于调整2021年城乡居民基本医疗保险筹资标准及相关政策的通知 .（2020-10-09）[2022-12-05]. http://www.bjmy.gov.cn/art/2020/10/9/art_5612_3798.html.

⑧ 好消息！城乡居民医保门诊报销限额将提高至300元 .（2020-12-15）[2022-12-05]. https://baijiahao.baidu.com/s?id=1686104194363342288&wfr=spider&for=pc.

表 3-4 2016—2020 年养老保险支出及待遇

年份	城乡居民社会养老保险基金支出（亿元）	领取待遇人数（万人）	待遇（元/月）	城镇职工养老保险	领取待遇人数	待遇（元/月）
2020	3 355.1	16 068.2	174	51 301.4	12 762	3 350
2019	3 114.3	16 031.9	162	49 228	12 310	3 333
2018	2 905.5	15 898.1	152	44 644.9	11 798	3 153
2017	2 372.2	15 597.9	127	38 051.5	11 026	2 876
2016	2 150.5	15 270.3	117	31 853.8	10 103	2 627

资料来源：中华人民共和国人力资源和社会保障部 2016—2020 年度人力资源和社会保障事业发展统计公报。

固然，目前的制度是基于我国经济发展水平以及人口结构的实际状况而设计的，但是必须看到，不同群体、不同地区社会保障待遇差距明显，甚至出现了“逆向调节”的状况，收入越高的群体得到的保障越高，收入越低的群体得到的保障越低。我国社会保障支出的规模和结构严重制约了其在缩小收入差距上的效应。①

2. 公共教育支出调节收入分配的实践

（1）教育支出调节收入分配的机制。

教育支出被认为是实现收入分配公平的有效措施之一。经济学家舒尔茨（Schultz）非常明确地指出：“教育投资的增长会使总的工资收入比全部财产收入的增长幅度更大，而财产收入分配所造成的不平等要比个人劳动收入不平等严重得多，所以教育投资的增长会减少个人收入分配方面的不平等。”② 因此，提高弱势社会成员投资教育的能力，增加他们接受较高层次教育的机会，可以减少教育不平等对收入获得的影响。

一般来说，大多数国家的教育都分为由政府承担教育经费的公共教育（在我国主要指义务教育）和由个人承担教育经费的私人教育。国家通过公共教育制度在全国范围内为所有学龄儿童提供一定年限的免费教育，通过教育机会的均等来提高劳动者的能力，从而达到缩小收入分配差距的目的。因此，与私人教育相比，政府在公共教育上的投入可以更好地发挥对收入分配的调节作用。经济学家萨缪尔森（Samuelson）认为：“在走向平等的道路上，没有比免费提供公共教育更为伟大的步骤了。”③

（2）我国义务教育调节收入分配的实践。

从新中国成立到 20 世纪 70 年代末的 30 年间，我国社会成员习惯上把“小学”加“中学”的教育阶段并称为基础教育，义务教育这个概念虽然没有被明确提出，但政府或集体经济组织承担了基础教育经费的绝大部分，个人或家庭只承担其中的

① 岳希明，种聪．我国社会保障支出的收入分配和减贫效应研究：基于全面建成小康社会的视角．China economist，2020，15（4）：100-131.

② 舒尔茨．论人力资本投资．吴珠华，等译．北京：北京经济学院出版社，1990：105.

③ 萨缪尔森，诺德豪斯．经济学．高鸿业，等译．北京：中国发展出版社，1992：53.

少部分经费，因而这一时期的基础教育已具有义务教育的性质。改革开放以来，我国政府制定了一系列发展义务教育的政策、法律，尤其是1982年《中华人民共和国宪法》关于“义务教育”条款的修订，1986年《中华人民共和国义务教育法》的颁布，以法律的形式对义务教育的性质、教育方针、管理体制和各级政府的职责等做出明确规定，推动了我国义务教育的快速发展。

进入21世纪，九年义务教育从基本普及转向全面普及和巩固提高阶段。修订后《义务教育法》(2006)将义务教育全面纳入财政保障范围，2010年国务院发布《国家中长期教育改革和发展规划纲要（2010—2020年)》，并加大了对教育的财政投入力度，义务教育的普及程度实现了质的突破。2018年，全国小学学龄儿童净入学率达99.95%，初中阶段毛入学率为100.9%，九年义务教育人口覆盖率已达到100%。[①] 义务教育的发展使我国人口的文化素质有了很大提升。对比七次全国人口普查的数据，可以看到，文盲、半文盲人口比重从1982年的22.8%下降到2000年的6.72%，又下降到2020年的2.67%；每10万人中具有初中文化程度的人口数量从1982年的4 680人增长到2020年的34 507人，高中及大专以上人口比重也增长迅速。[②]

(3）我国义务教育调节收入分配机制存在的主要问题。

第一，教育财政投入不断增加，但是总量相对不足、生均经费偏低。

2008年以来，我国教育投入在GDP中的比重在逐年增长，2012年首次突破2万亿元，占GDP比重首次超过4%，此后连续6年保持在4%以上，2020年达到4.22%。[③] 根据国家统计局公布的数据，世界上高收入国家教育经费占GDP平均水平为5.2%、中等收入国家为4.1%（2013年数据）、低收入国家为3.2%[④]，因此，我国与发达国家在教育上的投入相比还有一定的差距。我国人口基数大，从生均教育经费来看差距就更加明显了。2020年，我国按在校学生人数平均的一般公共预算教育经费为15 280.54元，普通小学为12 330.58元（农村为11 541.34元）、普通初中为17 803.60元（农村为15 731.01元）。[⑤] 2007—2011年，小学教育阶段平均生均教育经费GNI低于2万美元的高收入国家为3 748.71美元，GNI高于2万美元低于5万美元的高收入国家为6 842.17美元，GNI高于5万美元的高收入国家为

① 2018年《中国儿童发展纲要（2011—2020年)》统计监测报告.(2019-12-06)[2022-12-05]. https://baijiahao.baidu.com/s?id=1652169775783729239&wfr=spider&for=pc.

② 第七次全国人口普查主要数据情况.(2021-05-11)[2022-12-05]. http://www.gov.cn/xinwen/2021-05/11/content_5605760.htm?jump=false.

③ 教育部：教育经费连续五年超GDP的4%，体现发展教育决心.(2017-09-28)[2022-12-05]. https://www.thepaper.cn/newsDetail_forward_1809011.

④ 国家统计局．国际统计年鉴2018.[2022-12-05]. https://data.stats.gov.cn/files/lastestpub/gjnj/2018/zk/indexch.htm.

⑤ 教育部 国家统计局 财政部关于2020年全国教育经费执行情况统计公告.(2021-11-22)[2022-12-05]. http://www.moe.gov.cn/srcsite/A05/s3040/202111/t20211130_583343.html.

9 755.06 美元。[①]

第二，公共教育财政投入结构不合理，城乡、地区间存在较大差距。

过去的 20 多年，我国农村义务教育经费投入有了较大提高，但和城市相比仍然存在较大差距。2003 年，全国普通小学生均预算内教育事业费支出 931.54 元，全国普通初中生均费用为 1 052 元，农村普通小学和初中生均预算内教育事业费支出分别为 810.07 元、871.79 元，分别是全国平均水平的 86%、82%。[②] 为了尽力消除城乡教育投入差距的消极影响，我国政府加大了对农村义务教育的财政投入力度。2004 年到 2013 年，我国在义务教育上的投入经费平均增速为 23.4%，农村义务教育投入经费平均增速为 25.4%[③]，略高于全国平均水平，农村获得的教育经费与城市逐渐拉平，但城乡之间的差距依然不能忽视。2020 年，农村普通小学生均一般公共预算教育事业费支出是 11 178.71 元，是全国平均水平的 95.6%；农村初中生均一般公共预算教育事业费支出是 15 112.10 元，为全国平均水平的 90%。[④] 从用于支持学校开展教育教学、科研活动的公用经费支出[⑤]来看，城乡之间的差距更为显著。2020 年，农村小学、初中生均公用经费支出为 1 743.41 元、2 602.13 元，分别是全国水平的 90%、86.9%。[⑥] 基础运营上的差异性投入使农村中小学的校园软硬件、教师工资远远落后于城市。2015 年前后是信息技术发展的风口，公用经费投入的不足使我国农村学校在信息化、现代化建设上力不从心，教育信息化应用水平低，城乡教育数字鸿沟的问题越来越明显。

我国地区之间存在显著的教育发展差异[⑦]，为了解决这一问题，政府在教育支出方面应当加大对中、西部地区的投入，但目前的经费投入不尽如人意。从 2016—2020 年义务教育阶段生均一般公共预算教育经费来看，东部分别是中部、西部的

---

① 李立国，易鹏，薛新龙．跨越中等收入陷阱要求增加教育投入：经济发展不同阶段国家教育投入的特征与启示．中国高教研究，2016（9）：55－62.

② 教育部　国家统计局　财政部关于 2003 年全国教育经费执行情况统计公告．(2004-12-30)[2022-12-05]. http://www.moe.gov.cn/srcsite/A05/s3040/200412/t20041230_78265.html.

③ 根据教育部发布的 2004—2013 年教育经费执行情况统计公告的数据计算而得。

④ 教育部　国家统计局　财政部关于 2020 年全国教育经费执行情况统计公告．(2021-11-22)[2022-12-05]. http://www.moe.gov.cn/srcsite/A05/s3040/202111/t20211130_583343.html.

⑤ 公用经费支出是学校在开展正常的教育教学、科研活动以及维持整个学校的正常运转方面产生的费用，包括商品和服务支出及资本性支出。一般公共预算公用经费支出是教育事业费资金花费在商品和服务及资本性方面的支出。

⑥ 同④.

⑦ 根据蔡昉等对第五次全国人口普查数据的分析，全国按照教育水平的差异可以分为五类地区。第一类地区包括北京、上海和天津，是全国受教育水平最高的地区，文盲比例低于 6.5%，初中人口比重高于 67%，而大专以上的人口比重高于 9.4%。第二类地区是东部省份、除安徽以外的所有中部省份，以及西部的新疆和陕西。这些省区的文盲比例在 5.1%和 11.6%之间，初中以上人口比重在 48.2%和 62.8%之间，大专以上人口比重在 2.5%和 6.6%之间。第三类地区是西部的四川、重庆、宁夏和华东的安徽。这些地区的文盲比例在 8.9%和 15.8%之间，初中以上人口比重在 42.7%和 47.3%之间，大专以上人口比重在 2.4%和 4.2%之间。第四类地区是西部的云南、贵州、甘肃和青海。这几个地区的文盲比例在 15.4%和 25.5%之间，初中以上人口的比重在 31.7%和 39.8%之间，大专以上人口比重在 2.1%和 3.6%之间。第五类地区是西藏，文盲比例达到 47.25%，初中和大专以上人口比重仅为 12.65%和 1.45%，为全国最低。

1.77 倍和 1.39 倍，东部远远高于中部（见表 3－5）。河南、安徽、江西、山西、湖北、湖南等中部 6 省是人口大省，其本来就需要更多的财政投入才能使适龄儿童、青少年得到有质量保障的教育。教育经费不足制约了当地教育的发展，进而限制了当地人的职业获得能力，使其只能在稳定性差、收入低的次级劳动力市场就业，间接制造了地区间收入差异。《2019 年农民工监测调查报告》显示，全国 33%的农民工来自这 6 省。①

表 3－5　2016—2020 年义务教育阶段生均一般公共预算教育经费

年份	教育阶段	东部（元）	中部（元）	西部（元）	东部：中部	东部：西部
2016	小学	13 869	8 165	11 342	1.70	1.22
	初中	21 392	12 030	13 790	1.78	1.55
2017	小学	14 614	8 809	11 990	1.66	1.22
	初中	23 592	13 053	15 111	1.81	1.56
2018	小学	16 333	9 607	13 429	1.70	1.22
	初中	26 463	14 382	17 243	1.84	1.53
2019	小学	17 888	10 128	13 891	1.77	1.29
	初中	28 568	15 028	18 302	1.90	1.56
2020	小学	17 865	10 447	14 144	1.71	1.26
	初中	28 228	15 495	18 516	1.82	1.52

注：根据教育部发布的 2016—2020 年全国教育经费执行情况统计公告的数据计算而得。

第三，初中阶段教育没有得到足够重视，回应社会成员高质量发展能力偏弱。

梳理 2012—2020 年不同教育类型财政预算占比（见表 3－6），小学阶段平均占 32.5%、初中占 20.1%②，后者明显低于前者。在后工业社会中，获得充足收入所需的技能变得越来越广泛和复杂。相对于小学教育，初中阶段的教育在回应学生成长发展需求、培养具有较高素质的高技术人才方面具有决定性影响。但是，从教育经费投入结构看，初中的投入低于小学阶段，中学教育在回应学生高质量发展方面的能力不足。那些初中未毕业就进入劳动力市场的青年往往只能从事技术含量低没有门槛的职业，工作贫困现象突出。

表 3－6　2012—2020 年不同教育类型财政预算占比　单位：%

学校类别	2012 年	2013 年	2014 年	2015 年	2016 年	2017 年	2018 年	2019 年	2020 年
普通高等学校	22.80	22.20	20.60	19.10	19.10	19.00	18.90	19.00	19.60

① 《2019 年农民工监测调查报告》显示：从输入地看，东部地区就业的农民工 15 700 万人，占农民工总量的 54%；中部地区输出农民工 9 619 万人，占农民工总量的 33.1%；西部地区输出农民工 8 051 万人，比上年增加 133 万人，增长 1.7%，占农民工总量的 27.7%。

② 根据教育部发布的 2012—2020 年教育经费执行情况统计公告的数据计算而得。

续表

学校类别	2012年	2013年	2014年	2015年	2016年	2017年	2018年	2019年	2020年
中等职业学校	6.20	6.20	6.40	6.20	6.40	6.30	6.00	5.90	5.80
普通高中	9.20	9.60	9.80	9.80	10.20	10.30	10.50	10.60	10.70
普通初中	21.00	20.20	20.00	19.70	19.70	19.80	20.00	20.20	20.50
普通小学	31.60	30.80	31.90	32.20	32.70	33.40	33.50	33.00	33.10
特殊教育	0.40	0.40	0.40	0.40	0.40	0.40	0.40	0.50	0.50
其他（含幼儿园等教育行政单位、教育事业单位的支出）	8.90	10.70	10.90	12.40	11.50	10.80	10.40	10.90	9.90

注：根据教育部发布的2012—2020年全国教育经费执行情况统计公告的数据计算得出。

在现代社会，“教育对于社会流动是一把双刃剑”①，它既是调节收入差距的促进因素，也是强化社会分层的途径。公共教育能否发挥正面的积极作用，在于公共教育支出是否遵循了资源配置均等原则（地方政府在辖区内按学生人数拨款，保证每个学生获得相同的公共教育经费资助）、教育财政中立原则（上级政府应当为下级政府提供教育财政拨款，以消除因地方财政能力不同导致的区域教育经费差异，保证学生获得均等的教育机会）、弱势补偿原则（对贫困学生、弱势阶层的学生给予更多的关注和财政拨款，尽量为他们创造平等的教育机会）和以富济贫原则（低收入阶层获得的公共教育经费应当超过其所缴纳的公共教育税金，也就是说低收入阶层应当是公共教育的净受益者）。② 从上述四个原则来看，我国在公共教育方面的投入不尽如人意，教育在缩小收入差距方面的作用受到限制。

第四节　我国收入分配政策改革展望

一、国外收入再分配的政策实践及借鉴

20世纪70年代以来，西方多个国家面临着社会成员收入差距拉大、中等收入及低收入群体收入增长停滞、社会财富朝高收入群体集中的问题，这些国家通过运用多层次税收体系、转移支付等政策工具，对收入分配进行了积极干预。

① 李煜．制度变迁与教育不平等的产生机制：中国城市子女的教育获得：1966—2003．中国社会科学，2006（4）：97－109，207．

② 吕普生．权利平等、机会均等与分担公正：教育公平的三个维度及其内在逻辑．华中科技大学学报（社会科学版），2013，27（6）：58－64，80．

（一）建构多层次税收体系对收入进行调节

1. 借助设计缜密的个人所得税制度进行调节

个人所得税是西方国家调节收入分配的重要工具。使用这个工具时，许多国家都会对纳税人的身份进行分类，根据纳税人是否结婚、孩子数量设置不同的起征点和税率，以实现不同状况社会成员的纳税公平。美国 2018 年的个人所得税改革中，纳税人可选择以单身、夫妻、已婚人士和户主四种不同身份分别缴纳对应的个人所得税，不同身份的起征点有明显的差异。① 德国也采取了类似的做法，2018 年个人身份申报的起征点是 8 354 欧元，已婚纳税人的起征点则是 16 708 欧元。② 面对高收入群体进行纳税规划或者收入来源隐蔽的难题，一些国家会通过特殊的制度设计对高收入群体进行有效调控。如美国采取替代最低税（alternative minimum tax，AMT）作为个人所得税制度的重要补充，当纳税人应纳税额过低时，工作者会为其设置一个与其经济状况相近的参数为纳税基数，要求纳税人按照这一基数缴税。③需要特别关注的是，一些国家将个人所得税政策和促进就业结合在一起，在计算个税基数时会将其参加职业培训的费用扣除，借助税收鼓励社会成员积极就业。如德国对首次参加与职业有关的课程、短期学习班、会议、报告以及夜校等职业进修或在职培训的支出最高可扣除 4 000 欧元。④

2. 实施有效的财产税收调节政策

为了减弱财产对收入差距的影响，欧美国家普遍采用了促进财产占有机会均等的税收政策，以达到减少获取收入机会不均等的目的。具体措施主要包括征收高额遗产税和财产税，并且实行累进税。

世界上近 2/3 的国家和地区开征了遗产税，发达国家几乎都开征了遗产税和赠与税⑤（表 3－7 列举了部分国家的遗产税和赠与税），并且还通过严格的征管制度将其落实。以美国为例，联邦遗产税的征税对象为美国公民或居民死亡时拥有或被推定拥有的财产，包括不动产中的有形个人财产（如货币）、无形个人财产（如公司股份、合营公司和信托机构中的权益、债券、保险单、退休金及知识产权中的财产权益）、现有动产以及被继承人死亡前 3 年内赠与的财产等所有可能的收入和财产。⑥

欧美国家征收的财产税主要包括房屋税、土地税、不动产税、财产税、不动产转让税、资本利得税和土地增值税等，覆盖了财产的转让、占有、使用和收益各环节。财产税的征收虽然不能完全消除收入差距和财富占有不均等现象，但在防止财

---

① 石坚，费茂清，陆进．我国个人所得税年度汇算情况及国际比较．国际税收，2021（8）：46－53.

② 匡浩宇．德国税收分享制度对我国的经验借鉴．地方财政研究，2020（10）：106－112.

③ 刘鹏．高收入阶层的有效调控：最低替代税的国际实践与中国方案．经济体制改革，2022（2）：165－173.

④ 伍红，郑家兴．不同国家（地区）个人所得税专项扣除特点及启示．税务研究，2019（3）：30－34.

⑤ 李永刚．境外遗产税制度比较及其启示．国家行政学院学报，2015（1）：124－127.

⑥ 左宁．发达国家遗产税的改革及启示．中共浙江省委党校学报，2005（6）：76－79.

产分配不公平的继续扩大上起到了一定的作用。

表 3-7　部分国家的遗产税和赠与税

国家	税率区间	抵免额	国家	税率区间	抵免额
美国	超额累进税。税率18%～55%，分18个等级	2017年个人免征额为1 120万美元；夫妻共有免征额2 240万美元	日本	超额累进税。税率10%～70%，分13个档次	配偶免税1.6亿日元；其他人“5 000万日元+1 000万日元×法定继承人数”
法国	超额累进税。直系亲属5%～40%，非直系亲属60%	配偶、子女15.2万欧元/人，残疾人倍增；兄弟姐妹1.52万欧元，残疾人增1 520欧元	瑞典	超额累进税。配偶、子女、父母5%～75%，兄弟姐妹8%～72%，其他人8%～30%	配偶、子女、父母3万克朗，其他人1.5万克朗
英国	40%的比例税	遗产税免税额32.5万欧元；配偶间免税额65万英镑。赠与税免税额28.3万欧元	德国	超额累进税。配偶、子女、孙子女、祖孙7%～30%；姐弟、岳父母15%～43%；其他人30%～50%	配偶50万欧元，子女40万欧元，孙子女20万欧元，祖孙10万欧元；姐弟、岳父母20万欧元；其他人20万欧元

资料来源：胡绍雨．遗产税的国际经验借鉴．武汉科技大学学报（社会科学版），2016，18（2）：200-205；李永刚．境外遗产税制度比较及其启示．国家行政学院学报，2015（1）：124-127；李永刚．中国遗产税制度设计研究，学海，2015（1）：185-189；关注美国税改的外溢效应．(2018-01-18)[2022-12-05]. http://www.ce.cn/xwzx/gnsz/gdxw/201801/18/t20180118_27783062.shtml.

（二）灵活使用转移支付缩小收入分配差距

多个国家把转移支付制度作为缩小地区差距的重要工具。20世纪60年代，日本政府先后制定《山村振兴法》《欠发达地区工业开发促进法》等法律，并实施了以地方交付税制度为特色的财政平衡制度，通过财政转移支付为农村和经济不发达地区匹配相应的财政支持，缩小了城乡间和地区间的差距。① 加拿大联邦政府确立了基本公共服务的国家标准，以公共服务均等化为目标，按照各省人均财政收入水平来确定给各省的转移支付额度。② 美国作为一个实施剩余型福利制度的国家，也强调使用转移支付来均衡地区间公共服务的供给。2016—2019年，美国的州与地方政府的财政收入有近20%是来自联邦政府的转移支付。③

---

① 顾鸿雁．日本乡村振兴转型的新模式：“地域循环共生圈”的实践与启示．现代日本经济，2020，39（6）：48-59.

② 张忠利，刘春兰．发达国家基本公共服务均等化实践及其启示．中共天津市委党校学报，2013，15（2）：72-76.

③ 李成威，金殿臣．近年来中国与美国财政收支比较与启示．经济资料译丛，2022（1）：18-35.

前文已提，社会保障支出总量和结构对收入不平等的影响非常显著。因此，欧美国家非常重视社会保障支出规模、支出结构的设计。在支出规模上，2008—2014年，欧盟成员国社会保障支出占 GDP 比重一直维持在 28%以上，政府投入占社会保障支出比重平均在 51%以上，丹麦更是高达 84.8%（2014 年）。[①] 在支出结构上，强调对贫困人口、低收入者的社会救助支出以及对儿童、家庭的支持。2014 年，欧盟成员国社会保障支出中，用于家庭和儿童的平均支出排在第三位（占 8.5%）。[②]

科学技术的迅猛发展使人力资本对财富占有的影响越来越大，教育成为获取高收入的关键因素。因而，欧美国家普遍采取通过提供均等的教育机会，尤其是提高高等教育的普及率，解决低收入群体因无力进行人力投资造成的收入差距。2010—2014 年，丹麦、荷兰、奥地利、芬兰、挪威北欧五国教育支出占 GDP 的比重均在 7%以上，高等教育毛入学率平均为 81%（2016 年数据）。[③] 考虑到人工智能等新技术的挤出效应和垄断效应，近年来，多个国家以产业结构变革和新兴技术的发展为导向，加强对在职群体的技能培训，以此缩小技术变革带来的收入差距。

除此之外，近些年来，西方多个国家把治理工作贫困作为提升劳动者收入、推动收入分配公正的重要策略。2003 年，欧盟发布《就业指导方针》，提出要减少工作贫困劳动者的数量；2010 年又颁布了《欧洲 2020 战略》，强化增长与就业共同推进。梳理其采取的措施，主要包括提高最低工资标准[④]、降低低收入家庭税收、推进“劳有所得”的在职福利政策（核心是依据劳动者工作时间长短发放不同额度的现金福利）、提供儿童保育和长期护理服务、推动女性劳动力就业等[⑤]。

二、我国收入分配政策改革展望

2020 年我国人均 GDP 达到了 1.25 万美元，接近世界银行提出的高收入国家门槛[⑥]，但衡量收入分配差距的基尼系数依然高达 0.468[⑦]。收入不平等不仅仅是一个经济议题，它还和健康、自我认同、社会情绪、代际公平等主题密切相关。2021 年 11 月，党的十九届六中全会通过的《中共中央关于党的百年奋斗重大成就和历史经验的决议》明确提出要在本世纪中叶基本实现全体人民共同富裕。深化对收入不平等产生、作用机制的认识，积极运用社会政策工具，消除不平等生成的因素，阻断

---

①② “社会支出统计指标及可行性研究”课题组．我国与欧盟社会保障支出对比分析．调研世界，2017（9）：10－13.

③ 别敦荣，易梦春．高等教育普及化发展标准、进程预测与路径选择．教育研究，2021，42（2）：63－79.

④ 2020 年 1 月，欧盟委员会发布了《关于应对公平最低工资挑战的可能行动》的倡议文件，计划采取立法行动推动建立统一的欧洲最低工资标准规则。

⑤ 柳静虹．欧盟贫困问题演化及反贫社会政策发展．南开学报（哲学社会科学版），2021（5）：54－66.

⑥ 我国人均 GDP 达到 1.25 万美元　接近高收入国家门槛．(2022-05-12)[2022-12-05]. https://baijiahao. baidu. com/s? id=1732614565912583953&wfr=spider&for=pc.

⑦ 韩文秀：中国居民收入基尼系数已降至 0.466．(2022-05-12)[2022-12-05]. https://baijiahao. baidu. com/s? id=1732603460066322085&wfr=spider&for=pc.

或削弱其对其他领域的影响，促进初次分配、再分配和第三次分配领域中效率与公平更深层次的有机结合，从而在高质量发展中推进共同富裕的实现。

第一，在分配起点上关注社会成员获取收入的能力公平。与机会公平相比，获取收入的能力公平强调个人是否有能力把握住机会，从而真正地获取收入。影响能力公平的因素主要包括社会成员受教育机会、身体素质、就业机会，以及财产占有状况。加大对农村、中西部等欠发达地区的政府间转移支付，通过师资培训和交流等方式提升教育水平，优化卫生资源配置，提升医疗机构服务能力，消除以教育、医疗卫生服务为核心的公共服务供给的不均衡不充分问题，使社会成员在进入分配过程之前就尽可能地拥有相对公平的生产要素和所需能力。建立统一、规范的劳动力市场，清除阻碍劳动力流动的干扰因素；加强反就业歧视的立法、执法和司法，细化用人单位的法律责任和相应的惩罚措施，成立反歧视的专门机构①，破除就业领域的性别歧视、户籍歧视、隐性歧视等不公平，使社会成员拥有平等就业和职业选择的权利。

第二，初次分配领域充分发挥市场机制效用的同时，探索经济政策与社会政策的有机融合。制定经济政策、产业政策时，将公正原则贯彻其中，充实反垄断机制，塑造高效、公平、有序的市场竞争环境，破除垄断带来的收入非常态集中问题；完善以最低工资制度为核心的劳动保护制度，发挥工会/行业协会协商作用，构建保障劳资双方共同权益的工资决定和增长机制，保障劳动报酬在初次分配过程中的合理比重，提高低收入群体收入，扩大中等收入群体规模；健全灵活就业人员、新业态从业人员、外出务工人员参加社会保险、社会保障的制度②，主动对脆弱群体给予必要的保护，使其免遭市场的排斥。

第三，再分配领域发挥社会政策的生产和投资功能。综合通过税收、社会保障、转移支付等再分配手段，缩小城乡、地区、人群间的收入差距。进一步完善权责对等、保障适度的社会保障体系，合理确定社会保险基金的统筹层次，提高支出规模、优化支出结构，消除社会保障水平的人群差异，增强对生活处境不利社会成员的帮扶力度，提升其发展能力；完善儿童照料、老人照护等方面的社会服务，推动女性群体充分就业，提高家庭收入。优化个人所得税制度，实施家庭申报制，依据不同的家庭结构与特征设置不同的征收标准，扩大综合征收的范围，加大对资本利得、财产交易所得的调节力度，提高个人所得税调节收入差距的效力。完善包括不动产、金融资产、其他动产以及知识产权在内的个人财产登记和定期评估制度，探索房产税、遗产税的征收，削弱财产分配不公平的代际传递。③

第四，积极探索国民收入的第三次分配机制，实现更深层次和更大范围内的收

① 陈秀红．“给付”与“规制”：中国社会政策公平性检视及未来建构．学习与实践，2018（6）：92－100.

② 李迎生．时代变迁、制度创新与民生保障高质量发展．中共中央党校（国家行政学院）学报，2021，25（4）：107－113.

③ 张来明，李建伟．促进共同富裕的内涵、战略目标与政策措施．改革，2021（9）：16－33.

入分配调整。慈善事业在国民收入分配中扮演着重要的角色，也是社会治理的重要主体。培育、扶持不同层次和不同类别的慈善组织，提高其动员、整合、配置慈善公益资源的能力；设置优惠的税收政策，推动企业承担社会责任、提高其捐赠捐款的动力；促进慈善事业与社会保障制度、社会救助、社会福利、社会服务以及特殊群体权益保护有机结合，实现对财富更深层次的公正分配。

思考题

1. 如何理解不同理论范式关于分配公正的解释？不同解释之间有什么区别和联系？

2. 如何理解社会政策在国民收入分配过程中的作用和功能？

3. 如何理解三次分配与共同富裕之间的关系？

4. 我国现阶段收入分配领域主要存在哪些问题？从社会政策视角入手，可以采取哪些措施来解决这些问题？

5. 如何理解基本公共服务均等化与分配公正之间的关系？

第四章
教育社会政策

教育在人类文明的发展进程中始终扮演着举足轻重的角色。当今发展教育愈发显现出其无可替代的重要性。在当代中国，教育不仅担负着传递知识、启蒙思想、探寻真理的历史使命，对促进人的全面发展、推动社会进步、实现民族复兴、推动共同富裕等也具有重大而深远的意义。党的十七大提出民生建设"五有"目标，"学有所教"是其中之一。党的十九大将民生建设"五有"目标扩大到"七有"，增加的"幼有所育"也包含着丰富的与教育相关的内容，使教育成为民生建设的重中之重。党的十九大做出了优先发展教育事业、加快教育现代化、建设教育强国的重大战略部署。党的二十大强调"教育、科技、人才是全面建设社会主义现代化国家的基础性、战略性支撑"，从"强化现代化建设人才支撑"的高度要求"办好人民满意的教育"。借助社会政策手段保障人民群众幼有所育、学有所教、弱有所扶、公平受教的权利，已经成为当前中国社会建设的基本内容与核心任务之一。

第一节　教育社会政策概述

一、教育社会政策的界定

（一）教育政策与教育社会政策

对教育政策与教育社会政策进行区分，是准确认识教育社会政策的前提。如果将教育看成一个整体系统，那么从系统的内在和外在两个向度出发，可以区分出两种类型的教育政策。其一，从系统内在看教育，教育政策大体涵盖教育学制、教师管理、教学目标、课程设置、绩效考评、教育经费和教育行政等方面的政策、规章、制度等。这些政策共同构成教育系统运行发展的内在组件，是教育系统与其他系统相区别的核心标志。其二，从系统外在看教育，教育政策主要是对教育发展路线、教育资源分配、教育权利保障、教育社会福利等方面的规定。这些政策一般涉及教育发展的方向、原则、路径、理念等问题，也就是规定了国家和社会应当以什么样的理念来安排和开展教育活动。完整意义上的教育政策，应当同时包含教育系统的内在和外在两个向度的政策安排，它是指国家和社会针对教育事业发展所制定和实施的各方面政策内容的总和。

从教育系统内在和外在两个向度的对比来看，前者是教育系统运行和发展的内在规范和内在规定性，决定着一个国家教育发展的整体质量，后者则反映着教育系统运行和发展的外在要求和外在合法性，决定着一个国家教育发展的社会担当和持久生命力。需要强调的是，两个向度的教育政策并非彼此隔离，而是互有交叉、密不可分。在现实实践中，后一个向度的教育政策安排往往以促进教育公平、保障教育权利、增进教育福祉为基本导向，与社会政策所追求的价值目标最为契合，因此可以被视为国家或社会在教育领域的社会政策安排。当然，教育社会政策同样会涉及第一个向度的教育政策内容，教育理念、教育资源、教育路线的变革离不开对教学、教师、课程、经费、行政等方面的系统性调整。或许正因为如此，一些研究者将教育社会政策直接等同于教育政策。

综上所述，所谓教育社会政策，是指国家或社会以公平、福利和人权等理念为基础，以保障和推动人与社会的全面发展为目标，针对教育领域所制定和实施的一系列政策、法规和措施的总和。教育社会政策是教育政策的重要组成部分。本质上讲，教育社会政策是从社会福利、社会政策的视角出发来看待和回应教育问题的，它关注的重点不是教育活动与教育内容本身，而是教育的社会职能与社会效应。它将受教育权视为人的一项基本权利，旨在维护和促进整个社会的教育公平，保障和增进全体公民（特别是弱势群体）的教育福祉。

（二）教育社会政策的类型

教育社会政策是一个内涵十分丰富的政策领域。随着社会的不断进步，教育社会政策的领域也在逐步拓展。从不同的标准出发，可以将教育社会政策划分为不同的类型。以教育的层级和类别作为分类标准，可以将教育社会政策划分为学前教育社会政策、义务教育社会政策、特殊教育社会政策、普通高中教育社会政策、高等教育社会政策、职业教育和成人教育社会政策，以及我国的民族教育社会政策。以政策的调节手段或作用途径为标准，教育社会政策大致可以划分为以下几种：（1）权利保障型教育社会政策，如农民工子女随迁入学政策等；（2）资源调节型教育社会政策，如针对西部地区开展的“两基”攻坚计划等；（3）经济资助型教育社会政策，如针对贫困学生的助学贷款政策、困难补助政策等；（4）特殊扶助型教育社会政策，如专门为某些残障人士制定的照顾性政策、针对因突发性灾难致困学生的救助政策等。

此外，还有其他一些分类标准，如依据政策制定主体可以划分为中央的教育社会政策、地方的教育社会政策和部门的教育社会政策；依据政策实施的范围可以划分为全国性的教育社会政策、地区性的教育社会政策和学区性的教育社会政策；依据政策层次可以划分为宏观性的教育社会政策和具体性的教育社会政策，也可划分为教育的总社会政策、基本社会政策和具体社会政策等。

二、教育社会政策的特征、功能与地位

（一）教育社会政策的特征

教育社会政策是社会政策的一个重要分支，它将受教育权视为人的一项基本权利，其宗旨在于促进和维护社会的教育公平，推动人与社会自由而全面的发展。这一独特定位决定了教育社会政策的两大内在特征。

1. 明确的价值导向

教育社会政策是有着明确价值导向的制度实践与学科领域。早在 20 世纪 20 年代，西方社会科学研究中就出现了一种排除价值干扰的呼声，认为研究者的价值观念会影响对客观现象的观察和分析，从而影响研究结果的客观性和公正性，这种观点在马克斯·韦伯那里有着最为清晰的表达。此后，价值中立或非价值倾向的研究在西方社会科学领域几乎成了一个基本原则。然而，社会政策（包括教育社会政策）的制度实践与学术研究从根本上不应也无法排斥价值倾向，相反，它必须要有明确的价值态度和价值倾向。正如蒂特马斯所强调的，我们有责任清楚说明自己的价值，当讨论像社会政策这类科目时，我们更有这么做的特别义务。以中立的价值立场讨论社会政策是没有意义的事情。教育社会政策实践的核心价值就是实现教育公平，教育社会政策的研究也离不开这一价值的指引。世界范围内，不同国家之间教育发展水平差距巨大，推动实现教育公平仍任重道远。我国《教育法》明确规定了公民不分民族、种族、性别、职业、财产状况、宗教信仰等，依法享有平等的受教育机会，但由于各种原因，目前地区之间、城乡之间在教育资源分配和教育质量等方面仍存在一定的差距，由此而导致享受优质教育尤其是优质高等教育的机会不均等。在此背景下，关注弱势群体、促进教育公平、推动社会发展仍然是当前中国教育社会政策的重要使命。

2. 显著的福利特性

无论是在西方发达国家，还是在绝大多数发展中国家，受教育权都普遍被视为是政府应予保障的基本公民权利。作为一种公共产品和公共资源，教育的供给也逐渐成为现代社会的一项基本福利。因此，教育资源的分配状况直接体现着一个社会的权利状况和福利水平。在西方福利国家，教育福利事业是将基础教育视为政府必须予以保障的社会福利的重要组成部分，须为所有适龄儿童与青少年平等地享有，政府在确保所有儿童与青少年的平等受教育权方面具有不可推卸的法定责任。时至今日，教育福利的对象已经逐渐突破适龄儿童与青少年的界限，进而扩展到所有有

需要的社会公民。与西方福利国家有所不同，当前阶段我国的教育福利供给仍带有一定的补缺型特征。以义务教育阶段的“两免一补”政策和非义务教育阶段的家庭经济困难学生资助政策等为重点，教育福利的政策对象主要聚焦于弱势群体，保障其基本的受教育权利。

（二）教育社会政策的功能

1. 保障教育权利，促进社会公平

当今世界中，受教育权已经被视为公民的一项基本人权。教育社会政策即以维护公民的基本人权为宗旨，通过保障公民的受教育权利，促进整个社会的公平公正。在罗尔斯看来，人类社会总是充满了不均等，但不均等并不意味着不公平，而达至公平则需要符合两个正义原则：第一个原则是每个人对最广泛的基本自由均应拥有与其他人相应的均等权利；第二个原则是社会和经济的不均等应适合于每一个人的利益，并且依系于地位和职务向所有人开放。① 这两大正义原则后来被具体转化为“平等自由原则”“差别原则”“机会的公平均等原则”三个操作原则。

与当前中国的教育政策安排对应，罗尔斯的平等自由原则正是义务教育阶段的主要分配原则。人们视接受义务教育为基本的公民权利和福祉，因此所有人在接受义务教育方面都应当被平等地对待。至于义务教育之后的教育阶段，情况则有所不同。更高层次的教育资源分配更多体现为机会的公平均等原则和差别原则。在这里，罗尔斯所主张的差别原则并不等同于补偿原则，而是强调教育资源的分配应当对最不利者的长期期望有所回应，即强调对弱者的特别关照。由此可见，教育社会政策是保障教育权利、促进社会公平的重要手段。

2. 提升人力资本，助力经济发展

经济合作与发展组织在 1996 年发表的《以知识为基础的经济》② 的报告中指出，人类社会已经进入一个建立在知识和信息的生产、分配和使用之上的经济时代。在这一时代，国与国之间的竞争，说到底是人才的竞争和教育的竞争。教育社会政策的制定和实施能够赋予更多的人以平等接受教育的权利和机会。在市场经济条件下，通过制定和落实教育社会政策，尤其是借助各种途径对教育资源进行调节和再分配，为贫困学生、残障学生、流动人口、女性群体等常常处于教育困境的人们提供必要的补贴，不仅能够有效地维系和保障公民的受教育权利，而且可以增加整个社会的人力资本总量。教育社会政策的制定和实施在经济学意义上是对人力资本的投资。20 世纪 60 年代，美国经济学家舒尔茨和贝克尔在论述其人力资本理论时认为，在经济增长中，人力资本的作用大于物质资本的作用，并且在大多数时候，人力资本投资与国民收入成正比，比物质资本增长的速度更快。舒尔茨还特别强调，人力资本的核心是提高人口质量，教育则是人力资本投资的最主要部分。到了 21

---

① 罗尔斯．正义论．何怀宏，等译．北京：中国社会科学出版社，1988：56.

② 经济合作与发展组织（OECD）．以知识为基础的经济．杨宏进，薛澜，译．北京：机械工业出版社，1997.

世纪的今天，国际社会已经普遍认识到，教育政策特别是教育社会政策的制定和实施能够有效改变整个社会的人力资本结构，增加人力资本总量，促进经济的持续增长。

3. 促进社会流动，维护社会和谐

按照帕累托的逻辑，一个良性的社会必然是流动的、动态的，其社会阶层结构也是富有弹性的。与之相对，一个静止的、固化的社会，其社会结构中往往隐藏着巨大的社会危机。在现代社会中，教育已经成为最重要的社会流动机制和阶层流动渠道。教育社会政策强调公平、人权，将教育视为具有普惠性质的社会福利，同时更加关注社会中的底层群体、边缘群体、弱势群体。现代社会中，这三类群体已经成为社会问题、矛盾的最主要来源。由于在社会阶层结构中处于被剥夺地位，这些群体有着强烈的上升愿望，即迫切渴望突破阶层壁垒，实现阶层流动。教育社会政策以再分配、投资等形式，推动有限的教育资源公平地分配至社会各个阶层，并且给社会中下阶层以更多的资源倾斜。这无疑有助于打破阶层界限，促进阶层流动，从源头上减少社会矛盾的发生，进而维护社会的和谐稳定。

4. 提升国家认同，维护政治稳定

正如亚里士多德所言："邦国如果忽视教育，其政治必将毁损。"① 现代社会中，国家是社会政策设置的核心主体，教育社会政策也承载了国家的政治意志。国家通过制定教育发展规划，规定教育的性质，指明教育的任务，确保教育向社会公民传递统治阶级的意识形态和价值观念，使其逐渐认同和接受现存的政治制度和国家体制。在教育社会政策实施的过程中，一方面，社会公民自身的素质和能力得到提升，教育权利得到保障，对于国家的认同度也大大提升；另一方面，国家通过对教育的主导，发挥出自身对社会、政治、经济和文化等方面的控制作用，进而巩固其赖以存在和运行的合法性基础。这是教育社会政策作为国家政治工具的具体体现。

（三）教育社会政策的地位

在社会系统当中，某一结构设置的地位高低，从根本上说是由其所发挥的功能及其所扮演的角色决定的。在经济全球化背景下，教育社会政策作为关注教育公平发展的产物，越来越受到世界各国的关注和重视。教育社会政策的地位一方面是由教育的重要性所决定的。随着信息时代、科技时代、知识经济时代的来临，教育在整个社会中的基础性、重要性地位不言而喻。对于个人而言，人们为了接受良好的教育而投入越来越多的时间和金钱，而个人的职业选择、工作成就和社会经济地位等都与其教育背景密切相关。对于社会而言，教育不仅是文化传承和社会教化的重要途径，而且对一个国家的经济与社会发展起着重要的促进作用。当代社会，国与国之间的竞争根本上是人才的竞争，而人才的培育则依托于健全、完善的现代教育

① 亚里士多德．政治学．吴寿彭，译．北京：商务印书馆，1965：400.

体系。因此，教育越来越成为一个庞大的、基础性的行业体系，并且成为各个国家财政投入的重要政策领域。

教育社会政策的地位也与社会政策的重要性提升直接相关。近年来，西方福利国家虽然普遍启动了福利改革，但是社会政策的地位不仅没有降低，反而在一定程度上有所提升，世界各国也相继进入社会政策时代。在中国，政府正在努力构建普惠型（或曰适度普惠型）的社会福利制度体系。特别是随着中国经济发展进入新常态，社会政策的重要性地位更是被提升到了一个新的高度。作为社会政策的一个重要分支，教育社会政策在促进教育公平、提升教育福祉的同时，也对整个社会的经济、政治、文化、生活产生着深远的影响。从发展型社会政策的角度来看，教育社会政策的实施能够将社会政策与经济政策有效融合，产生兼顾经济与社会的双重效益。

鉴于教育在当代社会中对个人和社会的发展都发挥了巨大的作用，各国都将教育放到优先发展的位置。在我国，教育事业也是国家发展的重中之重。党的十九大报告提出，“建设教育强国是中华民族伟大复兴的基础工程”。对教育的这一定位将成为我国大力发展教育事业和制定与实施教育社会政策的重要基础。

三、国际教育社会政策发展的趋势和特点

（一）国际教育社会政策发展的趋势

20 世纪 80 年代以来，随着经济全球化速度的加快，国际教育领域的竞争日趋激烈，世界主要国家的教育社会政策都在经历巨大的调整和变革。

1. 政策制定的民主化

在当代西方发达国家，绝大多数国家在制定与教育相关的政策时，都会通过多种渠道广泛听取来自社会各界的声音，以贯彻决策民主的原则。教育社会政策制定的民主化根本上是为了保障教育机会的均等。在当代，提倡教育机会均等的理念贯穿美国、英国等西方国家历次重大的教育改革。自 2010 年开始，美国奥巴马政府着手修订《不让一个孩子掉队法案》（No Child Left Behind Act，NCLB），提出了一系列均衡发展美国教育的措施。这些措施既源自美国民众对教育均衡发展始终如一的追求，又是美国政府推行教育民主的政策选择。此外，为了使国民能够跟上快速变迁的社会，提高生活的质量，终身学习、终身教育的理念也逐渐为各国所认可和重视。总之，这些改革与发展趋势聚集到一点，就是要提高教育社会政策制定的民主化，为创造公平、民主的教育制度而努力。

2. 政策主体的多元化

自 20 世纪 80 年代以来，随着新思潮、新理念的不断涌现，影响教育社会政策制定和改革的因素不再局限于政府，市场的力量、民间教育团体、国际组织等已经广泛参与进来。教育社会政策的主体呈现多元化态势。各大政策主体之间相辅相成、密切配合，共同推动着世界教育事业向更为公平与现代化的方向发展。

各国非营利性的教育组织关注教育热点问题，并主动参与协调政府与地方之间的教育发展关系。一些民间组织，如美国卡内基高等教育委员会和日本教职员联合会等，在政府制定教育政策方面提供了重要的咨询和决策建议，日益受到社会各界的广泛重视。

3. 政策导向的国际化

进入 21 世纪以来，经济全球化带来了教育发展的国际化。国与国之间的竞争越来越清晰地体现在教育领域的竞争，教育已经不再局限于一个国家的范围之内。为了培养具有世界眼光、能够活跃于国际社会的开放型人才，许多国家开始酝酿和实施具有国际发展导向的教育政策。最具代表性的如加强国际的大学交流、设置国际关系学科、实行学分互换制度、创建新型的国际大学和高中，以及强化留学生接纳体系和人员流动、改进外语教学等措施，已经受到众多国家的关注和重视。以国际化为导向，教育社会政策自身的价值理念、形式、内容、培养目标等都已出现了明显的变化。

（二）国际教育社会政策发展的特点

联合国教科文组织在 1998 年的《世界教育报告 1998——教师和变革世界中的教学工作》中指出，纵观全球，教育政策有两个重要趋势：一是多数国家强化了对教育民主化的承诺（“人人受教育”和“终身受教育”），二是对教育质量和目的趋于采取更讲究学以致用的观点。2015 年，联合国教科文组织在成立 70 周年之际，发布了《反思教育：向“全球共同利益”的理念转变?》，这份报告提出了新的教育价值定位，即教育是全人类的共同核心利益，是实现“全球可持续发展”的关键。从近些年国际教育社会政策实践与研究的最新趋势看，其重心仍然聚焦在促进教育公平和提升教育质量等方面，但在关注的视角、维度、内容上有了进一步拓展或深化。与此同时，教育作为“全球共同利益”的理念得到强调和重视。

1. 教育公平的关注视角有所转变

追求教育公平是教育社会政策的内在特性，然而，教育公平是一个相对的、动态的和发展的概念。从当代西方教育社会政策的发展过程来看，西方国家对教育公平的关注视角在不断发生转变。发展的大致脉络是从关注程序和机会的公平到关注结果的公平，从关注少数人群到关注全体人群，从关注投入公平到关注产出公平。对比而言，西方对教育公平研究或关注的侧重点与中国也有着明显不同：第一，中国更关注教育资源和质量的地区差异、城乡差异和校际差异，而西方更关注阶级差异、种族差异和性别差异；第二，与中国重视权利、机会、起点的教育公平相比，西方更加强调过程、结果以及结果使用上的教育公平；第三，与中国重视教育内部的教育公平相比，西方更加关注从社会、经济等大的环境来考察教育公平，关注教育公平与社会、经济的关系，不仅测量结果的不均等，而且对影响不均等的因素进行测量与剖析。

2. 教育质量的内涵进一步扩展

当代西方发达国家对于教育质量的认识和追求也发生了明显的变化，主要表现在：第一，从差异的质量观转向统一的质量观。差异的质量观强调根据不同对象的接受能力、职业前景和社会背景，给予不同的教育支持。英、美等国家由于信奉个人主义的价值取向和强调个性的张扬，一直重视为不同学生提供不同的教育支持。但在 20 世纪 80 年代之后，在回归共同文化与西方传统的背景下，各国加强了对教育的控制，推进全国的教育标准，强调共同的文化基础与教育要求，从而由差异的质量观转向了统一的质量观。第二，强调绩效产出的质量观。其重要举措之一就是通过全国性的测验和教育问责让学校和不同群体学生达到政府规定的标准，奖励好学校，惩罚差学校。以美国为例，联邦政府通过制定《国家处在危险之中》和《不让一个孩子掉队法案》等，加强国家对教育的管理与控制，加大对教育质量的评估力度，同时运用市场与选择机制保障家长与学生在教育过程中的权利。

3. 教育作为“全球共同利益”的理念得到强调和重视

进入 21 世纪，恐怖主义尚未得到有效遏制，环境污染越来越严重。2008 年全球金融危机爆发，对世界经济产生了严重的负面影响。2018 年前后，又出现了“逆全球化”倾向。2020 年新冠病毒感染疫情肆虐，全球各国均受到影响。世界百年未有之大变局和新冠病毒感染疫情的叠加冲击，使国际格局发生了巨大而深远的变化。如此种种，都对教育提出了前所未有的挑战：教育到底要培养什么样的人？教育的本质究竟是什么？教育为全球安全、社会公平、可持续发展究竟应当承担什么样的责任？这些问题自然引起了国际有识之士、教育工作者、学者的高度关注和重视。占主流的观点认为：教育要尊重生命，尊重人格、和平、平等，尊重人的权益，而且要为可持续发展承担责任。欧盟在后金融危机时代出台了一系列应对性教育社会政策，强调教育的公平和质量，提升人力资本，促进可持续发展，对其他地区有一定的启示。①

第二节　我国教育社会政策的发展与现状

一、我国教育社会政策的历史变迁

新中国成立以来，党和国家积极推动教育社会政策，努力增加受教育机会，促进教育公平。新中国成立初期就开展了大规模的扫盲运动、工农教育、普及教育、盲聋哑教育，并积极普及九年义务教育，还积极推动民办教育、中外合作办学、女童教育、教育援藏活动的开展，举办内地西藏班、内地新疆班、高校少数民族预科班等，这些政策和措施大大地增加了民众受教育的机会，促进了国家教育公平。

我国教育社会政策经历了多次改革变迁的浪潮。依据不同标准可将这一变迁历

① 梅伟惠，杨浦云．后金融危机时代欧盟教育政策的核心内容与发展趋势．世界教育信息，2021，34 (12)：8－16.

程划分为不同阶段。比较具有代表性的划分有：两阶段论，如前三十年和后四十年的划分；三阶段论，如政府包办、政府缺位、政府归位的划分；四阶段论，如以社会主义改造完成、“文化大革命”开始、改革开放实施等为界进行的划分等。教育社会政策的发展变迁与国家的建设需求、体制变革、福利理念密切相关，在此意义上，三阶段论更具代表性。

（一）计划经济体制阶段：服务于政治需要并且与生产劳动相结合的教育社会政策（1949—1976年）

自新中国成立至党的十一届三中全会召开，是我国计划经济体制逐步确立和发展的时期。计划经济体制时期我国教育社会政策的设置主要有以下三个基本特征。

1. 优先保障工农群众的受教育权利

新中国成立初期，国家采取了一系列措施，优先保障工农群众的受教育权利。1949年12月，教育部召开了第一次全国教育工作会议，会议提出教育必须为国家建设服务，学校必须向工农开门。1950年4月3日，北京实验工农速成中学开学，这是全国第一所工农速成中学。此后全国各地相继开办工农速成中学。1950年9月，教育部、全国总工会联合召开第一次全国工农教育工作会议，讨论工农教育的实施方针、领导关系等问题。1951年10月1日，政务院公布实施了《关于改革学制的决定》。这是新中国第一个学制政策，它以法令形式确立和充分保障工农干部受教育的机会。这一系列政策的实施为新中国的教育事业奠定了坚实的基础。“文化大革命”期间，虽然教育系统遭受了极大的破坏和损失，但是优先保障工农群众受教育权利的方向基本没有发生太大变化。

2. 注重团结和改造各大社会阶层、社会群体

1951年9月20—28日，教育部召开了第一次全国民族教育会议，讨论制定新中国民族教育方针。会议提出要以培养少数民族干部为主要任务，同时加强少数民族地区的小学教育和成人业余教育。1951年9月29日，周恩来总理在京津高校教师学习报告会上做了《关于知识分子的改造问题》的报告。1951年11月30日，中共中央发出《关于在学校进行思想改造和组织清理工作的指示》。1957年3月12日，毛泽东在党的全国宣传工作会议上发表讲话，指出没有知识分子，我们的事情就不能做好，所以我们要好好地团结他们。知识分子也是劳动者。虽然后来“大跃进”运动与“文化大革命”期间的教育工作偏离了这些教育方针，但是“文化大革命”结束后，团结一切可以团结的社会力量建设社会主义，仍然是我国教育社会政策设置的重心。

3. 强调教育为工业建设和无产阶级政治服务

计划经济体制下，教育被划为上层建筑，教育机构是国家的附属机构，教育为无产阶级政治服务。从1952年开始，教育部以培养工业建设人才和师资为重点，对全国高校院系进行调整：以培养工业建设人才和学校师资为重点，发展专门学院，

整顿和加强综合大学，相继新设了钢铁、地质、航空、矿业、水利等专门学院和专业，并把私立大学全部改为公立。1956 年年初，中共中央召开知识分子问题会议，周恩来做了《关于知识分子问题的报告》，发出“向现代科学进军”的号召。新中国的百废待兴赋予教育太多的政治使命。正因为如此，1957 年反右派斗争开始，教育领域首当其冲遭受破坏。1958 年 9 月，为配合国家全面进行的“大跃进”运动，中共中央发布了《关于教育工作的指示》，提出了教育为无产阶级政治服务，教育同生产劳动相结合的教育工作方针。“文化大革命”期间，教育领域成为重灾区，各级学校受到全面冲击，教育事业遭到严重破坏。

（二）经济体制转轨时期：服务于经济建设的教育社会政策（1977—2000年）

党的十一届三中全会拉开了中国改革开放的大幕，政府的工作重心也开始由“以阶级斗争为纲”转向“以经济建设为中心”，通过大力推进经济体制改革，逐步确立市场机制在资源配置和经济发展中的基础地位。我国教育体系随即被纳入国家市场经济体制改革的序列。这一时期的教育社会政策主要为经济建设保驾护航，其功能体现在以下两个方面。

1. 引导教育秩序的恢复与重建

1977 年 10 月，高等学校统一招生制度恢复。1978 年 3 月，邓小平在全国科学大会开幕式上讲话指出，四个现代化，关键是科学技术的现代化。科学技术人才的培养，基础在教育。1978 年 4 月，教育部在北京召开全国教育工作会议，邓小平强调要提高教育质量，提高科学文化的教学水平，更好地为社会主义建设服务；教育事业必须同国民经济发展的要求相适应，培养社会主义建设需要的合格人才；同时要尊重教师的劳动，提高教师的素质。自此开始，教育秩序恢复与重建的序幕正式拉开。根据国家统计局的统计数据，1978—2000 年，全国高校在校学生由 85.6 万人增长到 556.1 万人，短短的二十多年间翻了近三番；全国高校教师也由 1978 年的 20.6 万人增长到 2000 年的 46.3 万人，翻了一番多。① 可见，我国教育体系的恢复与重建在短时间内就已取得显著成绩。

2. 服务教育改革与全面发展

在全国教育秩序快速恢复重建的基础上，为了适应社会主义经济建设的需求，教育改革的大幕随即拉开。党的十二大把农业、能源、交通、教育和科学作为经济发展的战略重点，确立了教育在整个社会主义现代化建设中的战略地位。1985 年 5 月 27 日，中共中央发布《关于教育体制改革的决定》（以下简称《决定》），这成为我国教育体制改革的纲领性文件。《决定》明确强调，教育必须为社会主义建设服务，教育要面向现代化、面向世界、面向未来。教育体制改革的根本目的，是提高民族素质，多出人才、出好人才。《决定》要求，经过改革，开创教育工作的新局面，使基础教育得到切实的加强，职业技术教育得到广泛的发展，高等学校的潜力

---

① 数据整理自国家统计局官网的历年“中国统计年鉴”。

和活力得到充分的发挥，学校教育和学校外、学校后的教育并举，各级各类教育能够主动适应经济和社会发展的多方面需要。1986 年《中华人民共和国义务教育法》颁布实施①，国家开始实行九年义务教育。在以义务教育为代表的正规教育启动改革的同时，各种社会力量办学也开始快速兴起。1987 年，国务院转发了《国家教育委员会关于改革和发展成人教育的决定》，国家教委发布了《关于社会力量办学的若干暂行规定》，对发展成人教育和社会力量办学给予鼓励和支持。

到了 20 世纪 90 年代，农村教育、职业教育、民族教育、残疾人教育等改革先后推进。1993 年，国家发布《中国教育改革和发展纲要》，制定了我国教育 90 年代发展的目标、战略和指导方针。这是我国改革开放时期最有指导意义的教育改革与发展政策文件。1994 年 9 月 1 日，国家教委发布《关于在九十年代基本普及九年义务教育和基本扫除青壮年文盲的实施意见》（即“两基”工程），这项工程也一直延续到了今天。1995 年，《中华人民共和国教育法》正式颁布实施，规定了我国教育的基本性质、地位、任务、基本法律原则和基本教育制度等，成为我国教育事业发展史上新的里程碑。

（三）21世纪以来：服务于社会建设的教育社会政策（2001年至今）

随着社会主义市场经济体制的逐步确立，因社会公平问题引发的深层次社会矛盾和社会冲突日益加剧，从而推动政府职能从经济建设向社会建设的回归。以党的十六大和十六届四中全会为开端，我国逐渐进入建设社会主义和谐社会的新时期，教育社会政策随之被纳入社会建设的重要任务序列。党的十八大以来，党中央将促进教育公平提到前所未有的高度。2012 年 11 月，新一届中央政治局常委首次集体亮相时，习近平总书记以“十个更好”回应人民关切，“更好的教育”排在首位。2013 年 9 月 25 日，在纽约联合国总部，习近平总书记在联合国“教育第一”全球倡议行动一周年纪念活动视频讲话中向全球庄严宣告“努力让 13 亿人民享有更好更公平的教育”。2019 年年初，中共中央、国务院印发《中国教育现代化 2035》，提出到 2035 年教育现代化的主要发展目标是：建成服务全民终身学习的现代教育体系、普及有质量的学前教育、实现优质均衡的义务教育、全面普及高中阶段教育、职业教育服务能力显著提升、高等教育竞争力明显提升、残疾儿童少年享有适合的教育、形成全社会共同参与的教育治理新格局。中国推进教育公平事业从此步入一个新的历史阶段。

这一时期我国教育社会政策的变革有如下三个特征。

1. 促进教育资源在社会主体间的公平分配

教育改革大大推动了教育事业的发展，普遍增加了民众的受教育机会，但区域、城乡、民族、性别等不同社会主体之间在教育发展上仍存在差异，基于教育资源分配不均衡的各种社会问题也逐渐显现出来。21 世纪初以来，我国教育社会政策的制

---

① 《中华人民共和国义务教育法》1986 年 4 月 12 日第六届全国人民代表大会第四次会议通过，2006、2015、2018 年修正。

定和实施越来越注重协调各大社会主体间的关系，统筹教育机会、教育资源在整个社会中的均衡分配。仅以义务教育为例，2002 年年初，教育部发出《关于加强基础教育办学管理若干问题的通知》，明确提出积极推进义务教育阶段学校均衡发展，实行就近、免试入学。2003 年以后，在科学发展观指导下，教育资源均衡分配的思想得以逐步落实。2005 年，教育部颁布《关于进一步推进义务教育均衡发展的若干意见》，中央对农村义务教育的财政转移支付力度明显加大，地方则按均衡发展要求调整经费、招生、师资管理和学校、学生发展政策，加大对农村和薄弱学校的经费和师资支持。国家教育督导团也将义务教育均衡发展列为对政府督导检查的内容。中央政府对加快民族地区教育事业发展给予了强调和重视。2015 年 8 月发布的《国务院关于加快发展民族教育的决定》，针对由于历史、自然等原因，民族教育发展仍面临一些特殊困难和突出问题，整体发展水平与全国平均水平相比差距仍然较大的情形，提出了加快发展民族教育的指导思想、基本原则、发展目标和切实举措，指出要夯实发展基础，缩小发展差距，促进教育公平，绝不让一个少数民族、一个地区掉队，推进民族教育全面发展；并规定到 2020 年，民族地区教育整体发展水平及重要指标接近或达到全国平均水平，逐步实现基本公共教育服务均等化。这一时期，国家在均衡配置城乡、区域、学区等主体间的教育资源方面取得了显著成效。

2. 构建起具有普惠性质的教育福利体系

自 20 世纪末开始，国家相继实施了贫困地区义务教育工程、国家西部地区“两基”攻坚计划、农村中小学危房改造工程、农村中小学现代远程教育工程和“两免一补”等一系列国家教育工程，并积极推动希望工程、“春蕾计划”等民间教育行动。2005 年 12 月，国务院发布《国务院关于深化农村义务教育经费保障机制改革的通知》，提出从 2006 年开始，免除西部地区农村义务教育阶段学生全部学杂费，2007 年扩大到中部和东部地区，并明确了各级政府对义务教育投入的责任；逐步将农村义务教育全面纳入公共财政保障范围，建立中央和地方分项目、按比例分担的农村义务教育经费保障机制，彻底解决了农村义务教育经费短缺的问题。与此同时，学生资助政策体系日趋完善，2007 年 5 月审议通过了《国务院关于建立健全普通本科高校、高等职业学校和中等职业学校家庭经济困难学生资助政策体系的意见》，基本形成贷、奖、助、勤、补、减（免）等多种形式的混合资助体系。经过不懈努力，我国形成以政府为主导、学校和社会积极参与的学生资助政策体系，对“所有学段、所有学校、所有家庭经济困难学生”实现全覆盖，2012—2021 十年间我国累计资助学生近 13 亿人次，确保“不让一个学生因家庭经济困难而失学、辍学”。①

3. 突出关注弱势群体的受教育权利

经济体制转轨使社会福利的供给模式发生了变化，国家不再也无力对教育福利

① 教育部发布会：“数”说党的十八大以来教育改革发展成效｜教育这十年“1+1”第十五场·发布会.（2022-09-28）[2022-12-19]. https://baijiahao.baidu.com/s?id=1745139300207196079&wfr=spider&for=pc.

统包统揽。在这种情况下，国家通过教育社会政策协调社会力量对弱势群体实施帮助就变得非常重要。2003 年 9 月 13 日，国务院办公厅转发教育部等部门《关于进一步做好进城务工就业农民子女义务教育工作的意见》，将政策焦点直接对准农民工子女义务教育。该政策有四项要求：一是农民工子女上学以流入地公办中小学为主；二是农民工子女上学与当地学生一视同仁；三是建立进城务工就业农民子女接受义务教育经费保障机制；四是设立民办“民工学校”条件酌情放宽。2006 年修订的《中华人民共和国义务教育法》特别强调要保障家庭经济困难的和残疾的适龄儿童、少年接受义务教育，特殊教育学校（班）学生人均公用经费标准应当高于普通学校学生人均公用经费标准。2016 年 2 月 4 日，国务院发布《关于加强农村留守儿童关爱保护工作的意见》，要求加大教育部门和学校对留守儿童关爱保护的力度，县级人民政府要完善控辍保学部门协调机制，督促监护人送适龄儿童、少年入学并完成义务教育。教育行政部门要落实免费义务教育和教育资助政策，确保农村留守儿童不因贫困而辍学。此外，各级政府积极动员社会力量参与教育事业和学生资助，逐步形成了以政府为主导、学校和社会积极参与的，覆盖学前教育至研究生教育的学生资助政策体系。在 2019 年，政府财政之外的各类社会力量资金投入占全部学生资助资金量的近三分之一。

二、当前我国教育社会政策的主要类型和特点

（一）我国教育社会政策的主要类型

近年来，我国已经基本构建起覆盖全面、内容多样的教育社会政策体系。依据政策设置的不同功能，可将我国教育社会政策划分为以下四种类型。

1. 权利保障型教育社会政策

教育社会政策将人的受教育权利视为一项基本人权。为了保障人人享有平等的受教育权利，国家先后颁布、实施了一系列政策措施，基本涵盖了农民工随迁子女教育、留守儿童教育、成人教育、职业技能培训、残障群体教育、扫盲教育等多个方面。经过多年的发展，这些政策措施的成效已经初步显现出来。以农民工随迁子女教育为例，2019 年，全国义务教育阶段在校生中，进城务工人员随迁子女共 1 426.96 万人。其中，在小学就读 1 042.03 万人，在初中就读 384.93 万人。[①]

2. 资源调节型教育社会政策

这种类型的教育社会政策注重调节教育资源、教育机会在各大社会主体间的公平分配，以缩小不同民族之间、区域之间、城乡之间的教育发展差距。这决定了资源调节型教育社会政策必然特别注重保障落后地区、落后主体的教育权利。自 20 世纪末开始，国家相继实施了“国家教育扶贫工程”、“国家贫困地区义务教育工程”、

① 教育部．2019 年全国教育事业发展统计公报．(2020-05-20)[2022-02-09]. http://www.moe.gov.cn/jyb_sjzl/sjzl_fztjgb/202005/t20200520_456751.html.

"全国中小学危房改造工程"、西部地区"两基"攻坚计划、《教育脱贫攻坚"十三五"规划》、"农村中小学现代远程教育工程"、"农村寄宿制学校建设工程"等工程计划。《教育脱贫攻坚"十三五"规划》以国家扶贫开发重点县、集中连片特困地区县及建档立卡等贫困人口为重点，采取超常规政策举措，精准瞄准教育最薄弱领域和最贫困群体，实现"人人有学上、个个有技能、家家有希望、县县有帮扶"，促进教育强民、技能富民、就业安民，坚决打赢教育脱贫攻坚战。自 20 世纪末开始的以上各项国家行动引导教育资源、教育机会的配置向西部地区、民族地区、农村地区等倾斜，极大提升了这些地区的教育发展水平，一定程度上促进了教育（特别是基础教育）在全国范围内的均衡发展。由于各种原因，教育资源、教育机会在民族之间、城乡之间、区域之间等的公平分配还存在不少突出问题。以民族教育为例，尽管中央及地方政府做出了极大的努力，民族地区教育事业仍存在着突出问题。第一，教育发展环境特殊，教育保障条件薄弱。大多数民族地区自然环境恶劣，地广人稀，居住分散，交通不便，办学成本较高，编制需求较大，布局调整困难，办学管理难度加大，需要更多的投入和更特殊的办法。第二，教育普及水平低、办学质量差。由于民族地区许多分布在山区，学校布点少，寄宿制学校不足，加上学习困难，初中毕业生升学渠道狭窄，受到社会不良因素影响，不少地方中小学生流失严重。第三，中小学教师留不住，进不来，师资队伍很不稳定。一些地方县以下乡镇农村多年没有补充新教师，教师老龄化问题严重。第四，人才培养质量不高，难以适应当地经济社会发展和脱贫致富需要。一些边远村落迄今还没有一名大学生。第五，双语教育薄弱，制约教育质量提高和学生终身发展。① 解决教育资源、教育机会在民族、城乡、区域之间的公平配置问题，需要各级政府实施倾斜的财政政策及其他配套政策。

3. 经济资助型教育社会政策

近些年，国家积极采取费用减免、奖励、补贴、赠予、贷款、勤工助学等多种形式，为有需要的学生提供经济资助。最具代表性的如各种类型的奖学金、助学金、贷学金、困难补助金以及希望工程、"春蕾计划"等。2007 年，农村义务教育为 1.5 亿名学生全部免除学杂费和教材费，为其中 780 万名贫困寄宿生提供生活补助；2008 年免除全国城市义务教育阶段学生学杂费。在义务教育全面纳入财政保障范围的基础上，非义务教育以财政投入为主、成本分担和多渠道筹资制度不断健全。在此基础上，近年来我国国家助学贷款政策趋于完善，高中教育阶段国家助学金标准不断提高，普通高中免学费政策稳步推进，中职免学费范围不断扩大，义务教育寄宿生生活补助政策更加完善。2015 年，我国学生资助资金首次突破 1 500 亿元，免费教科书、营养膳食补助等资金达到 450 亿元。我国学生资助政策体系在制度上已经实现了除学前教育之外的所有学段全覆盖，公办与民办学校全覆盖，家庭经济困

① 王延中．中国社会保障发展报告（2017）No.8：社会保障反贫困．北京：社会科学文献出版社，2017：240－243.

难学生全覆盖。①

4. 特殊扶助型教育社会政策

这类政策主要针对的是因先天或后天原因而造成的残障类群体的教育问题。近些年，残疾人的教育问题越来越受到国家和社会的重视。为此，国家相继颁布出台了《中华人民共和国教育法》《中华人民共和国义务教育法》《中华人民共和国残疾人保障法》《残疾人教育条例》《特殊教育学校暂行规程》等政策法规，通过政策指导、法律约束、资源配置、经费保障、社会支持等手段为残疾人的教育提供扶助。截至 2019 年，全国共有特殊教育学校 2 192 所；特殊教育学校共有专任教师 6.24 万人；招收各种形式的特殊教育学生 14.42 万人，在校生 79.46 万人。其中，附设特教班在校生 3 845 人，占特殊教育在校生的 0.48%；随班就读在校生 39.05 万人，占特殊教育在校生的 49.14%；送教上门在校生 17.08 万人，占特殊教育在校生的 21.50%。②

（二）我国教育社会政策的特点

1. 服务于国家需要

通过教育社会政策发展的三个阶段可以看出，我国教育社会政策始终服从、服务于国家需要，作为国家建设事业的重要工具而出现。党的十八大以来，从全面建成小康社会的总体要求出发，深化教育领域综合改革成为制定、调整和转变教育社会政策的重要指引。党的十八届三中全会明确提出要大力促进教育公平，健全家庭经济困难学生资助体系，构建利用信息化手段扩大优质教育资源覆盖面的有效机制，逐步缩小区域、城乡、校际差距。党的十八届五中全会再一次强调要深化教育改革，提高教育质量，促进教育公平，并对“十三五”规划期间的教育改革做出了全面部署。党的十九大将建设教育强国作为实现中华民族伟大复兴的基础工程。在 2018 年 9 月 10 日召开的全国教育大会上，习近平强调，面对新时代、新形势，要以更高远的历史站位、更宽广的国际视野、更深邃的战略眼光，对加快推进教育现代化、建设教育强国做出总体部署和战略设计，坚持把优先发展教育事业作为推动党和国家各项事业发展的重要先手棋，不断使教育同党和国家事业发展要求相适应，同人民群众期待相契合、同我国综合国力和国际地位相匹配。可见，教育社会政策与国家建设的总体目标阶段性任务密切相关，依附于国家政权体系并成为国家建设的基础力量。

2. 突出关注基础教育公平

党的十六届五中全会最早提出“基本公共服务均等化”的目标要求。基本公共服务是对社会公众的生存和发展具有基础性作用的服务，所满足的是一定经济社会

① 教育部．2015 年中国学生资助发展报告摘编．(2016-08-25)[2022-12-19]. http://www.moe.gov.cn/jyb_xwfb/xw_fbh/moe_2069/xwfbh_2016n/xwfb_160825/160825_sfcl/201608/t20160825_276657.html.

② 教育部．2019 年全国教育事业发展统计公报．(2020-05-20)[2022-02-09]. http://www.moe.gov.cn/jyb_sjzl/sjzl_fztjgb/202005/t20200520_456751.html.

条件下公众基本的社会公共需要，关系到个人最基本的生存权与发展权。基本公共服务均等化的实质，在于政府履行保障全体社会成员基本权利的职能，建立与完善各领域内的制度体系。在这些制度中，以具有普遍可接受性或可容忍性的基本公共服务结果和机会均等，来限制社会的不平等，使社会的权利与义务的分配尽可能地达到公正与合理。当前阶段，以义务教育为代表的基础教育已经被视为政府必须履行的一项基本公共服务职能。在全面实现城乡免费义务教育的基础上，党的十八届三中全会又进一步提出了缩小区域、城乡、校际差距，统筹城乡义务教育资源均衡配置的明确要求，为实现更高水平的基础教育公平指明了方向。2015 年 11 月 29 日，中共中央、国务院做出《关于打赢脱贫攻坚战的决定》，要求着力加强教育脱贫，加快实施教育扶贫工程，让贫困家庭子女都能接受公平而有质量的教育，阻断贫困代际传递。国家教育经费向贫困地区、基础教育倾斜。党的十九大提出推动城乡义务教育一体化发展、普及高中阶段教育、努力让每个孩子都能享有公平而有质量的教育的目标和任务。

3. 促进教育全方位发展

在全力保障基础教育均衡发展的同时，促进教育全方位发展、满足不同群体的教育需求，也是当前我国教育社会政策的着力点。目前，我国已建立起全方位、系统化的教育政策体系，内容涵盖学前教育、义务教育、高中教育、高等教育、继续教育、职业教育、网络教育、民族教育、特殊教育等各个方面。学历教育和非学历教育、职业教育和普通教育、职前教育和职后教育同步发展，教育发展的多元格局已经初步形成。在利益主体多元化、发展形势日益复杂化的今天，通过制定和实施惠及全民的教育社会政策，促进教育全方位、多层次发展，已经成为国家化解社会矛盾、满足社会需求、促进社会公正的有效手段。

第三节　我国当前教育社会政策的主要领域

一、学前教育阶段的社会政策

（一）学前教育的发展

新中国成立之初，我国学前教育作为基础教育的重要组成部分开始起步。1949 年教育部成立，设初等教育司幼儿教育处专门负责全国学前教育事务。1951 年政务院公布实施《关于改革学制的决定》，规定实施幼儿教育的组织为幼儿园。1952 年《幼儿园暂行规程》颁布，对幼儿园的性质、任务、目标、教学等做了详细规定。1958 年，在“大跃进”口号下，全国掀起大办幼儿园的热潮。“文化大革命”期间，学前教育遭到严重破坏，出现混乱的局面，直到 1970 年前后学前教育才有所恢复和发展。党的十一届三中全会以后，国家积极恢复和开办学前教育机构，出现了全日制、寄宿制、幼儿学前班、混合班等多种形式的学前教育。国家在政策层面先后制定了《城市幼儿园工作条例（试行草案）》《幼儿园管理条例》《幼儿园教育指导纲要》等制度条例，对幼儿园的性质、目标、方针、保教原则、课程设置、师资建设、管理等做了明确规定。1996 年，国家教委发布《幼儿园工作规程》，明确幼儿园是基础教育的重要组成部分，是学校教育制度的基础阶段。2003 年，国务院办公厅转发《关于幼儿教育改革与发展的指导意见》，迈出了新时期学前教育改革的步伐。进入 21 世纪以来，我国学前教育在学校数量、师资力量、在校生人数等几个方面已经具备一定规模，并且呈现出快速发展的趋势。于 2010 年颁布的《国家中长期教育改革和发展规划纲要（2010—2020 年）》中针对学前教育的发展提出了一系列具体而详尽的目标：到 2020 年幼儿园在园人数达到 4 000 万，学前一年毛入园率达到 95%，学前两年毛入园率达到 80%，学前三年毛入园率达到 70%。事实上，仅在该《规划纲要》颁布的翌年，即在 2011 年我国学前三年毛入园率就达到了 62.3%，提前实现部分预期目标。截至 2021 年，全国共有幼儿园 29.5 万所，学前教育在园幼儿 4 805.2 万人，毛入园率 88.1%，实现基本普及。2021 年全国有普惠性幼儿园 24.5 万所，占幼儿园总量的 83%。普惠园中一半是公办园，有 12.8 万所。普惠性幼儿园在园幼儿比例达 87.8%。①

（二）学前教育社会政策面临的挑战

长期以来，国家对于学前教育的公共财政投入不足、资源短缺，“入园难”和“入园贵”成为阻碍学前教育公平发展的最大障碍。在《国家中长期教育改革和发展规划纲要（2010—2020 年）》的整体部署下，围绕“基本普及学前教育”“明确政府职责”“重点发展农村学前教育”三大主题，中央和地方各级政府加大了对学前教育的财政投入，学前教育在规模、结构、质量等方面都发生了明显变化。目前中央财政对学前教育的投入主要有两个专项：一是“中央财政支持学前教育发展专项项目”，由财政部和教育部主导，主要包含“校舍改建类”“综合奖补类”“幼师培训类”“幼儿资助类”四大类七大项；二是“农村学前教育推进工程”，由国家发改委和教育部负责，主要支持乡镇建设中心幼儿园，发挥辐射带动作用，同时支持人口较多的行政村建设幼儿园和人口较少的村联建幼儿园。过去较长时期内，我国学前教育发展面临着诸多问题，学前教育的公益性和普惠性不突出，构建覆盖城乡、布局合理的学前教育公共体系，保障适龄儿童接受基本的、有质量的学前教育的政策目标任重而道远。其中，公平性是教育社会政策所面临的首要挑战。首先，公办幼儿园与民办幼儿园的质量差异较大。公办幼儿园由于有公共财政投入支持，质量一般有所保证，而民办幼儿园缺乏政府投入，民间投入又有限，导致整体上民办幼儿园的质量低于公办幼儿园。其次，面对全国庞大的学前教育需求，公办幼儿园在较长时期内一直属于稀缺资源。“入园难”“入园贵”问题长期得不到解决。特别是农

---

① 教育部发布会：“数”说党的十八大以来教育改革发展成效｜教育这十年“1+1”第十五场·发布会.（2022-09-28）[2022-12-19]. https://baijiahao.baidu.com/s?id=1745139300207196079&wfr=spider&for=pc.

民工随迁子女等很难挤进数量有限的公办幼儿园，民办幼儿园的费用对于低收入家庭而言仍然偏高。最后，区域之间、城乡之间幼儿园的质量与水平仍存在差距。这不仅体现在资金投入、硬件设施、师资力量方面，更体现在教育理念、教育服务等方面。为了进一步推动学前教育事业的发展，中共中央、国务院于 2018 年 11 月 7 日发布了《中共中央、国务院关于学前教育深化改革规范发展的若干意见》，指出学前教育是国民教育体系的重要组成部分，是重要的社会公益事业。办好学前教育、实现幼有所育是党和政府为老百姓办实事的重大民生工程。同时，该文件还提出了国家进一步加大学前教育投入力度，并重点向中西部农村地区和贫困地区倾斜的要求。这一重要文件发布后，各级党委政府和主管部门积极推动落实，推动着我国学前教育服务供给、教育质量和公平性的不断提高。

二、义务教育阶段的社会政策

（一）义务教育政策的提出

我国目前实行九年制义务教育，包括小学与初中两个阶段。1985 年中共中央《关于教育体制改革的决定》首次对我国发展义务教育进行了规划：（1）指出义务教育是依法律规定适龄儿童和青少年都必须接受，国家、社会、家庭必须予以保证的国民教育，为现代生产发展和现代社会生活所必需，是现代文明的一个标志；（2）将全国划分为三类地区，强调因地制宜，分阶段推进义务教育；（3）强调国家要帮助少数民族地区发展义务教育；（4）强调地方责任；（5）实行九年制义务教育的同时，还要努力发展幼儿教育，发展盲、聋、哑、残和弱智儿童的特殊教育。1986 年《中华人民共和国义务教育法》颁布，首次以法律形式规定了开展义务教育的基本原则和要求，强调义务教育中国家的责任，突出义务教育的公益性质、福利性质。

（二）义务教育政策的推进

1993 年《中国教育改革和发展纲要》提出到 20 世纪末，我国要实现基本普及九年义务教育的目标。1994 年，国家教委发布《关于在九十年代基本普及九年义务教育和基本扫除青壮年文盲的实施意见》，“两基”工程随即启动。这一时期，国家对贫困地区和少数民族地区加大了扶持力度，实施“国家贫困地区义务教育工程”，加强发达地区对少数民族地区、贫困地区的教育对口支援工作，同时采取措施解决农村中小学辍学问题，大力提高义务教育阶段残疾儿童的入学率。到 2000 年年底，我国已经基本普及了九年义务教育。随着“两基”目标的实现，我国义务教育发展的重点转为在巩固“两基”成果的基础上，向困难地区攻坚。国家进一步增加了对义务教育的财政投入，中央财政对贫困地区的转移支付力度不断增强。2001 年，国家针对农村义务教育阶段贫困家庭学生开始实施“免杂费、书本费，逐步补助寄宿生生活费”的“两免一补”政策，由中央财政和地方财政共同承担经费责任。到

2006 年，国家已经全部免除了西部地区农村义务教育阶段学生的学杂费，并对贫困家庭学生免费提供教科书并补助寄宿生生活费。

（三）义务教育政策的完善

2004 年，国务院批转教育部《2003—2007 年教育振兴行动计划》，提出“努力提高普及九年义务教育的水平和质量，为 2010 年全面普及九年义务教育和全面提高义务教育质量打好基础”的要求。以推进农村义务教育为重点，国家开始实施西部地区“两基”攻坚计划。与此同时，“农村寄宿制学校建设工程”“国家贫困地区义务教育工程”和“中小学危房改造工程”等大范围展开。2006 年、2015 年、2018 年国家对《中华人民共和国义务教育法》进行了修订和修正，以适应新形势下我国义务教育发展的需求，标志着我国义务教育发展进入了新的阶段。到 2008 年，全国城乡普遍实行免费义务教育，至此中国真正实现了全覆盖的九年制免费义务教育。有些地方（甚至包括一些西部欠发达地区）更进一步，城乡统一实施 12 年（从小学至高中）[①] 乃至 15 年（从幼儿园至高中）[②] 免费教育[③]。城乡全覆盖的免费义务教育政策的实现是一项具有伟大历史意义的成就，它真正赋予了我国每个家庭的子女平等享有接受基础教育的权利。2019 年，全国共有 2 025.70 万家庭经济困难学生享受生活费补助政策。

三、高中教育与职业教育方面的社会政策

（一）高中教育社会政策

九年义务教育政策的全面实施，使高中入学考试成为教育阶段的初次分流。近些年，国家逐渐开始调整普通高中教育和中等职业教育的比例，初中的升学率逐年提高，2010 年以来基本稳定在 90%左右。与此同时，随着高等教育的大众化转型，高考升学率也始终保持在较高水平，2019 年全国各类高等教育在学总规模达到 3 833 万人，高等教育毛入学率达到 48.1%。初中升学率与高中升学率的稳步提高，既是国家提高人口素质、建设人力资源强国的重要举措，也是国家充分保障整个社会受教育权利的根本体现。

高中教育在整个教育谱系当中处于承上启下的位置，但是长期以来为了满足社会建设的迫切需求，国家将教育投入的重点放在义务教育和高等教育领域，使高中教育阶段的政策投入在一定程度上被忽视。在我国的教育制度安排中，高中教育被

---

① 陕西正式实施 13 年免费教育 .（2016-08-31）[2022-12-19]. http://www.gov.cn/xinwen/2016-08/31/content_5104073.htm. 陕西实行的是从学前 1 年到高中 3 年的 13 年“免费教育”，比 12 年多了 1 年学前教育。

② 教育扶贫“宁陕实践”创出宁陕教育新天地 .（2016-02-16）[2022-12-19]. https://shaanxi.eol.cn/shaanxinews/201602/t20160216_1365130.shtml.

③ 当然，从各地实践看，更多的是实行 12 年乃至 15 年“免费教育”，只有少数地方提“义务教育”。这两个概念内涵有一定区别，“义务教育”的内涵远比“免费教育”丰富复杂。目前，在基础教育体制（如“中考”）未做较大改革的情况下，涵盖高中的“义务教育”还很难实现，用“免费教育”这一表述似更恰当。

视为基础教育的重要组成部分，但在基础教育投入体系中，高中教育显然并未获得与学前教育、义务教育同等的待遇。在教育国际化竞争日趋激烈的背景下，国家和社会逐渐认识到高中阶段教育发展与教育公平的重要性。近些年来，为了保障普通高中和中等职业学校的在校贫困学生能够顺利完成学业，国家在政策设置中参照高等教育的学生资助体系，提出了高中阶段学生资助政策。2010 年，财政部、教育部发布的《关于建立普通高中家庭经济困难学生国家资助制度的意见》提出，建立以政府为主导、国家助学金为主体、学校减免学费等为补充、社会力量积极参与的普通高中家庭经济困难学生资助政策体系，从制度上基本解决了普通高中家庭经济困难学生的就学问题。从 2010 年秋季学期起，中央与地方共同设立国家助学金，资助面约占全国普通高中在校生总数的 20%。截至 2021 年，如前所述，我国学生资助政策体系已经实现对所有学段、所有学校、所有家庭经济困难学生全覆盖。

（二）职业教育社会政策

1. 职业教育社会政策的发展

职业教育是现代教育的有机组成部分，包括职业学校教育和各种职业培训。我国职业教育体系按照教育层次可以分为三级，即初等职业教育、中等职业教育和高等职业教育。新中国成立之初，为满足工业化建设需求，职业教育受到重视，1952 年政务院发布《关于整顿和发展中等技术教育的指示》，明确指出大量训练与培养中级和初级技术人才尤为当务之急。随后，一大批中等专业学校和技工学校建立起来。但是在随后的“大跃进”运动和“文化大革命”中，职业教育遭遇严重破坏。直到改革开放之后，职业教育才逐渐得以恢复、发展。职业教育以培养能够适应社会需要的、服务于生产一线的、具有操作性专门技能的人才为目标，其发展很容易受社会、市场等因素影响。自 20 世纪 90 年代开始，经济体制转轨、产业结构调整对我国职业教育政策设置提出了新的要求。国家加大了对职业教育的政策引导和资金投入力度，要求大力发展职业教育，促进我国经济建设和社会发展。1996 年《中华人民共和国职业教育法》颁布，规定要建立、健全职业学校教育与职业培训并举，并与其他教育相互沟通、协调发展的职业教育体系。《中华人民共和国职业教育法》的颁布实施标志着我国职业教育发展进入依法治教的新阶段。

为了保障更多社会群体的职业培训权利，2002 年国务院发布《关于大力推进职业教育改革与发展的决定》，提出不仅要为初、高中毕业生，而且要为城乡新增劳动者、下岗人员、在职人员、农村劳动者及其他社会成员提供多种形式、多种层次的职业学校教育和职业培训。2007 年发布的《国务院关于建立健全普通本科高校、高等职业学校和中等职业学校家庭经济困难学生资助政策体系的意见》，将职业教育学生纳入国家对经济困难学生资助的序列。2019 年，全国共资助中等职业学校学生 1 592.86 万人次，资助金额达 305 亿元。[①] 2010 年发布的《国家中长期教育改革和

① 2019 年中国学生资助发展报告．(2020-05-21)[2022-12-19]. https://baijiahao.baidu.com/s?id=1667264930162264048&wfr=spider&for=pc.

发展规划纲要（2010—2020年）》中提出，“到2020年，形成适应经济发展方式转变和产业结构调整要求、体现终身教育理念、中等和高等职业教育协调发展的现代职业教育体系”，进一步强调政府在发展职业教育中的职责，并把提高质量和促进公平作为未来职业教育发展的重点。

2. 职业教育发展中的公平问题

当前我国职业教育所面临的公平问题，从根本上说是由职业教育学生大部分来自中低收入家庭这一实际状况所决定的。如果这些来自处境不利家庭的子女在教育机会、教育资源的获得上不能享有公平的待遇的话，就会造成弱势地位的代际传递。反过来讲，如果这种代际传递能够得到制度性的改变，则是对教育社会公平的最大贡献之一。

职业教育阶段发展所涉及的公平问题，不仅是一种制度性社会分工问题，更体现为一种被人们称为“职业教育次等化”的问题。一是职业教育被整个社会视为低于普通教育的次等教育。表现在办学条件上，就是在数量、质量、财政投入、师资力量、生源质量、师生比等各个方面，职业教育都不及普通教育。二是职业院校的学生处于普遍被视为次等学生的境地。职业学校与普通教育学校之间客观存在的差距，使原本应该基于学生能力、特长和兴趣的正常的教育分流，逐渐演变为与学生的家庭社会地位、父母的职业和经济收入等密切相关的社会差异。“职业教育的次等化”问题不仅是一个社会价值观念的问题，更是国家在社会资源分配等方面的制度性差异问题，这成为未来很长一个时期我国教育社会政策所亟待解决的问题。

四、高等教育阶段的社会政策

（一）改革开放初期的高等教育社会政策

高等教育社会政策是国家教育政策的重要组成部分，集中体现了国家对高等教育发展的高度重视。1980年全国人大常委会审议通过《中华人民共和国学位条例》，1981年国务院批准了《中华人民共和国学位条例暂行实施办法》，我国正式建立起较为完善的学历、学位制度，形成专科、本科、硕士研究生和博士研究生相结合的高等教育学历体系和学士、硕士、博士相衔接的学位制度。1977年我国恢复高考制度，同年，研究生教育也得到恢复。到20世纪末，我国高等教育为国家培养了大批经济社会建设急需的精英人才。自20世纪末起，高等院校开始扩招，精英教育开始向大众教育转变。高校的扩招客观上为更多的人提供了平等接受高等教育的机会和权利，成为整个社会所普遍享有的教育福利。随着改革开放步伐的加快，教育的社会化和市场化使高等教育的费用不断提高，越来越多的经济困难家庭子女因为难以承担高额的学费而被阻隔在高等教育之外，严重制约了高等教育的公平发展。为了解决这一问题，1987年国家教委、财政部发布《普通高等学校本、专科学生实行奖学金制度的办法》和《普通高等学校本、专科学生实行贷款制度的办法》，规定在

1987 年入学的本科普通高等院校的新生中全面实行奖学金制度和学生贷款制度。1999 年教育部发布《国家助学贷款管理操作规程（试行）》，通过银行贷款帮助高等学校经济困难学生支付在校期间的学费和日常生活费。

（二）21世纪以来的高等教育社会政策

2002 年财政部、教育部联合发布《国家奖学金管理办法》，2005 年又颁布实施《国家助学奖学金管理办法》，确定面向家庭经济困难、品学兼优的普通高校在校本专科学生设立国家助学金、国家奖学金，资助他们顺利完成学业，保障公平的受教育权利。2007 年国家制定《普通本科高校、高等职业学校国家奖学金管理暂行办法》，进一步扩大了国家奖学金的覆盖范围，提高了奖励标准。同年，国家出台"生源地助学贷款"政策，先由国家开发银行在湖北、江苏、陕西、甘肃和重庆这 5 个省市开展试点，进而逐步扩大到全国。2012 年，研究生国家奖学金制度开始实施，自此国家奖学金制度在高等教育层次实现全覆盖。其他形式的助学政策也在同步展开，2005 年共青团中央和教育部联合发布《关于进一步做好大学生勤工助学工作的意见》，勤工助学逐渐成为高等教育当中一项重要的学生资助政策。时至今日，我国已经建立起相对完善的高等教育社会政策体系，仅各项资助项目就包括奖学金、助学金、国家助学贷款、应征入伍服义务兵役国家资助、基层就业学费补偿贷款代偿、师范生免费与补助、退役士兵学费资助、大学新生入学资助及特殊困难补助、伙食补贴、"绿色通道"入学等政策内容。2019 年，政府、高校及社会设立的各类政策措施共资助全国普通高等学校学生 4 817.59 万人次，资助总金额达 1 316.89 亿元。

五、继续教育方面的社会政策

（一）继续教育政策的产生与发展

受终身学习、终身教育理念影响，我国教育社会政策体系越来越关注继续教育问题。1987 年《关于改革和发展成人教育的决定》和 1992 年《关于进一步改革和发展成人高等教育的意见》中将继续教育定义为对具有大学专科以上学历和中级以上职称的专业技术人员和管理人员的再教育。可见，继续教育是学历教育的延伸和发展，目的是使受教育者不断更新知识和提高创新能力，以适应社会发展和科学技术不断进步的需要。

在社会主义市场经济体制转型背景下，我国继续教育起步虽晚但发展较快。1980 年 8 月，中国科协通过了《关于积极开展在职科技人员专业培训工作的意见》，从教育方针、对象、内容、经费来源、组织领导等多个方面对我国科技人员的专业培训做出规定。同年 9 月，国务院批转教育部《关于大力发展高等学校函授教育和夜大学的意见》，指出发展高等教育应贯彻两条腿走路的方针，采取多种形式办学。1984 年 11 月，中国继续工程教育协会成立。1987 年发布的《关于改革和发展成人教育的决定》提出积极开展大学后继续教育，强调要从根本上改变成人教育基础薄弱状况，把开展岗位培训作为成人教育的重点。同年 12 月，国家教委等六部委联合发布《关于开展大学后继续教育的暂行规定》，对继续教育做了进一步规范。1995 年，《全国专业技术人员继续教育暂行规定》发布，成为指导全国继续教育工作的重要文件。

（二）终身教育理念下的继续教育政策

1993 年《中国教育改革和发展纲要》首次将继续教育纳入终身教育的范畴。随后，1995 年的《中华人民共和国教育法》第一次以法律形式确立了终身教育的地位。2002 年党的十六大报告中强调要加强职业教育和培训，发展继续教育，构建终身教育体系。2004 年教育部发布的《2003—2007 年教育振兴行动计划》中，再一次强调要大力发展多样化的成人教育和继续教育，鼓励人们通过多种形式和渠道参与终身学习，加强学校教育和继续教育相互结合，进一步改革和发展成人教育，完善广覆盖、多层次的教育培训网络，逐步确立以学习者个人为主体、用人单位支持、政府予以必要资助的继续教育保障机制。2010 年国务院发布《国家中长期教育改革和发展规划纲要（2010—2020 年）》，设专章阐述未来十年的继续教育发展问题，强调加快发展继续教育、建立健全继续教育体制机制、构建灵活开放的终身教育体系，满足个人多样化的学习和发展需要。党的十九届四中全会做出的《中共中央关于坚持和完善中国特色社会主义制度、推进国家治理体系和治理能力现代化若干重大问题的决定》强调要发挥网络教育和人工智能优势，创新教育和学习方式，加快发展面向每个人、适合每个人、更加开放灵活的教育体系，建设学习型社会。这是对信息时代教育提出的全面要求，对终身教育理念下的继续教育政策改革创新具有重要的指导意义。

六、民族教育社会政策

（一）民族教育社会政策的主要目标与原则

民族教育社会政策是面对民族地区教育发展及经济与社会发展各方面的实际困难，向其教育发展提供的专门的、有针对性的支持性教育政策。由于历史、自然等原因，民族教育发展仍面临一些特殊困难和突出问题，整体发展水平与全国平均水平相比差距仍然较大。为了加快推进少数民族和民族地区教育发展，实现国家长治久安和中华民族繁荣昌盛，国家制定和实施了民族教育社会政策。我国民族教育社会政策的基本目标是要保障少数民族和民族地区群众的受教育权利，提高各民族群众科学文化素质，传承中华民族优秀传统文化，大力培育和弘扬社会主义核心价值观，维护民族团结和社会稳定。当前我国的民族教育社会政策致力于坚持缩小民族地区教育发展与全国平均水平的差距，坚持教育结构与质量并重，普通教育政策与特殊教育政策并举，并且坚持依法治教。同时，我国的民族教育社会政策强调在各民族学生中积极培育和践行社会主义核心价值观，建立民族团结教育常态化机制，促进各族学生交往交流交融和促进各民族文化交融创新。

（二）我国民族教育社会政策的主要内容

当前我国的民族教育社会政策是一套包括多方面内容的政策体系。按照 2015 年发布的《国务院关于加快发展民族教育的决定》，当前我国民族教育政策的主要内容包括以下五个方面：一是支持民族地区全面提升各级各类教育办学水平的政策体系，包括支持民族地区加快普及学前教育、均衡发展义务教育、提高普通高中教学质量、加快发展中等职业教育、优化高等教育布局和结构、积极发展继续教育和重视支持特殊教育。二是提高少数民族人才培养质量的政策体系，包括制定和实施少数民族高层次骨干人才计划，通过各种方式加强少数民族人才培养工作；实施并进一步完善边疆、山区、牧区、少数民族聚居地区少数民族考生高考加分优惠等方面的政策；发展内地民族班教育的政策；促进民族地区普通高校、职业院校毕业生就业创业的政策。三是针对民族教育薄弱环节和困难地区的政策投入，具体包括加强寄宿制学校建设的政策，重点支持边疆民族地区教育发展的特殊政策，以及科学稳妥推行国家通用语言与民族语言教育等方面的政策。四是民族地区教师队伍建设的政策，包括教师培养制度、教师培训机制、教师激励政策等具体内容，其主要目标是提高民族地区教师队伍的数量和质量。五是民族教育发展的保障政策，包括民族教育的经费投入政策、民族地区学生资助政策，以及推动民族地区教育信息化发展的政策。

第四节　我国教育社会政策展望

一、我国教育社会政策发展趋势

党的十八届五中全会提出创新、协调、绿色、开放、共享的新发展理念，其中共享发展就是要解决发展过程中的公平正义问题，强调良好的发展需要全社会共同参与，发展成果由全社会共同分享，教育公平是共享发展的题中应有之义。党的十九大进一步强化了优先发展教育事业的战略目标，提出了必须把教育事业放在优先位置，加快教育现代化、办好人民满意的教育的总体要求。党的二十大强调坚持以人民为中心发展教育，加快建设高质量教育体系，发展素质教育，促进教育公平；并从加快义务教育优质均衡发展和城乡一体化、优化区域教育资源配置、强化学前教育和特殊教育普惠发展、完善覆盖全学段学生资助体系等方面做出了全面部署。上述发展理念和顶层设计不仅为我国教育社会政策发展设定了任务，更为其指明了方向，中国式现代化新征程中我国教育社会政策的发展将延续或呈现以下几大趋势。

（一）教育公平：从数量迈向质量

联合国教科文组织曾在《2005 年全民教育全球监测报告：提高质量势在必行》

中指出，在扩大教育规模与促进教育公平之后，实行优质教育已经势在必行；提高教育质量是实现全民教育的必由之路，应该改变长期以来忽视教育质量的现象。长期以来，我国在促进教育公平的政策实践中，始终将校舍、教师、教材、办公用品等资源在不同区域、城乡、民族之间的均衡分配作为工作的重心，以期通过数量的均衡来实现社会整体的教育公平。然而这种公平目前还是较低水平的、较低质量的教育公平，城乡之间、地区之间、民族之间在教育环境、师资力量、教学水平、教学理念、资金投入、管理制度等方面实现更高水平更高质量的公平还需假以时日。在此背景下，党的十八大以来，国家以深化教育领域综合改革为总体目标，将推进教育公平的工作重心由数量向质量进一步深化，先后出台实施了一系列重大政策措施，切实提升中西部农村地区、民族地区、偏远落后地区群众获得优质教育资源的能力。通过政策引导的方式，一方面，国家教育财政投入和相关资源进一步向教育落后地区倾斜；另一方面，切实创造条件为落后地区学子进入发达地区接受优质教育资源提供便利。以高等教育招生为例，自 2012 年起，教育部会同有关部门先后组织实施贫困地区定向招生专项计划、地方重点高校招收农村学生专项计划、高校单独招收农村学生专项计划，面向农村和贫困地区学生定向招生，招生学校覆盖中央部门高校和各省所属本科一批招生学校。通过实施专项计划，到 2016 年重点高校招收农村和贫困地区学生人数已经上升到 9 万余人。[①]“十三五”时期重点高校招收农村和贫困地区学生累计达到 52.5 万人。[②] 未来的教育改革在追求数量公平的同时，将更加注重有质量的教育公平。

（二）福利对象：从选择性转向普惠性

长期以来，我国的教育社会政策安排，始终将投入的重点集中于某些特定的领域或者特殊的群体。特定的领域如以义务教育为代表的基础教育领域，特殊的群体如农民工等新产业工人及其随迁子女群体、残障儿童群体、留守儿童群体等。教育福利对象的选择性色彩比较明显。然而，随着社会主义市场经济的快速发展，提高国民总体素质、增加人力资本、建设人力资源强国已经成为整个教育系统所面临的新的时代使命。近些年来，教育福利的普惠性趋势日益明显，并且高等教育也实现了精英化向大众化的转型。我国普通高校和普通高中的毕业生人数已经连续多年保持上升趋势。截至 2020 年，全国学前教育毛入学率 85.2%；九年义务教育巩固率 95.2%，其中小学学龄儿童净入学率 99.96%，初中阶段毛入学率 102.5%；全国高中阶段毛入学率 91.2%；高等教育在学总规模 4 183 万人，高等教育毛入学率 54.4%。[③] 可以判断，教育福利的对象正在逐渐由特定领域、特定群体，转向整个社会的所有

---

① 教育部. 2016 年重点高校招收农村和贫困地区学生专项计划成效显著. (2016-08-29)[2022-12-15]. http://www.moe.gov.cn/jyb_xwfb/gzdt_gzdt/s5987/201608/t20160829_276961.html.

② 中国发布丨教育部："十三五"时期重点高校招收农村和贫困地区学生 52.5 万人. (2022-12-01)[2022-12-15]. https://baijiahao.baidu.com/s?id=1684858272882022652&wfr=spider&for=pc.

③ 最新丨2020 年教育数据：高等教育毛入学率 54.4%. (2021-03-01)[2022-12-15]. https://m.gmw.cn/baijia/2021-03/01/1302141133.html.

群体，即从选择性转向普惠性。

（三）政策主体：从单一走向多元

教育既具有公益性、普惠性，又具有多样性、选择性。在基础的、基本的教育层次领域，政府应当承担责任，履行义务，发挥主导作用，体现教育的公共服务性质。同时，在非基础的、非基本的教育层次领域，单纯依靠政府力量难以满足社会公众日益多样化的教育需求，这就需要调动社会力量，发挥多元主体的共同作用。在社会多元共治的理念指引下，教育社会政策的发展逐步由单一主体向多元主体转变：一是政策制定主体的多元化；二是福利提供主体的多元化。长期以来，教育福利的供给主要由政府一方承担，市场和社会的力量尚未充分地调动起来。党的十八大以来，新一轮教育改革的序幕已经拉开，在推进国家治理体系与治理能力现代化的背景下，今后的教育社会政策发展将会更加强调多元主体参与，鼓励企业、个人和社会力量兴办或资助教育事业，营造公立教育与民办（私立）教育并存、正规机构与非正规机构互补的多元教育格局。

二、新时期我国教育社会政策改革的主要举措*

党的十九届五中全会指出：全面建成小康社会、实现第一个百年奋斗目标之后，我们要乘势而上开启全面建设社会主义现代化国家新征程，向第二个百年奋斗目标进军。这标志着我国进入了一个新发展阶段。立足新发展阶段、贯彻新发展理念、构建新发展格局、推动高质量发展，教育承担着源源不断地输送合格人才的重任，无疑被置于优先发展的地位。教育社会政策的创新发展对实现教育公平、推动高质量发展、实现人的全面发展和全体人民共同富裕至关重要，无疑成为重中之重。2021 年第十三届全国人民代表大会第四次会议审议通过的《中华人民共和国国民经济和社会发展第十四个五年规划和 2035 年远景目标纲要》专门列出一章“建设高质量教育体系”，对“十四五”乃至更长一个时期我国教育事业的发展蓝图做出具体规划，对当下及今后一个时期教育社会政策创新发展具有引领意义。

（一）推进基本公共教育均等化

巩固义务教育基本均衡成果，完善办学标准，推动义务教育优质均衡发展和城乡一体化。加快城镇学校扩容增位，保障农业转移人口随迁子女平等享有基本公共教育服务。基于乡村振兴需要，提高农村教育质量，多渠道增加农村普惠性学前教育资源供给，继续改善乡镇寄宿制学校办学条件，保留并办好必要的乡村小规模学校，在县城和中心镇新建改扩建一批高中和中等职业学校；完善农村特殊教育保障

---

* 本部分内容除特别加注外，主要根据《中华人民共和国国民经济和社会发展第十四个五年规划和 2035 年远景目标纲要》内容编写。

机制；推进县域内义务教育学校校长教师交流轮岗，支持建设城乡学校共同体。① 完善留守儿童关爱体系，巩固义务教育控辍保学成果。巩固提升高中阶段教育普及水平，鼓励高中阶段学校多样化发展，进一步提高高中阶段教育毛入学率，从目前提高到92%以上。以教育基础薄弱县和人口流入地为重点，新建、改扩建中小学校4 000所以上。完善普惠性学前教育和特殊教育、专门教育保障机制，学前教育毛入园率提高到90%以上。以人口集中流入地、农村地区和“三区三州”为重点，新建、改扩建2万所幼儿园，增加普惠学位400万个以上。提高民族地区教育质量和水平。

（二）增强职业技术教育适应性

突出职业技术（技工）教育类型特色，深入推进改革创新，优化结构与布局，大力培养技术技能人才。完善职业技术教育国家标准，推行“学历证书＋职业技能等级证书”制度。创新办学模式，深化产教融合、校企合作，鼓励企业举办高质量职业技术教育，探索中国特色学徒制。实施现代职业技术教育质量提升计划，建设一批高水平职业技术院校和专业，稳步发展职业本科教育。深化职普融通，实现职业技术教育与普通教育双向互认、纵向流动。支持建设200所以上高水平高职学校和600个以上高水平专业，支持建设一批优秀中职学校和优质专业。面向农民就业创业需求，发展职业技术教育与技能培训，建设一批产教融合基地；开展耕读教育；加快发展面向乡村的网络教育。②

（三）提高高等教育质量

推进高等教育分类管理和高等学校综合改革，构建更加多元的高等教育体系，高等教育毛入学率提高到60%。优化区域高等教育资源布局，推进中西部地区高等教育振兴。提升100所中西部本科高校办学条件，布局建设一批高水平公共卫生学院和高水平师范院校。加大涉农高校、涉农职业院校、涉农学科专业建设力度，助力乡村振兴。③ 实施“一村一名大学生”培育计划。鼓励各地遴选一批高等职业学校，按照有关规定，根据乡村振兴需求开设涉农专业，支持村干部、新型农业经营主体带头人、退役军人、返乡创业农民工等，采取在校学习、弹性学制、农学交替、送教下乡等方式，就地就近接受职业高等教育，培养一批在乡大学生、乡村治理人才。④

思考题

1. 教育社会政策与教育政策的关系是怎样的？
2. 结合实际谈谈教育社会政策的功能与地位。

①②③　中共中央　国务院关于全面推进乡村振兴加快农业农村现代化的意见．(2021-02-21)[2022-12-15]. http://www.gov.cn/xinwen/2021-02/21/content_5588098.htm.

④　中共中央办公厅　国务院办公厅印发《关于加快推进乡村人才振兴的意见》．(2021-02-23)[2022-12-15]. http://www.gov.cn/govweb/zhengce/2021-02/23/content_5588496.htm.

3. 新中国成立以来教育社会政策的发展经历了哪几个阶段？当前我国教育社会政策有什么特点？

4. 概述我国教育社会政策主要领域的发展现状及面临的挑战。

5. 结合相关教育社会政策案例谈谈社会政策与经济发展之间究竟是何关系，政府在推进教育公平上的职责何在。

6. 简述我国教育社会政策的发展趋势。

第五章

健康社会政策

健康社会政策是我国社会政策体系的重要组成部分。健康社会政策有广义与狭义之分，狭义健康社会政策主要包括社会医疗保险、补充医疗保险以及医疗救助。长期以来，我国健康社会政策总体上在城乡分割的二元框架下发展，经历了计划经济时期、经济转型时期以及新时代不同阶段的发展与演变，逐步迈向整合发展的新阶段。本章在对健康社会政策的必要性、特征及类型加以介绍的基础上，系统回顾我国健康社会政策的演进历程，并对我国健康社会政策的现状、问题与挑战进行系统检视，最后结合国内健康社会政策改革及实践，提出健康社会政策的完善及发展方向。

第一节　人人享有卫生保健与健康社会政策

一、健康社会政策的必要性

（一）健康社会政策是人类战胜疾病风险的制度保障

每个生命个体都不可避免地要经历“生、老、病、死”，疾病总是在不经意间侵蚀着人们的肌体，带给人们巨大的痛苦，甚至无情地夺去人的生命。疾病风险不仅具有客观性、不可预知性和偶然性等各种风险的共同特点，而且具有很强的危害性、普遍性、复杂性和社会性，因此疾病风险是会给人们的生活和工作带来困难、损失和不幸，直接关系到每个人生死存亡的特殊风险。

疾病风险具有复杂性和危害性，在抵御疾病风险的过程中仅靠个体的力量往往势单力薄，因此人类通过各种方式来抵御疾病风险，战胜病魔。在农业经济为主的社会中，人们以家庭或氏族的形式来同疾病风险抗争；17 世纪初，西方国家的人们通过互助组织或者医疗救助的形式抵御疾病风险；19 世纪西方国家则通过建立医疗保障制度帮助国民抵御疾病风险。互助互济的方式明显增强了人们抵御疾病风险的能力，使人类不断战胜病魔最终得以生存和繁衍。即使在现代社会，虽然医疗技术和设备日益先进，但高昂的医疗费用仍是大多数人难以承受的。灾难性医疗卫生支出及全球疾病谱的变化，进一步提高了人们应对健康风险的难度，也削弱了人们抵御疾病风险的能力，因此健康社会政策的发展与完善变得愈发重要。

（二）健康社会政策有助于各国战胜公共卫生危机

疾病的发生和传播不分国界，具有普遍性，无论是发达国家还是发展中国家的国民都有可能面临疾病的侵袭。翻开人类的疾病瘟疫史可谓触目惊心：公元 846 年，在入侵法国的诺曼人中间，暴发了天花，天花病的流行使诺曼人的首领只好下令将所有病人和看护病人的人统统杀掉。1555 年，墨西哥天花大流行，全国 1 500 万人口中死了 200 万人。16—18 世纪，欧洲每年死于天花病的人数为 50 万，亚洲达 80 万。有人估计，18 世纪内有 1.5 亿人死于天花。公元 6 世纪首次暴发的鼠疫，持续了五六十年，流行期每天死亡万人，死亡总数近一亿人。1918—1919 年的流感，感染 2 亿人，死亡 2 000 万～4 000 万人[①]；近年来，“非典”“禽流感”等流行性疾病使人们的生命受到严重威胁，2020 年初开始流行的新冠病毒感染疫情仍在蔓延。疾病的致命性、传染性和普遍性，严重影响了人类的健康和生存，因此世界各国都采取各种措施不断地与疾病进行抗争。

健康社会政策是世界各国在长期的抵御疾病风险过程中逐渐产生和发展起来的，如美国、英国、日本、新加坡以及中国等国家都建立了日趋完善的健康社会政策，为国民提供良好的就医条件和健康福利，有助于国民化解疾病风险，保障国民健康。

（三）健康社会政策是实现“健康公平”的重要途径

近现代以来，工业化使人们的生存环境恶化，也使人类面临更多的疾病风险。医疗费用的大幅上升又使个人与家庭在抵御疾病风险，尤其是重大疾病风险时显得力不从心，在现代社会里仅仅依靠个人的力量去抵御疾病风险更不可能。因此，国家和政府应该建立完善的健康社会政策来保障国民的健康。

为了保障人们基本的健康权，维护健康公平与正义，不断完善公共医疗体系，使全民享受医疗保障，世界卫生组织（WHO）提出“使全世界人民获得可能的最高水平的健康”的宗旨和目标。健康公平意味着健康权利与健康责任的合理分配，是个人责任与政府责任的统一，健康公平成为我国政府卫生健康改革与发展的目标。根据世界卫生组织“全民健康覆盖”的定义，健康社会政策的“公平性”涉及健康保障制度所覆盖的宽度、高度和深度，即制度的受益人群、待遇水平、制度的费用

---

① 人类抗击瘟疫的胜利史.(2007-09-20)[2022-10-21]. http://www.citychinese.com/bbs/dispbbs.asp?boardid=430&id=51151.

补偿比例或个人自付的比例三个方面的内容。① 我国日益完善的基本医疗卫生体系和健康社会政策体系，不仅实实在在捍卫了公民的健康权利，更是在根本上维护了国民的福祉与社会公平。

（四）“将健康融入所有政策”的要求对健康社会政策的发展创新提出了更高的要求

“将健康融入所有政策”是世界卫生组织最早提出并倡导的理念，是源于针对决定健康状况的各种因素认识的不断深入而采取的跨部门行动的一种策略。在 2016 年 8 月召开的全国卫生与健康大会上，习近平提出把“将健康融入所有政策”作为新时期卫生与健康工作的方针之一。在中共中央、国务院印发的《“健康中国 2030”规划纲要》中，进一步把“将健康融入所有政策”作为体制机制改革的重要内容之一。2017 年 10 月，党的十九大报告提出要“实施健康中国战略”，为人民群众提供全方位全周期健康服务。还指出，要按照兜底线、织密网、建机制的要求，全面建成覆盖全民、城乡统筹、权责清晰、保障适度、可持续的多层次社会保障体系。完善统一的城乡居民基本医疗保险制度和大病保险制度。因此，将健康融入所有政策，不仅需要不断完善健康社会政策，还需要建立“将健康融入所有政策”的长效机制。

二、健康社会政策的界定

（一）健康社会政策的内涵

在健康领域，有两类社会政策对健康公平影响重大。一类是健康保障政策，一类是医疗卫生政策。不少研究将这二者混同使用。事实上，二者之间既存在很强的关联，也存在很大的差异，对于保障人们的健康水平、促进健康公平发挥着不同的作用。② 关信平、王思斌指出，医疗卫生政策是指政府和社会通过配置医疗卫生资源，以预防疾病和促进、保护或恢复国民的健康为目标而采取的一系列规定和行动的总称。医疗卫生政策的内容包括三个方面：公共卫生政策，即从社会整体出发为预防传染病和改善公共卫生环境而制定的医疗政策；医疗卫生服务政策，即医疗组织的建立、医疗资源的合理配置等；医疗保障政策，包括社会医疗保险、商业医疗保险、补充医疗保险和医疗救助。顾昕提出，医疗政策不同于卫生政策，卫生政策的外延要更广。医疗仅涉及与看病治病有关的事项，卫生涉及很多并不治病但与维护人民健康水平密切相关的事项，其中包括公共卫生。

健康社会政策有广义和狭义之分。从广义来讲，健康社会政策是政府为提升国民健康水平、保障国民健康权利，通过立法和政府行政干预的手段所推行的一系列

---

① 李珍，赵青．制度变迁视角下的城镇职工基本医疗保险公平性评估．北京社会科学，2014（7）：31－37.

② 郭燕．基本医疗保险政策对居民健康公平的影响研究：基于机会多元平等理论．北京：中国人民大学，2020.

政策、行动准则和规定的总称，包括公共卫生政策、医疗服务政策以及医疗保障、健康教育与健康促进、疾病预防等等。从狭义来讲，健康社会政策包括以下三个部分：针对一般人群的应对一般疾病风险的社会医疗保险，旨在提高健康福利水平的补充医疗保险，为残弱人群及无医疗能力者提供的医疗救助。本书主要在狭义健康社会政策的层面展开论述。

（二）健康社会政策的特征

1. 普遍性

只有一部分人会遭遇生育、失业等风险，而疾病风险则是每个人一生中都可能遭遇的，疾病对人而言具有不可避免性、不可预测性，所以健康社会政策的建立对每个国家、每个人而言都是必需的，具有普遍性。当然，受经济社会发展水平的制约，各国健康社会政策的保障水平体现出巨大的差异。

2. 福利性

保障国民充分享有健康权、保障国民身体健康、提高国民健康满意度是健康社会政策的核心理念。在政府与社会的资助下，健康社会政策为国民建立健康服务机构，开展各项健康福利项目，一方面为国民提供部分免费的医疗服务，另一方面提供有偿但不以营利为目的的医疗服务。这些服务具有便利、收费标准低的特征，充分体现了健康服务的福利性。

3. 社会性

健康社会政策的建立和实施，需要大量的人力、物力和技术的支持，除了政府外还需要各种社会力量的参与和支持。在中国，党和政府在健康社会政策领域发挥着主导作用：一方面制定相关的健康社会政策，并给予资金支持，积极实施，如新型农村合作医疗工作的开展；另一方面，呼吁社会大众参与和支持，鼓励他们积极投身社会福利事业，更好地为国民提供全面、优质的健康服务。

4. 互济性

疾病风险仅靠个人之力往往难以应对。健康社会政策的互济性主要体现为，通过整合国家、社会、个人的资源，通过互助互济的方式，建立疾病风险共担机制，增强个体应对疾病风险的能力。

（三）健康社会政策的类型

各国政府根据本国的国情建立不同类型的健康社会政策模式，如英国的全民医疗保险、美国的商业医疗保险、德国的社会医疗保险以及新加坡的强制储蓄医疗保险等。在我国，根据服务对象和人群的不同，健康社会政策分为以下三种类型。

1. 医疗保险*

所谓医疗保险是指把具有不同医疗需求人群的资金集中起来，进行再分配，当

---

* 史柏年．社会保障概论．北京：高等教育出版社，2004：105.

投保人因疾病发生医疗费用时，由保险公司补偿医疗费用的一种保险制度。从运作机制看，医疗保险分为社会医疗保险和补充医疗保险两类。社会医疗保险是主要由个人、用人单位、政府共同提供医疗保险的一种制度安排，具体而言，就是指国家通过立法方式强制性地向社会成员征缴医疗保险基金，在劳动者（或公民）因患病、负伤、年老、生育或因其他原因收入中断需要医疗费用时，由国家或企业提供医疗和物质保障的制度。补充医疗保险目前主要有职工补充医疗保险、大病医疗保险、企业年金等新型形式。商业医疗保险是补充医疗保险的重要形式。所谓商业医疗保险主要是指投保人通过与保险公司签订相应合同，并根据合同约定向保险公司支付保险费，当投保人遭遇疾病或达到合同约定的年龄时，由保险公司给予与合同约定相应的保险金的一种商业医疗保险。

2. 医疗救助

医疗救助有广义和狭义之分：广义的医疗救助主要指包括政府、社会组织以及个人对本国或其他国家因贫困或灾难性事件（地震、海啸、“非典”等）造成的健康危机提供医疗帮助和支持行为的总称；狭义的医疗救助主要是指由政府承担主要责任，对社会贫困人群和因其他原因导致生活困难人群中的患病人员提供医疗服务的医疗保障制度。[①] 目前我国的医疗救助主要着眼于狭义层面，对城市和农村的弱势群体提供医疗服务和医疗支持，保障弱势人群身体健康和生存能力。医疗救助的特点主要包括：政府承担主要责任；医疗救助资金主要来源于国家财政预算支出；救助对象主要是社会弱势群体；权利与义务不对等，主要根据需求和规定的资格来提供，保障最基本的医疗需求。

3. 工伤保险

工伤保险又称“职业伤害保险”。工伤保险是向法定范围的劳动者补偿其因职业病或工伤而导致的全部直接经济损失，由国家或企业单位对其生活给予一定物质补偿的制度，包括因工伤亡所造成的直接经济损失和预防、治疗护理、康复和疗养的费用。[②] 工伤保险覆盖的对象主要是工薪劳动者，包括进城农民工（新产业工人）。

第二节　我国健康社会政策的历史沿革

新中国成立后，我国实行城乡分割的发展战略。在城乡分割的二元经济社会结构背景下，我国实行城乡有别的二元健康社会政策，分别由城镇公费医疗、劳保医疗、农村合作医疗、工伤保险以及医疗救助等组成。此后，随着城乡融合发展进程的加快，城乡之间的健康社会政策也走上了整合发展之路，形成了城乡统一的居民医疗保险政策、城乡统一的医疗救助政策等。

---

① 乌日图．医疗保障制度国际比较研究．北京：化学工业出版社，2003：68.

② 史柏年．社会保障概论．北京：高等教育出版社，2004：105.

一、我国城镇健康社会政策的发展演变

（一）计划经济时期城镇健康社会政策的建立和发展

20 世纪 50 年代到 70 年代是计划经济体制下城镇健康社会政策的建立和发展期。这一时期国家在城镇逐步建立了城镇公费医疗、劳保医疗、工伤保险以及医疗救助等社会政策体系。

公费医疗是根据 1952 年政务院颁布的《关于全国各级人民政府、党派、团体及所属事业单位的国家工作人员实行公费医疗预防的指示》建立实施的，主要为国家机关、事业单位的工作人员提供免费治疗和疾病预防，医疗费用由国家财政按规定的年人均定额拨款支付，各地区负责统一管理使用。1952 年 8 月，政务院批准发布《国家工作人员公费医疗预防实施办法》，进一步明确了享受公费医疗待遇人员的范围。1964 年，国务院批转卫生部、财政部文件，明确了享受公费医疗的国家工作人员经批准到外地就医路费可参照旅费的规定报销，未经批准，不准报销。随着相关规定的逐步出台，公费医疗制度得以建立和实施。

劳保医疗是根据 1951 年《中华人民共和国劳动保险条例》以及 1953 年颁布的该条例的修正草案建立实施的，主要覆盖对象为全民所有制企业和城镇集体所有制企业的职工及离退休人员。劳保医疗由企业自行管理，医疗经费按企业工资总额的一定比例连同福利基金混合一并提取。

工伤保险的建立始于 1951 年《中华人民共和国劳动保险条例》，其中第 12 条对工伤保险待遇做出了具体规定，要求工伤发生后，根据工伤对职工造成的不同后果给予不同的工伤保险待遇。

城镇职工健康社会政策的发展。1965 年中共中央在批转卫生部党委《关于把卫生工作重点放到农村的报告》时指出："公费医疗制度应当适当改革，劳保医疗制度也应适当整顿。"因此，卫生部和财政部发出《关于改进公费医疗管理问题的通知》，对国家工作人员的医疗制度做了适当的改革，主要包括：看病要收适量的挂号费；除医院领导批准使用的营养滋补药品外，一律实行收费。针对企业劳保医疗中国家和企业包得过多、医疗经费紧张和药品浪费等情况，1966 年 4 月劳动部和全国总工会发出《关于改进企业职工劳保医疗制度几个问题的通知》，内容包括：企业职工患病和非因工负伤，在指定医院或企业附设医院医疗时，其所需的挂号费、出诊费，均由职工本人负担；职工患病所需贵重药费改由行政方面负担；职工因工负伤或患职业病期间的膳费，改由本人负担 1/3，行政负担 2/3；职工奉养直系亲属的医疗待遇，其挂号费、检查费、化验费改由本人负担，而手术费和药费收半费的办法仍然保留。[①] 1957 年卫生部制定和颁布的《职业病范围和职业病患者处理办法的规定》首次将职业病伤害列入工伤保险的保障范畴，并确定了将危害工人、职员健康及影

① 史柏年．社会保障概论．北京：高等教育出版社，2004：37－38.

响生产比较严重、职业性明显的职业中毒、尘肺、职业性皮肤病等14种疾病正式列入职业病范围。患职业病的工人、职员可以享受相应的工伤保险待遇。1957年国务院颁布的《关于工人、职员退休处理的暂行规定》和1978年国务院颁布的《关于工人退休、退职的暂行办法》中，曾先后两次对工人工伤保险待遇做了调整和提高。

公费医疗、劳保医疗以及工伤保险制度的建立和发展，有力保障了城镇企事业单位职工的身体健康，促进了经济的发展和社会的稳定。随着国家经济体制的改革，市场经济的逐步建立使计划经济体制下的城镇健康社会政策的弊端逐渐暴露出来，主要体现在：医疗保险覆盖面窄；管理和服务社会化程度低；医疗保险筹资机制不健全；国家和单位大包大揽，负担沉重；缺乏对医患双方的制约，医疗资源浪费严重等。为有效保障城镇职工的健康，医疗保险制度改革势在必行。

（二）经济转型时期城镇职工健康社会政策的改革

进入20世纪80年代，随着经济体制的转型，城镇职工医疗保险制度改革也进入了新的阶段，主要分三个具体阶段。

1. 第一阶段：1992年以前

这一阶段以控制医疗费用为中心，对公费医疗和劳保医疗以及工伤保险制度不断进行改革和完善。公费医疗改革的主要内容是探索更优化的公费医疗经费管理体制；劳保医疗改革的重点是探索职工大病医疗费的统筹和离退休人员医疗费社会统筹的有效形式和方法。1985年以前改革主要针对需方，采取费用分担措施；1985年到1992年将公费医疗和劳保医疗的费用控制由需方转向供方，加强了对医疗服务机构的约束。[①] 1988年3月，经国务院批准，由卫生部牵头，财政部、劳动部、人事部、国家体改委、全国总工会、保险公司等八个部门参加，成立了国家医疗制度改革研讨小组，起草了《职工医疗保险制度改革设想（草案）》，提出的改革方向是：逐步建立起适合中国国情，费用由国家、单位、个人合理负担，社会化程度较高的多形式、多层次的职工医疗保险制度。1989年3月，丹东、四平、黄石、株洲四城市开始进行医疗保险制度改革试点。这一时期医疗保险制度的改革主要围绕职工部分负担医疗费用、公费医疗管理制度、医疗经费管理、离退休人员医疗费用社会统筹、职工大病医疗费用统筹等问题展开。但是，1992年以前的改革措施效果并不明显，因此逐渐转为对公费医疗和劳保医疗制度本身进行改革和试点。

2. 第二阶段：1992—1998年

这一阶段开始探索城镇职工医疗保险制度改革，进行医疗保险制度改革的试点工作。1992年，深圳率先展开了对职工医疗保险制度的全面改革，实行全市统一的医疗社会保险，形成深圳模式，即混合型职工医疗保险。1993年，党的十四届三中全会通过的《关于建立社会主义市场经济体制若干问题的决定》指出："城镇职工养老和医疗保险金由单位和个人共同负担，实行社会统筹和个人帐户相结

---

① 乌日图. 医疗保障制度国际比较研究. 北京：化学工业出版社，2003：236.

合。”1994 年，国家体改委、财政部、劳动部、卫生部共同制定了《关于职工医疗制度改革的试点意见》，国务院选择镇江和九江两个中等城市进行试点。1995 年在镇江、九江两市开始对公费医疗和劳保医疗进行根本改革，逐步确立社会统筹与个人账户相结合的基本医疗保险模式，即“两江模式”。1996 年，在总结“两江”经验的基础上，将改革试点扩大到全国 50 多个城市。各地城镇职工医疗保险制度改革的试点取得初步成效，建立了由国家、单位、个人三方负担的筹资制度，实现了稳定的资金来源；建立了个人账户和社会统筹相结合的新的医疗保险运行机制；形成了不同单位、不同年龄人群和健康人群与患者之间分摊医疗费用的机制，保障了职工的基本医疗。

针对工伤保险制度存在实施范围狭窄、缺乏预防机制以及工伤认定标准和程序不健全等的弊端，1996 年 3 月，国家技术监督局颁布了《职工工伤与职业病致残程度鉴定》国家标准；1996 年 8 月，劳动部发布《企业职工工伤保险试行办法》。工伤残疾鉴定标准和工伤保险的试行办法的颁布，为工伤保险制度的改革提供了规范性依据。

3. 第三阶段：1998 年以来

这一阶段以《国务院关于建立城镇职工基本医疗保险制度的决定》为标志，开始全面建立适应社会主义市场经济体制的统一的城镇职工医疗保险制度。

1998 年年底，在各地广泛试点的基础上，国务院发布了《国务院关于建立城镇职工基本医疗保险制度的决定》，明确了城镇职工医疗保险制度改革的目标任务、基本原则和政策框架，要求在全国范围内建立覆盖全体城镇职工的基本医疗保险制度。从此，城镇职工医疗保险制度进入全面改革期。为了更好地贯彻《国务院关于建立城镇职工基本医疗保险制度的决定》，国务院决定在建立城镇职工医疗保险制度的同时，进行城镇医药卫生体制改革。国家体改委等八部委在 2000 年 2 月联合下发了《关于城镇医药卫生体制改革的指导意见》，就城镇医药卫生体制改革的目标、内容等进行了规定，逐步进行与医疗保险制度相适应的城镇医药卫生体制的配套改革。到 2002 年年底，我国基本上建立了适应社会主义市场经济体制的城镇职工基本医疗保险制度以及配套制度。

2003 年 4 月，国务院通过了新的《工伤保险条例》，自 2004 年 1 月 1 日起正式实施，这标志着我国工伤保险制度已步入法律化、规范化的发展轨道。2010 年 12 月，国家修订了《工伤保险条例》，该条例自 2011 年 1 月 1 日起实行，这次条例的修订进一步扩大了工伤保险的覆盖面，细化了工伤保险的相关规定。

计划经济时期，党和政府为城市中的贫弱群体提供必要的医疗救助。由于公费医疗、劳保医疗以及工伤保险仅覆盖了事业、机关或企业单位的职工，无法覆盖城镇失业人员等群体，1954 年国家明确了城市的救助对象为无固定收入、无生活来源、基本生活需要国家集体救济的城镇居民家庭。国家为这些人群提供医疗救助和疾病补偿，这一时期的医疗救助具有随意性和不确定性。

市场经济时期，随着经济体制转轨和产业结构的不断调整，城市贫困人口不断增加，就医困难问题更加严重。1993 年，城市最低生活保障制度的出台为城市贫困人口提供了一定的保障，但未将医疗救助纳入其中。为了解决贫困群体的就医问题，胡锦涛在中央政治局第三十五次集体学习时强调："要加强城乡医疗救助制度建设，健全多层次的医疗保障体系。"党的十六届三中、四中、六中全会以及国务院政府工作报告提出要"健全社会医疗救助和多层次的医疗保障体系"，"大力发展社会医疗救助制度"，"建设覆盖城乡居民的医疗保障体系"。2006 年，第十届全国人民代表大会第四次会议通过的《中华人民共和国国民经济和社会发展第十一个五年规划纲要》也明确要求"建立城乡医疗救助制度，将城市低保对象、农村特困户和五保户纳入救助范围"。党的十七大突出强调要以基本医疗为重点之一，加快完善社会保障体系。按照党中央、国务院的要求，民政部把医疗救助作为为民解困的重点工作之一，给予了高度重视，联合有关部门，先后下发了《关于实施农村医疗救助的意见》《关于建立城市医疗救助制度试点工作的意见》，着力搞好城市医疗救助试点，全面建立城市医疗救助制度，解决城市贫困居民的医疗难问题。为了保障城镇非从业居民的医疗健康，2007 年国务院决定开展城镇居民基本医疗保险试点，并制定了试点目标、试点原则、参保范围和筹资水平等。《国务院关于开展城镇居民基本医疗保险试点的指导意见》中规定：试点目标是 2007 年在有条件的省份选择 2 至 3 个城市启动试点，2008 年扩大试点，争取 2009 年试点城市达到 80%以上，2010 年在全国全面推开，逐步覆盖全体城镇非从业居民。要通过试点，探索和完善城镇居民基本医疗保险的政策体系，形成合理的筹资机制、健全的管理体制和规范的运行机制，逐步建立以大病统筹为主的城镇居民基本医疗保险制度。试点原则是试点工作要坚持低水平起步，根据经济发展水平和各方面承受能力，合理确定筹资水平和保障标准，重点保障城镇非从业居民的大病医疗需求，逐步提高保障水平；坚持自愿原则，充分尊重群众意愿；明确中央和地方政府的责任，中央确定基本原则和主要政策，地方制订具体办法，对参保居民实行属地管理；坚持统筹协调，做好各类医疗保险制度之间基本政策、标准和管理措施等的衔接。参保范围是不属于城镇职工基本医疗保险制度覆盖范围的中小学阶段的学生（包括职业高中、中专、技校学生）、少年儿童和其他非从业城镇居民都可自愿参加城镇居民基本医疗保险。2009 年，新医改方案提出将大学生纳入城镇居民医疗保险范围。

（三）新时代城镇职工健康社会政策的进一步完善

2017 年党的十九大报告首次提出"高质量发展"的表述，新时代城镇职工健康社会政策的发展也面临进一步改革和完善的新任务和新使命。

1. 医疗保险支付方式改革

2017 年 6 月 20 日，《国务院办公厅关于进一步深化基本医疗保险支付方式改革的指导意见》发布，更好地保障了城镇职工等参保人员的权益，并为规范医疗服务行为、控制医药费用不合理增长提供了制度保障。2021 年 11 月 19 日，《国家医疗保障局关于印发 DRG/DIP 支付方式改革三年行动计划的通知》发布，要求到 2024

年年底，全国统筹地区全部开展 DRG/DIP 付费方式改革工作，到 2025 年年底，基本实现病种、医保基金全覆盖，进一步保障参保人员获得优质医药服务，并为提高基金使用效率、建立优良的激励和风险分担机制，奠定制度可持续发展的基础。

2. 职工个人账户制度的改革

城镇职工基本医疗保险个人账户的建立与医疗费用膨胀、政府和企业负担过重、劳保医疗的历史遗留等因素相关，也是在“效率优先、兼顾公平”的发展理念指导下我国医疗保险制度改革的作用结果。[①] 在发挥了一定功能的基础上，当前，我国职工医疗保险因个人账户的存在使收入再分配的功能不显著，以保大病为主的政策设计不利于基层医疗服务机构而有利于医院，进一步推动了医疗资源倒金字塔结构的形成[②]，个人账户与当前的制度环境之间存在着剧烈的冲突，面临新的改革甚至取消的要求。

2021 年 4 月发布的《国务院办公厅关于建立健全职工基本医疗保险门诊共济保障机制的指导意见》要求，在做好门诊慢特病医疗保障的基础上，逐步将多发病、常见病的普通门诊费用纳入统筹基金支付范围，并覆盖职工医保全体参保人员，政策范围内支付比例从 50%起步，逐步提高保障水平，同步完善城乡居民基本医疗保险的门诊统筹。在个人账户给付办法和给付水平方面做了新的规定，调整统筹基金和个人账户结构后，增加的统筹基金将用于门诊共济保障，提高参保人员的门诊待遇。同时，该意见还规范了个人账户的使用范围，个人账户主要用于支付参保人员在定点医疗机构或定点零售药店发生的政策范围内自付费用。可以用于支付参保人员本人及其配偶、父母、子女在定点医疗机构就医发生的由个人负担的医疗费用，以及在定点零售药店购买药品、医疗器械、医用耗材发生的由个人负担的费用。探索个人账户用于配偶、父母、子女参加城乡居民基本医疗保险等的个人缴费。个人账户不得用于公共卫生费用、体育健身或养生保健消费等不属于基本医疗保险保障范围的支出。

3. 职工基本医疗保险与生育保险合并

2019 年 3 月 6 日，国务院办公厅发布《关于全面推进生育保险和职工基本医疗保险合并实施的意见》，进一步强化了共济能力。要求参加职工基本医疗保险的在职职工同步参加生育保险，实现应保尽保。生育保险基金并入职工基本医疗保险基金，统一征缴，统筹层次一致。并且，确保职工生育期间的生育保险待遇不变，生育保险待遇包括《中华人民共和国社会保险法》规定的生育医疗费用和生育津贴，所需资金从职工基本医疗保险基金中支付。

4. 以职工医保为基础探索长期护理保险制度的建立

我国于 2016 年启动首批长期护理保险制度试点。2020 年，国家医保局、财政部印发了《关于扩大长期护理保险制度试点的指导意见》，探索建立以互助共济方式

---

① 王超群．城镇职工基本医疗保险个人账户制度的起源、效能与变迁．中州学刊，2013（8）：80－86.

② 王超群，顾雪非．我国城镇职工基本医疗保险制度改革的经验与问题：基于对政策文件和制度环境的分析．中国卫生政策研究，2014，7（1）：29－34.

筹集资金，为长期失能人员的基本生活照料和与之密切相关的医疗护理提供服务或资金保障的社会保险制度。该意见要求这项制度的建立，从职工基本医保参保人群起步，职工参保人群以单位和个人缴费为主，比例分担，要求起步阶段单位缴费可从其缴纳的职工基本医疗保险费中划出，并允许个人账户为个人参加长期护理保险缴费。支付水平总体上控制在70%左右，并考虑到特殊困难退休职工的缴费需要，鼓励财政给予资助。这对职工医保的保障能力提出了进一步的要求，对于完善全生命周期的职工健康风险保障具有积极意义。

二、我国农村健康社会政策的发展演变

长期以来，我国农村地区主要通过建立合作医疗、医疗救助来保障农民的健康。

（一）农村基本健康社会政策的发展演变

随着社会发展变迁，我国农村基本健康社会政策的发展大致经历了从传统农村合作医疗制度、新型农村合作医疗制度到新时期的城乡居民基本医疗保险制度的演变。

1. 农村合作医疗的萌芽

合作医疗萌芽于抗日战争时期的“医药合作社”。陕甘宁边区和一些抗日根据地为了解决最基本的医疗服务问题，通过群众集股的办法举办医药合作社，成为中国农村医疗保障制度的基础。农村合作医疗正式出现是在1955年农业合作化高潮时期，山西、河南等省的许多农村都建立了“医社结合”、由社员群众出“保健费”的集体保健医疗制度。[①] 有些地区的农民为了实现医疗的可及性和可得性，自己组织起来，如成立联合保健站，实行互助救济。实行“人民公社化”后，合作医疗迅速发展。第一次正式提出合作医疗制度的中央文件是1959年卫生部发布的《关于全国农村卫生工作山西稷山现场会议情况的报告》，该报告明确了人民公社的组织依托角色，社员每年缴纳一定的保健费，需要医疗服务时仅需负担挂号费和医药费，其余部分费用在公社和生产大队的公益金中提存支付。此后，合作医疗作为一项基本制度在全国推广开来。[②] 1960年全国农业生产大队采用合作医疗制度的达到40%。1965年，毛泽东做了“把医疗卫生工作的重点放到农村去”的著名的“六二六指示”。根据1968年毛泽东对湖北省长乐县人民公社举办合作医疗经验进行的批示，全国掀起了兴办合作医疗的热潮。到20世纪70年代末，全国85%的生产大队都开办了合作医疗，90%的行政村处在合作医疗保障中。[③] 1980年，全国农村约有90%的行政村实行合作医疗。“合作医疗”“保健站”“赤脚医生”成为解决我国农村缺医

① 仇雨临．中国医疗保障70年：回顾与解析．社会保障评论，2019，3（1）：89－101.

② 高新宇．农村合作医疗70年：回顾、问题与展望：基于社会变迁视角．福建论坛（人文社会科学版），2019（8）：164－175.

③ 夏杏珍．农村合作医疗制度的历史考察．当代中国史研究，2003（5）：110－118，128.

少药问题的三件法宝。早在20世纪60年代中期，合作医疗就已成为我国农民健康保障的基本形式，促进了“中国卫生状况的显著改善和居民期望寿命的显著增加”，被世界银行誉为成功的“卫生革命”。[①]

2. 农村合作医疗的衰退

进入20世纪80年代，随着家庭联产承包责任制和统分结合双层经营体制的推行，原有合作医疗制度失去了资金的筹集制度基础和组织基础；管理体制及医生报酬等方面也都与现实经济状况不相适应，导致合作医疗制度失去了集体经济的依托；另外，合作医疗本身经济力量薄弱，对大病重病保障不力，缺乏对医疗资金和医疗服务的监督机制。鉴于上述种种原因，农村合作医疗逐渐衰退，到1989年实行合作医疗的行政村占比下降到全国行政村的5%左右，农村合作医疗处于“断裂、空档”状态，大部分农民的健康得不到保障，“因病致贫、因病返贫”现象严重。

3. 农村合作医疗的改革和重建

农村合作医疗的衰退、解体使许多农民再次陷入“无钱看病、无处看病”的窘境，导致农村“因病致贫、因病返贫”的现象十分普遍。为了保障农民平等地享有健康权，维护农村地区的稳定和发展，国家开始对原有的合作医疗进行改革，探索新型的合作医疗保障制度以保障农民的健康。20世纪90年代初期，政府试图重新建立农村合作医疗制度。1993年，党的十四届三中全会通过了《中共中央关于建立社会主义市场经济体制若干问题的决定》，提出要“发展和完善农村合作医疗制度”。1993年，国务院政策研究室和卫生部在对全国进行广泛调查研究的基础上，提出了《加快农村合作医疗保健制度的改革和建设》的研究报告，之后卫生部与世界卫生组织在7省市14个县进行改革试点。1997年，国务院批转了卫生部等部门《关于发展和完善农村合作医疗的若干意见》，推动了农村合作医疗保障制度的发展。2002年颁布了《中共中央、国务院关于进一步加强农村卫生工作的决定》，要求各级政府积极组织引导农村农民建立新型农村合作医疗制度，并以大病统筹为主。2003年在全国开始进行试点推广，并且明确农村卫生工作的目标：到2010年，在全国农村基本建立起适应社会主义市场经济体制要求和农村经济社会发展水平的农村卫生服务体系和农村合作医疗制度。主要包括：建立以大病统筹为主的新型合作医疗制度和医疗救助制度，使农民人人享有初级卫生保健，主要健康指标达到发展中国家的先进水平。新型合作医疗保障制度在农村地区广泛实行。由于我国东、中、西部农村地区的经济发展水平参差不齐，因此新型合作医疗呈现多种模式，主要有福利型合作医疗、风险型合作医疗、福利-风险型合作医疗、合作医疗健康保险等。建立与经济发展水平相适应的新型合作医疗模式有助于农民更好地享受医疗保障。

4. 新时代城乡居民医疗保险的整合性变迁与发展

随着城镇化、市民化进程的不断加快，城乡之间经济社会发展状况、人民收入

---

① 世界银行中蒙局环境、人力资源和城市发展业务处．中国：卫生模式转变中的长远问题与对策．北京：中国财政经济出版社，1994：17.

差距的不断扩大，新型农村合作医疗与城镇居民医疗保险在财政补贴、保障待遇、保障范围等方面差距越来越大。2016 年国务院发布的《国务院关于整合城乡居民基本医疗保险制度的意见》中提出，要“整合城镇居民基本医疗保险和新型农村合作医疗两项制度，建立统一的城乡居民基本医疗保险制度”，并指出，这是推进医药卫生体制改革、实现城乡居民公平享有基本医疗保险权益、促进社会公平正义和增进人民福祉的重大举措。

（二）农村医疗救助政策的发展演变

1. 农村医疗救助制度的建立

在建立和实施合作医疗的过程中，民政部为农村贫困群体提供了各种救助，如“五保户”制度。1953 年中央人民政府内务部制定了《农村灾荒救济粮款发放使用办法》，把无劳动能力、无依无靠的孤老残幼定为一等救济户。1956 年的《高级农业生产合作社示范章程》规定，对生活没有依靠的老弱孤寡残疾社员，给予保吃、保穿、保烧、保医、保葬的“五保”制度。由集体和村民为“五保户”提供救助。1978 年在研究“五保”立法政策时，又把“五保”条件进一步修改为无法定抚养义务人、无劳动能力、无生活来源的老年人、残疾人和未成年人，形成了“三无”人员的完整概念。国家对农村的这些贫弱群体实行定期救助和临时救助，如发生自然灾害、突发事件造成的健康危机时，国家和政府将提供医疗救助。

2. 农村医疗救助制度的发展

改革开放以后，由于合作医疗制度趋于瓦解，农村贫困人口的医疗问题日益突出，农村医疗救助被提上政府的议事日程。2002 年，中共中央、国务院制定并出台了《中共中央、国务院关于进一步加强农村卫生工作的决定》，首次提出在我国农村建立医疗救助制度，并明确了对农村贫困家庭实行医疗救助、以大病补偿为主以及对贫困家庭参加合作医疗给予资金补助的救助形式。为贯彻实施此文件，2003 年民政部、卫生部、财政部三部委联合下发了《关于实施农村医疗救助的意见》，进一步细化了农村医疗救助的目标和原则、医疗救助对象的选择、救助基金的筹集和管理、服务提供等。此后，建立农村医疗救助制度的工作全面开展起来。

党的十六届三中全会要求进一步建立健全社会医疗救助制度和多层次的医疗保障体系。时任总理温家宝在 2005 年的政府工作报告中指出：“各地要加快建立城乡特殊困难群众的社会救助体系，帮助他们解决看病、住房、子女上学等实际困难。”国家发展和改革委员会发布了《医药行业“十一五”发展指导意见》，提出新的卫生体制改革目标，即 2010 年实现我国对世界卫生组织“人人享有卫生保健”的承诺，让所有居民全部享有基本医疗保障。[①] 2009 年，人社部提出，将城乡低保家庭成员、“五保户”、低收入家庭重病患者和其他特殊困难人员纳入医疗救助范围。

---

① 张国平．我国贫困人口医疗救助研究综述．宁夏社会科学，2007（1）：62.

3. 农村医疗救助制度的完善

2014 年国务院颁布的《社会救助暂行办法》进一步以专章形式对医疗救助制度进行规范性设计：界定了医疗救助的对象为享受最低生活保障的对象、特困供养人员、县级以上人民政府规定的其他特殊困难人员；规定了实施医疗救助的两种主要方式，一是资助城乡医疗救助对象参加社会医疗保险，二是经医疗保险报销后仍然难以负担医疗费用支出的个人与家庭，符合相关规定的，给予补助。2015 年国务院办公厅转发了《关于进一步完善医疗救助制度全面开展重特大疾病医疗救助工作意见的通知》，要求在全国范围内城市与农村医疗救助制度实现整合。部分地区开始探索将因病致贫家庭纳入医疗救助范围或对因病致贫家庭给予基本生活救助。

目前医疗救助的覆盖面逐渐扩大，救助对象进一步扩展，但是救助能力和救助水平依然较低，直接救助受益率的地区差异显著，各区域内部的省际差距明显，横向公平性很差①，还面临筹资瓶颈、门诊补偿的制度衔接、临时医疗救助机制、重特大疾病补偿的衔接，以及城乡一体化过程中新的不公平等诸多挑战②。

三、城乡健康社会政策的整合发展演变

从“人人参保”到“人人公平参保”是当前健康社会政策发展演变及制度转型的最主要特征。2016 年，国务院颁布了《关于整合城乡居民基本医疗保险制度的意见》，要求建立统一的城乡居民基本医疗保险体系，促进社会公平。2019 年发布的《中共中央　国务院关于建立健全城乡融合发展体制机制和政策体系的意见》提出，建立健全有利于城乡基本公共服务普惠共享的体制机制。按照《“健康中国 2030”规划纲要》的要求，“立足全人群和全生命周期两个着力点，提供公平可及、系统连续的健康服务，实现更高水平的全民健康”，需要进一步提升健康社会政策的公平性。而完成城乡居民医保制度的整合，在筹资、待遇、经办、就医等各方面全面实现城乡居民医保制度的统一，是促进我国健康社会政策公平的重要步骤。

（一）城乡融合探索时期（2002—2012年）

2002 年，党的十六大首次提出“统筹城乡经济社会发展”战略思路。2006 年，《国务院关于解决农民工问题的若干意见》发布，首次要求将符合条件的农民工纳入城镇职工医疗保险体系，在城乡基本医疗保险政策的制度融合发展上迈出了关键一步。2009 年，国务院发布《医药卫生体制改革近期重点实施方案（2009—2011 年）》，加速推动城乡医疗卫生公共服务均等化的步伐。2012 年，国务院发布《“十二五”期间深化医药卫生体制改革规划暨实施方案》，标志着我国覆盖全体城乡居民的基本医疗保险制度改革的起步。

---

① 孙菊，秦瑶．医疗救助制度的救助效果及其横向公平性分析．中国卫生经济，2014，33（11）：22－25.

② 向国春，等．我国医疗救助制度的发展及面临的挑战．卫生经济研究，2014（3）：3－5.

大病保险的城乡统筹实践是我国健康社会政策城乡融合发展的重要内容。最初旨在补偿城镇职工因患疾病或重大疾病而花费的、超出城镇职工基本医疗保险补偿范围而设立的各种“补充医疗保险”和“大额医疗补助”是我国大病医疗保障制度的雏形。为了在城乡居民基本医疗保险制度的基础上进一步提高对城乡居民患重特大疾病的医疗保障水平，发改委等部委在2012年联合发布了《关于开展城乡居民大病保险工作的指导意见》，自此，各地开始了城乡居民大病医疗保险的试点建设。2015年，国务院办公厅颁布了《关于全面实施城乡居民大病保险的意见》，基本承袭了2012年《指导意见》中的制度设计相关内容，要求在全国范围内全面实施城乡居民大病保险。目前，全国31个省（区、市）都开展了大病保险工作。通常是从城乡居民基本医疗保险基金中划拨一部分资金作为筹资来源，由承保人即商业保险公司来运营。总体上，我国的大病医疗保障与基本医疗保障体系的构建和发展息息相关，大病保险可以说一定程度上具有基本医疗保险的基本属性，不少学者认为“归并”是日后大病保险发展的必由之路，大病保险与基本医保归并后也将大力提升基本医保对大病的保障能力。①

（二）城乡融合发展时期（2013—2018年）

2013年，为统筹城乡医疗救助制度，财政部和民政部发布了《城乡医疗救助基金管理办法》，对城乡医疗救助基金管理和使用进行了规范。2014年，国务院颁布了《社会救助暂行办法》，为医疗救助制度的发展搭建起了相对完整的制度框架。

自2016年国务院发布《关于整合城乡居民基本医疗保险制度的意见》以来，城镇居民基本医疗保险和新型农村合作医疗保险合并为统一的城乡居民基本医疗保险，覆盖除职工基本医疗保险应参保人员以外的其他所有城乡居民，初步实现了城乡基本医疗保险的制度融合。2018年，国家医保局联合财政部等发布了《关于做好2018年城乡居民基本医疗保险工作的通知》，要求加快推进一体化城乡基本医疗保险制度的融合工作。

到2016年，除西藏外，各省（区、市）均做出了规划部署或出台了整合城乡医疗保险的政策文件。天津、重庆、宁夏等省份早在《关于整合城乡居民基本医疗保险制度的意见》出台前就已经将城乡医疗合并，意见出台之后又进一步细化完善了相关内容。截至2019年5月，我国已经有24个省份完成了城乡居民医疗保险制度的整合工作。在城乡居民基本医疗保险制度整合的实践中，各地均以“六个统一”即统一覆盖范围、统一筹资政策、统一保障待遇、统一医保目录、统一定点管理、统一基金管理为基本指导。部分省份还在管理体制、经办管理、医保监管、统筹层次、信息系统、大病保障机制等方面实践了进一步统一和整合。在管理部门方面，主要探索了由当地人社部门统一管理、卫生部门统一管理、单独成立医保办统筹管理等方式。在筹资方面，除上海采用比例缴费外，其他地方结合自身实际探索了一

① 贾洪波．大病保险与基本医保关系之辨：分立还是归并?．山东社会科学，2017（4）：70－75.

制一档、一制两档或一制三档等定额筹资方式。

（三）全面制度整合时期（2019年至今）

2019 年印发的《中共中央　国务院关于建立健全城乡融合发展体制机制和政策体系的意见》，提出“到 2022 年，城乡融合发展体制机制初步建立”“到 2035 年，城乡融合发展体制机制更加完善”的目标。城乡基本医疗保险制度逐步从制度完善走上实质性的全面融合阶段。

第三节　我国健康社会政策的发展现状

一、当前城市主要健康社会政策

当前我国城市逐步建立起多层次的医疗保障体系，其中包括新型的城镇职工基本医疗保险制度①、统一的城乡居民基本医疗保险制度、补充医疗保险制度、工伤保险制度以及针对弱势群体的城市医疗救助制度，有效维护了城镇居民的健康权益。有关统一的城乡居民基本医疗保险制度的发展现状，我们放在第三部分予以介绍，这里介绍其他几种。

（一）城镇职工基本医疗保险制度

从 1980 年开始，我国逐步开始了城镇职工医疗保险制度的改革，到目前为止，已经基本建立了由国家、单位、个人三方负担，个人账户和社会统筹相结合的“广覆盖，低水平”的城镇职工基本医疗保险制度。2003 年，政府将灵活就业人员纳入医保制度范围，并在 2014 年开展省级异地就医即时结算工作。截至 2021 年年底，我国城镇职工基本医疗保险参保人数持续增加，基金收支规模基本稳定，参加职工医保 335 431 万人，基金（含生育保险）收入 19 003.10 亿元。其中，企业、机关事业、灵活就业等其他人员三类参保人（包括在职职工和退休人员）分别为 24 043 万人、6 535 万人、4 853 万人，分别占参保总人数的 67.9％、18.4％和 13.7％，职工医保统账结合和单建统筹参保人员分别占职工医保参保总人数的 92.3％和 7.7％。②2019 年，《降低社会保险费率综合方案》出台，要求统筹考虑用人单位缴费负担，降低社会保险费率，以全口径计算城镇单位就业人员平均工资，推进社会保险费征收体制改革。这一举措进一步保障在不增加参保者个人缴费负担的前提下，以调整缴费比例为手段，实现职工医保基金收支平衡与可持续发展。同时，2019 年国家医

① 根据《关于全面推进生育保险和职工基本医疗保险合并实施的意见》，不再单列生育保险基金收入，在职工基本医疗保险统筹基金待遇支出中设置生育待遇支出项目。

② 国家医疗保障局．2021 年全国医疗保障事业发展统计公报．(2022-06-08)［2023-01-22］. http://www.nhsa.gov.cn/art/2022/6/8/art_7_8276.html.

保局联合财政部发布的《关于做好 2019 年城乡居民基本医疗保障工作的通知》也要求在 2020 年年底前取消城乡居民基本医疗保险中个人（家庭）账户，该政策将有助于推进职工医保个人账户的进一步改革。

（二）补充医疗保险制度

基本医疗保险的保障水平是有限的，因此，国家鼓励用人单位为职工建立补充医疗保险，例如国家公务员补充医疗保险以及企业补充医疗保险。国务院针对公务员工资水平较低的情况，对其实行医疗补助，以保证原有的医疗待遇。国家公务员医疗补助覆盖人口约 2 000 万，占城镇总人口的 4%。企业补充医疗保险的主要形式是职工大额医疗费用补助。据统计，企业职工每年医疗费用支出超出“封顶线”的人数约 300 万，约占城镇职工总数的 2%，占城镇总人口的 0.8%左右。①

（三）工伤保险制度

我国工伤保险制度自 1951 年建立后不断发展，2003 年《工伤保险条例》的颁布标志着我国工伤保险制度改革进入了崭新的发展阶段，2010 年《国务院关于修改〈工伤保险条例〉的决定》推动国内工伤保险事业又向前迈了一步。随着《工伤保险条例》的颁布，工伤保险制度的覆盖范围逐步扩大，2019 年中国工伤保险参保人数达 25 474 万，并且增速呈加快趋势。近年来参与社会保险的农民工人数及比例逐年上升，2019 年参加工伤保险的农民工人数达到 8 616 万，增速呈阶梯式上升的趋势。2020 年末全国参加工伤保险人数达到 26 763 万，全国新开工工程建设项目工伤保险参保率达到 98%。②

（四）城市医疗救助制度

为弥补城镇职工医疗保险的制度性缺陷，一些城市纷纷出台了针对弱势群体的医疗救助制度。2001 年 8 月，上海市在做好医疗救助工作的指导意见中，明确提出医疗救助对象和具体申请条件。2001 年 12 月，北京市民政局与财政局、劳动和社会保障局、卫生局联合出台了《北京市特困人员医疗救助暂行办法》，办法自 2002 年 1 月 1 日起开始实施，主要内容是对弱势群体的医疗费用予以减免。③ 郑州市金水区通过办理惠民医院对弱势群体进行医疗救助。金水区人民医院发放老年优惠卡 5 万余张，成立“爱心体检站”免费为 5 万多人体检，并为低保、特困农民工家庭实行围保、分娩、儿童保健全免费救助等。④ 2010 年国家用于城市医疗救助的金额为 45.1 亿元，救助 6 649 万人次。2021 年，全国医疗救助支出 619.90 亿元，资助

---

① 吴华章，郭淑英，等．城镇居民医疗保障体系研究．卫生经济研究，2002 (4)：39－40.

② 数据来自中华人民共和国人力资源和社会保障部的《2020 年度人力资源和社会保障事业发展统计公报》。

③ 仇雨临．中国医疗保障体系的现状与完善．北京市计划劳动管理干部学院学报，2004 (3)：11－12.

④ 胡其峰．“永不停跳的爱心”：郑州市金水区人民医院打造“惠民医院”纪实．光明日报，2006－02－23 (8)．

参加基本医疗保险 8 816 万人，实施门诊和住院救助 10 126 万人次，全国次均住院救助、门诊救助分别为 1 074 元、88 元。2021 年，中央财政安排医疗救助补助资金 302 亿元，比上年增长 16.2%。[①]

二、当前农村主要健康社会政策

长期以来，受计划经济时期城乡二元经济结构的影响，我国社会保障体系也呈现出城乡二元化特征，在农村和城市建立了不同的医疗保障制度。农村医疗保障政策主要有新型农村合作医疗和农村医疗救助。

新型农村合作医疗制度是由政府组织、引导、支持，农民自愿参加，个人、集体和政府多方筹资，以大病统筹为主的农民医疗互助共济制度，也是中国农村地区医疗保障制度的一种主导类型。针对传统合作医疗中遇到的问题，卫生部组织专家与地方卫生机构进行了缜密的调查研究，为建立新型农村合作医疗打下了坚实的理论基础。2002 年 10 月，《中共中央、国务院关于进一步加强农村卫生工作的决定》明确指出，要"逐步建立以大病统筹为主的新型农村合作医疗制度"，"到 2010 年，新型农村合作医疗制度要基本覆盖农村居民"，确立了新型农村合作医疗的构建目标。

为了实现新型农村合作医疗的目标，国家增加了对新型农村合作医疗的财政投入。从 2003 年起，中央财政对中西部地区除市区以外的参加新型合作医疗的农民每年按人均 10 元安排合作医疗补助资金，地方财政对参加新型合作医疗的农民补助每年不低于人均 10 元。自 2002 年中央决定建立新型农村合作医疗制度以来，全国各地陆续开展了试点工作，并倡导因地制宜探索适合当地农村经济发展水平的新型合作医疗的特有模式。比较典型的模式有：采取"大小病兼顾、管与办分离、报销不设起付线"管理办法的"贵阳模式"[②]；实行一证通、住院备案制以及提高补偿比例与降低医疗费起付线的"襄垣模式"[③]；"新乡模式"推行"政府组织引导，职能部门监督管理，中国人寿承办业务，定点医疗机构提供服务"管办分离的运行机制[④]；广州市"番禺模式"成功搭建了"政府组织引导、保险公司承办业务、卫生部门监督"的新型管理模式，当地居民只要每人每年缴纳 60 元钱，就可以在患病住院时享受最高报销金额 2 万元的住院治疗费补偿，参合覆盖率达到 93.3%[⑤]；2009 年突出城乡一体化思路的神木采取全民免费医疗模式[⑥]。新型合作医疗试点地区农民参合

---

① 国家医疗保障局．2021 年全国医疗保障事业发展统计公报．(2022-06-08)[2023-01-20]. http://www.nhsa.gov.cn/art/2022/6/8/art_7_8276.html.

② 孙袁．既保大病又管小病．贵州日报，2007-09-12 (6).

③ 周梅．山西："襄垣模式"的新型农村合作医疗. (2007-08-22)[2011-08-22]. http://www.ah.xinhuanet.com/midchina/2007-08/22/content_10932100.htm.

④ "新兴农村合作医疗"之新乡模式. (2005-07-01)[2011-08-22]. http://biz.cn.yahoo.com/05-07-/70/awpo.html.

⑤ 新型农村合作医疗"番禺模式"拟在全国推广．健康报，2007-03-20.

⑥ 杜光利．陕西神木推行全民免费医疗制度．(2009-05-07)[2023-01-22]. https://news.sina.com.cn/c/2009-05-07/040117760071.shtml.

水平总体较高，新型农村合作医疗制度得到大多数农民的支持。新型农村合作医疗制度成效显著，截至 2010 年年底，全国有 2 678 个县（区、市）开展了新型农村合作医疗，参合人口数达 8.36 亿，参合率为 93.8%（见图 5-1）。

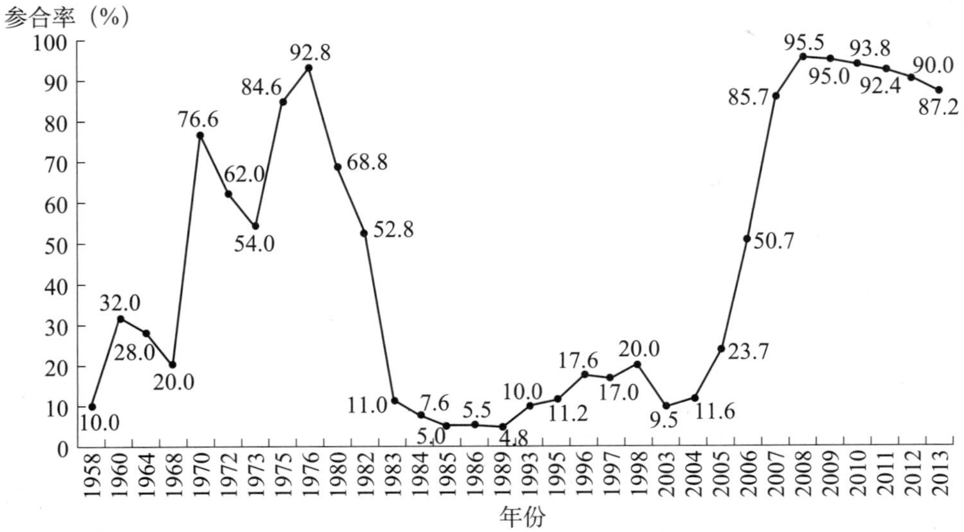

图 5-1　合作医疗参合率

注：根据国家统计局的统计数据绘制。

除了新型合作医疗制度外，还有农村医疗救助制度在农民看病就医过程中发挥了雪中送炭的作用。农村医疗救助对象主要有：农村“五保户”；农村特困户的家庭成员（指县、乡、村三级核定的）；因患国家规定的特殊传染病及地方病造成的特困人口；因突发重大意外事故或重大疾病，个人无力支付医疗费用而影响家庭基本生活而增加的特困人口；经医疗救助领导小组研究确定的特殊救助对象等。目前我国城乡医疗救助制度基本建立，农村医疗救助制度不断规范和完善，全国所有县（市、区）基本都建立了医疗救助制度。农村医疗救助制度的建立为农村中贫弱群体提供了各种医疗服务，有效地保障了他们的健康。

2009 年，中共中央、国务院在《关于深化医药卫生体制改革的意见》中对如何发展城乡健康社会政策做了深入细致的探讨。新医改不仅提出了医药卫生体制改革的指导思想、指导原则、总体目标等，而且决定在 2009—2011 三年间投资 8 500 亿元支持健康社会政策领域中的五项改革，即加快推进基本医疗保障制度建设、初步建立国家基本药物制度、健全基层医疗卫生服务体系、促进基本公共卫生服务逐步均等以及推进公立医院改革试点。新医改既有总体规划又有具体的战略步骤，至 2011 年，我国城乡参加基本医疗保险的人数超过了全国总人数的 90%，人数达到 12.6 亿，基本上实现了基本医疗保障制度全面覆盖城乡居民的目标。[①] 截至 2016 年

① 艾福梅．我国基本医保覆盖九成城乡人口，人数超过 12.6 亿．(2011-04-10)[2022-08-12]. http://news.dzwww.com/guoneixinwen/201104/t20110410_6289285.htm.

底，城乡居民大病保险覆盖了超过 10 亿参保居民。随着健康扶贫工程的深入，2016 年提出实施健康扶贫工程，2017 年提出“三个一批”行动计划，对患有大病和长期慢性病的农村贫困人口开展分类分批救治，切实减轻了困难居民的医疗费用负担。2018 年起，城乡居民基本医疗保险整合发展进入新阶段。

三、当前健康社会政策的整合发展现状

2018 年，我国组建了国家医疗保障局，实现了中国医疗保障管理体制的统一。2019 年，国家医疗保障局、财政部印发了《关于做好 2019 年城乡居民基本医疗保障工作的通知》，要求全面建立统一的城乡居民医保制度。我国城乡医保走向真正统一的新时代。

（一）统一的城乡居民基本医疗保险政策发展现状

截至 2018 年年底，全国各省、直辖市都已经出台了城乡居民医疗保险的整合文件，有 24 个省份完成了城乡居民医保制度的整合工作，建立起统一的、城乡一体的居民基本医疗保险制度，覆盖 2 亿多人次。[①] 截至 2019 年年底，仅有 7 个省份城镇居民医保和新农合仍并轨运行。《2020 年全国医疗保障事业发展统计公报》显示，我国城乡居民基本医疗保险的筹资方式、待遇标准、定点机构管理等先后实现了统一，实现了城镇居民基本医疗保险和新农合两套制度真正的“二合一”。[②] 2021 年年底，参加全国城乡居民基本医疗保险的有 100 866 万人，基金收入 9 724.48 亿元，人均筹资 889 元。其中成年人、中小学生儿童、大学生分别占参保总人数的 73.7%、24.4%、2.0%。[③]

城乡居民基本医疗保险的整合实践发展至今，制度层面的显性公平得到实现，提高了参保人和医疗资源分配的公平性，提升了保障度，统筹层次的提高使参保农民选择医院的范围更宽，报销比例也有所提高；但是存在隐性不公平的约束[④]，“分档筹资，缴费与待遇挂钩”的措施，使经济困难居民统筹选择低缴费门槛的档次，其医疗负担沉重的问题依旧没有得到解决，在城乡二元经济水平的客观约束下，分档缴费和待遇保障机制并未能体现真正的公平[⑤]。因此，还需要进一步从形式公平向实质公平发展，加快在覆盖人群、统筹层次和异地转移等方面的整合进程。

（二）统一的城乡医疗救助政策的发展现状

2015 年，我国开始整合城乡医疗救助制度，并广泛开展重特大疾病医疗救助工

① 张迪．城乡居民基本医疗保险有必要整合吗？．劳动保障世界，2018（24）：22－23.

② 关博．“十四五”时期“全民医保”的风险挑战与改革路径．宏观经济管理，2021（3）：41－45，53.

③ 国家医疗保障局．2021 年全国医疗保障事业发展统计公报．(2022-06-08)[2023-01-22]. http://www.nhsa.gov.cn/art/2022/6/8/art_7_8276.html.

④ 仇雨临，王昭茜．城乡居民基本医疗保险制度整合发展评析．中国医疗保险，2018（2）：16－20.

⑤ 仇雨临，张鹏飞．从“全民医保”到“公平医保”：中国城乡居民医保制度整合的现状评估与路径分析．河北大学学报（哲学社会科学版），2019，44（2）：128－138.

作。2015 年发布的《国务院办公厅转发民政部等部门关于进一步完善医疗救助制度全面开展重特大疾病医疗救助工作意见的通知》进一步完善了重特大疾病的医疗救助制度。最低生活保障家庭成员和特困供养人员是医疗救助的重点对象，同时逐步将低收入家庭的老年人、未成年人、重度残疾人和重病患者等困难群众以及县级以上人民政府规定的其他特殊困难人员纳入救助范围。并且对重点救助对象参加城镇居民基本医疗保险或新型农村合作医疗的个人缴费部分进行补贴，对特困供养人员给予全额资助，对最低生活保障家庭成员给予定额资助。2020 年 2 月，《中共中央、国务院关于深化医疗保障制度改革的意见》明确指出了医疗救助制度的“托底性”角色和定位，医疗救助制度侧重于特定人群的“单向救济”，既可以保障无经济能力的社会成员获得基本医疗服务，又需要避免社会成员因超出支付能力的医疗支出导致暂时性贫困进一步转化为长期性贫困。2021 年 11 月，《国务院办公厅关于健全重特大疾病医疗保险和救助制度的意见》发布，进一步减轻困难群众和大病患者的医疗费用负担、防范因病致贫，巩固了医疗保障脱贫攻坚成果。该意见不仅要求医疗救助要公平覆盖医疗费用负担较重的困难职工和城乡居民，而且制定了医疗救助“应保尽保、分类分层施救”的方针，在救助标准上综合考虑家庭的经济状况、实际医疗费用的支出以及医疗保险的支付情况，进一步优化了制度设计，突出了医疗救助兜底性的保障功能。

第四节　我国健康社会政策的完善

一、我国健康社会政策存在的问题与挑战

城乡医疗保险制度的改革和建设目前已经取得了长足进展，健康保障颇有成效。随着我国多层次医疗保障体系建设的深入发展，我国健康社会政策面临着从制度建成到制度完善的一系列困境。

（一）我国现行健康社会政策存在的问题

1. 医疗保险制度虽已实现全民覆盖，但保障水平参差不齐

我国现行的基本医疗保险制度中城镇职工基本医疗保险和城乡居民基本医疗保险并行，虽然执行了统一的医保目录和定点管理政策，但两者在筹资机制和待遇水平等方面差距仍然较大。[①] 2021 年全国基本医疗保险参保人数达到 13.63 亿人，参保率稳定在 95%以上。[②] 按照人群划分，城镇职工基本医疗保险的保障水平高，城镇

---

① 顾海．统筹城乡医保制度、与收入相关的医疗服务利用和健康不平等．社会科学辑刊，2019（2）：88-97.

② 国家医疗保障局．2021 年全国医疗保障事业发展统计公报．（2022-06-08）[2023-01-22]. http://www.nhsa.gov.cn/art/2022/6/8/art_7_8276.html.

居民医疗保障水平和农村医疗保障水平仍然较低。城镇居民医疗保险对于缓解城镇无就业人员的医疗压力具有重要意义，但保障力度仍不足。当前城镇职工的参保费率、缴费年限、缴费基数仍在不断调整中，而城乡居民医保的“六统一”对于筹资“就低不就高”的原则导致了地区差异，短时期内难以均衡发展。此外，城镇职工基本医疗保险个人账户仍未取消，使个人账户资金没有得到充分利用，部分居民因统筹基金不足而无法获得及时报销，致使居民的就医负担仍然过重。[①] 同时，农民工参加城镇职工基本医疗保险的比例仍然不高。而工伤保险方面，随着新兴职业的兴起，新型业态不断出现，灵活就业人员的工伤保险问题挑战着现有以劳动关系为认定与准入标准的制度设计，逆向选择大量存在，自愿弃保、协议退保等现象也较为突出。

另外，我国医药费用实际报销水平总体偏低。医药费用保障水平是医药费用报销水平和医保基金补偿水平的总称。职工基本医疗保险和居民基本医疗保险在报销住院医药费用方面规定了报销比例（通常成为政策范围内的报销率）。但是受封顶线、药品目录等因素影响，医药费用的实际报销率会明显下降，不一定能达到制度规定的住院80%的报销率，可能仅为60%，且制度之间的报销率还存在着一定的差距。根据2009年到2017年的统计分析数据，基本医疗保险医药费用实际总体报销率均值在50%左右，职工基本医疗保险医药费用实际报销率均值在62%左右，城乡居民基本医疗保险医药费用实际报销率均值在33%左右。[②] 我国基本医疗保险基金补偿率有待提高。按照国际经验，医疗保险基金补偿率在85%以上，是比较合理的区间，但是我国的基本医疗保险基金补偿率总体偏低，职工医保的基金补偿率在80%左右，城乡居民医保的基金补偿率有一定的波动。

2. 城乡居民医保制度整合缓慢及地区间发展不均衡

在很长一个时期内，我国健康社会政策发展的桎梏在于城乡二元化导致的政策碎片化问题严重。由于现有制度存在户籍标准（农业户口和非农业户口）、就业标准（从业者与居民）、行业部门标准（公职人员与普通劳动者）等区分，城乡医疗保障制度存在多元分割与碎片化现象，这既不利于人员流动和社会公平，又不利于通过社会互济来分散风险以保持医疗保险基金财务的稳健性和可持续性，从而直接损害了制度运行的效率。[③] 党的十九大报告对我国主要社会矛盾转化做了新的论述，当前与人们日益增长的健康保障需要不平衡不充分相对应的是，现有医疗健康社会保障制度存在均等化不足、运行效率低下等问题，“三个重复”与“三个不利于”问题较为突出[④]，居民重复参保、财政重复补贴、各地重复建设，仍然不利于体现公平、不利于人力资源的流动与制度的可持续发展。

在制度整合不断深入推进的过程中，还存在另一个问题，即各地医保政策之间

---

① 顾海，吴迪．“十四五”时期基本医疗保障制度高质量发展的基本内涵与战略构想．管理世界，2021，37（9）：158－167.

② 褚福灵．中国医疗保障制度现状与改革方略．北京劳动保障职业学院学报，2019，13（4）：3－13，20.

③ 郑功成．中国社会保障改革与发展战略：理念、目标与行动方案．北京：人民出版社，2008：193.

④ 孟宏斌．新中国成立70年来农村医疗保障制度变迁及其经验启示．中国农业大学学报（社会科学版）．2019，36（5）：90－99.

存在较大差异。在属地化管理机制的运行逻辑下，各统筹区的医保政策，无论是在政策内容上，还是在统筹层次、待遇标准、目录范围上，都呈现出进一步“碎片化”的特征。这不仅导致地区间的医保制度难以实现有效的协同联动，而且也成为推进省级统筹的主要阻碍。各地区医保之间的信息壁垒也加剧了地区间常态化协同机制的建立与有效运行，很大程度上不利于推动异地就医结算。[①]

不同险种之间的衔接与转换是当前多层次健康社会政策发展的新问题。参保者在不同的医疗保险政策之间进行转换存在不协调的问题，城镇职工基本医疗保险需要连续参保一定时间才可以在退休后继续享有相应的报销待遇，而城乡居民基本医疗保险没有此规定。

3. 重特大疾病、罕见病的保障不足

我国当前已经构建起以基本医疗保险政策为主体，以城乡居民大病保险、城乡医疗救助、商业健康保险以及慈善社会救助为补充的多层次重特大疾病保障体系。[②]但是，基本医疗保险政策的总体补偿水平还不高，住院补偿比例分别为 85.2%、70.0%[③]，门诊补偿的比例更低。城市家庭成员被分割在不同政策体系中，待遇差距仍然较大。对流动人口的保障由于制度差异、区域差异、统筹层次等原因而保障待遇较低。城乡居民大病保险虽然于 2015 年实现了全覆盖，但是补偿后仍然存在较高的自付，起付线的设置使保障力度有限，甚至导致逆向再分配；仅补偿住院费用的制度设计使慢性病、癌症患者等大额门诊支出得不到有效保障。医疗救助的资金严重不足，且救助范围狭窄、条件苛刻、程序繁杂，导致救助力度总体较弱。

4. 医疗保障基金可持续面临较大财政压力，农村和边远地区医疗资源投入不足

改革以来，政府投入到卫生医疗事业的资金比重一度呈逐年下降趋势，政府财政对医疗资源投入不足，同时个人支出增长迅速。由于我国医疗保险筹资比例低，医疗基金缺乏积累，制度间隙中退休老年人医疗费用构成“隐形债务”，出现代际透支，增加了医疗保险基金的压力。鉴于此，1997 年颁布的《中共中央、国务院关于卫生改革与发展的决定》首次提出“中央和地方政府对卫生事业的投入，要随着经济的发展逐年增加，增加幅度不低于财政支出的增长幅度”的要求。

2010 年以来，我国财政医疗卫生支出绝对规模呈逐年增长态势，但是支出占比自 2016 年以来始终在 7%左右徘徊[④]，财政补偿在多个环节出现弱化趋势，政府卫生支出在卫生总费用中的比重总体有所下降（见图 5－2）。2020 年我国卫生总费用为72 175.00 亿元（见表 5－1），在 GDP 中所占比重为 7.12%，改革开放以来首次突破 7%。按照世界卫生组织的数据，2019 年我国卫生总费用占 GDP 的比重为 6.67%，在成员国中降序排名第 86 位，在金砖国家中低于南非（9.11%）和巴西

① 顾海，许新鹏．我国医疗服务体系运行效率及其影响因素：2011－2017．中国卫生政策研究，2020，13（6）：27－33．

② 顾雪非，向国春，王超群．我国重特大疾病保障政策：问题与改革建议．中国物价，2016（8）：83－85．

③ 国家医疗保障局．2020 年全国医疗保障事业发展统计公报．(2021-06-08)[2023-01-22]．http://www.nhsa.gov.cn/art/2021/6/8/art_7_5232.html．

④ 张晓云，贺川．财政投入强度是否提升了医疗卫生服务供给．当代财经，2021（11）：28－40．

(9.88%)；人均卫生总费用为 676.86 美元，是世界平均水平的 61.25%，在世界卫生组织成员国中降序排名第 72 位。大量医疗资源集中在城市，农村地区和边远地区医疗资源严重不足。以职业和地区分割为基础的社会医疗保险制度，导致城乡之间、职工与居民之间、地区之间在医疗资源配置、医疗服务可获得性以及医疗服务质量上均存在很大的差距，健康领域不平等问题较为严重。而“以疾病治疗为中心”的卫生投入导向，不仅难以解决人的健康问题，也造成了经济与财政的沉重负担。①

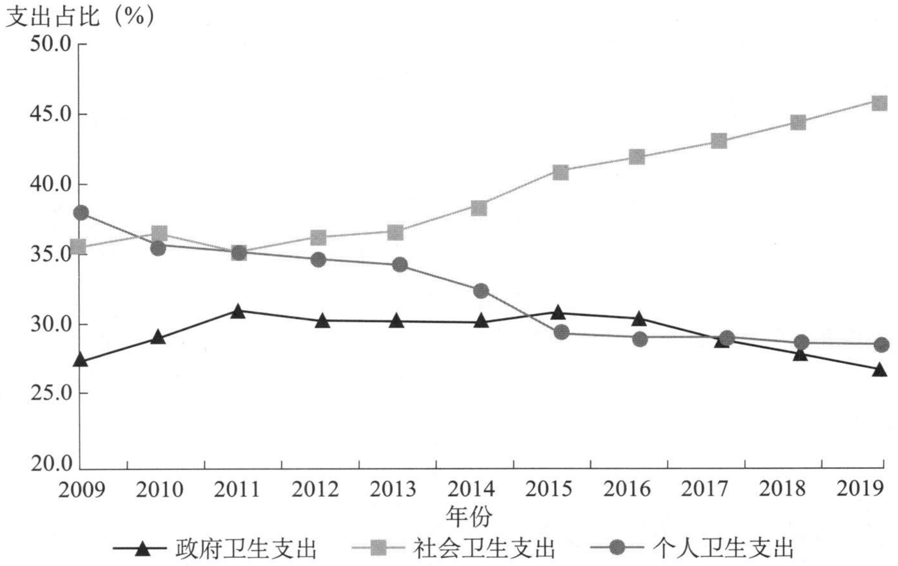

图 5-2　2009—2019 年全国卫生总费用支出结构变化

注：根据国家卫生健康委员会历年卫生健康事业发展统计公报的数据绘制。

表 5-1　2015—2020 年中国卫生总费用（来源法）国际分类口径筹资构成

年份	卫生总费用（亿元）	广义政府卫生支出		私人卫生支出	
		金额（亿元）	占卫生总费用比重（%）	金额（亿元）	占卫生总费用比重（%）
2015	40 974.64	22 999.92	56.13	17 974.71	43.87
2016	46 344.88	25 026.91	54.00	21 317.98	46.00
2017	52 598.28	28 504.94	54.19	24 093.34	45.81
2018	59 121.91	31 821.56	53.82	27 300.35	46.18
2019	65 841.39	35 417.17	53.79	30 424.22	46.21
2020	72 175.00	40 206.52	55.71	31 968.49	44.29

资料来源：李岩，等．2020 年中国卫生总费用核算结果与分析．卫生经济研究，2022，39（1）：2-6.

5. 公共卫生、医疗服务、医疗保障多层次体系协同不足

随着“健康中国”战略的提出，我国健康治理也面临重大的范式转移与健康社会政策的改革与创新。在“健康中国”战略背景下，需要树立大卫生观、大健康观，

① 申曙光，张家玉．医保转型与发展：从病有所医走向病有良医．社会保障评论，2018，2（3）：51-65.

需要把卫生健康工作理念、服务方式从“以疾病治疗为中心”转变为“以人民健康为中心”，综合考虑影响健康的各种因素，要求把健康作为优先原则，将健康融入所有政策，落实到公共治理和公共服务中，实现健康与经济社会的良性协调发展。

健康结果，或者说健康产出，不仅受到医疗卫生政策的影响，还受到其他部门政策的影响。医疗服务通过处理已经发生的疾病或伤害来提升个体健康水平，社会政策通过提供预防性服务来提升社会整体健康水平。推进“健康中国”战略，实现全民健康，需要积极构建以健康社会政策为核心的健康促进政策体系。[①] 当前我国医疗服务的公益性较为缺失，卫生服务可及性较差，弱势群体的医疗需求得不到有效满足，与公众健康尤其是老年人、儿童、残疾人等群体健康密切相关的社会福利服务发展严重滞后，健康社会政策体系重经济保障而轻服务保障的格局不利于彰显健康效应。

同时，当前医疗救助对象界定标准的改革仍在继续，需要打破以经济水平为核心的救助标准，重新审视将“健康状态”和“经济状态”作为救助标准的双重维度，或基于灾难性和致贫性医疗卫生支出的标准。[②] 学界当前的共识是，应基于医疗救助对象的医疗服务需求程度和家庭支付能力来扩大医疗救助制度的保障范围。[③] 并且，医疗救助作为“托底层”的保障政策，目前还需要与其他医疗保障政策进行衔接，要进一步加强医疗救助与基本生活救助、专项救助政策的衔接，实现对贫病交加人群的动态调整、一站式医疗救助服务等。

（二）我国现行健康社会政策面临的挑战

1. 人口老龄化加速带来的健康风险及医保基金支付压力巨大

第七次全国人口普查表明，2020 年我国 60 岁以上人口达到 2.6 亿，占比 18.7%，绝对数量比 2010 年增加了 0.82 亿，相对比重上升了 5.4 个百分点。预计到 2035 年和 2050 年，中国老年人口数量将分别达到 4.12 亿人与 4.8 亿人，占总人口的比重将分别达到 30%和 38%。[④] 基于“未富先老”“未备先老”“慢备快老”的国情，老龄化率的快速攀升将给社会经济、养老服务与养老保障体系、医疗保障体系带来严峻的挑战。

当前我国老年人口整体健康状况不容乐观，失能老年人口增长趋势明显，而贫困老年人的支付能力则极为有限，面临更高的健康风险。老年人口规模的扩大与医保基金可持续发展的压力之间的矛盾的逐渐深化，以及医保筹资结构多元化及均衡化的挑战[⑤]，均考验着医疗保障模式的转变。随着全民医保实现及人民需求得到满

---

① 岳经纶，黄博函．健康中国战略与中国社会政策创新．中山大学学报（社会科学版），2020，60（1）：179－187.

② 肖青，项莉．我国重大疾病医疗救助对象界定研究．中国卫生经济，2012，31（7）：22－24.

③ 黄瑞芹，谈睿．基于知识图谱可视化分析的医疗救助制度研究．社会保障研究，2021（2）：83－91.

④ 杜鹏，陈民强．积极应对人口老龄化：政策演进与国家战略实施．新疆师范大学学报（哲学社会科学版），2022，43（3）：91－99.

⑤ 郑秉文．“十四五”时期医疗保障可持续性改革的三项任务．社会保障研究，2021（2）：3－14.

足的高质量发展趋势的到来，健康管理逐渐成为普遍性需求，我国医疗保障政策急需突破“保疾病”的基础层次，向以健康为中心的、以慢病管理及预防为重点的模式转型，从“病有所医”向“病有良医”的“大医保”转型①，进一步保障居民的医养结合服务需求。

2. 数字经济时代灵活就业人员的医疗保障政策难度加码

以劳动关系为基础的城镇职工医疗保险准入制度，使灵活就业人员当前的医疗保障项目仅有医疗保险和工伤保险，与正规就业人员存在较大差距；多种档次的缴费标准及不同的城乡基本医疗保险险种，也往往使大多数收入较低的灵活就业人员因断保、认定难度大、缴费不及时等原因而遭遇“被拒之门外”和保障不及时的境况，可以说健康获得感和公平感均较为缺失。

数字经济时代，产生了更多的新业态和新职业，非正式的单位、非全日制、临时性和弹性工作等形式使灵活就业人员的参保准入难度和门槛陡增。参保的较高自由度，不仅增加了灵活就业人员参保的不确定性，也加剧了医保基金的支出风险，以及逆向选择风险和道德风险。而当前人群分割、地区分割的基本医保制度，也给灵活就业人员的医保转移接续、异地报销结算等带来诸多障碍，打击了灵活就业人员参保的积极性，造成其参保能力的下降。

3. 劳动力和人才社会性流动带来的异地医疗保障与政策转移接续挑战

根据 2017 年国家卫健委流动人口动态监测调查数据的测算，我国目前流动人口中有 11.85%没有参加任何一种医疗保险。流动人口总体参保率比较低，同时被户籍地和流入地忽视，户籍地追踪较为困难，流入地对流动人口的参保重视不足，即使纳入了户籍地医保，也面临有保险无报销或有保险而低报销的情况。②

当前我国基本医疗保险关系跨统筹地区的接续，已经成为制度瓶颈。国家有关部门出台了《关于做好进城落户农民参加基本医疗保险和关系转移接续工作的办法》，人社部印发了《流动就业人员基本医疗保险关系转移接续业务经办规程》等政策文件，但是在转移接续标准、缴费年限衔接、利益关系理顺等方面还需要进一步细化。当前我国城乡劳动力流动频繁，老人随迁对迁入城市的医疗保障服务提出了更高的要求。2021 年 11 月，《国家医保局办公室、财政部办公厅关于印发〈基本医疗保险关系转移接续暂行办法〉的通知》对职工医保和城乡居民医保参保人员因跨统筹地区就业、户籍变动或常住地变动造成的医保关系转移接续问题进行了细致规定，但是跨省通办问题的解决，需要高度协调、规范的协调机制。制度间、制度内的转移适用不同的政策和待遇接续，各地不同的医保经办管理体制机制、经办流程等仍然是目前的重大挑战。

4. 基本医疗保险制度的可持续发展及城乡实质公平需求迫切

基本医疗保险制度在老龄健康公平方面的制度效应研究表明，基本医疗保险制

---

① 申曙光，张家玉．医保转型与发展：从病有所医走向病有良医．社会保障评论，2018，2（3）：51－65.

② 朱铭来，胡祁，赵轶群．关于实现基本医疗保险全民参保的若干思考．中国卫生经济，2021，40（1）：45－48.

度虽然能够提高老龄群体的门诊医疗服务利用的公平性，但是未能改变住院医疗费用利用的不公平现象；城镇职工基本医疗保险和城镇居民基本医疗保险对于提升老龄群体健康水平具有积极的作用，但是新农合的政策效果并不显著。因此，需要进一步加快推进基本医疗保险的城乡统筹，增强基本医疗保险对于城乡不同年龄、不同户籍群体的实质性健康公平，更加合理地分配城乡资源，在老龄化形势日益严峻的背景下，更加注重提升老龄群体的健康水平，促进老龄群体的健康公平。

基本医疗保险制度的可持续发展需要确保保障水平适度、制度相对稳定、体制机制健全等。要强化基本医疗保险的保基本责任，加快优化职工医保制度，取消职工医保个人账户，强化互助供给，促进筹资责任相对均衡发展，提高统筹层次，促进制度更加公正，进一步完善支付方式，合理控制医疗费用；让居民大病保险回归居民基本医疗保险，同时，将医疗救助制度作为服务相对贫困人口的长效机制进一步加以完善。要积极发展商业健康保险，探索将公务员医疗补助与职工补充医疗保险转化为商业健康险，完善补充医疗保险的发展，满足多层次的医疗健康服务需求。

二、我国健康社会政策的完善

2020 年 2 月 25 日，中共中央、国务院发布《关于深化医疗保障制度改革的意见》，要求完善待遇保障、筹资运行、医保支付和基金监管机制，完成医药服务供给、医保管理服务等关键领域的改革任务。2021 年 6 月，国家医疗保障局发布《医疗保障法（征求意见稿）》，对基本医疗保障制度的各方面工作进行了明确规定，为未来健康社会政策的完善指明了发展方向。

（一）进一步完善多层次医疗保障体系

英国、美国、日本、新加坡等国家建立了多层次的、混合型的医疗保障体系。例如英国的医疗保障体系不仅包括国家医疗服务，还包括私人医疗保险；美国医疗保障主体属于商业医疗保险，但政府为老人、穷人、特殊人群提供了相应的医疗照顾、医疗救助等；日本基本上建立了一个覆盖全民的医疗保障体系，以确保包括农民在内的社会成员拥有享受医疗保障的权利；新加坡的医疗保障体系包括保健储蓄计划、健保双全计划、保健基金计划以及私人医疗保险制度。这些国家构建了多层次的医疗保障制度以满足不同人群的医疗需要，医保体系保障范围广泛，充分体现了医疗保险的社会性，使全体国民都被纳入医疗保障体系中，为他们的健康提供了制度性的保障，值得我们学习和借鉴。

改革开放四十多年来，我国健康社会政策逐渐形成以城镇职工医保和城乡居民医保为核心、以大病保险为补充、医疗救助托底的多层次医疗保障体系，以及针对特殊群体及特殊需求的生育保险和长期护理保险政策。当前我国多层次保障体系发展还不充分，制约着医疗保障水平的提升。因此，要进一步增强基本医疗保险体系的主体作用，确保基金运行平稳和可持续；促进在人群之间、地区之间的均等化发展，进一步增进制度间公平；大力发展商业保险，增强与其他保险政策的衔接，进一步破除医疗救助体系碎片化的瓶颈问题。

（二）优化医疗筹资机制，提升基金结余及使用效率

尽管世界各国医疗保障制度与政策的理念和原则不尽相同，但最终均要面对同一个问题，即医疗费用由谁来付。目前，大多数国家保险基金负担趋向多元化，各国医疗融资大致有政府税收、社会保险、医疗储蓄、自愿性的私人医疗保险等四大途径。

在经济发达的日本、新加坡等国家都建立了多元化的医疗筹资机制以应对日益高涨的医疗费用。日本社会医疗保险基金来源多元化，主要由政府、雇主、个人三方负担；是一种强制保险，保险范围广泛，体现了医疗保险的社会性。[①] 新加坡的个人储蓄医疗保障强制性要求国民建立自己的医疗储蓄公积金，通过社会医疗保险和政府医疗津贴的途径融资，建立了由个人、社会和政府共同分担医疗保障费用的模式。多元化的医疗筹资机制不仅扩大了医疗融资的财源，减轻了政府的压力，而且有利于提高个人的健康责任感，激励人们审慎地利用医疗服务，大大提高了医疗保障资金的使用效率，最大限度减少了浪费。

作为发展中国家，我们应当进一步构建合理的、多元化的医疗保险费用筹措机制，实行费用分摊制，由国家、集体、个人按一定比例合理负担医疗费用。这不仅可以拓展医疗费的筹措集资渠道，使医疗费用有稳定的资金来源，从而保障国民充分享受医疗卫生服务，而且有利于缓解政府的财政压力。

（三）健全医疗保障监督管理机制，创新支付方式

医疗保障制度的良性运行需要有效的监督管理机制，应通过法律手段、行政手段等多种方式建立起医疗保障制度的监督管理机制。英国、美国、日本、新加坡等国家的医疗保障制度都建立在法律的基础上，通过法律的手段来保障制度的有效实施。例如日本的《国民健康保险法》《看护保险关联法案》，新加坡的《中央公积金法案》《中央公积金条例》等。我国也在逐步建立相应的法律和制度监督管理体系，为我国医疗保障制度的发展提供法制保障，使医疗保障制度的运行规范化，保证医疗保障政策的稳定性和持续性。2021 年 6 月，国家医疗保障局发布了《医疗保障法（征求意见稿）》，标志着我国医疗保障的规范化、法治化迈出了实质性的一步。

此外，应大力运用信息技术支撑智慧医保发展。运用智慧医保加强智能监督与管理，将新型支付方式以及新型健康业态等纳入智能监管范围。大力加强数据共享，推动医保分级分类管理，强化高额医疗费用支出预警监测，规范就医服务管理，促

---

① 日本的医疗保险费分担比例是：就工薪收入者而言，每月缴纳的医疗保险费率约为工资收入的 8.2%，其中单位和个人各负担一半，另外政府适当给予补贴。［陈德君，罗元文．日本医疗保险制度及其对我国的启示．日本研究，2002（3）：52－58.］

进医保协同。

（四）强化政府对国民健康保障的责任

世界卫生组织从界定健康概念开始，依次倡导初级卫生保健、社区卫生、健康城市、干预影响健康的社会因素，最终提出将健康融入所有政策以及健康治理中。个体健康无法脱离群体健康和集体健康，而集体健康的至高境界就是法律制度以及与之相适应的治理模式，这就是健康国家。① 因此，政府在人们的健康保障中发挥的作用日渐重要。

无论是西方工业化国家还是中国，政府在健康保障制度建立过程中的作用都越来越凸显。政府作为最后的保护屏障，应承担其基本责任：为公共卫生、预防服务、卫生基建发展，以及特殊疾病如精神病、结核病等的治疗提供资金；对老人、穷人、儿童、军人等特殊人群的医疗服务提供补助；确保整个国家卫生服务最终的收支平衡。② 同时，为降低医疗成本，提升医疗服务效率，政府还需进行强有力的干预和控制。比如新加坡的主要措施是：第一，控制医生及病床数；第二，抑制高科技在政府医院的普遍使用；第三，药品控制；第四，限制医疗业务收入的增长等。③

随着“健康中国”战略的提出，我国医疗保障制度需要进一步向健康保障制度转型，要从健康危险因素的控制与保健因素的增加，从预防、医疗、照护等多方面着手保障国民健康。

思考题

1. 试述健康社会政策在促进人人享有卫生保健中的作用和价值。
2. 试述“大健康”背景下的健康社会政策的内涵。
3. 试述职工医保中个人账户制建立的初衷、功效及其改革的必要性。
4. 试述我国健康社会政策城乡整合的必要性。
5. 试述我国现行健康社会政策存在的主要问题。
6. 试述高质量发展背景下我国健康社会政策面临的主要挑战。

① 王虎峰．健康国家建设：源流、本质及治理．医学与哲学（A），2017，38（3）：1－4，17.

② 陈德君，罗元文．日本医疗保险制度及其对我国的启示．日本研究，2002（3）：52－58.

③ 吴茗．新加坡的医疗保险制度．经济论坛，1998（18）.

第六章

住房社会政策

住房社会政策作为现代社会政策体系的重要组成部分，对当今快速转型的中国社会具有特别重要的意义。住房福利的发展历史表明，解决好住房问题，人民安居乐业，社会和谐发展；反之，住房福利缺失，就会产生严重的社会问题，影响经济发展和社会稳定。

第一节　住房福利与社会政策

一、住房问题的缘起

住房问题是现代城市社会问题之一。在工业化和城市化的过程中，人口高度集中，城镇居民对城市土地和住房供给产生了巨大需求，形成了住房供应的相对短缺。一些中低收入家庭因住房价格高于自身支付力而无法购房，对住房的有效需求不足，导致部分城市居民生活在拥挤不堪的贫民窟中，由此产生了疾病、犯罪、社会失范和道德约束力下降等一系列严重的社会问题，危害了整个社会的经济发展和政治安定。

历史上，各国政府在解决由住房引起的社会问题的过程中逐步形成了住房社会政策。例如，英国是工业化最早的国家，也是最早产生住房社会政策的国家之一。早在19世纪80年代，英国就制定了针对城市住房问题的《住房法》，开始兴建政府公寓，以优惠的价格出租给民众。“二战”结束后，英国住房严重短缺，于是政府兴建了大量的福利性公寓来缓解住房压力。之后英国住房社会政策不断发展。到2000年，英国近70%的居民拥有自有住房产权，另外30%的居民租赁住房。租赁住房的居民中，20%的居民从当地政府租赁公有住房，10%的居民租住私人房屋。由此形成了7：2：1的住房供应体系。[①] 法国、德国等国家的住房社会政策也都肇始于住房短缺问题的解决。特别是“二战”造成20%～30%的房屋破坏，导致战后城市住房需求激增，西欧国家的住房社会政策也因此得到空前发展。经过30多年的努力，这些国家的住房问题得到了极大缓解，大部分国家的住房总套数已超过家庭数。瑞典等北欧福利国家的公共住房政策，虽然也源于住房短缺，但政府主要把住房社会政策看作实现其“为每一个居民提供良好的住房”这一社会目标的手段，以低价向居民出售或出租公房，让中低收入家庭分享国家财富和国家发展的利益。[②]

从全球范围来看，对良好、适宜的住宅与居住环境的要求作为人的基本权利得到了各国的普遍认可。自1948年《世界人权宣言》第25条提出“人人有权享受为维持他本人和家属的健康和福利所需的生活水准，包括食物、衣着、住房、医疗和必要的社会服务”起，住宅权已经被法律承认并为国际社会所接受。1981年4月在伦敦召开的城市住宅问题国际研讨会上，通过了《住宅人权宣言》，其中提出，“一个环境良好、适宜于人的住所是所有居民的基本人权”。1982年召开的第37届联合国大会通过决议，把1987年定为“为无家可归者提供住所”国际年（简称国际住房年），保护公民住宅与居住的权利已成为很多国家的共识。另外，《经济、社会及文化权利国际公约》也规定：本盟约缔约国确认人人有权享受其本人及家属所需之适当生活程度，包括适当之衣食住及不断改善之生活环境。缔约国将采取适当步骤确保此种权利之实现，同时确认在此方面基于自由同意之国际合作极为重要。1997年，联合国人居委员会第16届会议通过决议，要求各国政府迅速制定或执行各自的住房战略和政策，在提供住房过程中通过各方开展合作，最大限度协调配合，从而促进、保障和合理地增加公共、私人和非政府行业对提供住房的贡献。[③] 2015年9月25日，联合国可持续发展峰会在纽约总部召开，联合国193个成员国在峰会上正式通过了17项可持续发展目标。其中第11项目标是“可持续城市和社区”，即提出建设包容、安全、有抵御灾害能力的和可持续的城市和人类住区，“到2030年，确保人人获得适当、安全和负担得起的住房和基本服务，并改造贫民窟”。现在，世界各国普遍通过给社会低收入者提供住房补贴或提供公共住房等政策建立本国的住房社会政策，以确保本国公民住宅与居住权利的实现。

二、住房社会政策的内涵及特点

住房是人们生存、生活的基本物质条件，是生活必需品，关系到人的健康、学习、工作和尊严，因此，住房问题是我国社会政策致力于解决的重大经济社会问题之一。概言之，在社会政策体系中，住房社会政策是政府、社会为住房困难家庭提

---

① 陈文殊．国外住房保障制度比较分析及其对我国的启示．中共福建省委党校学报，2006（10）：54－57.

② 赵慧敏．发达国家住房保障制度建设的经验启示．理论学习，2006（9）：51－52.

③ 孙宪忠，常鹏翱．论住宅权的制度保障．南京大学法律评论，2001（2）：69－87.

供满足其基本所需的住房的若干制度安排，是政府寻求解决中低收入居民基本居住需要的一种责任体现。住房社会政策是现代社会政策体系中最基础的部分，它是衡量社会福利水平高低和政府效能的主要标志之一。[①] 住房社会政策具有以下特点。

第一，保障范围的广泛性。住房社会政策是一种涉及大多数社会成员的制度，保障范围广泛。住房是家庭共同生活的基本物质条件和联结家庭的纽带，社会中的每一个成员都需要得到这种不可缺少的生存资料。住房社会政策按保障范围可划分为三种主要类型：一是权责一致型，它是雇佣工人达到一定劳动工龄后才能享有的住房消费的权利。二是普遍福利型，即人人有份的住房福利政策，它的实施对象为全体公民，人们按照法律规定的统一标准享受住房福利。三是遴选对象型，即以经济状况调查为基础的住房福利政策，其享受对象只限于贫困的或低收入的申请人，通过经济调查确定其是否享受住房补助或补助多少。

第二，保障性质的复杂性。保障对象的复杂性及具体保障方式的多样性，使住房社会政策兼具社会保险、社会救济、社会福利及社会优抚等多种性质。例如，住房公积金是社会受益面最大的住房保障制度，虽不具有补偿性，但具有社会保险的典型特征（强制性、互济性及储备险，权利与义务相关）。通过现金补贴改善居民住房条件的住房补贴制度，是一种局部或选择性的福利政策，具有明显的社会福利性质。而廉租房制度给予无法维持最低居住水平的社会成员以救助，是一种住房的实物补贴制度，既具有社会救济性质，也具有社会福利性质，因为它实质上是一种变相的住房补贴制度。此外，各国对现役或退役军人提供的优惠政策属于社会优抚的范畴。

我国改革开放以来不同阶段的住房社会政策大致可分为五大块，即商品房市场调控政策、经济适用房和限价房政策、住房公积金政策、共有产权房政策，以及公共租赁房（简称“公租房”）政策和廉价租赁房（简称“廉租房”）政策（廉租房政策已于 2014 年正式与公租房政策并轨施行）。

其中，经济适用房、共有产权房和限价房是政府相关部门通过财税、金融等手段兴建的主要提供给购房能力不足而又需求迫切的那部分居民的住房，但经济适用房、共有产权房在本质上仍属于商品房性质，这与限价房有着明显不同。限价房与公租房、廉租房等是主要由政府或相关单位出资建设，旨在供应给有住房需求而又明显缺乏购房能力的城市低收入人群的一类住房，这一类住房政策更具福利保障属性。虽然严格意义上来说，商品房市场调控政策是基于将住房看作商品进行市场交易这一前提的经济政策，但我国前些年城市商品房价格增速过快已产生了一系列社会后果，所以政府出台的宏观调控与社会政策措施，就应算作我国住房社会政策的一部分。诚然如此，从社会政策重点面向社会困弱群体，而商品房市场调控政策主要面向具备购房能力的社会中高收入群体来看，商品房市场调控政策不应成为住房社会政策的主要部分；只有面向中低收入和特殊困难群体的住房福利政策才是住房

---

① 褚超孚．住房保障政策与模式的国际经验对我国的启示．中国房地产，2005（6）：53－56.

社会政策的主要部分，也是本章重点阐述的内容。

三、住房社会政策的功能

住房作为人类生存最基本的物质条件，自古以来就受到中外不同国家、政府的重视。我国唐代大诗人杜甫就曾有“安得广厦千万间，大庇天下寒士俱欢颜”的朴素愿望。近代民主革命先驱孙中山先生也把“居者有其屋”作为其建国方略的重要内容。2013 年 10 月 29 日，习近平在主持第十八届中共中央政治局第十次集体学习时强调，住房问题既是民生问题也是发展问题，关系千家万户切身利益，关系人民安居乐业，关系经济社会发展全局，关系社会和谐稳定。原因在于，住房社会政策具有多维度的功能。

（一）预防社会问题，维护社会稳定

住房福利的发展历史表明，住房社会政策是社会经济制度的重要组成部分，解决好住房福利，政治繁荣，社会稳定，人们安居乐业；住房福利缺失，无家可归者大量出现，就会产生不安定因素，犯罪猖獗，社会动荡，产生严重的社会问题，危害整个经济发展和政治稳定。所以，大力推行和实施住房社会政策，既能够解决好住房问题，也能够缓和社会矛盾，最大限度维护社会稳定。

（二）实现居住权利，促进社会公平

住房社会政策是政府主要为解决中低收入家庭和特殊困难家庭住房困难，保障他们的基本住房需要而制定的，重点突出对象的特殊性、目标的兜底性和以需求为导向三方面内涵，其本质上是对市场化住房政策及其社会后果的补救性措施。信奉市场化住房政策的美国，白人家庭的住房拥有率和住房财富净值均比黑人和拉美裔家庭高出很多①，全美各大城市多年来一直深受由流浪乞讨和无家可归者滋生的犯罪问题的困扰。因此，解决中低收入者的住房困难，实现其居住权利，可促进社会公平，减少社会问题。

（三）推动社会参与，促进社会融合

解决中低收入人群的住房问题，改善民众的居住条件，更被看作是社会进步的重要标志。我国自 20 世纪末启动住房商品化改革之后，大批住房通过市场化方式供应出来，一方面极大地满足了当时民众改善住房条件的迫切需求，但另一方面也助推了商品房价格的一再高企，造成了一些年轻人、进城务工人员等人群“一房难购”而被称为“漂一族”“蚁族”等。因此，21 世纪以来特别是党的十八大以来，党和政府高度重视“夹心层”“城市新市民”的住房问题，充分运用公租房、共有产权房

① 刘洪玉．共同富裕目标下的住房制度与住房政策发展．中国房地产，2021（34）：22－26.

等政策工具，持续推动住房社会政策向租住并举、租住同权转变。此举增强了民众对所在城市的身份归属感，更提升了新市民的社会参与意愿，进一步促进了社会融合。

（四）助力经济发展，推动共同富裕

由住房固有的商品属性和福利属性的二元特质所决定，住房社会政策一头连着民众住房福利，另一头关乎经济发展，这说明住房社会政策具有经济功能。也就是说，住房社会政策运用得好，可以助力经济发展，进而不断推动社会实现共同富裕。住房社会政策促进经济发展的功能，在当下中国具有特殊内涵。一是住房社会政策增加住房供应、抑制商品房价格的飙升，可有效为民众的住房成本“减负”，有助于刺激民众消费，从而形成拉动经济发展的强大动能；二是租住并举、租住同权等新型住房社会政策得以推广开来，有助于增强人口流动性，实现劳动力优化配置，推动产业协调发展和地方经济增长；三是中低收入家庭能够享受到可租可售的共有产权房、公租房等住房社会政策，也有助于社会“夹心层”和“新市民”在一地长期居住就业，有助于帮助这些家庭进行资产积累，实现他们从稳定就业到稳定居所的跨越。

（五）倒逼政府行政、财税、金融体制改革

住房社会政策的设计、制定和实施，属于一种公共行政行为，而衡量政策过程科学性和合理性的主要标准就是政策供给与需求回应之间的匹配程度，实际执行上主要看政策实施后解决现实住房问题的实效。然而，影响住房社会政策实施成效的因素有很多，例如土地管理（供应）的权限影响各地政府划拨保障性住房用地，中央政府和地方政府的财税关系也影响保障性住房的建设积极性，金融工具和金融体制更被称为商品房市场的“晴雨表”，等等。由此可知，发展住房社会政策，解决民众住房福利问题，必然倒逼政府在行政、财税和金融等方面的体制机制发生转变。近些年来，在“房住不炒”政策理念要求下，我国各地出台的住房保障性政策纷纷规定，确保保障性安居住房建设用地的供应，加大中央财政对地方政府的转移支付力度，切实减轻各地推进保障性住房建设的资金压力，同时还充分运用购房首付款比例、商业性（或公积金）购房贷款利率杠杆、货币流动“脱虚向实”管制等一系列金融工具或财政举措，支持和确保住房社会政策的实施真正取得实效。

第二节　我国住房社会政策的历史发展

我国的住房社会政策大致经历了四个阶段：一是计划经济时期，采用再分配型政策模式；二是改革开放前 30 年，即 20 世纪 80 年代至 21 世纪初，采用以市场为

导向的政策模式；三是21世纪以来，在社会主要矛盾转变的大背景下，党和政府大力推进保障性安居住房政策，推动住房回归公共性和居住属性；四是随着中国特色社会主义进入新时代，我国不断改革重构住房社会政策，住房社会政策向着“双轨制”模式快速推进。本节首先介绍计划经济时期和改革开放前30年我国的两种住房社会政策模式，目的在于总结以往住房社会政策的得失，进而重点介绍21世纪以来我国住房社会政策的转型重构，以及新时代的快速发展。

一、计划经济时期我国的住房福利制度

计划经济时期，我国实行的是低租金、实物配给式的具有福利性质的住房分配制度，这是计划经济体制的产物。那个时期住房社会政策具有明显的再分配性质，即党和政府将有限的生产和生活资料集中起来，以推进重点领域的建设发展，并依据人民在经济生活中的单位身份统一进行住房的筹建和分配。

具体说来，在计划经济体制下，我国的住房分配制度具有典型的低租金和实物配给的特征，即由国家投资兴建公有住房后以极低的房租分配给职工使用。国家负责公有住房的财政拨款，统一规划住宅投资，单位获得住宅投资基金和项目，并独立完成从征地到施工的所有工作。公有住房的所有权归国家或代表国家、集体的企事业单位等所有，而使用权、占有权由房屋使用者享有，房屋使用者一般按月交纳房租，公有住宅以实物形式按行政等级进行分配，不同的行政级别或职称可享受与之对应的某一待遇的公有住房。

因此，当时的住房分配，从它侧重无偿供应和主要着眼于解决职工居住困难这一基本特点来看，是一种福利式的住房再分配制度。新中国成立后的三四十年里，国家财政每年拨出巨额住房建设资金，建造大量公房。这种明显再分配型的住房社会政策在当时较好地解决了城镇居民的住房问题。

但这种低房租、高补贴的局面，使住房资金无法实现良性循环。而且由于国家直接投资兴建的住房太多，每年支出的维修费用相当可观，城市住房租金政策和管理制度很不合理，公共住房的租金偏低、管理不善、制度不严，也没有住房交易市场，住房建设无法形成良性循环。随着人口增长、工业化和城市化进程加快，以及人民生活水平的提高，居民对住房质量与面积的要求也在不断提高，原来的福利住房分配方式已不能满足人们的需要，居民居住条件不断恶化，到改革开放前夕，城镇居民的人均居住面积从新中国成立初的4.5平方米降到了1977年的不足4平方米。

计划经济时期我国住房社会政策在再分配模式下具有三个主要特征：一是追求分配平均；二是平均的住房分配以城镇职工家庭居住标准低为代价；三是政府和单位是唯一的出资人。这三个特点也导致了后来居民住房需求增长和政府日益无法承受这一根本性矛盾，于是随着我国改革开放大幕的拉开，住房社会政策的改革也开始了。

二、改革开放前30年我国住房社会政策的发展

改革开放以后，传统的福利式住房制度的弊病日益显现，我国开始进行住房制度的改革，相应地，我国的住房社会政策也进入了改革重构阶段。改革开放以来的30年里，我国的住房社会政策是随着居民收入水平分化和住宅制度改革不断深入逐步明确形成的。①

20世纪80年代初，我国城镇住宅消费面临的最大问题是全面短缺，人们的注意力主要集中在如何扩大住宅的建设和供给上，住宅消费保障并没有成为社会普遍关注的问题，更没有对此进行专门的研究。

1991年，上海市借鉴新加坡的做法，率先建立起住房公积金制度，这在实践上是具有标志性意义的一步，是政府表明将要承担起居民住房福利责任的一个尝试。随后其他地方仿而效之。

1994年，国务院颁布《关于深化城镇住房制度改革的决定》，首次提出建立以中低收入家庭为对象的，具有社会福利性质的经济适用房供应体系，我国的"房改"也正式启动。同年，建设部、财政部等部门联合颁布《城镇经济适用住房建设管理办法》，对经济适用住房做了一个大体定义，"经济适用住房是指以中低收入家庭住房困难户为供应对象，并按国家住宅建设标准（不含别墅、高级公寓、外销住宅）建设的普通住宅"。1995年2月，国务院住房制度改革领导小组颁布《国家安居工程实施方案》，在土地划拨、财税信贷等方面推出相关的配套政策。

1998年7月，国务院发布《关于进一步深化城镇住房制度改革加快住房建设的通知》，其中指出，深化城镇住房制度改革工作的目标是停止住房实物分配，逐步实行住房分配货币化以及建立和完善以经济适用住房为主的多层次城镇住房供应体系，即高收入家庭购买、租赁市场价商品房，中低收入家庭购买微利价的经济适用房，最低收入家庭租赁政府或单位提供的廉价房。

1999年，国务院颁布施行《住房公积金管理条例》，提出"房委会决策、中心运作、银行专户、财政监督"的原则，要求各地住房公积金纳入规范化管理。2002年，国务院对《住房公积金管理条例》进行了修订，进一步完善了住房公积金管理办法。

住房商品化、市场化带来了一系列的问题。我国自20世纪90年代实行房改以来，在很长的一段时间内，全国各地的商品房价格不断飙升，甚至一年就能翻番。在高昂的房地产价格面前，不仅工薪阶层买不起房，白领阶层也感到胆战心惊。房价的暴涨已经成为当时中国社会经济中一个最不和谐的因素与一个大的隐患，"买房难""住房贵"引发了严重的社会问题。

因此，2000年前后，我国住房社会政策发展步伐明显加快。1999年，建设部颁

① 王巨辉．我国现阶段住房保障政策研究．合作经济与科技，2008（12）：123－124.

布《城镇廉租住房管理办法》，对廉租房制度做了具体的规定。2003 年，建设部等五部委颁布实施了《城镇最低收入家庭廉租住房管理办法》，再一次明确了政府为城镇居民中家庭收入偏低的人群提供基本住房的责任和相关做法。2004 年，《经济适用住房管理办法》由建设部、国家发改委等部门颁布施行，对新形势下经济适用房政策加以规范，指导各地经济适用住房管理。

2007 年 8 月，国务院发布了《国务院关于解决城市低收入家庭住房困难的若干意见》，指出住房是重大的民生问题，要加快建立健全以廉租住房制度为重点、多渠道解决城市低收入家庭住房困难的政策体系。

总结起来，改革开放以来的 30 年里，我国住房社会政策的改革主要体现在以下两方面。一方面，坚决摒弃计划经济时期再分配型的住房福利制度，明确了“住房也是商品”这一观念，将住房从国家福利的范畴直接引向市场，运用市场交易的原则对住房进行分配。另一方面，在以市场为导向的住房政策基础上，辅以一系列主要面对社会弱势群体、住房困难居民的住房救助政策，并不断地建设和完善这些政策。但这一时期以市场为导向的住房社会政策的基调是非常明显的。

三、21世纪以来我国住房社会政策开启转型重构

自 2008 年开始，我国的住房社会政策出现了明显的转向，即政府不再像改革开放前 30 年里那样仅强调市场对住房的基础性资源配置作用，而是开始积极对增长过快过猛的房地产市场进行强有力的干预。国家一系列的调控措施，以及土地和财税政策的调整都指向了一个目标，即力图使我国的住房回归公共性和社会性。[①] 2008 年，我国政府在面对严峻的全球经济危机时提出“保增长、保民生、保稳定”的政策原则，果断新增 4 万亿元资金用于经济社会投资，以此拉动和刺激经济，并承诺其中更多资金将用于与民生相关的领域，包括住房这一块，如廉租住房建设和棚户区改造等。同年 3 月，国务院在新一轮政府机构改革中组建了住房和城乡建设部，其首要职责就是加快建立住房保障体系，进一步表明党和政府对解决住房福利问题的重视和决心。

虽然从现今的眼光来看，4 万亿元投资中有部分投向住房领域并不能够完全解决我国的住房问题，但不可否认，从 2008 年开始，一系列的政策和举措传递了一个积极的信号，表明政府有决心、有信心解决好住房问题。而且，2008 年以来，我国密集地颁布了多项有力政策，旨在抑制高企的房价，保障居民基本住房需求。

在 2009 年的最后一个月里，从“国四条”到房地产企业“拿地首付不低于50%”，再到终止“营业税优惠政策”，中央政府密集出台了多项楼市调控政策，为高烧不退的楼市降温，力度空前。

2010 年 1 月，国务院办公厅下发了《关于促进房地产市场平稳健康发展的通

① 邬丽萍．住房保障及其形式选择．改革与战略，2004（7）：32－34.

知》。该文件从土地到信贷，再到地方政府责任，详细列出了 11 条措施，被国人称为“国十一条”。其中规定，居民个人购买第二套住房若需要进行商业贷款的，首付款不得低于 40%，政策目标直指投机性购房和抑制房价过高。2010 年 4 月 17 日，国务院下发《关于坚决遏制部分城市房价过快上涨的通知》(被称为“国十条”)。其中规定，对购买首套自住房且套型建筑面积在 90 平方米以上的家庭（包括借款人、配偶及未成年子女)，首套房贷款首付款比例不得低于 30%，对贷款购买第二套住房的家庭，贷款首付款比例不得低于 50%，贷款利率不得低于基准利率的 1.1 倍。另外，“对不能提供 1 年以上当地纳税证明或社会保险缴纳证明的非本地居民暂停发放购买住房贷款”的规定更是后来“限购令”的发端。2010 年 9 月 29 日，国家有关部委下发通知，出台包括信贷、税收、市场监管等方面的五条措施，进一步推进房地产调控，被业界称为“新国五条”。除延续购房贷款和限购政策之外，还全面暂停第三套房贷，调整住房交易环节的契税和个人所得税优惠政策，加大住房交易市场检查力度。当年的 11 月和 12 月，国务院又相继全面取消了购房贷款利率 7 折优惠，并把住房公积金贷款利率提高了 0.25%。

2011 年 1 月 26 日，国务院常务会议再度推出八条房地产市场调控措施（被称为“新国八条”)，要求强化差别化住房、信贷政策，对贷款购买第二套住房的家庭，首付款比例不低于 60%，贷款利率不低于基准利率的 1.1 倍，且要求地方政府在短时间内做出反应，出台实施细则。北京、上海、深圳、重庆等大中城市纷纷出台了“限购政策”，多地也明确规定了购房必须与户籍、个人所得税的缴纳情况等挂钩，进一步限制和约束了房地产市场的投机性和过强的流动性。

在房地产市场调控措施频出，被社会热议为“史上最严厉限购”政策“组合拳”出台的同时，我国政府也进一步加大了保障性安居住房建设和开发的力度。在“十二五”开局之年的 2011 年，时任总理温家宝“两会”期间在与网友在线交流时指出，今后五年国家计划建设 3 600 万套保障性住房，在 2011 年和 2012 年两年里每年开工建设 1 000 万套，而且这些指标已经分解落实到各省市，是必须完成的硬性指标。①

可以说，通过 2010—2012 年近三年对房地产市场的调控，以及对保障性住房的大力建设，我国住房社会政策重构已经取得了重大进展，一个全新的住房社会政策的“双轨制”模式已端倪初现。这一模式是指，一方面，对住房确实有困难的个人及家庭，政府主动承担起保障职责，直接筹集住房福利资源，以实物或现金等形式对其进行补助；另一方面，对住房有更高需求也确有能力购买的普通城市居民，以市场作为配置住房的基础性方式，通过交易、购买的方式实现其住房福利，而政府仅作为市场规则的规范者和监管者发挥宏观调控的作用。通俗来说，“双轨制”就是需要政府管住房的时候政府能够管得了，需要市场发挥作用的地方市场作用能够发挥好。“双轨制”住房社会政策模式是一种符合我国现实情况的合理政策选择。

---

① 我国保障性住房建设提速扩面　5 年将建 3 600 万套.(2011-02-28)[2022-12-04]. http://www.gov.cn/jrzg/2011-02/28/content_1812357.htm.

然而，由于房改制度的惯性和市场看涨的心理预期，21 世纪以来，我国房价上涨速度大大高于城镇居民人均年收入增长速度，城镇居民的住房也明显呈现出两极分化的趋势。例如，2015 年年底以来，国内城市经历了一轮房价的快速上涨，尽管中央政府通过严格调控稳定了房地产市场，但大城市房价已处高位。例如，2015—2020 年，20 城新房房价平均涨幅达到 54.7%。其中，西安、武汉、合肥、广州、成都、南宁等城市房价涨幅超过 60%，房价涨幅高于同期城镇居民可支配收入增速，超出了城镇居民的支付能力，而房价上涨也带动了房租的较快上涨。① 正是"高热不退"的房价和租金推动了党的十八大以来我国住房社会政策的最新进展。

四、新时代我国住房社会政策的最新进展

党的十八大以来，习近平总书记对住房保障工作高度重视，多次做出重要指示，住房社会政策得到进一步创新和完善。2013 年 10 月，习近平总书记主持第十八届中央政治局第十次集体学习，就加快推进住房保障和供应体系建设发表重要讲话，指出加快推进住房保障和供应体系建设，要处理好政府提供公共服务和市场化的关系、住房发展的经济功能和社会功能的关系、需要和可能的关系、住房保障和防止福利陷阱的关系。2013 年 12 月，财政部等部门联合发布《关于公共租赁住房和廉租住房并轨运行的通知》，要求从 2014 年起，各地公共租赁住房和廉租住房要并轨运行，并统称为公共租赁房；廉租住房并入公共租赁住房后，地方政府原用于廉租住房建设的资金来源渠道，调整用于公共租赁住房（含 2014 年以前在建廉租住房）建设，原用于租赁补贴的资金，继续用于补贴在市场租赁住房的低收入住房保障对象。2014 年 4 月，北京、上海、深圳、成都、淮安、黄石 6 市被确定为共有产权住房改革的试点城市。2017 年 9 月，住建部出台文件，明确支持北京和上海开展共有产权房试点改革，要求两市进行制度创新，形成可复制、可推广的经验。可以说，在党的十八大之后的短短几年里，我国住房社会政策取得了快速进展，新时代住房福利制度的顶层设计和整体框架呼之欲出。

2017 年 10 月，习近平总书记在党的十九大报告中强调：坚持房子是用来住的，不是用来炒的定位，加快建立多主体供给、多渠道保障、租购并举的住房制度，让全体人民住有所居。2019 年 1 月 23 日，习近平总书记对《中共住房和城乡建设部党组关于 2018 年住房和城乡建设工作情况的报告》做出重要批示，其中明确要求，"完善住房保障体系"。2019 年 7 月 30 日，习近平总书记在中共中央政治局会议上强调坚持房子是用来住的、不是用来炒的定位，落实房地产长效管理机制，不将房地产作为短期刺激经济的手段。2019 年 10 月，党的十九届四中全会再次强调加快建立多主体供给、多渠道保障、租购并举的住房制度。2019 年 12 月，习近平总书记在中央经济工作会议上指出：要加大城市困难群众住房保障工作力度，加强城市

---

① 王艳飞，闫志宇，杨晨，等．供需视角下国内大城市住房困境及政策建议．建筑经济，2021，42（8）：96－100.

更新和存量住房改造提升，做好城镇老旧小区改造，大力发展租赁住房。

虽然 2020 年我国受到国内外诸多不利因素的考验，经济下行压力加大、财政收支矛盾突出，但当年的政府工作报告依然提出坚持房子是用来住的、不是用来炒的定位，彰显国家对促进房地产市场平稳健康发展的定力和决心，也改变了过去“三年调控、两年放松”的调控机制，更有利于建立房地产长效机制。2020 年 10 月，党的十九届五中全会审议通过的《中共中央关于制定国民经济和社会发展第十四个五年规划和二〇三五年远景目标的建议》提出：有效增加保障性住房供给，扩大保障性租赁住房供给。同年 12 月，习近平总书记在中央经济工作会议上指出：解决好大城市住房突出问题；要高度重视保障性租赁房建设；土地供应要向租赁住房建设倾斜，单列租赁住房用地计划，探索利用集体建设用地和企事业单位自有闲置土地建设租赁住房；要降低租赁住房税费负担。

从 2016 年到 2020 年的“十三五”时期，我国新时代住房福利制度基本形成，并通过“十四五”规划对今后 5 年乃至更长一段时间的住房社会政策提出了明确的定位。

2021 年 4 月 30 日，中央政治局会议强调，要坚持房子是用来住的、不是用来炒的定位，增加保障性租赁住房和共有产权住房供给，防止以学区房名义炒作房价。① 2021 年 11 月召开的中央经济工作会议再次强调，要坚持房子是用来住的、不是用来炒的定位，加强预期引导，探索新的发展模式，坚持租购并举，加快发展长租房市场，推进保障性住房建设，支持商品房市场更好满足购房者的合理住房需求，因城施策促进房地产业良性循环和健康发展。

2022 年 10 月，党的二十大报告指出，坚持房子是用来住的、不是用来炒的定位，加快建立多主体供给、多渠道保障、租购并举的住房制度，为进一步明确我国今后一段时期住房社会政策的发展方向发出了“最强音”。

综上，党的十八大以来，在以习近平同志为核心的党中央坚强领导下，我国住房社会政策取得了可喜的成就。政策体系更加成熟，在“房住不炒”理念要求下形成了多主体供给、多渠道保障、租购并举的住房制度。住房保障能力持续增强，党的十八大以来，累计建设各类保障性住房和棚改安置住房 8 000 多万套，帮助2 亿多困难群众改善了住房条件。② 政策手段更加科学，综合运用土地、财税和金融等手段科学施策。例如，2022 年 2 月，中国银保监会、住房和城乡建设部联合发布《关于银行保险机构支持保障性租赁住房发展的指导意见》，要求各类银行保险机构发挥机构优势，把握保障性租赁住房融资需求特点，提供针对性金融产品和服务；支持银行业金融机构发行金融债券，拓宽支持保障性租赁住房的资金来源。

---

① 加快发展保障性租赁住房　促进大城市住房困难群体实现“安居梦”：专访住房和城乡建设部住房保障司司长曹金彪．城乡建设，2021（15）：8.

② 曹金彪．不断增强住房保障能力　加快解决群众住房困难．旗帜，2019（10）：71－72.

第三节　我国住房社会政策的现状与成就

一、我国住房社会政策的现状

目前，我国住房社会政策的核心是对不同收入的家庭，实行不同的住房供应政策：对高收入家庭提供商品房，实行市场价；对中低收入家庭提供共有产权房，实行政府指导价和系列财税优惠措施；对最低收入家庭提供公共租赁住房，实行政府定价和租金补贴。经过三十多年的建设，从原来的经济适用房制度转变而来的共有产权房制度、与原先的廉租房制度并轨后的公租房制度以及住房公积金制度，共同构成了我国现阶段住房福利制度的主体。

（一）从经济适用房制度到共有产权房制度的转型

经济适用房是指由政府组织建设，面向城镇中低收入家庭出售，价格适中，具有社会保障性质的微利商品房。但经济适用房仍属于商品房范畴，具有商品性，因为经济适用房的开发建设也需要遵循市场经济运行规律，需视市场需求情况确定经济适用房的开发与建设规模，其销售也得通过市场交换的方式来实现，开发模式同样要采用招标投标方式。经济适用房的特殊性在于：（1）能享受政府的扶持政策，建设用地通过行政划拨，免收土地出让金，减免大部分税费和提供低息贷款等，以此降低建设成本。（2）经济适用房的房价要受政府政策约束，售价实行政府指导价。我国曾规定，经济适用房价格构成包括建设用地的征地和拆迁补偿款、安置费，勘察设计和前期工程费，建安工程费，住宅小区基础设施建设费，管理费，贷款利息，税金及3%以下的利润。（3）经济适用房的销售对象特定，只有符合各省市规定条件的中低收入家庭才有资格购买经济适用房。（4）经济适用房属于不完全产权商品房，它的转让受到限制，购买经济适用房满一定年限后，补交清土地出让金和有关税费，方可上市出售。①

从1998年到2002年，我国经济适用房实际开工7.2亿平方米，销售情况良好，经济适用房占商品房的比重为41%。② 经济适用房制度不仅在解决中低收入家庭住房问题上发挥了巨大作用，在扩大住房供给、调节房地产投资结构、启动市场有效需求、活跃房地产市场、拉动经济增长以及推进城镇住房制度改革方面都起到了积极促进作用，综合效益十分明显。

然而，经济适用房制度在实施中也存在一定的问题。经济适用房一般是在土地划拨的基础上以有限建设利润（3%以下）建造的成本性住房，并且允许购买五年后，在补交土地差价后进入商品房市场交易。正是后一点，导致了后来为人所诟病

---

① 李勇辉．城镇居民住宅消费保障制度．北京：中国经济出版社，2005：163.

② 同①167.

的产权界定不清、住房权益模糊等问题。因此，共有产权房在经济适用房的基础上发展起来。[①] 共有产权房是我国最新推出的住房形式，也就是人们所说的“买房新政策、国家买一半”，即购房困难的中低收入家庭，个人与政府可按照规定的出资比例，共同拥有房屋产权，在后期居民可以向政府增购房屋产权直至完全拥有。

共有产权房于 2007 年首先在江苏淮安进行试点，随后在江苏的其他地区推广，不久，上海市也开始通过共有产权方式完善经济适用房制度。地方性政策试验逐渐得到中央的关注与回应，住建部多次发文要求推进共有产权房政策改革试点工作。自 2014 年 4 月 6 市被确定为共有产权房改革的试点城市，各地不断完善共有产权房供应、分配、管理等方面的制度和实施细则。北京市于 2017 年正式推出共有产权房政策，提出 5 年内供应 25 万套共有产权住房的目标。[②] 同年 9 月，住建部出台文件，明确支持共有产权房试点改革。在中央部门支持下，近年来已有福建、江苏、陕西、湖北、广东、海南、山东、四川、安徽、浙江、河南、河北、广西、宁夏等 10 余个省份提出因地制宜发展共有产权住房，多数城市明确规定非本市户籍可申购，其中 16 地的政策明确了购房户在满足条件时可取得全部产权。具体来说，根据 2017 年 9 月 30 日实施的《北京市共有产权住房管理暂行办法》，共有产权住房是限定使用和处分权利，实行政府与购房人按份共有产权的政策性商品住房。2019 年 12 月 9 日公布的《上海市共有产权保障住房管理办法》也明确规定，共有产权保障住房是限定套型面积和销售价格，限制使用范围和处分权利，实行政府与购房人按份共有产权，面向符合本市规定条件的中低收入住房困难家庭供应的保障性住房。

共有产权房制度的主要内容有：第一，归属于保障性住房，根据政策规定，共有产权住房项目的销售均价，应低于同地段、同品质普通商品住房的价格，以项目开发建设成本和适当利润为基础，并综合考虑家庭购房承受能力等因素来确定。第二，面向特定群体，主要包括那些中低收入、无房产的城镇居民家庭，且每户限购一套。第三，实施政府（或政府委托机构）与购房人共同拥有房屋产权的新方式，具体房屋产权归属比例视情况而定。第四，采取半闭环式的产权流转通道，在特定情况下（如取得住房产权满 5 年）可上市交易，政府（或政府委托机构）与购房人互为共有产权住房对方产权优先购买人，如政府完全取得产权，那住房仍是共有产权属性，如原购房人通过增购取得全部产权，则住房转变为商品房属性。

总之，共有产权住房的制度创新主要有三点。一是住房保障模式创新。共有产权房制度扩展了住房保障的范围和形式，能够打破住房租赁和住房自有两种产权模式的局限，为中低收入群体和“夹心层”提供多样化的住房选择。[③] 二是社会保障

① 马秀莲．在资产积累和可承担性之间：共有产权房的现状、挑战及出路．行政管理改革，2021（3）：68－76.

② 朱亚鹏．中国共有产权房政策的创新与争议．社会保障评论，2018（3）：112－122.

③ 刘洪玉，吴璟，杨赞，等．共有产权住房制度促进住房保障和供应体系建设．清华金融评论，2014（5）：75－79.

方式创新。共有产权房制度推动中低收入群体住房资产自有，有助于推动中低收入阶层实现“自置居业”，并经住房资产累积效应分享住房升值和经济增长的成果。三是住房产权分配创新。共有产权住房制度产权比例清晰，权益责任明确，兼顾了住房保障资源的消费和投资属性。[①]

（二）从廉租房制度到公租房制度的转型

廉租房制度是指由政府起主导作用，采取租赁补贴、实物配租等不同形式，给城镇居民中的弱势群体等解决住房困难而建立的住房生产、供应和管理体系、运作程序和规则，带有明显的社会保障性和社会福利性。[②] 自《城镇最低收入家庭廉租住房管理办法》颁布实施以来，截至 2007 年 6 月底，全国 656 个县级以上的城市中，已有 587 个建立了廉租房制度，占县级以上城市的 89.5%，其中全国 287 个地级以上的城市全部建立了廉租房制度。截至 2006 年年底，通过租赁补贴和实物配租方式累计解决了 26.8 万户低保家庭的住房问题，对 27.9 万户承租公有住房的低保家庭实行了租金减免。截至 2009 年，各地用于廉租房建设的资金投入达 330 亿元，较前两年增幅达几倍甚至于近十倍，对财政困难地区，廉租房制度的资金投入力度加大。[③] 从 1998 年国家出台廉租房政策到 2014 年与公租房并轨运行的 15 年里，我国的廉租房制度经历了从试点城市探索到全国范围实施再到并轨的过程，在保障低收入者基本生活水平、缓和社会矛盾方面做出了一定贡献。

但廉租房制度在实施过程中也遭受了不少诟病。首先是公平性问题，表现为监管机制存在漏洞，尤其是廉租房准入和退出机制并不完善，不时爆出的骗租问题一度让廉租房制度成为公众热议话题，这些问题也使廉租房这一公共福利沦为少数人的“私利”。其次是政策实际运行问题，一方面廉租房小区往往选址距离市区较远，没有区位优势，甚至导致部分廉租房建成后出现符合条件的家庭“弃租”“弃住”现象[④]；另一方面不少廉租房小区“建而不管”，物业管理的缺失使这些小区逐渐变成“脏乱差小区”，住户体验感、获得感较差。最后，廉租房面向的人群过于狭窄，很多地区将申请廉租房的收入线划得过低，对非户籍人口的申请条件规定得过严。然而，我国住房市场还存在房价上涨过快、住房供求结构矛盾突出、住房消费模式严重向购买方式倾斜、住房租赁市场不规范等问题，急需新的租赁性保障住房政策制度，解决城镇中低收入家庭、新就业职工以及外来务工人员等“夹心层”的住房问题。[⑤] 据统计，截至 2007 年 11 月底，全国获得廉租房保障的家庭仅有 80.2 万户，而同期我国低保住房困难户达到 400 万户，加上其他低收入住房困难家庭，需要廉

---

① 严荣．完善共有产权住房体系建设研究．经济纵横，2015（1）：24-27.

② 冯宗容．廉租房运作机制评析及创新．经济体制改革，2002（3）：160-164.

③ 李福华．我国廉租房制度的沿革及对策探析．郑州航空工业管理学院学报（社会科学版），2012（2）：94-97.

④ 孟庆瑜，陈雪．公共租赁住房被“弃租”现象的政策法律分析．河北法学，2014（4）：44-53.

⑤ 陈任锦．公共租赁房实行住房货币化的几点建议．企业改革与管理，2021（20）：209-210.

租房保障的住房困难家庭有 1 000 万户。[①] 基于廉租房制度存在的各种问题，2013 年 5 月，李克强总理在国务院常务会议上提出，要健全保障房分配制度，推进廉租房、公共租赁房并轨。

实际上，早在 2010 年，住建部等七部委就发布了《关于加快发展公共租赁住房的指导意见》，标志着我国租赁型保障性住房进入廉租房与公租房并行时期。2012 年住建部出台《公共租赁住房管理办法》，确定了公租房实物配租与货币补贴相结合的保障方式，并对公租房实物配租的申请与审核、轮候与配租、使用与退出及法律责任做出了系统规定。2013 年 12 月，住建部、财政部、发改委联合发布《关于公共租赁住房和廉租住房并轨运行的通知》，明确从 2014 年起各地公共租赁住房和廉租住房要并轨运行，并统称为公共租赁房，这标志着我国租赁型保障性住房进入公租房统一运行时期。根据《关于公共租赁住房和廉租住房并轨运行的通知》要求，公共租赁住房租金原则上按照适当低于同地段、同类型住房市场租金水平确定；政府投资建设并运营管理的公共租赁住房，各地可根据保障对象的支付能力实行差别化租金，对符合条件的保障对象采取租金减免；社会投资建设并运营管理的公共租赁住房，各地可按规定对符合条件的低收入住房保障对象予以适当补贴；同时，各地可根据保障对象支付能力的变化，动态调整租金减免或补贴额度，直至按照市场价格收取租金。2014 年，住建部和财政部分别发布了《关于并轨后公共租赁住房有关运行管理工作的意见》和《关于做好公共租赁住房和廉租住房并轨运行有关财政工作的通知》，对并轨后公租房的保障方式做出安排。2016 年年初，国务院办公厅发布《关于加快培育和发展住房租赁市场的若干意见》，提出“以建立购租并举的住房制度为主要方向，健全以市场配置为主、政府提供基本保障的住房租赁体系”的指导思想，并要求“推进公租房货币化”“支持公租房保障对象通过市场租房”“完善租赁补贴制度”。经过多年的探索和发展，在各地实践的基础上，2021 年 6 月，国务院办公厅发布《关于加快发展保障性租赁住房的意见》，可看作最新的政策进展。

目前普遍认为，公租房与廉租房在政策设置上有四点区别。一是政策覆盖人群稍有不同，廉租房制度主要面向低收入和特殊困难的城镇居民家庭，而公租房制度全面涵盖了城镇中低收入家庭、青年就业群体以及外来务工人员等“夹心层”，因而两者的申请对象和申请条件有所区别。二是住房福利属性不同，廉租房是政府为解决低收入和困难家庭基本居住问题而提供的政策性住房，属于社会救助性质；公租房则是由政府政策支持，多渠道兴建的限定户型面积、供应对象和租金标准的公共租赁住房，注重运用住房租赁市场增进更多社会群体的住房福利，属于社会福利性质。三是住房福利的分配方式不同，虽说廉租房和公租房一般都是由政府出资建好后以较低租金出租，但廉租房制度在住房实物配租的同时为特殊困难家庭提供租金减免，因而实际住房成本更低。四是住房后续处置方式不同，公租房制度允许租赁 5 年期满后符合条件的承租人按以综合造价为基准确定的价格购买产权，购买后可

---

① 法律出版社大众出版编委会．中国保障性住房（经济适用房、廉租房、限价房）政策与法律实务应用工具箱．2 版．北京：法律出版社，2013：233.

以继承、抵押，但不得进行出租、转让、赠予等市场交易，而这已经与廉租房只允许租住、严格限制获得住房产权有着根本区别。

总的来说，公租房将成为今后我国保障性租赁住房的“主力军”，是今后一段时间我国住房建设的重点任务，是完善住房保障体系的主要着力点。据统计，“十四五”期间，40 个重点城市初步计划新增 650 万套（间），预计可帮助 1 300 万新市民、青年人等缓解住房困难。[①] 可见，大力发展和兴建保障性公共租赁住房，推动其与廉租房并轨运行，短期内可以缓解当前住房制度面临的阶段性困境，有效解决“夹心层”的住房困难；长期来看，对完善我国保障性住房政策体系与实施体系，推动租购并举政策转型、实现住有所居目标、促进城镇化健康发展意义重大。

（三）住房公积金制度

住房公积金制度是一种长期的、固定的，带有社会保险性质的国家强制储蓄制度，其目的是使职工发挥自己的力量，加上单位的资助，通过长期的储蓄积累，逐步解决自身的住房问题。住房公积金在促进居民对住房消费资金的积累、改善居民消费结构、促进住房建设、有效支持中低收入者解决住房问题等方面发挥了巨大的作用。例如，新加坡中央公积金制度建立于 1955 年，是根据新加坡《中央公积金法令》建立的强制性储蓄制度，目前已逐步发展为包括住房、家庭保障、养老、保障、教育、投资等在内的具有 10 多项实施计划的覆盖全社会的社会保障储蓄制度。新加坡政府为了解决中低收入家庭的住房问题，允许动用公积金存款的部分用作首期付款，不足之数由每月缴纳的公积金分期支付。这项规定使低收入者既能购房又不影响生活，从而极大地激发了低收入者购房的积极性。早在 1991 年，为了解决住房投资不足和住房消费不足的问题，上海市政府借鉴新加坡的中央公积金制度，率先建立了住房公积金制度。1994 年，国务院发布的《关于深化城镇住房制度改革的决定》明确提出建立住房公积金制度。1999 年，国务院颁布《住房公积金管理条例》，并先后进行两次修订。2019 年 3 月新修订的《住房公积金管理条例》中规定：公积金是指国家机关、国有企业、城镇集体企业、外商投资企业、城镇私营企业及其他城镇企业、事业单位、民办非企业单位、社会团体及其在职职工缴存的长期住房储金。实际操作中，住房公积金是由职工每月发放工资时，按照住房公积金制度规定的比例，从职工工资中提取的一部分资金，再加上职工单位从本单位的规定资金中按住房公积金制度规定的比例提取的另一部分资金构成，由职工所有。住房公积金在提取后由各单位统一存入住房公积金管理部门委托并指定的银行，形成职工个人的住房公积金账户，完成住房公积金的归集。存入住房公积金账户的资金使用有严格规定，只能用于职工自住住房的投资和消费，当职工需使用公积金的情况满足住房公积金制度规定的条件，如参加住房公积金缴存达到一定时间后，同时账户上的余额达到一定的数额，职工才可以动用自己的住房公积金账户。在参储职工离退休

① 陈任锦．公共租赁房实行住房货币化的几点建议．企业改革与管理，2021（20）：209－210．

或完全丧失劳动力或死亡后，职工（或亲属）可提取住房公积金用于非住房投资和消费。另外，我国住房公积金制度还规定，住房公积金管理中心可以按规定利用住房公积金发放互助性住房公积金贷款和进行保值增值性投资。

在公积金管理体制方面，目前，我国已基本建立起住房公积金管理委员会决策，住房公积金管理中心运作，银行专户、财政监督的管理体制。2006 年 3 月，建设部在住宅与房地产业司加挂了住房公积金监督管理司的牌子，具体承担全国住房公积金监督管理工作，加强对住房公积金管理和使用情况的监督。

可以说，运行实施以来，住房公积金制度成效显著，主要表现为覆盖范围逐步扩展、资金规模和提取人数日益增长，资金使用范围逐步拓宽，为住房筹资和住房建设发挥了积极的作用，同时，住房公积金也帮助一部分城市居民通过购买住房改善了居住条件。住建部、财政部、中国人民银行联合发布的《全国住房公积金 2019 年年度报告》显示，2019 年全国住房公积金实缴人数接近 1.5 亿人，提取人数 5 648.56 万人，提取额 16 281.78 亿元，人均约 3 万元。[①] 然而，值得注意的是，我国住房公积金制度也存在一些问题。第一，惠及范围有待拓宽，现行住房公积金制度惠及范围不够广，还有大量非农产业劳动者未能进入这一保障体系；第二，缴存比率差距过大，不同地区和单位之间住房公积金的缴存比率存在显著差距；第三，收入再分配负向效应，住房公积金制度对改善全社会收入分配状况的贡献不大，甚至产生了负向效应；第四，制度运行效率低下，表现为资金使用率低、闲置严重，贷款运用人数少，造成社会福利损失，以及运行成本仍很高昂。[②] 这些问题的实质是，本应是住房福利政策工具之一的住房公积金，在这些年的实际运行中却出现了与政策设计初衷偏离的现象。因此，今后我国住房公积金制度应进一步创新发展：一是完善缴存制度，通过建立和完善法律体系、确立差别化缴存方式和完善缴存服务机制等形式，实现强制性目标；二是改进贷款制度，通过设置差别化贷款标准和差别化贷款利率机制，以及丰富保障手段等，突出保障性目标；三是创新资金管理制度，通过提高资金统筹层次，拓宽资金投资渠道，优化资金增值收益分配方式等，增强福利性目标。[③]

二、我国住房社会政策的最新成就

改革开放以来，我国的住房社会政策经过多年的努力，取得了明显成效；21 世纪以来，特别是党的十八大以来，我国住房社会政策产生了一系列结构性变化，取得了一系列功能性进展。

（一）住房社会政策体系基本完成转型

目前，我国建立了多主体供给、多渠道保障、租购并举的住房制度，同时在

---

① 王俊岭．住房公积金，大家都咋花．决策探索，2020（8）：44 - 45.

② 何文炯，张雪．基于共同富裕的住房公积金制度改革．杭州师范大学学报（社会科学版），2021（6）：48 - 55.

③ 张岩．基于住房公积金制度目标定位的改革研究．中国集体经济，2022（4）：36 - 38.

保障性住房方面形成了出售型和出租型两大类，其中出售型保障性住房主要是指共有产权房，出租型保障性住房主要是指公共租赁住房。共有产权房制度是在原来经济适用房和限价房等制度基础上转型而形成的，公租房制度是与原来的廉租房制度并轨运行而得到进一步明确的。这标志着我国近年来的住房社会政策体系转型基本完成。

诚然，我国住房社会政策经历了较长时间的探索，但近十几年政策转型步伐明显加快，对住房社会政策体系转型产生了巨大推动作用。例如，2007 年国务院发布了《关于解决城市低收入家庭住房困难的若干意见》，随后住建部在 2012 年陆续发布了《住房保障档案管理办法》《公共租赁住房管理办法》等文件，可以说是我国保障性住房政策在 21 世纪的重启。随后 2013 年推进的公租房与廉租房并轨政策，以及近年来政府主推的共有产权房政策等新进展，共同推动了我国住房社会政策体系进一步成形。此外，党的十九大报告提出的“加快建立多主体供给、多渠道保障、租购并举的住房制度”，从顶层设计层面明确了我国商品房调控政策与保障性住房政策并行的“双轨制”。与此同时，共有产权房在全国多地开展试点，直至 2021 年 6 月国务院办公厅发布《关于加快发展保障性租赁住房的意见》，进一步明确了租购并举和租住同权等政策理念，更加突出了保障性住房的社会政策地位。

（二）新型保障性住房制度快速推进

政策进展还进一步推动了保障性住房制度的发展。如前所述，按照政策出台的先后，我国的保障性住房类型大致可以分为经济适用房、廉租房、公共租赁房以及共有产权房。2021 年 6 月国务院办公厅印发的《关于加快发展保障性租赁住房的意见》明确提出保障性租赁住房是“十四五”住房建设的重点任务，是完善住房保障体系的主要着力点，这一政策导向必将极大推动今后我国保障性住房制度的发展。

近年来我国新推出的共有产权房采用“买房新政策、国家买一半”的全新方式，10 多年来试点得以快速推进，已经产生了两方面的积极效果。一方面，各地在快速推进共有产权房政策过程中不断健全完善制度设计。例如上海市于 2016 年 3 月发布了《上海市共有产权保障住房管理办法》，于 2019 年 12 月又对其进行了修订。另一方面，政策发展直接推动了各地共有产权房的建设和投入使用。例如，“十三五”期间北京市已供应共有产权房 7.8 万套，正在逐步缓解中低收入家庭的住房困难。①

（三）住房保障财政支出持续增加

住房社会政策的发展和保障性住房制度的健全，离不开政府财政的持续支持。我国近年来通过持续的财政支出，住房社会政策的落实落地得到了切实的财力保障，而这一点也在相关的统计数据中得到充分体现。

从 2012 年到 2016 年，财政在住房保障方面的支出从 4 069 亿元增长到

① 赵莹莹．“十三五”时期，北京万套低总价共有产权房实现供应．北京日报，2020－10－15（3）．

6 339 亿元，但由于居民租住私房的比例增加导致住房保障渠道利用率降低等原因，财政住房保障支出在 2017—2019 年出现了减少趋势，并且总体上我国住房保障支出的数额在政府一般财政支出中所占的比重也有所波动，但波动幅度不大（见表 6-1）。另外，通过对比发现，我国政府的住房保障支出在政府一般财政支出中所占的比重与一些典型国家的住房保障支出所占比重相差不大，并且波动幅度也相似。

表 6-1 2012—2019 年中国住房保障支出情况

指标	2012 年	2013 年	2014 年	2015 年	2016 年	2017 年	2018 年	2019 年
一般财政支出（亿元）	125 712	139 744	151 662	175 768	187 841	203 330	220 906	238 874
住房保障支出（亿元）	4 069	4 076	4 638	5 391	6 339	6 132	6 300	5 839
住房保障支出占一般财政支出的比例（%）	3.237	2.917	3.058	3.067	3.375	3.016	2.852	2.444

资料来源：国家统计局历年的“中国社会统计年鉴”。

从表 6-1 中不难看出，自 2012 年党的十八大召开以来，随着我国中央财政收入总量的不断扩大，我国政府住房保障财政支出也在增加。这一方面反映了党和政府对民众住房福利的重视，另一方面也反映了我国住房社会政策的财政支持力度在不断增强。

（四）住房社会政策效率切实提升

党的十八大以来，党和国家高度重视我国的住房社会政策，无论是住房质量、人均住房面积还是棚户区改造等方面都取得了骄人成绩。数据显示，2019 年我国的城镇居民人均住房面积达到了 39.8 平方米，与 1978 年相比，40 年时间增长了将近六倍①，可以看出居民的住房条件得到了极大改善。此外，根据住建部发布的数据，在“十三五”时期，我国保障性安居工程建设持续推进，2016—2020 年的 5 年里，全国开工改造各种棚户区共 2 300 多万套，帮助了 5 000 多万居民“出棚进楼”，超额完成了城镇棚户区住房改造 2 000 万套的任务。②

由此可见，随着我国住房社会政策体系完成转型，保障性住房制度日渐完备，住房保障财政支出持续增加，我国住房社会政策落地实施的效率和效果都取得明显变化，从开工建设数量到得到实惠的居民人数，都有了显著增长，从政策运行的实效性来看，极大地改善了城市住房困难家庭的居住环境，也进一步推动了城市职住功能的平衡，在根本上促进了社会的良性运行和协调发展。

---

① 陈月芹．住建部：中国城镇居民人均住房面积达 39.8 平方米（2019）已建成世界最大保障房体系．经济观察报，2021-08-31（2）．

② “十三五”时期全国超额完成 2 000 万套棚改目标任务．(2020-10-17)[2022-12-04]. https://changzhi.focus.cn/zixun/c0bc57ce699021f0.html.

第四节　新征程我国住房社会政策的改革完善

一、当前我国住房社会政策存在的问题

当前我国住房社会政策正处于转型后的体系完善期，新型住房社会政策体系基本成形。但由于改革开放开始后的30年里以市场为主导的住房政策和相关福利制度的巨大惯性，再加上住房社会政策体系的改革重构也是一个不断摸索和实践的过程，所以当前我国住房社会政策客观上仍存在一些问题。

（一）目标对象的模糊性和宽泛性

对于住房福利涉及对象的范围，世界各国没有统一的标准。如美国和英国是以低收入阶层为目标对象；韩国的住房福利目标对象分为一般低收入家庭和最低收入家庭；瑞典的住房福利目标对象主要是低收入家庭、多子女家庭，以及退休老人和残疾人等；新加坡按照家庭收入的多少来确定住房福利的对象和力度。住房福利目标覆盖范围的宽窄，因各国的国情而有所不同。我国将中低收入家庭也纳入住房福利的范围，而中低收入本身是一个模糊的动态的概念，这就意味着我国住房社会政策的目标对象存在一定的模糊性和宽泛性。

我国将中低收入人群都纳入住房福利的范围，目前提供的住房福利主要分为共有产权房、公租房和住房补贴三种形式。共有产权房针对的是城镇中低收入家庭、新就业和新市民人群等；公租房主要针对低收入家庭和特殊困难人群等；因为住房补贴是在廉租房政策探索中提出来的，所以也主要面向特殊困难人群。从理论上讲，大部分居民家庭都应属于中低收入家庭，但现实中，那些中高收入且住房条件优越的家庭也在通过某些制度享受住房社会政策的好处，导致政策实际执行过程中新的不公平的出现。例如，目前住房市场购房需要一笔数额不小的首付款，但那些有能力将公积金低息贷款用足的人，往往是社会中的中高收入者；又如，由于计划经济体制的惯性和权力空间的延续，虽然目前政策上对单位集资建房的规定日益严格，但这种分配方式仍可在小部分单位职工的住房福利中扮演重要角色。因此，由于福利目标对象的模糊性和宽泛性，政府投入的大量福利资源被分散，甚至被无形地消耗，形成无效福利支出，致使政策效果无法得到充分显现，也加大了政府的财政负担。①

（二）政策运行的复制性和错位性

复制性是由双轨体制导致的。计划经济体制下的住房福利覆盖对象只限于全民

① 尚教蔚．我国住房保障制度存在的问题．城乡建设，2006（3）：47－48.

所有制企业，集体所有制单位很少能享受到，收入水平也是前者高于后者，导致双重福利差异。改革开放初期，由于体制的再生产特性，两者的差异情况没有得到根本改善，从而造成一批低收入和住房困难共存的家庭。而随着家庭周期的变化，住房需求会增加，原住房困难家庭将更加困难。

错位性是指政策实施的指向存在漏洞，主要有三方面的表现：第一是政策的衔接度不够。租住并举理念的提出加快了我国共有产权房和公租房的政策发展，但现实中还无法实现保障性租赁住房和共有产权房的制度性衔接，很难帮助中低收入家庭由“租权”向“产权”跨越，单项住房福利政策无法互通、互联、互补，说明了现行住房保障制度的错位，未能形成针对不同对象的不同住房福利动态供应的选择链条。第二，住房福利供给存在偏差。以共有产权房为例，以同区位60%～70%的低房价购得产权住房，理论上是一个满足中低收入家庭住房需求、提高生活质量的好机会，但是各地政府在推进共有产权房建设时，往往将其位置选在远离城区、交通不便的区位，导致不少购房家庭只能“望房兴叹”。第三，政策设计缺乏前瞻性。近年来我国的城镇化水平已有了大幅跃升，加之人口自然增长率持续走低、三孩政策落地后的家庭人口结构变化，以及人口迁移的区位特征出现新变化等，这些具体的动态趋势在我国当前的住房社会政策中尚未得到充分考虑。

（三）地方政府职能的相对缺位

理论和实践都证明了市场机制无法解决中低收入家庭的住房问题，在住房福利制度中，政府的责任是必不可少的，地方政府切实履行其在住房福利制度中的义务是住房保障制度健康发展的必要条件。但我国各级地方政府受到多方因素影响，目前还并未给予住房社会政策足够的重视，尤其是在“土地财政”之风大盛之时，相对住房福利制度建设，各级地方政府更关注房地产市场发展对当地经济增长的贡献。[①] 诚然，这一现象在近年来已有很大的改观，但地方政府住房保障职能相对缺位仍是一个急需改变的问题。

由于我国的房地产市场情况特殊，实行土地公有制度，土地转让交易过程中，部分地方政府更愿意将土地提供给开发商开发建设成商品房，以获得高额的土地出让金。有的地方政府将土地转让作为“第二财政”，因此导致预算外财政收入多数是从土地上得到的。例如，2020年全年，上海卖地金额是2 952.36亿元，广州卖地金额是2 563.69亿元，南京卖地金额是2 093.90亿元，西安卖地金额是1 058.37亿元，深圳卖地金额是1 053.7亿元，均占各地预算外财政收入的一半以上。[②] 此外，有的地方政府仅仅把建一批房子作为短期的形象工程，片面追求征地、拆迁后的商品房建设，没有把解决中低收入家庭住房问题真正地重视起来。

因此，只有各级政府切实承担起其在住房保障制度中的责任，履行政府的公共保障职能，我国住房保障制度才能健康发展，中低收入家庭的住房问题才能得到

---

① 田明刚．浅析我国住房保障体系建设中的若干问题及对策．经济师，2008（12）：52－53.

② 梁倩．房地产市场增速或趋缓　区域分化加剧．经济参考报，2021－01－14（7）．

解决。

（四）住房福利立法进程缓慢

从国外经验来看，全球主要经济体都颁布了住宅法，各国基本上都已形成了比较完善的住房福利法律法规体系，这些法律法规提供建立住房福利体制的依据，明确住房福利体制的基本目标，规定住房福利的实现方式。例如，日本早在 1977 年通过的《神户市民福利保护条例》中就明确提出了“住宅确保”的理念。该条例第 23 条规定：必须完善必要的条件，以确保所有市民能享有良好的环境和良质的住宅。“二战”后，美国政府先后通过了《住房法》《国民住宅法》《住宅与城市发展法》等，对住房保障做了相应的规定。

完备的法律制度保证了政府住房政策的实施。党的十八大以来，我国住房福利政策进入快速发展期。2013 年出台廉租房与公租房并轨政策；2014 年推行共有产权住房改革试点；2019 年 3 月修订了《住房公积金管理办法》；2021 年 6 月发布了《关于加快发展保障性租赁住房的意见》，对保障性租赁住房做了定义，系统全面地阐述了怎么建、给谁建等问题①；同年 5 月 20 日，发改委还专门发布了《保障性租赁住房中央预算内投资专项管理暂行办法》，对纳入计划的保障性租赁住房项目，资金分解下达到符合认定的具体项目。政策的密集出台大力推动了我国住房福利制度的健全完善。

然而，我国目前有关低收入人群的住房福利制度的法律法规仍很不健全，各地执行的法律依据是国务院、住房和城乡建设部及各省市区政府部门，以及相关部门颁布的与房地产市场、共有产权房、住房公积金和保障性租赁住房等有关的行政法规、条文等，表现为法规政策分散、不统一，正式完整的专门性住房法律尚未出台，这很大程度上影响了广大居民住房福利水平的提升。

由于缺少法律的规制和约束，个别地方政府将有限的土地资源都用来搞商业开发，将有限的财力都去搞各种形象工程，而住房保障很容易被忽视。只有有法可依，才能从根本上解决保障性住房的资金、建设等问题。

二、新征程我国住房社会政策的发展

随着我国迈入全面建成社会主义现代化国家新征程，为满足人民日益增长的住房需要，我国必须加快构建新型住房社会政策体系，贯彻新发展理念，立足新发展阶段，不断改善城乡居民的居住条件。

（一）强化政府的主导责任

政府作为一国经济的宏观调控者和社会管理者，必须承担起改善低收入人群住

① 李宇嘉．对保障性租赁住房政策和实施的深度解读．中国房地产，2021（25）：14－20.

房福利的重任，没有国家的住房开发计划以及住房公共政策和资金支持，解决住房问题是不太可能的。因此，在我国推动住房商品化、社会化改革的同时，政府应义不容辞地承担起重构住房社会政策体系的职责。

1. 健全保障性住房的准入审核和良性循环机制

分配公正是住房社会政策的核心要义，而对住房福利资源享受的对象进行严格的准入审核，并建立起良性循环机制是确保保障性住房公正分配的关键环节。2013年10月29日，习近平在主持第十八届中共中央政治局第十次集体学习时强调，保障性住房建设是一件利国利民的大好事，但要把这件好事办好、真正使需要帮助的住房困难群众受益，就必须加强管理，在准入、使用、退出等方面建立规范机制，实现公共资源公平善用。可见，要使保障性住房的福利能够真正落实在中低收入居民的需要上，必须针对保障性住房订立严格的申请机制，建立起良性循环机制保证“可进可退”，从而确保更有需求的居民能享受到住房福利，使住房福利能真正发挥作用。

一方面，要订立严格的申请机制，应建立更加严谨科学的收入审核机制。首先，必须严格按照准入标准，规范审核程序。建立市、区、街道三级联动审查制度，通过收入、住房情况初审、公示、复核等手段，对申购对象（包括申购家庭成员）逐户查阅、核实商品房备案系统和房地产权属系统，确保政府优惠落实到应保家庭。其次，采取更为科学有效的技术手段。结合税务部门、金融机构，联合开展收入调查工作，加大对隐瞒申报收入行为的处罚力度，避免保障性住房被非法占用。最后，加大收入复查力度。对已取得保障性住房的家庭、低收入家庭、特困家庭资格的家庭，完善复查机制，避免住房福利被长期挤占。①

另一方面，为完善保障性住房的良性循环机制，应进一步完善保障性住房的退出机制和回购（增购）双向机制。政府应加强对被保障家庭的资格复查工作，要求不符合保障性住房资格条件的家庭退出，同时，目前急需打通保障性租赁住房向产权住房转变的政策通道，实现公租房住户“长租转购”，以及政府回购或购房人增购共有产权房双向渠道的贯通。为确保转购、回购（或购房人增购）的可操作性，需要妥善解决以下两个问题：一是从法律上来说，转购、回购和增购后的保障性住房在产权上要得到明确认定，这在房产销售合同中要详细注明。二是保障性住房的转购、回购的资金来源，政府需要做好相关财政资金的预算，同时充分利用金融等综合手段加以保障。

2. 加快住房保障立法进程，加大监督和奖惩力度

首先，必须加快住房保障专门立法进程。当前，在我国全面推进依法治国、建设社会主义法治国家的有利条件下，住房保障立法工作正在加快推进。根据国际经验，住房保障专门立法的目标是实现“住有所居”，针对不同层次保障对象提供多层次的住房保障方式，并优先发展保障性租赁住房。同时，住房保障立法还应确立

---

① 单克强．对我国住房保障制度的探讨．金融教学与研究，2010（3）：54－55，79.

“保基本、统筹协调兼顾和国家保障”三项基本的立法原则，并系统地回答“保障什么、保障谁、如何保障”的核心问题。[①] 在经过10年的快速推进、基本完成政策转型的基础上，我国的住房社会政策急需通过专门立法来加以明确和巩固。

其次，要加强对各地保障性住房建设工作的监督。从财政资金、资格审核、建设规程、住房管理等方面进行监督，加大对违法、违规现象的处罚力度，从源头上控制保障性住房建设及管理工作。可设立监督热线，随时接受群众对保障性住房问题的反馈；设置部门开放日或领导接待日，听取群众意见，为迫切需要解决问题的群众开辟快速处理通道。

最后，建立有效的奖惩机制，确保住房保障政策有效落地。该机制的核心是为不同地区设立符合当地实际的保障性住房建设目标，同时激励地方政府增加保障性住房用地供给，尤其是位置较好、环境较佳的用地应配建一定比例的保障性住房。建议开通保障性住房审批绿色通道，提高行政效率，避免建设工作的拖延。还应注意保障性住房的建设不是政策的最终目的，建成后住房的分配、运营管理也是重要的工作内容。[②]

（二）合理运用市场机制

作为一种基础性的资源配置手段，市场仍然是现代经济体始终坚持的根本性机制，很多时候也被各国用来解决住房问题，当今很多发达国家和地区在为住房有困难的居民解决住房福利问题时，也有运用市场手段的情况，这值得我国借鉴。

1. 运用多种方式改善中低收入家庭住房福利

首先，政府应坚持以市场进行住房供应的基础性方式，允许房地产开发商建设适应中高收入群体需求的高品质住房，丰富商品住房供给结构，形成能满足不同阶层需要的住房供应链。

其次，继续加大保障性住房的建设和供应力度，发挥对中低收入家庭的住房保障功能。例如，新加坡在住房建设与分配上并不完全通过市场调节来实现，而是采取政府兴建与市场出售相结合的形式，即中低收入家庭住房由政府投资建设并实行有偿提供，高收入者住房由市场提供。

再次，政府可运用间接租金补贴的方式来解决住房问题。当前我国政府建设保障性住房需要大量的房源、资金等资源投入，还会产生一定的管理问题，政府直接补贴不但扰乱了住房市场的自由竞争，也剥夺了居民自由选择的权利。因此建议政府完善租金核减、货币补贴制度，从“补砖头”向“补人头”转变，完善住房保障的货币化补贴机制，让居民按市场价自由选择或租或买房，从而保障房地产市场的健康平稳发展。

---

① 李英健．国外公共住房政策演变及其启示：以英国、美国、新加坡为例．城市住宅，2021（4）：200－202.

② 柴康妮．美国当前住房保障政策面临问题与解决方案：以马萨诸塞州为例．中国房地产，2017（36）：41－49.

最后，可运用非住宅手段协助解决住房问题。如加强区域经济社会发展，为中低收入居民提供再培训的机会，给他们推荐工作，使之就近就业，从根本上使中低收入居民增加收入，提高改善住房条件的消费支付能力。这些政策手段看似属于经济政策，却能对公共福利和社会政策产生意想不到的积极影响。

2. 引入市场机制促进保障房小区的管理及配套建设

由于保障性住房土地出让金由政府无偿兜底，因此出于经济效益的考虑，保障性住房往往建在地价比较低廉的城市边郊地区，往往缺乏公共设施，物业管理问题也容易被忽略。

针对这种情况，政府可以把市场机制引入保障性住房小区的物业管理。首先，在规划设计环节，可以为保障性住房打造商业氛围，确保居民生活更加便利。其次，可以引入优质的商业性物业管理公司，将物业出租的租金投入住房的基础配套设施及物业管理上，降低政府的管理成本。最后，政府集中管理商业物业，对保障性住房的周边商业做出合理的引导，有效规范周边商业活动。这些措施都有利于降低政府对保障性住房的管理投入，同时还可以提高居民生活质量，提升保障性住房小区的整体宜居度。

（三）加大“夹心层”住房问题的解决力度

目前我国住房社会政策日益重视对城市“夹心层”的保障力度。“夹心层”原指处于住房社会政策体系两部分之间，既因收入水平不属于最低收入阶层而无法享受公租房福利，又因没有足够经济能力购置商品房产，进而面临住房困难的那部分人群。总的来说，我国今后的住房制度设计和住房政策实施应充分体现共同富裕的要求，关注新市民、青年人和老年人等特定人群的住房需求，增加可负担的住房，尤其是可负担的租赁住房的供应，不断提升住房政策的包容性、公平性、效率和可持续性。[①]

具体来说，新型住房社会政策应坚持“租售并举”方式，实施多渠道的住房福利供给。对无力购买住房只能租房的“夹心层”家庭，应加大保障性租赁住房供应；对收入水平较为稳定、经济承受能力相对较强的家庭，可由政府组织建设共有产权住房，实行“可售可租”“双向增购”的政策，由“夹心层”家庭依据自己的经济承受能力来决定是购买还是租住。由此建立起最低收入家庭享有公租房实物或货币补贴，中等偏下收入家庭领取租金补贴或享受购房综合支持，经济承受能力相对较强的家庭购买共有产权房或商品房的多形式、多层次住房保障体系，有效解决“夹心层”家庭的住房困难。

（四）引导居民树立正确的住房观念

合理利用新闻舆论工具，引导居民形成正确的住房和投资观念，避免居民因认

---

① 刘洪玉．共同富裕目标下的住房制度与住房政策发展．中国房地产，2021（34）：22－26.

识不足而盲目申请保障性住房，进而阻碍保障性住房的良性循环。

1. 倡导分层次、结构化、梯度型的住房消费观念

国外发达国家的住房福利走过的历程无不打上了发展阶段性的烙印，居民住房消费渗透着梯度消费的理念。随着我国经济的发展和居民收入的提高，人民的居住环境也向着“大”而“好”的方向发展。在居民住房的政策上，则表现为充分利用旧住房，为不同收入阶层提供服务数量不等的住房：高收入者购买或租赁市场价商品住房，中低收入者通过政府住房保障手段协助来购买、租赁保障性住房。

2. 确立保障居民基本居住需要的政策理念

利用舆论手段大力宣传，政府建设保障性住房是为了解决中低收入家庭的住房困难，而不是为了满足居民改善居住条件的要求。所以，引导居民结合自身条件，实事求是地制订合理的住房需求计划，避免住房的过分需求及住房资源的浪费；家庭条件有所改善的居民应及时退出保障性住房，让其他轮候的家庭能享受到住房福利；改善住房条件主要靠市场，政府在住房福利中承担的是有限责任。

3. 树立买房与租房都是住房消费的观念

不同国家和地区对“住有所居”的理解并不相同。在新加坡是指居民拥有“产权”，而西方国家则更多将其理解为“拥有居住权”。据统计，美国、意大利、英国的自有住房比例都在 70%左右，法国约为 50%，荷兰约为 45%，瑞士更少，只有 30%左右。西方国家的经验表明，买房和租房都是住房消费的普遍形式，应提倡“住有所居”，而不是“居者买其屋”。可见，租赁也是解决居民住房问题的主要渠道之一。①

政府要引导全社会重视和发展住房租赁市场，通过推动实现“租住同权”的市民权利，转变公众单纯靠买房解决居住问题的传统消费观念；探索把房地产开发企业的空置商品房、小业主的出租房、农民出租房纳入统一管理，引入社会化管理组织等力量，以此扩大租赁市场的存量房源。同时，通过规划手段，规定新建住房的出售与出租比例或保障性租赁住房的比例，确保租赁市场有充足的增量房源。再通过租赁合同关系，使固定不动的租赁房产在市场上有序流动起来。

综上，今后我国做好住房社会政策的体系建设，应强化政府对居民住房福利的主导责任，并运用市场机制、社会民间力量等，通过财政、税收、金融、土地、审计和监管等手段，制定多层次、整合性的新型住房社会政策体系，确保低收入家庭享受到保障性租赁住房福利，中等收入家庭在买房困难情况下有机会申请到共有产权住房，加大对住房“夹心层”人群购、租住房的各种支持，经济能力有余的居民直接购买商品房以满足其更高层次的需要，进而实现政策间的有效衔接和无缝对接，这样才能真正实现全体人民“住有所居”的美好生活蓝图。

---

① 李薇辉，袁莉，孙玲玲．各国政府住房保障比较研究．上海师范大学学报（哲学社会科学版），2005 (5)：39－45.

思考题

1. 试述住房社会政策的内涵及特点。
2. 我国住房社会政策的发展经历了哪些阶段?
3. 试述我国当前主要的住房社会政策。
4. 我国住房社会政策改革取得了哪些成就?还存在哪些问题?
5. 试述新征程我国住房社会政策改革的路径。

第七章

老年社会政策

老年社会政策是国家为满足老年人基本生活需要，增进老年人生活福祉而出台的一系列法律法规及制度安排。老年社会政策体系涵盖了养老保险、养老服务、老年津贴及老年福利等内容。随着人口老龄化程度的不断加深，构建一套科学完备的老年社会政策体系对于有效应对人口老龄化具有重要的现实意义。本章将在对国内外人口老龄化特点及老年社会政策的福利功能进行简要介绍的基础上，系统回顾中国老年社会政策的演进历程，并对当代中国老年社会政策的体系架构与发展中所面临的挑战进行系统检视，最后在梳理国外老年社会政策改革经验的基础上，结合国内养老政策改革及实践，提出中国老年社会政策的发展方向。

第一节　银色浪潮与老年社会政策

目前，“银色浪潮”已席卷全球，人口老龄化在全球范围内已呈现出不可逆转的发展趋势。而中国人口老龄化的进程同样在不断加快，呈现出迥异于西方发达国家的显著特征，应对人口老龄化需要充分发挥老年社会政策的福利功能。

一、全球人口老龄化状况及趋势

根据世界卫生组织的标准，当一个国家或地区 60 岁以上的老人超过总人口数的 10%，或者 65 岁以上的老人占总人口数的比重超过 7%时，称为“老龄化国家”，当 65 岁以上的老龄人口占总人口数的比重超过 14%时，称为“老龄国家”。人口老龄化是国际性的趋势。1950 年时已属老年类型的国家达 15 个，1965 年为 30 个，

1981 年达 38 个，1995 年增加到 64 个。在 45 年的时间内，增加了 3 倍多。联合国人口基金发布的《2022 年世界人口状况报告》显示，世界 65 岁以上人口比重已由 2004 的 7%上升至 10%，较发达地区为 20%，欠发达地区为 8%；亚太地区为 9%，东欧及中亚为 11%，拉丁美洲及加勒比地区为 9%，阿拉伯国家为 5%，东非及南部非洲为 3%，西非及中非为 3%。① 另据欧洲统计局的统计数据，2022 年欧盟 27 国 65 岁以上老龄人口占比 20.8%②，欧盟地区已整体步入“超高龄社会”③。

人口老龄化在全球范围内已呈现出不可逆转的发展趋势。联合国发布的《世界人口展望 2022》（World Popuplation Prospects 2022）报告指出：全球 65 岁及以上人口的比例预计将从 2022 年的 10%升至 2050 年的 16%。到那时，预计全世界 65 岁及以上人口的人数将是 5 岁以下儿童人数的两倍多，并与 12 岁以下儿童人数大致相同。④ 届时欧洲和北美地区 65 岁及以上人口将占总人口的 1/4，欧盟地区将达到 1.298 亿，占总人口的 29.4%。⑤ 此外，联合国有关老龄化议题的报告中指出，亚太地区今后 50 年人口演变最为重要的特点是仍处于发展阶段的国家人口迅速老龄化。到 2050 年，亚太地区 1/4 的人口年龄将超过 60 岁，人口数量是 2010 年老年人口的 3 倍。未来 30 年，亚太地区的老年人口将有近 13 亿。⑥ 各国政府将面临越来越大的老龄化压力。

二、我国人口老龄化的进程与特点

中国不仅是世界上老龄人口最多的国家，也是世界上老龄人口增长最快的国家。2020 年第七次全国人口普查（下称“七普”）数据显示，中国 60 岁及以上人口为 2.64 亿人，占总人口的 18.7%，其中 65 岁及以上人口为 1.91 亿人，占 13.5%。同 2010 年“六普”相比，60 岁及以上人口的比重上升了 5.44%，65 岁及以上人口的比重上升了 4.63%。⑦ 中国已经进入老龄化时代，呈现“银色浪潮”。不仅如此，与发达国家相比，中国人口老龄化还具有以下三个明显的特点。

第一，老年人口规模大。“七普”数据显示中国 65 岁及以上人口为 1.91 亿人，占总人口的 13.5%。如图 7-1，2025 年、2035 年、2050 年中国老年人口将依次达

① United Nations Population Fund. World population dashboard.（2022-04-16）[2022-12-01]. https://www.unfpa.org/data/world-population-dashboard.

② Eurostat. Proportion of population aged 65 and over.（2022-06-23）[2022-12-01]. https://ec.europa.eu/eurostat/databrowser/view/tps00028/default/table? lang=en.

③ 张朋辉．欧洲国家积极应对人口老龄化．人民日报，2020-12-18（15）．

④ 熊一舟．联合国发布《2022 年世界人口展望》报告：迎接全球人口变化的复杂挑战．社会科学报，2022-09-16.《2022 年世界人口展望》，一般译作《世界人口展望 2022》。

⑤ 同③.

⑥ 安德森．亚太地区是世界上老龄化最快的地区，但我们准备好了吗？.（2021-10-01）[2022-12-01]. https://china.unfpa.org/zh-Hans/news/cn/2021093001.

⑦ 国家统计局．第七次全国人口普查公报（第五号）.（2021-05-11）[2022-12-01]. http://www.stats.gov.cn/tjsj/tjgb/rkpcgb/qgrkpcgb/202106/t20210628_1818824.html.

到 2.1 亿人、3.1 亿人、3.8 亿人。从占比看，2025 年、2035 年、2050 年 65 岁及以上老年人分别占 15.00%、22.30%和 27.90%（见图 7-1）。①

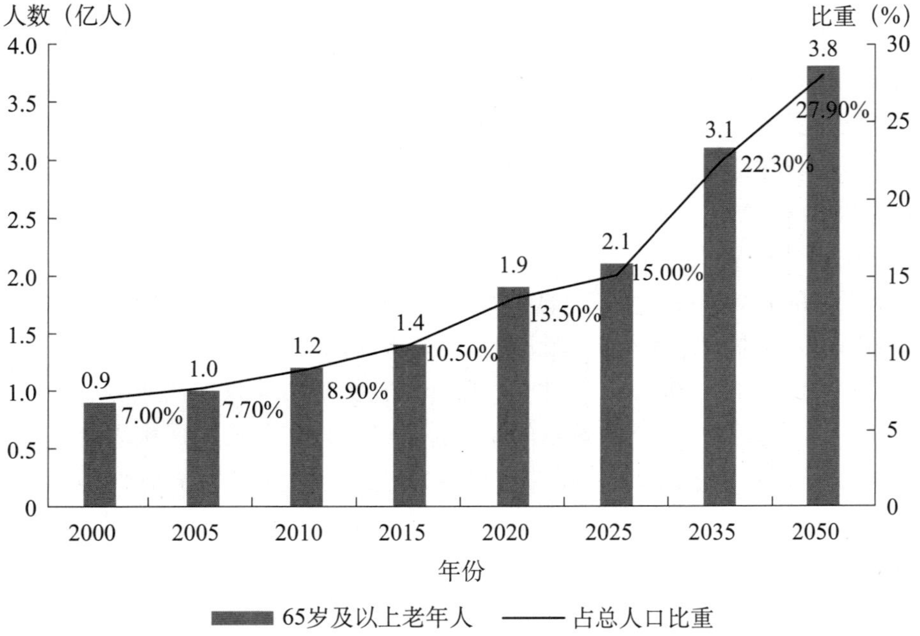

图 7-1　中国老年人口数量变化及趋势预测（2000—2050 年）

资料来源：中国发展研究基金会．中国发展报告 2020：中国人口老龄化的发展趋势和政策．北京：中国发展出版社，2020.

第二，人口老龄化速度快。从国际角度看，65 岁及以上人口占社会总人口的比例从 5%上升到 7%，瑞典用了 40 年，日本用了 50 年，英国用了 80 年，法国用了 80 多年，而中国则用了不到 18 年时间。据社会科学文献出版社联合西南交通大学共同发布的《健康老龄化蓝皮书：中国大中城市健康老龄化指数报告（2019—2020)》一书测算，2000 年至 2050 年中国人口老龄化水平将从 10%提升到 34%，比世界平均速度快一倍多。

第三，未富先老。这是中国人口老龄化的一个显著特点，指中国在经济不够发达、人民生活不够富裕的条件下，65 岁及以上老年人口比例已达到 7%，提前步入老龄化社会。中国的工业化还没有完成，老龄化就提前到来了。表 7-1 显示，2000 年年末，中国 65 岁及以上人口比例达到 7%时，人均 GNP 为 840 美元，而美国等发达国家 65 岁及以上老年人口比例达到 7%时，人均 GNP 分别为1 392 美元（1944 年数据）和 1 940 美元，远远高于中国的经济水平。根据人均 GNP 指标的衡量结果，中国经济发展水平确实低于发达国家进入老龄化社会时的经济水平，与之相比

① 中国发展研究基金会．中国发展报告 2020：中国人口老龄化的发展趋势和政策．北京：中国发展出版社，2020.

中国的人口老龄化具有“未富先老”的特点。[①]

表 7-1　部分国家老龄化达到 7%时的经济水平

	老龄化达到7%的年份	老龄化达到7%时	
		人均 GNP（美元）	按 ppp（购买力评价法）计算的人均 GDP（国际美元）
世界	2001	5 170	7 442
美国	1944	1 392	—
日本	1970	1 940	—
中国	2000	840	3 976

资料来源：杜鹏，杨慧．“未富先老”是现阶段中国人口老龄化的特点．人口研究，2006（6）：28-36.

三、老年社会政策的功能与意义

老年人的需求是相当多元与复杂的。从老年人的生理、心理和社会等层面的需求出发，可把老年人的需求分为五大类：医疗、经济、安养、参与和服务。具体包括：医疗保健、居家护理、健身锻炼，年金保险、再就业、生活补助、交通补贴、大病补贴，居家服务、家庭照顾、住房福利、长期照顾，社会参与、休闲娱乐、教育学习，心理咨询、日间托老、临终服务等。在细分老年人需求之后，可制定出与之相对应的老年社会政策，进而为其提供有效的社会服务（见表 7-2）。

表 7-2　老年人的需求与社会政策和服务对照表

	医疗方面			经济方面					安养方面				参与方面			服务方面		
需求	医疗保健	居家护理	健身锻炼	年金保险	再就业	生活补助	交通补贴	大病补贴	居家服务	家庭照顾	住房福利	长期照顾	社会参与	休闲娱乐	教育学习	心理咨询	日间托老	临终服务
社会政策和服务	1. 免费健康检查 2. 免费医疗保健咨询 3. 常见病预防 4. 健身设施 5. 居家护理			1. 医疗救助 2. 老人乘坐交通工具优待 3. 中低收入户老人生活补助 4. 一次性大病补助 5. 社会保险政策					1. 长期照顾机构 2. 养老院建设 3. 老年公寓 4. 支持家庭的照顾政策				1. 老人社团 2. 老年大学 3. 社区老人服务中心 4. 老年志愿者队伍			1. 心理咨询 2. 法律咨询 3. 日间托老机构 4. 临终医院		

老年福利是随着工业革命的推进，在工业发达国家首先发展起来的。在此过程中，逐渐从非正式制度转变为正式制度，从政府非介入领域转变为政府积极干预领域，从为统治者服务转变为为满足社会需求服务，从经济政策转变为经济政策与社会政策相互交融的混合型经济-社会政策。

① 杜鹏，杨慧．“未富先老”是现阶段中国人口老龄化的特点．人口研究，2006（6）：28-36.

当前构建完善的老年社会政策体系对于满足老年人的美好生活需要、有效解决人口老龄化问题具有重要的现实意义。

首先，由老年人福利体系构成的现代社会保护机制是满足现代社会老年人基本生存需求，托底老年人基本生存安全的制度保证。在传统社会，老年人的生存需求基本由家庭供给，是一种家族主义的养老方式。但农业社会向工业社会转型过程中，老年人所依赖的土地保障机制逐渐瓦解，农业生产成为社会性的活动，随之而来的是老年人的家庭生活须依赖社会过程才能实现。老年福利从经济、医疗、安养、休闲及服务方面给老年人提供全面的支持，以解决人在老年阶段的基本生活需求。

其次，老年福利是促进老年人社会参与，形成积极老龄观，实践健康老龄化的重要政策手段。老年人往往被视为社会的弱势群体，极易遭受社会排斥。老年社会政策致力于促进老年人参与各类社会活动，帮助老年人建立自服务组织，提升老年人健康活力，是实现《中共中央　国务院关于加强新时代老龄工作的意见》所提出的“把积极老龄观、健康老龄化理念融入经济社会发展全过程”不可或缺的政策手段。

最后，从社会大局看，老年福利是保障代际和谐与社会稳定的润滑剂。老年人的今天就是青年人的明天。传统的家庭养老要求子女“父母在，不远游，游必有方”，现代老年社会政策把子女的养老责任转移给国家和社会。老年群体有了养老保障，一方面减轻家庭赡养负担，另一方面工作人群的工作也不再为赡养父母所缚，更能安心投身工作。因此，老年社会政策在促进劳动力市场有序、稳定流动的基础上，可以维护社会大局稳定。

第二节　我国老年社会政策的发展演变

新中国成立以来，我国城乡养老保险政策体系不断建设完善，逐步建立健全了覆盖全民、统筹城乡、公平统一、安全规范、可持续的多层次养老保障体系，扩大了养老保险的覆盖面。与此同时，养老服务和养老产业的发展也受到党和国家的高度重视。党的二十大报告提出“实施积极应对人口老龄化国家战略，发展养老事业和养老产业，优化孤寡老人服务，推动实现全体老年人享有基本养老服务”，将积极应对人口老龄化上升为国家战略，对于推动我国养老服务、养老产业的发展将起到积极重要的作用。构建多样化的普惠型养老服务，满足老年人养老需求，让更多老年人拥有幸福晚年，是“十四五”期间建设社会主义现代化的新方向和新要求。

一、我国城乡养老保险政策的演进脉络

建立与人口老龄化水平相适应的养老保险政策是完善中国老年社会政策的重要任务和优先领域。中国自 20 世纪 50 年代起，就建立起以劳动阶级为主要保障对象的“劳动保险”制度。为了提高劳工劳动的积极性，也为了彰显劳动群众在革命翻

身后成为国家的主人翁，“劳动”二字成为令人自豪的字眼，因此在新中国成立之初即积极开办“劳动保险”。1951 年政务院公布了《中华人民共和国劳动保险条例》，规定企业职工的养老保险费由企业负担，建立了企业职工退休养老制度。1953 年又公布了修改条例并开始实施。这一条例是新中国第一部有关社会保险的法规文件。

在企业社会保险建立的同时，适用机关事业单位的养老保险也逐步建立起来。1955 年，国务院发布了《国家机关工作人员退休处理暂行办法》，对国家机关、民主党派、人民团体和事业单位工作人员的退休制度做出了明确规定，在机关和事业单位中实行退休养老制度，其退休条件和待遇标准与企业大致相同。1957 年，国务院颁布《关于工人、职员退休处理的暂行规定》，这一规定适当放宽了退休条件，提高了退休待遇标准，中国从此建立起了统一的退休制度。

改革开放之后，中国使用试点先行、分类推进的方式开始施行养老保险制度改革。1991 年 6 月，国务院做出《关于企业职工养老保险制度改革的决定》，首次明确提出养老费用由国家、企业和个人三方负担，职工个人也要缴纳一定的费用，并开展社会统筹与个人账户相结合试点工作。1995 年和 1997 年，国务院先后下发《关于深化企业职工养老保险制度改革的通知》《关于建立统一的企业职工基本养老保险制度的决定》两个重要文件，进一步明确了社会统筹与个人账户相结合的养老保险制度改革方案，建立了职工基本养老保险个人账户，推动了养老保险新机制的形成。2005 年，国务院发布《关于完善企业职工基本养老保险制度的决定》。这是国务院针对人口老龄化、就业多样化发展形势下出现的新情况、新问题提出的改革和完善社会保险制度的举措之一。该决定把进一步扩大基本养老保险覆盖范围、统一城镇个体工商户和灵活就业人员参保政策、帮助就业困难人员参保缴费，作为当前和今后一个时期改革和完善养老保险制度的主要内容。

2011 年，开始开展城镇居民社会养老保险试点。根据党的十七大精神和《中华人民共和国国民经济和社会发展第十二个五年规划纲要》《中华人民共和国社会保险法》的规定，国务院制定了《关于开展城镇居民社会养老保险试点的指导意见》，要求建立个人缴费、政府补贴相结合的城镇居民养老保险制度，实行社会统筹和个人账户相结合，与家庭养老、社会救助、社会福利等其他社会保障政策相配套，保障城镇居民老年基本生活。2012 年要基本实现城镇居民养老保险制度全覆盖。

农村养老保险方面，首先由民政部于 1991 年开始负责开展建立农村养老保险制度的试点工作。随着城市化发展与产业结构的升级，为积极回应农村社会结构出现的重大变化，一些地方在农村养老保险制度设计上，针对不同群体进行构建。2003 年 5 月，浙江省劳动和社会保障厅、浙江省国土资源厅、浙江省财政厅、浙江省民政厅及浙江省农业厅联合颁发了《关于建立被征地农民基本生活保障制度的指导意见》，要求在全省范围内建立被征地农民的养老保障制度。这个制度，既有别于城镇职工基本养老保险和其他社会保险，又要考虑能与城镇职工基本养老保险和其他社会保险相衔接。保障资金由政府、集体和个人共同承担。截至 2008 年 12 月底，全省有 345.13 万名被征地农民被纳入社会保障覆盖范围，累计筹集保障资金 390.11

亿元，有121.28万名符合条件的参保人员已按月领取基本生活保障金或基本养老保险金，基本上做到了“即征即保”。[①]

在各地探索实验的基础上，2009年9月1日，国务院印发了《关于开展新型农村社会养老保险试点的指导意见》，标志着全国新农保试点工作正式启动。[②] 建立新农保制度是深入贯彻落实科学发展观、加快建设覆盖城乡居民的社会保障体系的重大决策，是应对国际金融危机、扩大国内消费需求的重大举措，是国家朝着促进社会公平正义、逐步缩小城乡差距、破除城乡二元结构、逐步实现基本公共服务均等化的一个重大步骤，是实现广大农村居民老有所养、促进家庭和谐、增加农民收入的重大惠农政策。

随着新型农村社会养老保险的建立和城市居民养老保险实现全面覆盖，2014年《国务院关于建立统一的城乡居民基本养老保险制度的意见》出台，将新农保和城居保进行了合并，建立了统一的城乡居民基本养老保险制度，标志着中国养老保险进入了全面统筹阶段。其后，2015年出台的《国务院关于机关事业单位工作人员养老保险制度改革的决定》将机关事业单位和企业职工养老保险进行了制度并轨，“双轨制”正式退出了历史舞台，有效缩小了机关事业单位和企业职工在养老保险金待遇和制度结构方面的差距，实现了由“国家-企业保险”向“社会保险”的转变，将养老风险从国家、企业扩散至社会。[③] 此后，2017年国务院发布了《关于加快发展商业养老保险的若干意见》，人社部、财政部印发《企业年金办法》，鼓励发展第三支柱的商业养老保险和企业年金、职业年金制度，进一步促进养老风险的社会共担机制的建设，推动多层次养老保险体系的构建。

近年来，为适应经济新常态发展趋势和快速老龄化趋势，中国养老保险政策建设主要有以下四个方面。

一是探索实质性降低企业、社会养老负担的制度设计。《国务院关于建立企业职工基本养老保险基金中央调剂制度的通知》（2018年）、《国务院关于印发降低社会保险费率综合方案的通知》（2019年）等，分别从养老保险基金统筹、下调保费等方面做出了尝试[④]，以期进一步优化中国养老保险制度，提升对老年人经济收入的制度保障。

二是持续推动养老基金全国统筹工作。2010年发布的《中华人民共和国社会保险法》将养老保险基金全国统筹纳入了法律范畴；2022年人社部将养老保险基金全国统筹正式提上日程，2022年1月，企业职工基本养老保险全国统筹制度启动实施，在全国范围内对地区间养老保险基金档期余缺进行调剂。

三是发展养老保险第三支柱，构建多层次养老保险体系。2022年4月，国务院

---

① 数据来自浙江省劳动和社会保障厅。

② 李迎生，李玲．社会保障制度的改革与发展//郑杭生．中国人民大学中国社会发展研究报告2010：走向更加合理的社会：社会资源及其合理配置．北京：中国人民大学出版社，2010：84-102.

③ 阳义南，高娜．中国老年社会保障体系的发展与“十四五”展望//刘远立．中国老年健康研究报告：2020—2021. 北京：社会科学文献出版社，2021：24-49.

④ 房连泉，刘桂莲，谭中和．“十四五”时期养老保险制度的改革与发展//王延中．中国社会保障发展报告2020：“十四五”时期社会保障展望．北京：社会科学文献出版社，2020：31-54.

办公厅发布《关于推动个人养老金发展的意见》，明确提出建立个人储蓄性养老保险制度。2022 年 10 月，人社部、财政部、国家税务总局、银保监会、证监会联合发布《个人养老金实施办法》，对个人养老金的相关税收、产品配套政策进行了详细规定，并在 11 月 25 日确定了包括北京、上海、广州等城市在内的先行城市地区名单，正式开始推行个人养老金制度，让居民的老年生活更有保障。

四是对延迟退休改革方案进行讨论。研究认为，延迟退休有助于缓解养老金支付压力、提升养老金替代率、增加劳动力供给。[①] 同时中国一直沿用 20 世纪 70 年代制定的退休办法，与经济合作与发展组织其他国家相比退休年龄相对偏低[②]，使老年劳动力资源未能得到充分利用，不利于养老保险制度体系的可持续发展。党的十八届五中全会提出“出台渐进式延迟退休年龄政策”。2021 年发布的《中华人民共和国国民经济和社会发展第十四个五年规划和 2035 年远景目标纲要》、2022 年发布的《“十四五”国家老龄事业发展和养老服务体系规划》等都进一步明确了开展延迟退休改革的目标，并由江苏省、山东省等率先于 2022 年开始试点工作，探索延迟退休政策的实践路径。

二、我国养老服务体系的建设历程

新中国成立之初，我国养老服务主要由政府、单位、家庭、集体组织共同承担，直至 1994 年，民政部等部委联合发布了《中国老龄工作七年发展纲要（1994—2000 年）》，标志着养老服务体系建设开始进入政策统筹发展的阶段，但基本上，在 2000 年前，中国养老社会政策主要以建立并完善养老保险制度为主，家庭始终是养老服务供给的核心。

随着养老保险制度全覆盖的实现，养老服务体系建设逐步被提上养老政策体系建设的改革日程。2000—2012 年是中国养老服务体系建设的初步发展阶段。2000 年民政部等部委发布的《关于加快实现社会福利社会化的意见》首次将社会力量引入养老服务的供给之中，其后《关于印发〈“社区老年福利服务星光计划”实施方案〉的通知》（2001 年）、《关于支持社会力量兴办社会福利机构的意见》（2005 年）等文件提出，通过税收优惠、财政补贴、资金支持等给社会组织参与机构养老服务提供支持，促进了中国养老机构的蓬勃发展。2006 年，全国老龄委办公室、发展改革委、民政部等十个部门联合颁布的《关于加快发展养老服务业意见的通知》对养老服务业发展进行了顶层设计。2008 年，全国老龄办等部门发布的《关于全面推进居家养老服务工作的意见》提出，应推进居家养老服务体系建设，建设以社区为依托的居家养老服务体系。2012 年修订的《老年人权益保障法》将社会服务纳入养老服务体系，对养老服务建设进行了法律保障。总体而言，在这一阶段中国政府、社会、

---

① 严成樑．延迟退休、内生出生率与经济增长．经济研究，2016，51（11）：28-43.

② 汪伟，王文鹏．预期寿命、养老保险降费与老年劳动供给：兼论中国退休政策改革．管理世界，2021，37（9）：119-133，157，134-144.

民众都开始意识到养老服务建设的重要性，政府也开始大力推动养老服务体系建设，并从以机构为主转为以社区居家为主，实现了从鼓励社会组织开办养老机构提供服务到推动以社区为依托开展居家养老服务的政策转变。

经过上一阶段的探索，党的十八大以后中国养老服务体系建设进入了一个精细化的发展时期。首先是2013年颁布的《国务院关于加快发展养老服务业的若干意见》，提出了建立"以居家为基础、社区为依托、机构为支撑"的中国养老服务体系的目标。其次是民政部出台包括养老服务评估、养老护理员职业培训、养老服务购买等一系列行业标准，有针对性地推动养老服务业的健康发展。最后，2016年，《国务院办公厅关于全面放开养老服务市场提升养老服务质量的若干意见》将市场化导向引入养老服务体系建设之中，标志着养老服务供给侧改革的开启。在此基础上，2019年《国务院办公厅关于推进养老服务发展的意见》进一步细化了供给侧改革的内容，通过深化养老服务放管服改革、放宽行业准入限制、拓宽融资渠道、扩大消费市场、培育养老服务新业态等措施，鼓励社会和市场力量参与养老服务发展。

2021年国务院印发的《"十四五"国家老龄事业发展和养老服务体系规划》结合"十四五"时期发展目标，对养老服务多业态融合发展、提升医养结合能力、开展智慧助老行动等方面做出了战略部署。2022年，党的二十大报告从"增进民生福祉，提高人民生活品质"的角度阐述了养老事业和养老产业的发展方向，提出"发展养老事业和养老产业，优化孤寡老人服务，推动实现全体老年人享有基本养老服务"，构建多样化的养老服务体系和普惠型养老服务，大力发展养老事业、养老产业将是未来化解老龄化危机，推动满足老年人需求的必由之路。

具体而言，中国养老服务体系建设还涵盖了医养结合、长期照护两个重点领域。在医养结合方面，随着中国老龄化程度的不断加深，仅仅局限于生活照料的养老服务逐渐难以满足老年人的医养照护需求。数据显示，截至2021年年底中国60岁以上人口中患有慢性病的老年人已经达到了1.9亿人，失能、半失能老年人超过4 000万①，老年人对医疗照护服务的需求不断增大，加重了家庭和综合医院的负担，由此中国提出了医养结合的战略。2015年颁布的《关于推进医疗卫生与养老服务相结合的指导意见》提出，促进医疗卫生与养老服务协调发展，积极整合养老和医疗两方面的资源，将老年人的健康医疗服务放在更重要的位置，由专业护理人员为老年人提供持续性的医疗照顾和临终关怀服务。2019年，国家卫生健康委等部门又通过了《关于深入推进医养结合发展的若干意见》，明确要求加快落实医养结合的脚步，针对医养结合发展过程中遇到的困境提出了多条措施进行改善，有效推动了医养结合服务的快速发展。

长期照护指为失能、半失能群体提供旨在维持身心机能的照护服务。2016年6月，《人力资源社会保障部办公厅关于开展长期护理保险制度试点的指导意见》发布，开始在长春、安庆等15个城市开展长期护理保险制度试点，探索建立长期失能

① 中共中央 国务院关于加强新时代老龄工作的意见.(2021-12-24)[2022-12-28]. http://politics.people.com.cn/n1/2021/1124/c1001-32291121.html.

老年人的基本生活照料和医疗护理服务保障制度，参保人群主要覆盖职工基本医疗保险，并随着制度发展逐步扩大；2020 年发布的《关于扩大长期护理保险制度试点的指导意见》新增了福州等 14 个城市作为长期护理保险试点城市，进一步探索适合中国国情的长期护理保险制度框架。与养老保险的收入维持特性不同，长期护理保险的目的是为参保人提供相应的照护服务，这就需要对长期照护服务进行配套建设，因而它被纳入养老服务政策建设之中。同时由于长期护理保险对政府财政、个人而言负担较大，长期护理保险的发展较为缓慢，因而在政策上鼓励社区、居家照护仍是中国长期照护服务供给的方向。①

三、我国老年社会政策改革理念的转变历程

在中国经济进入新常态和全面建成小康社会的背景下，老年人社会政策不仅要为老年人提供基本的生活保障，同时也应以促进老年人发展为目标，从单一维度需求满足走向多元维度需求满足，从补偿性走向积极发展性。

2002 年，世界卫生组织发布了《积极老龄化：政策框架》，提出了积极老龄化理论，强调要关注老年人的社会参与权利，将老年人看作社会的资源提供者和贡献者。这对老年人具有积极意义：老年人不仅需要健康、长寿，也需要能够积极参与社会经济文化和公共事务。随着中国特色社会主义进入新时代，我国社会的主要矛盾已经转化为人民日益增长的美好生活需要和不平衡不充分的发展之间的矛盾，老年人群体的美好生活需要也日益广泛，不仅包含了对物质生活的需求，更包括了对社会精神文化的需求。由此，为适应老年人群体的美好生活需要，我国应对老龄化的战略理论从健康老龄化转向了积极老龄化，让老年人不仅老有所养、老有所依，也要老有所乐、老有所学、老有所为。这一政策转变主要经历了以下三个阶段。

第一阶段，2000—2011 年。2000 年中共中央、国务院发布了《关于加强老龄工作的决定》，提出“六个老有”（养、医、教、学、为、乐），从老年权益保障、老年服务等方面对人口老龄化做出了工作部署，体现了中央对老龄化工作的重视。其后 2001 年的《中国老龄事业发展“十五”计划纲要（2001—2005 年）》、2006 年的《中国老龄事业发展“十一五”规划》都对全面建设发展老年工作，使老年人拥有丰富有质量的精神文化生活进行了规定。值得一提的是，在“十一五”规划中首次提出了“积极应对人口老龄化”的目标。这一阶段首次提出了积极老龄化的理论观点，为之后积极老龄化政策的发展夯实了基础。

第二阶段，2012—2019 年。这一阶段积极老龄化制度体系逐步建成。2012 年党的十八大报告再次提出要积极应对人口老龄化，并在其后修订的《中华人民共和国老年人权益保障法》中加入“积极应对人口老龄化是国家的一项长期战略任务”的规定，从法律上明确了积极老龄化政策的重要性。2016 年，《中华人民共和国国民

---

① 王震．我国长期照护服务供给的现状、问题及建议．中国医疗保险，2018（9）：26－30.

经济和社会发展第十三个五年规划纲要》提出，加强顶层设计，构建以人口战略、生育政策、就业制度、养老服务、社保体系、健康保障、人才培养、环境支持、社会参与为支撑的人口老龄化应对行动。党的十九大将积极应对老龄化政策上升到前所未有的高度。十九大报告提出："积极应对人口老龄化，构建养老、孝老、敬老政策体系和社会环境，推进医养结合，加快老龄事业和产业发展。"2019 年国务院印发《国家积极应对人口老龄化中长期规划》，从改善老龄化劳动力供给、促进养老服务业发展、提升老龄化科技创新能力、构建养老孝老敬老的社会环境等方面，指明了积极应对老龄化的政策方向。这一阶段主要从顶层设计、政策制度建设的角度对积极老龄化政策进行建设，对老年人的社会参与、能力提升做了更加全面的政策覆盖。

第三阶段，2020 年至今。随着新冠病毒感染疫情的暴发，老年人群体"数字鸿沟"问题开始凸显，促进"互联网+"在养老领域的广泛运用成为新时期发展性老年社会政策的核心议题。2020 年国务院颁布的《关于切实解决老年人运用智能技术困难的实施方案》和《关于建立积极应对人口老龄化重点联系城市机制的通知》等对这一议题进行了探索。随着老年教育的发展、老年宜居环境的建设、"互联网+"养老服务的推进、老年社会参与渠道的扩展，我国积极应对人口老龄化的社会政策已经取得了显著成效。2022 年党的二十大报告提出"实施积极应对人口老龄化国家战略"，正式将积极老龄化上升为国家战略，对建设积极老龄化政策制度、推动老龄事业发展有着重要影响。随着综合国力的不断提升、人民生活水平的不断提高，我国必将采取更加有效的战略措施，积极构建发展性老年社会政策体系，努力推动老年福利与经济社会协调发展，促进老年人共享经济社会发展成果。

第三节　我国当前主要的老年社会政策

经过新中国成立 70 多年的政策建设，中国老年社会政策已经形成了包括养老保障、养老服务、老年福利性政策在内的多层次老年社会政策体系，各项政策建立起了较为完善的制度架构和管理体制，极大地满足了老年人多元化的需求，共同为保障老年人的基本生活服务。

一、养老保障政策的体系架构

（一）养老保险制度

1. 养老保险制度架构与现状

当前中国已基本建立由基本养老保险、企业年金和职业年金、个人养老金和其他个人商业养老金融业务构成的多层次养老保险制度框架，逐步实现了从"制度全覆盖"向"人群全覆盖"的跨越，为日趋复杂的老年经济问题提供了保障，确保了老年人在退休或年老之后的经济安全。

在制度架构方面，中国现行的养老保险包括三个层级：第一层级为政府主导建成的基本养老保险制度，由城镇职工基本养老保险和城乡居民基本养老保险构成。城镇职工基本养老保险由企业和个人共同负担，实行基金现收现付与部分积累相结合模式，包括社会统筹和个人账户两部分，其中个人缴纳的保险费全部计入个人账户，用人单位缴纳的保险费全部计入社会统筹账户。城镇各类用人单位及其职工、城镇非全日制从业人员、城镇个体工商户、城镇灵活就业人员都在参保范围之内。城镇职工基本养老保险基金由单位缴费、个人缴费和政府补贴构成，其中用人单位缴费比例一般为单位工资总额的 16%，个人缴费比例为本人缴费工资的 8%。个人达到法定退休年龄，并满足养老保险法律对最低缴费年限的要求（累计满 15 年）的可以领取基本养老金[①]，同时，各统筹地区省级人民政府，可以按照当地企业在岗职工平均工资年增长率的一定比例，结合通胀因素，对养老金进行调整。

城乡居民基本养老保险则覆盖所有年满 16 周岁（不含在校学生），不在职工基本养老保险制度覆盖范围内的城乡居民，包括个人账户养老金和基础养老金。城乡居民基本养老保险基金由个人缴费、集体补助、政府补贴构成，其中个人按照每年 100 元至 2 000 元共 12 个档次缴费，缴纳保费全部计入个人账户，政府全额支付基础养老金，有条件的村集体经济可给予补助。参保居民年满 60 岁、累计缴费满 15 年可按月领取城乡居民养老保险待遇，包括个人账户全部储额除以 139，以及基础养老金。同时，参保人员在流动或户籍变动时可进行城乡居民基本养老保险的转移接续，城镇职工和城乡居民养老保险制度之间也可进行转移。

基本养老保险作为老年社会政策的核心组成部分，对维持老年人退休后的经济收入、保障老年人基本生活权益发挥着重大作用。党的二十大报告强调，要完善基本养老保险全国统筹制度，发展多层次、多支柱养老保险体系；健全基本养老、基本医疗保险筹资和待遇调整机制。[②] 目前，中国基本养老保险已经实现从碎片化走向一体化、制度化和普惠化。截至 2021 年年底，中国基本养老保险参保人数近 10.3 亿（见表 7－3），其中参加城镇职工基本养老保险人数约为 4.8 亿人，参加城乡居民基本养老保险人数约为 5.5 亿，基金收入达 6.5 万亿元，支出 6 万亿元，养老保险参保人数占 16 周岁及以上人口比重在 2020 年达到 86%以上，基本养老保险的覆盖范围也稳步拓宽，从机关事业单位和企业正式就业人员逐步扩大到城乡居民、新业态灵活就业人员、自雇佣人员等。在基本养老保险待遇水平方面，中国 2005—2021 年连续 17 年提高企业退休人员基本养老金，从 2016 年开始同步调整机关事业单位工作人员和企业职工养老金待遇，企业职工基本养老保险基金支出从 2005 年的 4 040 亿元增加到了 2021 年的 5.65 万亿元，同时城乡居民养老保险也在各级财政补贴的支持下不断提升待遇标准。

① 个人缴费累计满 15 年及以上，退休后按月发给基本养老金。基本养老金由基础养老金和个人账户养老金组成；个人缴费不满 15 年，在达到法定退休年龄后，只发放个人账户养老金。

② 习近平．高举中国特色社会主义伟大旗帜 为全面建设社会主义现代化国家而团结奋斗：在中国共产党第二十次全国代表大会上的报告（2022 年 10 月 16 日）．北京：人民出版社，2022：48.

表 7-3 中国养老保险年末参保人数历年比较 单位：万人

年份	基本养老保险累计	城镇职工基本养老保险	城乡居民基本养老保险
1998	11 203.1	11 203.1	—
2008	21 891.1	21 891.1	—
2012	78 796.3	30 426.8	48 369.5
2016	88 776.8	37 929.7	50 847.1
2017	91 548.3	40 293.3	51 255.0
2018	94 293.3	41 901.6	52 391.7
2019	96 753.9	43 487.9	53 266.0
2020	99 864.9	45 621.1	54 243.8
2021	102 872.0	48 075.0	54 797.0

资料来源：1998—2020 年数据来自下列资料：国家统计局．中国统计年鉴 2021. 北京：中国统计出版社，2021；2021 年数据来自人力资源和社会保障部的 2021 年人力资源和社会保障统计快报。

养老保险制度的第二层级为企业年金和职业年金制度。党的十八届三中全会通过的《中共中央关于全面深化改革若干重大问题的决定》明确提出，要推动企业年金、职业年金的发展。2017 年人社部、财政部印发的《企业年金办法》对企业年金的实施和覆盖进行了制度规范。企业年金由企业和职工个人共同缴纳，企业缴纳不超过本企业职工工资总额的 8%，企业和职工个人缴纳合计不超过本企业职工工资总额的 12%。其中企业缴纳部分按比例计入职工企业年金个人账户，职工个人缴纳部分计入本人企业年金个人账户，职工达到退休年龄后可按月、分次或一次性领取企业年金。截至 2020 年年底，全国共有 10.5 万企业建立了企业年金计划，参加职工达到 2 717.5 万人。[①] 2015 年，《国务院关于机关事业单位工作人员养老保险制度改革的决定》和《国务院办公厅关于印发机关事业单位职业年金办法的通知》发布后，职业年金开始逐步实施。2016 年人社部、财政部印发了《职业年金基金管理暂行办法》，对职业年金的管理进行了规范。2019 年机关事业单位全面开始职业年金投资。

养老保险制度的第三层级为个人养老金和其他个人商业养老金融业务。上海、福建等地从 2018 年开始了通过个税递延商业养老保险制度试点，将商业养老保险收入的 25%实行免税，剩余部分按照 10%的税率纳税。2022 年 11 月 4 日，《个人养老金实施办法》发布，开始正式实施个人养老金制度，参加者每年缴纳额度的上限为12 000 元，相应部分可获得个人所得税优惠，缴纳资金可自主选择购买符合规定的金融产品，是一项由政府政策支持、个人自愿参加、市场化运营的补充养老保险制度。

2019 年，中共中央、国务院印发的《国家积极应对人口老龄化中长期规划》明确了多层次养老保险制度体系发展的重要性，党的二十大报告中也明确提出要健全覆盖全民、统筹城乡、公平统一、安全规范、可持续的多层次社会保障体系。在中国进入深度老龄化的现实背景下，多层次养老保险制度体系的建设和完善有效地扩大了养老保险基金规模，从不同层次发挥了养老保障功能，为越来越多的老年人群

① 中华人民共和国人力资源和社会保障部．2020 年度人力资源和社会保障事业发展统计公报．(2021-06-03)[2022-01-30]. http://www.mohrss.gov.cn/SYrlzyhshbzb/zwgk/szrs/tjgb/202106/t20210604_415837.html.

体提供了养老保障。

2. 养老保险制度存在的问题与应对措施

在制度构架完善和成效提升的同时，中国养老保险政策也面临着多方面的问题和挑战。具体表现在以下三个方面。

（1）统筹层次较低，影响制度公平性。

现阶段中国养老保险是省级统筹，各省之间养老保险基金运行存在较大差异。在东南部经济发达省份，养老保险基金支付有较高的保障，而在部分中西部、东北地区省份却已经出现了当期养老基金收不抵支、养老保险基金结余用完的情况。各地区之间经济发展水平、城镇化水平都有较大差异，导致养老基金在缴费负担、待遇水平、治理成效方面都存在较大差异，从而影响了制度的公平性。由于基金统筹层次低，导致无法实现全国性的基金调动，难以发挥养老基金的共济性，削弱了养老保险的风险共担功能。更重要的是，较低的基金统筹层次对基金的保值增值产生很大的影响，各省市地区的基金规模难以形成较大的基金体量进行投资保值。由于收益率低于 CPI（居民消费价格指数），养老保险基金长期处于贬值状态，引来了较多的质疑。

由此，推进养老保险全国统筹的意义越来越重要，实际上，在 2010 年修订的《中华人民共和国社会保险法》中已经将养老保险基金全国统筹纳入了法律规定，人社部也从 2022 年开始实施养老保险全国统筹，在全国范围内对地区间养老保险基金当期余缺进行调剂。

（2）基金缺口扩大，可持续性面临挑战。

中国养老保险实行改革后的新制度，按照制度设计，对已经退休的人员发放的养老金用社会统筹资金来解决，但是，现在的退休者没有（或很少有）个人账户的资金。而国家规定两个账户“统一”使用，互相连通，这导致统筹基金在负担旧制应偿债务不足之余会向个人账户借支，最终导致两个账户皆透支于旧制债务之下，使养老保险基金流于“空头账户”。2004 年，中国个人账户空账规模为 7 400 亿元[①]，而 2015 年空账的规模已经超过 4 万亿元[②]，空账规模和资金缺口扩张速度极为惊人，这严重影响了我国养老保险制度的健康运行。可以预见，未来养老保险基金的收支矛盾将不断加剧。如何在满足待遇的同时补充资金的收入，实现保险基金的可持续发展，是当前我国养老保险面临的最大挑战。

为应对这一挑战，我国正探索实施渐进式延迟退休年龄政策。延迟退休是提升养老保险可持续性的重要政策。目前我国男性年满 60 周岁、女工人年满 50 周岁、女干部年满 55 周岁，连续工龄满 10 年者，可以退休。这样的法定退休年龄较之西方国家现行退休年龄来说是较为年轻的，这客观上导致了退休人数增加迅速、保费收入减少以及保险支出的增加。已有研究显示，延迟退休不仅能够提高养老金替代

---

① 杨华云．中国养老金空账规模约 1.3 万亿．新京报，2010－07－14.

② 人力资源和社会保障部社会保险事业管理中心．中国社会保险发展年度报告 2015. 北京：中国劳动社会保障出版社，2016.

率，提升养老金收入，而且有助于经济的长期增长。我国“十四五”规划纲要已经明确提出，要逐步延迟法定退休年龄，江苏省、山东省等地也已率先于 2022 年开展试点工作，探索延迟退休政策的实践路径。

（3）多层次框架初步成形，发展不平衡问题突出。

养老保险制度框架第一层级的法定基本养老保险建设相对完善，第二层级的企业年金、职业年金与第三层级的个人养老金和其他个人商业养老金融业务虽已具雏形，但仍未充分发展。整体而言，养老保障制度的多层次框架仍存在比较突出的发展不平衡问题。以企业年金为例，近几年企业年金的扩张已经遇到瓶颈，新参与人数和规模的增长都呈下降趋势，并且主要为国有企业参与，民营企业、小微企业较少参与。未来仍需明确不同的养老制度层级的功能定位，完善多层次养老保险制度框架的建设方案，重点是发展适度普惠型的企业年金，鼓励中高收入群体通过商业养老保险获得更好的保障，根据不同的功能定位制定更加准确的政策，以取得更好的发展效果。

现有的多层次养老保险制度从根本上改变了单纯由国家、企业负担养老金的局面，剔除了传统体制下平均主义“大锅饭”的陋习，减轻了国家养老负担过于沉重的历史包袱，取得了一系列突破性的进展。但目前我国的养老保险制度仍存在多方面的不足与挑战，需要继续深化推进改革、完善制度体系、健全长效机制，构建全民覆盖、多元主体共担、持续性发展的养老保险制度。

（二）老年津贴制度

老年津贴是养老保障制度的一项重要内容，是一种非缴费型的现金给付制度，英国的老年补助金、中国香港的“生果金”等都属于老年津贴福利。随着我国人口老龄化程度的加深，为了有针对性地满足高龄老人、困难老人的生活需求，让老年人分享经济社会发展的成果，我国政府鼓励有条件的地方建立高龄老人津贴制度。老年津贴主要来源于地方政府财政，因此各地区发放老年津贴的要求和标准各不相同。以上海市为例，上海对具有本市户籍且年满 65 岁的老年人发放“老年综合津贴”，按照年龄段分为五档，65 岁至 69 岁为最低档，每人每月 75 元，100 岁以上为最高档，每人每月 600 元。截至 2018 年年底，我国高龄老人津贴制度已经实现省级全覆盖，享受高龄津贴的老年人达到 2 680 万，养老服务补贴和护理补贴制度分别覆盖 30 个、29 个省份，分别有 354 万人和 61 万人受惠[①]，与养老保险制度、老年人社会救助结合起来共同为老年人提供生活保障。

二、养老服务政策的制度建设

养老服务在被纳入“十二五”、“十三五”国民经济和社会发展规划纲要后，成

---

① 民政部：已基本实现老年人高龄津贴、服务补贴和护理补贴制度全国覆盖.(2019-01-03)[2022-12-02]. https://mzzt.mca.gov.cn/article/zt_2019gzhy/mtgz/201901/20190100014264.shtml.

为国民经济和社会发展的重要组成部分，受到了党和政府的高度重视。2020 年《中共中央关于制定国民经济和社会发展第十四个五年规划和二〇三五年远景目标的建议》及 2021 年《“十四五”国家老龄事业发展和养老服务体系规划》对养老服务进行了顶层制度设计，明确“健全基本养老服务体系，发展普惠型养老服务和互助性养老，支持家庭承担养老功能，培育养老新业态，构建居家社区机构相协调、医养康养相结合的养老服务体系，健全养老服务综合管理制度”。《养老机构服务质量基本规范》（2017 年）、《养老机构服务安全基本规范》（2019 年）等部门规范标准对养老服务的质量和安全管理做出了详细规定。

（一）我国养老服务政策的主要内容

在制度建设的基础上，目前我国养老服务政策主要包括居家社区养老服务、机构养老服务、健康支撑体系等几个主要方面。

1. 居家社区养老服务

与机构养老服务相比，居家社区养老服务更具便捷性，且更符合老年人养老服务需求，一直是我国养老服务的基础模式。从“十三五”时期开始，中央财政每年投入 10 亿元用于推进城市、农村居家和社区养老服务试点建设，包括助餐、助浴、助急、助医等居家社区养老服务广泛开展，截至 2020 年全国共有社区养老服务机构和设施 29.1 万个，共有床位 332.8 万张，同时开展智慧健康养老应用试点，截至 2019 年共有 79 家示范企业、130 个示范街道和 29 个示范基地。[①] 其中浙江省杭州市利用社区闲置资源，分类增加居家社区养老服务设施供给，要求住宅小区按规定配置居家养老服务用房，街道和社区着重为社区老年人提供全托、日托、日间照料等服务。江苏省南通市在社区引进小型养老机构，建设“社区长者驿家”，为社区老年人提供助残送餐、日间照料、短期托养等服务。天津市河东区着力提升居家社区养老服务水平，通过鼓励企业连锁化运行，打造养老服务品牌，与企业合作兴办养老服务中心。湖北省武汉市设立了“互联网＋居家养老”服务网点，老年人可使用老年证在服务网点内自由选择服务项目。

2. 机构养老服务

机构养老服务在养老产业中占有重要地位。当前我国机构养老服务建设以加强养老机构规范化管理和不断推进养老产业市场化为主。在养老机构规范化管理方面，通过《养老机构管理办法》（2020 年）对养老机构的人员配备、食品安全、消防安全等都做了具体要求，促使养老机构不断提升服务水平；在养老产业市场化方面，通过推进“放管服”改革、取消养老机构的设立许可，激发养老机构的发展积极性。新冠病毒感染疫情暴发后，为维持养老服务机构安全运营，国务院印发《关于进一步做好民政服务机构疫情防控工作的通知》，对加强机构疫情防控意识进行了部署，制定了养老机构疫情防控常态化工作的程序。截至 2020 年年底我国注册登记的养老

① 中华人民共和国国家发展和改革委员会．“十四五”国家老龄事业发展和养老服务体系规划．(2022-03-25)[2023-02-27]. http://www.ndrc.gov.cn/fggz/fzzlgh/gjjzxgh/202203/t20220325_1320220，html.

机构共有 3.8 万个，床位 488.2 万张。[①]

3. 健康支撑体系

（1）医养结合。

医养结合是指将医疗卫生资源与养老资源充分整合，为老年人提供健康管理、巡诊体检、家庭病床、社区护理、急诊急救、中医药养生保健等服务，满足老年人的健康养老服务需求，充分发挥医疗卫生机构和养老服务机构的作用，实现对老年人全方位、全过程的照护。经过多年的发展，我国各地方已经初步形成了“医养签约合作”“养老机构设立医疗卫生机构”“医疗卫生服务延伸至社区家庭”“医疗机构开展养老服务实现融合发展”4 种主要的服务模式，实现了医养结合资源进一步优化。截至 2019 年年底，全国有 3 172 家养老服务机构开办了医疗卫生机构，医疗卫生机构开办养老服务的有 1 623 家，医疗卫生机构与养老服务机构开展签约合作的有 5.64 万对，养老机构内设医疗机构或签约服务不同形式提供医疗服务的比例达到了 93%以上。

（2）长期照护。

老龄化的加剧增加了老年护理的需求。为应对失能老年人的长期照护需求，我国主要通过居家社区长期照护服务、机构长期照护服务和长期护理保险等来提供福利。居家社区长期照护是老年人长期照护的基础模式，对全国老年人生活状况的调查显示，有 80%的老年人选择居家社区长期照护服务。[②] 在机构长期照护方面，目前主要由养老服务机构（包括养老院、照护中心、护理院等）、医疗疗养机构、残疾人照护机构负责提供长期照护服务，其中民办非营利机构占比 70%，公办公营机构占 17.7%，可见民办非营利机构是当前机构长期照护服务的主体。在长期护理保险方面，我国 2016 年开始通过试点实施的长期护理保险对老年人进行了有针对性的保障。截至 2020 年年底实施长期护理保险的城市中共有 10 835.3 万人参保，基金收入 196.1 亿元，享受待遇人数超过 83.5 万，试点地区长期护理保险定点护理服务机构共 4 845 家，护理人员达到 19.1 万人。[③] 2020 年，国家医保局和财政部印发的《关于扩大长期护理保险制度试点的指导意见》新增了 14 个城市作为试点。新试点单独制定针对退休人员的保险缴费政策，将退休人员纳入了保障范围，将失能人员居家护理也纳入了保险给付范围，提高了保险给付水平，增强了长期护理保险的可持续性和对老年人的保障力度，取得了初步成效。

（3）老年人精神心理健康服务。

随着老龄化和城镇化的发展，空巢老人、留守老人数量不断增加，老年人在身体衰老和原有社会关系改变的时候容易产生焦虑、抑郁等精神和心理健康问题。

---

① 中华人民共和国国家发展和改革委员会．“十四五”国家老龄事业发展和养老服务体系规划．(2022-03-25)[2023-02-27]. http://www.ndrc.gov.cn/fggz/fzzlgh/gjjzxgh/202203/t20220325_1320220，html.

② 王震．我国长期照护服务供给的现状、问题及建议．中国医疗保险，2018（9）：26－30.

③ 国家医疗保障局．2020 年全国医疗保障事业发展统计公报．(2021-06-08)[2023-01-22]. http://www.nhsa.gov.cn/art/2021/6/8/art_7_5232.html.

当前我国养老服务政策除了对老年人身体健康的医疗照护外，也十分重视对老年人精神心理健康的保障。2017 年国务院印发的《“十三五”国家老龄事业发展和养老体系建设规划》及《关于制定和实施老年人照顾服务项目的意见》都提出要健全老年人精神关爱、心理疏导、危机干预服务网络；2020 年开始实行的《养老机构管理办法》规定，养老机构应根据需要为老年人提供情绪疏导、心理咨询、危机干预等精神慰藉服务，对老年人精神心理健康服务进行了规范。

（二）我国养老服务发展面临的挑战

当前我国基本形成了以居家为基础、社区为依托、机构为支撑的养老服务体系，但养老服务在发展过程中仍面临一些突出的问题，有待进一步解决。

首先，目前我国养老服务体系建设的重点仍然停留在老年人的生活照料层面，医养结合和长期照护发展不够充分。社区医养结合服务普遍存在粗放型经营管理的问题，长期照护则存在政策碎片化的问题。以长期护理保险为例，各地试点在覆盖对象、保险筹资、给付标准等方面都存在较大差异，造成了较为明显的制度碎片化问题，为长期护理保险的全国推广和统筹设置了障碍。由此，需加快制定统一的长期护理保险政策制度，进一步拓宽筹资渠道，扩大保险覆盖范围，推进医养结合机构的精细化服务，强化居家社区照护服务体系建设。

其次，我国现在的养老服务发展不平衡问题日益凸显。当前我国中西部地区的养老服务发展明显落后于东部沿海地区，农村的养老服务发展也整体落后于城市[①]，养老服务机构设施存在地区不平衡发展、布局不合理的问题。随着乡村振兴战略的实施，我国已将农村养老服务工作纳入了乡村振兴战略，加大了对农村养老服务体系的政策和资金扶持力度，支持农村养老服务设施建设。2020 年年底，全国农村共有两万多家养老机构，194.6 万张养老床位，同时各地也通过多种形式对农村互助养老进行了探索，如农村幸福院、颐养之家等农村互助养老设施的建设。到 2020 年年底，全国已经建成 10.8 万个农村互助养老设施[②]，有效解决了农村留守老人、空巢老人问题。

最后，作为养老服务新业态的“互联网＋”养老服务已经成为养老服务新方向，对养老服务的发展提出了新挑战。“互联网＋”养老服务能够促进养老服务供需的有效匹配，解决目前养老服务存在的供需匹配度低的问题，实现资源的优化整合，更好地满足老年人多元化的服务需求。目前“互联网＋”已经在我国养老服务中得到迅速发展，产生了配套的信息平台和网站，传统养老机构也运用互联网、大数据技术手段提升了自身的服务供应体系。在“十四五”时期，以老年人服务需求为导向，进一步加强“互联网＋”信息平台建设，同时在养老服务技术和产品上进行创新，

---

① 阳义南，高娜．中国老年社会保障体系的发展与“十四五”展望//刘远立．中国老年健康研究报告：2020—2021. 北京：社会科学文献出版社，2021：24－49.

② 崔玉丽．中国社会养老服务体系的构建与新进展//龚维斌．中国社会体制改革报告：2020. 北京：社会科学文献出版社，2020：151－161.

加强对老年人参与互联网的知识普及是养老服务发展的必经之路。

三、老年福利性政策的基本内容

在积极老龄化进程中，老年人不仅仅有经济保障和医疗照护服务的需求，更有“持续参与社会、经济、文化、精神和公民事务”的需要。[①] 因此必须制定相应的老年人福利性社会政策，为维护老年人权益、帮助老年人适应社会、促进老年人自身发展、增加老年人社会参与提供保障，实现老有所学、老有所乐、老有所为。当前我国老年福利性政策主要包括老年教育政策、老年友好型社会环境建设、老年人权益保障及社会参与几个方面。

（一）老年教育政策

我国十分重视保障老年人受教育权利，逐步加大投入，积极扶持，推动老年教育事业迅速发展。《中华人民共和国老年人权益保障法》对老年人的受教育权利进行了确认；2010 年公布的《国家中长期教育改革和发展规划纲要（2010—2020 年）》把重视“发展老年教育”列入纲要；2016 年，国务院出台了我国第一部老年教育专项规划《老年教育发展规划（2016—2020 年）》，明确提出我国老年教育的发展重点、推进计划和发展目标；党的十九届五中全会通过的“十四五”规划对新时代老年教育的持续健康发展提出了更高的要求。在此影响下，各级政府、有关部门和企事业单位创办了一批示范性老年大学，同时依托省、市、县各级现有群众文化设施多渠道、多层次发展老年教育，努力实现“县县有老年大学”的目标，并逐步向社区、乡镇延伸。一些地方充分运用现代传媒手段，开办面向老年人的电视和网络学校，扩大老年教育覆盖面。目前已初步形成多层次、多形式、多学制、多学科的老年教育体系。老年人通过学习达到了增长知识、丰富生活、陶冶情操、增进健康、服务社会的目的。截至 2019 年年底，我国老年大学达到 76 296 所，在校学生数约为 1 088 万，远程老年教学学校共 6 345 所。[②]

（二）老年友好型社会环境建设

为积极应对老龄化，建设老年友好型社会，我国近年来在社区中广泛开展了“适老化”改造。2020 年国务院办公厅颁布的《关于全面推进城镇老旧小区改造工作的指导意见》指出，要在 5 年内完成老旧小区适老化改造任务。2022 年民政部等 4 部门联合印发的《关于推进“十四五”特殊困难老年人家庭适老化改造工作的通知》，提出在“十四五”期间支持 200 万户特殊困难高龄、失能、残疾老年人家庭实施适老化改造，以“室内行走便利、如厕洗澡安全、厨房操作方便、居家环境改善、智能安全监护、辅助器具适配”为目标，切实提升老年人的幸福感。同时我国在大

① WHO. Active ageing：a policy framework. Geneva：World Health Organization，2002.

② 刁海峰．中国老年教育发展报告：2019—2020. 北京：中国商务出版社，2021：8－27.

中城市社区建立了设施完备、功能齐全的综合性老年活动中心，在县（市、区、旗）建立老年文化活动中心，乡（镇）、街道设立老年活动站（点），基层村（社区）开设老年活动室。各级政府在原有或新建的公益性文化设施中开辟老年人活动场所，有关部门管辖的文化活动场所也积极向老年人开放。国家财政支持的图书馆、文化馆、美术馆、博物馆、科技馆等公共文化服务设施以及公园、园林、旅游景点等公共文化场所向老年人免费或优惠开放。老年人社会文化生活的条件不断改善。

（三）老年人权益保障及社会参与

《中华人民共和国老年人权益保障法》自 1996 年颁布以后，于 2009 年、2015 年、2018 年进行了三次修正，不断顺应我国老龄化的发展和老年人需要的变化，为保障老年人权益提供了指引，2021 年开始实行的《中华人民共和国民法典》也对老年人的赡养权益进行了保护。近年来，主要针对加强老年人权益保障开展普法宣传，提升老年人识骗防骗能力，依法严厉打击电信网络诈骗等违法犯罪行为，保障老年人的合法权益。在社会参与方面，《中华人民共和国老年人权益保障法》设专章保障老年人参与社会发展的权益，2021 年中共中央、国务院印发的《关于加强新时代老龄工作的意见》也对切实促进老年人的社会参与进行了规定，包括探索适合老年人灵活就业的模式，继续深入开展“银龄行动”等。

第四节　我国老年社会政策的改革与发展

我国老年社会政策的改革与发展既要立足于我国的国情，审视老年社会政策的改革历史和政策发展现状，也需要汲取西方国家在应对老龄化过程中积累的有益经验。

一、国外老年社会政策的改革经验

20 世纪 70 年代，随着西方国家步入后工业社会，人口老龄化问题不断加剧。为积极、有效应对人口老龄化问题，西方各国不断调适各自老年社会政策的发展策略，以便更好地满足老龄群体的需要。

（一）西班牙：新型社区养老模式

西班牙政府将养老政策改革投向家庭和社区，大力发展居家养老、社区日托、上门照护等服务，逐步形成了以居家养老为核心、以社区服务为依托的新型社区养老模式。政府通过雇用专业护工为有护理需求的老人提供上门服务，对老年人的身体状况、护理需求、风险程度和居住环境等进行评估，制定居家养老服务方案。同时对部分房屋进行无障碍改造，供无房或居住条件无法满足居家养老需求的老年人及护工居住。与非政府组织、私营服务提供商合作，共享服务网络。如老年人在获得上门护理服务之外，还可享受周边养老院或者日托中心的洗衣、剪发和餐饮等服务。①

（二）法国：养老服务产业模式

法国政府于2005年将包括养老服务业在内的家庭服务业纳入国家发展战略规划，2007年通过《安度晚年2007—2009》《高龄互助2007—2012》两项全国养老规划，提出加快建设养老机构，鼓励社会资本进入养老产业。在此背景下，法国近年来发展出了诸多养老服务企业，为高龄老人及行动不便的老人提供上门服务和家庭护理服务。同时，老年人相关的科技服务企业也不断涌现，具有防摔、住宅自动化、老人定位、生命体征监控、老年公寓监控等功能的创新产品越来越多地应用于老年人日常生活场景。此外，法国养老产业还聚焦慢性病治疗、家庭和社区养老、医疗跨界合作等领域，实现行业细分，打造优势社会企业。②

（三）美国：人工智能养老模式

2016年美国政府开始在国家人工智能发展战略文件中探索利用人工智能技术解决老年人面临的照护和医疗问题，并借此促进老年医疗护理的进步。《国家人工智能研究与发展战略计划》则提倡智能家居服务，为老年人提供自动化辅助设备和个性化健康信息服务，为老年人医疗诊断提供决策支持。同时美国还将人工智能引入养老服务领域，《美国老年人法案》力求运用大量科技手段来改善老年人的生活状况。2020年《美国老年人支持法案》及《疗养院紧急支援和老年人司法改革法案》强调借助科技手段促进老年人护理评估工作效率，提升老年人长期护理服务工作水平。③

（四）新加坡：老年人再就业模式

新加坡很早就开始研究老年人再就业问题。2005年，新加坡推出了老年人职业再造计划，鼓励本地企业通过重新设计工作，使老年人重新受雇。2012年，新加坡推出“再就业政策”，实施《退休与重新雇佣法令》，为老年人就业提供法律保障。该法令推出后几经调整，规定雇主必须为年满62岁法定退休年龄、符合条件的员工提供再就业的机会，重新受雇年龄上限为67岁。主动雇用65岁及以上员工的企业还能获得政府提供的特别就业补贴。政府还为老年人提供各种培训，帮助他们提升技能，适应社会发展需求。④ 2015年，新加坡政府耗资30亿美元启动“成功老龄化行动计划”，为老年人提供再就业机会。⑤

---

①② 养老服务，各国各有办法．人民日报，2021－11－17（17）．

③ 徐智华，苏炜杰．发达国家人工智能养老战略与政策及其对中国的启示．经济体制改革，2021（5）：150－157.

④ 同①.

⑤ 新加坡政府出30亿求老年人重新工作，富人“终结衰老”时代来临？.（2019-12-17）[2022-12-01]. https://www.163.com/dy/article/FOHORUV40514BE2Q.html.

以上国家进入老龄化社会较早，人口老龄化的速度快，在应对老年问题、提供老年福利方面进行了艰难探索，这给当前我国老年社会政策的改革提供了重要的参考。

二、我国老年社会政策的发展方向

借鉴国际经验，结合中国国情，社区化、专业化、多元化、系统化和智慧化是发展我国老年社会政策的重要取向。

(一)社区化：构建以居家养老为核心的社区养老服务体系

西方国家的养老服务经历了从机构化养老向去机构化养老的转变历程。它们从机构养老到居家养老的转变及其对居家养老的支持政策为我国居家养老服务的完善提供了有益的经验。[①] 受去机构化理念的影响，“社区照顾”开始受到西方国家重视。随着去机构化理念的风行，美国各地提出了许多“以社区为基础的照顾服务”方案，社区照顾方式已成为欧美国家当前老人长期照护服务的时尚（见图 7－2）。

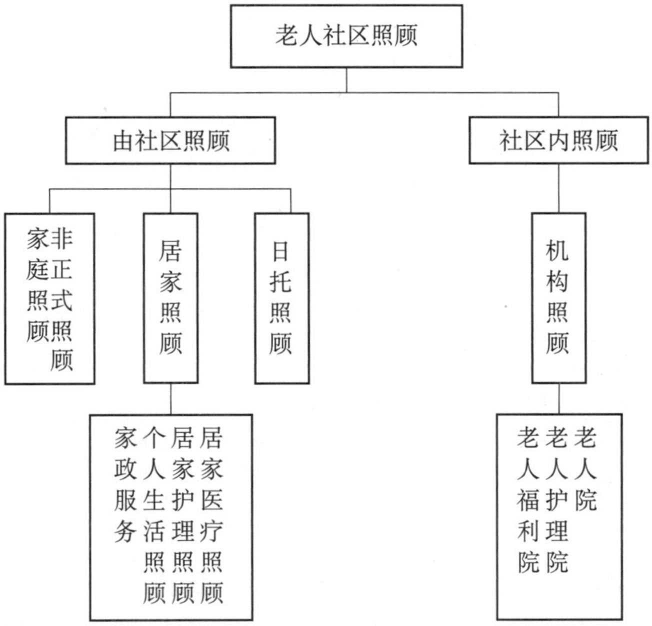

图 7－2　社区照顾模式和内容图

资料来源：谢美娥．老人长期照护的相关论题．台北：桂冠图书股份有限公司，1993：14．有改动。

养老模式的选择不仅受一国经济社会发展水平制约，同时还受家庭结构、养老文化等因素影响。在中国，随着经济社会的变迁、人口流动的加速以及养老观念的转变，传统的家庭养老越来越难适应社会发展的需要。在这一形势下，构建符合中

---

① 丁建定．居家养老服务：认识误区、理性原则及完善对策．中国人民大学学报，2013，27（2）：20－26.

国国情的养老服务机制和体系就成为应对人口老龄化问题的重要议题。

围绕养老服务体系建设，近年来国家出台的各类相关政策已为中国养老模式的选择指明了发展方向。2018 年修订的《中华人民共和国老年人权益保障法》指出，“国家建立和完善以居家为基础、社区为依托、机构为支撑的社会养老服务体系”；2019 年《国家积极应对人口老龄化中长期规划》强调，要“健全以居家为基础、社区为依托、机构充分发展、医养有机结合的多层次养老服务体系”；2021 年《中共中央、国务院关于加强新时代老龄工作的意见》指出，要创新居家社区养老服务模式，以居家养老为基础，通过新建、改造、租赁等方式，提升社区养老服务能力，着力发展街道（乡镇）、城乡社区两级养老服务网络，依托社区发展以居家为基础的多样化养老服务。

可以看出，构建以居家养老为基础的社区养老服务体系是国家基于我国社会文化传统和基本国情做出的综合选择。在社区养老服务体系建设的具体实践方面，湖北荆州探索的“机构＋社区＋居家”综合养老服务新模式、上海实施的社区嵌入式养老服务新模式、甘肃兰州新区新安社区推出“循环养老”居家养老新模式等都是创新居家社区养老服务模式的典型代表。其中上海市联动社区物业、养老机构共同打造 5 分钟居家社区养老生活服务圈的养老新模式实践亮点突出，特色鲜明，为城市社区探索居家社区养老服务体系建设提供了实践参照。①

2020 年 11 月，住建部等六部门发布了《关于推动物业服务企业发展居家社区养老服务的意见》，要求推动和支持物业服务企业积极探索“物业服务＋养老服务”模式，切实增加居家社区养老服务有效供给，更好地满足广大老年人日益多样化、多层次的养老服务需求。据此上海的物业企业开始积极探索多种养老服务新模式。

（1）模式一：物业房升级为养老服务点。

田渡小区是×××集团大楼物业服务的小区，6 号楼 101 室原为小区物业管理用房，如今已升级为嵌入式养老服务点。这里也成为社区 1 500 多位老人的第二个家，这里免费提供手机摄影课、合唱队、书法课、理疗、法律咨询等特色服务。

走进体验馆，室内所有电器开关一键智能联动，方便老人安全进出；体验馆设有厨房、卫生间、护理室、多功能厅、文化活动室，屋外还有一个小小的精致的露天花房。

为了提高居家老年人的居住舒适度和安全性，体验馆进行了适老化改造，通过对老年人家庭通道、门厅、起居室、厨房、卫生间等生活场所的改造，以及对家具配置、生活辅助器具、细节保护等设置的调整，方便老年人日常生活。除了硬件改造，体验馆还为社区老人开设了丰富多彩的体验活动，如智能手机摄影课等。

适老化改造是该社区“物业＋养老”创新模式中的一项内容，通过嵌入式养老设施提供养老顾问、电梯加装咨询、惠老家园等一体化、一站式服务；通过打造“慧生活”，提供一系列“菜单式”服务，供老人自主、按需选择。

---

① 打造 5 分钟社区养老生活服务圈　上海多家物业试点居家社区养老新模式．新民晚报，2021－03－08.

（2）模式二：嵌入社区的养老院。

虹口区××养老院是由虹口区政府投资、嘉兴路街道主办、企业运营的“公建民营”养老机构，是集养老、日托、助餐、医疗、社区活动等服务设施于一体的综合为老服务中心。1至2层是街道市民驿站、社区卫生中心、社区食堂等，3至10层是养老院。养老院的每一层设有不同主题，楼道墙壁上装饰着《洪湖赤卫队》等老人们比较熟悉的文艺作品的图片。在有认知障碍的老人照护区，布置了很多老人熟悉的生活场景，让他们更有归属感；森林区的公共餐厅和休息厅融合了非药物干预等多种感官的刺激，老人们可以观察缓缓爬行的海龟，听听鸟鸣，为绿植浇水，进而缓解寂寥情绪。

养老院还通过利用物业企业的服务优势（如标准化的管理体系），构建“物养融合”的新业态。如按区域、按颜色区分保洁工具；夜间管理员通过使用巡更仪，为每一间房间的门口、重点照护老人的床头打卡。此外，养老院打破传统封闭式的管理模式，与街道市民驿站以及老人日间照料中心资源共享，把生活服务片区的功能向老人开放，让老人不出楼就能享受“吃、喝、玩、乐、医”等服务。

嵌入社区的养老院，让更多老人可以在家门口5分钟范围内、在家人身边、熟悉的环境内享受养老服务。

（二）专业化：由专业社会工作传递老年福利资源

长期以来，我国老年社会福利政策资源的传递主要由民政及相关福利部门的行政人员负责，专业化程度低。但近年来随着我国社会工作职业化的深入推进，老年服务已成为我国社会工作实践的重要领域。尤其是在广东省、上海市等沿海经济发达地区，社会工作者已成为养老服务的重要力量。

由专业社会工作者传递老年福利资源、开展养老服务已成为积极应对老龄化挑战的必然选择。首先，国家民政部门的行政人员通常身兼多职，繁杂的行政事务使他们很难集中精力开展老年服务，而要满足老龄人口的服务需要，必然应投入专门性的服务资源，社会工作者作为专门化的服务力量，能够集中精力搜罗养老资源，开展多样化的老年服务。其次，随着老龄化社会的来临，老年服务需求将呈现出多样性、多元化的特征，如何评估老年群体的服务需求，如何满足不同老年人的个性化或多样化需求就成为未来养老服务工作的重要挑战，而评估老年群体的服务需求、满足不同老年人的个性化或多样化需求正是老年社会工作者的专业使命。最后，在具体的老年服务中，广东等地的专业社会工作者已在老年人日常探访、生活照料、协助就医、康复护理、健康监测、助餐配餐、文化娱乐、精神慰藉、紧急援助及临终关怀等方面开展了广泛的专业化服务，成为政府解决老龄化问题不可替代的服务力量。

2021年4月，民政部办公厅印发的《关于加快乡镇（街道）社工站建设的通知》提出，将乡镇（街道）社工站建设纳入民政重点工作，统筹加快推进乡镇（街道）社工站建设进度。专业服务要聚焦老年人等重点人群，重点做好老年人等特殊困难群众基本生活保障、社区融入和社会参与工作；同时要发挥专业优势，突出社会工作特色专长，避免单纯承担事务性工作。由此可见，由专业社会工作者传递老年福利资源、开展养老服务已在国家政策层面得到了确认，未来也会成为国家积极应对人口老龄化问题的政策发展方向。

（三）多元化：构建多元化的老年福利资源供给体系

随着老年市场的逐步形成，由政府单一投资老年福利事业的格局被打破，社区、非营利组织、市场等投资主体纷纷涌入养老领域，福利多元化的发展趋势正在形成。

如图 7－3 所示，纵轴表示人类的发展需求，基部表示衣食住等基本需求，顶部表示较高水准的发展需求；横轴表示由谁来满足这些需求，基部表示中央政府等高层次的官方机构，越向顶部，表示覆盖人群范围越小的机构，顶部表示市场。中间的斜线可以看成一种正常分布或合理范畴，即层次越高的需求，就越需要私人性强的渠道来满足，层次越低的需求，越需要通过公共性强的机构来满足。斜线以下部分表示由私人渠道来满足基本需求，属于危险范畴；斜线以上部分表示由政府来满足人类的发展性需求，属于理想范畴。

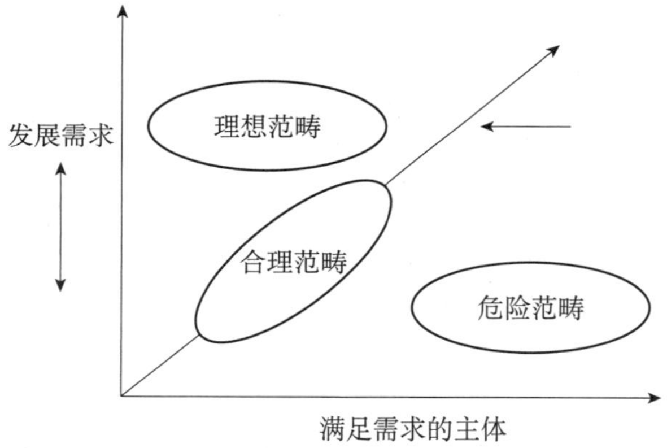

图 7－3 福利服务的分析模式

资料来源：陈立行，柳中权．向社会福祉跨越：中国老年社会福祉研究的新视角．北京：社会科学文献出版社，2007：28.

目前我国老年福利领域的“合理范畴”正在扩大，社会福利社会化的政策得到了广泛认同，社会福利机构多种所有制形式共同发展的格局正在形成。“理想范畴”也在我国局部地区有所扩展。近年来，北京、上海等发达城市兴办了大量的主要以市场机制运作的老年人福利设施，如北京的太申祥和山庄、太阳城等。这类机构经营的业务范围往往会延伸到开发老年生活用品、进行老年人保健和康复等领域，大大拓宽了老年福利的范围，丰富了老年人的生活。同时由于城乡间、地区间、行业间的差异，部分弱势老年群体的福利仍处于“危险范畴”，如农民工、贫困老年人等的福利。

政府提供的公共福利通常以社会底层的公民为受惠对象，以消除愚昧、贫困和疾病为目标，有利于促进社会公平，但福利水平较低。民办福利的历史包袱轻、管理成本低、运行机制活，效益也比较高，但覆盖范围有限。必须充分发挥两者优势，互相补充，互相配合。在将社会力量和私人力量引入老人服务领域的同时，丝毫不能减轻政府的责任，不能减少政府的投资。国有社会福利事业要占主导地位，它不仅要发挥在运行机制、管理方式、服务水平、操作规范及硬件建设等方面的示范作用，也需起到投资上的导向作用。当然，国有社会福利事业的投资方式和服务供给方式都必须适应市场经济发展的新形势，符合老龄事业的发展规律，以满足不同层次老年人的福利服务需求。我们的基本方针应该是国有和民办老人福利事业并举。

（四）系统化：构建相互衔接、运转协调、灵活高效的老年福利体系

2014 年出台的《城乡养老保险制度衔接暂行办法》规定：参加城镇职工养老保险和城乡居民养老保险人员，达到城镇职工养老保险法定退休年龄后，城镇职工养老保险缴费年限满 15 年（含延长缴费至 15 年）的，可以申请从城乡居民养老保险转入城镇职工养老保险，按照城镇职工养老保险办法计发相应待遇；城镇职工养老保险缴费年限不足 15 年的，可以申请从城镇职工养老保险转入城乡居民养老保险，待达到城乡居民养老保险规定的领取条件时，按照城乡居民养老保险办法计发相应待遇。这一规定改变了养老保险制度“城乡分治”的历史，实现了养老保险制度的城乡统筹，为老年福利体系的系统化发展奠定了坚实的基础。

但在新时代中国社会主要矛盾转变的背景下，老年福利体系的系统化建设除了要实现养老保险项目的城乡衔接外，还应包括其他养老福利项目的城乡平衡发展。当前老年福利一方面体系不健全，覆盖面上有盲区，城镇个体工商户、灵活就业人员和农民工的福利覆盖率相对还较低；另一方面，又存在政策的重叠交叉问题，各项老年社会政策的管理分散，由于没有统一的管理机构，存在条块分割、多头管理、各自为政的现象，工会部门、民政部门、劳动部门和残联等部门在保障对象、内容上存在重叠交叉，造成了政策协调、资源共享等诸方面的较高成本。部门分割导致老年社会政策缺乏整合机制，难以及时、有效地满足老年人的福利需求。

当前老年社会政策建设必须在城乡养老保险制度初步实现衔接的基础上进一步健全老年福利体系，达到老年社会政策的系统化发展。具体来说，一是在行政体系内部建立权威的常态统筹机构，整合并统一调度各类行政资源，管理、调控和实施有关涉老政策，这是老年福利体系实现运转协调、灵活高效的首要保障。① 二是构建多层次、多支柱养老保险体系，建立健全长期护理保险制度。② 这是完善老年福利体系的核心所在，是实现老年福利体系系统化发展的关键。三是健全基本养老服务体系，既重视社会机制，也要利用市场机制，持续完善居家、社区、机构养老相协调，医养、康养相结合的养老服务体系。③

---

① 彭希哲，胡湛．公共政策视角下的中国人口老龄化．中国社会科学，2011（3）：121－138，222－223.

②③ 青连斌．积极应对人口老龄化要“两手抓”的战略选择和政策建议．西北大学学报（哲学社会科学版），2021，51（2）：42－49.

（五）智慧化：利用人工智能技术探索智慧健康养老服务新模式

智慧养老是相对人工养老而言的，人工养老可为老年人提供面对面、有互动、有温度的服务，但从长远来看，随着老龄化程度的不断加深，中国的养老人力资源很难满足日益庞大的养老需求。与此同时，现代信息技术的快速发展，互联网、云计算、大数据等智能科技在各类日常生活场景中的广泛运用，使智慧养老逐步成为一种新型养老方式。智慧养老是利用物联网、云计算等现代信息技术采集、汇聚、分析老龄人口的身体状况、养老需求及安防监控等信息，围绕老年人的日常生活、健康管理、安全出行、辅助护理等多样化需求，通过现代化智能设备对老年人的重要需求信息进行自动监测、主动报警甚至自主处理，从而对紧急救助、生活照料、家政服务、健康预警、远程诊疗、物流配送等各种养老服务需求做出智能响应的模式。① 其独特功能主要体现在两大方面：一是借助大数据、远程医疗、个性化医疗等新兴技术，以较低成本保障老年人的身心健康；二是借助各种辅助设备与技术，为老年人提供行为、认知、突发事件应对等多种形式辅助，帮助老年人独立生活，并实现积极老龄化的目标（见表 7－4）。② 智慧养老通过有效利用智慧化技术构建智能化的养老环境和自动化的需求识别-满足系统，满足老年人独立、健康和安全等居家式的养老需求，最终实现健康老龄化和积极老龄化的目标。③ 它能够弥补人力养老资源匮乏的缺陷，同时可实现老年需求与服务供给的快速对接，在提升养老服务的便捷性和准确性的同时，有效解决老年人的养老服务问题。④

表 7－4 智慧养老服务的核心功能

健康服务	身体健康	健康状况监测	生理健康数据监控
			健康状况异常报警
		健康状况分析	健康状况即时回馈
			自动医疗健康建议
			远程人工医疗建议
		紧急健康救助	政府部门
			医院、保险公司
	精神健康	孤独缓解	虚拟社交网络构建
			社会活动创建链接
			3D 虚拟社交环境
		情绪调节	居家环境舒适调节
			声光影响互动调节
			智能交互技术
		移情关怀	移情关怀机器人

① 向运华，姚虹．养老服务体系创新：智慧养老的地方实践与对策．西安财经学院学报，2016，29（6）：110－114.

②③ 张泉，李辉．从“何以可能”到“何以可行”：国外智慧养老研究进展与启示．学习与实践，2019，（2）：109－118.

④ 席恒，任行，翟绍果．智慧养老：以信息化技术创新养老服务．老龄科学研究，2014，2（7）：12－20.

安全服务	家居安全	门禁安全	门禁识别
			家居监控
		风险预警	火灾
			水泄漏
			煤气泄漏
	人身安全	日常行为监控	行为实时监测
			行为习惯模拟
			行为动机识别
			行为模式预测
		跌倒行为预防	环境等各类传感器
			人工智能神经网络
辅助服务	行动辅助	房屋便捷设计	无门槛设计
			圆角窗、安全桌椅
		行为辅助设备	智能轮椅
			智能床榻
			霍耶吊索、墙式起重器
		助老机器人	三菱“若丸”、Jabberwacky
	环境辅助	便捷环境辅助	自动灯光声控系统
		记忆环境辅助	辅助记忆信息系统
护理服务	用户	订单护理	远程订单服务
	护理人员	方便护理过程	护理设备支持

资料来源：张泉，李辉．从“何以可能”到“何以可行”：国外智慧养老研究进展与启示．学习与实践，2019 (2)：109-118.

智慧养老的概念最初由英国提出，而后相关实践扩展至美国、日本、德国等国家，现已形成较为成熟的产业体系和各具特色的养老模式。如英国拓展养老医疗手段的智慧养老模式，美国智慧养老产品市场化供应模式，日本制度建设与科技支撑并重的智慧养老模式，以及德国面向智慧养老的智能技术平台建设模式等。[①] 为加快智慧健康养老产业发展，培育养老新产业、新业态、新模式，我国也于 2017 年启动了智慧养老计划，相关部门相继制定了《智慧健康养老产业发展行动计划(2017—2020 年)》《国务院办公厅印发关于切实解决老年人运用智能技术困难实施方案的通知》《智慧健康养老产业发展行动计划（2021—2025 年)》等。相关智慧养老政策的出台有力推动了我国智慧健康养老产业的发展，相关智慧健康养老产品和服务不断丰富，智慧养老标准体系初步建立，智慧养老的理念不断深入人心，发展环境不断优化。[②] 但从长远看，我国的智慧养老服务仍然处于起步阶段，在智慧养老的制度规范、服务产品供给、智慧化水平以及具体实践应用等方面仍有很大发展空间。

---

① 赵宁，张健．国外智慧养老发展模式的经验与启示．社会科学动态，2020 (8)：67-71.

② 工业和信息化部、民政部、国家卫生健康委关于印发《智慧健康养老产业发展行动计划（2021—2025年)》的通知.（2021-10-23)[2022-12-03]. http://www.gov.cn/zhengce/zhengceku/2021-10/23/content_5644434.htm.

为此，未来智慧养老政策的改革需要从以下几个方面发力：一是以制定系统、规范、统一的智慧养老行业标准为引领，积极推动智慧健康养老产业的制度化发展；二是以财政、税收等相关政策为手段，大力扶持智慧健康养老产业的快速发展，不断提升智慧养老产品的市场供给力度，并不断降低智慧化产品的使用成本；三是以智慧养老人才建设为支撑，逐步提升智慧养老产品的智慧化程度、智慧服务水平以及老年人的服务体验等。

思考题

1. 我国人口老龄化具有哪些特征？老年社会政策可以发挥什么样的功能？

2. 试述我国老年社会政策的发展历程及理念转变。

3. 试述我国当前的主要老年社会政策。

4. 发达国家老年社会政策改革对当前我国老年社会政策的发展有什么启示？

5. 结合全球化背景及我国老年社会政策发展现状谈谈我国老年社会政策的改革方向。

第八章 儿童社会政策

儿童是国家的未来、民族的希望。如何通过儿童社会政策的实施，使每一个儿童都能身心健全发展，便成为一个重要的课题。本章介绍儿童、儿童社会政策的内涵、外延以及儿童社会政策范式的演变，梳理我国儿童社会政策的发展历程及当前儿童社会政策的具体内容，分析我国儿童社会政策存在的问题与不足，并在此基础上提出未来我国儿童社会政策的发展策略。

第一节 儿童社会政策概述

一、儿童与儿童福利

“儿童”是一个在日常生活中被广泛应用的词。但很长一段历史时期，对“儿童”并没有约定俗成的统一定义，不同学科领域、不同工作范畴和不同学者对其持不同的见解和观点。就具体年龄段来看，在美国，儿童是指 18 周岁以下的未成年人，而在其他西方发达国家，儿童一般是指 12 周岁或 14 周岁以下的未成年人。我国在《未成年人保护法》中规定：“未成年人是指未满十八周岁的公民。”依据《儿童权利公约》，儿童指的是“18 岁以下的任何人，除非对其适用之法律规定成年年龄低于 18 岁”，并认为每一位儿童既是一个独立的个人，又是家庭和社会的一分子。鉴于人体发育的共同特征和对联合国《儿童权利公约》的认同，本章对儿童的界定主要以《儿童权利公约》为准，即 18 岁以下的任何人。

另外，从学科视角看，心理学的许多流派认为，一个人的人格在婴幼儿时期就形成了。著名心理学家弗洛伊德认为儿童是人类之父，人格主要决定于童年经验。[①] 生理学把儿童期视为经历身体两大高速增长期，身体形态和生理机能从不成熟到逐渐成熟的阶段。[②] 社会学认为，儿童期是一个社会成员经历初始（基础）社会化、发展社会化，习得社会文化传统和各种基本生活技能的阶段。这一阶段的社会化成功与否将直接决定个体对社会的融入程度。[③]

在传统农业社会，儿童被视为家长的私有财产，虽然那个时代也存在儿童被遗弃、被虐待、贫困等问题，但这些问题是属于一个家庭或一个家族的问题，并非一个"社会问题"。进入工业化社会，儿童开始有了自己独立的地位，被视为一种微型的大人——童工。围绕该群体的贫困、犯罪、家庭生活以及未来的劳动力等话题的出现，使儿童的生存状况、儿童保护、儿童权利等议题开始成为"社会性"的问题。为了解决这些问题，政府开始介入儿童保护，为其提供妇幼保健和食品营养服务，从而保障儿童身心健康成长。这样的任务开始成为现代民族主权国家必须承担的政治任务。在此情况下，儿童与国家的关系成为独立的、重要的、基础性的社会关系，国家儿童社会政策应运而生。因此，可以说儿童福利议题是工业化、城市化与现代化的产物。

二、儿童社会政策的内涵与外延

（一）儿童社会政策的内涵

2019 年，民政部首次设置"儿童福利司"，标志着中国现代普惠性儿童福利时代的来临。儿童福利政策开始向现代广义儿童福利服务体系转变。现代儿童福利服务体系泛指国家与社会确保所有儿童身心健康成长制度安排的总和。中国传统民政型儿童福利服务体系，以狭义、少数孤残儿童和福利机构养育为主要特征；中国现代化、社会性、国家性儿童福利服务体系，则以广义、普惠和家庭福利为主要特征。[④] 在此背景下，儿童社会政策是国家和权威部门做出的、涉及儿童身心健康发展的制度性安排总和，包括广义和狭义两个方面。

（二）儿童社会政策的外延

儿童社会政策议题与儿童的需求密切相关。儿童的需求通常包括生理、心理、情感、精神和社会几个方面。我国台湾学者曾华源曾把儿童需求归结成以下八类：获得基本的生活照顾的需求，获得健康照顾的需求，获得良好的家庭生活的需求，满足学习的需求，满足休闲和娱乐的需求，拥有社会生活能力的需求，获得良好心理发展的需求，免于被剥削伤害的需求。另外，单亲儿童、被遗弃儿童（特别是女

---

① 扎斯特罗，柯斯特-阿什曼．人类行为与社会环境：第 6 版．师海玲，等译．北京：中国人民大学出版社，2006：86－87.

② 王卫平，孙锟，常立文．儿科学．9 版．北京：人民卫生出版社，2018：7.

③ 郑杭生，等．社会学概论新修．3 版．北京：中国人民大学出版社，2003：83－84.

④ 刘继同．中国现代儿童福利服务体系制度化建设论纲．探索与争鸣，2021（10）：140－147，179－180.

童）、残疾儿童的需求虽然与正常儿童的需求存在共性，但其有着自身特殊的需求，满足这一特殊儿童群体的福利需求的要求也必须在福利制度中得到体现。因此，作为一种制度性满足儿童福利需求的社会设置，儿童社会政策通常包括以下内容：

（1）有关儿童参与社会生活的政策。主要涉及儿童作为社会成员，享有参加各项社会生活的权利方面的政策。

（2）有关儿童教育的政策。这主要涵盖两个方面：一方面是满足一般儿童的教育需求的普通教育的推广和普及；另一方面是专门为残疾儿童制定的教育服务政策，致力于保障残疾儿童获得平等的教育机会，增强其参与社会生活的能力。

（3）有关儿童卫生健康方面的社会政策。主要涉及为儿童提供在生活中所需的医疗保健和康复服务，包括适当的身心照顾和预防保健服务方面的政策。

（4）有关丰富儿童精神文化生活的政策。主要涉及家庭和社会为儿童提供足够的休闲娱乐场所和设备，并教导其学习良好的娱乐态度及习惯的政策。

（5）有关儿童社会保障的政策。主要涉及与维持儿童的基本生活相关的各项社会保障制度，旨在解决儿童的基本生活需求，使其不致陷入生存危机。具体来讲，包括最低生活保障等，主要目的是满足贫困儿童的基本生活需求，使他们不致陷入生存危机。

（6）有关儿童得到合法抚养免于被伤害的政策。主要涉及保障未成年儿童健康成长的安全健康的家庭、学校、社区和社会环境的政策。

（7）针对特殊儿童（孤儿、困境儿童、困境家庭儿童以及留守和流动儿童）的相关政策。主要涉及保障特殊儿童基本权利、促使其能力发展的政策。

三、儿童社会政策范式的演变*

政策范式是一个由各种理念和标准组成的解释框架，它不仅指明政策目标以及用以实现这些目标的工具类别，还指明需解决之问题的性质，是政策行动的框架。改革开放以来，“人类需要本位”的要素开始出现在中国社会政策范式的整体演进中并逐渐成为重要基础。① 纵观儿童社会政策范式的发展演变，可将其分为四种取向：自由放任主义范式、国家干涉主义范式、尊重家庭与双亲权利范式及尊重儿童权利与自由范式。

第一，自由放任主义范式的儿童社会政策。该范式起源于10世纪，但直至20世纪仍被广泛采用。其核心观点是：父母是照顾儿童的主力，在儿童照顾领域居于核心地位；政府应尽量避免介入家庭事务，应尽量减少扮演儿童照顾者的角色，只有出现儿童受到不适当家庭照顾的情况时，政府才应当适度介入。具体而言，持这种观点的学者认为，国家在儿童照顾方面应遵守两个基本原则：一是最低干预原则，

---

* 陆士桢，常晶晶．简论儿童福利和儿童福利政策．中国青年政治学院学报，2003（1）：1-6.

① 岳经纶，方珂．从“社会身份本位”到“人类需要本位”：中国社会政策的范式演进．学术月刊，2019，51（2）：68-77.

二是父母对养育子女的方式有充分决定权原则。在具体的儿童安置问题上，这种范式强调尊重家庭自主性的原则，提供自愿、非强制性服务的原则，有限干预的原则，限制最少的原则，保障父母法律权的原则，决策清楚明确的原则，等等。因此，自由放任主义范式又被称为最少干预主义范式。

第二，国家干涉主义范式的儿童社会政策。这一范式的兴起与 19 世纪末 20 世纪初政府介入福利事务有很大的关系。该范式的核心主张是：管教、保护儿童既是父母的责任，也是国家的责任，政府应积极主动介入家庭事务，当儿童受到不适当的照顾，尤其是被虐待时，政府应以儿童的利益为第一考虑，并应通过立法及国家权威力量对儿童加以保障。此外，这一范式还提出，儿童不应再被视为父母永久的财产，父母与子女之间的责任关系并不一定要建立在血缘基础之上，当生身父母无法为子女提供妥当的照顾时，政府可以强制带离儿童并交由更适当的人负责。这种观点通过立法及国家行为使儿童的福利得到积极保障，但它忽视了儿童所在家庭与子女间的亲情联结，也带来了相应的负面影响。

第三，尊重家庭与双亲权利范式的儿童社会政策。受第二次世界大战后福利国家扩展的影响，尊重家庭与双亲权利范式的儿童社会政策在 20 世纪 50 年代之后出现并迅速得到认同。这一范式强调家庭对儿童的重要性，认为亲子关系应尽量得到维系；主张政府的角色在于支持家庭，保护、维护家庭的发展，应当既不像自由放任主义那样消极，也不像国家干涉主义那样积极。与自由放任主义范式相比，该范式虽然也强调政府干预的有限性，但其更为重视儿童与父母之间生理性与心理性联结的价值，强调在尊重父母养育子女的权利的同时，应重视父母与孩子之间的情感性需求。与国家干涉主义范式相比，这一取向主张应避免政府职权的过度扩张，强调国家的干预应当以支持家庭为主（如对低收入家庭、单亲家庭提供协助，对双职工家庭提供托育服务等），即使要采用替代性照顾方式，儿童也应尽可能与自己的家庭保持密切联系，争取重返原来的家庭。

第四，尊重儿童权利与自由范式的儿童社会政策。这一范式认为，和成人一样，儿童也是一个独立的个体，其观点及想法应受到尊重与肯定，甚至应被赋予较多的权利与自由，以及表达自身感受、看法的机会，从而减少来自成人的压制或不合理的待遇。该范式视儿童为独立的个体，尊重儿童的观点、感觉、期望、选择与自由，是社会发展的必然走向。但是，在儿童心智尚未足够成熟时，过分强调其自主性和自我决定权，可能无法保证儿童实现健康全面的发展。这也是这一范式受到较多批评的原因。

分析上述不同范式取向的特点，可以发现儿童社会政策议题实质是国家、家庭、儿童三方的互动关系，关键问题是国家、家庭和社会如何有效保护儿童，确保所有儿童身心健康成长。现代儿童福利既是传统文化和观念的产物，又是现代社会结构的组成部分，儿童社会政策的不同价值取向是人类社会进步的一种表现。

第二节　我国儿童社会政策发展历程

中国是世界上儿童最多的国家之一。[①] 根据 2000 年第五次全国人口普查数据，0～14 岁人口 2.89 亿，占总人口的比例达 22.89%。2010 年，中国 0～14 岁儿童数量低于 2.5 亿。根据 2020 年第七次全国人口普查数据，0～14 岁人口约为 2.53 亿，占总人口的比例为 17.95%。在社会结构快速转型、社会日趋现代化的背景下，这样规模的儿童使儿童福利、家庭福利和社会和谐问题越来越突出，成为社会政策议程的重点研究主题。

根据儿童社会政策要解决的主要社会问题、政府在儿童福利中扮演的角色与发挥作用的不同，可将当代中国儿童社会政策与儿童福利服务体系的发展历程分为五个阶段：1949—1978 年，儿童福利的探索阶段；1978—1990 年，儿童福利的恢复与重建阶段；1990—2010 年，儿童福利的快速发展与制度化建设阶段；2010—2020 年，儿童福利的适度普惠转型阶段；2021 年起，儿童福利的高质量发展阶段。

一、1949—1978年是儿童福利的探索阶段

新中国刚刚成立，巩固新生人民政权、重建社会秩序、开展社会主义经济建设活动成为当时主要的社会建设任务。对于儿童群体而言，当时的核心问题是如何在社会主义建设运动中确立儿童的地位。因此，该阶段儿童福利范围与内容主要是法律与权益保护、涉及儿童的公共事业，以及针对少数儿童的福利救济。宪法、刑事法律、民事法律、行政法律等法律和国务院制定的行政法规、地方立法机关制定的地方法规以及国家司法机关做出的司法解释，都对儿童的特殊利益给予了特别关注。

妇女解放运动与妇女积极参加劳动生产是当时社会的主题，为此，政府一方面大量建设托儿所、幼儿园，另一方面积极推广爱国卫生运动，大力发展公共卫生与儿童健康事业，在预防疾病和加强传染病预防治疗方面投注了大量心血。政治经济运动和妇女解放运动极大地推动了儿童社会政策与服务体系发展，儿童的生存状况得到显著改善。1949—1959 年，天花已基本消灭，许多传染病的病死率大大降低：麻疹的病死率降低了 80.2%，猩红热的病死率降低了 95.5%，痢疾的病死率降低了 89.5%。而婴儿的死亡率也下降到 70‰左右。[②]

在儿童教育事业方面，1951 年教育部规定在十年内基本普及小学基础教育。1954 年宪法提出，国家设立并且逐步增加各种学校和其他文化教育机关，以保证公民享受教育权利。中小学教育所需经费由中央和地方各级政府负责筹措，受教育者家庭每学年只需支付几元到十几元的学杂费用。1951 年，在全国城市救济福利工作

① 1989 年之后，印度成为全球 0～14 岁儿童数量最多的国家，中国排名第二。

② 诸福堂．建国以来儿童保健事业的成就．中级医刊，1959（10）：10－12.

会议上通过的《关于旧有社会救济福利团体的团结改造问题》提出，改造原有的儿童福利机构，收养因战争而导致家庭照顾缺位的孤残儿童，由国家财政负担进行院内集中供养。[①] 国家在改造原有的儿童福利机构的同时，也开展社会救济运动，极大地保障了儿童的福利。

综上所述，这一阶段儿童作为重要的社会成员，依托单位制及人民公社，其权利领域初步涉及生存和发展的重要领域。儿童福利政策针对的是孤残儿童，属于狭义的、补缺型社会福利。与此同时，儿童的福利水平呈现出明显的城乡差异。1967—1978 年，儿童社会政策与儿童福利服务体系建设中断、停滞。1949 年以来所取得的制度化建设成就几乎消失殆尽，儿童福利行政管理组织体系几乎彻底瓦解。

二、1978—1990年是儿童福利的恢复与重建阶段

这一时期是儿童工作与儿童福利恢复与重建阶段。这个阶段，儿童工作步入正轨，但政府和企业的福利责任减少。民政部门和团组织、妇联等人民团体广泛开展儿童少年工作领域的拨乱反正，解放思想，更新观念。1978 年，“中国少年先锋队”名称恢复并重建。1981 年，中央书记处指定妇联牵头做好抚育、培养、教育儿童和少年工作。这一阶段的儿童社会政策呈现出两种趋势：一方面，国家对涉及儿童的公共福利事业的要求有了提升；另一方面，福利社会化改革逐步推行。

儿童福利相关法律法规明显增多。全国人大分别通过或修改了《中华人民共和国刑法》（1979 年）、《中华人民共和国婚姻法》（1980 年）、《中华人民共和国继承法》（1985 年）、《中华人民共和国义务教育法》（1986 年）、《中华人民共和国残疾人保障法》（1990 年）及国务院行政法规《学校卫生工作条例》（1990 年）等。虽然国家对儿童阶段权益的关注度提高，但儿童福利概念分散在诸多层次和领域的法律政策中，并不是该法的核心与重点。[②]

改革开放后，城镇医保政策难以解决企业职工及其子女的基本医疗保障问题。[③] 农村儿童医疗费用几乎完全由家庭承担。各级政府在教育领域投入相对减少，家庭投入成本逐渐增加，城乡之间的教育差距也进一步拉大。1986 年通过了《中华人民共和国义务教育法》，但由于各级政府财政难以保障，学校只能变相收费。公办幼儿园、托儿所的数量先缓慢回升后逐步下降，儿童的看护责任被“再家庭化”。1978 年民政部恢复设立。社会救助工作在 20 世纪 80 年代作为托底政策得以逐步恢复和发展，城市和农村孤儿的基本生存权得到了保障。1982 年，民政部与联合国儿童基金会的“伤残儿童康复”合作项目开始执行。1985 年，残疾儿童可以接受高等教育

---

① 尚晓援．中国儿童福利前沿．北京：社会科学文献出版社，2011：77.

② 贾志科，李文强，王思嘉．新中国成立后我国儿童福利政策的演进历程：兼述政策效果及未来方向．少年儿童研究，2019（10）：28－40.

③ 胡志，秦侠，马岁岁．用国际经验指导初级卫生保健事业的进一步发展．中国卫生事业管理，2004（5）：268－269.

及参加工作。《中华人民共和国残疾人保障法》保障盲、聋哑和弱智的儿童、少年入学问题。改革开放之后，少年宫逐渐脱离政治色彩，向社会开放。

三、1990—2010年是儿童福利的快速发展与制度化建设阶段

这一阶段，中国儿童福利事业与国际接轨，成为公共政策议题，制度化建设成果显著。20 世纪 90 年代的儿童社会政策重在探索和试点，进入 21 世纪之后，制度化建设加速。儿童福利服务范围显著扩大，福利服务内容显著增多，福利机构空前多样。在结构分化与制度化建设的处境下，儿童福利行政管理体制部门化与条块化、分隔化倾向日益明显，儿童行政管理体制改革和以儿童为中心的制度创新迫在眉睫。

1990 年，联合国先后通过了《儿童权利公约》和《儿童生存、保护和发展世界宣言》。结合国际上对儿童权益保护和儿童身心健康发展达成的广泛共识，我国对儿童福利制度与服务事业进行完善。1990 年 2 月，国务院妇女儿童工作协调委员会正式成立，成为专门负责妇女儿童工作的国家级协调议事机构。2008 年政府机构改革中，民政部社会福利司首次设置"儿童福利处"。

以儿童为中心的法律保护体系日益完善。1991 年，《中华人民共和国未成年人保护法》通过，2006 年修订，全面充实了家庭、学校、社会和司法四大保护的内容。《中华人民共和国收养法》（1991 年）、《中华人民共和国妇女权益保障法》（1992 年）、《中华人民共和国母婴保健法》（1994 年）、《中华人民共和国预防未成年人犯罪法》（1999 年）等法律以及《公安机关办理未成年人违法犯罪案件的规定》（1995 年）等部门政策法规均涉及儿童权益保护。

1992 年，国务院颁布了《九十年代中国儿童发展规划纲要》。2001 年，《中国儿童发展纲要（2001—2010 年）》从儿童与健康、儿童与教育、儿童与法律保护、儿童与环境四个领域提出了十年目标和策略措施。1990—2010 年，我国儿童福利制度体系基本形成，全体儿童被纳入社会保障体系。

20 世纪 80 年代末，我国学龄儿童小学入学率已经超过 90%，但小学完成率及初中入学率仍较低且城乡差距显著。因此，国家制定了多项教育社会政策来提升义务教育普及率。2008 年，我国免费九年义务教育全面实现。针对不同儿童群体的教育也受到广泛关注和高度重视。1994 年，《残疾人教育条例》规定残疾儿童与普通儿童拥有同等的受教育权利；2010 年，我国特殊教育格局基本形成，教学改革取得一定突破，但接受教育的在校生比例仍然较低。2001 年之后，流动儿童义务教育受到国家的高度关注；2008 年，公办学校对随迁子女免收学杂费，不收借读费。[①]

1990—2010 年，我国妇幼保健水平不断提高，婴幼儿死亡率降低，先天性缺陷数量减少，儿童营养不良及传染病风险减少。新型农村合作医疗制度及城镇居民基

---

① 李文静．适度普惠模式下流动儿童社区福利治理体系探析．社会建设，2021，8（2）：75－86.

本医疗保险制度将少年儿童纳入医疗保险范围。2009 年，城乡医疗救助制度被纳入国家基本医疗保障体系，贫困儿童可享受医疗救助。卫生部门及慈善组织也在这一时期开展了儿童大病救助项目。1998 年，《社会团体登记管理条例》和《民办非企业单位登记管理暂行条例》颁布，助力儿童社会组织发展。

1994 年发布的《农村五保供养工作条例》使孤儿供养得到了财政保障。1999 年发布的《城市居民最低生活保障条例》及 2007 年农村最低生活保障制度使我国城乡贫困家庭儿童的生活得到了更好保障。1991 年发布的《中华人民共和国收养法》对非机构孤儿、弃婴等养护模式进行了探索和实践；1998 年修订的《收养法》进一步扩大了儿童收养覆盖范围，收养条件、收养程序更加科学。1990 年，民政部提出要形成全国残疾儿童康复培训网络，开展社区康复示范项目。

四、2010—2020年是儿童福利的适度普惠转型阶段

在中国福利模式转型大背景下，儿童社会政策在完善儿童各方面权利的同时，重视儿童权利和保护工作的公平性，政策设计开始从狭义的儿童福利模式向适度普惠型儿童福利模式迈进。2010 年被誉为中国社会福利和儿童福利元年。儿童福利制度覆盖更多人群，提高弱势儿童救助标准并确保福利获得；创新儿童福利和儿童保护工作机制，加强顶层设计。2016 年，民政部在社会事务司下成立了未成年人（留守儿童）保护处。2019 年，民政部单独设立了儿童福利司。

国家高度关注儿童保护工作。2011 年，《中国儿童发展纲要（2011—2020 年）》颁布。2012 年，全国人大对《中华人民共和国未成年人保护法》进行了小幅度的修订，2020 年进行了大幅度修订。新修订的未成年人保护法新增了网络保护，强化政府保护、完善司法保护。民政部自 2013 年起先后开展了两批未成年人社会保护工作试点，下发《关于开展适度普惠型儿童福利制度建设试点工作的通知》，提出逐步建立覆盖全体儿童的普惠福利制度，留守儿童、困境家庭儿童受到关注。2014 年，《关于依法处理监护人侵害未成年人权益行为若干问题的意见》从司法角度明确了民政部门托底职责。2016 年，国务院印发《关于加强农村留守儿童关爱保护工作的意见》。民政部流浪儿童救助保护中心更名为未成年人社会保护中心，救助范围扩大。

2010—2020 年，儿童卫生和教育事业发展迅速且更加重视公平性。覆盖城乡儿童的基本医疗卫生制度逐步完善并探索对儿童实施营养干预和补助的方法。2011 年，我国所有县级单位普及了义务教育。《国家中长期教育改革和发展规划纲要（2010—2020 年）》提出："解决教育发展不均衡问题，基本实现教育现代化，实现更高水平的普及教育，形成惠及全民的公平教育。"此外，残疾人教育、学前教育、0～3 岁儿童早期教育和家庭教育也受到了高度重视。孤儿、流动流浪儿童、残疾儿童、受艾滋病影响儿童等弱势儿童群体得到更多的关怀和救助。2017 年，党的十九大报告将"幼有所育"作为七项重点民生任务之一，把健全托育服务体系作为推进"幼有所育"的首要任务。此外，创建儿童友好型社会环境、构建儿童友好城市也是

这一时期提出的福利政策。

五、2021年起是儿童福利的高质量发展阶段

中国改革开放以来所取得的巨大成就离不开“人口红利”，然而由于一孩计划生育政策以及市场经济的负面影响，中国的生育率自 2018 年以来持续走低。2021 年 5 月 31 日，中共中央政治局会议审议通过《关于优化生育政策促进人口长期均衡发展的决定》，实施一对夫妻可以生育三个子女政策。儿童数量的低增长已经成为十分严峻的社会问题。“儿童优先”“儿童分享社会经济发展成果”的理念被纳入国家战略，并被提升到前所未有的重要位置。儿童社会政策作为鼓励生育的重要方式之一，需要在新时期做出重大调整。

第三节　当前我国儿童社会政策具体构成

我国儿童社会政策的构成可以大致分为保障儿童参与社会生活的政策、保障儿童受教育权的政策、保障儿童健康权的健康卫生政策、有关丰富儿童精神文化生活的政策、有关儿童得到合法抚养免于伤害的政策、儿童社会保障政策、特殊儿童及困境儿童社会政策。

一、保障儿童参与社会生活的政策

我国在《中华人民共和国宪法》《中华人民共和国婚姻法》等国家大法中规定了儿童享有的基本权利，如生存权、被抚养权、继承权等。这些基本的生存和发展权利是儿童参与社会的初步体现和基本保障。20 世纪 90 年代陆续颁布的儿童发展纲要凸显了儿童的参与权利，体现了儿童主体地位的提升。

2010 年，国务院妇女儿童工作委员会办公室与中国儿童中心共同起草了《“儿童友好城市”的创建目标与策略措施》，并在新一轮的中国儿童发展纲要中指出，“创建儿童友好型社会环境”，“保障儿童参与家庭生活、学校和社会事务的权利”。儿童参与是儿童应当享有的基本权利之一，也是儿童友好型城市理念的重要组成部分。从儿童友好社区建设到儿童友好城市建设，是具有中国特色的发展模式。2016 年，中国儿童友好社区工作委员会成立。2019 年颁布的《儿童友好社区建设规范》提出：在致力于实现儿童权利的城市、社区或任何地方的治理体系，以儿童利益为优先，使其需求转化为当地公共政策、程序及决策中的优先事项，具体包括制度建设、空间营造、服务提供、文化建设、儿童友好社区工作人员要求与管理等内容。《中国儿童发展纲要（2021—2030 年）》仍然坚持儿童参与原则，鼓励和支持儿童参与家庭、社会和文化生活，创造有利于儿童参与的社会环境。

二、保障儿童受教育权的政策

在我国，国家主要通过义务教育、职业教育等形式保障儿童受教育权的实现。随着社会的发展，学前教育和家庭教育也将成为普惠性的儿童教育政策内容。

《义务教育法》在1986年实施，2006年修订，并于2015、2018年进行了修正，充分保障了儿童受教育的权利。20世纪90年代以来，中国加快了教育立法的步伐。《教师法》《教育法》《职业教育法》《高等教育法》等教育法律、行政法规、教育行政规章相继实施，儿童的受教育权利得到进一步保障。《幼儿园工作条例》《学校体育工作条例》等具体法规规范了儿童教育。另外，我国还制定了针对残疾儿童、流动和留守儿童的教育政策，切实保障这部分儿童的受教育权利（下文具体介绍）。

近十年，中央出台的教育政策中义务教育仍是工作重点。基于《国家中长期教育改革和发展规划纲要（2010—2020年）》，国务院发布了《国务院关于深入推进义务教育均衡发展的意见（2012年）》，强调保障特殊群体平等接受义务教育，巩固提高九年义务教育质量，同时规范学校管理，深入推进教育均衡发展。《关于进一步完善城乡义务教育经费保障机制的通知》（2015年）要求整合农村义务教育经费保障机制和城市义务教育奖补政策，建立统一的中央和地方分项目、按比例分担的城乡义务教育经费保障机制，包括“两免一补”“生均公用经费”“校舍安全保障经费”和“教师工资经费”。截至2019年，全国有2 717个县实现了义务教育基本均衡发展，占全国总县数的92.7%。中西部地区实现义务教育基本均衡发展的县数占比达90.5%。[①] 1965年，学龄儿童入学率为84.7%，到2000年，这一比例已经提高到99.1%。2020年，小学适龄儿童入学率和升学率分别达到了100%和99.5%，九年义务教育巩固率达到95.2%。[②] 为进一步解决教育市场化带来的择校、学生学业负担过重、学校乱收费等热点和难点问题，提高学校教学质量，减轻家庭教育负担，间接推动义务教育均衡发展，2019年，教育部印发了《禁止妨碍义务教育实施的若干规定》，旨在纠正近些年来出现的社会培训机构擅自招收适龄儿童、少年开展全日制教育、培训替代义务教育的现象。2021年秋季是中小学全面落实“双减”（指减轻义务教育阶段学生作业负担和校外培训负担）有关部署要求的第一个学期，教育部《关于加强义务教育学校考试管理的通知》要求大幅压减考试次数，学校不得以任何名义设置重点班，层层压实督导责任。[③]

同时，国家也加强了对高中和中职教育的干预。《高中阶段教育普及攻坚计划（2017—2020年）》提出，到2020年，各省高中毛入学率都要达到90%以上，重点解决贫困地区教育资源不足和职业教育招生比例持续下降等问题。我国高中阶段毛

① 教育部．全国92.7%的县（市、区）实现义务教育基本均衡发展．(2019-03-26)[2022-11-25]. http://www.moe.gov.cn/fbh/live/2019/50415/mtbd/201903/t20190327_375637.html.

② 数据来自国家统计局的年度数据。

③ 推动“双减”政策全面落地．(2021-08-31)[2022-11-25]. http://www.gov.cn/xinwen/2021-08/31/content_5634281.htm.

入学率从2010年的82.5%上升到2020年的91.2%。2019年，《国家职业教育改革实施方案》提出了进一步办好新时代职业教育的具体措施，着力培养高素质劳动者和技术技能人才。

2010年，《国家中长期教育改革和发展规划纲要（2010—2020年）》首次提出了"普及学前教育"的目标。《幼儿园教职员工配备标准（暂行）》《支持学前教育发展资金管理办法》等文件，均是为了落实《国家中长期教育改革和发展规划纲要（2010—2020年）》和《国务院关于当前发展学前教育的若干意见》而出台的。2020年年底，全国学前教育毛入园率从2010年的56.6%上升到85.2%。2021年，教育部等九部门印发的《"十四五"学前教育发展提升行动计划》提出"到2025年，全国学前三年毛入园率达到90%以上，普惠性幼儿园覆盖率达到85%以上，公办园在园幼儿占比达到50%以上"的目标。

三、保障儿童健康权的健康卫生政策

健康权是指公民有维护生命安全、身体健康、机能完整并予以支配的权利，是公民享有其他权利的基本前提。

（一）从维护儿童健康的目标出发，国家明确规定家庭、学校、社会等各方相应的法律责任

《未成年人保护法》就未成年人健康的家庭保护、学校保护、社会保护、政府保护、网络保护、司法保护做出了较明确规定。如家庭保护方面，要求父母或者其他监护人关注未成年人的生理、心理状况和行为习惯，预防和制止未成年人吸烟、酗酒、流浪、赌博、吸毒等行为；学校保护方面，要求保证未成年学生的睡眠、娱乐和体育锻炼时间，不得加重其学习负担，根据未成年学生身心发展特点，进行社会生活指导、心理健康辅导、青春期教育和生命教育；政府保护方面，要求卫生部门对未成年人进行卫生保健和营养指导，提供必要的卫生保健条件，做好疾病预防工作以及未成年人心理治疗、心理危机干预、精神障碍早期识别和诊断治疗等工作。此外，一些相关法律如《婚姻法》里也有类似的规定。

（二）制定具体法规或条例规定，确保儿童健康权

例如，《中华人民共和国义务教育法》《中华人民共和国母婴保健法》《学校卫生工作条例》《学校体育工作条例》以及各种更加具体的、针对某些实际问题的"办法""规定""通知"等。这些条例基本覆盖了儿童在成长发展过程中可能遇到的健康方面的各种问题、各种需要，构成了我国相对完善的儿童保健与卫生服务的制度体系。

（三）支持公共卫生事业发展，提升基本公共卫生服务

目前，我国推行的14项基本公共卫生服务项目中直接涉及儿童的项目有预防接

种、0～6 岁儿童健康管理服务。此外，孕产妇健康管理、居民健康档案管理、健康教育以及中医药健康管理服务也与儿童的健康权利有关。2021 年，教育部颁发的《儿童入托、入学预防接种证查验办法》中明确了在儿童预防接种工作中各部门、机构、接种单位和学校的职责和查验单位与对象。①

近年来，我国对儿童健康教育服务，尤其是青少年性健康教育的重视程度不断提升。此外，控制儿童近视、改善儿童营养状况、增强儿童身体素质等方面的健康行动也在陆续开展。表 8－1 反映了 1990—2021 年中国主要年份的儿童保健情况。

表 8－1　中国主要年份儿童保健情况统计（1990—2021 年）

年份	出生体重＜2 500 克婴儿比重（%）	围产儿死亡率（‰）	新生儿破伤风发病率（1/万）	新生儿破伤风死亡率（1/万）	5 岁以下儿童中重度营养不良比重（%）	新生儿访视率（%）	3 岁以下儿童系统管理率（%）	7 岁以下儿童保健管理率（%）
1990	3.74	16.11	2.70	—	—	—	46.28	—
1995	2.01	13.64	—	2.90	—	82.32	53.33	—
1996	1.98	14.44	4.12	2.90	3.73	81.40	61.41	62.7
1997	2.31	15.14	4.16	2.97	3.51	82.38	65.65	65.83
1998	2.58	14.94	2.74	1.86	3.41	83.74	69.07	68.89
1999	2.39	14.22	2.24	1.48	3.29	85.42	72.34	71.77
2000	2.40	13.99	1.88	1.16	3.09	85.80	73.84	73.37
2001	2.35	13.28	1.41	0.84	3.01	86.27	74.65	74.47
2002	2.39	12.47	1.33	0.73	2.83	86.12	73.88	74.03
2003	2.26	12.24	1.40	0.83	2.70	84.65	72.77	72.68
2004	2.20	11.08	0.98	0.51	2.56	84.96	73.73	74.44
2005	2.21	10.27	0.77	0.39	2.34	85.03	73.88	74.79
2006	2.22	9.68	0.64	0.32	2.10	84.70	73.90	75.00
2007	2.26	8.71	0.47	0.20	2.02	85.59	74.39	75.89
2013	2.44	5.53	0.34	0.00	1.37	93.20	89.00	90.70
2014	2.61	5.37	0.31	0.00	1.48	93.60	89.80	91.30
2015	2.64	4.99	0.28	0.00	1.49	94.30	90.70	92.10
2016	2.73	5.05	0.19	0.00	1.44	94.60	91.10	92.40
2017	2.88	4.58	0.17	0.00	1.40	93.90	91.10	92.60
2018	3.13	4.26	0.14	0.00	1.43	93.70	91.20	92.70
2019	3.24	4.02	0.00	0.00	1.39	94.10	91.90	93.60
2020	3.25	4.14	0.00	0.00	1.19	95.50	92.90	94.30
2021	3.70	3.86	0.00	0.00	1.21	96.20	92.80	94.60

注：围产儿指的是胎龄在 28 周至生后一周的胎儿和新生儿。

资料来源：国家卫生健康委员会．中国卫生健康统计年鉴 2022. 北京：中国协和医科大学出版社，2022：217－219.

① 疾病预防控制局．《儿童入托、入学预防接种证查验办法》解读．(2021-02-09)[2022-11-25]. http://www.gov.cn/zhengce/2021－02/09/content_5586298.htm.

（四）婴幼儿早期照护和发展服务

2019 年 1 月，国家发改委等 18 部门联合发布《加大力度推动社会领域公共服务补短板强弱项提质量 促进形成强大国内市场的行动方案》，将“增加托育服务有效供给”作为“补强非基本公共服务弱项”的内容之一。同年 4 月，国务院发布托育服务发展的纲领性文件——《关于促进 3 岁以下婴幼儿照护服务发展的指导意见》，阐明了我国托育服务发展的基本原则、发展目标、主要任务、保障措施和组织实施，并首次明确了各个部门的职责分工。2019 年 10 月，国家发改委和卫健委发布了《支持社会力量发展普惠托育服务专项行动实施方案（试行）》。2020 年年底，国务院在颁发的《关于促进养老托育服务健康发展的意见》中提出了健全政策体系、完善监管服务等意见。2021 年 5 月，《中共中央、国务院关于优化生育政策促进人口长期均衡发展的决定》重申了托育服务托底、普惠的发展原则。

（五）儿童心理健康政策

教育部《关于加强中小学心理健康教育的若干意见》（1999 年）提出，学校要对青少年开展心理健康教育，但儿童青少年的心理健康教育并未得到足够的重视。近年来，我国儿童青少年心理行为问题发生率和精神障碍患病率逐渐上升，成为重要公共卫生问题。2019 年印发的《健康中国行动——儿童青少年心理健康行动方案（2019—2022 年）》和 2021 年印发的《关于加强学生心理健康管理工作的通知》均提出落实儿童青少年心理行为问题和精神障碍的预防干预措施，形成学校、社区、家庭、媒体、医疗卫生机构等联动的心理健康服务模式，全方位提升学生心理健康水平。《中国儿童发展纲要（2021—2030 年）》提出，加强儿童心理健康服务，积极开展生命教育和挫折教育，培养儿童珍爱生命意识和自我情绪调适能力。关注和满足孤儿、事实无人抚养儿童、留守儿童和困境儿童心理发展需要。

四、有关丰富儿童精神文化生活的政策

有关丰富儿童精神文化生活的政策主要包括以下几个方面。

第一，政府兴建专门的娱乐福利设施，为青少年提供娱乐服务。各地政府兴办“青（少）年宫”、“青（少）年之家”、儿童活动中心、儿童之家以及“社区儿童之家”等专门面向青少年群体的娱乐场所和设施，为青少年提供福利性娱乐服务。

第二，儿童组织和政府部门开展娱乐活动。国家鼓励或直接开展某些定期、不定期的“活动”，在一段时间（通常指青少年和儿童的节日期间）满足青少年的某些需要。如在“六一”国际儿童节、“五四”青年节等举办的游园游艺、电影放映、戏剧专场活动等。

第三，各种“单位”设立相关设施，为所属儿童提供娱乐服务。国家要求党政机关、各类社会团体和各级企事业单位以及基层社区设立相应设施，为儿童提供适

当的福利服务。

第四，各种公共文化、娱乐场所和服务设施对儿童实行优惠政策。我国规定，在一些公共娱乐场所、公共文化服务区域以及公共交通上，为儿童享受有关服务和设施提供便利和优惠。各类公益性教育、科技、文化、体育、娱乐场所对儿童免费或优惠开放，根据条件开辟儿童活动专区。①

第五，对社会文化产品、娱乐场所和服务加以管制与监督。基本上说，这方面的有关政策最集中体现在《未成年人保护法》的相关条款（“社会保护”之第50～53条、第61条以及“家庭保护”之第17条）中。此外，还有主管经营行业的政府部门制定和实施的部门规章、规范性文件、条例等。例如，《中华人民共和国治安管理处罚法》规定：对文艺表演或娱乐场所中危害青少年健康的行为要予以一定的处罚。

第六，提升面向儿童的公共文化服务水平的政策。国家提倡制作和传播体现社会主义核心价值观，适合儿童的图书、电影、歌曲、游戏、广播电视节目、动画片等精神文化产品，培育儿童文化品牌。公共图书馆单设儿童阅览区，公共图书馆盲人阅览区为盲童阅读提供便利②，鼓励社区图书室设立儿童图书专区。

五、有关儿童得到合法抚养免于伤害的政策

这方面的政策可以统称为儿童保护政策，涉及家庭保护、学校保护、社会保护、司法保护、政府保护以及网络保护等方面。2020年新修订的《未成年人保护法》对儿童保护工作做了更加具体的规范。

（一）家庭保护

近年来，国家出台多项政策规范儿童的家庭监护。从2013年开始，民政部先后开展了两批未成年人社会保护试点工作。2014年，最高人民法院、最高人民检察院等部门发布的《关于依法处理监护人侵害未成年人权益行为若干问题的意见》从司法的角度明确了民政部门托底起诉、托底监护、托底保障的职责。2020年，民政部将父母被撤销监护资格的儿童纳入事实无人抚养儿童保障范围。在教育指导方面，2016年，全国妇联联合教育部、中央文明办、民政部等部委共同印发《关于指导推进家庭教育的五年规划（2016—2020年）》，提出到2020年，基本建成适应城乡发展、满足家长和儿童需求的家庭教育指导服务体系。2019年，全国妇联、教育部等九部门修订了《全国家庭教育指导大纲》。

---

① 国务院关于印发中国妇女发展纲要和中国儿童发展纲要的通知．国务院公报，2021（29）［2022-11-25］. https://www.gov.cn/gongbao/content/2021/content_5643262.htm.

② 中华人民共和国公共图书馆法．(2018-11-05)［2022-11-25］. http://www.npc.gov.cn/npc/c12435/201811/3885276ceafc4ed788695e8c45c55dcc.shtml.

（二）学校保护

学校保护政策是指学校、幼儿园和其他教育机构对未成年人实施的保护政策。除了保障儿童的受教育权利之外，学校还承担着保护未成年人的身心健康的职责。学校的教学场所、设施以及组织的相关活动要确保儿童安全，“建立完善教师暴力行为、学生欺凌行为、儿童青少年受虐待问题的举报渠道，发现相关问题或可疑情况时，及时采取措施，向有关部门报告，并注重保护儿童青少年隐私”①。工读学校应当对在校学生进行思想教育、文化教育、劳动技术教育和职业教育。近年来，学校社会工作也成为一种重要的保护方式，帮助解决学生的校内问题，促进家校协同育人工作。

（三）社会保护

儿童社会保护主体涉及政府、群团组织、企事业单位、社会组织、基层社区组织等，内容涉及儿童保护监督、管理、宣传、安全产品和福利服务供给等诸多方面。例如，政府加强对新闻出版等领域的市场监管和执法。自 2015 年开始实施的全国“扫黄打非・护苗 2015”专项行动，严厉打击制售非法、有害少儿出版物的违法活动。

（四）网络保护

网络保护是指国家为保护未成年人身心健康而在互联网领域实施的各项政策、规定和行动方案。新闻出版、网信、广播电视等管理部门加大对网络内容的监管力度，及时发现清理网上与儿童青少年有关的非法有害出版物及信息，为儿童青少年营造良好的网络环境。学校、家庭以及网信办应相互配合，通过规范电子身份认证系统等方式避免儿童沉迷于游戏行为的发生。

（五）司法保护

公安机关、人民检察院、人民法院和司法行政部门应当依法履行职责，保障未成年人的合法权益。儿童权益保护法律体系以《宪法》为根本和基础；《未成年人保护法》《预防未成年人犯罪法》《义务教育法》等特别法是儿童权益保护法的主体，体现出儿童权益及其保护的特殊性、优先性；民法、刑法、行政法、诉讼法等一般法是保护儿童权益的重要保障。此外，最高司法机关、国务院、各部委、各地方也在各自职权范围内出台了相关政策和规范性文件，我国批准的国际公约也对保护儿童权益做出了规定。

---

① 健康中国行动：儿童青少年心理健康行动方案：2019—2022 年．(2019-12-27)[2022-11-25]. http://www.gov.cn/xinwen/2019-12/27/content_5464437.htm.

（六）政府保护

县级以上人民政府承担未成年人保护的协调工作。《中国儿童发展纲要（2021—2030年）》提出："建立健全国家和地方儿童遭受意外和暴力伤害监测体系，通过医疗机构、学校、幼儿园、托育机构、社区、司法机关等多渠道收集儿童伤害数据，促进数据规范化。建立多部门、多专业参与的数据共享、分析、评估和利用工作机制。"

六、儿童社会保障政策

当前我国儿童社会保障政策体系主要由儿童医疗保险政策和贫困儿童社会救助政策构成。

（一）儿童医疗保险政策

1. 儿童基本医疗保险

在城市，儿童住院医疗保险逐步并入城镇居民医疗保险。2007年起，城镇居民医疗保险制度在全国试点实施，将城镇在校学生及学龄前婴幼儿纳入基本医疗保险体系。儿童医疗保险与城镇居民医疗保险接轨，目前已实现全国覆盖。在许多地区，与成年人相比，儿童基本医保在缴费标准、起付线以及报销比例等方面都享有优惠。目前儿童基本医疗保险的报销原则是住院报销，一些发达地区也开展了门诊报销。

在农村，儿童加入新型农村合作医疗保险并逐步并入城乡居民医疗保险。新型农村合作医疗保险制度填补了农村儿童没有医疗保险的空白，但新型农村合作医疗的实施原则是住院报销和大病、慢性病门诊报销，且门诊报销额度较低。城镇居民医疗保险与新型农村合作医疗从2016年开始整合，2019年年底明确完成整合，统称为城乡居民医疗保险。目前儿童参加城乡居民基本医疗保险且在一些地区的缴费标准低于成年人的缴费标准。

2. 儿童大病医疗保险

城乡居民大病保险是在基本医疗保险制度的基础上，对大病患者发生的高额医疗费用给予进一步保障的制度性安排，是基本医疗保险制度的补充。① 2010年，国家开始设立专门针对大病儿童的医疗救助制度试点。卫生部、民政部发布的《关于开展提高农村儿童重大疾病医疗保障水平试点工作的意见》，提出针对农村患白血病、先天性心脏病等重大疾病儿童的医疗保险试点方案，实行按病种付费，明显提高报销比例。② 2012年，国家推行城乡居民大病医疗保险并将城乡儿童重特大疾病纳入国家医疗保障体系。城乡居民医疗保险合并后，从城乡居民基本医疗保险中划出一定比例或额度作为大病保险资金。

---

① 关信平．社会政策概论．3版．北京：高等教育出版社，2014：55.

② 关于开展提高农村儿童重大疾病医疗保障水平试点工作的意见．(2010-06-10)[2022-11-25]. http://www.gov.cn/zwgk/2010-06/10/content_1624580.htm.

3. 儿童商业医疗保险

商业医疗保险是对基本医疗保险的一种补偿。1993 年，安徽省就推出了“青少年及婴幼儿住院医疗保险”。目前，各大保险公司推出了诸多种类的儿童商业医疗保险，以满足儿童更高的健康需求。

（二）贫困儿童社会救助政策

当前我国的社会救助体系由生活救助、医疗救助、教育救助、住房救助、法律援助、流浪乞讨人员救助、临时救助构成。其中，贫困儿童可以享受生活救助、教育救助和医疗救助。2020 年，中共中央办公厅、国务院办公厅印发的《关于改革完善社会救助制度的意见》中对我国的儿童救助工作提出了总体要求。

首先，在生活救助方面，各地对共同生活的家庭成员人均收入低于当地最低生活保障标准且符合财产状况规定的儿童，给予最低生活保障。对无劳动能力、无生活来源、无法定抚养义务人或者其法定抚养义务人无履行义务能力的城乡未成年人，给予特困人员救助供养。[①] 对遭遇突发事件、意外伤害、重大疾病，受传染病疫情等突发公共卫生事件影响，或由于其他特殊原因导致基本生活暂时陷入困境的儿童，给予急难社会救助。低收入家庭和刚性支出较大导致基本生活出现严重困难的家庭儿童，根据实际需要给予相应的医疗、教育等专项社会救助或采取其他必要救助措施。例如，通过政府购买服务对社会救助家庭中的未成年人提供必要的访视、照料服务。

其次，在教育救助方面，我国对学前教育、义务教育、高中阶段教育（含中等职业教育）就学的低保、特困家庭学生，根据不同教育阶段需求和实际情况，给予相应的教育救助。对义务教育阶段学生实施“两免一补”（免除学杂费、免费提供教科书，对家庭经济困难寄宿生补助生活费）政策，对高中教育阶段的贫困少年儿童提供必要的学习和生活补助。从 2017 年春季学期开始，中央财政对城市义务教育阶段学生实施“两免一补”政策。

为了贯彻落实《国家中长期教育改革和发展规划纲要（2010—2020 年）》，提高农村学生尤其是贫困地区和家庭经济困难学生健康水平，我国从 2011 年秋季起实施农村义务教育学生营养改善计划。2014 年 11 月起，试点地区营养补助标准从 3 元提高到 4 元，达到每生每年 800 元。2019 年秋季学期，义务教育阶段建档立卡以及非建档立卡的家庭经济困难残疾学生、农村低保家庭学生、农村特困救助供养学生等四类家庭经济困难非寄宿生被纳入生活补助范围。按照国家基础标准 50％的比例核定家庭经济困难非寄宿生生活补助标准，即小学每生每年 500 元，初中每生每年 625 元。社会捐赠也是教育救助的重要途径。截至 2020 年，全国希望工程累计捐赠

---

① 2014 年，国务院公布施行了《社会救助暂行办法》，将城乡“三无”人员保障制度统一为特困人员供养制度，我国城乡特困人员保障工作进入新的发展阶段。但 2019 年之后，未满 16 周岁的特困供养儿童被纳入孤儿基本生活保障制度的保障范围。

收入175.8亿元，资助困难学生639.7万名，援建希望小学20 593所。[①]

最后，在医疗救助方面，以《关于实施农村医疗救助的意见》（2003年）、《关于建立城市医疗救助制度试点工作的意见》（2005年）为标志，我国建立了城乡医疗救助制度。2009年，城乡医疗救助制度被纳入国家基本医疗保障体系。城市低保儿童以及农村建档立卡贫困儿童在住院报销的起付线、报销比例以及报销流程方面均有优惠。低保和特殊困难家庭的学生儿童，城乡居民医疗保险的个人缴费部分全部由政府补助。除了疾病应急救助之外，卫生部门及慈善组织也开展了大量的儿童大病救助项目。

除了上述常规性社会救助政策，《国家贫困地区儿童发展规划（2014—2020年）》提出对贫困地区儿童尤其是集中连片特殊困难地区的4 000万儿童实施精准救助。在健康和营养方面，2019年脱贫地区婴儿死亡率、5岁以下儿童死亡率以及贫困地区6～24月龄婴幼儿平均贫血率和生长迟缓率显著下降。教育脱贫攻坚取得了显著成效。2020年《打赢教育脱贫攻坚收官战总攻方案》标志着教育脱贫攻坚战进入全面总攻阶段。教育部等10部门联合印发《关于进一步加强控辍保学工作　健全义务教育有保障长效机制的若干意见》，全力保障教育的"起点公平"。中央财政支持学前教育发展专项资金逐年增加，重点向中西部农村地区和贫困地区倾斜。2018—2020年，中央财政投入70亿元专项资金用于"三区三州"教育脱贫，推进了教育领域基本公共服务均等化。贫困地区儿童关爱保护服务体系和家庭成长环境进一步优化。脱贫地区绝大部分受访家长都认识到家庭家教家风的重要性，并从幼儿园、社会组织等渠道获得了儿童养育方面的家庭教育指导服务。[②]

七、特殊儿童及困境儿童社会政策

2013年，民政部下发的《关于开展适度普惠型儿童福利制度建设试点工作的通知》明确了适度普惠型儿童福利制度的基本内涵，将儿童群体分为孤儿、困境儿童、困境家庭儿童、普通儿童四个层次。民政福利对象从孤残儿童逐步扩展为孤儿、困境儿童（残疾儿童、重病儿童、流浪儿童）、困境家庭儿童以及留守和流动儿童。目前，我国负责保障处境困难儿童的部门主要是民政部儿童社会福利司与社会事务司。

（一）孤儿社会政策

广义的孤儿包括失去父母的孤儿（包括宣告死亡）、弃婴、找不到父母的（包括宣告失踪的）未成年人。随着儿童保护工作的不断推进，孤儿数量连续七年下降。2021年，我国孤儿总数从2012年的57万人下降至19万人，下降了66％。集中养育孤儿（机构养育和家庭寄养儿童）5.9万人，社会散居孤儿（亲属或其他监护人抚养、独立生活）13.1万人。当前我国针对孤儿所采取的主要措施有机构养育、亲

---

① 竭力把希望工程办得更好．中国青年报，2021－11－19（2）．

② 宛立新．儿童蓝皮书：中国儿童发展报告：2021．北京：社会科学文献出版社，2021：23．

属抚养、家庭寄养，此外还包括依法收养。

1. 孤儿养育形式

（1）机构养育。

目前，重病重残儿童是我国儿童福利机构养育的被遗弃儿童的主体，比例达98%。1997年，《关于进一步发展孤残儿童福利事业的通知》要求，到2010年，基本上每个地级市都拥有一所具有养护、医疗康复和教育能力的儿童院。2001年，民政部制定的《儿童社会福利机构基本规范》在全国施行。2018年发布的《儿童福利机构管理办法》明确了儿童福利机构在入院筛查、户口登记、生活照料等方面的服务内容和具体要求以及儿童福利机构的内部管理制度。儿童福利机构应为抚养、寄养孤儿的亲属、家庭提供适当的指导服务。2021年，全国近70%的县级儿童福利机构养育儿童不到10人。《关于进一步推进儿童福利机构优化提质和创新转型高质量发展的意见》提出："到2025年，全面完成儿童福利机构优化提质和创新转型工作。"

（2）亲属抚养。

孤儿的祖父母、外祖父母、兄、姐要依法承担抚养义务、履行监护职责；鼓励关系密切的其他亲属、朋友担任孤儿监护人。监护人不履行监护职责或者侵害孤儿合法权益的，应承担相应的法律责任。

（3）家庭寄养。

家庭寄养是我国一些儿童福利机构探索的新型照顾模式。我国自20世纪90年代中期开始引入这一模式，但直到2003年，民政部才正式颁布了《家庭寄养管理暂行办法》。2010年发布的《国务院办公厅关于加强孤儿保障工作的意见》提出，可由孤儿监护人对有抚养意愿和抚养能力的家庭进行评估，选择抚育条件较好的家庭开展委托监护或者家庭寄养，并给予养育费用补贴，当地政府可酌情给予劳务补贴。2014年，民政部颁布的《家庭寄养管理办法》就家庭寄养经费的来源、寄养家庭应具备的条件及应履行的义务、对寄养家庭进行监督的方法等核心问题做出了新的具体规定，如扩大寄养儿童范围、将流浪乞讨等生活无着未成年人纳入其中、提高寄养家庭标准等。

（4）依法收养。

收养是变更身份关系的重要民事法律行为，涉及对儿童的抚养、教育及财产继承等一系列民事关系。《中华人民共和国民法典》规定，只有依法在民政部门登记，收养关系才能成立。民政部正在研究建立全国收养信息对接平台，在保护隐私的前提下，将可送养儿童的基本信息向有收养意愿的家庭公开。为进一步加强收养登记管理，持续深入规范收养评估工作，2020年12月，民政部颁发了《收养评估办法（试行）》。另外，2018年，民政部印发了《关于进一步做好外国收养家庭到儿童福利机构寻根回访接待工作的通知》，放宽了孤儿寻根回访制度。①

---

① 民政部：收养让更多孤儿重获家庭温暖．(2019-01-27)[2022-11-25]. http://www.gov.cn/xinwen/2019-01/27/content_5361483.htm.

2. 孤儿保障制度

2010 年，《国务院办公厅关于加强孤儿保障工作的意见》强调，要在全国范围内建立孤儿保障制度，从基本生活、医疗、教育、就业、住房等方面对未成年孤儿进行保障。

（1）孤儿基本生活费。

各省、自治区、直辖市政府要按照不低于当地平均生活水平的原则，合理确定孤儿基本生活最低养育标准，并向全体孤儿发放基本生活费。机构抚养标准应高于散居孤儿养育标准。2019 年，中央财政补贴孤儿基本生活费标准提高 50%，孤儿的生活质量得到了明显提升。[①] 同年 6 月，民政部等 12 部门联合印发的《关于进一步加强事实无人抚养儿童保障工作的意见》首次在国家层面将事实无人抚养儿童纳入保障范围。纳入孤儿基本生活保障范围的儿童，不再适用特困人员救助供养政策。截至 2020 年年底，全国已有 25.3 万名事实无人抚养儿童被纳入保障范围。

（2）孤儿医疗和教育救助。

各地将孤儿纳入城乡基本医疗保险，参保（合）费用通过城乡特困人员医疗救助制度解决；鼓励、支持医疗机构减免孤儿医疗费用；开展“残疾孤儿手术康复明天计划”等医疗康复救助项目；有条件的地方政府和社会慈善组织可为孤儿投保意外伤害保险和重大疾病保险等商业健康保险或补充保险。家庭经济困难的学龄前孤儿到学前教育机构接受教育的，由当地政府予以资助。义务教育阶段的孤儿寄宿生全面纳入生活补助范围。在普通高中、中等职业学校、高等职业学校和普通本科高校就读的孤儿，纳入国家资助政策体系优先予以资助；孤儿成年后仍在校就读的，继续享有相应政策；学校为其优先提供勤工助学机会。

（3）孤儿就业和住房救助。

国家鼓励和帮扶有劳动能力的孤儿成年后实现就业，优先安排其到政府开发的公益性岗位就业。农村无住房孤儿成年后，按规定纳入农村危房改造计划优先予以资助。城市孤儿成年后，符合城市廉租住房保障条件或其他保障性住房供应条件的，当地政府要优先安排、应保尽保。对有房产的孤儿，监护人要帮助其做好房屋的维修和保护工作。[②]

（二）困境儿童社会政策

1. 残疾儿童社会政策

“全面建成小康社会，残疾人一个也不能少”，这是习近平总书记对残疾人工作提出的要求。对残疾儿童给予特别扶助，不仅仅关系到残疾儿童及其家庭的切身利益，而且事关全面建成小康社会、构建和谐社会目标的实现。

---

① 2019 年《中国儿童发展纲要（2011—2020 年）》统计监测报告 .（2020-12-19）[2022-11-25]. http://www.gov.cn/xinwen/2020-12/19/content_5571132.htm.

② 国务院办公厅关于加强孤儿保障工作的意见 .（2010-11-18）[2022-11-25]. http://www.gov.cn/xxgk/pub/govpublic/mrlm/201011/t20101118_62875.html.

（1）残疾儿童生活救助政策。

民政部要求参照孤儿基本生活保障制度建立残疾儿童基本生活保障制度。2015年，《国务院关于全面建立困难残疾人生活补贴和重度残疾人护理补贴制度的意见》将困难残疾人生活保障和重度残疾人康复护理优先纳入制度化政策保障；将最低生活保障家庭中的残疾人列为生活补贴对象；将残疾等级为一、二级的重度残疾人列为护理补贴对象，并鼓励有条件的地方扩大补贴范围。对享受最低生活保障待遇后仍不能保障基本生活的残疾人家庭，县级以上人民政府应当采取措施保障其基本生活；对生活不能自理的残疾人，县级以上人民政府应当按照规定给予护理补贴。纳入孤儿基本生活保障范围的残疾儿童，不再享受困难残疾人生活补贴和重度残疾人护理补贴。

（2）残疾儿童教育政策。

1994年国务院颁布的《残疾人教育条例》明确指出，残疾儿童接受义务教育的形式包括在普通学校随班就读，在普通学校、儿童福利机构或者其他机构附设的残疾儿童少年特殊教育班就读，在残疾儿童少年特殊教育学校就读。1998年，《特殊教育学校暂行规程》推进了我国的特殊教育学校教育教学工作。2010年年底，全国未入学适龄残疾儿童少年仍有14.5万人。① 2017年修订通过的《残疾人教育条例》突出强调了根据残疾人的残疾类别和接受能力优先采取普通教育方式；推广国家通用手语和国家通用盲文，改善残疾人教育支持保障条件。《第二期特殊教育提升计划（2017—2020年）》提出，到2020年，残疾儿童少年义务教育入学率达到95%以上。2017年教育部、中国残疾人联合会印发的《残疾人参加普通高等学校招生全国统一考试管理规定》提出，开展残疾人高等融合教育试点工作，残疾儿童受教育权得到了更好的保障。

（3）残疾儿童医疗康复政策。

自1988年以来，我国政府将残疾人康复工作纳入国家发展规划。除了以残疾人整体为对象的康复政策外，一些部委还专门采取了针对儿童的措施，比如卫生部将残疾儿童康复工作纳入社区卫生服务，组织实施孤残儿童矫治手术等各类医疗助残行动，开展残疾儿童早期筛查和残疾预防。民政部对各类福利机构和社区服务机构中的残疾儿童进行康复训练、教育，组织开展“残疾孤儿手术康复明天计划”。教育部指导特殊教育机构开展残疾儿童早期康复工作，支持和推动基层聋儿康复等相关机构的建设，等等。1982年，民政部与联合国儿童基金会共同开展“残疾儿童社区康复”合作项目，后来，“中国残联”作为残疾人福利服务政策的执行机构，推展社区康复活动。

2018年，国务院印发《关于建立残疾儿童康复救助制度的意见》，决定全面实施残疾儿童康复救助制度。救助对象为符合条件的0～6岁视力、听力、言语、肢体、智力等残疾儿童和孤独症儿童，包括城乡最低生活保障家庭、建档立卡贫困户

① 2010年中国残疾人事业发展统计公报.（2011-04-07）[2022-11-25]. http://www.gov.cn/fuwu/cjr/2011-04/07/content_2630908.htm.

家庭的残疾儿童和儿童福利机构收留抚养的残疾儿童，残疾孤儿、纳入特困人员供养范围的残疾儿童，其他经济困难家庭的残疾儿童。

为贯彻落实《国务院关于印发“十三五”推进基本公共服务均等化规划的通知》《国务院关于建立残疾儿童康复救助制度的意见》以及《残疾人精准康复服务行动实施方案》有关要求，中国残联等部门共同修订形成了《残疾人基本康复服务目录（2019 年版）》，包括《0－6 岁残疾儿童基本康复服务目录（2019 年版）》和《7 岁以上残疾儿童和成年残疾人基本康复服务目录（2019 年版）》，明确了残疾儿童基本康复服务内容。各地根据目录提供相应水平的、普惠性的康复服务。

2019 年，中国残联等部委联合制定了《残疾人社区康复工作标准》。在残疾儿童基本康复服务中，已经纳入城乡医保、大病医保、医疗救助范围以及列入相关政府部门相关医疗救助工程的康复服务项目，残疾人自付部分由各地根据资金情况进行补助；尚未列入基本医保范围的服务，由残疾人康复专项经费或其他经费支付。2019 年，中国残联开发启用全国残疾儿童康复救助信息管理平台系统，为残疾儿童家长网上申请康复救助提供条件。

2. 重病儿童社会政策

经诊断患重病、身体重残、患罕见病需要长期治疗的贫困家庭儿童可以申请重点困境儿童基本生活费。重点困境儿童基本生活费标准低于社会散养孤儿基本生活费①，各地补贴标准不尽一致。对于困难的重病、重残儿童，城乡居民基本医疗保险和大病保险给予适当倾斜，医疗救助则适当提高报销比例和封顶线。符合规定的重病儿童也可以享受教育救助政策。

3. 流浪儿童社会政策

根据《儿童权利公约》的精神，我国政府将流浪儿童界定为指年龄在 18 周岁②以下、离开家庭、脱离监护人的保护、流浪街头连续超过 24 小时、基本生活失去保障的未成年人。

《城市生活无着的流浪乞讨人员救助管理办法》为我国救助保护流浪儿童工作指明了方向。2007 年，民政部与国家发展改革委共同制定了《“十一五”流浪未成年人救助保护体系建设规划》（简称《规划》）及《关于流浪未成年人救助保护设施建设的指导意见》（简称《意见》），启动了流浪未成年人救助保护体系建设。《规划》提出：到 2010 年，实现全国 90％以上的地级城市和工作任务较重的县级市拥有流浪未成年人救助保护设施。《意见》提出：救助中心主要提供短期的居住、锻炼、教育、医疗、康复服务，并通过心理、行为偏差和轻微违法犯罪行为的矫治、教育转化等服务，减少反复流浪和违法犯罪现象，帮助受助未成年人回归家庭或实现社会自立。

2003 年，民政部与联合国儿童基金会、英国救助儿童会合作，在河南省郑州市

---

① 山东省青岛市 2022 年福利机构养育孤儿基本生活费标准为每人每月 2 178 元，社会散养孤儿（含事实无人抚养儿童）每人每月 1 815 元，重点困境儿童每人每月 1 452 元。

② 也有学者基于劳动法将流浪儿童年龄界定为 0～16 周岁。

流浪儿童救助保护中心进行“类家庭”救助保护模式实验。“类家庭”是指建立类似于家庭的集寄养、看护、教育于一体的，融入社区的、无“家”可归的流浪儿童之“家”，为年龄在 8～14 岁、智力正常、身体健康、屡送屡返的或无“家”可归的流浪儿童提供救助保护，培养流浪儿童独立的生活能力，使其学会合作、协作精神，养成良好的生活习惯，为今后融入主流社会独立生活做准备。它是流浪儿童救助保护中心工作向社区的延伸。截至目前，类家庭的流浪儿童救助模式仍在探索之中，覆盖区域有所扩展。

2011 年，国务院办公厅发出《关于加强和改进流浪未成年人救助保护工作的意见》，对流浪儿童救助保护工作提出了更加具体的要求和政策措施。公安、民政等多部门协作实行更加积极主动的救助保护，加大打击拐卖未成年人犯罪力度，帮助流浪未成年人及时回归家庭，做好流浪未成年人的教育矫治工作，强化流浪未成年人源头预防和治理。同年，民政部等多部委联合开展的“接送流浪孩子回家”及“流浪孩子回校园”专项行动以及 2012 年出台的《民政部关于促进社会力量参与流浪乞讨人员救助服务的指导意见》推动了上述政策的落地。

（三）困境家庭儿童社会政策

困境家庭儿童包括父母重度残疾或重病的儿童、父母长期服刑在押或强制戒毒的儿童、父母一方死亡另一方因其他情况无法履行抚养义务和监护职责的儿童、贫困家庭的儿童。贫困家庭儿童政策在前文“贫困儿童社会救助政策”部分已有介绍。2019 年，民政部等 12 部门联合印发了《关于进一步加强事实无人抚养儿童保障工作的意见》，在国家层面将事实无人抚养儿童纳入孤儿基本生活制度保障范围，每月发放基本生活补贴并开展相应救助工作。近年来，各地也开始陆续实施困境家庭儿童关爱服务，通过政府购买服务等方式，发挥共青团、妇联等群团组织的社会动员优势，引入专业社会组织提供心理咨询和疏导、情感抚慰等专业服务，培养其健康心理和健全人格。

（四）留守和流动儿童社会政策

2016 年，民政部等部门对农村留守儿童进行了全面摸排，按父母双方均外出或父母一方外出务工另一方无监护能力计算，共有 902 万余名不满 16 周岁的留守儿童。2016 年，国务院印发的《关于加强农村留守儿童关爱保护工作的意见》中提出，要完善农村留守儿童关爱服务体系，建立健全农村留守儿童救助保护机制。具体措施有：强化家庭监护主体责任，落实县、乡镇人民政府和村（居）民委员会监督指导职责，加大教育部门和学校关爱保护力度，发挥群团组织关爱服务优势，推动社会力量积极参与，建立强制报告制度，完善应急处置机制、健全评估帮扶机制、强化监护干预机制等。2019 年，《关于进一步健全农村留守儿童和困境儿童关爱服务体系的意见》中要求，明确未成年人救助保护机构和儿童福利机构的职能定位，推进未成年人救助保护机构转型升级，拓展儿童福利机构社会服务功能，积极对留守儿童开展临时照料、精神慰藉、定期探访等工作。

近十年来，我国流动儿童数量波动增长。2018 年，全国义务教育阶段随迁子女数量为 1 952.41 万人，其中进城务工人员随迁子女数量为 1 424.04 万人，近 5 年增加了 311.82 万人，增幅为 15.97%。[①] 2020 年，义务教育阶段在校生中进城务工人员随迁子女 1 429.73 万人。[②] 许多贫困流动儿童面临学业、生活、文化以及心理融入等方面的困境。2014 年，中共中央、国务院印发的《国家新型城镇化规划（2014—2020 年）》提出了有序推进农业转移人口市民化的措施，包括推进符合条件农业转移人口落户城镇、推进农业转移人口享有城镇基本公共服务等，还提出推动城乡发展一体化，从源头减少留守和流动儿童问题。随后，《国务院关于进一步推进户籍制度改革的意见》《国务院关于深入推进新型城镇化建设的若干意见》《推动 1 亿非户籍人口在城市落户方案》等相关政策相继推出。

2014 年，国务院《关于进一步做好为农民工服务工作的意见》提出：学校对随迁子女与城镇户籍学生混合编班，统一管理。2012 年，教育部等部门开始研究制定接受义务教育后在流入地参加升学考试的办法等各项具体细则。到目前为止，全国大部分省市已经有条件（社保、就读年限等）全部开放接受流动儿童参加当地高考。《流动人口健康教育和促进行动计划（2016—2020 年）》拓展了流动儿童公共卫生议题。2014—2016 年，中央政府共购买了 45 个流动儿童公益项目，涉及 2 145 万元项目资金。各省市政府也积极通过政府购买、公益创投等方式吸纳社会力量参与流动儿童保护服务。[③] 2015 年，教育部颁布了《关于加强家庭教育工作的指导意见》，提出推进流动儿童家庭教育社会支持网络建设。2016 年，教育部、民政部等部门联合发布《关于进一步推进社区教育发展的意见》，提出到 2020 年我国初步形成社区教育治理体系，以加深流动儿童与伙伴、家庭、社区的联结。

第四节　新时期我国儿童社会政策展望

一、我国儿童社会政策存在的问题与不足

经过几十年的发展，到 2020 年，我国基本建成了比较完备的儿童社会政策体系，内容涉及儿童的抚养、教育、医疗、保护、社会保障、精神文化等各个方面，充分体现了所有儿童的生存权、发展权、被保护权和参与权等基本权利。应该说，我国已经初步形成了适度普惠型儿童福利框架。在肯定成绩的同时，我们应注意到

① 根据教育部年度教育统计数据整理得出。

② 教育部．2020 年全国教育事业发展统计公报．(2021-08-27)[2022-11-25]. http://www.moe.gov.cn/jyb_sjzl/sjzl_fztjgb/202108/t20210827_555004.html.

③ 刘玉兰．儿童权利视角下近 30 年流动儿童研究轨迹与政策发展．常州大学学报（社会科学版），2018 (3)：71-79.

现行儿童社会政策框架与服务体系初步建成，还不够成熟和稳定，仍存在诸多问题。以下是比较突出的几个问题。

（一）我国儿童社会政策难以满足新时代儿童高质量发展要求

我国人均GDP突破一万美元，全面建成小康社会的第一个百年奋斗目标已经实现。在中国共产党带领全国人民实现第二个百年奋斗目标的道路上，“儿童优先”“儿童分享社会经济发展成果”被纳入国家战略，并被放到前所未有的重要位置。儿童社会政策作为鼓励生育的重要手段之一，需要在新时期做出重大调整。只有如此，才能延缓人口生育率下降的趋势，为中国特色社会主义建设事业提供优质的人力资本。2010年之后，我国适度普惠型儿童社会福利体系日益完善。孤儿、困境儿童、困境家庭儿童以及留守儿童、流动儿童等弱势儿童全部被纳入儿童福利体系，民政部为所有缺乏有效家庭监护的儿童兜底负责，针对全体儿童的基本公共服务以及社区儿童福利服务也在国家经济发展的基础上有所提高。然而，我国既有儿童社会政策投入不足、儿童福利人才队伍建设滞后、社会力量参与不足、福利治理体系不够成熟等问题导致儿童社会政策无法满足新时代发展要求。具体来看，现今我国儿童社会政策目标和福利服务对象依然主要集中于少数的“问题儿童”和部分处于困境的儿童，绝大多数普通儿童享受不到应有的福利服务。例如，社会急需的儿童托育服务、学前教育服务以及家庭教育服务等普惠型服务尚未实现。同时，许多针对弱势儿童的补缺型福利政策，例如留守儿童以及困境家庭儿童政策设立时间较短，运行模式还不够成熟，残疾儿童教育公平政策以及康复服务政策还未有效落地。

（二）我国儿童社会政策缺乏合适的理论与范式指导

2021年，我国儿童社会政策进入高质量发展转型期。在新时期，我国儿童社会政策之所以无法满足时代要求、难以形成生育友好型政策体系，重要的原因是儿童社会政策尚未在马克思主义福利观指导下形成明确的发展范式。总体来看，21世纪前十年儿童社会政策的发展主要体现在弱势儿童保障政策的完善上。尽管这一发展对于解决弱势儿童群体的问题起到了积极作用，但将儿童社会政策局限于弱势儿童群体的做法显示出儿童社会政策体制仍然没有摆脱儿童养育是“家事”的政策范式。与上轮纲要提出的“推动儿童福利由补缺型向适度普惠型的转变”目标相比，《中国儿童发展纲要（2021—2030年）》明确提出“基本建成适度普惠型儿童福利制度体系”，这是一个重大进步。建设社会主义现代化强国阶段的儿童发展必须充分尊重儿童主体性、释放和发展儿童天性，实现人的全面发展。因此，在未来的儿童福利建设中，应加大国家干预力度，使儿童福利事业在更大程度上适应现代化发展需求，儿童社会政策范式应更加凸显国家作用。

（三）我国儿童社会政策在宏观体系搭建与微观政策落地方面还存在诸多不足

当前我国儿童社会政策体系尚不成熟，政策分散、不同政策之间的衔接机制尚未确立。在宏观方面，国务院妇女儿童工作委员会是我国儿童福利事业的国家级协调部门，目前已经制定了四期儿童发展纲要。《中国儿童发展纲要（2021—2030 年）》提出："坚持儿童优先原则，大力发展儿童事业，保障儿童权利的法律法规政策体系进一步完善，党委领导、政府主责、妇女儿童工作委员会（以下简称妇儿工委）协调、多部门合作、全社会参与的儿童工作机制进一步巩固，儿童发展环境进一步优化。"但从目前来看，国家卫生、教育、民政、残联、妇联等部门工作在基层落实阶段都需要基层政府、社区、学校、医院、康复中心等组织通力合作，共享数据信息，实现良好协作，这是儿童社会政策和服务在多个领域面临的共同难题。另外，原有的一些儿童福利机构闲置而社区儿童福利空间不足的问题也十分突出。这些问题提示，我国儿童福利事业存在宏观体系搭建不足的问题，并进一步影响到微观层面政策的落实。最后，儿童福利事业的发展渠道过于狭窄，社会力量参与度低。我国现行的儿童社会政策强调政府的主导作用，个人、企业、社会团体、慈善机构、宗教组织等社会力量没有得到足够的重视，引导、规范这些社会力量参与儿童福利建设的政策不够完善。

（四）儿童社会政策立法建设滞后

从上述分析可以看到，虽然我国也有针对儿童的专门立法，如《未成年人保护法》《预防未成年人犯罪法》《民法典》《义务教育法》等，儿童保护法律体系基本完善，目前已开启未成年人保护新时代，但总体来看，我国儿童政策涉及的原则性、一般性法规较多，有针对性的涉及儿童专业福利领域的具体法规较少。当儿童权利受到侵害时，不少法律条文虽都有所涉及，但究竟该由哪个部门处理，依据是什么，处理到什么程度合适，往往没有明确规定可参照，这大大降低了政策执行的有效性。

二、我国儿童社会政策展望

（一）儿童社会政策发展应坚持马克思主义福利观的指导

马克思主义是中国特色社会主义建设事业的指导思想，也必然对中国儿童社会政策的发展具有启发和指导意义。马克思主义理论对社会福利问题的价值并不体现在对具体福利问题的分析上，而是体现在其对资本主义及其福利观的批判以及历史唯物主义哲学观、对公平价值的追求等方面。马克思主义福利观认为：福利问题的解决必须以政治问题的解决为前提，充分的社会保障是人的解放和个性自由发展的必要条件，在消除不平等的社会里，"人类的幸福"以及"每一个人的自由发展"是社会福利政策追求的目标。[①] 中国已经实现了人民当家作主，人们对美好生活的向往就是中国共产党的奋斗目标，但中国市场经济发展也带来了一些影响人们生育信心的阻碍因素。目前中国人口出生率的下降与育龄妇女人数减少、现代化进程中妇

---

① 钱宁．现代社会福利思想．2 版．北京：高等教育出版社，2013：46.

女权利意识提升、年轻人生育观念及家庭代际关系等内在因素的变化有关，同时也与巨大的就业压力，住房、医疗和教育成本提升，社会财富分配不均衡等外在因素密切相关。这些因素需要从保护女性就业、家庭调节与支持等微观领域，社区照顾和托育服务等中观领域，以及调节收入差距、降低住房和教育成本、完善社会保障制度、促进经济发展等宏观政策领域，进行全方位的干预，同时激发人的主观能动性，以实现人的全面发展和个性解放。也就是说，中国新时期的儿童社会政策只有在马克思主义福利观的指引下，从现实国情出发，综合运用各种政策手段，才能从根本上提升人们对未来生活的美好预期、提高生育自信、缓解人口出生率下降趋势，并进一步实现儿童的高质量发展。

（二）儿童社会政策范式应合理设置政府与家庭的角色并凸显儿童主体性

自由放任主义范式和国家干涉主义范式均过于极端，不适合当今时代对儿童发展的要求。尊重家庭与双亲权利范式的儿童社会政策对儿童的主体性关注不够。尊重儿童权利与自由范式的儿童社会政策强调尊重儿童的观点、感觉、期望、选择与自由，具有一定的意义，但存在忽略儿童心智不够成熟这一现实的缺陷。未来的儿童社会政策取向应当在重视家庭作用的同时，更加强调政府的积极介入及预防性措施的加强，充分利用津贴、保护政策、抚育时间福利和托育服务等多种形式，整合、支持、监督和引导社会组织、企业、慈善力量等资源支持和补充家庭功能。同时，国家应当根据新时代的家庭结构和代际关系变迁特点，在确保父母是第一责任人的基础上，基于互助和情感链接等代际需要共同点，促进家庭育儿功能发挥。此外，儿童社会政策还要重视儿童主体性，在尊重儿童个性、保障儿童参与的过程中实现儿童社会化。

（三）多措施促进儿童社会政策高质量发展

2019 年，中国人均 GDP 超过一万美元，人口生育率低以及人口老龄化加剧的现实国情迫使儿童社会政策必须在适度普惠基础上实现高质量发展，要在诸多社会政策体系中体现儿童优先的原则。2021 年 12 月发布的《儿童蓝皮书：中国儿童发展报告（2021）》，对新阶段促进儿童事业发展提出了三点建议：第一，要在全面建成社会主义现代化国家进程中进一步强化儿童发展的战略地位，真正将儿童优先落实到实际行动中。第二，要把握新发展阶段的新要求，用新规划引领儿童事业在新阶段实现高质量发展。第三，要提升儿童工作的科学化、专业化水平。首先，我国儿童社会政策不能急于走高福利道路，促进社会政策与国家发展相融合，尤其要提高人力资本投资，通过发展型社会政策使儿童社会政策成为增加国家人才储备、促进社会主义现代化国家建设的有力推手。其次，必须在众多社会政策投资中加大对儿童社会政策的投入力度，引领儿童福利迈向高质量发展阶段。高质量发展意味着要进一步推进平等普及、关怀弱势、普及式与选择式原则相结合的福利模式发展，并实现双向提升。

在普惠型政策方面，提升基本公共服务水平，包括加大学前教育投入，增加公立幼儿园和托育服务供给，明确政府在公共托幼服务中的主体责任，支持用人单位和社会力量兴办婴幼儿托育服务机构，形成全日托、半日托、计时托和临时托等多种形式的服务网络；进一步落实教育公平政策，提升学校教育主体责任和教育质量，减轻家庭教育负担；扩大儿童医疗保险和基本公共卫生服务的覆盖面，提升服务水平；逐步加强对儿童家庭的税收、住房等方面的支持；通过社会政策与福利服务相结合的方式，实施社区为本的儿童保护模式，并确保儿童保护工作全面开展；提高儿童精神文化福利水平；加快儿童友好型城市建设，提升儿童参与权利；指导和推进家庭及社区教育，促进儿童全面、健康发展。普惠型政策的实施需要结合国情国力，突出重点，逐步推进。

在选择性福利政策方面，重点推进弱势儿童社会政策在基层的落地，使城乡、区域、群体之间的儿童发展差距明显缩小。各级政府通过精细化治理，实现社会政策与社会工作等福利服务的优势互补和双向促进，促进儿童社会政策的高质量发展。发展和完善传统补缺型儿童福利政策体系，通过提高待遇水平、完善服务机构和服务内容、提高服务的专业化水平等手段，不断提高贫困、孤残、重病、流浪儿童等困境儿童群体的福利水平，进一步细化和落实法律保护、社会参与、教育、医疗康复、心理支持、家庭保护、社区福利服务等方面的政策。提升和扩大儿童救助和福利服务机构功能，综合各方力量建设事实无人抚养儿童及艾滋病影响儿童关爱服务体系；健全收养评估制度，建立收养状况回访监督制度，加强收养登记信息化建设，推动收养工作高质量发展。提高留守儿童关爱保护服务水平，在城市地区重点推动流动儿童及其家庭的关爱服务；对低收入二孩或多胎家庭提供租房补贴或房贷优惠等。儿童工作的科学化和专业化离不开专业人才队伍。未来应当加大医疗康复、家庭教育、托育服务、护理、社会工作、心理等专业的人才培养力度，依法逐步实行从业人员职业资格准入制度。

（四）重视儿童福利治理体系的建设

儿童福利的高质量发展需要加快儿童福利治理体系的建设，整合多元福利主体、制度、资源，形成联动福利机制。首先，妇儿工委应成为全国性的儿童和家庭福利协调机构，未来应进一步加大权限，使其全面负责儿童及家庭福利事业的统筹规划、部际协调、宏观机制搭建、责任设定和考核等工作。2019 年，民政部设立了儿童福利司。《未成年人保护法》第 9 条规定，县级以上人民政府应当建立未成年人保护工作协调机制，协调机制具体工作由县级以上人民政府民政部门承担，儿童福利和保护工作有了更加明确的责任部门。其次，在儿童福利服务保障运行中，需要注意区分层次、类型和标准，既满足不同类型儿童的生存和发展需求，又要提高政策效率，让有限的福利资源发挥最大的功效。

此外，在福利输送方面，应重视社会参与、基层不同部门分工协作，最大限度调动各方资源，弥补行政性措施的不足，为困境儿童提供更多更高效的福利服务。

例如，为确保家庭保护功能完善，应多方构建监督和关爱服务体系；要立足社区，建设儿童综合服务设施和空间，支持社会力量扎根社区提供服务；整合不同类型的儿童福利工作，支持儿童福利机构及儿童救助中心面向社会残疾儿童、事实无人抚养儿童及流浪儿童开展替代照料、养育教育辅导、康复训练等服务。从 2010 年开始，民政部和联合国儿童基金会合作开展中国儿童福利示范区项目，初步构建了以儿童信息报告监测反馈机制、儿童福利台账机制、儿童帮扶机制、多部门联动机制等“四个机制”为核心内容，以村儿童之家为活动场所，以村儿童福利主任队伍为村社工作力量的基层儿童福利服务体系。农村基层儿童福利服务体系建设试点是一种有益尝试，未来还应在此基础上进一步扩大和推广，将城乡社区儿童福利的服务对象由孤儿等困境儿童扩展到所有儿童。

（五）推动儿童福利立法工作

儿童福利立法是儿童社会政策体系中最有权威性的部分。在立法方面，我国目前虽然有一些专项法律对儿童的教育、保护、收养、司法处置给予保障，但由于社会变迁迅速，儿童问题也日益多元化，一些法律和政策无法应对新生问题，以致无法有效保护被伤害的儿童。鉴于此，有必要推动整合性及更加细化的专项“儿童福利法”立法工作，使儿童能在最佳利益及权益保障的环境下成长。例如，《中华人民共和国家庭教育法》于 2021 年 10 月 23 日通过，自 2022 年 1 月 1 日起施行。在立法方面，要建立严格的问责机制，法律责任的罗列需详尽，避免留下空子和死角。①

思考题

1. 儿童社会政策的内涵和外延是什么？

2. 儿童社会政策范式经历了哪些演化？目前我国应采取什么样的儿童社会政策范式？

3. 简述我国儿童社会政策的发展历程。

4. 当前我国儿童社会政策的具体构成是什么？

5. 我国儿童社会政策存在哪些问题？未来应如何发展？

① 孙彦川．优化生育政策背景下的儿童福利改革创新：第七届全国社会保障学术大会儿童福利论坛综述．中国社会报，2021－08－17（2）．

第九章

妇女社会政策

妇女是创造人类文明的一支伟大力量。促进男女平等，保障妇女权益，不仅关系到妇女的切身利益，而且关系到人类的创造能力的全面发挥和社会生产力的充分解放。妇女社会政策不仅是对妇女权益的保护，更是社会发展程度的标志。党的二十大报告重申要“坚持男女平等基本国策，保障妇女儿童合法权益”，深刻阐述了中国共产党保障妇女权益、促进妇女全面发展的坚定决心和责任担当，为新时代妇女社会政策的发展完善提供了坚实的政治保证和根本遵循。本章在对妇女社会政策的概念进行界定的前提下，着重介绍、分析妇女社会政策的发展演变、理论基础以及我国目前主要的妇女社会政策，最后借鉴发达国家的相关经验对我国妇女社会政策的发展加以探讨。

第一节 妇女社会政策概述

一、妇女社会政策的概念

妇女在人类社会中扮演的角色极其重要、不可或缺。但由于生理、心理及传统文化等方面的原因，妇女与男子相比在社会中处于相对弱势地位。随着社会的发展，保护妇女权益已成为一种共识，这不仅是马克思主义妇女观的重要内容和要求，也是衡量一个社会文明程度的重要指标。因此，以公正为理念依据的社会政策，便成为妇女权益保护的重要途径。它通过明文规定、提供一系列社会服务来增进妇女福利。这些规定和社会服务统称为针对妇女群体的福利政策。

所谓妇女社会政策，是指以两性平等为价值目标，以妇女群体为对象，以保护妇女合法权益（包括依法享有的特殊权益）、增进妇女福利、消除性别歧视、充分发挥妇女在经济社会建设中的作用、促进妇女和社会发展为目的，由国家、政府及其他组织制定并实施的一系列法律、法规、条例或采取公共行动的总称。这一概念主要包括以下几层含义：

（1）从政策的价值理念看，公正是社会政策的核心理念①，作为社会政策内容之一的妇女社会政策同样以公正作为价值追求。公正理念在妇女社会政策中的具体要求是男女平等，这里的男女平等并非男女一样，而是在承认男女两性自然差异的基础上，追求权益平等。

（2）从政策的社会目标看，妇女社会政策是以妇女为政策实施对象，其目标是增进妇女福利，提高妇女生活质量，进一步发挥妇女作用，促进社会更好地发展。

（3）从政策的实施方式看，妇女社会政策主要通过两种方式得以实现。一是通过制定和实施相关法规如《妇女权益保障法》，来保护妇女在经济、社会和政治生活中的权益；二是由政府或社会组织采取各种行动为妇女群体提供福利性服务。这两种方式相辅相成，前者是后者的依据，后者是前者的补充。

（4）从政策的运行原则看，妇女社会政策从属于社会福利领域。无论是理论上还是政策实践中，妇女社会政策都坚持社会性原则，如社会关照、社会补偿原则，这与经济政策领域的“等价交换”原则有着本质区别。

二、妇女社会政策的内容

按照国务院 2021 年 9 月发布的《中国妇女发展纲要（2021—2030 年）》，我国妇女发展的总体目标是：男女平等基本国策得到深入贯彻落实，促进男女平等和妇女全面发展的制度机制创新完善。妇女平等享有全方位全生命周期健康服务，健康水平持续提升。妇女平等享有受教育权利，素质能力持续提高。妇女平等享有经济权益，经济地位稳步提升。妇女平等享有政治权利，参与国家和经济文化社会事务管理的水平逐步提高。妇女平等享有多层次可持续的社会保障，待遇水平稳步提高。支持家庭发展的法规政策体系更加完善，社会主义家庭文明新风尚广泛弘扬。男女平等理念更加深入人心，妇女发展环境更为优化。法治体系更加健全，妇女合法权益得到切实保障。妇女的获得感、幸福感、安全感显著提升。展望 2035 年，与国家基本实现社会主义现代化相适应，男女平等和妇女全面发展取得更为明显的实质性进展，妇女更好地担负起新时代赋予的光荣使命，为实现中华民族伟大复兴的中国梦而不懈奋斗。

据此，本章将妇女社会政策的主要内容界定为妇女政治参与政策、妇女受教育政策、妇女就业政策、妇女健康政策、妇女家庭政策等五个类别，并在第三节予以重点介绍、分析。

---

① 李迎生．加快与和谐社会建设相配套的社会政策建设．河北学刊，2007，27（3）：69－71，73.

三、妇女社会政策的功能

政策是为治理服务的，妇女社会政策也不例外。妇女社会政策虽然主要是为了保护妇女权益、增进妇女福利的，但政策制定实施的社会意义不限于此。作为社会政策领域的重要内容，妇女社会政策发挥着积极的社会功能。

第一，妇女社会政策的实施有利于维护社会公正，促进和谐社会建设。

社会公正是社会政策的基本理念，保障社会公平和正义是构建和谐社会的基本原则。因此，维护社会公正与促进和谐社会建设是同一的：维护社会公正就是促进和谐社会建设，促进和谐社会建设必然要求社会公正的实现。

妇女社会政策以消除性别歧视、促进男女平等为目标。男女平等主要指男女两性作为人的尊严和价值的平等以及权利、机会和责任的平等，反对任何形式的性别偏见和歧视。男女平等也是社会公平正义的重要内容，它要求保证男女两性平等地享有发展的权利、机会和资源，平等地享有经济社会发展成果。由此，两性和谐是社会和谐的基础，男女平等又是两性和谐的根基。在我国现阶段的社会建设与治理中，已经充分意识到男女平等的重要意义。2015 年习近平同志在全球妇女峰会上的讲话中强调指出：中国将更加积极贯彻男女平等基本国策，发挥妇女“半边天”作用，支持妇女建功立业、实现人生理想和梦想。[①]

通过妇女社会政策，深入贯彻男女平等理念，在全社会真正建立起男女平等的和谐关系，促使男女两性携手前进，是建立社会主义和谐社会的重要组成部分，也是衡量中国社会发展进步的重要标志。

第二，妇女社会政策的实施有利于在发展中保障和改善民生，实现共同富裕。

习近平总书记在党的十九大报告中专门提出要在发展中补齐民生短板、促进社会公平正义，提出努力使全体人民幼有所育、学有所教、劳有所得、病有所医、老有所养、住有所居、弱有所扶的“七有”目标。党的二十大报告指出要“增进民生福祉，提高人民生活品质”，继续强调民生工程建设。一方面，妇女是经济社会发展的一支重要力量，妇女发展是经济社会发展的重要内容。贯彻新发展理念，实现社会高质量发展，需要广大妇女的积极参与。另一方面，“七有”民生目标与妇女群体的联系十分密切，甚至可以说如果妇女的问题解决了，“七有”目标就可以实现一大半。而妇女在发展过程中比较突出的问题集中在健康、就业、参政、教育、家庭、权益保障等方面。这些问题恰恰是民生工程建设的重要内容，因此，民生问题的重点和难点也存在于妇女群体中。

其中，妇女教育问题尤其是女性受教育程度低、女学生失学和辍学率高是“学有所教”中的重点问题。妇女就业即女性劳动者就业过程中遭受歧视，不能与男性享有平等就业权，同工同酬很多情况下也很难实现等，都是“劳有所得”要解决的问题。“老有所养”更是与妇女群体联系密切，众所周知，女性的平均寿命比男性

---

① 习近平在全球妇女峰会上的讲话．(2015-09-28)[2022-12-03]. http://www.xinhuanet.com/politics/2015-09/28/c_128272780.htm.

长，所以老年人问题很大程度上集中于老年妇女问题。因此，解决了老年妇女的养老问题，“老有所养”的目标才有可能实现。妇女在劳动力市场和家庭中的弱势地位，使其更容易遭遇经济贫困、社会排斥、无人照顾等困境，成为弱势群体的重要组成部分，因而自然也是“弱有所扶”的重点关注对象。而传统社会文化对女性的排斥，使弃养女婴、虐待女婴现象时有发生，这是“幼有所育”急需解决的难题。

妇女问题的解决直接影响到新时代人民美好生活的实现。妇女社会政策致力于解决妇女问题，通过政策法规、社会服务的形式使妇女共建共享发展成果，改善妇女所处的不利境遇，增进妇女福利，促进两性平等，实现共同富裕。

第三，妇女社会政策的实施有利于家风门风建设，有利于保障社会安定。

社会安定和谐离不开家庭的稳定，需要良好的家风门风建设作基础。我国自古就有男主外、女主内的二元分工传统，妇女在家庭中的重要性可见一斑。妇女不仅承担着大部分的家庭劳动，还肩负着人口生产、后代培育的重任。尽管妇女在家庭内部付出很多，但其在家庭之外的社会权利却难以充分实现：就业被歧视、社会参与机会受限等，很可能沦为一种社会弱势群体。这些潜在的权利不对等会影响到家庭和谐与社会安定。

妇女是国家与社会人力资源的重要组成部分，妇女的权利得到充分尊重和保障，将更有利于实现中华民族伟大复兴的中国梦。妇女社会政策正是针对妇女权利受损的现状，通过福利政策的形式保护其社会权利。妇女福利水平的提高，有利于充分发挥妇女的社会作用，也有利于家庭的安定团结。比如生育保险制度，不仅保障了妇女生育期间的特殊需要，更降低了家庭的风险。因此，妇女社会政策虽意在增进妇女福利，实际上更是增进了家庭福利，进而有利于整个社会的安定。

中国特色社会主义进入新时代，我国社会主要矛盾已经转化为人民日益增长的美好生活需要和不平衡不充分的发展之间的矛盾。实施妇女社会政策，促进男女平等，实现妇女与经济发展同步，与社会发展同步，与男性发展同步，逐步缩小男女两性在发展资源占有和发展收益分配上的差距，充分调动广大妇女的积极性、主动性、创造性，在全社会真正建立起男女平等的和谐人际关系，是创新国家治理体系和治理能力现代化的重要组成部分。

妇女社会政策以增进妇女福利、促进男女平等为出发点，不仅调动了妇女工作的积极性，推动了社会各项建设的进行，还促进了家庭的和谐稳定，进而使整个社会更加安定团结。因此，无论是从妇女群体及其家庭还是从社会整体来看，妇女社会政策都有着重要的社会意义。

第二节　妇女社会政策的发展演变及其理论基础

一、妇女社会政策的发展演变

（一）西方国家妇女社会政策的发展演变

国外尤其是英美国家妇女社会政策的发展历史可以说是一部运动史，即国际上著名的女权主义运动。随着女权主义运动的发展，国际妇女的福利状况不断改进，一般来说，西方的女权主义运动分为三个比较大的时期。

第一个时期的女权运动兴起于19世纪中叶，也被称为第一波国际妇女运动，是妇女解放运动的第一次浪潮。这是妇女争取与男子同等的政治法律权利的运动。当时争论的焦点是要求男女两性之间的平等，要求妇女的公民权、政治权，反对贵族特权，强调男女在智力和能力上是没有区别的。斗争矛头直接指向资本主义国家，指向那些将妇女排斥在受教育权、就业权、参政权以及其他权利之外的国家法律。女权运动在这一时期最重要的目标之一就是争取政治权利，其中以投票权运动最为著名。最终斯堪的纳维亚国家妇女第一批被赋予选举权，美国也于1920年通过赋予妇女投票权的宣言，同时英国妇女也获得了有限的选举权。

第二个时期的女权运动始于20世纪60年代，首先在美国爆发。尔后波及西欧及整个资本主义世界，各种妇女解放组织如雨后春笋般涌现。可以说，这一时期的国际妇女运动是女权运动最有影响和最具成就的运动。这次女权运动的目标和范围涉及妇女权益的方方面面，在深度和广度上都超过了第一次女权运动。如果说第一次运动致力于争取妇女的选举权等政治法律权利的话，那么第二次的女权斗争则是全方位的，包括政治、经济、教育、文化诸多领域，涉及社会、家庭和学校等诸多方面。而且第二次女权运动更为激进，主张彻底变革社会制度，为妇女解放创造必要条件。①

第二个时期的女权运动带来的另外一个结果是催生了关于性别、女性主义的学术研究，因此也出现了形形色色的女性主义流派。1949年法国著名女作家、哲学家西蒙娜·波伏娃的《第二性》被誉为“当代西方妇女理论的经典之作”，成为这一时期女权运动的重要理论基础。

第三个时期的女权运动始于20世纪90年代。第三次浪潮既是对第二次浪潮的挑战，也是对诋毁第二次浪潮的回应。② 第三次女权运动浪潮带有鲜明的后结构主义和后殖民主义理论色彩，挑战性别特征的“本质主义”，反对过分强调白人中产阶级女性的体验，主张对女性内部的差异持更包容的态度，对不同阶层、种族、族群、年龄、性取向、宗教、价值观念的女性予以平等的重视和尊重。同时，她们的行动策略也发生了改变：不再以集体的妇女运动形式为主，而是在地方性的空间解决小范围内具有相同经历的女性的问题，呈现出分散性、动态性、区域性的特点。③ 相比于第二次浪潮，第三次女权运动的范围和视野得到了进一步拓展，推动了女权主义的纵深发展。

（二）我国妇女社会政策的发展演变

正当西方社会的妇女要求男女同工同酬、要求有更多就业机会和选举权的时候，

① 李曼琳．国际妇女运动与女权主义的历史演进及其启示．云南师范大学学报（哲学社会科学版），2006，38（4）：50－55.

② 金莉．美国女权运动·女性文学·女权批评．美国研究，2009，23（1）：62－79，4.

③ 都岚岚．后回潮时代的美国女性主义第三次浪潮．北京：清华大学，2009.

中国的妇女正在为摆脱封建礼教的束缚而努力。直到鸦片战争以后，伴随着民族资本主义的发展和西方女权主义理论的输入，男女平等的思想才开始在中国萌芽，它形成于戊戌变法时期，至辛亥革命时趋于成熟。中国共产党成立后，妇女解放和男女平等理念得到进一步贯彻实施。

新中国成立后，党和政府一直把妇女解放视为社会主义革命不可或缺的一部分。这虽然意味着人民政府对妇女解放做出了承诺，但存在一定的局限性，那就是更多的是将妇女所遭受的压迫置于阶级体系之内分析，而忽略了造成这种压迫的其他因素。尽管如此，但是通过改变经济体制、颁布法律、倡导男女平等的思想及自上而下组织起来的妇女运动，还是成功地提高了妇女们的社会地位。与西方女性相比，中国女性不曾为妇女解放付出过多代价，我们的妇女解放是在"社会主义"这个起点上得以实现的，它超越了西方妇女孤军奋战的阶段。中国新时期的妇女运动是在社会主义对妇女全面塑造的基础上产生的，没有男女平等的社会权利的法律基础和妇女广泛的社会参与，就不可能有新时期的妇女运动。

新中国妇女社会政策的发展实践可以分为以下两个阶段。

1. 新中国成立至改革开放以前的妇女社会政策

1949 年第一届中国人民政治协商会议通过的具有宪法性质的《中国人民政治协商会议共同纲领》宣布"废除束缚妇女的封建制度"，规定"妇女在政治的、经济的、文化教育的、社会的生活各方面，均有与男子平等的权利。实行男女婚姻自由"。这一规定为我国以后的妇女社会政策——男女平等定下了基调，而且从法律的层面直接赋予了妇女政治、经济等各方面的权利，可以说这为我国以后的妇女政策指引了方向。这一时期的其他法律如《中华人民共和国婚姻法》《全国人民代表大会和地方各级人民代表大会选举法》和 1954 年《中华人民共和国宪法》，又从各个社会生活领域对"男女平等"这一原则进行了具体规定。这一时期中国立法保障妇女权利、推行男女平等的重要意义是："改变了中国社会千百年来对女性的传统观念，第一次在法律上把女性作为主体，作为与男性对等的人来看待，强调男女具有平等的权利……具有很强的反封建意义。"①

这一阶段的政策实践也是严格遵循了男女平等的原则。按照马克思主义妇女理论——参加生产劳动是妇女解放的前提，以及当时社会生产的需要，动员妇女参加劳动成为实践男女平等的主要形式。"这场自上而下的社会大动员，借助于意识形态的力量和基层政权组织的介入，短时间内就取得成效……使农村妇女由家庭走向社会，使妇女自身的状况有了很大改变：眼界较以前宽了，对家庭经济的贡献明显化了。"②

应该看到，这一时期虽通过男女同工来实现男女平等，但传统的性别分工并没有被打破，女性的家务劳动负担也没有减轻。而且在参加劳动时也没有考虑到妇女的生理特点而与男性有所差别，盲目的"男女一样"并非真正的男女平等。

---

① 李惠英．从社会性别的视角审视中国的性别立法与社会公共政策．浙江学刊，2003（2）：209－213.

② 高小贤．妇女发展在中国：对实践的分析与再认识．浙江学刊，1999（3）：95－98.

2. 改革开放以来的妇女社会政策

这一时期的立法从更加具体的方面对妇女的各项权利进行了明文规定。1982 年《宪法》规定了妇女的经济、政治权利——“国家保护妇女的权利和利益，实行男女同工同酬，培养和选拔妇女干部”；《婚姻法》也以男女平等为原则；《民法通则》规定“妇女享有同男子平等的民事权利”；《义务教育法》规定适龄儿童不分性别都要接受义务教育；《中华人民共和国继承法》规定“继承权男女平等”；《反家庭暴力法》确立起防治家庭暴力的若干措施和制度。此外，我国还颁行了一系列保护妇女权益的专门法规和规章，如《妇幼卫生工作条例》《女职工劳动保护规定》《劳动部关于女职工禁忌劳动范围的规定》《企业职工生育保险试行办法》《女职工劳动保护特别规定》等。1992 年颁布的《妇女权益保障法》是有关男女平等、保护妇女权利的规定的系统化、制度化和具体化，也是当前我国妇女社会政策的根本依据。

这一阶段妇女社会政策的迅速发展，不单表现在政策立法方面。1995 年，联合国第四次世界妇女大会在北京召开，中国政府向国际社会庄严宣示，将男女平等作为促进我国社会发展的一项基本国策，同时也推动了妇女研究的发展。2003 年的中国妇女第九次全国代表大会要求全党全社会要坚决贯彻男女平等基本国策，同时随着我国市场经济的发展，妇女社会政策的制定和实施更加关注男女两性的不同需求，以使男女两性享有平等机会参与并受益于经济社会发展。2015 年国家主席习近平在联合国全球妇女峰会上提出中国的“四点主张”，即“推动妇女和经济社会同步发展”“积极保障妇女权益”“努力构建和谐包容的社会文化”“创造有利于妇女发展的国际环境”①，为妇女社会政策的制定提供了指南。2020 年习近平在联合国大会纪念北京世界妇女大会 25 周年高级别会议上的讲话中指出，中国女性事业发展取得显著成果②，表明我国妇女社会政策在推进性别平等、促进妇女发展方面发挥了重要作用。

二、妇女社会政策的理论基础

（一）女性主义理论

国际上对妇女福利的发展可以通过女性主义的发展来界定。从历史角度看，英美女性主义运动③总体上可以划分为两大阶段：20 世纪 60 年代以前的“旧女性主义时期”和 20 世纪 60 年代以后的“新女性主义时期”。前者主要目标是争取妇女的经

① 习近平在全球妇女峰会上的讲话．(2015-09-28)[2022-12-03]. http://www.xinhuanet.com/politics/2015-09/28/c_128272780.htm.

② 习近平在联合国大会纪念北京世界妇女大会 25 周年高级别会议上的讲话．(2020-10-01)[2022-12-03]. http://www.gov.cn/xinwen/2020-10/01/content_5548949.htm.

③ “女性主义运动”与“女权主义运动”是同一概念。女权主义运动是早期的称呼，但在运动中发现，女性即使在争取到权利之后仍然不能实现男女平等。后来逐渐认识到性别分析对于实现男女平等的重要性，“女权主义”也变为“女性主义”。名称的改变并没有本质的区别，只是表明了认识的加深，从性别视角去研究两性权利有深层的意义，而且也更容易为人们所接受。本章以下行文中“女权主义”和“女性主义”都会出现。

济、政治和教育等公共社会生活领域的权利，比如著名的“投票运动”；后者的主要目标是扩大妇女在就业、家庭生活和社会生活中的权利，范围扩大到家庭、生育、性生活等隐私的个人生活空间。

这期间女性主义运动最大的贡献或者最重要的理论就是：第一，将生物学意义上的性（sex）与社会性的性别（gender）做了开创性和革命性的区分，提出了“社会性别”这一女性主义理论的核心概念；第二，将妇女家务劳动的概念转化为无报酬的妻子和母亲，为争取妇女权益奠定了良好的理论基础。以上两点对社会政策开展和妇女福利分析都具有重要意义。

1. 社会性别

社会性别概念出现于20世纪70年代，是西方女性（权）主义运动的产物。不同女性主义流派对社会性别概念的认识的侧重点不同，但基本的共识是：人的社会性别是文化建构的产物，社会性别导致了人和人之间的差别，导致了男人和女人的社会角色和社会功能之间的差别。女性主义者提出，如果社会政策分析不能将性别作为像阶级、种族、年龄等一样重要的变量来对待的话，社会政策分析根本上就是有问题的。[①] 这表明，作为社会的构成物，社会性别角色是可以改变的，维护社会性别不平等的机制是可以被纠正，也是必须要纠正的。这也体现了女权主义者追求男女平等的信念。

我国引入社会性别概念并使之成为妇女问题研究中的重要概念始于20世纪90年代。1993年，海外中华妇女学会与天津师范大学妇女研究中心举办的“中国妇女与发展”国际研讨会首次介绍了“gender”这一概念，并译为“社会性别”。之后关于社会性别的研究也开始在我国蓬勃发展起来。中国学者对社会性别概念的理解主要包括以下几个方面：

（1）社会性别并非人的身体的一种属性，而是社会文化的建构。

（2）社会性别是社会建构的两性差别，从而确立了男尊女卑的社会性别等级制度。

（3）社会性别有别于生理性别，又与生理性别有着内在的联系，它或者基于男女生理差别而存在，或者将男女两性的自然属性扩展到社会领域。

2. 妇女家务劳动无报酬

20世纪50年代以后，英美国家越来越多的已婚妇女进入劳动市场，主要从事服务和体力工作。她们在职业结构体系中处于较低层次，充当劳动市场中的后备军，形成劳动市场的性别分离格局。妇女工资水平普遍低于男性工资水平，低工资就业和女性贫困化现象密切相关。针对这一现象，女性主义者们认为，妇女进入劳动市场后，由于她们在家庭生活和社会生活中充当母亲、妻子与挣工资者、劳动者双重矛盾角色，因而处于家庭照顾者与有竞争力生产者之间的两难境地。1980年以后，越来越多的女性主义者开始关注以男性有薪工作与妇女无薪工作分工为基础的权力

① 刘继同．妇女与福利：女性主义福利理论评介．妇女研究论丛，2003（4）：57-63.

与资源不平等分配。随之，妇女家务劳动无报酬也成为讨论妇女福利的重要理论基础。

女性主义者普遍认为，劳动市场在改善妇女福利状况方面是把双刃剑。一方面，劳动市场为妇女参与社会生活和现实经济独立提供机会，有助于实现男女平等；另一方面，市场机制和就业制度又带有性别取向，不仅无助于妇女解放和性别平等，而且可能恶化妇女在家庭和社会中的状况。

（二）马克思主义妇女理论

长期以来，指导中国妇女解放和发展的理论基础是马克思主义妇女观。马克思主义妇女观是运用辩证唯物主义和历史唯物主义的世界观、方法论，对妇女社会地位的演变、妇女的社会作用、妇女的社会权利和妇女争取解放的途径等基本问题做出的科学分析和概括。马克思主义妇女观认为，私有制和阶级的存在是妇女受压迫的根源，要想求得妇女的解放必须从根本上消灭阶级、消除私有制。恩格斯的著作《家庭、私有制和国家的起源》一书更是运用唯物史观从根本上阐述了马克思主义的妇女解放思想。概括起来，马克思主义妇女观的主要内容包括以下几个方面：其一，妇女被压迫是人类历史发展到一定阶段的社会现象，它必将为新的历史条件下的男女平等所代替。其二，妇女解放的程度是衡量普遍解放的天然尺度。妇女处于被压迫地位的实质是阶级压迫的一种特殊表现形式。因此，妇女解放必须伴随全体被压迫阶级的社会解放而得到实现。其三，参加社会劳动是妇女解放的一个重要的先决条件。其四，妇女解放是一个长期的历史过程。其五，妇女与男子同是人类历史前进的推动者，是社会物质文明和精神文明的创造者，妇女在创造人类文明、推动社会发展中的作用不可忽视。

（三）妇女与发展理论

党和国家先后制定实施了三个周期的中国妇女发展纲要，“促进妇女发展”一直是贯穿始终的主题。在妇女与发展领域也有不同的理论流派，如“妇女参与发展”（women in development，WID）、“妇女与发展”（women and development，WAD）及“社会性别与发展”（gender and development，GAD）等。

1. *“妇女参与发展”*（WID）

“妇女参与发展”（WID）始于20世纪70年代早期，埃丝特·鲍塞罗普（Ester Boserup）的《妇女在经济发展中的作用》一文发表之后，她的研究使学术界开始关注两性分工及现代化战略对两性造成的不同影响。国际发展学会的哥伦比亚特区华盛顿妇女委员会率先提出了“妇女参与发展”战略。

“妇女参与发展”理论的核心是“要使妇女融入全球经济、政治、社会发展与变革的进程之中”，以推动妇女全面参与社会发展。这一理论在20世纪50—70年代成为支配国际妇女发展研究的主流，而且近30年来全世界有关部门妇女发展的大部分项目和政策都来源于这一理论。许多政府和国际机构都认识到占人口总数50%的妇女是一种积极的社会资源。基于这种指导思想，许多主流政策认为，只要把妇女纳入现有的发展中，使她们对发展做出贡献，她们的地位自然会提高，自身也会得到发展。具体而言，就是主张妇女在教育、就业、经济、政治和其他社会领域中能够更平等地参与；通过实施法律与行政方面的改革，来保证妇女更好地融入经济系统；特别强调，以平等的原则制定旨在缩小妇女在生产技术领域的劣势差距，以结束对女性的歧视的发展战略及行动计划；同时也重视实施妇女发展项目，如向发展处境不利的妇女传授一些具体的技术、手艺以及卫生、识字育儿等方面的知识，以帮助她们改变落后的面貌等。

2. *“妇女与发展”*（WAD）

“妇女与发展”（WAD）范式崛起于20世纪80年代后期，是由总部在印度的“新时代妇女发展替代选择组织”（Development Alternatives with Women for a New Era，DAWN）基于“第三世界”女权主义者的立场提出来的。

WAD范式与WID范式针锋相对，它认为：妇女本来就是发展进程不可分割的部分，妇女在家庭内外的劳作对于维系社会是必不可少的，而WID所倡导的范式只会有利于维持男女之间及国际社会的不平等结构。WAD范式的主要特点在于：（1）它把社会经济发展的宏观与微观层面联系起来，将妇女视为理解这一关联的关键行动者；（2）认为仅靠增加妇女就业机会的短期项目收效甚微，因此必须同时加强妇女对政治与经济决策权的控制，也就是说要立足于打破社会性别与阶级不平等的结构；（3）对20世纪80年代全球政治与经济危机对妇女的影响以及妇女在新国际劳动分工中的中心位置进行反思；（4）更为重要的是，它以妇女的自我组织作为分析与行动的关键，力主增强妇女作为行动者的权利，而不是将她们视为发展的“问题”或被动受害者。

3. *“社会性别与发展”*（GAD）

20世纪90年代以来又兴起了一种新的妇女发展范式——社会性别与发展（GAD）范式。GAD理论关注发展进程中的男女两性的社会性别关系，以满足两性和谐的可持续发展为目的。这一理论不再把改变妇女的状况当作妇女问题的核心，而是强调将妇女问题的视角从妇女角度扩张到社会生活中的两性以及影响两性关系的各种社会属性方面，从权力结构和多层次体制来探讨社会性别与发展问题。GAD范式不仅在理论上阐述了发展过程中男女不同的社会性别角色及其产生的不同影响，而且在实践中运用社会性别分析方法来探索男女平等发展的路径。它把生产关系与人的再生产联系起来，并考虑妇女生活中的各个方面，从而填补了现代化理论留下的空白。

GAD范式避免了妇女发展中的一些盲点和误区，重点强调：（1）妇女并未在发展中“缺席”，只不过她们融入发展的模式有别于男性；（2）妇女不是一个同质性范畴，她们因阶级、种族、族裔等被分割成不同的群体；（3）秉承社会主义女权主义的理论，它主张将生产与再生产相结合来思考妇女的生活和地位，有的学者主张妇女和男性生活的全部内容都应成为分析对象，而不是只将生产和再生产活动作为分析对象；（4）妇女并不是被动牺牲品，而是发展过程和社会变迁的能动性主体。社会发展项目不能只是以妇女为目标，而是要强化妇女参与、组织和赋权。

从WID到GAD，不只是术语、概念和政策上的简单转化，而是体现了对社会性别公平政策的概念、分析及行动的重新评估。

第三节 我国当前的妇女社会政策

一、保障妇女政治参与的福利政策

妇女政治参与简称妇女参政，是指妇女群体参与国家政治生活和管理公共事务的资格或权利，主要包括民主参与和权力参与两个方面。民主参与是指妇女行使公民的民主权利，包括行使选举权，对各级党政领导班子进行民主监督，以及通过言论、报刊、出版发表自己的政治见解等。权力参与是指妇女直接担任各级人民代表和各级各类领导职务，直接管理国家和社会事务。

（一）妇女民主参与

从新中国成立到现在，虽然《宪法》文本几易，但保护妇女的政治权利，妇女与男子所享权利平等一直以来都是《宪法》强调的内容。以《宪法》规定为原则，其他的法律、法规和各项制度规定也多对妇女的民主参与权给予了肯定和保护。

《妇女权益保障法》第二章专门对妇女的政治权利进行了规定。其中第十条规定："妇女有权通过各种途径和形式，管理国家事务，管理经济和文化事业，管理社会事务。制定法律、法规、规章和公共政策，对涉及妇女权益的重大问题，应当听取妇女联合会的意见。妇女和妇女组织有权向各级国家机关提出妇女权益保障方面的意见和建议。"《中华人民共和国全国人民代表大会和地方各级人民代表大会选举法》第四条和第七条也分别规定："中华人民共和国年满十八周岁的公民，不分民族、种族、性别、职业、家庭出身、宗教信仰、教育程度、财产状况和居住期限，都有选举权和被选举权。""全国人民代表大会和地方各级人民代表大会的代表应当具有广泛的代表性……应当有适当数量的妇女代表，并逐步提高妇女代表的比例。"

有了以上相关法律法规的规定，我国妇女的各项民主参与权利得到了较好的保障。但在实践中，由于经济、文化等因素对妇女民主参与的影响，出现了妇女的民主参与率低、参与质量不高等问题。

（二）妇女权力参与

妇女权力参与主要指的是在社会管理部门妇女所占的比例状况，实际上就是女干部的选拔。我国一贯重视对妇女干部的培养和选拔。《宪法》明文规定："培养和选拔妇女干部。"《妇女权益保障法》也明文规定："国家机关、社会团体、企业事业单位培养、选拔和任用干部，必须坚持男女平等的原则，并有适当数量的妇女担任领导成员。”“国家重视培养和选拔少数民族女干部。”党的二十大报告继续重申“重视女干部培养选拔工作”，并进一步强调“发挥女干部重要作用”。

1. *妇女权力参与的发展历程*

新中国成立以来，随着我国干部管理体制的变革，我国妇女权力参与的发展分为三个阶段：第一阶段，20 世纪 50 年代末至 70 年代末，干部管理体制采取自上而下的任命制，并制定了严格的保障妇女参政的措施，使女干部的比例大幅提高；第二阶段，20 世纪 80 年代至 90 年代初期，引入了差额选举和竞聘机制，保障妇女参政的措施弱化，妇女权力参与水平直线下降；第三阶段，20 世纪 90 年代至今，开始探讨竞争聘任制与保证妇女参政比例相结合的办法，重新重视妇女的参政比例。[①]

2. *妇女权力参与的基本状况*

2007 年 5 月，国家有关妇女工作负责人披露，中国妇女参政比例呈上升趋势，全国女干部数量稳步增长，比例已接近干部队伍的 40%（见表 9-1）。近年来，中央机关及其直属机构新录用的女公务员占录用总人数的比例逐年增高，已经超过半数，2017 年达 52.4%，比 2011 年增加 13 个百分点；地方新录用公务员中女性占总人数的比例也有明显提高，增至 44%。[②]

表 9-1　2002—2008 年女干部人数和占干部总数的比例

年份	女干部人数（万人）	女干部占干部总数的比例（%）
2000	1 488.0	36.2
2002	1 492.0	37.4
2005	1 500.0	38.5
2008	—	39.0

资料来源：全国妇联妇女研究所．中国特色社会主义法治体系建设中的妇女权益保障研究．北京：中国妇女出版社，2020：123.

具体而言，妇女权力参与的状况可以通过其进入党的机构、当选人大代表、任职政府机构等方面的表现来衡量。

首先，进入党的机构。中共中央委员中的妇女比例在 1973 年第十届中央委员中达到最高，为 10.3%。此后各届中央委员中的妇女比例都低于 10%，其中 2002 年第十六届中央委员中的妇女比例最低，为 2.5%。2007 年第十七届中央委员中的妇女比例有所回升，达到 6.4%。2022 年选举产生的第二十届中央委员中的妇女比例下降到 5.4%。中共中央候补委员中的妇女比例在 1977 年第十一届中央委员会候补委员中达到最高，为 18.2%。此后有所回落，2022 年该比例为 12.9%。[③]

其次，当选人大代表。1954 年第一届全国人民代表大会上妇女代表的比例为

---

① 李惠英．中国妇女参政十年回顾与评估．妇女研究论丛，2005（6）：36-40.

② 全国妇联妇女研究所．中国特色社会主义法治体系建设中的妇女权益保障研究．北京：中国妇女出版社，2020：123.

③ 国家统计局社会科技和文化产业统计司．中国妇女儿童状况统计资料：2020. 北京：中国统计出版社，2020：66.

12%，此后一直维持在21%左右的水平。到2018年的全国人大，妇女代表的比例占到峰值24.9%（见图9-1）。国际议会联盟（IPU）曾就议会中男女议席的分布情况对各国进行了排名，中国的排名持续下降。

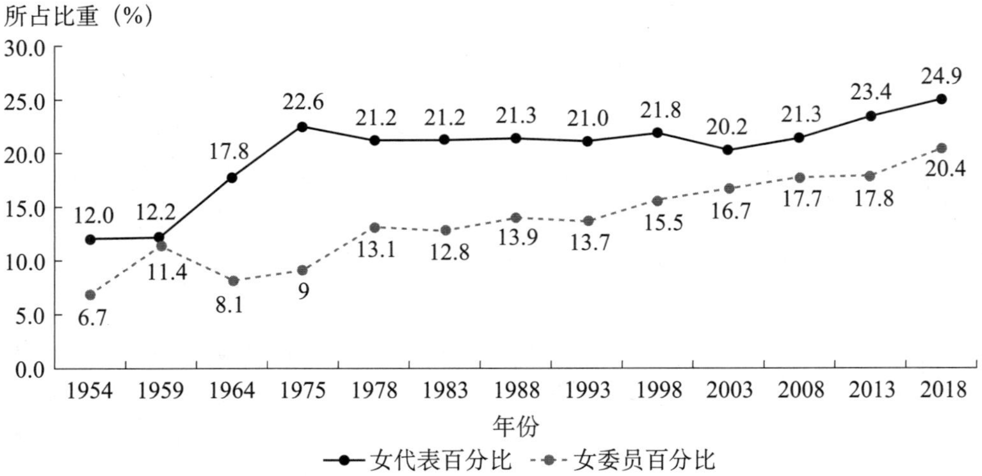

图9-1 历届全国人大女代表、政协女委员所占比重

资料来源：国家统计局.《中国妇女发展纲要（2011—2020年）》终期统计监测报告.(2021-12-21)[2022-12-03]. http://www.stats.gov.cn/tjsj/zxfb/202112/t20211221_1825520.html.

最后，任职政府机构。1990年中央级和省级机构负责人中女性比例分别是19%和10%，地市级负责人中女性比例为11%。2009年省级以上干部女性占11.0%，地厅级女干部占13.7%。2009年，省、市、县级党政领导班子女干部配备率上升，分别为90.3%、89.5%、88.4%。

（三）当前我国妇女政治参与面临的挑战

我国出台了一系列政策措施保障妇女的政治参与权利，实践中的妇女政治地位较以往有了较大幅度提高。然而，当前我国妇女政治参与面临着新的挑战。

第一，妇女参政比例过低，且缺乏相应的刚性政策保障。从第五届全国人大到第十三届全国人大的40年间，女性代表的比例一直在21%和25%之间徘徊，1994年各国议会联盟排位，中国在世界各国中排第12位，1999年年底降到了第20位。[①] 2019年，该排位继续下滑，后移到第102位。我国妇女的参政比例过低与政策制度中缺乏明文的规定密切相关。但这一状况近年来已得到了改善。当前我国妇女参政福利政策对提高女性的政治参与率非常重视，2007年的全国人大就曾对十一届人大代表中的女性代表比例做出规定，这在历史上还是首次，体现了国家在提高妇女参政比例上所做的努力。

第二，民主选举和社会参与不充分。根据对地方各级人大代表选举情况和投票质量的统计，在参与选举和投票的意识与占有政治资源方面，妇女较男性而言依然

---

① 彭珮云.平等 发展 和平：彭珮云论妇女工作.北京：中国妇女出版社，2005：256.

处于弱势地位，而实际参加投票的妇女比例也远低于男性比例。同时，女性参加政治组织，如参加共产党、民主党派以及工会和其他民间组织的比例都远远低于男性比例，这说明妇女的政治组织参与程度低，社会参与不充分。

第三，女干部任职的工作时间和工作质量不能得到保证。首先，受现实退休政策的影响，妇女通常较男性提前5～10年退休，致使妇女退休时间提前，缩短了女干部的任职时间，影响对她们的选拔和使用。其次，传统的角色分工及社会定位依然影响女性生活。妇女要承担较为沉重的家务劳动，致使其在学习、知政、参政、议政上的时间和精力受到影响，进而影响女干部的工作质量。

二、保障妇女受教育的福利政策

受教育程度既是衡量妇女地位的指标之一，也是影响妇女地位和发展的重要因素。教育对妇女的经济、政治、社会参与能力和妇女的生活质量有直接或间接的影响。20世纪90年代以来，我国政府实施科教兴国战略，确立了教育优先发展的战略地位，各级各类教育取得了重大进展。其中，妇女接受各级各类教育的比例不断提高，妇女整体文化素质得到提升。统计数字表明，近年来，15岁以上女性人均受教育年限的增幅大于男性的增幅；女性文盲率下降幅度也大于男性文盲率的下降幅度，男女受教育水平的差异进一步缩小。但由于受到社会和经济发展的制约、陈旧思想观念的束缚，妇女受教育机会还存在不平等，还没有消灭妇女文盲现象，还需要改善妇女接受职业培训、科技教育和继续教育的状况，使妇女得到良好教育和培训。

（一）保障妇女受教育的政策依据

妇女受教育的权利首先在我国根本大法——《宪法》中做出了明文规定，在此基础上，全国人大制定通过了《义务教育法》《教育法》《高等教育法》《职业教育法》《残疾人教育法》《妇女权益保障法》等一系列法律法规来保障妇女的受教育权利。其中，《妇女权益保障法》第四章就专门对妇女的文化教育权益做出了规定："国家保障妇女享有与男子平等的文化教育权利。"学校和有关部门应当执行国家有关规定，保障妇女在入学、升学、学位授予、毕业分配、派出留学等方面享有与男子平等的权利。学校在录取学生时，除特殊专业外，不得以性别为由拒绝录取女性或者提高对女性的录取标准。《职业教育法》也明文规定："国家保障妇女平等接受职业教育的权利。"

除以上各种法律之外，2021年国务院发布的《中国妇女发展纲要（2021—2030年）》（简称《纲要》）也是妇女社会政策的重要依据。《纲要》确定了八个优先发展领域，"妇女与教育"就是其中之一。《纲要》规定，2021—2030年妇女教育的发展目标为：女童九年义务教育巩固率提高到96%以上，高中阶段教育女性毛入学率保持在92%以上，提高女性接受职业教育的水平，大力培养女性科技人才，提高妇女的终身教育水平，基本消除女性青壮年文盲。

（二）保障妇女受教育的政策措施

1. 国家宏观政策

根据《中国妇女发展纲要（2021—2030年）》的规定，我国促进妇女教育发展的策略有以下一些。

（1）面向妇女广泛开展思想政治教育。

（2）将贯彻落实男女平等基本国策体现在教育工作全过程。

（3）推动各级各类学校广泛开展性别平等教育。

（4）保障女童平等接受义务教育的权利和机会。

（5）提高女性接受普通高中教育的比例。

（6）促进女性接受高质量职业教育。

（7）保障女性接受高等教育的权利和机会。

（8）大力提高女性科学素质。

（9）大力加强女性科技人才培养。

（10）为女性终身学习提供支持，建立完善更加开放灵活的终身学习体系。

（11）持续巩固女性青壮年扫盲成果，加大普通话推广力度。

（12）加强女性学研究和人才培养。

（13）构建平等尊重和安全友善的校园环境。

2. 政府具体措施

政府在促进妇女受教育方面采取的措施主要包括以下几个方面。

（1）国家努力保障女性平等接受中高等教育的机会，各级各类学校中的女性比例显著提高。2020年，高中阶段教育共有在校女生1 950.4万人，占比46.85%。其中，普通高中在校生中的女生为1 257.5万人，占比50.41%，连续6年保持在半数以上；高等教育在校生中女研究生人数为159.9万人，占全部研究生的比重达到50.94%，比2010年提高3.1个百分点；普通本专科、成人本专科在校生中女生分别为1 674.2万人和450.6万人，占比分别为50.96%和57.98%，分别比2010年提高0.1个和4.9个百分点。[①] 近年来，我国政府在全国普通高校推行国家助学贷款制度，并设立国家助学奖学金，为包括女性在内的贫困大学生提供贴息贷款和奖学金、助学金，帮助他们完成学业。同时鼓励企业、民间机构和个人捐资助学，支持家庭经济困难的女生接受各级教育。

（2）国家重视培养培训女教师，发挥女教师在促进女性教育中的作用。2020年普通初中和高中女教师比例分别为58.81%和55.63%，职业高中和普通高等学校专职女教师比例分别为56.71%和51.22%。[②]

（3）我国政府重视扫除妇女文盲，遏制女性新文盲产生，防止脱盲女性复盲，

①② 中华人民共和国教育部．2020年教育统计数据．(2021-08-30)[2022-01-16]. http://www.moe.gov.cn/jyb_sjzl/moe_560/2020/.

并重点推进贫困地区和少数民族地区妇女的扫盲教育。政府有关部门和全国妇联共同开展了以妇女为对象的“巾帼扫盲行动”。2020 年，全国 15 岁及以上女性文盲率为 4.10%，比 2010 年下降 2.1 个百分点，性别差距由 2010 年的女性文盲率比男性文盲率高 4.1 个百分点缩小为高 2.8 个百分点。①

（4）国家大力发展职业教育、成人教育和技术培训，妇女的终身受教育水平得到提高，性别差异进一步缩小。第七次全国人口普查数据表明，2020 年全国 15 岁及以上人口平均受教育年限为 9.91 年，其中男性 10.22 年，女性 9.59 年，性别差距由 2010 年的女性比男性少 0.8 年缩小为少 0.6 年。②

（三）当前我国妇女受教育权面临的挑战

随着教育事业的发展，我国妇女的整体受教育程度相比以前有了大幅提高，但整体状况仍不容乐观，主要有以下几个挑战。

第一，妇女整体受教育程度低，以初中和小学为主。如图 9－2 所示，从 2019 年 6 岁以上女性人口受教育程度构成来看，处于两端的人口比重小，即完全没有受过教育的文盲女性和受过高等教育（大学专科及以上）的女性相对较少，仅占 7.5%和 14.2%。妇女群体中大部分人的受教育程度为小学和初中，两者比例合计达到 62.3%。所以整体来看，妇女群体的受教育程度较低。

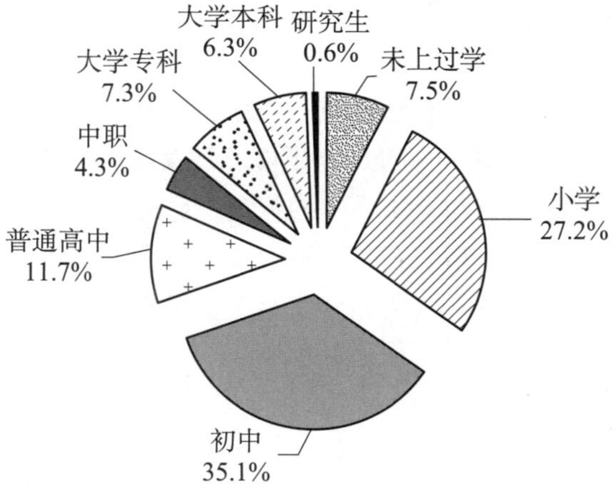

图 9－2　中国 6 岁以上女性人口受教育程度构成（2019 年）

资料来源：国家统计局社会科技和文化产业统计司．中国妇女儿童状况统计资料：2020. 北京：中国统计出版社，2020：37.

第二，妇女的受教育程度存在显著的地区差距和城乡差距，即东部和中部地区的妇女受教育程度普遍高于西部地区，城市妇女的受教育程度普遍高于农村地区。这种现象不仅存在于妇女受教育领域，在其他政治、经济、社会发展等各方面我国也都存在着地区差距和城乡差距。一定程度上可以说，妇女受教育程度的地区差距

①② 国家统计局．《中国妇女发展纲要（2011—2020 年）》终期统计监测报告．(2021-12-21)[2022-12-03]. http://www.stats.gov.cn/xxgk/sjfb/zxfb2020/202112/t20211221_1825526.html.

和城乡差距是经济、社会发展地区差距和城乡差距的必然结果。

第三，妇女受教育的性别差异在不同的教育类型中有所不同，职业教育出现性别失衡（见表 9-2）。根据教育部相关数据，我国普通中等教育、高等教育等基本达到了性别平衡（即没有男女差距）。在中等职业教育中则出现了较为明显的性别差距，女性参与职业教育的数量少于男性，这与升学条件、个人发展预期等都有一定关系。鉴于目前市场对职业技术人才的需求旺盛，大力发展中等职业技能教育，将会大大增强妇女群体的就业竞争力。

表 9-2　2020 年不同教育类型中女学生数量及占比

教育类型	学生总数（人）	女学生人数（人）	女学生占学生总数的比重（%）
研究生	3 139 598	1 599 447	50.94
普通本专科	32 852 948	16 741 724	50.96
中等职业教育	16 633 685	6 899 596	41.48
普通高中	24 944 529	12 575 092	50.41
普通初中	49 140 893	22 814 790	46.43
小学	107 253 532	50 037 520	46.65

资料来源：中华人民共和国教育部. 2020 年教育统计数据.（2021-08-30）[2022-12-03]. http://www.moe.gov.cn/jyb_sjzl/moe_560/2020/.

三、保障妇女就业的福利政策

新中国成立以来，具有临时宪法性质的《中国人民政治协商会议共同纲领》宣布：中华人民共和国废除束缚妇女的封建制度，妇女在政治的、经济的、文化教育的、社会的生活各方面，均有与男子平等的权利。此外，1978 年、1982 年修订颁布的《宪法》中均规定妇女在政治、经济、社会生活中拥有与男子一样的权利，同时还规定了男女同工同酬的条款。这为妇女享有与男子平等的就业权提供了法律依据。

（一）现行的妇女就业政策

目前，我国已形成了以《宪法》为依据，以《妇女权益保障法》为主体，包括《婚姻法》、《劳动法》、《刑法》、《民法通则》以及《母婴保健法》、各个周期的中国妇女发展纲要、《劳动合同法》、《促进就业法》、《女职工劳动保护特别规定》等诸多法律、法规在内的保障妇女就业权利的法律体系，为维护妇女权益、保证妇女平等地参加社会劳动提供了有力的法律保障。在《宪法》《妇女权益保障法》《劳动法》中均明文规定：妇女享有与男子平等的就业权利，同工同酬，禁止任何形式的就业性别歧视。可以说，从国家根本大法到部门法律，再到具体法规，都对妇女的就业权利保护做出了同样的原则性规定。

进入 21 世纪以后，我国开始进入急剧的社会转型期。这一时期，工业化、城市化快速发展，社会制度剧烈变动。男女平等、保护妇女权益、促进妇女就业的观念更加深入人心，相关法律、法规进一步完善，其中的规定也更加细化、深入。国务院2021年9月8日发布的《中国妇女发展纲要（2021—2030年）》提出：在2021—2030年期间，我国妇女发展的目标之一就是“促进平等就业，消除就业性别歧视。就业人员中的女性比例保持在45％左右”。

其他一系列政策法律，如《劳动合同法》《就业促进法》《就业服务与就业管理规定》等也都对妇女就业做了专门而明确的规定。

《劳动合同法》规定，女职工在孕期、产期、哺乳期的，用人单位不得解除劳动合同。这是对处于“三期”妇女的特殊劳动保护规定，明确具体。《就业服务与就业管理规定》指出：“用人单位录用女职工，不得在劳动合同中规定限制女职工结婚、生育的内容。”该条规定针对当前盛行的因婚育原因拒绝招用女职工的现象，做出了禁止性规定，具有很强的操作性，使女性平等就业真正做到了有法可依。此外，《就业服务与就业管理规定》第二十八条要求“对妇女、残疾人、少数民族人员及退出现役的军人等就业群体提供专门的职业指导服务”，指明了保障妇女就业所应采取的具体措施。《就业促进法》不仅同样明文规定了不得在劳动合同中限制女职工婚育，还在第六十二条中规定，遭遇就业性别歧视的劳动者可以向法院提起诉讼，维护自身的合法权益。这样，保障女性就业在《就业促进法》的规范下有了具体的操作程序，从而使推动女性平等就业迈出了关键性的一步。

2012年发布并施行的《女职工劳动保护特别规定》是我国第一部综合性女职工劳动保护专门性法规，包括以下亮点：扩大适用范围，强化用人单位作为责任主体的责任及其法律义务，调整女职工禁忌劳动范围，强化生育保障，理顺各部门职责。① 它的出台对于保障女职工权益、促进妇女全面发展、推动性别平等和社会公正具有重要意义。截至2020年，全国执行了《女职工劳动保护特别规定》的企业比重达到了71.3％。②

（二）当前我国妇女就业状况

随着经济社会的发展和妇女社会参与程度的提高，我国妇女的就业规模持续扩大，成为劳动大军中不可缺少的重要力量。《中国人口和就业统计年鉴2021》显示，截至2020年，全国就业人员合计7.51亿，其中女性占就业总人口的比重为43.4％。③ 尽管整体来看女性的就业规模在扩大，但与男性相比，我国妇女的就业层次仍然较低。主要表现为在就业稳定性和社会保障程度好的城镇单位就业的妇女数量和相对比例偏低，形成了妇女就业的低层次状况。除此之外，我国妇女就业状况还表现出以下几个特点。

第一，妇女群体在传统产业中的从业比重下降，在新兴行业中的从业比重上升。在职业迅速分化的社会转型期，妇女正在越来越多地从事更适合女性特质的职

---

① 林燕玲．《女职工劳动保护特别规定》的六大亮点．妇女研究论丛，2012（4）：24-25.

② 国家统计局．《中国妇女发展纲要（2011—2020年）》终期统计监测报告．(2021-12-21)[2022-12-03]. http://www.stats.gov.cn/xxgk/sjfb/zxfb2020/202112/t20211221_1825526.html.

③ 国家统计局人口和就业统计司．中国人口和就业统计年鉴2021. 北京：中国统计出版社，2021.

业——商业、服务业。如表 9－3 所示，2020 年，商业、服务业是所有职业中妇女就业比例最高的，在全国、城镇职业构成中分别占比 32.7%和 42.0%。这与这类职业更适合女性不无关系。同时，我们还可以从数据中看出，全国仍有近三成的妇女在从事农林牧渔水利生产，农业也一直是妇女从业比例较高的职业。这说明相对男性而言，妇女不仅就业层次低，而且非农转移速度相对滞后。

表 9－3　分性别的全国、城镇就业人员职业构成　单位：%

职业构成		单位负责人	专业技术人员	办事人员及有关人员	商业、服务业人员	农林牧渔水利生产人员	生产运输设备操作人员及有关人员	其他
全国	总计	1.8	9.5	11.7	31.7	23.8	21.2	0.2
	男	2.4	7.4	12.6	30.9	19.8	26.7	0.2
	女	1.0	12.2	10.7	32.7	29.1	14.2	0.1
城镇	总计	2.7	13.5	17.0	39.3	8.1	19.4	0.2
	男	3.5	10.2	17.7	37.3	6.9	24.3	0.2
	女	1.6	17.8	16.0	42.0	9.8	12.7	0.1

资料来源：国家统计局人口和就业统计司．中国人口和就业统计年鉴 2021. 北京：中国统计出版社，2021.

第二，从就业身份来看（见表 9－4），全国有大部分妇女的就业身份是占有较少组织资源、经济资源和文化资源的自营劳动者及家庭帮工，高于男性的同一比例。这说明我国妇女在职业资源占有方面仍处于弱势地位，需要进一步提高。

表 9－4　分性别的全国、城镇就业人员就业身份构成　单位：%

就业身份构成		雇员	雇主	自营劳动者	家庭帮工
全国	总计	61.5	2.1	34.9	1.6
	男	63.8	2.6	32.8	0.9
	女	58.5	1.5	37.6	2.4
城镇	总计	73.4	2.6	22.9	1.1
	男	73.3	3.1	23.0	0.5
	女	73.6	1.8	22.6	1.9

资料来源：国家统计局人口和就业统计司．中国人口和就业统计年鉴 2021. 北京：中国统计出版社，2021.

第三，就业妇女的受教育程度不断提高，与男性之间的差异在逐渐缩小。通常对于女性就业难、失业多的解释是，妇女就业者的受教育程度低于男性。但近年的统计数据显示，随着年龄的降低，就业者中男女两性受教育程度的差距大大缩小。尤其在城镇，不论是城镇本地的女性就业者还是流动到城镇的农村女性就业者，其拥有的教育成本都不逊于男性。目前女性在就业中的劣势地位很大程度上是由于职业竞争中的性别歧视，而不仅仅是由于女性就业者素质低于男性。

（三）当前我国妇女就业面临的挑战

尽管自上而下从法律法规到规章条例对维护妇女就业权益都做了比较全面的规

定，但妇女就业仍然面临很多挑战。

第一，竞争能力不强的女性总是被“挤压失业”。[①] 在企业进行下岗裁员时，技术素质不高的女性肯定首当其冲。据统计，2019 年我国城镇登记失业人数为 945 万，其中女性占失业总人口的比重为 48.0%。[②] 女职工下岗后，再就业难度大，尤其是年纪大的下岗女工，文化程度普遍偏低，寻找新的工作岗位的难度可想而知。

第二，女性的工资水平低。如表 9-5 所示，2020 年，在女性从业人数较多的第三产业，如住宿和餐饮业，居民服务、维修和其他服务业，批发和零售贸易，公共管理、社会保障和社会组织等的平均工资相对其他行业来说，都是低的。

表 9-5　2020 年第三产业分行业职业平均工资　　单位：元

行业	平均工资
交通运输、仓储和邮电通讯业	100 642
公共管理、社会保障和社会组织	104 487
房地产业	83 807
批发和零售贸易	96 521
居民服务、维修和其他服务业	60 722
教育行业	106 474
文化、体育和娱乐业	112 081
科学研究和综合技术服务业	139 851
住宿和餐饮业	48 833

资料来源：国家统计局人口和就业统计司．中国人口和就业统计年鉴 2021．北京：中国统计出版社，2021.

第三，当前女性就业中存在的最重要的问题就是男女就业不平等，女性遭遇就业性别歧视。虽然以《劳动法》和《妇女权益保障法》为主的一系列法律条文中都明确规定，录用职工时，不得以性别为由拒绝录用妇女或提高对妇女的录用标准，但因为性别原因而得不到就业岗位的女性如今仍不在少数。

全国人大早在 2005 年 8 月就批准了国际劳工组织《1958 年消除就业和职业歧视公约》。尽管如此，性别歧视仍广泛存在于各种性质的用人单位招聘中。劳动和社会保障部针对 62 个定点城市的调查结果显示，有 67%的用人单位在招聘时有“男生优先”“仅招男性”“女性在聘用期不得怀孕生育”的性别限制或明文规定。在同等条件甚至男性条件更差的情况下，用人单位优先选择男性，已成了招聘中的“铁规矩”。对此，很多女性在求职时不得不隐瞒自己“已婚”或“未育”的事实。一旦隐情暴露，即使诉诸法律，结果也多半是女性劳动者离开就业单位，有时能够获得一定补偿，有时甚至没有任何补偿。例如，南京某高校的一位女研究生小李 2008 年

① 卢美芬，俞德鹏，方燕，等．我国就业制度的演变及其对妇女发展的影响．宁波大学学报（人文科学版），2002（4）：111-114.

② 国家统计局社会科技和文化产业统计司．2020 中国妇女儿童状况统计资料．北京：中国统计出版社，2020：43.

到一家单位面试时就遭遇了性别歧视：应聘部门负责人明确告诉她，“你的条件完全符合要求，我们部门也十分需要人手，但我们单位主要领导要求只进男生，宁可岗位空缺也不要招聘女生”。时至2021年，这样的事仍有发生，安徽的姜女士因为结婚而被所在公司解聘。姜女士说，她的许多同学都遇到过类似情况：被公司要求写保证书，并承诺在入职后两年内不能生孩子。因此，尽管有充分的法律依据，妇女的平等就业权仍难以得到维护。

四、保障妇女健康的福利政策

我国保障妇女健康的福利政策主要包括两个方面：一是与妇女的生育活动有关的生育健康，以《母婴保健法》等为主要法律依据；一是与妇女劳动就业有关的劳动健康，以《妇女权益保障法》《女职工保健工作规定》《女职工劳动保护特别规定》等为主要依据。

（一）生育健康

根据《母婴保健法》和《中国妇女发展纲要（2021—2030年）》的规定，我国为保障妇女的生育健康，主要采取以下措施。

（1）完善保障妇女健康的制度机制。全面推进健康中国建设，把保障人民健康放在优先发展的战略位置，坚持预防为主，深入实施“健康中国行动”和“健康中国母亲行动”，健全政府主导、部门协同、社会参与、行业监管、科技支撑的妇女健康保障工作机制。深入推进医疗、医保、医药联动改革，统筹改革监管体制，保障妇女获得高质量、有效率、可负担的医疗和保健服务。多渠道支持妇女健康事业发展。完善公共卫生应急管理体系，关注妇女的特殊需求。

（2）加强妇幼健康服务体系建设。健全以妇幼保健机构为核心、以基层医疗卫生机构为基础、以大中型医院和教学科研机构为支撑的妇幼健康服务网络，提升妇幼健康服务供给能力和水平。

（3）建立完善妇女全生命周期健康管理模式。针对青春期、育龄期、孕产期、更年期和老年期妇女的健康需求，提供全方位的健康管理服务。

（4）保障孕产妇安全分娩，提供生育全程基本医疗保健服务，将孕产妇健康管理纳入基本公共卫生服务范围。为流动孕产妇、低收入孕产妇和高危孕产妇等提供管理和救治服务。

（5）完善宫颈癌和乳腺癌综合防治体系和救助政策。提高妇女的宫颈癌和乳腺癌防治意识和能力。推进基本公共服务，推动用人单位提供筛查服务。强化筛查和后续诊治服务的衔接，促进早诊早治，使宫颈癌患者治疗率达到90％以上。加强对困难患者的救助。

（6）普及生殖道感染、性传播疾病等疾病防控知识，提高妇女生殖健康水平。

（7）加强艾滋病梅毒乙肝母婴传播防治。全面落实预防艾滋病、梅毒和乙肝母婴传播综合干预措施，提高孕早期检测率，保证孕产妇艾滋病、梅毒和乙肝检测率达到98%以上，艾滋病、梅毒孕产妇感染者治疗率达到95%以上。

（8）促进妇女心理健康。加强心理健康相关知识宣传，根据妇女需要开展心理咨询、评估和指导，促进妇女掌握基本的心理调适方法，预防抑郁、焦虑等心理问题。

（9）实施健康知识普及行动，提升妇女健康素养。

（10）持续开展营养健康科普宣传教育，提高妇女营养水平。

（11）引导妇女积极参与全民健身行动，完善全民健身公共服务体系。

（12）强化妇女健康服务科技支撑，推进"互联网＋妇幼健康"，促进大数据、云计算、人工智能、计算机仿真技术等在妇女健康领域的创新应用。

此外，2004年9月劳动和社会保障部在《关于进一步加强生育保险工作的指导意见》中要求：各级劳动和社会保障部门要逐步建立和完善与本地区经济发展相适应的生育保险制度；各地要以生育津贴社会化发放和生育医疗费用社会统筹为目标，加快推进生育保险制度建设，要合理确定生育津贴标准并及时支付，逐步实现直接向生育职工发放生育津贴。2012年4月国务院发布的《女职工劳动保护特别规定》第八条规定："女职工产假期间的生育津贴，对已经参加生育保险的，按照用人单位上年度职工月平均工资的标准由生育保险基金支付；对未参加生育保险的，按照女职工产假前工资的标准由用人单位支付。""女职工生育或者流产的医疗费用，按照生育保险规定的项目和标准，对已经参加生育保险的，由生育保险基金支付；对未参加生育保险的，由用人单位支付。"这一规定，对用人单位参加生育保险与否的差别待遇加以明确，不仅可以减轻参加生育保险单位聘用育龄妇女的经济负担，承认生育的社会价值，而且会引导和鼓励更多的用人单位参加生育保险。①

（二）劳动健康

1. *劳动健康政策的主要内容*

根据《劳动法》等相关法律的规定，我国现行的对妇女的劳动保护政策主要有以下一些。

（1）1988年国务院颁布的《女职工劳动保护规定》，对女职工的劳动条件做了系统规定，内容涉及女职工禁忌劳动范围，女职工月经期、流产后、怀孕期、哺乳期的休假和劳动保护等各个方面。

（2）1990年劳动部颁布的《关于女职工禁忌劳动范围的规定》，明确规定禁止女职工从事矿山井下、森林业伐木等五种形式的劳动。

（3）1992年颁布的《妇女权益保障法》再次强调了上述妇女劳动保护的内容，规定："任何单位均应根据妇女的特点，依法保护妇女在工作和劳动时的安全和健康，不得安排不适合妇女从事的工作和劳动。妇女在经期、孕期、产期、哺乳期受

---

① 林燕玲．《女职工劳动保护特别规定》的六大亮点．妇女研究论丛，2012（4）：24-25.

特殊保护。”

（4）1993年颁布的《女职工保健工作规定》更加具体细致地规定对女职工经期、婚前、孕前、孕期、产后、哺乳期、更年期等各个阶段应采取的保健措施。

（5）1994年颁布的《劳动法》中有专门涉及女职工和未成年职工特殊保护的一章，具体规定了不适合妇女从事的工作、在妇女“四期”中不得安排的工作。

（6）2001年国务院发布的《中国妇女发展纲要（2001—2010年）》中强调：“进一步落实女职工劳动保护政策，为女职工提供必要的工作和劳动条件，解决女职工在劳动和工作中因生理特点造成的特殊困难。”“健全和完善女职工特殊劳动保护措施，不断改善女职工劳动条件。”在之后两个周期的妇女发展纲要中，“保障女职工职业卫生安全和劳动权益”“改善女性劳动者劳动安全状况”等劳动保护措施再次被强调。

（7）2012年国务院公布的《女职工劳动保护特别规定》强化了用人单位的责任主体地位及其法律义务，与时俱进地调整了女职工禁忌劳动范围，并对生育保险政策做了进一步调整。

2. 当前我国妇女劳动健康面临的挑战

经过几十年的发展，我国目前已经形成了较为完善的女职工劳动保护政策。但是，社会环境变化迅速，我国女职工的劳动保护面临新的挑战，主要表现在以下几个方面。

（1）有些政策普及面不够广，只适合国家机关、部队和企事业单位的女职工，而不适合其他就业单位（如个体工商户妇女、农村妇女等，而这部分妇女占妇女总数的半数以上）。

（2）随着社会发展，《劳动法》和《妇女权益保障法》等法律法规中女职工劳动禁忌的有关规定以及《女职工劳动保护特别规定》在执行中存在与市场经济环境不相适应的问题，譬如划定的女职工劳动禁忌范围过宽，限制了女性的就业范围等。还有一些新问题，原来的法律没有涉及或是简单带过，需要重新修订。

（3）尽管法律针对女职工劳动保护的规定很全面，但对法律责任的规定并不严格，使这些政策执行起来力度不够，执行手段没有很好地配合到位。

针对这些问题，有关部门应根据新情况、新问题及时更新政策规定，并采取得力措施保证政策的贯彻执行。

五、保障妇女家庭幸福的福利政策

家庭是社会的基本组成单位，是绝大多数中国妇女开展日常生活的主要场所和重要情感归属，稳定和谐的家庭关系对于妇女幸福至关重要。自新中国成立以来，我国政府就十分重视对妇女婚姻家庭权益的保障，1950年的《婚姻法》是新中国成立后颁布的第一部法律，2001年的《婚姻法》（修正）中提出经济补偿制度、经济帮助制度等更加突出了男女平等、保护“弱者”的精神。2013年我国开始对生育政策进行一系列调整，2016 年 3 月《反家庭暴力法》正式施行，2021 年正式施行的《民法典》对婚姻家庭进行全面规定，《中国妇女发展纲要（2021—2030 年）》将妇女与家庭建设作为妇女发展的重要内容。这一系列政策法规的出台标志着我国对于妇女婚姻家庭权益的保障越发有力而完善。

（一）保障妇女婚姻家庭权益的政策措施

1. 国家生育政策

中国生育政策演变可以划分为两个阶段。

第一个阶段是以控制人口过快增长为目标的计划生育阶段。这一生育政策最早可追溯至 20 世纪 60 年代。1962 年 12 月，中共中央、国务院发布了《关于认真提倡计划生育的指示》，提出在城市和人口稠密的农村提倡节制生育，使生育问题走向有计划的状态；1980 年 9 月，中共中央发出了《关于控制我国人口增长问题致全体共产党员、共青团员的公开信》，提倡“一对夫妇只生育一个孩子”；1982 年，第五届全国人民代表大会第五次会议上批准的《中华人民共和国国民经济和社会发展第六个五年计划（1981—1985）》强调“严格控制人口的增长”，要“大力提倡一对夫妇只生一个子女。大力提高一胎率、严格控制二胎，坚决杜绝多胎生育”。这几个文件奠定了这一时期生育政策的主基调：严格的人口控制成为核心内容。

第二个阶段始于 2013 年，中国经济发展的新常态和人口发展的新形势对生育政策提出了新的要求。在经过长达 30 年的普遍一孩生育政策之后，中国生育政策开启了宽松化改革的历程。2013 年 11 月通过的《中共中央关于全面深化改革若干重大问题的决定》明确提出中国将开始实施“单独二孩”政策；2015 年通过了《人口与计划生育法修正案（草案）》，提出实施“全面两孩”政策；2021 年 6 月，《中共中央 国务院关于优化生育政策促进人口长期均衡发展的决定》正式发布，明确提倡适龄婚育、优生优育，实行三孩生育政策，并部署了 3 大类 10 个方面 40 余项配套支持措施；2021 年 8 月全国人大常委会会议表决通过了关于修改《中华人民共和国人口与计划生育法》的决定。修改后的《人口与计划生育法》规定，国家提倡适龄婚育、优生优育，一对夫妻可以生育 3 个子女。国家采取财政、税收、保险、教育、住房、就业等支持措施减轻家庭生育、养育、教育负担，用法律的形式保障、促进生育政策的实施。

生育政策在充分尊重妇女自由意志和自主选择的基础上切实保障妇女的婚姻家庭权益。对于没有生育意愿的妇女，《妇女权益保障法》第三十二条规定：“妇女依法享有生育子女的权利，也有不生育子女的自由。”《最高人民法院关于适用〈中华人民共和国民法典〉婚姻家庭编的解释（一）》第二十三条也规定：“夫以妻擅自中止妊娠侵犯其生育权为由请求损害赔偿的，人民法院不予支持。”对于有生育意愿的妇女，《妇女权益保障法》提出“完善生育保障”，规定国家建立健全职工生育休假制度，明确用人单位对女职工的生育保障义务，要求政府为困难妇女提供必要的生育救助。此外，在财产权益、婚姻家庭权利以及人身和人格权益等方面也有配套的支持和保护政策，力图减轻生育给妇女及其家庭带来的经济压力、照顾压力以及职业发展风险。

2. 反家暴立法

家庭暴力是一个普遍的社会问题，妇女是家暴的受害主体。2016 年 3 月 1 日，《反家庭暴力法》正式施行。该法分为六章，对家庭暴力的范畴、预防、处置、保护、法律责任做出规定。

（1）《反家庭暴力法》第二条指出："本法所称家庭暴力，是指家庭成员之间以殴打、捆绑、残害、限制人身自由以及经常性谩骂、恐吓等方式实施的身体、精神等侵害行为。"这明确了家庭暴力的范畴，将恐吓等精神暴力纳入家暴范畴。

（2）规定"国家开展家庭美德宣传教育，普及反家庭暴力知识，增强公民反家庭暴力意识"，同时要求各级人民政府、基层组织、人民调解组织、用人单位等应做好家庭关系指导、家庭矛盾的调解和化解工作，强调预防为主的工作原则。

（3）要求"有关单位接到家庭暴力投诉、反映或者求助后，应当给予帮助、处理"，"公安机关接到家庭暴力报案后应当及时出警，制止家庭暴力"，"人民法院审理涉及家庭暴力的案件，可以根据公安机关出警记录、告诫书、伤情鉴定意见等证据，认定家庭暴力事实"，规定了家暴发生后的处置流程和相关责任主体。

（4）首次提出人身安全保护令制度，规定："当事人因遭受家庭暴力或者面临家庭暴力的现实危险，向人民法院申请人身安全保护令的，人民法院应当受理。"

（5）不仅对加害人追究法律责任，而且同时规定学校、幼儿园、医疗机构等其他单位，发现无民事行为能力及限制行为能力的人遭受了家庭暴力应向公安机关报案，否则需承担法律责任。

3. 妇女财产保护

根据《民法典》和《中国妇女发展纲要（2021—2030 年）》的规定，我国在婚姻家庭和继承案件处理中要依法保障妇女的财产权益。

（1）保障妇女平等享有家庭财产的占有、使用、收益和处分权利。

（2）保障妇女依法享有夫妻互相继承遗产、子女平等继承遗产的权利。

（3）保障夫妻对共同财产享有平等的知情权、处理权，认定和分割夫妻共同财产、认定和清偿夫妻共同债务时，切实保障妇女合法权益。

（4）离婚时，保障妇女依法获得土地、房屋、股份等权益，保障负担较多家庭义务的妇女获得补偿、生活困难妇女获得经济帮助、无过错妇女依法获得损害赔偿。

2018 年 11 月 2 日，习近平同志在同全国妇联新一届领导班子成员集体谈话时强调："要引导妇女带动家庭成员，发扬尊老爱幼、男女平等、夫妻和睦、勤俭持家、邻里团结等中华民族传统美德，抵制歪风邪气，弘扬清风正气，以好的家风支撑起好的社会风气。要帮助妇女处理好家庭和工作的关系，做对社会有责任、对家庭有贡献的新时代女性。”我们要建立完善促进男女平等和妇女全面发展的家庭政策体系，既保障妇女在家庭中的权益，提高妇女在家庭中的获得感和幸福感，同时充分发挥妇女在家庭生活中的独特作用，支持妇女成为稳定安康家庭的建设者，以此促进社会和谐、国家发展。

（二）当前我国妇女婚姻家庭生活的现状及挑战

第一，女性生育权得到保护，生育意愿持续降低。《妇女权益保障法》明确规定“妇女依法享有生育子女的权利，也有不生育子女的自由”，2013 年开始的生育政策的宽松化改革极大地提高了妇女生育的自由度，各种配套支持政策的提供在很大程度上减轻了家庭养育孩子的负担。然而，在政府鼓励生育的政策环境下，妇女的生育意愿并未明显提升，根据第七次全国人口普查数据，中国 2020 年的总和生育率[①]低至 1.3，是生育率最低的国家和地区之一。究其原因，当前妇女生育保障和支持政策仍不够充分，女性作为生育的主体，在人身健康权益、劳动就业权益和婚姻家庭权益等方面仍然会受到较大的影响和冲击，需要进一步研究并完善生育休假与生育保险制度，加强税收、住房等支持政策，彻底消除妇女生育的后顾之忧。

第二，妇女对于婚姻家庭中权益的保障意识提升，维权实践增多，但效果仍有待提升。以《反家庭暴力法》为例，自实施以来，我国社会公众反家暴意识普遍提高，家庭暴力受害人自我保护意识日益增高，司法机关对家暴处置的能力明显增强。全国妇联信访统计数据显示，2018 年妇联系统收到家暴投诉 39 371 件，比上一年少了 4 700 多件，降低 11%；2019 年家暴投诉为 36 002 件，比上一年减少了 3 300 多件，降低 8.4%。[②] 虽然法律维护女性的精神非常明确，但女性在实际维权过程中往往困难重重。2021 年的数据显示，在《反家庭暴力法》实施近五年中，上海只核发了 91 份保护令，其中 38%因“证据不足”被驳回[③]；在北京当事人明确提出家暴主张的 206 个案件中，仅有 20 件最终被法院认定为家暴[④]。在关于房屋居住权和所有权及财产分割时举证责任等问题上，女性在现实生活中的财产权益难以得到切实保障。[⑤]

综上，我国既有法律政策回应了妇女对于安全、发展和尊严的需求，保护了妇

---

① 总和生育率，也称总生育率，即在育龄期间，每个妇女生育的子女总数。一般来讲，总和生育率为 2.1 属于人口更替水平，低于 2.1 则意味着出生人口减少，老龄化现象产生。

② 四周年！反家暴法实施情况怎样？权威回复来了．(2020-03-01)[2022-01-16]. https://m.thepaper.cn/baijiahao_6255844.

③ 北京为平妇女权益机构．上海受理和核发保护令情况考察．(2021-04-01)[2022-01-16]. http://www.equality-beijing.org/newinfo.aspx?id=84.

④ 反家暴法实施 5 周年，最新司法大数据研究报告显示出这些特点．(2021-03-02)[2022-01-16]. https://baijiahao.baidu.com/s?id=1693080807852871949&wfr=spider&for=pc.

⑤ 林丽拉．当代中国女性权益保护研究．厦门：厦门大学出版社，2020：101.

女在婚姻家庭中的权益，但在立法、执法与落实方面仍有待加强，需要进一步转变社会传统性别观念，完善法律法规，增强立法者与执法者的社会性别意识。

第四节　我国妇女社会政策的发展

一、发达国家的妇女社会政策借鉴

（一）日本的妇女政策：鼓励生育与促进就业并重

最近二十多年来，日本的总和生育率[①]持续降低，出生人口不断减少，产生了一系列社会问题，如劳动人口减少、老龄化加剧、消费低迷等，给日本经济和社会带来一系列负面影响。为了解决“少子化”问题，日本采取了一系列措施鼓励生育。首先，从法律层面，日本的《育儿休业法》对女职工生育的休假、工资等做出了明确的保护性规定。经过数次修订，“父亲育儿”逐渐成为其中的重要内容，创设“爸爸妈妈育休计划”。2002 年厚生劳动省在《少子化对策》中明确提出 10%的男子和 80%的妇女享受“育儿休业”制度，并就《支持培养下一代对策推进法案》进行积极探讨。2003 年制定《少子化社会对策基本法》，设置了少子化社会对策会议，并于次年制定出台了《少子化社会对策大纲》。截至 2019 年，日本已经举办了 14 次少子化社会对策会议。不仅如此，政府还出台政策，提高了针对孕妇的分娩费补贴。其次，在责任主体方面，除政府之外，日本的民间团体和民间组织也通过实施各种调查，向妇女进行鼓励生育的宣传以及为工作妇女提供养育子女方面的帮助和服务等来鼓励妇女生育。除此之外，为使育儿妇女安心工作，减轻她们的负担，日本政府还积极推进家庭功能社会化，并完善保育设施，增加儿童福利，以社区为中心对妇女的家庭育儿活动进行支持。

除生育政策以外，日本着力推进的另一项妇女政策就是促进就业政策。日本经济高速增长时期，以“男主外、女主内”为基础形成了“男子从事家庭外工作，妇女主要承担家庭内劳动、养育子女，兼从事家庭外临时性工作”的性别分工模式。在这一模式之下，妇女完成学业后参加工作，结婚育儿时期退出劳动力市场，待小孩上学后重返职场，形成了独有的 M 型就业模式。M 型就业模式之下，日本妇女的工作缺乏连续性和稳定性，不仅不符合日本政府倡导的“男女共同参与社会”的基本理念，也不利于日本的经济社会协调发展。对妇女群体来说，这种就业模式使她们就业领域受到限制，就业层次普遍偏低，工资待遇微薄，老年缺乏保障，从根本上限制了女性的自身发展。

为了促进妇女就业，推进女性发展，日本政府于 20 世纪末分别修改和出台了《男女雇佣机会均等法》和《男女共同参与社会基本法》。前者专门就消除妇女就业

① 有数据显示，2008 年日本的总和生育率仅为 1.22，是世界上总和生育率较低的国家之一。

中的性别歧视、改善妇女就业条件、扩大妇女就业范围、提高婚育期妇女工资待遇等问题进行了明确规定；后者则主要从社会制度和传统习惯方面改善男女机会不平等的状况，首次将男女平等、共同参与社会的权利和义务写进了法律，制定了“男女共同参与社会”的基本对策。2000 年，在基本法的基础上，内阁会议又通过了《男女共同参与基本计划》，为切实履行基本法提供了具体步骤。2015 年制定的《少子化社会对策大纲》提出要促进“女性的活跃”，2016 年《日本一亿总活跃计划》强调要使女性积极地工作，这些提法都沿承了“男女共同参与社会”的理念。以上法律对于促进妇女就业和两性平等起到了积极的作用。

除法律形式之外，日本政府还为妇女再就业①创造条件，鼓励妇女以多种形式就业。20 世纪 90 年代开始日本开展了“妇女就职活动”，各级政府部门设立了就业促进中心，每年开设多期妇女再就业讲习班，全国设立 60 个“妇女就业援助设施”，为妇女提供就业信息、技术培训、咨询讲习等。鼓励妇女根据个人条件和意愿灵活选择多样的就业形式，包括派遣工、临时工、小时工、在家工作、合同员工等，适应了已婚妇女家庭和工作兼顾的要求，缓和了工作和家庭角色的冲突，为大多数已婚妇女所接受。此外，日本政府鼓励妇女创业，为妇女创业提供资金和技术支持。目前已有一些妇女在社区创业并取得成功。

（二）欧盟的妇女政策：男女平等的“多元化”

有学者研究指出②，欧盟的男女平等政策是一种“多元化”的政策。“多元”主要表现在：第一，男女平等的责任分工，新型性别伙伴关系的建立；第二，男女平等的家庭结构的建立；第三，男女平等机会的享有。

在劳动就业方面，欧盟国家的职业妇女人数呈上升趋势，大约占到女性总数的 70％以上。欧盟作为区域合作的组织，在促进妇女就业方面做了两方面的工作。其一是制定出台相关法律，持续建立平等的法律基础，在女性的灵活工作时间、同等工资以及社会保护方面都做了法律上的规定；其二是使妇女在工作、劳动力市场的分割等方面得到帮助，如加强对妇女企业家的支持、提高企业管理层的女性比例等，对此，一些北欧国家已推出一项政策，规定无论是国营还是私营公司的董事会都必须实行严格的男女董事性别比例制，以提高女性在经济决策方面的地位。

在经济收入方面，2020 年，欧盟国家男女薪资差距的平均值是 13.0％，具体到各个国家，男女之间的收入差距不一，其中卢森堡、意大利、波兰的男女收入差距较小，女性平均工资达到男性的 90％以上。③ 针对男女的工资差距问题，欧共体条约明文指出：“成员国确保并持续地保持一个原则，即男女应该同工同酬。”同时，欧洲法院作为欧盟最高司法机关在促进各成员国执行同工同酬评估制度基础上又做

---

① 这里的“再就业”是指日本妇女休完产假后重新回到工作岗位。

② 张红．从欧盟委员会的报告看欧盟的妇女政策．学海，2003（5）：152－156.

③ European Commission. The gender pay gap situation in the EU.［2022-12-04］. https://ec.europa.eu/info/policies/justice-and-fundamental-rights/gender-equality/equal-pay/gender-pay-gap-situation-eu_en.

出了明确规定，要求成员国必须建立具有司法权威的机构来决定一种工作和另一种是否具有相同的价值。

在政治参与方面，欧盟各国女性的参与程度正在不断提高。为了提高妇女在政治生活中的比例，一些国家引入了配额机制，即通过宪法或者法律明确规定国家议会或者各党派候选人中性别比例配额要求。如法国在 1999 年的宪法修正案中规定各政党要指定平等数量的男女候选人；澳大利亚工党则提出了“2002 年联邦选举和州选举中应有 35%的席位由妇女获得”的目标。值得一提的是，芬兰自 20 世纪 90 年代就成立了跨党妇女联络网，目的是促使广大女性选民和议员跨越党派利益，在提出和落实各项涉及提高妇女社会经济地位、维护妇女权益、促进妇女积极参与社会改造等的法案方面进行合作。这一联络网形成之后，发挥了极大的作用，提升了妇女的参政比例，芬兰高级部长中女性占比名列欧洲第二。

在教育培训方面，欧盟一直注重为妇女发展提供教育机会，通过提高妇女的受教育程度、增加妇女的技术知识储备，来增强女性在劳动市场的竞争力，同时促进妇女自身素质和生活质量的提升。欧盟通过举办暑期培训班、高等教育，特别是专门的培训项目如专门针对职业生涯中断的妇女群体的培训项目等，来积极为妇女提供教育和培训机会。

欧盟对男女平等的各项立法和政策并不完全统一，各成员国根据自身情况，制定具体妇女政策时大多采取“软处理”方法，既不违背欧盟的法律，又坚持根本上的男权原则。因此，当前欧盟的男女平等状况也并不完全乐观，仍是任重而道远。

二、我国妇女社会政策的发展

（一）我国妇女社会政策发展的国际环境

女性主义是西方妇女社会政策的理论基础。西方社会进入后工业化时代以后，随着后现代主义的发展，女性主义迎来了新的发展机遇。它的发展趋势是：一方面，从后现代主义对现代主义的分析和批判的视角出发，以颠覆性较强的解构主义作为消解男性中心思维模式的理论武器，摧毁男性中心主义的文化霸权，并通过对男性/女性这一根本对立等级的颠倒，来瓦解父权制建立的一整套象征秩序；另一方面，在消除男权中心的基础上，发明并建构起女性的话语。①

在此理论基础之上，西方妇女社会政策的实践将不仅仅是对妇女各项权益的形式上的保护和赋予，而是会向更深层次发展。妇女社会政策将成为消除男性中心主义，实现妇女权力的一条实践途径。妇女社会政策制定的种种措施都将围绕着消除男女对立，进一步促进男女平等来实施，以最终摆脱男性对女性的压迫，实现女性、女权的平等、独立。

---

① 福柯的权力与话语是一种相互依靠、相互产生的关系。女性主义的发展也受福柯的影响，把对女性权力的追求视为对“话语”的追求。

（二）我国妇女社会政策的发展方向

新中国成立以来，尤其是第四次世界妇女大会在我国召开以来，“社会性别”概念的引入，妇女研究工作的发展，使我国的妇女社会政策无论在理论基础层面还是在政策实践层面都取得了迅猛发展。尽管如此，仍与实现男女平等的工作目标有差距。2015 年 9 月，中国和联合国妇女署共同举办了全球妇女峰会，会上提出要“持续促进男女平等和妇女全面发展”，这也是我国妇女社会政策当前的发展目标。

在全球妇女峰会上，习近平同志指出妇女发展要重点推进四种行动，这四种行动同时也是我国妇女社会政策的发展方向和重点。

（1）推动妇女和经济社会同步发展。制定更加科学合理的发展战略，既要考虑各国国情、性别差异、妇女特殊需求，确保妇女平等分享发展成果，又要创新政策手段，激发妇女潜力，推动广大妇女参与经济社会发展。

（2）积极保障妇女权益。妇女权益是基本人权。把保障妇女权益系统纳入法律法规，上升为国家意志，内化为社会行为规范。增强妇女参与政治经济活动能力，提高妇女参与决策管理水平，使妇女成为政界、商界、学界的领军人物。保障妇女基本医疗卫生服务，特别是要关注农村妇女、残疾妇女、流动妇女、中老年妇女、少数族裔妇女的健康需求。采取措施确保所有女童上得起学和安全上学，发展面向妇女的职业教育和终身教育，帮助她们适应社会和就业市场变化。

（3）努力构建和谐包容的社会文化。努力消除一切形式针对妇女的歧视、偏见、暴力。以男女平等为核心，打破有碍妇女发展的落后观念和陈规旧俗。呼吁越来越多男性参与进来。

（4）创造有利于妇女发展的国际环境。坚定和平发展和合作共赢理念，倍加珍惜和平，积极维护和平。各国妇女团体应该加强交流，增进友谊，共同发展，共同进步。要继续开展妇女领域国际发展合作。

《思考题》

1. 妇女社会政策的内涵及功能是什么？
2. 妇女社会政策的基础理论有哪些？
3. 我国妇女社会政策的演变历程是怎样的？
4. 当前我国妇女社会政策包含哪些内容？
5. 我国家庭社会政策的未来走向如何？

第十章

新产业工人社会政策

随着以人为核心的新型城镇化的深入推进，越来越多的新产业工人（其前身即农民工）选择落户城镇。在市民化过程中，新产业工人社会政策如何有效因应其生计转型和职业发展，满足其就业、住房、子女教育、医疗、养老等需求等就显得尤为重要。本章首先就新产业工人的由来、意涵及其面临的转型困境进行介绍，然后回顾和分析新产业工人社会政策的演变过程，系统梳理当下新产业工人社会政策的具体内容，最后对风险全球化时代新产业工人社会政策的改革创新进行展望。

第一节　从农民工到新产业工人

一、农民工的形成与发展

农民工是改革开放以来中国经济社会发展和体制转型的产物，“农民工”是农民和工人两个词的组合，“农民”是身份，“工”是职业。农民工的产生具有鲜明的中国特色和阶段性特征，是我国特殊阶段的特殊现象。农民工群体的出现、产生、发展、转型反映了中国经济社会的发展历程，新中国成立后城乡有别的户籍制度的建立可以说是农民工问题的制度性根源。

新中国成立后至改革开放前，计划经济的实施以及城乡二元户籍管理制度的建立，给农民在城乡之间的流动设置了一道难以逾越的屏障。尤其是 1958 年《中华人民共和国户口登记条例》的出台，标志着严格限制农民向城市流动的户口制度的形成，从此也就有了严格意义上的农民。在此期间，农民除国家通过招工、招考、招兵等非常有限、可控的渠道进入城市外，几无其他渠道流向城市。[①] 除制度管控外，在经济方面，这一时期由于国家采取了优先发展重工业的经济发展策略，致使城市吸纳农村劳动力就业的能力十分有限，再加上这一时期的人民公社体制，农民被束缚在乡土场域从事农业生产，几无机会从事其他非农生产。[②]

改革开放后，随着家庭联产承包责任制的推行，农民获得了土地承包经营权，大量富余劳动力得以释放，这对农村劳动力的流动形成了巨大的推力。与此同时，乡镇企业异军突起，成为吸纳农村富余劳动力的主要经济力量。这带动了第一批农村劳动力“离土不离乡”“亦农亦工”的职业非农化浪潮，成为农民工阶层出现的开端。

但这一时期农村劳动力转移主要发生在一些经济较为发达、乡镇企业发展较好的地区，通过经营家庭副业和进入当地乡镇企业就业的方式实现就地就近转移。[③] 城市吸纳农村剩余劳动力的能力非常有限。国家政策仍将进城务工农民定性为“盲流”，采取了诸多限制措施，因此 20 世纪 80 年代的农民工总体规模仍然非常有限。[④]

进入 20 世纪 90 年代，随着社会主义市场经济体制的确立，城市非公有制经济获得快速发展，进城务工农民规模明显扩大。[⑤] 尤其是沿海地区劳动力需求的不断增长，再加上农村税费负担的加重和就业压力的增加，共同促进了大规模跨区域流动的“民工潮”的出现。[⑥] 大量的农民工从“离土不离乡”变为“离土又离乡”，从“就地转移”变为“异地转移”。[⑦] 这一时期，农民工规模从 1983 年的535 万人增加到 1992 年的 1.1 亿人，总体规模增长了约 20 倍。[⑧]

20 世纪 90 年代中后期，由于国企改革导致大规模国有企业职工下岗，再加上亚洲金融危机的冲击，城市自身就业压力剧增。地方政府出于维护社会稳定的考虑，将农民工视作城市就业机会和福利资源的竞争者，进而通过限制和歧视性的准入政策转嫁就业压力，导致农村剩余劳动力的转移速度放缓。

进入 21 世纪，随着中国加入世界贸易组织，中国的外贸迅速增长，这给服装、玩具、皮革、家具等劳动密集型产业创造了新的就业机会。[⑨] 同时，中央调整了城镇化发展战略，农民工政策由限制管控转向引导服务，各地纷纷取消了针对农民工

---

① 焦长权．从乡土中国到城乡中国：上半程与下半程．中国农业大学学报（社会科学版），2022，39（2）：22－39.

② 李迎生．我国城乡二元社会格局的动态考察．中国社会科学，1993（2）：113－126.

③ 宋林飞．农村劳动力的剩余及其出路．中国社会科学，1982（5）：121－133.

④⑤ 同①.

⑥ 宁夏，叶敬忠．改革开放以来的农民工流动：一个政治经济学的国内研究综述．政治经济学评论，2016，7（1）：43－62.

⑦ 黄祖辉，胡伟斌．中国农民工的演变轨迹与发展前瞻．学术月刊，2019，51（3）：48－55.

⑧⑨ 江立华．改革开放四十年来的人口流动与农业转移人口市民化．社会发展研究，2018，5（2）：22－40，242－243.

的各种就业歧视，农民工由过去的“盲流”变成了“城市产业工人的重要组成部分”[①]。这进一步扩大了农民工进城务工的规模，并在2008年金融危机到来之前形成“井喷效应”：2000—2004年，农民工平均每年新增500万～800万人，2004年达到了约9 400万人；到2008年进一步增长到1.4亿人。[②]

除形成了大规模的民工潮之外，这一时期农民工发展的另一个特点就是外出农民工的“更新换代”。老一代农民工由于年龄、文化程度、劳动能力和观念等原因，越来越难适应外贸等新兴产业的用工需要，“80后”和“90后”新生代农民工开始崭露头角，并逐渐构成外出农民工群体的主体力量。新生代农民工具有以下特点：首先，他们受教育水平相对较高，年轻化、知识化、技能化趋势明显；其次，新生代农民工没有独立开展过农业生产，已基本丧失传统的农业劳动能力；最后，新生代农民工对乡土的依恋情结大大弱化，思想观念、行为方式、生活习惯都趋向城市化。[③] 这些特点也导致农民工出现了新的转变：从亦工亦农向全职非农转变，从城乡双向流动向融入城市转变，从寻求谋生向追求发展转变。[④]

二、农民工问题的由来及变迁

农民工问题是由一系列城乡分割制度导致的。新中国成立后城乡分割的户籍管理制度的建立是农民工问题产生的制度源头，但建立在户籍管理制度基础之上的城乡二元劳动就业制度、社会保障制度、教育制度等则直接导致了农民工在城市的边缘化地位和问题的产生。[⑤] 同时，农民工问题的制度根源虽然是新中国成立初期实施的城乡二元分割制度，但农民工问题是随着农民工在城镇中的权益和不平等问题日趋突出而逐步显现的。

（一）进城权利与权益保护：农民工问题的出现

2003年出现了许多反映农民工问题的标志性事件。其中上半年的“孙志刚事件”，直接导致施行了20多年的《城市流浪乞讨人员收容遣送办法》废止，并被《城市生活无着的流浪乞讨人员救助管理办法》取代，从制度上增进了进城农民工的救助福利。同时也昭示着发端于20世纪50年代的“盲流”退出历史舞台。而下半年的“总理讨薪”事件及中央相关部门出台的《关于切实解决建筑企业拖欠农民工工资问题的通知》则使农民工工资拖欠问题得到社会广泛关注。也基于此，农民工签订劳动合同问题、农民工子女受教育问题、农民工培训问题等受到了社会各界广泛关注，农民工的权益保护受到中央及各部委的高度重视。

---

①② 焦长权．从乡土中国到城乡中国：上半程与下半程．中国农业大学学报（社会科学版），2022，39（2）：22－39．

③ 江立华．改革开放四十年来的人口流动与农业转移人口市民化．社会发展研究，2018，5（2）：22－40，242－243．

④ 韩俊．农民工新趋势．红旗文稿，2008（9）：19－21．

⑤ 李迎生．我国城乡二元社会格局的动态考察．中国社会科学，1993（2）：113－126．

（二）就业权利与福利保障：农民工问题的发展

随着新老农民工的更新换代，新生代农民工谋求城市就业和发展的愿望更加强烈。农民工流动也开始由个体流动向着夫妻流动、家庭流动的方向发展。在此背景下，农民工问题开始由进城权利与权益保护向着更为棘手的就业权利与福利保障发展。就业权利方面，与城镇职工之间“同工不同酬”，就业环境脏、乱、差，就业强度高、时间长，以及“职业病”得不到有效保障等就业问题越来越突出；2010 年的“富士康工人接连跳楼事件”的发生使新生代农民工的就业权利问题受到了社会各界的空前关注。福利保障方面，由于农民工的社会保障、教育、住房等福利都是附着在户籍之上的，因而他们虽然长期工作、生活在城市，但难以享受到与城市就业相匹配的上述一系列福利。

（三）落户定居与城市融入：农民工问题的深化

随着经济社会进步、农民工就业及社会保障政策不断改革，农民工的工作条件和福利待遇也得到了很大改善。但农民工的诉求也由城市就业权利与福利保障逐渐向落户城镇与融入城市深化。

在前期的城市就业及社会保障、教育、住房等问题尚未得到有效解决的情况下，农民工问题又进一步深化至难以落户城镇，无法享受与城市居民同等的市民权利，无法融入城市成为“新市民”的新问题，也即农民工处于一种“半城市化”的“悬浮”状态。随着 2014 年新型城镇化战略的实施，国家开始认识到，农民工很难再回到农村，这种“半城市化”既不符合农民工的利益诉求，也不利于新型城镇化的顺利推进。实现完整的“市民权”成为新时代农民工问题的焦点。[①]

三、新时代农民工的转型需求与发展趋势：新产业工人

党的十八大以来，人工智能、物联网等数字技术和共享经济广泛渗入各行各业，劳动力市场对劳动力素质和劳动者技能水平的要求也发生了重大变化。只依靠出卖体力劳动获得报酬的农民工已不能满足信息时代劳动力市场的需求。新生代农民工面临着适应经济新常态，积极融入国家新型城镇化战略的转型需求。

（一）产业工人与新产业工人

新产业工人并不是本书提出的一个新概念，而是有其政策渊源的。早在 2006 年《国务院关于解决农民工问题的若干意见》中就指出，农民工是我国工业化、城镇化进程中涌现的一支“新型劳动大军”，是我国产业大军中的一支重要力量，长期在城市就业的农民工已成为“产业工人”的重要组成部分。同时农村初、高中毕业生是

---

① 孙中伟，刘林平．中国农民工问题与研究四十年：从“剩余劳动力”到“城市新移民”．学术月刊，2018，50（11）：54－67.

我国“产业工人的后备军”。[①] 在中国传统计划经济条件下，产业工人的主体是体制内的国有企业员工。其技能养成形成了比较完备的体系：一是拥有相对完善的职业技能认证体系；二是以单位制和稳定就业为基础的“师徒制”培养体系；三是主要面向城镇居民的职业学校教育体系。三者相辅相成，为新中国初步形成比较完备的工业体系做出了巨大贡献。[②]

但随着改革开放后社会主义市场经济体制的建立和国有企业改革的推进，以单位制和稳定就业为特点的传统就业结构逐渐解体，再加上农民工规模的逐渐壮大，工人队伍的主体构成也由传统产业工人转变为传统产业工人与农民工的结合体。2004 年 1 月，中央一号文件《中共中央　国务院关于促进农民增加收入若干政策的意见》强调“进城就业的农民工已经成为产业工人的重要组成部分”，这是政府首次承认农民工的工人阶级属性和重要地位。[③]

细究起来，“新产业工人”有三层意涵。第一层意涵是“新产业”工人，即产业发展呈现出来的“新”业态从业者。尤为强调进入新时代，随着中国经济进入“减速换挡”的新常态，中国的产业结构已呈现出由传统劳动密集型的第二产业（建筑业、制造业等）向新兴的第三产业（如服务业）过渡，数字经济下的新业态（如互联网＋）是“新产业”的典型代表，这些新业态、新产业的从业者可以视为新产业工人。第二层意涵是相对于传统意义的产业工人而言，农民工进入城市从事与传统产业工人一样或类似的工作，成为产业工人队伍的一支新鲜力量。第三层意涵是对包括农民工在内的产业工人整体而言的，新产业、新业态、数字技术等的迅猛发展对传统产业、新兴产业产生了一定的影响，对产业工人的知识、技术、能力、素质等也提出了更高的要求，新产业、新业态、数字技术的发展要求包括农民工在内的全体产业工人提高职业技能，实现由中低技能工人向中高技能工人的转型。本章讨论的“新产业工人”主要是第二层意涵，当然与第一、第三层意涵相联系。[④] 新产业工人强调在新时代背景下农民工群体的户籍（农村-城市）、居住（乡村-城镇）、身份（农民-市民）、职业（农民-工人）、就业领域（第一产业-第二、三产业）和专业技能（低-中-高）等方面的转型。

（二）新时代农民工向新产业工人转型的必然性

1. 经济新常态要求新时代农民工向技能型工人转型

新时代之前，中国经济始终保持着较高的增长速度，但这种较高的增长速度是

---

① 国务院关于解决农民工问题的若干意见．(2006-03-27)[2022-12-01]. http://www.gov.cn/jrzg/2006-03/27/content_237644.htm.

② 刘玉照．中国新产业工人技能养成难题．探索与争鸣，2015（8）：35－37.

③ 江立华．改革开放四十年来的人口流动与农业转移人口市民化．社会发展研究，2018，5（2）：22－40，242－243.

④ 需要说明的是，传统产业工人主要是以稳定就业为基础，受过严格正规技能培训的专业型、体制内人才。但随着新兴经济业态（如物联网下的快递、出租、外卖等）的崛起，这一传统产业工人的培养模式已无法满足“新工人”的培养需求，因此本章的“新产业工人”并不是传统意义上的产业，而是包含了新业态在内的非农产业，“工人”也不是流水线上的标准化、全日制工人，而是包含农民工适应落户城镇生存需要的各个传统行业和新型职业，包括兼职性、短期性的灵活就业，此处意在强调农民工完全化的非农就业。

以粗放型、数量型、扩张型和低成本的发展方式为支撑的，对农民工的劳动技能要求不高。但新时代我国经济发展进入新常态，即经济增长速度由高速增长转向中高速增长，产业结构进一步优化升级，经济发展动力从要素驱动、投资驱动转向服务业发展和创新驱动，这就要求农民工的就业领域从低端的劳动密集型领域向中高端的技术密集型领域转型，职业技能则需要进一步适应产业优化升级和创新驱动的需要。

从政策层面看，2017 年党的十九大报告中提出要依托高素质产业工人队伍建设，实现创新驱动和产业结构转型升级，要打造知识型、技能型、创新型队伍。同年，中央印发的《新时期产业工人队伍建设改革方案》将产业工人队伍的建设纳入国家和地方经济发展规划。如何推动农民工转型，使其成为适应新时代发展需求的新型产业工人，成为新时代各界关注的主要问题。

经济新常态的核心是转型，而真正的转型是人的转型。如果没有人的转型，任何产业转型和社会转型都是不可想象的。而产业工人则是完成这一任务“惊险一跳”的最直接主体。[①] 由此，农民工由低技能工人向技能型工人转型是适应我国经济新常态发展的必然要求。

2. 新型城镇化要求新时代的农民工向职业型工人转型

长期以来，在“以经济建设为中心”的总纲性思想指导下，中国的城镇化走的是一条土地扩张型的城镇化之路，也被称为传统城镇化模式。这一模式注重经济城镇化、土地城镇化等“物的城镇化”，而忽视了“人”的城镇化，进而导致了农民工在城镇化建设过程中出现了“就业在城镇，户籍在农村；劳力在城市，家属在农村；收入在城镇，积累在农村；生活在城镇，根基在农村”的“半城镇化”现象。[②]

党的十八大以来，我国的城镇化建设进入了一个新阶段。2013 年 11 月，《中共中央关于全面深化改革若干重大问题的决定》正式提出实施以人为核心的“新型城镇化”，农民工市民化被置于城镇化发展的优先序列，成为城镇化建设的首要任务。2014 年发布的《国家新型城镇化规划（2014—2020 年）》则进一步提出要优先解决“三个 1 亿人”的城镇化问题的目标。2022 年党的二十大报告又提出要“加快农业转移人口市民化”[③]。

新型城镇化对农民工市民化所提出的一系列要求与对农民工的职业转型要求是一致的。二者都需要农民工逐渐摆脱农村身份和农民职业，向城市身份和工人职业转型，逐渐消除目前“半城镇化”的居住状态和“半工半农”的职业处境。农民工向职业型工人转型有利于保障农民工在实现市民化之后就业收入的稳定性，进一步

---

① 王永章．新常态下供给侧改革与中国产业工人转型发展．河北学刊，2016，36（6）：130－134.

② 李泉然．新福利理论视角下中小城市农民市民化社会政策创新研究：基于西县城关镇的考察．北京：中国人民大学，2018：1.

③ 习近平．高举中国特色社会主义伟大旗帜 为全面建设社会主义现代化国家而团结奋斗：在中国共产党第二十次全国代表大会上的报告（2022 年 10 月 16 日）．北京：人民出版社，2022：32.

推进新型城镇化的深入、持续发展；而新型城镇化深入持续推进的前提是农民工在城镇拥有稳定的职业和工作收入。当前农民工市民化之所以难以顺利推进，主要原因就是大多数农民工落户城镇之后非农就业的稳定性无法得到保障。[①] 因此，新型城镇化的持续、深入推进要求农民工向职业型工人转型，保障他们市民化之后的就业收入。

（三）新产业工人时代的到来

目前虽无正式的官方文件对沿袭了30多年的“农民工”称谓进行调整，但有学者提出“农民工”或“民工”的称谓含有明显的歧视成分，人为地强化了不平等的意识和就业歧视，伤害了这一群体的尊严。[②] 此外，与老一代农民工相比，新生代农民工正在引发一场生活方式的“代际革命”，他们的农民身份认同、劳动伦理观念、消费娱乐方式及日常生活习惯等都发生了显著变化，这一“代际革命”重构了新生代农民工与城乡社会结构的关系[③]，还促进了新工人阶级的形成[④]。新生代农民工已几乎不认同农民身份，留在城市发展并融入城市的愿望十分强烈。[⑤] 沿用这一称谓最终会固化城乡二元结构，阻碍正常的城市化进程。[⑥] 同时，“农民工”在学术研究中还是一个混沌意义上的流动人口概念，二者的边界复杂、模糊，语义混沌一体。[⑦] “农民工”的称谓[⑧]已不符合经济社会发展趋势。

基于经济新常态及新型城镇化等国家经济社会发展战略对新时代农民工转型发展提出的新要求，以及农民工代际的革命性变化可知：新时代也是农民工向新产业工人转型的时代，虽然这个过程需要经历一个较长的时期。当务之急是，“农民工”至少需要在称谓上进行与时俱进的调整，为其向新产业工人转型营造舆论并创造各种条件。[⑨]

四、新产业工人转型发展面临的主要困境

在新型城镇化背景下，随着新生代农民工的不断壮大及其对城市生活认同感的日益增强，农民工向新产业工人的转型已形成了政策基础、队伍基础和认同基础。

---

① 石智雷，刘思辰，赵颖．不稳定就业与农民工市民化悖论：基于劳动过程的视角．社会，2022，42（1）：88－123.

② 吴忠民．应当逐渐淡化“农民工”的称谓．金融信息参考，2003（7）：11.

③ 王欧．家庭化与新生代农民工生活方式转型．社会学研究，2022，37（1）：68－89，227－228.

④ 黄斌欢．双重脱嵌与新生代农民工的阶级形成. 社会学研究，2014，29（2）：170－188，245.

⑤ 清华大学社会学系课题组．新生代农民工与“农民工生产体制”的碰撞．中国党政干部论坛，2013（11）：19－24.

⑥ 同②.

⑦ 谭杰．新型城镇化背景下的流动人口研究：范畴变迁、实践审视与演进方向．南方经济，2021（8）：102－111.

⑧ 此外，学界的称谓还包括流动人口、进城务工人员、城市新移民、农业转移人口等。

⑨ 基于上述考虑，本章题目定为“新产业工人社会政策”，在本章中会根据表达需要，在“农民工”“新产业工人”“流动人口”等词之间进行切换，特此说明。

但要实现全面、顺利转型，仍然面临着诸多困境。①

1. 城市社会融入难

当前新产业工人流动的一个新变化是从个人流动逐渐发展为举家迁移。家庭式的流动给城市生活空间带来了挑战，这意味着城市需求的扩张和生存空间的缩小。城市管理压力变大，新产业工人作为外来群体不可避免地受到排斥。另外，新产业工人要融入城市生活就需要有就业、住房、医疗等方面的生活保障，然而他们的教育水平仍低于城市工人，大多从事技术要求低的工作，和城市职工同工不同酬，工作强度大、待遇差，很大程度上不能获得可靠稳定的社会保障，加上产业转型升级，新产业工人社会保障水平下降、工作不稳定、城市买房困难等问题，导致新产业工人在城市社会难以立足。②

新产业工人的城市融入不仅包括地理空间、生产空间和文化生活空间的转换，还包括农民身份、价值观念与社会认同方面的转换。新生代农民工与父辈相比对农村的归属感不强，对“农民”身份的认同感较低，他们有在城市定居的强烈诉求，但制度等方面的因素，使他们很难融入城市，成为“新市民”。在这样双重身份边缘化的情况下，新产业工人陷入了“留不下城市，回不去农村”的生存窘境。③

2. 保障政策不完善

经过多年的政策改革，新产业工人社会保障政策取得了一系列成果，国家在劳动就业、医疗保险、住房补贴、子女上学等方面出台了一系列政策，提升了他们的生活保障水平。但“农民工”是一个具有特殊性和时代性的群体，与其相关的社会保障政策的健全和完善还需要较长的时间。目前，新产业工人社会保障政策还存在设置规划性不足、区域发展协调性不够、职能部门一体化不强、政策重点碎片化等问题，东、中、西部地区政策发展差异较大，且一些政策具有临时性，难以持续。这就导致一些文化水平低、对政策了解不足的新产业工人在享有社会政策福利时摸不着头脑，很难有效利用相关政策。现行的城镇职工社会保险体系由于制度设计的问题并不完全适用我国现阶段的大多数新产业工人，突出问题就是缴费成本过高，超出了企业和新产业工人的承受能力。因此，简单地将新产业工人纳入城镇社会保险体系并不能很好地解决他们的社会保障需求。④

3. 政治地位边缘化

在城市，由于新产业工人群体的工作、生活缺乏组织性、团结性、互助性，他们难以享受正常的政治生活。新产业工人中党团员正常的组织生活无法开展，有半数以上党团员外出就业后，事实上便失去了党团员身份。依照法律规定，新产业工人和城市职工一样，享有平等的选举权与被选举权，享有参与社会政治和管理国家

---

① 林凌，郭晓鸣．城市化进程中的农民工问题研究．成都：四川科学技术出版社，2008；李迎生，刘艳霞．社会政策与农民工群体的社会保护．社会科学研究，2006（6）：100－105.

② 方向新．农民工城市融入的演变趋向、突出特征与推进策略．求索，2019（4）：147－156.

③ 李卓，左停．改革开放40年来中国农民工问题研究：回顾、反思与展望．云南社会科学，2018（6）：16－21.

④ 王增民．对当前我国农民工社会保障模式的评估．人口与经济，2008（4）：62－68.

事务的权利等。然而在现实生活中，他们的这些政治权利却往往难以落实。比如按照有关规定，选民已经迁居异地但是未转出户口的，在取得原选区选民资格的证明后，可以在现居住地参加选举。然而，在实际操作中，由于手续烦琐并要承担失去工作的风险，还要考虑误工和路费等的开支，多数人宁肯放弃自己的选举权和被选举权。这样的选择实际上将新产业工人排斥在了城市政治生活之外，使他们的主张和诉求难以表达。此外，新产业工人更加关注工资福利等与自身相关的利益，参与动机狭隘；新产业工人的社会经济地位决定了他们没有多余的财力和精力投入到政治参与中来，因此他们对政治参与的诉求较低，对政治的关注度不够。[①] 政治参与不足，导致农民工群体缺乏维护自身权益的话语权。

4. 法律地位缺乏保障

尽管 2004 年中央一号文件明确指出“进城就业的农民工已经成为产业工人的重要组成部分”，现行一些法律法规也涉及新产业工人权益保障的内容，但出于多方面的原因，新产业工人的法律地位依然缺乏应有的保障。一是立法本身存在缺陷。“一调一裁二审”的体制导致劳动争议纠纷解决过程周期长、成本高。劳动者没有足够的时间、精力和财力，很可能因为耗不起而放弃维权，这往往给劳动者的合法权益造成很大伤害。二是新产业工人总体文化水平偏低，他们的法制观念和维权意识比较淡薄，对用人单位拒签劳动合同等行为也听之任之。有些人为了保证择业自由，也不愿意签订劳动合同。因此即便发生侵权事件，也会由于缺乏证据，加之取证困难，导致其合法权益难以受到法律保护。[②]

5. 代际差异出现

随着工业化、城镇化进程的推进，新产业工人群体内部也经历着代际转换和更替，年老的逐渐退出，年轻的不断汇入，新产业工人群体不断“吐故纳新”。[③] 老一代农民工老龄化程度不断加剧[④]，新生代农民工逐渐成为流动劳动力主体。新生代农民工因其受教育水平相对较高，与老一代农民工逐渐拉开差距。在纵向上，新生代农民工大多有“留守”经历，他们的成长环境致使他们对农民身份的认同感较低，有更强烈的定居城市的需求。在横向上，新生代农民工中青年技工能比老年农民工获得更多社会资源和机会，逐渐实现从流动人口到移民群体的转型。新生代农民工在婚姻观、恋爱观、生育观、家庭观上的认知也与上一代有了较大差异，这影响了新生代农民工的总体生活质量。

6. 新生代农民工发展难

与老一代农民工相比，新生代农民工受教育水平较高、渴望融入城市、重视社会保障。他们没有长期务农经历，对农村归属感不强，更愿意留在城市，但城市对

---

①② 国家发改委社会发展研究所课题组．城乡一体化发展中的农民工融入城市社会机制与政策问题研究//中国经济改革研究基金会 2014 年研究课题汇编，2015：197－252.

③ 李红娟，谢永飞．近 20 年农民工问题研究的发展变化：基于 4 379 篇文献的可视化分析．城市观察，2019（4）：152－164.

④ 李卓，左停．改革开放 40 年来中国农民工问题研究：回顾、反思与展望．云南社会科学，2018（6）：16－21.

农民工的接纳程度还比较低，农民工面临身份歧视问题，新生代农民工较难落地城市。加上新生代农民工的职业期望值较高，对物质和精神享受也有更高的要求，但却缺少实现的路径，往往面临较大的心理落差，从而导致新生代农民工待不住岗位，企业留不住工人。长此以往，不利于新生代农民工转型和经济产业稳定发展。[①]

第二节　我国新产业工人社会政策的发展演变

新产业工人社会政策是以社会公正为理念依据，国家和政府为保护处于社会弱势地位的新产业工人，解决与新产业工人相关的各种社会问题，以促进新产业工人顺利实现市民化，融入城市就业和生活而通过立法和行政手段制定的一系列法律、条例、措施和办法的总称。它是解决新产业工人转型困境的重要机制和手段。回溯新产业工人社会政策的发展历程能够更好地认识新产业工人转型困境产生的政策根源和依赖路径。

一、以开放农民进入城镇为主的政策阶段（1984—1988年）

“农民工”一词最早出现于1984年。[②] 同年，中央一号文件《中共中央关于一九八四年农村工作的通知》发布，允许农民自理口粮，进入城镇务工经商。这是自1952年国家限制农民工进城就业后的关键性政策转变，从此，农民获得了进城就业的权利和自由。1984年10月，国务院发出《关于农民进入集镇落户问题的通知》（简称《通知》），《通知》规定在自筹资金、自理口粮的前提下，凡申请到集镇务工、经商、办服务业的农民家庭，在集镇有固定住所，有经营能力，或在乡镇企事业单位长期务工的，公安部门应准予落常住户口；为了保护农民进入集镇兴业安居的合法权益，乡镇人民政府要依法保护其正当的经济活动。这意味着实行了将近30年的限制城乡人口流动的就业制度开始松动。[③] 相比以前严禁农民进城的政策[④]，这一《通知》有了突破性的进展，是农村劳动力流动政策变动的一个标志[⑤]。随后，1985年7月，公安部颁布了《关于城镇暂住人口管理的暂行规定》，对进城就业的农民实行暂住证制度，使其在城市居住生活拥有一定的法律保障。1984年以前，虽然也有

---

① 刘若实．浙江省新生代农民工转型现代产业工人问题研究．山东工会论坛，2019，25（4）：44－51.

② 1984年，张雨林在《社会学研究通讯》的文章中首次提出“农民工”一词，并沿用至今。

③ 自1958年的户籍制度确定后，城乡之间人口流动受到严格限制，尤其是严禁农民进城。

④ 1984年以前，政府对农民进城多是严禁的态度。如1980年的劳动就业工作会议及其《进一步做好城镇劳动就业工作》的文件，一方面解开了对城镇职工流动的禁锢，另一方面加强了对农村劳动力流动的限制。1981年国务院出台的《关于广开门路，搞活经济，解决城镇就业问题的若干决定》，进一步强化了对农村劳动力流动的管理。文件要求对农村剩余劳动力，要通过发展多种经营和兴办社队企业，就地适当安置，不使其涌入城镇。

⑤ 程新征．中国农民工若干问题研究．北京：中央编译出版社，2007.

零星的农民进城打工，但这只是农民本能、自发、盲目的流动，并不为政策和法律所许可。1984年以后，农村剩余劳动力进城，是在国家政策许可和法律有所保障前提下的社会人口流动。所以，1984年可被视为新产业工人城市融入的历史起点。1986年7月，国务院颁布了《国营企业实行劳动合同制暂行规定》和《国营企业招用工人暂行规定》，允许国营企业招收农村劳动力。从1984年到1988年，农业生产效率的提高和农资价格的上涨，为农民外出提供了巨大“推力”，而乡镇企业的快速发展和城市的经济开放，产生了巨大的拉力，我国农村劳动力转移数量迅速增加，每年转移人数都在450万以上。这一阶段的新产业工人社会政策具有从计划经济向市场经济过渡的特征，人民公社体制趋于解体，从原来城乡隔离到逐渐松动，但政策出发点仍是城市中心主义的，形式上体现为对农民自发流动的一种承认和默许。虽然政策上有了突破性的进展，但其发展并非一帆风顺。1988年下半年开始，为控制日益严重的通货膨胀，国家实施了为期3年的治理整顿，城市生产收缩。随之大量进城农民被辞退，出现了由城市到农村的回流现象。

二、以控制和规范为主的政策阶段（1989—1999年）

1989年以后的两年，政府又加强了对农村劳动力外出的限制。1989年年初，国务院发出《关于严格控制民工盲目外出的紧急通知》。国务院1990年4月发出通知，要求对农民进城务工实行有效控制、严格管理，并建立临时务工许可证和就业登记制度，政策的目的在于提高农民在城市的就业门槛，防止大量农村劳动力盲目流入城市。由于政策限制趋严，农民工流动规模趋于缩小。1991年2月，国务院办公厅再次发出《关于劝阻民工盲目去广东的通知》，三令五申严禁农民流动进城。

1992年，邓小平南方谈话掀起了中国经济建设的又一轮高潮。城市建设需要大量廉价劳动力，农村劳动力应时流入城市。1993年，党的十四届三中全会发布《中共中央关于建立社会主义市场经济体制若干问题的决定》，文件提出，要鼓励和引导农村剩余劳动力逐步向非农产业转移和在地区间有序流动。这是中央首次将农民跨区域流动写入重要文献，也是首次对农民进城给予肯定，这是新产业工人社会政策改革的重要突破。从此，新产业工人社会政策进入发展时期。

农民进城后的最初一段时间内，各地方政府多采取限制的政策。如1995年《北京市外地来京人员务工管理规定》，对进城农民从事工种、行业进行了限制。这一规定在1997年又得到强化，补充规定了惩罚措施。到2000年外来人员被限制从事的工种已经增加到103个。在上海也有类似的规定：1995年上海市劳动局颁布的《上海市单位使用和聘用外地劳动力分类管理办法》中将行业、工种分为三类，严格规范行业使用外地劳动力的标准，从而对外来务工人员进行了严格的限制。

尽管受到种种限制，但农民进城务工的脚步没有停下。有了限制，才有突破限制，才有更好的发展。随着新产业工人进城数量的逐年增加，新产业工人社会政策也在不断更新。

三、以保障在城市就业为主的政策阶段（2000—2005年）

进入 21 世纪以来，中国城镇化和工业化进程进一步提速，但城市劳动力市场壁垒使农村转移人口就业受到很大限制，严重制约了城镇化发展。该阶段政策主要体现在逐步清理和取消针对农村转移人口流动和就业不合理限制，保障在城市中稳定就业。2000 年《关于进一步开展农村劳动力开发就业试点工作的通知》提出改革城乡分割体制，逐步建立统一的就业制度。2001 年，国家计委会同公安部、民政部等 9 家部委编制的《“十五”城镇化发展重点专项规划》，提出了“走符合我国国情、大中小城市和小城镇协调发展的多样化城镇化道路”。2002 年，中共中央、国务院第 2 号文件《关于做好 2002 年农业和农村工作的意见》明确规定：“对农民进城务工要公平对待，合理引导，完善管理，搞好服务。”“各地区要认真清理对农民进城务工的不合理限制和乱收费，纠正简单粗暴清退农民工的做法。”“健全进城务工农民的劳动合同管理，维护他们的合法权益。”此后，“公平对待，合理引导，完善管理，搞好服务”成为农村富余劳动力转移工作的指导方针。这也表明，新产业工人作为弱势群体，其权益保护已受到了重视。从此，新产业工人社会政策由限制为主转向了以保护为主。

2003 年《国务院办公厅关于做好农民进城务工就业管理和服务工作的通知》进一步取消对新产业工人就业的不合理限制，并对拖欠农民工工资、就业培训、子女入学等涉及新产业工人切身利益的问题进行了规定。2004 年，中共中央、国务院《关于促进农民增加收入若干政策的意见》首次提出，进城就业的农村劳动力已经成为产业工人的重要组成部分，要保障进城就业农民的合法权益。该阶段社会政策集中在取消就业歧视性制度、规范劳动力市场等方面，其政策价值目标更加注重为新生代农业转移人口创造公平就业机会，保障城市就业。

四、以改革新产业工人社会保障和户籍为主的政策阶段（2006—2011年）

2006 年国务院第 5 号文件《国务院关于解决农民工问题的若干意见》（简称《意见》）涉及新产业工人的工资水平和工资支付制度、劳动管理、就业服务和培训、基本公共服务（住房、教育、健康）等，其中新产业工人的社会保障问题受到了高度重视。《意见》提出，要根据新产业工人最紧迫的社会保障需求，优先解决工伤保险和大病医疗保障问题；探索适合新产业工人特点的养老保险办法，要依法将新产业工人纳入工伤保险范围。这是我国政府第一次全面、系统地认识和解决新产业工人面临的困难，预示着新产业工人政策崭新阶段的到来。在此政策指导下，国家又陆续出台了一批旨在完善新产业工人社会保障和服务的政策文件，如《关于解决城市低收入家庭住房困难的若干意见》《关于改善农民工居住条件的指导意见》《关于做好免除城市义务教育阶段学生学杂费工作的通知》《关于切实做好当前农民工工作的通知》《城镇企业职工基本养老保险关系转移接续暂行办法》等。这些政策对于解决新生代产业工人社会保障问题具有重要意义。

同时，这一时期阻碍新产业工人落户城镇的城乡户籍管理制度的改革也取得了一定进展。2011 年，国务院办公厅发布《关于积极稳妥推进户籍管理制度改革的通知》，提出各地要采取有效措施解决长期在当地务工、经商人员的城市落户问题；今后出台有关就业、义务教育、技能培训等政策措施，不要与户口性质挂钩；继续探索建立城乡统一的户口登记制度。同年民政部发布《关于促进农民工融入城市社区的意见》，指出要促进农民工融入城市生活，推动包容式融入，实现包容式发展。

五、以有序实现市民化为主的政策阶段（2012年至今）

进入新时代以来，为适应新型城镇化建设，新产业工人社会政策的改革取得了突破性进展。2013 年 11 月，《中共中央关于全面深化改革若干重大问题的决定》正式提出推进以人为核心的“新型城镇化”建设，全面放开建制镇和小城市落户限制，并把进城落户农民完全纳入城镇住房和社会保障体系。同年 12 月，中央首次召开了城镇化工作会议，提出“把促进有能力在城镇稳定就业和生活的常住人口有序实现市民化作为首要任务”。新产业工人社会政策的改革与城乡户籍制度改革密不可分。2014 年发布的《国家新型城镇化规划（2014—2020 年）》提出实施差别化落户政策。[①] 大中城市可设置参加城镇社会保险年限的要求，特大城市可采取积分制落户。同时提出城镇基本公共服务要向新产业工人倾斜，逐步解决新产业工人城镇基本公共服务问题。2014 年 7 月发布的《国务院关于进一步推进户籍制度改革的意见》提出建立城乡统一的户口登记制度，以及与之相适应的教育、卫生、就业、社保、住房等社会福利体系，取消农业户口与非农业户口性质区分。同时实施居住证制度，并以居住证为载体，建立与居住年限等条件挂钩的基本公共服务提供机制。“重点解决进城时间长、就业能力强、可以适应城镇产业转型升级和市场竞争环境的人员落户问题。”2016 年 1 月，《居住证暂行条例》开始施行。2016 年 2 月国务院印发的《关于深入推进新型城镇化建设的若干意见》和 9 月国办印发的《推动 1 亿非户籍人口在城市落户方案》提出全面放宽新产业工人落户条件（除极少数超大城市外），并将之完全纳入城镇社会保障体系及住房保障体系，同时确保进城落户农民子女受教育与城镇居民同城同待遇。《2019 年新型城镇化建设重点任务》指出，常住人口 100 万以下的中小城市已陆续取消落户限制。2022 年 7 月发布的《“十四五”新型城镇化实施方案》正式提出全面取消常住人口 300 万以下城市的落户限制，并从户籍制度改革、城镇基本公共服务均等化、新产业工人就业服务和技能培训、健全配套政

---

① 即以合法稳定就业和合法稳定住所（含租赁）等为前置条件，全面放开建制镇和小城市落户限制，有序放开城区人口 50 万～100 万的城市落户限制，合理放开城区人口 100 万～300 万的大城市落户限制，合理确定城区人口 300 万～500 万的大城市落户条件，严格控制城区人口 500 万以上的特大城市人口规模。

策等“四位一体”入手，提升新产业工人市民化质量。① 相关文件尤为强调新产业工人劳动技能素质的提升，强调对新产业工人的培训政策要聚焦智能制造、信息技术、医疗照护、家政、养老托育等行业和网约配送、直播销售等新业态。《2022 年新型城镇化和城乡融合发展重点任务》进一步强调要大力开展适合新产业工人就业的技能培训和新职业新业态培训，深入实施“技能中国”行动，并开展农民工补贴性培训 600 万人次以上。此外，还提出要推进以县城为重要载体的城镇化建设。

可以看出，这一阶段的社会政策改革更多从源头上破解了新产业工人社会融合的制度障碍和职业技能障碍，通过全面深化改革，着力解决产城融合不紧密、产业集聚与人口集聚不同步等问题，有序推进化解新产业工人的市民化困境。

对中国新产业工人社会政策的发展演变历程进行总结分析，可以发现，20 世纪八九十年代，新产业工人社会政策的改革具有明显的从属性、配套性特征，新产业工人无法在城市当中获取市民身份和市民权利；而进入 21 世纪，新产业工人社会政策通过调整，在角色定位、政策措施及政策取向等方面均发生了质的变化。总体而言，新产业工人社会政策的改革逻辑经历了从流动控制到制度吸纳、由“规制”向“服务”的转变。②

第三节 我国当前的新产业工人社会政策

新产业工人社会政策总体上包括新产业工人的就业创业及培训政策、社会保障政策、子女教育政策和住房政策等，它们与新产业工人的转型和发展密切相关，是新产业工人落户城镇之后基本生存与长远发展的制度保障。本节拟对国家出台的上述社会政策做系统梳理。

一、新产业工人的就业创业及培训政策

（一）就业创业政策

就业方面，2008 年起施行的《就业促进法》中规定：“农村劳动者进城就业享有与城镇劳动者平等的劳动权利，不得对农村劳动者进城就业设置歧视性限制。”这强调了新产业工人公平就业的权利，为新产业工人进城就业提供了基本的法律保障。2015 年发布的《国务院关于进一步做好新形势下就业创业工作的意见》指出，要结合新型城镇化建设和户籍制度改革，建立健全城乡劳动者平等就业制度，进一步清理针对新产业工人就业的歧视性规定。2020 年初开始流行的新冠病毒感染疫情对国

---

① 瞭望丨把握今年推进新型城镇化五个着力点．(2022-03-31)[2022-12-14]. https://baijiahao.baidu.com/s? id=1728778303045146557&wfr=spider&for=pc.

② 姚进忠．农民工社会政策的建构逻辑与未来走向：基于 1978—2012 年政策文本．北京理工大学学报（社会科学版），2015，17（5）：141-148.

家经济造成冲击，同时也对农民工就业问题产生了显著影响。为此，《人力资源社会保障部、国家发展改革委等十五部门关于做好当前农民工就业创业工作的意见》发布，强调一方面通过稳定现有就业岗位、创造更多就业机会、支持新产业工人多渠道灵活就业等方式拓宽新产业工人的外出就业渠道，另一方面通过发展乡村产业吸纳就业、推动项目建设促进就业以及支持返乡入乡创业带动就业等措施促进新产业工人实现就地就近就业，另外强调要优先保障贫困劳动力稳岗就业。

创业方面，2014 年 9 月夏季达沃斯论坛上李克强总理提出，要在 960 多万平方公里土地上掀起“大众创业”“草根创业”的新浪潮，形成“万众创新”“人人创新”的新势态。随后 2015 年国务院办公厅出台的《关于支持农民工等人员返乡创业的意见》提出，要通过促进产业转移带动返乡创业，推动输出地产业升级带动返乡创业，鼓励输出地资源嫁接输入地市场带动返乡创业，引导一、二、三产业融合发展带动返乡创业，支持新型农业经营主体发展带动返乡创业。2019 年的中央一号文件明确提出，扶持发展吸纳就业能力强的乡村企业，支持企业在乡村兴办生产车间、就业基地，增加农民就地就近就业岗位，并积极鼓励外出农民工、高校毕业生、退伍军人、城市各类人才返乡下乡创业。2020 年 7 月召开的国务院常务会议指出，要进一步支持新产业工人就业创业，结合推进以县城为载体的新型城镇化，为新产业工人就业创造更多机会；加大以工代赈投入，吸纳更多新产业工人就业；增加城镇建设用地要把吸纳新产业工人就业数量作为重要条件；要以创业带动就业。2021 年，中央财经委员会第十次会议上提出扎实推动共同富裕、完善三次分配制度以及促进就业、加大乡村振兴投入力度等，紧随其后出台的《“十四五”就业促进规划》中明确鼓励引导有创业意愿和创业能力的新产业工人等人员返乡入乡创业，将此作为促进“共同富裕”、形成橄榄型收入分配格局的重要举措来抓。

此外，党的二十大报告提出，健全就业公共服务体系，完善重点群体就业支持体系，加强困难群体就业兜底帮扶，促进机会公平。而消除影响平等就业的不合理限制和就业歧视正是促进机会公平的题中应有之义。进一步营造公平竞争的环境，消除不合理限制和就业歧视，才能让劳动者更顺利地进入职场，通过勤奋劳动实现自身发展。

（二）培训政策

开展新产业工人就业创业培训，不仅是提高新产业工人素质、加快农民工转型发展、促进新型城镇化及适应经济新常态的重要途径，更是保障新产业工人基本就业和稳定收入的重要环节。国务院办公厅下发的《2003—2010 年全国农民工培训规划》对培训工作做出了具体部署。《国务院办公厅关于切实做好当前农民工工作的通知》专门对“加强农民工技能培训和职业教育”做出规定，随后《教育部关于切实做好返乡农民工职业教育和培训等工作的通知》进一步对加强新产业工人培训，促进新产业工人就业的具体措施做出了更加详细的规定。当前对新产业工人的职业培训正在逐步制度化、系统化。

随着“大众创业、万众创新”的推进，2015 年国家开始着手制定新产业工人返乡创业培训政策，2016 年人社部等多部委联合发布《关于实施农民工等人员返乡创业培训五年行动计划（2016—2020 年）的通知》，提出以提升农民工等新产业工人创业能力，促进其成功创业为根本目标，以开展符合不同群体实际需求的创业培训为主要抓手，形成创业培训、创业教育、创业考评、试创业、创业帮扶、创业成效第三方评估等六环联动，政府、院校和相关企业合作推进，与精准扶贫、精准脱贫紧密结合，全覆盖、多层次、多样化的创业培训体系，使创业培训总量、结构、内容、模式与经济社会发展和新产业工人的创业需求相适应。

二、新产业工人的社会保障政策

2006 年出台的《国务院关于解决农民工问题的若干意见》提出，要积极稳妥地解决新产业工人的社会保障问题，要根据新产业工人最紧迫的社会保障需求，坚持分类指导、稳步推进，优先解决工伤保险和大病医疗保障问题，逐步解决养老保障问题。这一文件为新产业工人社会保障政策的改革与发展提供了政策指引。2010 年颁布的《社会保险法》成为保障新产业工人享受社会保险政策的纲领性法案，2018 年 12 月，新修订的《社会保险法》实施。《社会保险法》第一次从法律层面明确了政府、企业、个人三方社会保险方面的权利和义务，保障了新产业工人在养老、医疗、工伤、失业、生育等方面的社会权益。2022 年党的二十大报告进一步提出，要健全覆盖全民、统筹城乡、公平统一、安全规范、可持续的多层次社会保障体系。这些社会保障法律制度共同构成了新产业工人社会保障稳定、持续运行的制度基础。

（一）工伤保险政策

新产业工人的工伤保险是目前唯一有统一条例规定、贯彻实行相对较好的险种。2003 年国务院发布《工伤保险条例》，规定用人单位应当依照本条例规定参加工伤保险，为本单位全部职工或者雇工缴纳工伤保险费；2010 年国务院对《工伤保险条例》进行修订，对工伤保险的支付标准、享受待遇等进行了新的修订。2016 年国家卫计委等部门联合印发《关于加强农民工尘肺病防治工作的意见》，指出：“对于未参保尘肺病农民工，由用人单位依法支付其各项工伤保险待遇。用人单位不支付的，工伤保险基金按规定先行支付，并由社会保险经办机构依法向用人单位追偿。”同时，为维护工伤农民工的合法权益，人社部、民政部和卫计委还联合出台了《工伤保险辅助器具配置管理办法》，保障工伤农民工的日常生活和就业需要。针对极易发生工伤的建筑行业，2017 年相继出台了《国务院办公厅关于促进建筑业持续健康发展的意见》《关于进一步做好建筑业工伤保险工作的通知》两个文件，强调要求建立健全与建筑业相适应的社会保险参保缴费方式，大力推进建筑施工单位参加工伤保险。2019 年针对尘肺病等工伤问题，人力资源社会保障部和国家卫生健康委再次发布《关于做好尘肺病重点行业工伤保险有关工作的通知》，进一步强化新产业工人在这一领域的工伤保险执行力度。另外，针对农民工工伤保险的制度管理问题，2019年人力资源社会保障部办公厅还发布了《关于加快推进工伤保险基金省级统筹工作的通知》，提出要以推进社会保险等信息系统省级集中整合建设为抓手，加快推动工伤认定、劳动能力鉴定、工伤保险业务经办一体化建设，全面开展协议机构联网直接结算，强化数据分析、公共服务、社会保障卡应用，尽快实现工伤保险信息化建设目标，为工伤保险决策科学化、管理精准化、服务人本化提供有力支撑。经过近20年的发展，新产业工人的工伤保险政策体系和制度管理机制均获得了较大完善。

（二）医疗保险政策

2006年，为贯彻落实《国务院关于解决农民工问题的若干意见》的精神，劳动和社会保障部办公厅发布了《关于开展农民工参加医疗保险专项扩面行动的通知》，规定："以省会城市和大中城市为重点，以农民工比较集中的加工制造业、建筑业、采掘业和服务业等行业为重点，以与城镇用人单位建立劳动关系的农民工为重点，统筹规划，分类指导，分步实施，全面推进农民工参加医疗保险工作……争取2008年底将与城镇用人单位建立劳动关系的农民工基本纳入医疗保险。""按照'低费率、保大病、保当期、以用人单位缴费为主'的原则，制定和完善农民工参加医疗保险的办法。"在劳社厅这份文件的指导下，全国各省市（尤其是中西部地区）积极制定新产业工人参加医疗保险的政策文件，相关文件如《安徽省劳动和社会保障厅关于农民工参加医疗保险有关问题的通知》《河南省劳动和社会保障厅关于农民工参加医疗保险的若干意见》等都将新产业工人纳入医疗保险范围，重点解决新产业工人进城务工期间的医疗保障问题。同时在新产业工人医疗保险制度的管理制度改革方面，《重庆市人民政府办公厅关于农民工大病医疗保险和城镇职工基本医疗保险并轨有关问题的通知》提出，从2012年起，取消农民工大病医疗保险，将农民工大病医疗保险并入城镇职工基本医疗保险，同时将农民工大额医疗费互助保险并入城镇职工大额医疗费互助保险。在国家层面，2016年发布《国务院关于整合城乡居民基本医疗保险制度的意见》，提出整合城镇居民基本医疗保险和新型农村合作医疗两项制度，建立统一的城乡居民基本医疗保险制度。

（三）养老保险政策

2010年国家出台的《社会保险法》规定："无雇工的个体工商户、未在用人单位参加基本养老保险的非全日制从业人员以及其他灵活就业人员可以参加基本养老保险，由个人缴纳基本养老保险费。"这一法案为新产业工人享受养老保险提供了法理依据。依据上述规定，2014年国务院出台了《关于建立统一的城乡居民基本养老保险制度的意见》，将新农保和城居保两项制度合并实施，在全国范围内建立统一的城乡居民基本养老保险制度；还提出要坚持和完善社会统筹与个人账户相结合的制度模式，巩固和拓宽个人缴费、集体补助、政府补贴相结合的资金筹集渠道，完善基础养老金和个人账户养老金相结合的待遇支付政策，强化长缴多得、多缴多得等制度的激励机制，建立基础养老金正常调整机制，健全服务网络，提高管理水平，为参保居民提供方便快捷的服务。在养老保险制度管理方面，为解决城乡养老保险制度衔接问题，维护新产业工人的养老保险权益，2014 年人社部等部门印发的《城乡养老保险制度衔接暂行办法》指出：参加城镇职工养老保险和城乡居民养老保险人员，达到城镇职工养老保险法定退休年龄后，城镇职工养老保险缴费年限满 15 年（含延长缴费至 15 年）的，可以申请从城乡居民养老保险转入城镇职工养老保险，按照城镇职工养老保险办法计发相应待遇；城镇职工养老保险缴费年限不足 15 年的，可以申请从城镇职工养老保险转入城乡居民养老保险，待达到城乡居民养老保险规定的领取条件时，按照城乡居民养老保险办法计发相应待遇。

三、新产业工人的子女教育政策

教育部于 2018 年 8 月发布的教育统计数据显示：2017 年义务教育阶段随迁子女和农村留守儿童数量分别为 1 897.45 万人和 1 550.56 万人，合计 3 448 万人；近 5 年义务教育阶段随迁子女增加了 283.86 万人，农村留守儿童减少了 576.2 万人。[①] 根据第七次人口普查数据估算，2020 年中国流动人口子女规模约 1.3 亿人，超过中国儿童总数的 40%，其中流动儿童规模为 7 109 万人，与 2010 年的 3 581 万相比增长了一倍，平均每 4 个儿童中就有 1 个是流动儿童。[②] 而且，随着流动人口数量的增多，流动儿童的数量还会继续增长。与此相关的新产业工人子女的教育问题也受到了社会的广泛关注。

随着新产业工人队伍的日益壮大，其子女教育问题也日渐凸显。1996 年《城镇流动人口中适龄儿童少年就学办法（试行）》出台，这是第一个专门针对流动人口子女教育的政策文件，标志着国家对这一问题的重视。自此，有关新产业工人子女的教育政策大体经历了从限制到保护的发展阶段。1998 年，国家教委与公安部联合发布的《流动儿童少年就学暂行办法》规定了流动儿童少年的就学形式：以在流入地全日制公办中小学借读为主，并按学期收取借读费；也可入民办学校、专门招收流动儿童少年的全日制公办中小学附属教学班（组）或者简易学校就读。1996 年和 1998 年这两个政策的出台在当时是具有积极意义的，一定程度上打破了接受义务教育必须以户籍所在地为主的原则，为流动儿童在流入地接受教育提供了政策依据。但是这一时期针对流动儿童的教育政策还是带有限制性，如规定中提到的“借读费”“简易学校”就明显带有歧视性。21 世纪之后，进入了以保护为主的政策阶段。2001 年国家实行基础教育改革，《国务院关于基础教育改革与发展的决定》针对流动儿童的义务教育提出：以流入地区政府管理为主，以全日制公办中小学为主（简称“两为主”政策），采取多种形式，依法保障流动人口子女接受义务教育的权利。

---

① 2017 年教育统计数据 .（2018-08-06）[2022-12-01]. http://www.moe.gov.cn/jyb_sjzl/moe_560/jytjsj_2017/.

② 魏佳羽 . 在一起！中国流动人口子女发展报告 2021. 新公民计划，2022.

“两为主”政策相较过去，对流动儿童的入学有了较为积极的应对，成为以后流动儿童教育政策的核心内容。2003 年年初，《国务院办公厅关于做好农民进城务工就业管理和服务工作的通知》下发，对新产业工人子女简易学校的兴办标准、审批办法、师资以及经费等做出了较为详细的规定。同年 9 月，教育部、中央编办、公安部等六部委又联合发布《关于进一步做好进城务工就业农民子女义务教育工作的意见》，重申了“流入地负责、公办中小学为主”的政策模式，并要求在收费和管理方面对农民工子女和当地学生一视同仁。这次的政策出台对流动儿童的教育具有转折性意义，它不仅明确了政府责任，更重要的是体现了平等对待和关注弱势儿童的思路。2006 年，《国务院关于解决农民工问题的若干意见》再次强调“同等对待”，并按在校人数对其拨付学校公用经费。2008 年，《国务院关于做好免除城市义务教育阶段学生学杂费工作的通知》提出，对进城务工人员随迁子女要免除学杂费、不收借读费。此后的新产业工人子女教育仍是以“两为主”为重点，如 2009 年中央一号文件就提到“落实以公办学校为主、以输入地为主解决好农民工子女入学问题的政策”。至此，公平化的教育思路通过政策得以确立。

2010 年《国家中长期教育改革和发展规划纲要（2010—2020 年）》指出，不仅要确保进城务工人员随迁子女平等接受义务教育，还要研究制定进城务工人员随迁子女接受义务教育后在当地参加升学考试的办法。2012 年，教育部等四部门印发《关于做好进城务工人员随迁子女接受义务教育后在当地参加升学考试工作的意见》，向各省市提出因地制宜制定随迁子女升学考试具体政策、统筹做好随迁子女和流入地学生升学考试工作的要求。2016 年《国务院关于统筹推进县域内城乡义务教育一体化改革发展的若干意见》出台，要求统一建立以居住证为主要依据的随迁子女入学政策，统一推动“两免一补”资金和生均公用经费基准定额资金可随学生流动（简称“两统一”），通过强化中央政府的分担责任，缓解地方政府的管理压力。2017 年《县域义务教育优质均衡发展督导评估办法》将随迁子女在公办学校和政府购买服务的民办学校的就读比例（不低于 85%），作为衡量县域义务教育优质均衡发展的重要指标。

进入新时代以来，随着国家新型城镇化战略的深入推进，新产业工人子女教育政策作为新型城镇化战略任务的重要改革内容获得了进一步完善。相关调查显示，新产业工人子女平等进入公办学校就读的政策性障碍已得到部分清扫。[①] 不过，在新型城镇化进程中各地实施的农民工子女教育政策也表现出了不同程度的区域差异性。但总体上分为“积分入学制”和“材料准入制”两大类。积分入学制是根据流动人口参加积分管理累积的分值和当年度公办学校起始年级的可提供学位数，分学校或区域按积分由高到低安排适龄儿童进入义务教育阶段公办学校就读的入学管理办法。目前，珠三角、长三角部分地区和成都、重庆等城市采用积分入学制。材料准入制是指流动人口必须拥有、符合政策所规定的材料资质后，其子女方可获得在

① 韩嘉玲，等．流动儿童蓝皮书：中国流动儿童教育发展报告：2019—2020．北京：社会科学文献出版社，2020．

本地入学资格的入学管理办法。目前北京、天津、南京、西安、武汉、兰州等地采用的是材料准入制。2020年《教育部等十部门关于进一步加强控辍保学工作　健全义务教育有保障长效机制的若干意见》要求做好新产业工人随迁子女就学工作，保障适龄随迁子女接受义务教育的权利。在这一阶段，随迁子女教育政策更关注过程公平和结果公平，政府不仅要提供充足的教育服务，更要保障教育资源的有效配置和公平配置。

四、新产业工人的住房政策

（一）新产业工人的住房现状

总体上看，随着我国经济的飞速发展，新产业工人的住房状况呈现出不断向好的发展态势。国家统计局《2021年农民工监测调查报告》显示，新产业工人人均居住面积不断增加。2021年人均居住面积21.7平方米，比2019年、2020年分别增加了1.1平方米、0.2平方米。此外，不同规模城市的新产业工人人均居住面积均有增加。分城市规模看，新产业工人所在城市规模越小，人均居住面积越大。2021年，新产业工人在500万人以上城市居住的，人均居住面积为17平方米；在50万人以下城市居住的，人均居住面积为25.5平方米。①

2018年10月，香港大学社会学系发布的《进城农民工住房保障政策及居住现况调研报告》指出，过去由用工单位提供的集体宿舍成为满足新产业工人住房的重要渠道。然而集体宿舍将工作和住宿空间高度压缩在一起，将用人单位对新产业工人的控制由工作现场延伸至日常生活，集体宿舍仅提供床位，很少提供个人或家庭式宿舍，变相剥夺了其社会生活和家庭生活的可能性。在大城市产业转型、用工性质零散化、用人单位规模缩减的背景下，集体宿舍保障性作用也逐渐式微。2011年至2016年间，在全国范围内，由雇主或单位提供免费住宿的新产业工人比例由49.9%下降至13.4%。另外，在中央的棚户改造总体政策指导下，包括“城中村”、城市老旧危房和违章建筑群等在内的“棚户区”，正在开展大规模的拆迁和改造计划，进一步压缩了新产业工人的居住空间，使新产业工人在城市内的住房成本上升，居住困难情况加剧。

（二）新产业工人的住房政策

针对新产业工人的居住条件恶劣问题，建设部等五部委于2008年年初发布了《关于改善农民工居住条件的指导意见》，提出改善新产业工人居住条件的三条原则：一是因地制宜，满足基本居住需要；二是循序渐进，逐步解决；三是政策扶持，用工单位负责。在这三条原则指导下，还规定了改善农民工居住条件的六条具体措施：

---

① 国家统计局．2021年农民工监测调查报告．(2022-04-29)[2022-12-01]. http:////www. stats. gov. cn/xxgk/sjfb/zxfb2020/202204/t20220429 _ 1830139. html.

一是用工单位可以采取无偿提供、廉价租赁等方式向新产业工人提供居住场所，具体方式可在劳动合同中予以约定；二是新产业工人自行安排居住场所的，用工单位应当给予一定的住房租金补助；三是集中建设的新产业工人集体宿舍，由用工单位承租后向新产业工人提供，或由新产业工人直接承租，不得按商品房出售或出租；四是积极引导和鼓励城乡接合部居民利用自有住房向新产业工人出租；五是集中建设的农民工集体宿舍和专供农民工租用的住房，应适当配备必要的文化、体育活动等设施设备；六是各地要将长期在城市就业与生活的新产业工人居住问题纳入城市住房建设规划。

2021 年 1 月，《住房和城乡建设部农民工工作相关情况》对新产业工人住房政策进行了概括：一是对符合条件的新产业工人实施公租房保障。支持人口净流入量大的大中城市增加公租房实物供给，积极发展公租房租赁补贴，支持保障对象在市场租房居住，满足困难群众多样化的居住需求。指导督促各地加大对新产业工人较多的环卫、公交等公共服务行业困难职工精准保障力度。二是积极培育和发展住房租赁市场，着力稳定租金和租赁关系，大力整顿规范住房租赁市场秩序。增加租赁住房供应，解决新产业工人等群体住房问题。推进住房租赁、利用集体土地建设租赁住房和中央财政支持住房租赁市场发展试点工作，指导有关城市建设一定数量的蓝领公寓、租赁型职工集体宿舍，解决包括新产业工人在内的进城务工人员的住房问题。三是进一步改进住房公积金缴存机制。支持包括农村户籍职工在内的单位在职职工本人及其单位缴存住房公积金，并依法享有提取住房公积金和申请个人住房贷款的权利。无房职工可提取夫妻双方住房公积金支付房租，支持在城镇就业的无房农民工等新市民家庭解决住房问题。建成全国住房公积金转移接续平台，全国 341 个城市住房公积金管理中心全部与平台直连，实现“账随人走，钱随账走”，跨地区办理住房公积金业务，适应新产业工人跨区域流动需要。

当前的新产业工人社会政策改革虽然取得了巨大成绩，但在风险全球化时代，它仍未能对新产业工人的就业收入、工作条件、社会保障、子女教育等形成有效的制度保护。尤其是面对难以预料的经济社会变迁形势，新产业工人社会政策仍有较大的改革空间。当前除需要进一步适应新型城镇化和经济新常态的发展需要外，新产业工人社会政策的改革还要考量日趋全球化的风险发展和风险变迁，在有效托底新产业工人生存及就业安全的同时，要进一步增强他们抵御新风险的能力。

第四节　风险全球化时代新产业工人社会政策的改革*

2020 年初，突如其来的新冠病毒感染疫情给本就处于弱势就业地位的新产业工人的生存和发展制造了新的风险。与传统工业社会当中可预见的、呈现一定时间规

---

* 李泉然，解丽霞．风险全球化时代农民工的生存和发展：新风险与新福利．中国行政管理，2021（6）：158－160．有较大改动。

律的风险相比，新冠病毒感染疫情下的风险呈现出了西方后工业社会的难以预料、人为不确定性等特征，是“我们在没有多少历史经验的情况下所产生的风险”，超出了传统社会政策的风险容纳范围，需要后者做出跟进性改革和适应性调整。那么，风险全球化时代新产业工人面临的风险与传统工业社会中的风险相比，都发生了哪些变化？作为风险应对的主要政策机制，新产业工人社会政策对新风险的因应状况如何，未来如何改革才能实现社会政策在有效托底新产业工人生存及就业安全的同时，增强他们抵御新风险的能力？这些问题既决定着风险全球化时代新产业工人的生存和发展，也关系到新型城镇化能否实现深入推进。

一、风险全球化时代新产业工人面临的风险及特征

（一）社会政策中的旧风险与新风险

在社会政策研究中，风险通常被划分为旧风险和新风险。旧风险也叫传统风险，指工业社会情境下就业人群因失业、疾病、工伤、年老等造成收入减少或中断的风险，这类风险通常呈现出一定的时间规律，具有可预见性。而新风险则是后工业情境中产生的风险，主要是经济发展过程中物质生产、组织生产和知识生产衍生出的风险，包括劳动力市场对低技能就业群体的排斥风险，儿童、老人的照护风险，就业-家庭冲突问题等。这类风险多关注就业者之外的市场、家庭等经济社会环境变化给社会成员带来的伤害。与旧风险相比，新风险具有难以预料和人为不确定性等特征（见表 10－1）。

表 10－1 旧风险与新风险的比较

风险类型	经济社会情境	风险内容	风险特征
旧风险	工业社会；工业经济，标准化就业；社会化大生产；男性养家模式；核心家庭	因失业、疾病、工伤、年老等造成就业人群收入减少或中断的风险	聚焦就业者个体的收入损失问题；呈现出一定的时间规律，具有可预见性
新风险	后工业社会；第三产业崛起；两性养家模式；多元化家庭；老龄化时代	低技能群体结构性失业风险；儿童、老人的照护风险；就业-家庭冲突问题等	关注就业者之外的市场、家庭等经济社会环境变化；具有难以预料、人为不确定性等特征

注：根据相关文献整理而成。

（二）风险全球化时代新产业工人面临的新风险特征

1. 风险全球化时代新产业工人所面对的经济社会情境呈现出后工业性的特征

从中国的经济社会情境看，一是在产业结构方面，我国的第三产业比重于 2013 年首超第二产业，2020 年年底这一差距更是达到了 16.7 个百分点，可见我国第三产业已逐渐崛起；而就业结构方面，2021 年从事第三产业及建筑业的新产业工人占新产业工人就业的 69.9%，而从事传统制造业的新产业工人则下降至 27.1%，这表明新产业工人的就业类型也由过往的第二产业逐渐过渡到第三产业。相比第二产业，

第三产业就业具有稳定性差、兼职性强、去标准化的特征，失业风险也更大。另外，新产业工人中女性数量的日趋增多也表明“两性养家模式”正成为新的就业形态；再加上人口老龄化，留守老人、老年农民工的照护问题将会变得日趋突出。结合后工业社会的相关特征，可以看出风险全球化时代新产业工人面临的经济社会情境已呈现出了后工业性的特征。

2. 风险全球化时代新产业工人面临的风险具有新旧风险交错的复杂性特征

传统制造业背景下的工业化就业具有稳定性的特征，“男性养家模式”下的风险主要集中于失业、疾病、工伤、年老等就业人群收入减少或中断方面，而在新的经济社会情境下，新产业工人不仅要面对此类旧风险，而且要面对经济社会情境变迁下的新风险。新风险包括产业升级过程中的劳动力市场排斥（结构性失业）风险；越来越多的女性新产业工人进入劳动力市场导致的工作-家庭平衡问题，儿童、老人等家庭成员的照护风险等。可见风险全球化时代新产业工人面临的风险已突破了传统工业化风险范畴，在经济社会变迁背景下开始向劳动力市场以及新产业工人家庭内部蔓延，风险具有了新旧风险交错的复杂性特征。

3. 风险全球化时代新产业工人面临的风险具有难以预料和不确定的特征

在传统工业社会，“男性养家模式”的社会政策将家庭成员的经济需求设计在男性的工资和福利当中，女性只需承担家庭再生产和照护责任。个人生命历程被划分为“教育-工作-退休”三大阶段，社会成员面临的风险也就有了一定的时间规律和可预见性，相关社会政策也通常基于上述假设强调通过收入再分配解决生命历程中因生、老、病、死、失业、残障等所造成的收入减少或中断。但随着全球化、去传统化的发展以及个人反思能力的提高，大量崭新的、潜在破坏力更大的新风险（如新冠病毒感染疫情）开始出现。与传统工业社会中呈现一定规律性的旧风险相比，风险全球化时代新产业工人面临的新风险具有难以预料、人为不确定性的特征，此次新冠病毒感染疫情便可以说是“我们在没有多少历史经验的情况下所产生的风险”。

另外，新风险的生成并不意味着旧风险的消失，而是表明社会风险日趋复杂化，在风险全球化时代它给新产业工人的生存和发展带来了新的不确定性，需要以应对社会风险为己任的社会政策做出及时、有效的回应。

二、当前新产业工人社会政策的风险因应状况

面对社会风险结构的新旧转变，社会政策在改革过程中形成了消极性福利和积极性福利两种属性的福利。我们以此作为理论视角来对新产业工人社会政策的风险因应状况进行系统剖析。

（一）社会政策的福利属性：消极性福利与积极性福利

消极性福利是指社会政策在福利属性上是对社会问题被动式的反应，是事后性

的应对，这类社会政策多是在社会问题发生之后进行修补，传统的社会保障项目多属此类福利。积极性福利，也被称作新福利，指社会政策的属性特征表现为对风险的积极性应对和主动式预防，这类社会政策多是对社会问题采取事前干预措施，切断社会问题产生的源头。20 世纪 90 年代中期以来随着新风险的深化，西方实施的社会政策改革多趋向于积极性福利改革。表 10 - 2 总结了消极性福利与积极性福利的属性特征。

表 10 - 2 消极性福利与积极性福利对比

福利属性类型	消极性福利	积极性福利
政策领域	因疾病、工伤、年老、生育、失业等造成收入减少或中断情形下的政策项目	积极的劳动力市场政策、家庭及儿童福利项目
实施机制	提供社会保护和收入补偿	实行社会投资和就业促进
福利目标	帮助个体抵御风险	增强个体抵御风险能力
福利性质	事后型、补偿型、保护型	事前型、预防型、发展型

注：根据相关文献整理而成。

(二)当前新产业工人社会政策的风险因应状况

1. 在政策领域层面，新风险尚未被完全纳入新产业工人社会政策的风险容纳范围

梳理相关文件可以发现，近年来新产业工人社会政策改革取得的突破性进展集中于医疗、养老、工伤及工资支付制度等传统社会保障项目，其目标是通过风险共担机制帮助新产业工人抵御疾病、年老、工伤、生育等风险。相关社会政策尚未将新冠病毒感染疫情下新产业工人已出现的结构性失业问题以及未来经济新常态过程中可能面临的劳动力市场排斥风险、家庭照护风险以及在经济全球化背景下可能出现的其他破坏力更强的不确定性风险纳入防御范围。但也应当看到，近两年政府工作报告提出的“优先稳就业保民生”、拓宽市场化就业渠道、促进创业带动就业，同时对灵活就业人员给予社保补贴等一系列政策，表明政府已关注到新产业工人的就业风险，相关政策中的风险防范意识也越来越强。

2. 在实施机制层面，社会保护机制已逐渐完善，社会投资机制须进一步强化

积极性福利的主要实施机制是对政策对象进行社会投资，而消极性福利的主要实施机制是对政策对象提供收入补偿。当前新产业工人社会政策项目是以提供收入补偿为主，尤为注重疾病、年老、贫困等收入减少或中断情形下的收入保护。而在积极性福利方面，社会投资的政策实施机制发展较为滞后。这集中体现在对劳动力市场领域的政策投资、对新产业工人家庭成员的政策投资（妇女就业、儿童发展、老人服务等）上。总体来说，当前新产业工人社会政策在实施过程中还缺乏社会投资思维和就业促进机制，对教育、就业等领域的社会投资的重视程度还不够，政策实施力度还不大，社会政策实施机制总体上偏向消极性福利。

3. 在福利目标效能层面，帮助新产业工人抵御风险的政策目标定位难以达到有效因应新风险的目标

当前国家已基于托底新产业工人生存安全的福利理念建构了一套保护性的社会

政策体系，有效满足了新产业工人在医疗、养老、工伤等传统风险方面的福利需要。但从福利性质分析，这套体系具有较显著的事后型、补偿型的福利保障特征。在风险全球化时代和我国经济进入新常态的背景下，这套传统保护体系难以达到有效因应新产业工人未来可能面临的劳动力市场排斥、家庭照护等新风险的政策目标，这给新产业工人的长远生存和发展增添了诸多不确定性因素。

三、新风险情境下新产业工人社会政策的改革

基于当前新产业工人社会政策在因应新风险方面的不足，风险全球化时代的新产业工人社会政策如何改革，才能实现社会政策既能有效托底新产业工人生存及就业安全，又能增强新产业工人抵御新风险能力的目标？我们认为，风险全球化时代新产业工人社会政策总体上应由社会保护策略向社会投资策略转型，具体来说，要在改革理念、实施机制和发展重心上做出跟进性调整。

（一）改革理念转变：应由消极性福利理念向积极性福利理念转变

新冠病毒感染疫情的暴发，进一步表明全球化时代的风险已具有人为不确定性和难以预料的特征。这一风险转变要求相关社会政策在改革理念上做出相应的转变。消极性福利的改革理念是基于“收入分配”逻辑，对市场运作过程中新产业工人中断或减少了的收入进行事后补偿，用克服市场失灵的方式保障新产业工人的基本生活。而积极性福利的改革理念则是基于“风险分配”逻辑，对风险社会中易受风险侵害的新产业工人群体进行预先“投资”，从支持市场的角度增强新产业工人的市场适应能力，进而达到增强新产业工人抵御风险能力的目标。显然，基于“收入分配”逻辑的消极性福利理念已难以有效应对风险全球化时代新产业工人可能面临的新风险。随着经济全球化过程中物质生产、组织生产和知识生产催生的各类人为风险的增多，新产业工人社会政策的改革理念更需要树立积极性福利理念，通过对新产业工人进行投资和赋能，不断增强其抵御各类新风险的能力，从而保障其长远生存和发展。

（二）实施机制转型：应由社会保护机制向社会投资机制转型

社会保护机制是通过为那些在市场经济活动中遭受不公或伤害（如工伤、失业）的新产业工人提供社会保险或救助，以弥补他们在收入方面的损失的制度，其本质是对新产业工人在市场活动中受损的利益进行补偿和修复。而社会投资机制则是通过实施具有预防功能的政策项目积极帮助新产业工人获取防范新风险的能力，以便从根本上切断社会问题产生的链条的制度。风险全球化时代政府通过投资于人力资本建设，一方面可以提高新产业工人的技能和素质，增强其风险抵御能力，另一方面也能进一步增强我国经济转型的韧性。长期以来，新产业工人社会政策的实施机制主要是通过建立健全医疗、养老等社会保障制度为新产业工人提供社会保护和收

入补偿，进而托底新产业工人的生存安全。但在风险全球化时代，这一社会保护机制已难以适应风险结构的转变。新产业工人社会政策的改革应在不断完善传统社会保护机制的基础上，更加注重实施社会投资机制，应根据新风险类别（技能损耗、协调家庭和工作、劳动力市场的分割）实施针对性的政策干预，极力扫除新产业工人通过市场获取风险抵御能力的各类障碍。2021 年 3 月，李克强总理在回答中外记者提问时指出，农民工子弟只要拿到居住证，一定要让他们有受教育的机会，教育公平是最大的公平，这表明作为社会投资重要机制的教育政策已受到政府的强烈关注。

（三）发展重心转移：应由保护性福利项目向发展性福利项目转移

保护性福利项目主要是当前新产业工人已能享受到的社会救助、社会保险等传统福利项目，而发展性福利项目则更多体现在新产业工人的就业支持和家庭福利方面，包括积极的劳动力市场政策项目、家庭（儿童）福利项目以及教育项目等。当前新产业工人社会政策项目在进一步破除保护性福利项目积存的改革顽疾（如福利项目的户籍、人群、职业区隔等问题）的基础上，要注重通过实施发展性功能更强的福利项目来防范可能出现的各种新风险。在宏观层面上，应当注重经济政策与社会政策的融合性改革和协调化发展，特别需要注重从经济政策与社会政策的联结性项目着手实施改革，同时要统筹家庭政策、收入政策、劳动力市场政策等相关项目的一体化改革。在中观层面上，针对新产业工人当下的就业风险，相关政策改革应以产业政策为基础（创造就业岗位），以收入政策为保障（保证收入水平），以就业政策为重点（提升就业能力），以家庭政策为后盾（清除妇女就业障碍），实施就业“激活”计划，建立新产业工人抵御新风险的能力基石。在微观层面上，则应根据新产业工人养家模式和家庭风险的变化，逐步实施儿童福利政策、家庭发展政策、妇女就业政策等具有潜在社会投资性质的社会福利政策。

思考题

1. 简述新时代农民工向新产业工人转型的必然性。
2. 农民工向新产业工人转型发展面临着哪些困境？
3. 简述我国新产业工人社会政策的发展演变历程。
4. 试分析我国当前的新产业工人社会政策存在哪些挑战和不足。
5. 试分析新产业工人社会政策如何改革才能有效促进农民工的身份转型与职业发展。

第十一章

残疾人社会政策

本章从残疾与社会政策的关系出发，揭示中外历史脉络中残疾人社会政策的发展演进过程，重点分析讨论当前我国残疾人社会政策的发展现状及存在的问题，最后立足国情汲取国外经验，为我国残疾人社会政策未来的改革方向提出建议。

第一节　残疾与社会政策

一、残疾与贫困

贫困是一个既简单又复杂的概念。按照经济学的一般观点，贫困是一切经济、社会、文化等落后现象的总称。人们对这一概念的共识性理解是个体需求不能被很好地满足。由于满足程度取决于个体的主观感受与特定的社会情境，故对贫困的定义就不可避免地存在多样化的表达。这自然形成了研究领域中对贫困概念的多元测量途径。1998 年诺贝尔经济学奖获得者阿马蒂亚·森认为，贫困的真正含义是贫困人口获取收入、机会和其他资源的能力缺失。[①] 由此可以看出，贫困不单单是一种状态，更是一种社会结构。

在现行的贫困研究中，残疾与贫困表现出强相关。[②] 既往研究显示，无论在发达国家还是在发展中国家，残疾人（及其家庭）比社会中的其他人群更容易陷入贫

---

① 森．以自由看待发展．于真，译．北京：中国人民大学出版社，2002.

② YEO R，MOORE K. Including disabled people in poverty reduction work："Nothing about Us，Without us"．world development，2003，31 (3)：571-590.

困。联合国一项针对部分欧洲与中亚国家的残疾人贫困研究显示：乌克兰、亚美尼亚和科索沃诸国的残疾家庭贫困率和极度贫困率稍高于其全国的整体水平；在吉尔吉斯共和国，1995 年残疾人家庭的贫困率是整体水平的 1.03 倍，而极度贫困率更是整体水平的 2.21 倍；在格鲁吉亚和波兰，残疾家庭的贫困率要远高于整体水平；部分其他国家也呈现出了相同的特点。相应地，联合国的人口统计表明，世界上 80％的残疾人生活在发展中国家，从侧面反映了残疾与贫困的强关系。另据学者对乌干达消费贫困的研究，在城市残疾家庭中人口的消费贫困率为 43％，而非残疾家庭的消费贫困率则为 27％。当控制一系列的人口学因子后，发现残疾家庭中的个体身陷贫困的可能性比那些非残疾家庭的个体身陷贫困的可能性要高出 60％。[①] 从双向视角看，一方面，残疾增加了人们陷于贫困的风险或加深了贫困程度；另一方面，贫困可能使人们身陷残疾的处境，或进一步加剧其原有的困境。两者双向建构，互为因果。有学者在对英国开展的实证研究中发现，在一个家庭中，非残疾家庭的成员在同等的收入水平下可以达到更高的生活水平（见图 11－1）。[②] 残疾与贫困之间的内生关联需要在社会政策层面做出更为系统、综合、全面的研究、回应和改进，以此践行和谐社会的人本理念，呼应经济政策与社会政策并重的时代发展需求。

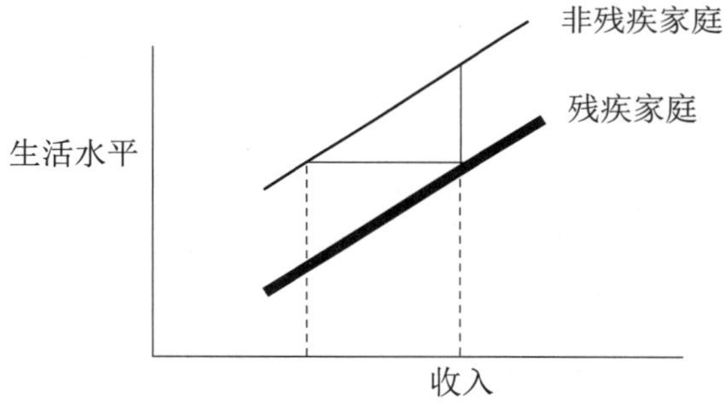

图 11－1　生活水平、收入与残疾

注：此图是扎伊迪和伯扎特（Zaidi & Burchardt）基于生活水平和收入呈正向线性关系的研究假设绘制的。

二、残疾理念与价值观的变化

社会文化价值观是影响社会政策制定的重要因素之一。尽管它不构成政策的主体，但仍以非正式的制度安排影响着政策过程。在残疾人社会政策的创始、预评、选择、执行、评估和终止的系列进程中，残疾理念与价值观始终扮演着政策起点的核心角色，如何审视残疾现象更是与残疾人社会政策的发展和完善直接相关。残疾理念与价值观在一定程度上折射了一个国家、民族、地区的社会经济发展状况和文

① HOOGEVEEN J G. Measuring welfare for small but vulnerable groups：poverty and disability in Uganda. Journal of African economies，2008，14（4）：603－631.

② ZAIDI A，BURCHARDT T. Comparing incomes when needs differ：equivalisation for the extra costs of disability in the UK. Review of income and wealth，2005，51（1）：89－114.

化背景。大体上，残疾理念与价值观经历了以下三大层面的变化。

（一）从医学模型到社会模型、ICF 模型

最初，人们对“残疾”的定义基本停留在临床角度，认为残疾是由先天或后天因素产生的部分或全部的体力或脑力损害，以致部分或完全丧失生活的自理能力。显而易见，当时人们对残疾的认识还局限于生物学维度，并从这一角度来解释此“不幸”或“令人难以接受”的处境。在这一模式下，不管是先天性的还是由后天决定的生理损伤都被看作是残疾的根源，而忽视了社会排斥性政策等社会结构因素对人们造成的综合影响。

随着社会的发展，单纯的医学模型已经不能很好地解释社会中越来越多的残疾现象，人们对“残疾”的认识也日渐加深。纳吉（Nagi）是最早从社会层面弥合传统医学模型的学者，他从角色理论出发，指出残疾是因为残疾人无法契合社会对个人的角色期待，行动与社会角色间的落差使他们被贴上了“异样”的社会标签。[①] 生理或心理的功能损伤阻碍了残疾人正常的角色实践，“差异”铸成了被社会大众广泛认可的“残疾观”——残疾是一种病态的表现。20 世纪 60 年代，学术界涌现了一批以反医学模型著称的残疾研究学者，如欧文・戈夫曼（Erving Goffman）和左拉（I. K. Zola），他们的“少数群体”视角和“社会政治”视角启发了一大批的残疾研究和康复研究。

在这一认识论的纠正下，原有的“残疾观”受到挑战，人们开始将社会因素考虑进来，更综合地看待和剖析残疾问题。奥利弗（M. Oliver）在纳吉的认识基础上提出了更理论化的“社会模型”（the social model of disability）：残疾不单单是生理或心理的功能损伤，而是由更深刻的社会结构形塑而成的，它是制度歧视的复杂表现形式。英国学者科林・巴恩斯（Colin Barnes）就曾指出，社会越是朝着高端技术化方向发展，伤残就被越多地复制和生产。[②] 美国学者希金斯也曾指出，残疾是一种社会建构，它与身体或心理特征无关。尽管后者的观点有些绝对化，但社会因素制造残疾的观点还是被越来越多的人接受和认可。

渐渐地，社会模型残疾观开始占据主导，人们倾向于认同“残疾”并不仅仅意味着生理或心理上的伤残，而是社会政治、经济、文化等因素综合作用的历史性产物。社会模型关注建立在损伤基础上的各种致残的藩篱，如经济的、政治的、社会的，等等。由此，要解决残疾问题，就必须从社会结构层面入手——改善外在环境、完善社会制度，从社会公正的角度优化社会资源的配置。

在这一模型基础上，世界卫生组织于 2001 年颁布了“国际功能、残疾与健康分类”——ICF 模型（International Classification of Functioning，Disability and

---

① NAGI S，SOME Z. Conceptual issues in disability and rehabilitation//SUSSMAN M B（ed.）. Sociology and rehabilitation. Washington DC：American Sociological Association，1965：110 - 113.

② ANN E B. Disability and social policy in Britain since 1750：a history of exclusion. Houndmills，Basingstoke，Hampshire，New York：Palgrave Macmillan，2005.

Health)，取代了原有基于医学模型的残疾人分类模型（International Classification of Impairment，Disability and Handicap，ICIDH 模型）。ICF 模型的进步之处在于，它对“残疾”的描述和测量形成了统一的国际标准，将残疾与健康置于新的高度，整合了社会与个体的综合因素；而且它得到了 191 个世界卫生组织成员国的认可。该模型反映出残疾人的社会参与和社会融合不仅需要医疗技术的基础性配置，更需要环境因素和个人因素的联合作用，由此增强残疾人的活动能力和参与程度（见图 11-2）。

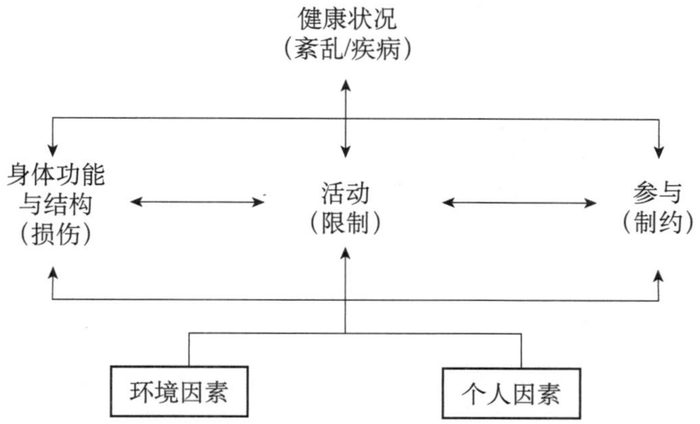

图 11-2　ICF 模型

资料来源：World Health Organization. International classification of functioning，disability and health. Geneva，Switzerland：World Health Organization，2001：18.

(二) 从“个人不幸”到“公共健康”

随着社会模型及 ICF 模型的提出和被认可，人们达成了一个共识：在生命历程中，人类会不同程度地经历健康的衰减，即在不同程度上体验残疾。所以残疾并不仅仅发生于少数人群中，而是一种普遍的人类体验。在这一理念下，残疾从原来少数的“个人不幸”上升为一种普遍的生命体验，成为人类个体生命周期中可能面临的共同风险。[①] 生命体验视角认为身心残疾会成为所有个体的生命经历之一，它颠覆了传统社会大众对“残疾/残疾人”的“特殊”认识，有助于改变人们对残疾人的刻板印象以及残疾人的自我认识，进而影响相关政策的制定方向。

在这一认识论的修正下，残疾问题不再指向残疾人“非正常”的功能障碍，而是转向社会环境和制度设置的社会层面。它将原有的“个人不幸”个体论上升到“公共健康”模型，更注重从人口健康的预防设置上聚焦问题、解决问题，以社会公正的理念为导向，试图从健康预防的角度减少残疾的发生，以此提高全体成员的生命质量，进而促进残疾人的社会参与和社会整合。

随着现代医学的发展及残疾观的变化，现有的残疾类别已然不能涵盖新兴的社会问题，例如老年人的慢性疾病、儿童的学习障碍以及注意力缺陷多动障碍等社会

① ZOLO I K. Toward the necessary universalizing of a disability policy. The milbank quarterly，1989 (67).

心理问题。[①] 风险社会中，残疾并非一种因机能残损或社会障碍而导致的特殊经验，而是一种具有“普同”特质的经验，每个人在生命经验发展阶段，都可能经历身体失去功能且需要他人协助的时候，残疾经验是每个人都会经历的生命过程。经验的差异仅在于有些人在人生早期经历，更多人是在人生中期或晚期经历。[②]

普同经验模型将焦点从外部结构性因素转向残疾人身体经验的特殊性，此种探究对于纠正社会模型中过度强调社会建构而忽视残疾人的特质的问题具有重要意义。对残疾的理解绕不开身体经验的特殊性，残疾人差异性的身体、心理状态与外部环境的互动才是残疾经验的来源。普同经验模型的残疾观提倡通过社会教育根除认为残疾人与一般人存在差异的社会偏见，将残疾经验泛化为一种人生必经的阶段性经验。社会无须对残疾人持某种特别的心情与态度，接纳与包容彼此之间的差异才是彻底让身心障碍人群免于遭受歧视与排斥的手段。

（三）从弱势群体到公民权利

近几十年来，公民权利与社会正义已成为各国残疾运动的目标指向。[③] 传统残疾观视残疾由基因引起，或由疾病与创伤引致。残疾运动颠覆了传统的残疾观，认为残疾是由社会造成的。他们倡导残疾人的社会融合与平等，这并非完全源于慈善事业施惠于弱势群体的内在动机，而是人们尝试为那些被增添了额外负担的残疾人寻求社会正义。整体上，公民权利视角认为残疾者与其他社会成员一样享有普遍而平等的“公民资格”，国家和社会有责任保障他们的权利实现。

权利模型（a rights-based understanding）反映了人们对残疾更深刻的认识：残疾是一种由医学损伤和社会因素共同建构的现象。它反对只注重生理或心理的功能损伤或者忽视社会因素的影响[④]，认为残疾人有权利参加主流社会的活动，他们应享有同其他社会成员一样的就业权，并在交通系统和建筑等设施上享受到无障碍服务；同时，精神病患者应朝着非机构化方向发展。权利模型以促进社会团结为目标，倡导残疾人的社会融合；并试图终结旧有落后的贫困残疾人“院舍”（warehousing），以期建立一个向残疾人提供收入、健康照料和社会服务支持的全新“庇护所”（a new asylum）。[⑤]

可以看出，随着社会的发展，人们对残疾的认识在不断进步和深化，理念和价值观的不同定位直接形成了相异的政策取向。社会模型、ICF 模型、“公共健康”模型、普同经验模型和权利模型都在不同程度上促进了残疾人福利事业的发展，为残疾人的社会权利、社会参与和社会融合奠定了政策基础。各残疾模型的区别如表 11－1 所示。

---

① ZOLA I K. Bringing our bodies and ourselves back in：reflections on a past，present，and future “medical sociology”. Journal of health and social behavior，1991，32（1）.

② 王国羽．障碍研究论述与社会参与：无障碍、通用设计、能力与差异．社会，2015（6）：133－152.

③ SHAKESPEARE T. Disability，genetics and global justice. Social policy and society，2005，4（1）：87－95.

④ OLIVER M. The politics of disablement：a sociological approach. NY：St. Martin's Press，1990.

⑤ ERKULWATER，JENNIFER L. Disability rights and the American social safety net. Ithaca，N. Y.：Cornell University Press，2006.

表 11-1　残疾模型的比较

模型	对残疾的定义	政策主要目标	关注点	手段
医学模型	疾病或损伤	个体生理或心理功能的恢复	个体	医学技术
社会模型	功能损伤，社会结构、社会制度等因素的综合结果	功能恢复、社会参与	社会	公共意识、立法
ICF 模型	残疾是个体与环境的交集	社会参与、社会融合	个体、人口与环境	康复/治疗；服务；政策；无障碍环境
“公共健康”模型	个体不同程度的健康衰减；残疾是环境因素造成的	生活质量	人口	基本预防；辅助预防
普同经验模型	风险社会中具有“普同”特质的经验	社会政策普惠化	障碍体验的普遍性和共通性	社会倡导、社会政策
权利模型	社会排斥与社会歧视的最终结果	社会公正、社会融合	社会	公共意识、立法和诉讼

三、残疾人社会政策的含义与功能

（一）残疾人社会政策的内涵

社会政策作为一门学科主要是在第二次世界大战以后兴盛起来的，因此残疾人社会政策也是在 20 世纪中后期才发展逐渐达致高峰的。作为一项针对特定群体的政策，残疾人社会政策的内涵脱离不了社会政策的本质。

尽管关于社会政策至今仍存在多种界定方法，但对其本质人们还是形成了较为一致的看法：社会政策是通过国家立法和政府行政干预，解决社会问题、促进社会安全、改善社会环境、增进社会福利的一系列政策、行动准则和规定的总称。① 其核心是化解市场经济体制下公民所面临的社会风险。可见，社会政策是一系列影响公共福利的国家行为，它一般以受益人群与社会稳定的需求为出发点。

在此基础上，结合残疾人群的特点，我们可以得出残疾人社会政策的内涵：通过国家立法和政府的行政干预，以残疾人群的需求为导向，旨在改善社会环境、增进残疾人社会福利及促进残疾人无障碍地参与社会生活的一系列措施、计划、方案和行动准则。

（二）残疾人社会政策的内容

“二战”以后世界各国形成了多元的社会政策领域。从狭义上看，社会政策即指社会福利政策；而从广义上看，社会政策是政府基于对社会问题的认识制定的

① 唐钧．社会政策国际经验与国内实践．北京：华夏出版社，2001.

政策总和，包括社会保障、文化、教育、人口、婚姻与家庭生活、社区及宗教等多个方面。

具体而言，世界各国和国际社会有关残疾人的社会政策主要包括以下内容[①]：

（1）有关残疾人的社会保障政策。这是指有关支撑残疾人维持其基本生活的各项社会保障制度，旨在解决其基本的生活需求，使其不致陷入生存危机。具体来讲，包括工伤保险、一般残疾保险[②]、残障养老金、最低生活保障等，主要目的是满足残疾人的基本生活需求，使他们不致因残疾而使生活难以为继。

（2）有关残疾人的日常生活照顾服务的政策。这方面的政策主要确立了残疾人日常服务的供给者、供给方式和资金来源，其主旨是回应残疾人的日常生活照料需求。

（3）有关残疾人医疗保健和康复服务的政策。这一层面的政策与日常生活照料服务政策相似，主要也是确定了相关服务的供给机构、供给方式和资金来源，重点是为残疾人提供日常生活中所需的医疗保健和康复服务。

（4）有关残疾人教育的政策。这主要涵盖两个方面：一方面是特殊教育的普及和推广，以满足特殊残疾人群的教育需求；另一方面是为残疾人提供平等的教育服务政策，致力于保障残疾人平等的受教育机会，使他们能和其他社会成员一样得到同等的教育服务，提升自身素质，增强平等参与社会生活的能力。

（5）有关促进残疾人就业的各项政策。此即有关积极支持、扶持残疾人就业服务，加强残疾人就业培训和职业恢复的各项政策，旨在创造劳动福利型的政策模式，促进残疾人就业。

（6）有关无障碍环境建立和推广的政策。在现代社会中，这方面的政策正得到世界上越来越多的国家的认同和支持，主要包括在城乡公共基础设施和小区住宅中进行无障碍设计，以满足残疾人的正常出行需求。

（三）残疾人社会政策的功能

作为影响社会福利的国家行为，社会政策在社会系统中扮演着重要角色。现代社会中，社会政策已成为经济政策的重要补充，或形成了两者并重的局面。残疾人社会政策作为社会政策的分支，同样在社会运行与社会发展中发挥着重要作用。

1. 残疾人社会政策的经济功能

概而言之，残疾人社会政策的经济功能主要体现在三大方面。首先，它具有调节经济运行的功能。这主要体现在残疾人社会政策对整个经济发展的推动与保障上，具体表现在三个维度：其一，在一定程度上扩大内需；其二，促进就业和经济的增长；其三，为社会经济的改革创造有利条件。其次，残疾人社会政策的实施保障了就业残疾人群体的人力资本投资的可及性与稳定性。最后，残疾人社会政策为有劳

---

① 这部分内容参考了卓彩琴主编的《残疾人社会工作》一书中有关残疾人社会政策的内容。

② 由于残疾已成为世界各国普遍接受的一项职业风险，因此有关残疾的社会保障政策并不局限于残疾人。

动能力的残疾人提供了社会化平台，为他们获取健康和教育等必需品提供了有力的机制保障。

2. 残疾人社会政策的社会功能

从社会功能角度看，残疾人社会政策的功能体现在两个方面。首先，残疾人社会政策发挥了收入再分配的作用，它的出台和实施调节了初次分配中的不公平，并试图从再分配领域进行社会资源的有计划干预，以此呼应社会公平的发展理念。其次，残疾人社会政策可以推进社会建设。在社会发展过程中，经济建设往往是社会发展的先行者，而社会建设往往处于堕距状态。随着经济发展与社会发展断裂式关系所引致的负面效应的渐次显现，人们越来越认识到社会建设在社会发展中的重要作用。残疾人社会政策作为社会建设的有机组成部分，它的建设和发展可以有效推进社会建设的整体进程。

3. 残疾人社会政策的政治功能

作为影响公民福利的国家行为，社会政策天然具有政治功能。就残疾人社会政策而言，它的政治功能主要体现为政府有效的社会管理，即国家、各级政府及其相关职能部门通过制度建设来调节各利益群体的矛盾，妥善处理由残疾可能导致的社会问题，最终达成社会秩序稳定与良性运行的政治目标。

第二节　残疾人社会政策的发展演变

一、残疾人社会政策的发展与转向

自有人类以来，因遗传、贫困、疾病、事故、自然灾害、战争等造成的残疾人就是人类社会中最困难、最特殊的群体。作为人类的一部分，残疾人的历史也是人类历史发展进程的组成部分。自然，残疾人社会政策也必然具有历史性。从世界范围来看，残疾人社会政策在历史的发展进程中表现出一定的模式转向，不同国家的残疾人政策具有相对性、层次性。纵观发达国家残疾人社会政策的发展过程，可以归纳出以下几种残疾人社会政策类型。

（一）单一社会救助为主的补救型残疾人社会政策

作为社会化的第一个重要场所，家庭是个体生活的主要载体。在社会发展早期，残疾人群的福利主要来源于家庭。随着社会、经济与文化的发展，社会福利体系才在建构过程中开始显现出以政府为主导的社会救助行动与相关法案。

作为一个专业名词和学科，社会政策被学界公认始于 1873 年德国学者组织的“社会政策学会”。但毋庸置疑，此前由政府发起或实行的相关社会救助活动也是一系列的准残疾人社会政策。譬如 1601 年的《伊丽莎白济贫法》，英国政府将“病患者、残废者、精神病患者”列为“不能工作的贫民”类别之一，使其进入“救济院”或施以“院外救济”。可以说，这是从国家层面对残疾人进行的首次政策关照，并将残疾人纳入专门的政策人群中。但是，这一从国家层面开创的救助性政策并没有上升为一种持续的政策行动。1834 年，英国在新形势下颁布了新济贫法。相对旧济贫法，新济贫法针对贫民的救济政策更加严苛，这与当时许多福利经济思想家（如斯密、马尔萨斯、李斯特等）认为贫困是个体自身造成的结果之观点密不可分。①

应当承认的是，尽管当时的政策具有较大的波动性，但它们所提出的政府负有实施救济、保障公民生存之责任的理念无疑具有划时代的意义。它们使残疾人的基本需求经历了家庭保障—低层次（私人化）社会救济—社会救助制度化的阶段跨越，从政策层面为残疾人的基本生活提供了制度保障。

（二）社会保险为主的制度型残疾人社会政策

在社会风险日趋扩大的现代社会，社会救助在社会保障体系中发挥了日益重要的作用。从 19 世纪末到 20 世纪初，原有的保障制度已不能适应社会发展的新需求。此时建立在个人主义原则上的传统救济措施在新的条件下已无法有效解决社会问题，急需建立一种既体现国家责任又包含着个人权利与义务的新型社会福利制度。

这一时期的残疾人社会政策以制度性的保险体系建立为基本特征。1881 年，德国颁布了《社会保障法》，标志着德国成为世界上第一个以立法手段来实施社会保障制度的国家。1883—1889 年，德国相继通过了疾病、工伤事故和伤残的保险立法，建立了世界上第一个以社会保险为核心、关涉残疾人福利的保障制度。② 其后，英国在 1911 年的国民保险法中也初涉了残疾人社会保险；1935 年美国颁布了真正具有综合性特征的《社会保障法》，其中涉及了残疾人的保障内容。③ 这些国家的制度实践将残疾人社会政策纳入社会经济发展的综合框架内，在国家主导下建立了以残疾人社会保险为主体的政策体系。

其后，世界上其他国家纷纷效仿，开始从社会保险的制度设计深化残疾人社会政策。这彻底改变了残疾人社会政策功能单一、保障低效的特点，开始以缴费累计的方式使受保人缴纳保费的义务与享受残疾恤金的权利统一起来，并使原有单一的社会救助措施在新的政策空间发挥了更好的补救功能。

（三）社会福利全面延伸的权利型残疾人社会政策

随着工业化进程的继续推进，西方原有的社会慈善、社会救济等行为渐次褪去了原有的救济性质，加速演化为一种以国家为主导的社会救助制度，到目前它已成为世界各国社会保障体系中一种重要的补充形式。同时，社会保险制度的建立和完

---

① 陈银娥．西方福利经济理论的发展演变．华中师范大学学报（人文社会科学版），2000（4）：89-95.

② 吕学静．现代各国社会保障制度．北京：中国劳动社会保障出版社，2006.

③ 刘翠霄．各国残疾人权益保障比较研究．北京：中国社会科学出版社，1994.

善成为人类社会福利的主要获得途径。

作为福利国家的指导性文本，《贝弗里奇报告》指出：社会福利是社会集体应尽的责任，是每个公民应享受的权利。在这样一种价值观的认定上，西方国家的社会政策采纳了覆盖型的福利取向，在社会保险制度的基础上发展出名目繁多的福利项目，为社会成员的方方面面提供了相应的制度保障。作为社会群体中的特殊人群，残疾人具有身心特殊性，发达国家根据残疾人群体的身心特性制定了社会保险和社会救助以外的特别社会福利项目：就业、医疗、康复、生活照料、心理恢复以及无障碍建设等。这些细致的项目立足于残疾人的差异化需求，充分考虑了残疾人群体的特殊性，为残疾人的生活增添了更多便利。

由此，这一时期的残疾人社会政策被视为权利型政策模式，即残疾人可与其他社会成员一样以公民的资格享受到同等的福利政策保障。国家在其中不再扮演简单的“守夜人”角色，而是趋向于功能的全面扩张。这一取向的残疾人政策采纳了社会模型的残疾观，秉持外在环境因素与个体因素交互作用的理念，试图修正原有政策的“事后补救型”取向，融入了“积极预防”的理念。

（四）以发展型政策为取向的残疾人社会政策

与福利国家的一般性福利政策一样，权利型残疾人社会政策也不可避免地呈现出全面的福利扩张趋势。一方面，由于福利国家的去商品化阻碍了市场机制作用的有效发挥，巨大的社会保障支出包袱使各国都不堪重负，面临严重的“福利国家危机”，其过于慷慨的政策取向忽略了社会经济的现实发展与支撑条件。另一方面，它在一定程度上导致了“福利依赖”现象，使原有的政策体系呈现出效率低下的弊端。

因此，现阶段的残疾人社会政策表现出对原有高福利政策体系的反思——它试图调和个人责任和社会责任间的矛盾，实现两者的互构共生，并将政策聚焦于残疾人的自我发展与自我实现。同时，随着残疾人社会政策与社会工作的整合，以发展型政策为取向的残疾人政策逐步成形。这主要表现为两个方面：首先，它注重从人力资本角度培养并提升残疾人的可行能力——通过社会力量的介入，注重为残疾人提供就业培训和就业服务，在世界范围内进一步推广和普及无障碍环境的建设，力图为残疾人营造一个反社会排斥、充分参与的社会环境。其次，在新管理主义理念带动下，居家-社区照顾逐渐成为社会福利供给的重要模式。此模式更好地尊重了残疾人群的尊严和个体价值，让他们在家庭中即可方便地获得社区的各种福利服务，并且积极提倡残疾人的充分就业。

2006 年 12 月 13 日联合国正式通过修订后的《残疾人权利公约》（Convention on the Rights of Persons with Disabilities，CRPD）。目前《残疾人权利公约》有 146 个签字国，有 90 个缔约国批准了该公约。这是有史以来在开放供签字之日获得签字数量最多的联合国公约。它标志着残疾人能以正式公民的身份生活，从而能在获得同等机会的情况下，为社会做出宝贵贡献。

二、我国残疾人社会政策的历史发展

（一）新中国成立以前的残疾人社会政策

我国在西周时期就已经萌发了扶残济困的政策思想。《周礼》中的“保息六政”、管子的“九惠之教”、《礼记》的“矜寡孤独废疾者，皆有所养”、南北朝以后历代所采取的居养政策和措施、清朝的“保息十政”等，都表现出对“病残”者的关照。但纵观中国封建社会的发展历史，历朝历代统治者对残疾人采取的救济、抚恤、居养等主要停留在实物救助的形态，是一种低水平的社会保护政策。

晚清末年，现代意义上的残疾人特殊教育和康复事业开始传入中国。此后，我国一些热心残疾人事业的个人也开始兴办残疾人特殊教育学校，如近代著名实业家张謇于 1912 年在江苏南通创办了南通盲哑师范传习所。到新中国成立前夕，全国已建立了 40 多所残疾人特殊教育学校。民国时期，北洋政府于 1914 年颁布《矿业条例》，规定伤残矿工及死亡者的医药、抚恤费由矿业主承担，并对残疾人的相关保护进行了规定。这标志着现代意义上中国的残疾人社会保护体制开始形成。①

新民主主义革命时期，中国共产党在根据地与解放区实行土地革命和社会革命相结合的政策，在十分艰苦的条件下因地制宜地实施了社会保险、救灾救济、优抚安置等政策、法规和措施，其中就包含了许多与残疾人及伤残军人相关的政策内容。早在 1931 年 7 月，中国共产党就颁布了适用于当地的《红军战士伤亡抚恤条例》，对因战争牺牲和因战致残的抚恤事项做了规定。1933 年，修改后的《中华苏维埃共和国劳动法》重新颁布实施，其中对疾病、伤亡和医疗实行一包到底的政策。之后，各地涌现出大批适应本地区的残疾人社会政策，为当时的革命发展奠定了坚实基础。② 可以说，在这一阶段，中国共产党建立了完全不同于国民党统治区的、以社会保障为主体的现代性残疾人政策，是中国历史上真正为广大劳动人民建立社会化保障制度的开端。

（二）计划经济时期的残疾人社会政策

自新中国成立以来，国家对残疾人政策的认识和实践也跨入了新时代。受当时国家经济社会发展水平的制约，残疾人社会政策开始从旧中国的“收养救济”型向“劳动福利”型转变。但这并不是说收养救济型政策消失了，而是说劳动福利型的政策成为残疾人社会政策的重要内容。

新中国成立初期，国家对残疾人事务的管理部门主要是内务部（即现在的民政部），工作的主要职责是残疾人的就业、救济、收养和抚恤等等，其他工作如残疾人文化体育生活、残疾人康复等被纳入其他相关部门的职能中，但基本未形成较大的规模和影响。

---

①② 相自成．中国残疾人保护法律问题史论．北京：中国法制出版社，2003.

在国家的政策主导下，民政部主要开展了残疾评定、社会救济、优抚、福利机构设立、福利生产等工作，确立了残疾人政策的主要内容。根据《中国人民政治协商会议共同纲领》（临时宪法性质）确定的原则，以及1950年政府颁布实施的《革命烈士家属革命军人家属优待暂行条例》《革命残废军人优待抚恤暂行条例》《革命工作人员伤亡褒恤暂行条例》等一系列法规，残疾评定和抚恤标准在全国范围内得到统一。在此基础上，国家对残疾人的社会救济和优抚工作有效展开。从1949年到1955年新政府成立了一大批养老院和生产教养院，收置孤寡老人和残疾人。在农村，1956年起草的《一九五六年到一九六七年全国农业发展纲要》中提出“五保”制度的雏形，要求优待烈属和残废革命军人。1956年的《高级农业生产合作社示范章程》中再次明确规定对生活没有依靠的残疾社员进行适当的安排和照顾。

同时，特殊教育在教育部的主管下也开始伴随新中国的成长而得到发展，成为我国新时期残疾人社会政策的重要内容之一。1951年《政务院关于改革学制的决定》颁布实施，明确规定：“各级人民政府并应设立聋哑、盲目等特种学校，对生理上有缺陷的儿童、青年和成人，施以教育。”

在社会保障方面，随着1951年《中华人民共和国劳动保险条例》的颁布，我国的残疾人政策增加了现代意义上的政策内容。该条例规定，只要符合社会保险条件的残疾人，都可与其他健全人一样享受社会保险待遇。但由于历史原因，在全民所有制和集体所有制企事业单位就业的残疾人少，因此能享受社会保险的人只占残疾人总数的极小比例。

此外，一些以预防为主的残疾人工作也得以顺利开展，如智力残疾预防工作在国家主导下以各种法律、法规的形式出现，构成了我国残疾人政策的延伸内容。

其后，我国残疾人政策经历了历史挫折期，许多原来卓有成效的政策因“文化大革命”的影响而被抑制或中断，残疾人福利事业遭受了巨大的冲击与破坏。与此同时，一些以增进残疾人福利、发展残疾人事业为宗旨的机构和协会也被迫中止，严重妨碍了残疾人社会政策的发展与执行。

整体上，计划经济时期的残疾人社会政策形成了以劳动福利型为主导的政策框架。在那个历史发展阶段，残疾人社会政策倡导残疾人在相关政策的指引下，通过自身的劳动满足基本生活需求。尽管政策体系以鲜明的“平等理念”为导向，但在具体的政策执行中往往发生理想与现实的偏差：除去优抚军人这一特殊人群，残疾人往往缺乏社会参与的平台，很大程度上仍然依赖于家庭和自身的非正规就业，辅以由民政部展开的社会救济支持。

（三）改革开放以来的残疾人社会政策

改革开放以来，中国社会进入了以经济建设为中心的迅速发展期。在这一阶段，我国的残疾人社会政策取得了突飞猛进的进展。主要表现在由原有的劳动福利型政策转向以“平等、参与、共享”为取向的政策模型，该模型倡导残疾人的全面参与和社会整合，力图构建一个真正平等的社会环境，以便残疾人参与社会生活的各个方面，共享改革发展所带来的成果。在新的历史时期，残疾人社会政策的进展主要体现在以下几个方面（见表 11－2）。

表 11－2　改革开放以来的各项残疾人社会政策

发布时间	名称	发布机构	性质
1988—2021	中国残疾人事业历次发展规划	（国家多部委与残联共同编制）国务院	法规
1990	残疾人保障法	全国人民代表大会常务委员会	法律
1994	残疾人教育条例	国务院	法规
1998	特殊教育学校暂行规程	教育部	章程
2007	残疾人就业条例	国务院	法规
2008	中共中央　国务院关于促进残疾人事业发展的意见	中国共产党中央委员会、国务院	规章
2008	残疾人保障法（修订案）	全国人民代表大会常务委员会	法律
2010	关于加快推进残疾人社会保障体系和服务体系建设的指导意见	国务院办公厅	规章
2012	无障碍环境建设条例	国务院	法规
2017	残疾预防和残疾人康复条例	国务院	法规
2021	国家残疾预防行动计划（2021—2025 年）	国务院办公厅	法规

第一，有关残疾人法制框架的建构与完善。（1）宪法。1982 年通过、经过历次修改后的 2004 年《宪法》第四十五条明确规定：中华人民共和国公民在年老、疾病或者丧失劳动能力的情况下，有从国家和社会获得物质帮助的权利。国家发展为公民享受这些权利所需要的社会保险、社会救济和医疗卫生事业。（2）法律。1990 年我国颁布了第一部保障残疾人权益的专门性法律《残疾人保障法》，为各项残疾人政策的制定与实施奠定了法律基础。2004 年我国开始对这一关乎残疾人基本权利的法律进行修订，2008 年全国人大常委会通过了该法案的修订案。（3）法规。1994 年和 2007 年国务院分别颁布了《残疾人教育条例》和《残疾人就业条例》，分别保障了残疾人最重要也是最根本的两项权利，2017 年国务院公布了修订后的《残疾人教育条例》。1988 年起至今，国务院已先后颁布了 8 个由中国残疾人联合会等部门共同编制的“五年发展计划”，全面指出了残疾人事业的发展方向和具体路径。（4）规章。由国务院各部、委、总局、局、办、署等部门出台和执行的规章制度，在另一层面书写了我国残疾人社会政策的发展篇章。如 2008 年 3 月发布了《中共中央　国务院关于促进残疾人事业发展的意见》，全面指出了残疾人事业的发展方向与具体路径。2010 年中国残联等 16 个部门联合制定、国务院办公厅转发的《关于加快推进残疾人社会保障体系和服务体系建设的指导意见》，明确提出要健全残疾人社会保障制度，加强残疾人服务体系建设。自 2017 年以来，国家高度重视残疾人社会政策的上游干预取向，出台了聚焦残疾预防的国家行动五年计划。

第二，残疾人事业的组织机构和执行网络的建立。1982 年联合国大会通过的《关于残疾人的世界行动纲领》要求世界各国设立残疾人事务的协调中心，以调查和监督各执行机构。我国于 1993 年始在国务院和地方各级政府设置了残疾人工作协调委员会，确立了各机构的职责范围和工作内容。这一举措使我国的残疾人政策有了切实的组织载体，使政策的贯彻与落实成为可能。1988 年，具有社会团体性质的中国残疾人联合会（简称残联）宣布成立，它标志着我国的残疾人事业进入了新的发展阶段。其重要意义在于它在发展过程中得到了国家层面的资金支持和政策保护；同时，政府还大力支持和推广残联在各地的分级组织。可以说，在中国的残疾人政策发展过程中，中国残联发挥了不可替代的作用。

此外，还涌现了一批以民间力量为主体、旨在增进残疾人权益的中外非营利组织，它们的介入使残疾人社会政策的落实和改进有了更坚实的组织支撑。

第三，两次全国残疾人抽样调查的展开为政策的制定提供了科学而全面的实证数据。1987 年 4 月 1 日开始，我国在全国范围内开展了第一次残疾人抽样调查，获得了全国各类残疾人群的数据和资料，为 20 世纪末的残疾人政策制定提供了有效依据。2004 年，由国家统计局、中国残联等 16 个部委、团体组成的第二次全国残疾人抽样调查办公室成立，经过两年多的准备，于 2006 年 4 月 1 日在全国范围内展开了第二次残疾人抽样调查，为我国残疾人政策的发展提供了最新的科学依据，使现行政策能更加有针对性地满足残疾人的一般性需求。

第四，专业社会工作服务与机构的介入。随着社会工作在我国高等院校的恢复，以“助人自助”为理念的社会工作在残疾人社会政策领域有了切实的实务拓展。此外，随着我国社会工作职业化发展目标的提出，社会工作者将进一步践行其专业使命，在残疾人政策领域扮演更积极的服务提供者、支持者、倡导者、管理者、资源获取者、政策影响者、增权者等多元社会角色。这些都将为我国残疾人政策之发展型目标的转向提供实现基础。

第三节　当前我国主要的残疾人社会政策

一、当前我国残疾人的人群特点

根据第六次全国人口普查和 2006 年第二次全国残疾人抽样调查数据推算，2010 年年末我国残疾人总人数约 8 502 万。[①] 分别于 1987 年和 2006 年执行的两次全国残疾人抽样调查数据显示，智力残疾人士的数量和占比下降较为显著，听力残疾和言语残疾人士占比略有下降，而肢体残疾人士占比上升较为明显，精神残疾人士的占比也略有上升（见表 11－3）。整体上，现阶段我国残疾人口呈现一定的城乡差异、

① 中国残疾人联合会．2010 年末全国残疾人总数及各类、不同残疾等级人数．(2021-02-20)[2022-12-28]. https://www.cdpf.org.cn/zwgk/zccx/cjrgk/15e9ac67d7124f3fb4a23b7e2ac739aa.htm.

老龄化趋势和贫困化趋势。

表 11-3　第一次和第二次全国残疾人抽样调查残疾类型分布对比

<table>
<tr><th colspan="2"></th><th>视力残疾</th><th>听力残疾</th><th>言语残疾</th><th>智力残疾</th><th>肢体残疾</th><th>精神残疾</th><th>多重残疾</th></tr>
<tr><td rowspan="2">第一次残疾人抽样调查（1987 年）</td><td>残疾人数（万人）</td><td>754</td><td colspan="2">1 770</td><td>1 017</td><td>755</td><td>194</td><td>674</td></tr>
<tr><td>占总人口比重（%）</td><td>14.60</td><td colspan="2">34.28</td><td>19.69</td><td>14.62</td><td>3.76</td><td>13.05</td></tr>
<tr><td rowspan="2">第二次残疾人抽样调查（2006 年）</td><td>残疾人数（万人）</td><td>1 233</td><td>2 004</td><td>127</td><td>554</td><td>2412</td><td>614</td><td>1 352</td></tr>
<tr><td>占总人口比重（%）</td><td>14.86</td><td>24.16</td><td>1.53</td><td>6.68</td><td>29.07</td><td>7.40</td><td>16.30</td></tr>
</table>

资料来源：田宝，张扬，邱卓英．两次全国残疾人抽样调查主要数据的比较与分析．中国特殊教育，2007(8)：54-56. 略有改动。

二、当前我国残疾人社会政策的发展状况

经过几十年的摸索和实践，我国的残疾人社会政策已经形成了以残疾预防行动为上游，以教育政策、就业政策和社会保障为核心，以康复政策为下游，以无障碍环境建设为补充的政策体系。如图 11-3 所示，这一政策体系从多个维度对残疾人的基本需求和发展需求进行了回应，推动了残疾人事业多个面向的进步。

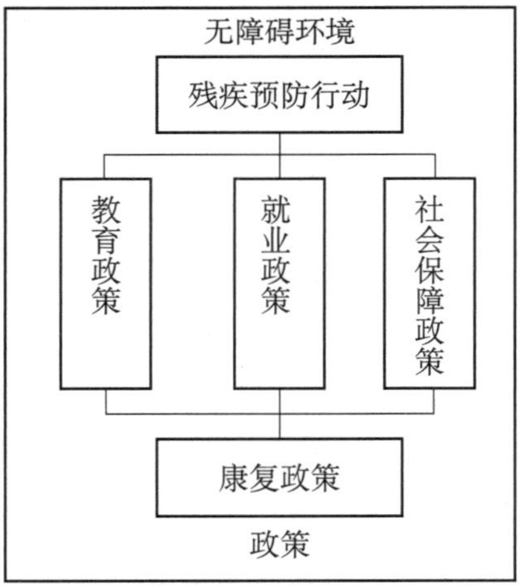

图 11-3　当前我国残疾人社会政策结构图

（一）残疾预防行动

20 世纪 90 年代以来，国家越来越重视残疾预防工作，相继颁布了一系列相关的政策、法律和法规。2008 年以后，残疾预防工作被提到了一个新的高度，具体举措包括：制定和实施国家残疾预防行动计划，建立综合性、社会化预防和控制网络；

广泛开展以社区为基础、以一级预防为重点的三级预防工作；提高出生人口素质，开展心理健康教育和保健，注重精神残疾预防；制定国家残疾标准，建立残疾报告制度；普及残疾预防知识，提高公众残疾预防意识；制定《0－6岁儿童残疾筛查工作规范（试行）》，建立起早预防、早筛查、早转介、早治疗、早康复的工作机制。这些都为后续的行动规划奠定了坚实基础。

2014年国务院政府工作报告提出“做好残疾人基本公共服务和残疾预防”的要求，正式启动了国家残疾预防行动计划的制定工作，并2016年发布了《国家残疾预防行动计划（2016—2020年）》、于2021年发布了《国家残疾预防行动计划（2021—2025年）》。《国家残疾预防行动计划（2021—2025年）》明确了建立全人群全生命周期残疾预防服务网络的目标，着力提升全民残疾预防素养，有效防控遗传和发育、疾病、伤害等主要致残因素，力争使我国的残疾预防主要指标到2025年进入中高收入国家前列。《国家残疾预防行动计划（2021—2025年）》具体涵盖了实施残疾预防知识普及、出生缺陷和发育障碍致残防控、疾病致残防控、伤害致残防控、康复服务促进五大行动。《国家残疾预防行动计划（2021—2025年）》的出台充分彰显了我国残疾人社会政策的根基价值。

（二）残疾人教育政策

整体上，我国的残疾人教育在相关法律、法规的保障和支持下走上了依法治教的规范化道路，这得益于残疾人教育政策层次明晰的政策架构。自1994年《残疾人教育条例》颁布以来，国务院及下属部门、地方部门制定和实施了一系列教育法规，为保障残疾人的教育权利提供了良好的制度环境，比如2017年国务院公布了修订后的《残疾人教育条例》。党的二十大报告特别明确了“强化学前教育、特殊教育普惠发展”的发展方向。具体来看，当前我国的残疾人教育政策主要包括以下几大层面。

第一，残疾人在普通教育体系中的合法权益得到法律保障。2008年修订的《残疾人保障法》规定：“普通教育机构对具有接受普通教育能力的残疾人实施教育，并为其学习提供便利和帮助。”这在原有的法律基础上明确了相关教育机构的职责，从而为残疾人在社会环境中接受教育、融入社会提供了一条常规路径。

第二，国家加大力度拓展特殊教育的发展空间，特殊教育的地位得以不断巩固和提高。这主要表现在三方面：一是我国的特殊教育已形成以特殊教育学校为骨干、以在普通学校附设的特教班学习为补充的特教格局；二是盲、聋学校的课程体系已基本形成，特殊教育的教学改革取得重大突破；三是特教师资队伍不断壮大，师资培训形成了良性的发展机制。我国特殊教育的学校、学生和师资分别从1978年的292所、3.1万人、0.4万人增加到2020年的2 244所、88.1万人、6.6万人[①]，发展速度可见一斑。2015年，《深圳市特殊教育提升计划（2015—2016年）》出台，从经费、师资、机制等方面支持特殊儿童随班就读，帮助孩子们更好地融入社会。义

① 国家统计局社会科技和文化产业统计司．中国社会统计年鉴2021．北京：中国统计出版社，2021．

务教育阶段各类附设特教班学生、随班就读学生、送教上门学生涉及的生均公用经费，均按普通学校生均公用经费标准的 10 倍拨付。

第三，一系列以教育为主旨的交流合作项目得到启动和实施，国际和地区间的交流合作日益活跃，譬如中国残联与欧盟合作开展的残疾人教育与职业培训项目、中国残联与香港嘉道理慈善基金会合作项目、中西部地区盲童入学项目等等。

第四，社会组织在残疾人特教政策递送中发挥越来越重要的作用。例如，深圳市学习困难关爱协会（简称“学爱会”）于 2011 年 7 月开始筹建。由来自心理学、教育学、医学等学界的专业人士，以及学习困难人士（成人）、学习困难儿童家长、爱心企业家等 65 人联合发起了中国内地首家学习困难领域的民间公益性社会团体，正式登记注册于 2012 年 8 月。协会主要通过公众教育、政策倡导、校园及社区支持服务等为学习困难儿童及其家庭提供体系化的支持，持续提升教师、家长及志愿者的应对能力，支持学习困难儿童实现天赋自由。

（三）残疾人就业政策

作为残疾人社会政策的核心，残疾人就业政策直接关乎残疾人的日常生活。现阶段，我国的残疾人就业政策实行集中与分散相结合的方针，采取优惠政策和扶持保护措施并举的方式，鼓励社会力量兴办社会福利企业，以便为残疾人创造更多的就业机会。

从结构上看，当前的残疾人就业政策主要涵盖以下四个层面的内容。

第一，集中就业。具体而言，集中就业是指残疾人在国家的政策主导下在各类福利企业、医疗机构和盲人按摩机构等就业。于 2018 年修正的《残疾人保障法》第三十二条规定：“政府和社会举办残疾人福利企业、盲人按摩机构和其他福利性单位，集中安排残疾人就业。”原则上，集中使用残疾人的用人单位中从事全日制工作的残疾人职工应当占本单位在职职工总数的 25%以上。福利企业是集中安排残疾人就业的具有福利性质的特殊生产单位。对于国家分配的高等学校、中等专业学校、技工学校的残疾毕业生，有关单位不得因其残疾而拒绝接收；拒绝接收的，当事人可以要求有关部门处理，有关部门应当责令该单位接收。此外，残疾职工所在单位应当为残疾人提供适应其特点的劳动、工作条件和保护。

第二，按比例就业。《残疾人就业条例》及《残疾人保障法》均明确规定，用人单位应当按照一定比例安排残疾人就业，并为其选择适当的工种和岗位。《残疾人就业条例》还明确指出，用人单位安排残疾人就业的比例不得低于本单位在职职工总数的 1.5%，具体比例由省、自治区、直辖市人民政府根据本地区的实际情况规定；同时，用人单位安排残疾人就业达不到其所在地省、自治区、直辖市人民政府规定比例的，应当缴纳残疾人就业保障金。这意味着按比例就业同集中就业一样已上升为法律制度，也就是说残疾人就业有了更有效的机制保障。

第三，自主从业或创业。在集中就业与按比例就业之外，我国还形成了鼓励或帮助残疾人自主从业或创业的激励机制。《残疾人就业条例》与《残疾人保障法》均积极鼓励和扶持残疾人自主择业、自主创业，在政策上给予一定的税收优惠，并按规定免收管理类、登记类和证照类的行政事业性费用；同时，国家对自主择业、自主创业的残疾人在一定期限内给予小额信贷等政策扶持。在现行的残疾人自主创业格局中，盲人按摩已发展为我国残疾人自主创业的主要途径，国家和有关部门在其中负责保健按摩员与医疗按摩员的培训，并在具体的经营中给予一定的优惠政策。在互联网快速发展的新形势下，部分省市积极出台相关政策推动残疾人自主从业或创业。比如，重庆市已出台《重庆市扶持残疾人自主就业创业的实施意见》，其中就包括支持残疾人“互联网＋”创业的内容：残疾人利用网络就业创业的，各区县（自治县）可给予设施设备和网络资费补助。网络商户残疾人同样可享受残疾人自主创业或灵活就业扶持政策，如税收优惠和费用减免、金融扶持和资金补贴等。

第四，社区就地就近安排残疾人就业。2000 年出台的《关于加强社区残疾人工作的意见》提出，要在社区建立残疾人组织，即社区残疾人协会，发展一种新的残疾人就业形式，即以社区为依托，在社区内开发就业岗位，鼓励和动员残疾人在社区内实现就业。2020 年，全国省地县乡（除新疆生产建设兵团外）95.5％的社区（村）建立残协共 53.9 万个。①

此外，残疾人就业政策还从改革劳动力供给面入手，形成了丰富多样的残疾人职业教育与培训项目。依据《“十四五”残疾人保障和发展规划》《“十四五”职业技能培训规划》制定的《“十四五”残疾人职业技能提升计划》，明确了要以就业技能培训、岗位技能提升培训和创业创新培训为主要形式，大力开展残疾人职业技能培训，回应残疾人实现就业和稳定就业的需要。

（四）残疾人社会保障政策

社会保障是维系个体发展的重要制度，对残疾人而言，这一制度更是至关重要。党的二十大报告指出，要“完善残疾人社会保障制度和关爱服务体系，促进残疾人事业全面发展”。这意味着，我国的残疾人社会保障政策将进一步整合为人民对美好生活向往的实现路径之一。

第一，目前残疾人的社会救助体系已经形成了以优抚安置、“五保”供养、最低生活保障、社会救济为内容的制度框架。残疾人是最低生活保障制度中一个相对固定的受助人群，目前在我国大部分城市和农村地区的残疾人都可以享受到这一政策；同时，大多数城市地区已开展了分类救助措施（即分类施保），相应提高了残疾人群的保障标准。困难残疾人生活补贴和重度残疾人护理补贴目标人群覆盖率达 100％。此外，还有一些非固定的救济措施以零散的方式存在，譬如针对残疾人的医疗救助、危房改造等等，这些救助活动成为残疾人救助体系的有效补充。

第二，残疾人社会保险制度的城乡分化问题得到显著缓解。整体上，残疾人社会保险的制度框架大体形成，城乡残疾人基本养老保险参保率超过 90％，基本医疗

---

① 中国残疾人联合会．2020 年残疾人事业发展统计公报．(2021-04-09)[2022-12-27]. https://www.cdpf.org.cn/zwgk/zccx/tjgb/d4baf2be2102461e96259fdf13852841.htm.

保险参保率达到 95%，这些成绩是地方政府代缴参保费取得的。未来，养老保险和医疗保险将被更加系统地纳入社会保险的整体框架内。

第三，鼓励发展残疾人慈善事业。2018 年修正的《残疾人保障法》指出，政府有关部门和残疾人组织应当建立和完善社会各界为残疾人捐助和服务的渠道，鼓励和支持发展残疾人慈善事业，开展志愿者助残等公益活动。这一政策的出台为我国残疾人社会保障的社会化趋势提供了具体路径。

在残疾人扶贫政策上，国务院扶贫办和中国残联曾先后联合召开与残疾人扶贫相关的工作会议，并相继出台了《残疾人扶贫攻坚计划（1998—2000 年）》《农村残疾人扶贫开发实施办法（1998—2000 年）》《中国农村扶贫开发纲要（2001—2010 年）》《农村残疾人扶贫开发纲要（2011—2020 年）》《贫困残疾人脱贫攻坚行动计划（2016—2020 年）》等重要规章制度，为残疾人扶贫政策的实践积累了丰硕成果。扶贫政策作为一项改善民生的政策大计，在消除贫困、扶助残弱的实践中发挥了重要作用。截至 2020 年，我国已圆满完成贫困残疾人脱贫攻坚任务，全国有 45.7 万人次农村残疾人接受了实用技术培训，4 158 名贫困残疾人获得康复扶贫贴息贷款扶持，4 581 个残疾人扶贫基地安置 5.6 万名残疾人就业，辐射带动 9.6 万户残疾人家庭增收。①

整体上，目前残疾人的社会保障已形成以社会保险为核心、以低保政策为托底的结构化政策体系。从实践运行上看，残疾人的社会保障以社会救助体系的运作为核心，社会保险在残疾人口中还是较稀缺的保障资源。

（五）残疾人康复政策

改革开放以前，我国的残疾人康复工作散见于各项医务工作和救助活动中，并未形成政策体系。20 世纪 80 年代以后，随着我国以残疾人福利为主题的 NGO 组织（以中国残联的建立为主要标志）的建立和国际康复会在我国的频频召开，当代我国的残疾人康复政策开始形成一个体系。统计结果显示，2019 年，我国有1 077.7万持证残疾人及残疾儿童得到了基本康复服务。“十三五”时期，我国有 96.7 万人次残疾儿童得到康复救助，残疾人基本康复服务覆盖率、辅助器具适配率均超过 80%。当前，我国的残疾人康复政策主要是以 1990 年颁布的《残疾人保障法》为蓝本，在此基础上形成了层次化的康复政策。在政策构成上，主要包括以下三个方面。

第一，针对特定残疾人群的医疗康复工作的展开与推广。早在 1990 年第一版《残疾人保障法》出台前，中国残疾人联合会就在成立后不久协助国务院和政府有关部门制定实施了残疾人康复的一系列计划，其中包括白内障复明、小儿麻痹后遗症矫治、聋儿听力语言训练三项康复工作，以及后来扩展至低视力康复、精神病防治康复和智力残疾康复的病症康复。在残疾人事业的五个计划纲要指导下，已经有无以计数的残疾人得到了不同程度的康复。

---

① 中国残疾人联合会．2020 年残疾人事业发展统计公报．(2021-04-09)[2022-12-27]. https://www.cdpf.org.cn/zwgk/zccx/tjgb/d4baf2be2102461e96259fdf13852841.htm.

第二，残疾人社区康复和用品用具服务工作的网络建立。我国残疾人社区康复工作是在城镇社区服务网络和农村初级卫生保健网络的基础上逐步建立和展开的；而残疾人用品用具服务则形成了“总站—省—市—县”的链式体系，在各层级建立残疾人用品用具供应服务站，以此更好地满足残疾人康复过程中对相关工具的需求。

第三，康复人才的培养和再培训。在残疾人康复政策中，国家十分注重对这一领域的人才培养。2018 年修正的《残疾人保障法》规定：“地方各级人民政府和有关部门应当根据需要有计划地在医疗机构设立康复医学科室，举办残疾人康复机构，开展康复医疗与训练、人员培训、技术指导、科学研究等工作。”同时，“医学院校和其他有关院校应当有计划地开设康复课程，设置相关专业，培养各类康复专业人才”。

（六）残疾人无障碍环境政策

无障碍环境是社会进步的重要标志。自 1961 年美国制定了世界上第一个无障碍标准以来，世界各国在《残疾人权利公约》的倡导下纷纷开始了无障碍环境的体系建设，其目标是保障残疾人和老人等行动不便者的通行安全和使用便利。

我国在 20 世纪 80 年代就开始探索残疾人无障碍环境的建设，于 1989 年正式颁布了《方便残疾人使用的城市道路和建筑物设计规范》，这是我国第一部关于无障碍环境设计的规范。1990 年颁布的《残疾人保障法》中也将“环境”作为单独一个章节，首次在法律层面提及了“无障碍措施”，但并未对之进行规范化与系统化。

2001 年 8 月我国又发布了《城市道路和建筑物无障碍设计规范》，并在“十五”规划中制定了配套方案予以实施。2008 年修订的《残疾人保障法》以“无障碍环境”替代了旧有的“环境”章节，在立法上更明确地提出了残疾人无障碍环境建设的要求和举措，主要包括信息交流无障碍、公共服务无障碍、交通无障碍、选举权行使无障碍等内容，并积极鼓励残疾人辅助设备的开发和研制。在《中华人民共和国国民经济和社会发展第十四个五年规划和 2035 年远景目标纲要》及残疾人保障和发展、老龄事业、信息化、旅游业、交通强国建设等专项规划中，无障碍环境建设均被强调，并被纳入国家人权行动计划，无障碍设施覆盖率持续提升。

三、当前我国残疾人社会政策的问题分析

从残疾人社会政策的结构看，我国目前已基本形成了一个多维的残疾人社会政策框架，并在某些问题上形成了一系列的法规、规章与行动措施。从理论上看，这一政策框架对残疾人的多元需求进行了不同程度的回应，可以说构筑了残疾人生活、工作的保障平台。然而，现实和理论之间还存在不小的偏差，理想模型的政策预设往往无法真正形成保障现实社会中不同残疾人的政策网。从具体的政策制定、执行和运作过程来看，当前我国的残疾人社会政策还存在着以下几大突出问题。

第一，立法建设有进展，但在需求回应上政策仍相对滞后。作为保障残疾人社会政策的灵魂，我国有关残疾人群体的法律建设明显处于滞后状态。从 1990 年我国

颁布《残疾人保障法》以来，一直到2008年新修订版的《残疾人保障法》才破茧而出。在这期间仅有两部具有法规性质的全国性条例出台，即1994年的《残疾人教育条例》和2007年的《残疾人就业条例》。随着社会经济的全面发展，残疾人所遇到的方方面面的问题都急需有力的法律保障。

第二，在残疾人教育政策上，教育资源配置尚不合理。这主要表现在特教领域内教育资源在地区间的配置不均衡。从图11-4可以看出，2020年全国特教学校的生师比是13.31∶1；全国最高的生师比是青海省，为36.5∶1；生师比最低的是上海市，仅为5.93∶1。足见省区间特教资源的配置不均衡。

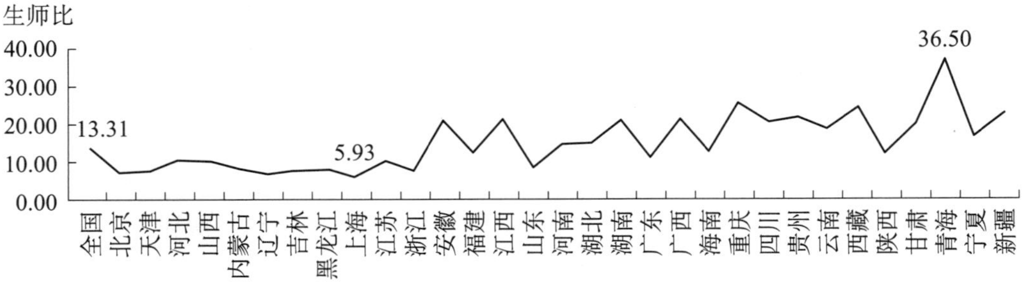

图11-4　2020年我国特教学校的生师比（不包括港澳台地区）

注：根据国家统计局官网《中国统计年鉴2021》数据绘制。

从时限来看，近些年我国特教学校进展不大。1978—1995年，特教学校的发展经历了一个高速增长期，而20世纪90年代中期以后，特教学校的发展规模增长缓慢（见图11-5）。从学者对中日两国特教学校的比较得知，2002年日本的特教学校就已经达到了993所。[①] 同时期中日两国每所特教学校容纳残疾学生数之比为2.57∶1。尽管此数字受到学校规模的一定影响，但也在一定程度上反映了我国特教学校的拥挤程度。

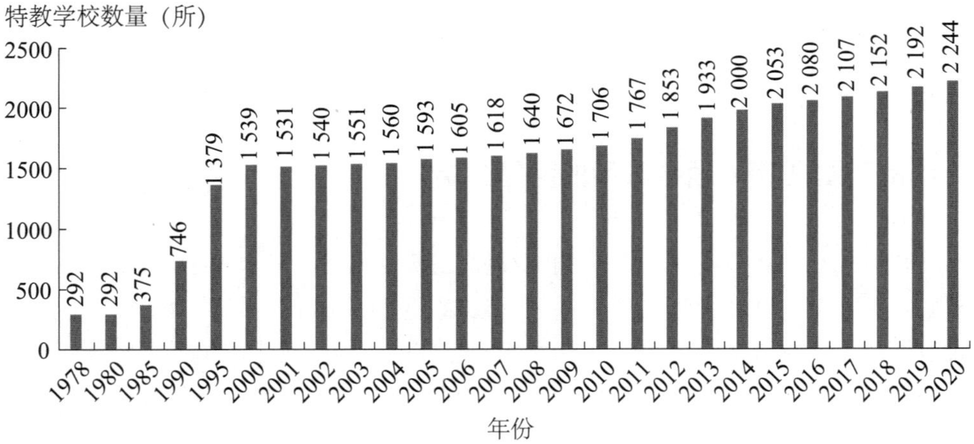

图11-5　1978—2020年我国特教学校的发展状况

---

① 卢德平．中国弱势儿童群体：问题与对策．北京：社会科学文献出版社，2007.

第三，残疾人就业政策的力度、效果和扩面仍较为有限。从图 11－6 可知，2017—2021 年，我国城乡持证残疾人就业仍以农业种养殖为主。一方面，这说明我们在现阶段倡导的按比例分散就业取得了重要进展；另一方面也说明我国的残疾人就业政策成效有限。身处农村的广大残疾人群的就业处境不容乐观。农村残疾人群中非农劳动力的就业形势将变得更加严峻，而现行的就业政策则对变动着的人群结构缺乏有效跟进。

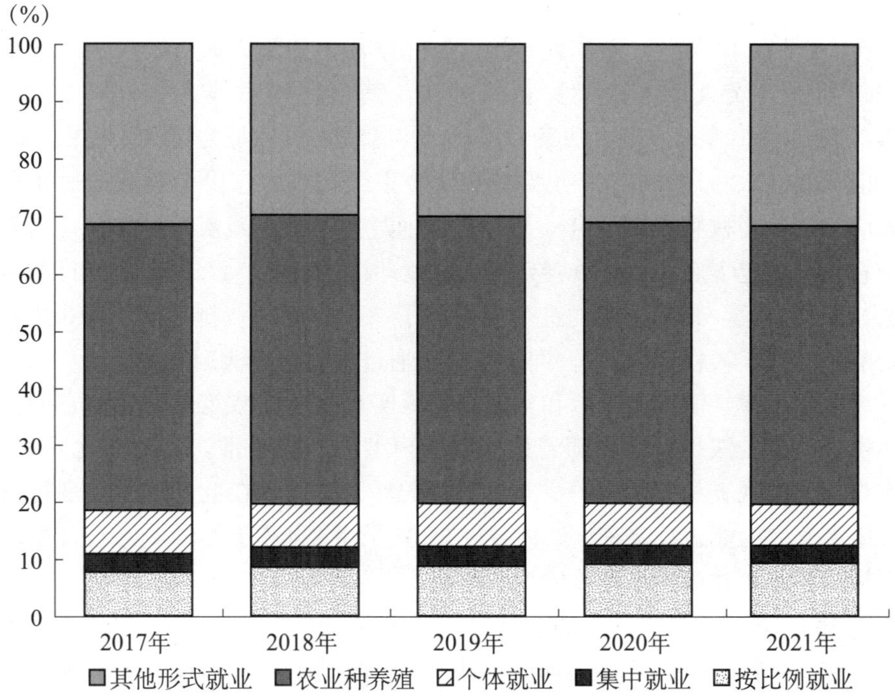

图 11－6 2017—2021 年我国城乡持证残疾人就业发展状况

注：根据中国残疾人联合会 2017—2021 年残疾人事业发展统计公报数据绘制。

第四，残疾人社会保障的政策发展亟待整合推进。2006 年第二次全国残疾人抽样调查的数据显示，我国残疾人的养老保险、医疗保险、工伤保险和失业保险覆盖率仅为 10.0%、32.0%、0.4%、0.6%，而一项都未参保的覆盖率竟高达 65.8%。《中国残疾人事业统计年鉴 2022》的数据显示，截至 2021 年年末，我国残疾居民参加城乡社会养老保险的人数为 2 733.1 万，占 3 804.92 万持证残疾人的 71.83%。这在一定程度上反映出残疾人社会保障制度的覆盖面仍很有限，政策的整合性有待提升。

第四节 残疾人社会政策的改革创新

一、发达国家残疾人社会政策的模式与经验

由于政治体制、经济制度、社会文化背景的差异，每个国家的残疾人社会政策

各有特色。以下将从政策机制入手，从国家福利型、市场导向型和东亚福利模式三种政策模式对现行发达国家的残疾人社会政策进行介绍和评述。

（一）国家福利型政策模式：以英国为例

该模式以英国为典型代表，欧洲高福利国家多与之相似。作为工业革命的先锋，英国在福利国家的进程中建立了一套完整而细致的残疾人政策，整体上以高福利支出和高福利水平为特征。

早在20世纪40年代，英国就开始试图在立法上消除人们对残疾人的歧视和排斥。1944年《残疾人就业法案》正式颁布，其主旨是对残疾人建立特殊保护。1970年《慢性病患者与残疾人法案》颁布。尽管政策目标是为残疾人提供各种便利服务，但收效甚微。1995年，《残疾歧视法》正式颁布，它以一般法的性质保障了残疾人应有的正当权利。1999年，工党政府通过并实施了残疾权利条例，其重要意义在于它强制规定了雇主负有改善残疾人就业环境的责任。2004年新修订的《残疾歧视法》正式生效，其最重要的进步是废除了一系列的职业排斥。① 2010年，英国政府批准了《残疾人权利公约》，同年，议会通过了《平等法》。

尽管这些法律、法规的出台和实施并没有实现既定的政策目标，但它们构成了英国残疾人政策的法律框架。随着残疾权利模型的影响扩散，新的变化开始显现，主要表现在残疾观、相关机构的建立与实务的展开方面。在此基础上，现行英国残疾人政策已发展为涵盖社会福利、康复、就业、无障碍环境等领域的整合型政策体系，而福利和康复政策无疑是该体系的核心。

1911年，《国民保险法令》首次通过了有关残疾人的保障立法。此后，《贝弗里奇报告》在七个福利项目的社会保险中将残疾单列②，意味着残疾人被逐步纳入现代社会保障框架内。英国的残疾人政策主要由收入性福利和服务性福利两部分内容构成。前者主要指社会保险与津贴制度；后者则包括国民卫生服务、个人社会福利等诸项社会福利服务。

（1）社会保险与津贴制度。社会保险是指国民保险，国民保险为受保的残疾人提供了第一层次的保障待遇，残疾年金采取定额待遇办法。此外，无论是受保的还是未受保的残疾人都可以享受由政府提供的各种津贴。对于已享受了国民保险年金的残疾人而言，津贴就构成了第二层次的保障。津贴根据残疾人的需要分设四大项目：保姆津贴、生活照顾津贴、活动津贴和重残津贴。国民保险对因工伤或职业病造成的残疾者提供略优于因病致残者的年金和津贴待遇；对于重新工作的受保人，因伤残而导致收入减少的，对其提供“收入损失津贴”③。领取这项待遇的残疾人必

① VANHALA L. Fighting discrimination through litigation in the UK：the social model of disability and the EU anti-discrimination directive. Disability and society，2006，21（5）：551－565.

② 贝弗里奇．贝弗里奇报告．劳动和社会保障部社会保险研究所，译．北京：中国劳动社会保障出版社，2004.

③ 孙炳耀．当代英国瑞典社会保障制度．北京：法律出版社，2000.

须证明是残疾所致而不能回到原来的工作岗位，并因残疾导致劳动能力下降而使收入不能达到原来的水平。

（2）国民卫生服务系统（national health system，NHS）。国民卫生服务是面向全体公民的免费医疗保障制度，是典型的全民福利型医疗体制模式。"福利国家"的理念渗透其中，并主要由政府提供医疗保健。具体包括疾病预防和康复训练，覆盖了99%的英国人；同时，主要提供免费或低价医疗服务的社会保障系统，60%用于儿童、老年人和失去生活自理能力的人及精神失常的人。国民卫生服务系统为残疾人提供了各种康复设施，不仅可帮助残疾人恢复生理机能、生活能力，同时还关注残疾人的精神生活。

（3）个人社会福利系统。个人社会福利系统是专门为那些有特殊需要的人提供个别服务的保障系统。作为社会弱势群体的一部分，残疾人是该系统工作人员始终关注的对象。主要由政府有关部门和社会志愿者组织向那些有特殊困难的居民提供各种福利设施和服务。

在就业政策领域，自1944年《残疾人就业法案》实施以来，英国政府就开始设立庇护工厂为残疾人提供就业机会。事实上，这一法案尽管规定了按比例就业的具体要求，但因缺乏有效监管，当时很少有企业能达到3%的配额标准，相应地残疾人就业一直不容乐观。1958年修订的《残疾人就业法案》赋权地方政府提供庇护工作坊，取得了相对较好的实践效果，故在战后的很长一段时间内一直推行这一做法。自20世纪80年代以来，保守党政府削减了大量由地方政府支持的工作坊，开始倡导残疾人融入主流社会的就业支持方案。为刺激残疾人的就业积极性，保守党还严格限制领取失业社会保障津贴的资格：1995年政府以"无能力救济金"（incapacity benefit）替代了"病残救济金"（invalidity benefit），以严格的医学筛查为标准，进一步限制了领取残疾救济金的资格。① 无法就业的残疾人可以领取就业支持津贴（employment and support allowance）作为基本收入保障。英国法律严格禁止对残疾人的就业歧视。政府鼓励企业招收残疾人，并提供为残疾雇员改造或增加设备、提供辅助性服务的资金以及交通补贴等。②

在教育领域，英国的特殊教育发展取得了举世瞩目的成就，且正朝着"融合教育"（又称"全纳教育"）的方向发展。英国特殊教育的历史可以追溯至200多年前为聋哑和盲人学生所创设的第一所特殊学校，它标志着英国特殊教育的发端。几个世纪以来，英国特殊教育的发展经历了无视期（无视特殊儿童的存在）、施舍期（体现为宗教行为与博爱行为）、权益期（纳入义务教育、维护合法权益）、融合期（按需施教的个别化教育）等四个不同发展时期，它已成为社会活动的重要组成部分。③ 其间，英国政府颁布了一系列针对残疾人的教育法规，构成了英国残疾人教育的政策体系。

---

① HYDE M. Sheltered and supported employment in the 1990s：the experience of disabled workers in the UK. Disability and society，1998，13（1）：199－215.

② 赵溪，郭春宁．英国残疾人社会福利政策及其启示．残疾人研究，2014（2）：78－81.

③ 中国特殊教育赴英考察团，方俊明．现代理念下的英国融合教育．现代特殊教育，2007（5）：38－39.

融合教育，也称一体化教育，其基本含义是不要把障碍儿童置于隔离的、封闭的教室、学校、交通设施和居住环境之中，而是提供正常化的环境。① 英国的特殊教育从总体上讲，已形成了能满足特殊儿童不同偏向的完备体系，正在为全国约120万有特殊教育需要的儿童提供支持。英国同时也设有一些特殊教育学校，接收难以适应融合教育的残疾儿童。英国积极支持残疾人接受高等教育，所有大学和高等教育机构都有专人主管残疾人教育，提供包括课程咨询、资金援助等在内的各种支持性服务。

在无障碍环境政策上，英国为残疾人提供蓝色徽章。蓝色徽章可帮助残疾人将车停在离目的地更近的地方，使他们的出行更加便利。2018年，英国出台了《公共部门（机构）网站和移动应用无障碍条例》，要求在2018年9月23日当天或之后推出的公共部门网站必须符合无障碍标准。该立法的目的是确保包括残疾人在内的所有用户都能获得在线公共服务。

归纳来看，英国建立了一套完备的残疾人社会政策体系，充分将残疾人群体的各种需求纳入政策视野内，并将其逻辑地建构于国家统一的福利体系中。立足于“第三条道路”的社会理念，英国的残疾人社会政策以全民社会保险为基础、以高福利的社会化福利系统为支撑，为残疾人群体构筑了学习、生活和工作的网络机制，保障了残疾人的合法权益。

（二）市场导向型政策模式：以美国为例

自20世纪60年代以来，美国的残疾人社会政策经历了从医学模型向自由主义取向的转变。1990年《美国残疾人法》（The Americans with Disabilities Act，ADA）正式通过，并于1992年开始生效。作为残疾人融入劳动市场的主要工具，该法案向约5 000万残疾人提供了必要的服务和就业机会；并力图填补公民需求与公共服务的缺口，排除非法歧视，为残疾人提供一个平等的学习、生活和工作空间。

整体上，美国的残疾人政策是一种市场导向型的政策模式，它鼓励残疾人通过工作获得自立。面向适龄的残疾劳动者，美国政府的政策路径也有所差异。从表11－4可以看出，美国残疾人政策的首选是工作路径，其次是保险路径，再次是失业路径，最后是救济路径。针对不同的潜在政策主体，美国的残疾人政策实行了类别化的政策体系，以此逐级分流，最终达致资源的有效传递。

表11－4 美国针对不同残疾人群的分类政策

政策路径	目标人群	政策内容	政策目标
工作路径	一般残疾就业者	康复项目、劳动力市场干预政策（包括给雇佣残疾人的雇主一定的补助金；为残疾人提供一定的配额工作）	稳定在劳动力市场

① PETERS S J. Education for all?：a historical analysis of international inclusive education policy and individuals with disabilities. Journal of disability policy studies，2007，18（2）：98－108.

续表

政策路径	目标人群	政策内容	政策目标
保险路径	因残疾因素而暂时性失业的残疾者	传统残疾转移支付项目，如由雇主支付的短期疾病保险或短期失业保险； 以健康和工作时间为标准的长期残疾保险； 社会保障残疾保险	维持基本生活，重返劳动市场
失业路径	因经济发展而长期陷入失业困境的残疾就业者	短期失业保险； 长期失业保险； 社会保障的退休制度	维持生存
救济路径	不满足领取健康保险或失业保险资格的无业残疾人	以家计调查为基础的各类福利项目	维持生存

在美国的残疾人政策中，转移支付是政策实施的重要形式，并辅以涵盖康复和就业保护的相关政策。针对残疾人群的公共转移项目主要指 SSDI 和 SSI，即社会保障残疾保险和社会安全补助金。作为全民社会保障制度的有机组成部分，二者构成了美国残疾人政策的主体。

美国政府于 1956 年制定了社会保障残疾保险（social security disability insurance，SSDI）政策。目前，它已成为美国规模最庞大、成效最显著的收入转移政策之一。[①] 1972 年，政府将三项联邦政府和州政府共同举办的福利项目——老年补助、盲人补助和永久性完全残疾人补助合并为完全由联邦政府管理的“社会安全补助金”（supplemental security income，SSI）：主要面向至少 65 岁的老年人、失明人、残疾人和低收入人群。二者构成了美国残疾人社会保障的独立体系。

（1）残疾人社会保险。1935 年，美国政府通过了《社会保障法》，其中涉及了残疾人的保障内容。“二战”后，美国开始努力扩大社会保障的范围，1950 年规定永久性和重症残疾人可适用于《社会保障法》。1954 年，“老年和遗属保险”部分内容增加了残疾保险的条款，发展为“老年、遗属和残疾保险”。1956 年正式通过 SSDI，成为一项全国性的社会保险项目。1967 年领取者为 210 万人，1979 年则达到 480 万人，这期间年度直接转移支付增长了 6 倍多。[②] 至 20 世纪 90 年代，该项目的申请与给付再次大幅上升，1990—1997 年受益人从 430 万人增长到 620 万人，年均增幅达到了 6%；年度直接给付从 320 亿美元飙升到 460 亿美元。[③] 由此可见其发展速度之快。

（2）补充保障收入。作为 SSDI 的补充项目，SSI 大大降低了残疾人的生活风险

① MARVEL H P. An economic analysis of the operation of social security disability insurance. The journal of human resources，1982（3）.

② HALPERN J，HAUSMAN J. Choice under uncertainty：a model of applications for the social security disability insurance program. Journal of public economics，1986，31（2）：131－161.

③ BRENT K. Social security disability insurance：applications，awards，and lifetime income flows. Journal of labor economics，1999（4）.

系数。与前者的不同之处在于，SSI 的获得与之前工作的积累无关。目前，该项目的资金来源于联邦政府、州政府和地方政府，但行政管理主要由州政府和地方政府负责，并由其决定接受援助的资格标准和收益水平。同时，国会还制定了最低收益标准和工作激励方案，旨在使伤残者有更多获取收入的方式和机会。该项目的限制条件非常苛刻，符合领取条件的多半是盲人和其他残疾者，因此在历次的福利改革中所受冲击较小，运行也一直较稳定。

除 SSDI 和 SSI 之外，满足相应条件的残疾者还可以享受医疗救助、医疗照顾、特殊教育及对特需家庭的临时救助。[①] 其中，医疗救助是政府向低收入人群、失业人群和残疾人群提供医疗服务的一个最大、最具代表性的项目，联邦政府支付 55%、州政府支付 45%，以便对上述人群实行部分免费医疗。

在特殊教育领域，美国是较早实行融合教育的国家之一。在特殊教育领域，自 1966 年颁布《残疾人教育法》以来，美国出台了一系列的相关政策。1968 年，美国学者邓恩（Dun）批评了美国的隔离式特殊教育政策的弊端，主张改变传统教育，使普通教育更具弹性以适应所有学生的需要。他倡导的以“正常化”（normalization）为原则的“回归主流”的教育运动席卷了美国的特殊教育界。美国于1990 年和 1997 年分别对《残疾人个体教育法案》进行了修正，扩大了残疾人的教育权益和对残疾人的教育服务范围。[②] 2001 年，美国制定了《初等和中等教育法案》，该法案规定：“必须保证所有的美国学生能够受到高资质教师的教育。”[③]

2001 年，时任美国总统布什签署了《不让一个孩子掉队法案》。该法案被认为是美国 21 世纪第一部对残疾人教育有重大影响的法律，旨在缩小所有在校学生之间的成绩差距，特别是残疾学生与非残疾学生之间的差距，从而确保“没有一个孩子掉队”。2004 年，《残疾人教育促进法》（Individuals with Disabilities Education Improvement Act of 2004）颁布，旨在保障残疾人能与非残疾人一样，享有平等接受教育的机会和权利。2015 年 12 月 10 日，奥巴马总统签署了《每一个学生成功法案》（The Every Student Succeeds Act，ESSA），取代和更新了《不让一个孩子掉队法案》，希望为所有儿童提供接受公平、公正和高质量教育的重要机会，并缩小教育成就差距。

在无障碍环境建设政策上，美国是世界上较早制定无障碍技术标准和法规的国家之一。1961 年，美国国家标准学会（American National Standards Institute，ANSI）制定了世界上第一个无障碍设计标准。1968 年和 1973 年，美国国会分别通过了《建筑无障碍条例》和《康复法》，提出了使残疾人平等参与社会生活，在公共建筑、交通设施及住宅中实施无障碍设计的要求，并规定所有联邦政府投资的项目，

---

① 罗伯逊．美国的社会保障．金勇进，等译．北京：中国人民大学出版社，1995.

② KOHLER P D，FIELD S. Transition-focused education：foundation for the future. The journal of special education，2003，37（3）：174－183.

③ SUTHERLAND K S，DENNY R K，GUNTER P L. Teachers of students with emotional and behavioral disorders reported professional development needs：differences between fully licensed and emergency-licensed teachers. Preventing：alternative education for children and youth school failure，2005，49（2）：41－46.

必须实施无障碍设计。1990 年，《美国残疾人法》颁布，至此美国已形成了法律、法规和技术标准等多层次的无障碍环境建设立法保障。美国国家标准学会还规定，无障碍技术标准和法规，每 5 年修改一次，使无障碍技术的标准和法规及时得到更新、补充和完善，以适应其对新需求和新技术的内在要求。① 到目前为止，美国政府已出台了一系列方便残疾人生活、出行和工作的专门法规，如《公民居住法案》《电信法案》和《航空运输便捷法案》等。

概而言之，美国的残疾人社会政策是一种市场导向型政策模式，但仍可见政策对这一人群的特殊保护原则：首先在立法层面保障残疾人的合法权益，通过残疾人社会保险和补充保障收入实现政策对残疾人的主要保障。其次，国家为残疾人提供有限的福利服务。美国的政策模式是高度市场化的典型代表，并依从于各州的实际情况而有所变化。一方面它依赖于高度的市场化，另一方面又依赖于政府对残疾人群体的高度专注和持续稳定的政策支持。

（三）东亚残疾人福利模式：以日本为例

作为东亚发达国家，日本的社会政策体系与西方国家有着显著差别，但和东亚其他国家具有较一致的特点：本质上是“补缺型”的政策体制，福利支出较低。尽管起步较晚，但如今其发展已不逊于欧美发达国家。

针对残疾人这一特殊群体，日本早在 1949 年就制定了《身体残疾人福利法》，1970 年又制定了《身心残疾人对策基本法》（1993 年改为《残疾人基本法》）。同时还制定了《残疾人教育法》《残疾人雇用促进法》《残疾人职业训练法》《特殊儿童抚养补贴法》《战伤病者特别援助法》《残疾人福利协会法》《精神卫生法》等十几部具体的法律，形成了较完备的法律体系。在“二战”后到 20 世纪 70 年代的短短 30 年间日本已建立起涉及残疾人福利、残疾抚恤金、康复、就业、教育等的政策体系。②

残疾人福利政策主要由残疾年金制度和残疾福利两方面构成。年金制度即通俗意义上的社会保险，不同的社会成员在享受残疾保险时有一定的区分。从雇佣角度来看，它分为雇员年金保险制度和国民年金保险制度。同时，对因工伤致残者还设立了特殊的保险制度。③ 1922 年工伤保险首次建立“劳动者灾害补偿保险制度”，其间多部法规出台，但对工伤致残者的保险效力仅为一次性补偿待遇。直到 1960 年，原有的一次性补偿待遇被取消，真正建立了工伤致残者的年金制度。

在残疾人就业方面，日本最为重要的法律是 1960 年颁布的《残疾人雇用促进法》和 1993 年颁布的《残疾人基本法》。《残疾人基本法》主要强调了国家和社会团体在残疾人就业培训、就业指导、职业介绍、促进就业等方面的责任和义务。《残疾人雇用促进法》除了强调国家、社会团体在残疾人劳动就业工作中的责任和义务，

---

① 刘建军．加快立法是全面推动无障碍环境建设的根本保证．残疾人权益保障法律机制国际研讨会，2007.

②③ 刘翠霄．各国残疾人权益保障比较研究．北京：中国社会科学出版社，1994.

还强调残疾人职业介绍机构的职责和法律地位，残疾人应享受到的职业介绍、职业指导、心理支持等服务内容，以及残疾人就业保障金的收取、奖励等业务流程，残疾人就业的主要形态等内容。《残疾人雇用促进法》规定，民间企业须雇用1.5%的残疾人，公营企业1.9%，政府和公共机关2%，每少雇用一人每月罚缴4万日元的滞纳金，多雇用一人每月奖励2万日元。为减轻企业雇用残疾人带来的经济负担，日本有一种“残疾人雇用调整金”制度。日本还设有许多补助金用来鼓励企业持续雇用残疾人。另外，按规定雇用残疾人的企业可以享受各种税收优惠政策。日本残疾人就业服务按照服务类型可以分为职业介绍、职业指导和适应性训练以及就业后指导等。最后，日本还建立了残疾人职业综合服务中心，对残疾人职业康复进行调查研究，并为各地残疾人职业康复中心和职业中心提供建议和技术支持。

在教育政策方面，日本建立了一整套教育助残体制，凡可以接受普通教育的残疾人，尽量进入普通学校。日本公立学校有三种援助方法，根据儿童残疾的严重程度而有所不同。第一种方法是在公立学校的常规班级中教授，使用团队教学和小组教学法。第二种方法是资源室系统，该系统让学生每周参加几次特殊指导。第三种方法是在普通公立学校开设特殊需要教育课程。每班仅限八名学生。这适用于智力或身体/运动障碍相对较轻、自闭症/情绪障碍、听力或言语/语言障碍的儿童。同时举办盲、聋、弱智学校（班）和其他专门机构，对不具有接受普通教育能力的残疾人进行特殊教育和培训。2007年修订了《学校教育法》，将盲人特殊学校、聋哑人特殊学校和残疾人学校合并为特别支援学校。特别支援学校为残疾儿童“提供与普通幼儿园、小学、初中和高中所提供的教育相一致的教育”，“培养他们克服学习和日常生活中遇到的困难并变得独立的能力”。在高等教育政策上，日本保障残疾人接受高等教育的权利，大学入学考试不设体检，只要残疾人能考上，就能进大学学习。

在无障碍环境建设上，日本政府出台了一系列相关法案，如《促进高龄者、身体障碍者便利利用的特定建筑物关联法》《促进高龄者、身体障碍者乘坐方便的公共交通工具关联法》和《促进身体障碍者便利利用的通信、广播事业关联法》。因此，日本目前为残疾人、老年人增设的无障碍设施比较普及，服务也较为完善。同时，日本还提出了构建“信息无障碍”社会的发展目标。

作为东亚福利模式的典范，日本结合本国固有的深层文化，以低福利支出为特点构建了有效的政策体系。在与社会经济发展水平相宜的基础上，日本合理而有效地利用有限的社会资源，为残疾人群体构建了有力的支持网络。

二、发达国家残疾人社会政策对中国的启示

从发达国家残疾人社会政策的发展历程看，其社会政策发展过程具有一些相似

性。首先，各国立足于“立法为先”的行动逻辑，明晰立法在残疾人社会政策发展中的不可替代性。我国在立法上还处于相对滞后阶段，相关领域的政策发展和完善显得后劲不足、缺乏系统性。其次，发达国家残疾人社会政策均采纳了特殊保护原则。相对而言，我国尽管也在残疾人社会政策模型上有所改动，但在政策的制定与执行中还缺乏系统的理念贯彻。最后，在新管理主义影响下，发达国家残疾人社会政策发展日益重视从治理的角度提高政策的实际效率。我国残疾人社会组织的发展和壮大有效实现了政府的职能转移，但囿于各种历史因素和社会现实的影响，政府职能部门、地方部门、基层组织的管理体制仍缺乏有效治理与理性沟通，致使元政策[①]在实施过程中出现较大偏差。这需要我国的残疾人社会政策引以为戒，真正建构起以残疾人需求为中心的回应型政策体制。表 11－5 对中国和以上各国残疾人法律做了系统比较。

表 11－5　中国和部分国家残疾人法律比较

国家	一般法	特殊人群专门法	特定问题专门法
中国	《中华人民共和国残疾人保障法》	/	《残疾人教育条例》 《残疾人就业条例》
英国	《残疾歧视法》	《慢性病患者与残疾人法案》	《残疾人教育法》 《残疾人就业法案》
美国	《美国残疾人法》	《瓦格纳法案》（盲人） 《初等和中等教育法案》（聋、盲儿童） 《残疾人个体教育法案》	《建筑无障碍条例》 《公民居住法案》 《电信法案》 《航空运输便捷法案》
日本	《残疾人基本法》	《身体残疾人福利法》 《智力残疾人福利法》	《残疾人教育法》 《残疾人雇用促进法》 《残疾人职业训练法》 《特殊儿童抚养补贴法》 《促进高龄者、身体障碍者便利利用的特定建筑物关联法》 《促进高龄者、身体障碍者乘坐方便的公共交通工具关联法》 《促进身体障碍者便利利用的通信、广播事业关联法》

资料来源：根据《中国弱势儿童群体：问题与对策》“中、美、日三国有关残疾人的法律体系对照”表修改整理而成。（卢德平．中国弱势儿童群体：问题与对策．北京：社会科学文献出版社，2007：214.）

立足我国经济体制和社会体制的现实特点，充分吸收发达国家的相关经验，完善残疾人政策体系应该秉持以下几个原则。

① 元政策也称总政策，是政策体系中统率性或统摄性的政策，对其他各项政策起指导和规范的作用，是其他各项政策的出发点和基本依据。

（一）以残障观的转变作为完善我国残疾人社会政策的前提

发达国家残疾人社会政策的发展历程表明，理念的转变是先决条件。残障观的转变意味着决策者和执行者要始终以人的需求为本，呼应广大残疾人在新的时代背景下对“美好生活”的需求。当前，尽管人们对残疾人的态度与认识发生了明显转变，但社会大众对残疾人还不可避免地存在认识上的误区，观念排斥、制度排斥以及残疾人的自我排斥都从根本上制约了我国残疾人社会政策的长远发展。因此，残障观的积极转变是完善我国残疾人社会政策的重要前提。

（二）健全残疾人社会政策的法治体系和实践体系

从发达国家的经验看，形成适应残疾人一般化需求的相关法案是保障残疾人合法权益的基石。对我国而言，尽管针对残疾人的相关立法有所完善，但这仍然是一个需要持续推进的过程。唯有建构起相对完善的立法体系，才有可能贯彻落实以残疾人的需求为本的政策规范，进而全面促进残疾人事业的发展。其中，培养一支训练有素的残疾人社会工作者队伍是保障残疾人合法诉求得以被看见、表达和倡导、落实的基石，而经由政策实践也能促进立法工作的健全完善。

（三）遵循全面保障与特殊保护相结合的原则

从发达国家的经验看，残疾人社会政策需要贯彻全面保障与特殊保护相结合的原则。全面保障的政策取向是当代残疾人社会政策发展的一个重要特征，由国家通过系统的政策体系保障残疾人作为公民的福利权利。随着全球化进程的推进，各国均以特殊保护原则贯彻落实残疾人社会权利，集中体现了政府的责任和作为——在相关政策法规的制定以及制度实践中凸显了政府的主导作用。我国也需要倾向性地实行特殊保护原则，以政府为掌舵者，同时积极挖掘个人、家庭和社区的资源，联合社会力量，为残疾人群体构建一个结构化的支持网络。

（四）建构托底型为基本、保障型和发展型为双翼的残疾人社会政策体系

对我国而言，人口众多和资源短缺加剧了现行社会政策的压力，但保障残疾人的民生安全呼应了他们作为社会一员对美好生活的向往和需要。而且，从发达国家的经验看，一味的福利支持已不适应新时期残疾人社会政策的发展方向，从基本安全到保障、从福利到劳动的政策转向意味着保障型和发展型政策应当并重。随着残疾体验的一般化，形成跳脱于“贫困陷阱”的保障型、发展型社会政策是未来残疾人社会政策改革创新的方向之一。如此，方能实现残疾人平等参与共享美好生活的目标，落实残疾预防行动计划的上游干预目标。要通过不同层次的制度定位，满足新时代背景下残疾人不同层次的需要，推动我国残疾人事业可持续发展。

思考题

1. 试述残疾人社会政策的内涵及其功能。
2. 残疾理念与价值观经历了哪些变化?
3. 试述我国残疾人社会政策的发展演变。
4. 试述当前我国主要的残疾人社会政策。
5. 试述发达国家残疾人社会政策建设对我国的启示。

第十二章

救助管理政策

救助管理政策或救助管理制度，是针对流浪乞讨人员（行为）的社会政策。流浪乞讨作为一种特殊的谋生（生活）方式，是古今中外共同存在的一种社会现象。新中国成立以后，出于稳定社会秩序、维护新生政权的考虑，国家采取了控制人口流动的政策，乞丐群体的规模一度缩小，在有些地区甚至已经基本绝迹。改革开放后，随着国家对社会流动限制的削弱和城市化的发展，流浪乞讨人员的规模快速增加。转型时期流浪乞讨现象已经成为社会各界普遍关注的社会问题。

第一节　救助管理政策概述

一、相关概念辨析

（一）流浪乞讨人员

“流浪乞讨人员”，俗称“乞丐”“叫花子”“要饭的”“顶沙锅”等，是与人类文明相伴而生的社会现象。人类历史始终存在着这样一类“以乞讨为生的群体”，它的规模根据情况而变化，但是它的存在却是客观而连贯的。

《现代汉语词典》对“流浪乞讨人员”的解释是：生活没有着落而专靠向人要饭、要钱过活的人。[①] 但这一概念却无法涵盖生活并非完全没有着落的、以乞讨为生活方式以及通过乞讨获得更多收入的流浪乞讨人员。

为了能够帮助那些真正需要帮助的流浪乞讨人员，《城市生活无着的流浪乞讨人

① 中国社会科学院语言所词典编辑室．现代汉语词典：2002 年增补本．北京：商务印书馆，2002：997.

员救助管理办法实施细则》对被救助的流浪乞讨人员进行了限定。“城市生活无着的流浪乞讨人员”是指因自身无力解决食宿，无亲友投靠，又不享受城市最低生活保障或者农村五保供养，正在城市流浪乞讨度日的人员。虽有流浪乞讨行为，但不具备上述规定情形的，不属于救助对象。

然而，各救助站在实际操作中所救助的对象外延远远超过《城市生活无着的流浪乞讨人员救助管理办法实施细则》的规定。根据实际情况和救助管理政策未来发展的趋势，本章对“流浪乞讨人员”做出范围更广的界定。所谓流浪乞讨人员，是指因各种原因定期或不定期出现在城市，通过特定的“印象管理”方式博取人们的同情和怜悯，以非劳动形式获取生存资源（主要包括钱财、食物、衣物等）的流动人口。

（二）救助管理制度

“救助管理制度”的全称是“城市流浪乞讨人员救助管理制度”。这个概念是在广义上使用的，是针对流浪乞讨人员或针对流浪乞讨问题的各种社会政策、法规、措施、办法的总称。2003年出台的《城市生活无着的流浪乞讨人员救助管理办法》及在此前长期实施的《城市流浪乞讨人员收容遣送办法》等都涵盖在“救助管理制度”这个概念之下。狭义的“救助管理制度”是指在2003年之后实施的针对城市生活无着的流浪乞讨人员的救助管理制度。

二、对流浪乞讨现象成因的理论分析

关于流浪乞讨现象的形成原因，众多学者都做过深入的研究，并提出了一些理论，下面选取几种比较有代表性的理论做简要的说明。

（一）贫困论

贫困论包括物质贫困论和文化贫困论，它认为在人类社会发展史中，贫困总是与文明相伴而生，不管经济如何发达、社会如何进步，都摆脱不了贫困的阴霾。“贫困是引发众多社会问题的重要经济诱因，也是引发乞丐现象的初始根由。从某种意义上说，正是贫困使乞丐得以产生并在文明社会的发展历程中长期延续。”①

池子华把乞丐分为“原生乞丐”和“职业乞丐”两类，认为乞丐是物质贫困的产儿，物质贫困往往导致精神上的堕落，引发精神贫困。② 王行健认为乞丐的形成有其经济社会根源，其中，物质贫困是其生成之源，古今中外的乞丐主要来自贫穷的农民。不能通过正常方式获取用来维持基本生存的物质财富，人只能放下体面和尊严沦为乞丐。③ 当然，精神的贫困——人的懒惰，也是不可忽略的，不愿通过正

① 周德钧．乞丐的历史．北京：中国文史出版社，2005：11.

② 池子华．沉重的历史省思：近代中国的乞丐及其职业化．中国党政干部论坛，2004（4）：60－61.

③ 王行健．关注职业乞丐的社会救助．中国改革（农村版），2004（6）：40－41.

常社会生产生活改变贫穷，自甘乞讨的人不在少数。但无论乞丐如何演变，物质贫困始终是乞丐成因的绝对内核，这也就决定了乞丐在经济状况上的弱势地位。

（二）文化传统论

社会，作为一个要素众多、结构复杂、功能多样的大系统，其运行发展与变迁进化乃是结构分化、功能整合的过程。按功能主义和文化学派的观点，社会的每一结构要素分别承担着特定的功能，以满足社会生存发展的需要，社会系统内各要素的结构分化与功能整合实为社会协调发展的重要机制。乞丐作为一种亚文化类型的社会群体，也是社会系统的结构要素，承担着某种特定的社会职能：一是文化媒介职能，主要通过乞丐的民间艺术活动和民俗表演活动来完成；二是边缘性社会化服务职能，主要通过乞丐所从事的各种贱役、苦役等边缘性劳作来展开。①

池子华在《流民的文化现象：以清代淮北地区为例》一文中以清代淮北流民为例进行分析，认为淮北流民现象是一种文化现象，淮北流民行乞江湖，与文化因素有关。② 行乞的“习惯”“沿以为例”这种文化传统，直到今天还影响着人们的思想、行为，并且还在发挥它的驱动作用。

乞丐的历史与文明的历史一样漫长。自原始公社解体以来，乞丐便一直存在，只是随着历史的变迁，乞讨的形式也在不断发生变化。据正传、野史的文献记载，中国古代曾有多种多样的关于乞丐的传说，如汉代大文豪扬雄的《逐贫赋》、唐代韩愈的《送贫文》和柳宗元的《乞巧文》等等，都有记载。新中国成立前，由于国家处在战乱之中，人民生活贫困，一些地区形成了外出乞讨的习俗，且不以乞讨为耻。改革开放以后，不少人重操旧业，将乞讨作为提高生活水平的方式和致富的手段。③

（三）社会结构论

徐芳、王保庆认为，社会存在结构性缺陷，如果经济结构内部产生失衡，造成群体间分配的不平等，就会使这个经济结构中的一部分人处于弱势地位，在经济利益上受到不公平的对待。结构性贫困是导致中国农民弱势处境并逐渐被边缘化乃至寻求乞讨这种越轨生存方式的主要社会因素。④

周德钧认为，社会结构存在差别与不平等，自然差别使人在实现个人理想、发展个人权利等方面的社会机遇和实现的可能性各不相同，社会差别使人在社会分工中所处的地位不同，占有的生产资料与生活资料的数量、质量不同，享受教育的机会不同，参与社会交往、政治活动的机遇不同。凡此种种，使人在社会身份、地位上呈现出重大差别。但在不平等的阶级社会中，广大底层民众却缺乏实现社会身份、

---

① 周德钧．乞丐的历史．北京：中国文史出版社，2005：109.

② 池子华．流民的文化现象：以清代淮北地区为例．苏州大学学报（哲学社会科学版），2003（1）：110－114，118.

③④ 徐芳，王保庆．当前我国社会乞讨现象产生和发展的原因分析．湖南师范大学社会科学学报，2005，34（3）：41－44.

地位平等的手段。当他们仅仅靠社会所许可的手段达不到获取必要的生活资料的目标时，他们就必须“创造”出新的手段，因为生存始终是第一位的，乞丐营生便是底层贫困民众“创造”出的一种谋生手段。

（四）利益驱动论

乞丐职业化的趋势越来越显著，很多人凭借这个“职业”脱贫致富，甚至腰缠万贯。[①] 徐江善认为，改革开放初期，一些人只重利益结果而不重利益实现途径，导致受利益驱动而行乞的人增多，这种示范作用又吸引了一大批人加入乞讨队伍当中。尤其是一部分有劳动能力却好逸恶劳者，自己乞讨甚至组织他人乞讨，不劳而获，谋取不正当利益。[②]

（五）社会转型论

改革开放以来出现了大规模的社会流动，户籍制度松动，城市劳动分配制度中打破“铁饭碗”，引入竞争机制，打破了狭隘的单位制，种种现象给了人们选择职业和生活方式的自由。流入城市的原农民群体在城市产业分工体系的影响下二次分化，出现了“不正当职业者”，其中就包括“流浪乞讨人员”。[③]

在社会转型中，家庭功能逐渐弱化，带来了一系列的社会问题，也为乞丐问题的出现提供了条件。乞丐，无论是被家庭遗弃还是被驱逐出来，无论是被迫离家出走还是主动为家庭分忧，都属于家庭危机直接或间接的牺牲品。因此，要“让家庭负起责任”，把家庭的某些功能纳入法制化管理轨道，大力发展民间中介组织，完善社会保障体系，增强家庭的危机承受力[④]，才能减少乞丐的形成，为解决这一社会问题提供帮助。

在社会转型过程中，以现有的生产力水平无法有效供养现存人口，过剩人口又制约生产力的进一步发展。人口迁移和城市化是目前消化过剩劳动人口的手段，但是，人口迁移和城市化的速度太快，进城农民的工作岗位不足且不稳定，导致生活无着的流浪乞讨人员出现。

（六）综合因素论

有学者认为，当前中国乞讨现象的形成是多种因素综合作用的结果：既有历史因素，又有现实因素；既有宏观因素，又有微观因素；既有政治经济因素，又有文化心理因素；既有社会原因，又有个人家庭和社区的原因。[⑤] 这些因素都在发挥作

---

① 李景平，尚虎平，肖群鹰．城市乞丐：问题与对策．西北师大学报（社会科学版），2005，42（1）：114－119.

② 徐江善．扫描京城乞丐．中国质量万里行，1998（1）：17－19.

③ 管健．城市职业乞丐现象透析．社会，2004（6）：54－57.

④ 路学仁．从当前中国的家庭功能危机看城市乞丐问题．中州学刊，2004（2）：151－154.

⑤ 徐芳，王保庆．当前我国社会乞讨现象产生和发展的原因分析．湖南师范大学社会科学学报，2005，34（3）：41－44.

用，共同影响流浪乞讨现象的生成。

三、转型时期流浪乞讨现象形成的原因

当代中国流浪乞讨现象生成的原因有很多，这里将阐述不同影响因素以及不同影响因素之间的关系，以揭示它们是如何促进流浪乞讨现象形成的。

流浪乞讨现象是典型的由社会失范引起的社会问题，是多种因素共同作用的结果。探讨现阶段流浪乞讨现象的形成机制，要结合社会转型期的特点，从多维度、多方面进行分析，通过调查研究得出真实可靠的结论。综合以往关于流浪乞讨形成因素的研究，并结合我们的思考，可以将我国社会快速转型期流浪乞讨现象的成因构建为以下理论模型（见图 12－1）。

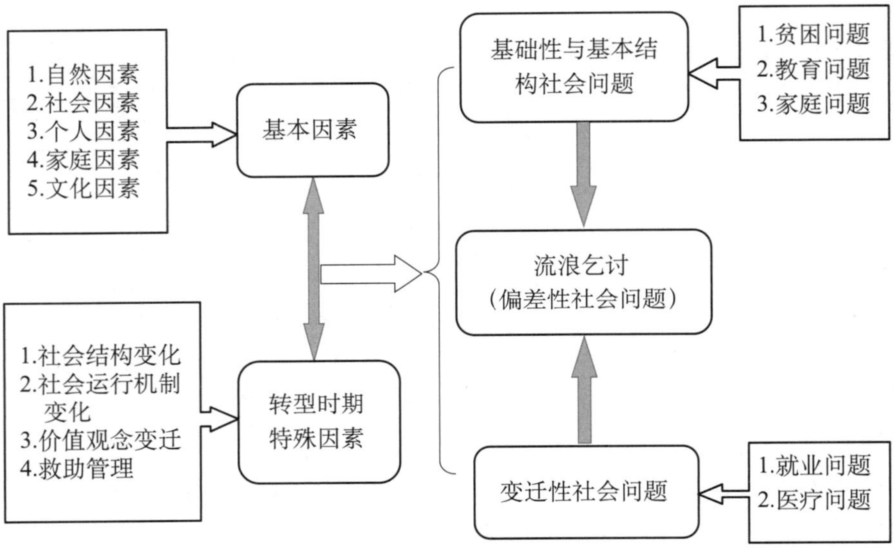

图 12－1　我国社会快速转型期流浪乞讨现象的成因理论模型

注：模型分为两个部分：（1）基本因素与转型时期特殊因素导致了转型期一系列社会问题的形成，包括基础与基本结构性社会问题（贫困、教育、家庭问题）、变迁性社会问题（就业、医疗问题）和偏差性社会问题（流浪乞讨问题）。其中，基本因素主要导致了一系列基础性与基本结构社会问题，转型时期特殊因素主要导致了众多变迁性社会问题。（2）各种社会问题之间存在很强的交互作用，基础性与基本结构社会问题和变迁性社会问题解决不了，又会反过来影响流浪乞讨这个社会问题的产生和发展。这两个部分具有相互影响的关系，这样分析可以更清楚地说明流浪乞讨现象的形成机制。

由模型可以看出，社会快速转型期流浪乞讨现象的成因涉及基本因素及转型时期特殊因素两大方面。其中，基本因素分为自然、社会、个人、家庭、文化等五个方面；转型时期特殊因素分为社会结构变化、社会运行机制变化、价值观念变迁和救助管理四个方面。转型时期特殊因素与基本因素相互作用，共同导致包括流浪乞讨在内的现阶段众多社会问题的生成。

另外，转型期各种社会问题的内部交互作用，导致基础性与基本结构社会问题、

变迁性社会问题、流浪乞讨现象的形成。根据我们的研究，在转型时期特殊因素作用于基本因素之下，目前影响流浪乞讨现象形成的最主要的五个原因为贫困、就业、教育、医疗、家庭问题，这也是社会支持网络缺失的表现。其中，贫困、教育、家庭问题属于基础性与基本结构社会问题，就业、医疗属于变迁性社会问题。这些问题最终导致了流浪乞讨现象的形成。如果不加以解决，流浪乞讨现象必然会继续存在下去。

总之，贫困、教育缺位、家庭支持缺失使一些人失去了基本的生存资源，而就业和医疗保障制度不够健全造成的后果是，一旦遇到突发性困难，原来可以维持生存的人也便失去了生活保障，不得不走上流浪乞讨的道路。当然，流浪乞讨现象的形成还有复杂的文化、观念方面的原因。

第二节　我国救助管理政策发展历程

一、收容遣送作为一种对待流动人口的措施早已存在

1949 年 5 月，北京市政府成立以民政局为主，由公安局、卫生局、纠察总队、人民法院等单位及华北人民政府民政部代表共同参加的“收容处理游民乞丐委员会”。针对游民乞丐的处理方针是：一方面收容，一方面组织劳动；对有偷窃、流氓行为的送法院适当处理后组织劳动生产；对游民乞丐，经过收容教育后分别采取遣送回籍、组织劳动和收养、学习技术等办法，以达到促其自谋生计的目的，这样较好地解决了乞丐问题。

1951 年 6 月，北京市政府发布《北京市城市处理乞丐暂行办法》，规定人民警察负责随时收容街头乞丐，由派出所转送收容机关。[①] 以此为依据，政府针对国民党散兵游勇、流浪乞讨人员、吸毒者、妓女、社会无业游民等人群采取了收容遣送的措施，把这些人员组织起来进行劳动改造，转化为从业人员予以安置。

1954 年，政府实施了一次大规模的收容遣送。当时有许多内部文件用来规范、制止农民进城。1961 年，中共中央批转了公安部《关于制止人口自由流动的报告》，决定在大中城市设立“收容遣送站”，以民政部门为主，负责将“盲流”收容起来并遣送回原籍。

改革开放以来，中国经济、社会等方面发生了前所未有的变化。在这一背景下，流动人口的状况也有了很大的不同。在总量增加的同时，因贫穷而流浪、乞讨的人的比例在减少，外出逃避计划生育的人增多，以乞讨作为生财之道的人及逃婚、逃学、逃债的人增多。这些都使城市流动人口问题成为显著的社会问题。面对新的情况，1982 年国务院在充分吸取新中国关于流浪乞讨人员控制与管理经验的基础上，

① 洪大用．转型时期中国社会救助．沈阳：辽宁教育出版社，2004：216.

出台了《城市流浪乞讨人员收容遣送办法》，正式确立了收容遣送制度。

二、收容遣送制度的实施及其异化

国务院发布的《城市流浪乞讨人员收容遣送办法》（简称《办法》）是一项兼具救济安置和治安管理双重属性的制度。正如该《办法》第一条规定所述，“为了救济、教育和安置城市流浪乞讨人员，以维护城市社会秩序和安定团结，特制定本办法”。《方法》所规定的收容对象是“家居农村流入城市乞讨的”“城市居民中流浪街头乞讨的”及“其他露宿街头生活无着的”三类人。《办法》规定，流入地收容遣送站对流浪乞讨人员进行救济、教育和遣送，流出地要负责落户、安置等工作。被收容人员要“服从收容、遣送”。

民政部、公安部印发实施《城市流浪乞讨人员收容遣送办法实施细则（试行）》，规定收容遣送经费“在民政事业费内列支”，同时规定“收容遣送站组织被收容人员进行生产劳动的收入，主要用于被收容人员的伙食补贴和遣送路费”。“收容遣送站工作人员守则：（一）不准打骂、体罚和虐待被收容人员；（二）不准敲诈、勒索、没收、侵吞被收容人员的财物；（三）不准克扣被收容人员的粮食和其他生活供应品；（四）不准检查被收容人员的信件；（五）不准任用被收容人员担任管理工作，不准使用被收容人员为工作人员干私活；（六）不准调戏妇女。”

收容遣送制度在维护社会治安、保护公共利益、保持社会稳定、维持社会形象等方面做出了一定的贡献。[①] 随着中国市场经济的发展以及城市化的推进，收容遣送人员规模不断扩大，收容遣送工作的具体内容也发生了新的变化。

1991 年，“民工潮”泛滥，各大城市不堪重负。《关于收容遣送工作改革问题的意见》（国阅〔1991〕48 号）将无合法证件、无固定住所、无稳定收入的人员，即“三无”人员纳入收容遣送范围。而在实际的执行中，“三无”却被一些地方的执法人员操作化为身份证、暂住证、务工证“三证”缺一不可。1994 年《民政部关于加强收容遣送工作若干问题的通知》提出，不得擅自扩大收容范围，但异化的制度执行情况并没有大的改观。在利益的驱动下，一些地方还出现了下达收容指标任务、强迫收容对象劳动、收取各种费用，甚至收容机构之间买卖收容对象等违法现象。收容遣送变成了不少相关人员借以充实小金库或发个人财的工具，不少公民的政治、经济、人身权利受到严重侵害。[②] 至此，收容遣送已经异化为限制流动人口特别是外来务工人员的治安管理制度。收容遣送制度的功能甚至从最初维护城市形象、维护城市正常的生活生产秩序演变为配合公安部门打击刑事犯罪。

从 1990 年签署《儿童权利公约》，到 1991 年《未成年人保护法》出台，再到 1998 年《收养法》第五次修改，国家对于流浪儿童收养保护问题以及流浪儿童的被监护权问题都做了重要的、具体的规定。根据联合国《儿童权利公约》的精神，我

---

① 单晓丹．分析城市收容遣送制度的终结．现代经济信息，2010（1）：132.

② 云翔．反思收容：从孙志刚事件到收容制度“变革”．人权，2003（4）：23－30.

国政府将流浪儿童界定为：年龄在 18 周岁[①]以下离开家庭，脱离监护人的保护，流浪街头连续超过 24 小时，基本生活失去保障的未成年人。1995 年，《中央社会治安综合治理委员会关于加强流动人口管理工作的意见》明确指出，要试办流浪儿童保护教育中心（简称“儿保中心”）。民政部着手建立儿保中心，尝试制度化地为流浪儿童提供照顾和保护。民政部要求每个地级城市都建立一所儿保中心。截至 2005 年，全国共建成 130 多所儿保中心。[②]

2003 年 4 月 25 日，《南方都市报》发表了题为《谁为一个公民的非正常死亡负责》的文章，将在广州打工的大学毕业生孙志刚的非正常死亡公布于世。文章在全国范围内引起了广泛的关注和热烈的讨论。孙志刚被强制收容并被伤害致死一事，迅速成为当年除“非典”以外另一个被世人普遍关注的事件。这一事件使收容遣送制度的种种问题浮出水面，推动了这一制度向救助管理制度的急速转变。

收容遣送制度在其制度生命中的很长一段时间内的确发挥了重要作用，对巩固中国新生的社会主义制度、配合城市工业化建设、防止出现工业化初期农民大量涌入城市带来的种种社会压力以及维护改革开放初期的社会秩序等做出了不小的贡献。而且，相对于目前正在实施的救助管理制度，收容遣送制度有些做法值得我们关注。比如，组织被救助者适当参与劳动的做法，如果实施得当，对于受助人员的心理和行为矫治、缓解救助站的经费紧张状况等将有所裨益。但是，该制度后期发生的异化造成了非常恶劣的后果，严重侵害了公民的合法权益，破坏了政府的公信力，在很大程度上造成了进城农民与城市相关部门之间的紧张状态，使中国社会转型加速期原本就比较难处理的城市化问题变得更加复杂和棘手。

三、2003—2008年：救助管理制度出台并逐步规范

随着制度的异化、政府执政理念和社会观念的更新与进步，加之“孙志刚事件”后公众参与的“倒逼”效应[③]，2003 年 6 月 18 日，国务院审议并原则通过了《城市生活无着的流浪乞讨人员救助管理办法》（简称《救助管理办法》）。《救助管理办法》共 18 条，包括对在城市生活无着流浪乞讨人员救助的原则、救助站的设立和管理、救助内容、救助站工作人员的行为规范以及违反者责任追究等。《救助管理办法》规定，县级以上城市人民政府应当根据需要设立流浪乞讨人员救助站。《救助管理办法》自 2003 年 8 月 1 日起施行，原《城市流浪乞讨人员收容遣送办法》同时废止。民政部于 2003 年 7 月公布了《城市生活无着的流浪乞讨人员救助管理办法实施细则》（简称《救助管理办法实施细则》），对救助管理工作的操作做了具体规定。

与收容遣送制度相比，救助管理制度有三个方面的转变。

---

① 也有学者基于《劳动法》将流浪儿童年龄界定为 0～16 周岁。

② 程福财．中国流浪儿童福利政策的绩效：基于流浪儿童视角的分析．社会科学，2009（4）：80－86.

③ 程波辉．收容遣送制度变革：动因、障碍与启示：基于思想观念、制度结构、主体行为的三维分析．北京社会科学，2014（9）：13－21.

其一是政策制定部门对流浪乞讨人员的假设的转变。在收容遣送制度下，流浪乞讨人员被认为是行为不端、引起城市种种问题的人，即问题人口；而在救助管理制度下，这些人则成了需要帮助的人。《救助管理办法实施细则》指出："《救助管理办法》规定的'城市生活无着的流浪乞讨人员'是指因自身无力解决食宿，无亲友投靠，又不享受城市最低生活保障或者农村五保供养，正在城市流浪乞讨度日的人员。"那些正常来城市务工、访友、寻亲人员以及大学生已不再过度受关注。此外，《救助管理办法》第一条明确指出："为了对在城市生活无着的流浪、乞讨人员（以下简称流浪乞讨人员）实行救助，保障其基本生活权益，完善社会救助制度，制定本办法。"这表明政府对生活无着的流浪乞讨人员所处困境高度关注，而不是将其看作问题人口，从而对其进行限制或者管制。

其二是政府执政理念的转变。收容遣送向救助管理的转变从一个侧面反映了我国政府执政理念的转变，即从无限的管制型政府向有限的服务型政府的转变。在后一种管理模式下，服务的成立条件是被服务者的自愿与要求。因此，杜绝非法不合理的强制是对服务型政府的基本要求。《救助管理办法实施细则》规定，受助成年人自愿放弃救助离开救助站的，应当事先告知，救助站不得限制（无民事行为能力者除外），应坚持"求助自愿、救助免费"的原则。《救助管理办法》和《救助管理办法实施细则》针对残疾人、未成年人、老年人以及女性流浪乞讨人员的救助和安置进行了补充说明，充分体现了对弱势群体的人性化关怀。此外，《救助管理办法》和《救助管理办法实施细则》强调了民政部门的主体责任和对救助站工作人员的约束规则。

其三是社会政策导向的转变。从社会政策的角度看，救助管理取代收容遣送反映了国家对流动人口的社会政策从社会控制型向社会治理型的转变。① 从古至今，中国社会一直存在部分农村生活者特别是灾民外出乞讨为生的现象。这些人在当时有一个特定的名称——"盲流"，也就是盲目流动的意思。收容遣送制度在这方面就起到了比较显著的作用，其作用就是收容街面上的盲目流动人员并将其遣送回乡。这种做法表现出政府对流动人口的控制型思路。而救助管理制度则着眼于对问题的解决，也就是对困难人群进行救助，解决其临时的生活困难，并使其返回家庭或所在单位。这样的社会治理型思路显然是社会进步的标志。

救助管理制度取代收容遣送制度具有以下重要意义：

首先，救助管理制度的出台和实施体现了国家和政府对弱势群体的人文关怀。救助管理制度从制度制定的初衷——救助生活无着的流浪乞讨人员，到对受助人在站生活标准的关注，以及对尊重求助人人格与自由的种种细致规定，都很好地显示出国家对有需要人群的人文关怀。从经费保证到具体服务的提供，政府都负起了全责。部分受助人在得到相应的救助和帮助以后，渡过了暂时的难关，得以在城市立足生存。调查表明，在乞讨组与非乞讨组中，都有80%左右的人员认为收容遣送向

① 杨团．从盲流到乞丐．时事报告，2004（2）：28－29．

救助管理的转变是“很合理”或者“合理”的。

其次，救助管理制度体现了救助（管理）者与被救助（管理）者之间的平等关系。在救助管理制度种种人性化的规定背后，是对公民平等和自由权利的肯定。公民是否需要救助应依据其自身的判断，是否要求救助也要充分尊重个人的意愿，工作人员不得依仗手中权力歧视或者虐待受助人员。当然，救助站要在尊重流浪乞讨人员意愿的前提下尽量做到应救必救，这就需要工作人员开动脑筋。目前各地救助站大都派出工作人员开展上街劝导工作，成果显著。相关调查数据显示，50%左右的被访受助人员是由相关管理人员劝说进站接受救助的。

最后，救助管理制度维护了受助者的基本生活权益。根据救助管理制度的有关规定，流浪乞讨人员在救助站内要享受满足基本健康和安全需要的生活救助。而救助管理工作人员则要履行相应的责任，而且其行为要受到制度规定的严格约束，防止对受助人员的人身和自由造成侵犯。

从 2004 年开始，中国救助管理制度逐步细化，各项工作日益规范。2004 年，《民政部、财政部关于做好城市生活无着的流浪乞讨人员中特殊困难救助对象跨省返乡工作的通知》对没有自主返乡能力的残疾人、未成年人和其他行动不便者等特殊困难救助对象的接回安置工作进行了部署，强化流出地民政部门责任，确定跨省流浪救助站。2005 年，民政部建立全国救助管理信息系统，沟通各地救助工作及救助对象情况信息，使各地特殊困难救助对象能够顺利、及时跨省返乡。2006 年 1 月，《民政部、公安部、财政部、劳动和社会保障部、建设部、卫生部关于进一步做好城市流浪乞讨人员中危重病人、精神病人救治工作的指导意见》发布，提出要切实解决好流浪乞讨病人的医疗救治问题。2006 年 7 月，民政部发布了《救助管理机构基本规范》和《流浪未成年人救助保护机构基本规范》，对救助管理工作的不同环节以及机构建设提供了指导，中国救助管理政策体系日益完善。2008 年，民政部印发《2008 年奥运会期间救助管理工作方案》，指导各地妥善做好奥运期间救助管理工作。自 2003 年 8 月至 2008 年年底，全国共救助生活无着流浪乞讨人员 700 万人次，年救助人员从 63.5 万人次持续上升到 157.3 万人次，大量临时困难群众得以摆脱生存危机，重返家庭和社会。

2003—2008 年的流浪儿童救助管理政策发展：长期以来，中国流浪儿童救助工作的主要依据是旨在保护一般儿童的《未成年人保护法》《预防未成年人犯罪法》与《城市生活无着的流浪乞讨人员救助管理办法》及其实施细则。这些法规政策只对流浪儿童的救助保护做了抽象的原则性规定，操作性不强。为了进一步规范流浪儿童的救助工作，2006 年 1 月，民政部等 19 部门发布了《关于加强流浪未成年人工作的意见》，指出：“在流浪未成年人工作中，预防是前提，救助是基础，管理是手段，教育是重点，保护是根本。”

2007 年，民政部与国家发展改革委共同制定了《“十一五”流浪未成年人救助保护体系建设规划》及《关于流浪未成年人救助保护设施建设的指导意见》，启动了流浪未成年人救助保护体系建设。前者提出：到 2010 年，实现全国 90%以上的地级城市和工作任务较重的县级市拥有流浪未成年人救助保护设施。后者提出：救助中心主要提供短期的居住、锻炼、教育、医疗、康复服务，并通过心理、行为偏差和轻微违法犯罪行为的矫治、教育转化等服务，减少反复流浪和违法犯罪现象，帮助受助未成年人回归家庭或实现社会自立。

2003—2008年，中国流浪儿童救助管理工作有以下特征：

一是街头强制救助。与针对一般流浪乞讨人员的自愿救助管理不同，针对流浪儿童，无论流浪儿童个人的意愿如何，保护性救助模式一律将流浪儿童视作自愿接受救助，坚持实行“发现一个救助一个”的政策。《关于加强流浪未成年人工作的意见》明确指出：“公安机关对于执行职务时发现的流浪、乞讨未成年人、打击犯罪行动中解救的未成年人，以及有轻微违法行为但根据有关规定不予处罚且暂时无法查明其父母或其他监护责任人的未成年人等，应当及时将他们护送到流浪未成年人救助保护机构接受救助。”所有被送进救助机构接受救助的流浪儿童，未经同意不得擅自脱离救助机构。在救助机构内，救助机构对受助对象享有一定的管理权限。为了防止机构内流浪儿童擅自出走，采用保护性救助模式的机构都采取了一定的防范、安保措施。

二是机构救助与安置。各地流浪儿童救助部门为机构内的流浪儿童免费提供基本生活必需品、住宿与必要的医疗救治等服务。民政部也积极建议各中心为流浪儿童提供心理咨询与文化教育服务，为年龄较大的受助未成年人提供简单的技能培训。救助机构努力为流浪儿童联系他们的自然监护人。如能顺利找到他们的监护人，这些儿童将被护送回家，或者让他们的监护人领回家。如果长时间联系不上监护人，这些流浪儿童将被转介到儿童福利院或其他政府办的儿童服务机构接受托养服务。

三是“家庭融合”目标。2003—2008年间，中国流浪儿童救助政策的核心在于通过采取强制性措施将流浪儿童送返回家，实现“家庭融合”的目标，但在预防、保护、教育、监护、收养等方面的规定还不是很具体。从现实的情况看，政策对于解决中国流浪儿童问题起到了一定的积极作用，那些因被骗、迷路走失、一时冲动而离家出走、被人绑架等原因成为流浪儿童的儿童都能摆脱充满风险的街头生活，重新回到有利于他们成长的家庭环境中。同时，很多流浪儿童对强制救助的手段不予认同。尽管在救助机构中可免费获得包括食物、衣物、住宿、医疗在内的基本生活照料，但他们无法接受这些救助机构采用的防范他们擅自外出的严格的安保措施，亦不接受救助机构确立的强制性护送他们回家的所谓“家庭融合”的政策目标。一方面，流浪儿童救助机构提供的服务相对比较欠缺，没有开展对流浪儿童深层次的救助。另一方面，中国的流浪儿童政策缺乏必要的针对流浪儿童回家后的跟踪服务。

四是“类家庭”救助模式。除了机构救助，2003年，民政部与联合国儿童基金会、英国救助儿童会合作，在河南省郑州市流浪儿童救助保护中心开展了“类家庭”救助保护模式实验。“类家庭”是指建立类似于家庭的集寄养、看护、教育于一体的、融入社区的无“家”可归的流浪儿童之“家”，为年龄在8～14岁、智力正常、身体健康、屡送屡返的或无“家”可归的流浪儿童提供救助保护，培养流浪儿童独立的生活能力，使其学会合作、协作精神，养成良好的生活习惯，为今后融入主流社会独立生活做准备。截至目前，类家庭的流浪儿童救助模式仍在探索之中。

2007 年，中国政府承诺继续加大对各地流浪儿童保护教育中心的投入，强调要加大对救助机构的设施建设力度。① 但除此之外，流浪儿童救助机构提供的服务应该更契合流浪儿童身心发展的需要。比如，机构在开展文化教育活动时，要考虑到流浪儿童的特殊性；可以开展必要的专业心理咨询活动，为流浪儿童廓清人生的目标；适当从社会引进志愿者参与流浪儿童救助工作，让流浪儿童在更大范围与社会保持联系。

中国流浪儿童救助实践主要存在以下问题：流浪儿童救助政策绩效不高，主体多元化程度低，行政色彩过浓，区域合作不强等。要解决上述问题，需要设立流浪儿童福利行政机构，构建流浪儿童研究和监测体系，建立健全流浪儿童社会保障制度，加快流浪儿童社会工作发展，引导和促进民间组织参与等。②

四、2009—2019年：救助管理制度更加系统和专业

随着救助管理制度的实施以及城市化的发展，救助管理工作也面临着一些新情况、新问题，尤其是城市街头流浪乞讨现象的治理和流浪未成年人的救助保护问题长期存在，成为制约救助管理工作健康发展的“瓶颈”。2009—2019 年，中国救助管理工作发生了重要转变：从单纯强调救助服务转变为既强调救助服务又强调治理，减少流浪乞讨人数；政府将救助管理工作归入临时救助并与其他社会救助制度形成体系；救助管理的方式方法更加专业。2009—2019 年，中国救助管理政策发展趋势表现在以下几个方面。

（一）强调对流浪乞讨人员的救助和街头治理

2009 年 7 月，《民政部、公安部、财政部、住房城乡建设部、卫生部关于进一步加强城市街头流浪乞讨人员救助管理和流浪未成年人解救保护工作的通知》下发，要求各地民政部门要加强街头救助，协助配合公安、城管、卫生等部门做好街头管理和打击解救工作，开展流浪乞讨精神病人、危重病人的救治工作，特别是流浪未成年人的解救和救助保护工作，减少流浪乞讨犯罪行为和流浪乞讨现象的发生，保护未成年人和精神障碍患者。民政部门利用指纹识别技术建立数字档案，配合公安机关做好未成年人的采血工作等，经 DNA 检验后录入全国打拐 DNA 数据库。

2010 年 12 月，《民政部关于切实做好流浪乞讨智障人员救助管理工作的通知》提出，迅速开展流浪乞讨智障人员的排查专项行动，完善救助管理机制，维护好流浪乞讨智障人员的基本权益。2010 年，全国各地积极开展上海世博会、广州亚运

① 参见民政部和国家发展改革委发布的《“十一五”流浪未成年人救助保护体系建设规划》。

② 冯元，彭华民．近十年流浪儿童救助困境及对策研究．广东工业大学学报（社会科学版），2014，14（1）：25－31，91.

会、亚残会期间及严寒酷暑和自然灾害的流浪乞讨人员救助管理工作。

流浪儿童是儿童中的一个特殊群体，数量不容小觑，国务院妇女儿童工作委员会一课题组的报告显示，2008 年中国实际存在的流浪儿童数量在 100 万～150 万。[①] 2011 年 8 月，《国务院办公厅关于加强和改进流浪未成年人救助保护工作的意见》从国家高度对流浪儿童救助保护工作提出要求。流浪儿童脱离主流社会，享受不到义务教育，愚昧、疾病、饥饿困扰着他们，给他们的身心健康和生存发展带来了严重影响。流浪儿童群体也对现代文明和社会稳定构成了严重的威胁，是一支不可忽视的犯罪后备军。[②] 2010 年之后，中国更加重视流浪儿童救助管理工作。

首先，加强流浪未成年人救助和保护，重视家庭监护评估。《国务院办公厅关于加强和改进流浪未成年人救助保护工作的意见》提出，要实行更加积极主动的救助保护策略，加大打击拐卖未成年人犯罪力度，帮助流浪未成年人及时回归家庭，做好流浪未成年人的教育矫治，强化流浪未成年人源头预防和治理。具体强调了流出地救助保护机构要对流浪未成年人的家庭监护情况进行调查评估：对确无监护能力的，由救助保护机构协助监护人及时委托其他人员代为监护；对拒不履行监护责任、经反复教育不改的，由救助保护机构向人民法院提出申请撤销其监护人资格，依法另行指定监护人。

其次，减少滞留未成年人，开展“回家庭”和“回校园”专项行动。2012 年，中央综治办、民政部、教育部等 8 部门在全国联合开展了以“保护儿童，告别流浪”为主题的“接送流浪孩子回家”专项行动，未成年人流浪现象明显减少。在此基础上，为积极预防和减少未成年人流浪乞讨现象，2013 年 5 月，民政部、共青团中央、全国妇联等 10 部门联合开展为期 3 年的“流浪孩子回校园”专项行动。

最后，促进未成年人救助保护机构转型升级，加强源头预防。2013 年起，民政部在全国开展未成年人社会保护试点工作，将试点对象拓展到困境未成年人，其中包括有短暂流浪行为或严重流浪倾向的未成年人。同时，最高人民法院、公安部、民政部等部门联合下发了《关于开展家庭监护失当未成年人监护权转移工作的指导意见（征求意见稿）》，对监护人不履行监护职责、侵害被监护未成年人的合法权益等行为提出相关处理措施。2015 年，《民政部、全国妇联关于做好家庭暴力受害人庇护救助工作的指导意见》将包括未成年人在内的家庭暴力受害人全部纳入庇护救助范围。2016 年，民政部、教育部等十部门联合印发的《关于进一步健全农村留守儿童和困境儿童关爱服务体系的意见》第一次明确未成年人救助保护机构应承担区域内困境儿童和留守儿童关爱服务工作。届时，中国儿童救助管理政策融入适度普惠型儿童保护政策体系。流浪儿童救助保护长效机制逐步形成，许多流浪儿童也顺利回归校园、健康成长。据统计，全国流浪未成年人救助量 2013 年为 18.4 万人次，

① “流浪未成年人救助保护中心建设标准”发布会举行．(2008-11-25)[2022-12-01]. http://www.gov.cn/gzdt/2008-11/25/content_1158839.htm.

② 刘艳霞，张朝雄．建立与和谐社会相适应的流浪乞讨人员救助管理制度．兰州学刊，2007 (4)：79-82.

2014 年降至 15.8 万人次，2016 年上半年降至约 4 万人次。[①]

（二）救助管理体系更加完善，救助范围扩大

首先，救助管理体系更加完善。2014 年，国务院公布《社会救助暂行办法》，由民政部门统筹全国社会救助体系建设，流浪乞讨人员救助属于临时救助，中国开始建设系统化的社会救助网络。救助管理制度涉及的部门也从原来的以民政、卫生和公安部门为主，逐步扩展为妇联、扶贫办、政法委、财政部、人力资源社会保障部等多个部门，尤其是流浪未成年人救助保护工作涉及的部门多达 19 个。2016 年，民政部设立未成年人（留守儿童）保护处，隶属民政部社会事务司，是民政部首次就未成年人保护工作设立专门业务处。同年，民政部、教育部等十部门联合印发的《关于进一步健全农村留守儿童和困境儿童关爱服务体系的意见》第一次明确了未成年人救助保护机构具体承担的十项工作职责，使其传统职能进一步转型升级，开始承担区域内困境儿童和留守儿童关爱服务牵头工作。2019 年，民政部设立儿童福利司，全面负责儿童救助保护政策、标准制定以及救助保护机构管理工作。其次，救助范围扩大。2015 年 9 月印发的《民政部、全国妇联关于做好家庭暴力受害人庇护救助工作的指导意见》中提出，常住人口及流动人口中的家庭暴力受害人全部纳入庇护救助范围。

（三）救助管理机构规范和技术提升，救助方法更加专业

2011 年，《民政部关于开展救助管理机构等级评定工作的通知》通过救助管理机构等级评定促进救助管理工作的规范化发展。2012 年，《民政部关于促进社会力量参与流浪乞讨人员救助服务的指导意见》鼓励社会工作等专业力量和社区等志愿组织开展主动救助服务、提供专业救助服务、做好预防帮扶服务。2014 年 6 月，民政部印发了《生活无着的流浪乞讨人员救助管理机构工作规程》，2006 年的基本规范废止。2014 年 11 月，民政部、国家档案局印发了《生活无着的流浪乞讨人员救助档案管理办法》，提出救助管理机构应当建立并完善救助档案管理制度，逐步实现救助档案工作信息化和规范化。2015 年，民政部发布《流浪乞讨人员机构托养工作指南》，对救助管理机构不同环节的工作标准进行了规范。同年，《民政部、公安部关于加强生活无着流浪乞讨人员身份查询和照料安置工作的意见》发布，提出要建立流浪乞讨人员身份快速查询机制、寻亲服务机制和滞留人员身份查询长效机制，帮助其及时回归家庭。2016 年 1 月 1 日，由民政部开发的全国救助寻亲网正式上线，作为各地救助管理机构发布长期滞留流浪乞讨人员寻亲信息的网络平台，面向社会公开运行。同年 7 月，民政部与今日头条探索开展“互联网＋救助寻亲”合作，精准、高效帮助受助人员与家人团聚。2018 年 10 月，民政部在全国 100 个救助管理机构启动试点，并于 2020 年在全国开展人脸识别工作。

---

① 民政部：“流浪孩子回校园”专项行动开展 3 年 64 483 名流浪未成年人返校复学.(2016-05-31)[2022-12-01]. http://www.gov.cn/xinwen/2016-05/31/content_5078401.htm.

从2018年开始，民政部办公厅提出在全国开展救助管理机构“开放日”活动。活动充分展示近年来各地救助管理工作标准化、制度化、规范化建设的成果，重点展示开展“流浪孩子回校园”、“寒冬送温暖”（2010年启动）、“夏季送清凉”（2010年启动）等专项行动情况及运用全国救助寻亲网、今日头条、DNA比对等手段开展寻亲返家工作情况。

五、2020年之后：救助管理制度进入机制整合阶段

2020年3月，民政部会同中央政法委等11部门印发《关于开展生活无着的流浪乞讨人员救助管理服务质量大提升专项行动的通知》，要求在关键环节上建机制、压责任、提质量、优服务。救助管理工作借助信息化手段推进全链条监管，救助服务寻亲成效大幅提升，长期滞留人员安置工作取得突破，实现“高周转率、低滞留率”良性运转。[①] 2020年8月，中共中央办公厅、国务院办公厅印发《关于改革完善社会救助制度的意见》，提出强化地方党委和政府属地管理责任，压实各级民政部门、救助管理机构和托养机构责任，切实保障流浪乞讨人员人身安全和基本生活。完善源头治理和回归稳固机制，做好长期滞留人员落户安置工作，为符合条件人员落实社会保障政策。积极为走失、务工不着、家庭暴力受害人等离家在外的临时遇困人员提供救助。

面对新冠病毒感染疫情的特殊困难，《民政部办公厅关于持续做好救助管理机构疫情防控和有序恢复工作秩序的通知》下发，要求各地持续做好救助管理机构疫情防控工作，有序恢复救助管理机构工作秩序，在救助时间以及救助流程等方面提出了切实的改进方案。

据民政部统计，2021年，中国共有流浪乞讨人员救助管理机构1 838个，床位数9.4万张；全年救助流浪乞讨人员73.9万人次[②]，比2010年下降了近百万。2020年中国有100万走失人次，相较于2016年的394万人次显著减少。[③]

在中国救助管理服务对象范围不断扩大（从传统生活无着流浪乞讨人员向流动和遇困生活无着人员转变）、工作职责不断拓展（同时履行监护兜底、家暴受害者庇护等职责，承担政府赋予的临时避灾、参与救助等任务）的背景下，未来的救助管理工作要求更高、难度更大。同时，随着中国新型城镇化战略的实施和调整，中国流动人口数量大幅回升，2021年达到3.85亿[④]，救助管理部门面临着新的挑战，需要进一步转型和提升，尤其需要与其他社会救助制度及基层政府做好衔接和配合，

---

① 王金华．坚持开拓创新 引领新时代社会事务工作高质量发展．中国社会报，2022-01-11（1）．

② 民政部．2021年民政事业发展统计公报．(2022-08-26)[2022-12-01]. https://www.mca.gov.cn/article/sj/tjgb/.

③ 《中国走失人口白皮书》发布，2020年全国走失人次达100万．(2021-02-26)[2022-12-08]. http://tech.chinadaily.com.cn/a/202102/26/WS60386587a3101e7ce9741248.html? from=singlemessage.

④ 国家统计局．中华人民共和国2021年国民经济和社会发展统计公报．(2022-02-28)[2022-12-08]. http://www.stats.gov.cn/tjsj/zxfb/202202/t20220227_1827960.html.

通过救助机制创新实现精细化救助。

第三节 我国救助管理政策现状

2019年之后，流浪儿童救助管理与普通流浪乞讨人员的救助管理工作分别归民政部儿童福利司与社会事务司管理。根据《城市生活无着的流浪乞讨人员救助管理办法》及其实施细则、《民政部、公安部、财政部、住房城乡建设部、卫生部关于进一步加强城市街头流浪乞讨人员救助管理和流浪未成年人解救保护工作的通知》、《生活无着的流浪乞讨人员救助管理机构工作规程》、《关于开展生活无着的流浪乞讨人员救助管理服务质量大提升专项行动的通知》等重要政策和专项行动方案，可以看出，中国的救助管理政策主要关注以下五个环节。

一、预防与监测

救助管理的预防与监测工作是指民政部门、救助管理中心与基层社区以及社会各界合作开展的，针对有可能成为流浪乞讨人员的人的早期救助和监测工作。第一，随着中国社会保障制度和救助体系的日益健全和完善，从源头上减少了流浪乞讨人员。第二，随着脱贫攻坚工作的深入推进，家庭贫困原因导致的流浪及外出打工临时遇困人口数大幅减少。第三，公安部门人脸识别技术、头条寻人等网络信息技术的成熟应用，既减少了人口走失存量，又控制了增量。第四，学校和社区开展的未成年人心理健康服务，农村留守和困境儿童关爱保护体系的建设，工青妇、老龄委、关工委等群团组织和社会服务组织开展的针对妇女、儿童、老人等弱势群体的关爱服务项目发挥了较好的源头预防作用，能有效发现和制止流浪倾向。

具体到救助管理制度，流出地救助管理机构要建立返乡人员信息台账，对已经返家的，要组织人员或委托当地村（居）民委员会了解其家庭状况，对存在生产、生活及基本医疗保障方面困难的，要将详细情况报送乡（镇、街道）及相关部门，乡（镇、街道）及相关部门要按照职责落实有关政策予以帮扶，避免其再次陷入困境，反复流浪。各级民政部门指导救助管理机构建立易流浪走失人员信息库，并将花名册通报给乡（镇、街道），由乡（镇、街道）组织人员通过实地走访、电话询问等方式进行回访，发现反复流浪乞讨的情况要及时反馈给民政部门，原则上回访频率不低于每两月一次，回访期不少于一年。县级民政部门要与扶贫办展开信息共享，对建档立卡贫困户中有流浪乞讨经历的予以重点关注和帮扶。

流入地救助管理部门要认真梳理可能存在的薄弱环节和隐患之处，密切关注严寒天气变化，提高主动救助意识，加强部门协调配合，利用城市网格化、数字化管理平台，制定常态化、制度化街面巡查制度，建立覆盖全面、协同到位、服务及时的救助管理网络，跟踪监测重点对象和区域。

二、发现与报告

全国各级救助管理部门广泛动员社区居委会、社会组织、志愿者和热心群众积极参与救助服务；发动环卫职工、公交出租司机、夜间安保人员提供流浪乞讨人员求助线索；探索建立民间信息员队伍，采取激励措施，鼓励其做好报告、引导和应急服务；有条件的地方，在流浪乞讨人员、外来务工人员集中活动区域增设临时救助点、流动救助车。重点强化乡镇（街道）救助管理工作责任，发挥村（居）委会作用；通过政府购买社会组织服务方式，开展外展服务，主动发现流浪乞讨者、缺乏有效家庭监护的留守和困境儿童，同时积极发现和报告走失者、务工不着者、家庭暴力受害人等离家在外的临时遇困人员。公安机关发现流浪乞讨人员，应告知或护送其向救助管理机构求助。救助管理机构实行 24 小时接待服务，开通 24 小时救助热线。热线号码应当向社会公开并在当地 114 查询台登记。救助管理工作领导协调机构要明确未成年人、老年人、精神障碍患者等特殊救助对象转介处置程序。例如，对发现的街面流浪乞讨儿童应采取保护措施，并立即拨打 110 予以排查和救助。

三、站内与站外救助

救助管理机构工作人员开展 24 小时救助和不间断街面巡查，还对包括务工不着、讨薪无果、寻亲不遇、被盗被抢、遭受家暴、街头醉酒人员等各类困境人员提供针对性应急救助，大大超出了法律明确规定的工作职责范畴。其救助可分为站内救助和站外救助。

（一）站内救助

（1）求助接待与安检登记。救助管理机构应当对来站求助人员的身体状况和精神状况进行初步检视。求助人员应当按照救助管理机构要求，接受安全检查。救助站应当告知流浪乞讨人员救助对象的范围和实施救助的内容，询问与求助需求有关的情况，并对其指纹、电子照片等个人情况予以登记并核实。因年老、年幼、残疾等原因无法提供个人情况的，救助站应当先提供救助，再查明情况。救助管理机构应当在其入站后 24 小时内通过广播、电视、报纸、全国救助管理信息系统、全国救助寻亲网站等适当形式发布寻亲公告，并在其入站后 7 个工作日内报请公安机关采集 DNA 数据。公安机关应当在收到报告后一个月内免费采集、录入全国打拐 DNA 信息库，并将比对结果反馈给救助管理机构。

对符合条件的流浪乞讨人员，救助站会清点、保存其随身物品并及时安排救助，对不符合条件的说明情况后劝退。救助站发现受助人员故意提供虚假个人情况的，应当终止救助。来站接受救助的人员成分复杂，有在逃犯、刑满释放人员、吸毒人员和各类传染病患者，因此，救助站通常设立隔离观察室和安保室，遇到特殊情况需要及时报请公安机关调查、甄别。

（2）生活和教育辅导服务。救助站为受助人员提供能够满足基本健康和安全需要的食物和住处；组织受助者参加有益于身心健康的文体活动和教育辅导等活动；可以视情况为受助人员提供心理辅导、行为矫治等服务。救助管理机构可以将专业的教育辅导及心理矫治等服务转交给专业社会组织开展。

（3）寻亲服务。受助人员有疑似走失、被遗弃或被拐卖情形的，救助管理机构应当及时向公安机关报案。受助人员因年老、年幼、残疾等原因不能提供个人信息的，救助管理机构应当及时报请公安机关协助核查求助人员身份，并在其入站后 24 小时内以适当形式发布寻亲公告。

（4）医疗服务。有条件的救助管理机构可以依法内设医务室或与专业医疗机构合作开展医疗服务。受助人员在站内突发急病的，救助站应当及时送医疗机构治疗。受助人员在站内患传染病或者为疑似传染病病人的，救助站应当送当地具有传染病收治条件的医疗机构治疗，并向当地疾病预防控制机构报告，采取必要的消毒隔离措施。

（5）未成年人教育服务。救助管理机构应当为受助未成年人提供关爱型服务和保护性措施，及时与受助未成年人沟通，了解其思想状况和遇困原因；经常组织受助未成年人参加有益于身心健康的文体活动、公益活动和社会实践活动，帮助受助未成年人树立正确的价值观、人生观；受助未成年人存在心理和行为偏差的，救助管理机构应当对其进行有针对性的心理辅导和行为矫治；对于重复流浪或经评估发现不宜返回家庭的受助未成年人，救助管理机构可以延长救助期限。救助管理机构应当区分受助未成年人年龄、文化程度、身体和精神状况、智力发展水平、滞留时间等不同情况，协助提供义务教育、替代教育、教育矫治、职业技能培训等服务。

（6）离站服务。能够自行离站的受助者填写“自行离站声明书”，经救助管理站完成相应登记后自行离站。不满 16 周岁的未成年人、行动不便的残疾人和其他特殊困难受助人员由其亲属接领返回。救助管理机构应清点交接寄存物品，完成“在站服务及离站登记表”，办理交接手续。

（二）站外救助

为有效减少“强行讨要”“职业乞讨”等不文明现象，公安机关、城市管理部门和其他有关行政机关按照职责分工开展街面巡查和综合治理行动。民政部门要加强街头救助，做好劝诫工作，加强主动救助，对不愿到救助管理机构接受救助的流浪乞讨人员和其他街头生活无着人员，持续做好极端天气下“寒冬送温暖”“夏季送清凉”等专项救助工作。因救助管理机构设施设备不足，无法提供站内照料服务的，各地可根据滞留人员的年龄、智力、心理、生理状况，实施站外分类托养。各地可通过政府购买服务方式，委托符合条件的公办、民办福利机构或其他社会组织，为滞留人员提供生活照料等具体服务。

四、滞留人员救助寻亲

救助站根据受助人员的情况实施不超过 10 天的救助服务。救助期限超过 10 天的人员一般是难以确定身份的走失人员等特殊困难救助对象。民政部门及托管机构要协同公安部门，通过 DNA 比对等方式甄别滞留人员身份信息。对滞留超过 1 个月的受助人员，救助管理机构要根据寻亲进展情况对其在全国救助寻亲网、头条寻人等平台的寻亲信息进行更新完善。对超过 3 个月仍无法查明身份信息的滞留人员，要报请同级人民政府纳入特困人员供养，落实社会救助政策，协助其办理社会保险，并转移至当地政府设立的福利院、养老院、敬老院、精神病院等公办福利机构供养。滞留未成年人则指定具备条件的未成年人救助保护机构照料、社会福利机构代养或家庭寄养，并依托社会工作服务机构、公益慈善组织、法律服务机构和志愿者等社会力量，为受助未成年人提供心理辅导、行为矫治、文化教育、技能培训、就业帮扶等服务。

五、返乡与安置

返乡与安置属于离站服务。对于能够自行返回的外地受助者，救助站对其进行教育后安排离站，并将后续监测和安置工作转交给流出地政府。对残疾人、未成年人及其他行动不便的人，救助站应当通知其亲属或者所在单位接回；亲属或者所在单位拒不接回的，由流入地人民政府民政部门或省级人民政府民政部门通知流出地人民政府民政部门接回，送其亲属或者所在单位。流出地救助管理机构应当对受助未成年人的家庭监护情况进行调查评估：对确无监护能力的，由救助管理机构协助监护人及时委托其他人员代为监护；对拒不履行监护责任、经反复教育不改的，由救助管理机构向人民法院提出申请撤销其监护人资格，依法另行指定监护人。对于走失无户籍人员，各地公安机关要严格依照《国务院办公厅关于解决无户口人员登记户口问题的意见》有关要求，为其依法登记户口，进而确保其社保等权益。有条件的地区有序推进持有居住证的务工人员等在居住地申办社会救助。截至 2019 年 12 月底，全国共安置 22 471 人次，其中落实户口安置 13 899 人。[①]

第四节　我国救助管理政策展望

一、救助管理政策成效

（一）救助保护和预防体系日益成熟

目前，中国已经形成了较为全面的救助管理和预防服务体系。一方面，中国救助管理政策包括了预防与监测、发现与报告、站内与站外救助、滞留人员救助寻亲、返乡与安置等环节。救助管理政策与其他社会救助制度一起，为解决各类人群的基

① 民政部：2019 年全国共救助流浪乞讨人员 102.6 万人次．(2020-01-09)[2022-12-08]. https://news.sina.com.cn/o/2020-01-19/doc-iihnzhha3415529.shtml.

本生存问题构建防线。从预防的角度来看，儿童救助管理制度发挥了突出的作用。流浪儿童是各类儿童保护工作不到位、儿童权利得不到有效保护的集中体现。未成年人救助保护机构是指县级以上人民政府及其民政部门根据需要设立，对生活无着的流浪乞讨、遭受监护侵害、暂时无人监护等未成年人实施救助，承担临时监护责任，协助民政部门推进农村留守儿童和困境儿童关爱服务等工作的专门机构，包括按照事业单位法人登记的未成年人保护中心、未成年人救助保护中心和设有未成年人救助保护科（室）的救助管理站。中国的流浪未成年人救助管理政策已经与最低生活保障、孤儿和困境儿童救助保护制度以及低收入家庭救助制度共同形成分层、分类、较为完备的流浪儿童救助保护和预防体系。

截至2021年年底，全国有救助管理机构1 838个（含未成年人救助保护机构），床位9.4万张。其中，流浪儿童救助保护机构276个，床位0.9万张，救助流浪乞讨未成年人0.7万人次（见表12-1）。

表12-1 2006—2021年中国救助管理机构及床位数

年份	救助管理机构（个）	流浪儿童救助保护机构（个）	救助管理机构总床位（万张）	流浪儿童救助保护机构床位数（万张）
2006	1 239	50	4.6	0.1
2007	1 351	90	4.7	0.4
2008	1 422	88	5.1	0.4
2009	1 488	116	5.1	0.4
2010	1 593	145	5.6	0.5
2011	1 788	241	7.1	0.8
2012	2 031	261	10.0	1.0
2013	2 165	274	10.8	1.2
2014	2 294	345	11.1	1.2
2015	2 041	275	11.3	1.1
2016	1 976	240	11.3	1.0
2017	1 817	194	10.9	0.8
2018	1 710	176	11.0	0.8
2019	1 747	202	10.4	0.8
2020	1 807	252	9.4	1.0
2021	1 838	276	9.4	0.9

注："流浪儿童救助保护机构"包括流浪儿童救助保护中心和救助管理站；自2013年起，流浪儿童救助保护中心更名为"未成年人救助保护中心"。

资料来源：2006—2016年数据来自历年的中国民政统计年鉴；2017—2021年数据来自历年的民政事业发展统计公报。

（二）社会力量介入增强，救助专业化水平提升

社会力量的介入有助于提升救助管理政策有效性，减少重复流浪人次。早在2003年，《城市生活无着的流浪乞讨人员救助管理办法》就提出"国家鼓励、支持

社会组织和个人救助流浪乞讨人员”，但并没有提出具体的要求和配套保障政策。2006 年，民政部等 19 部委《关于加强流浪未成年人工作的意见》则提出了“引入社会工作专业制度、聘用专业社会工作者、建立志愿者服务基地、引导培育民间力量参与流浪未成年人工作、开展国际合作交流、充分利用社会资源等，聚智聚力，共同做好流浪未成年人工作”等具体思路。2009 年，《民政部、公安部、财政部、住房城乡建设部、卫生部关于进一步加强城市街头流浪乞讨人员救助管理和流浪未成年人解救保护工作的通知》针对所有的救助管理对象，提出“鼓励和支持社会组织或个人为流浪乞讨人员提供庇护、饮食、衣被等帮助，探索开展社工干预、心理辅导、行为矫治、教育培训，帮助流浪乞讨人员回归家庭和社会”。

2012 年，《民政部关于促进社会力量参与流浪乞讨人员救助服务的指导意见》专门就如何发挥社会力量在救助管理工作中的作用提出新的意见和要求：要鼓励社会工作等专业力量和社区等志愿组织开展主动救助服务，及时发现救助流浪乞讨人员；提供个性化、多元化、专业化的救助服务，提高救助服务成效；做好预防帮扶服务，使流浪乞讨人员融入正常社会生活。国家开展的流浪乞讨未成年人“回家庭”和“回校园”专项行动、未成年人救助保护源头预防及发现等多个工作环节均充分重视社会力量，基层组织、社会组织尤其是社会工作人才在其中发挥了重要作用。

（三）流浪人口数量大幅减少

表 12-2 反映了 2009—2021 年全国流浪乞讨救助管理工作情况。数据显示，13 年来，中国流浪乞讨救助对象数量呈现先上升后下降的趋势。2009—2015 年，在救助管理部门加强街头巡查和主动救助的政策背景下，全国被救助的流浪乞讨人员数量持续攀升，从 168.1 万人次上升到 370.5 万人次。在救助管理技术提升及多部门联合开展的专项行动的影响下，自 2016 年起，全国被救助的流浪乞讨人数开始下降，自 2017 年开始，民政部统计的流浪乞讨救助人数大幅下降。

表 12-2　2009—2021 年全国流浪乞讨救助管理工作情况　　单位：万人次

年份	救助总数	救助未成年人数	在站救助	站外救助
2009	168.1	16.7	—	—
2010	171.9	14.6	—	—
2011	241.0	17.9	220.5	20.5
2012	276.6	15.2	228.1	48.5
2013	348.5	18.4	296.2	52.3
2014	351.7	17.0	299.5	52.1
2015	370.5	4.7	318.7	51.8
2016	328.3	5.2	283.5	44.7
2017	215.4	3.5	163.1	53.2
2018	155.0	2.2	119.8	35.2

续表

年份	救助总数	救助未成年人数	在站救助	站外救助
2019	131.5	1.8	98.3	33.2
2020	83.2	0.9	—	—
2021	73.9	0.7	—	—

注：2009—2016 年救助总数包括未成年人救助数。

资料来源：2009—2016 年数据来自历年的中国民政统计年鉴；2017—2021 年数据来自历年的民政事业发展统计公报。

20 世纪 90 年代以来，尤其是 2010 年之后，国家对流浪儿童救助管理工作的重视程度不断提高。一方面，国务院出台了专门的工作意见，各部委也开展了专项行动，民政部主导，公安、卫生、教育等部门联动的未成年人救助体系日益完善。另一方面，救助管理技术水平提高，人脸识别、DNA 检测、互联网＋寻亲服务等手段得到普遍应用，流浪乞讨以及被拐卖儿童数量大幅下降。

二、中国救助管理政策存在的问题

（一）救助对象日益复杂，政策目标与实际执行存在一定的偏差

救助管理制度规定的救助对象是生活无着的城市流浪乞讨人员。但从制度实施情况来看，救助管理的目标对象与现实存在一定的偏差。《城市生活无着的流浪乞讨人员救助管理办法实施细则》规定，在救助站接受救助的人员必须同时满足四个条件：自身无力解决食宿、无亲友投靠、不享受城市最低生活保障或者农村五保供养、正在城市流浪乞讨度日。目前，中国各级救助管理机构以及未成年救助保护中心将家庭暴力受害人员以及部分农村留守和困境儿童纳入救助范围，救助管理工作面对的目标群体更加复杂。

各救助站实际救助的人员超过了制度规定的人员范围。现实中，人们在很多情况下会暂时陷入困境。比如，旅游丢了钱包、身份证、手机等，寻亲不着、打工未果等。这些人未必会因为面临一时的困难而沿街乞讨，只需救助站帮忙打一个联系电话或者提供一个银行账号（以供求助人家属汇钱解困），甚至提供几餐就能使其脱困。救助站的工作人员面对前来求助的人员，参考规定的资格条件之后往往会出于人道主义而变通处理。

面对情况复杂的服务对象，救助政策在执行上也难以甄别。例如，卧病街头或流落街头的危重病人和精神病人有可能已经被纳入了常规救助范围，但其家属或其他群众可能利用无偿原则或在不清楚政策的情况下把这些“特殊群体”引导、护送到救助站，使救助管理部门陷入两难境地。随着中国救助体系的日益完善、对拖欠农民工工资行为的严厉打击，以及信息技术发展使人们的资金支付和信息联络速度加快，进站救助的流浪乞讨人员数量大幅下降，但目前仍存在有福利依赖思想的被救助者。他们在领取相关救济后仍然存在生活中的困难，靠在不同城市的救助管理站重复接受救助度日。

（二）治安管理功能缺位，应对职业乞讨等行为的实际效果欠佳

一是职业乞讨行为。根据我们2004—2006年的调查，有过流浪乞讨经历而自愿进站接受救助的人比例很小。接受救助的乞讨人员中竟有近半数的人（44.2%）不愿进站接受救助。职业乞丐不会为了三餐而断绝自己发家致富的路，而真正有困难的乞丐进站求助也解决不了根本问题。乞讨组中这些非自愿进站的人员占了全部非自愿进站人员的一半多。鉴于我们的调查是由调查人员协助调查对象完成的，有些人不一定表达了其真实的想法，实际不愿进站的乞讨人员的比例应该更大一些。

二是扰乱社会秩序的流浪乞讨。根据救助管理制度的规定，公安、城管部门不再像收容遣送时期那样承担重要责任，而只是配合民政部门工作。公安、城管部门在救助管理工作中只有对城市流浪人员进行告知和劝说救助的义务。从被救助者自由权利的角度来看，救助管理制度体现出了进步性。然而，矫枉不能过正，治安管理手段缺位在一定意义上加剧了目前城市流浪乞讨问题的复杂性。为了不影响正常的市容市貌以及社会秩序，各地的轨道交通运营安全条例都不允许乞讨人员在公交、地铁等区域行乞，这在一定程度上减少了乞讨的人数。国家在重大会议和重要国际赛事期间也会加强城市管理，基层政府、公安、城管等部门会加大街头巡查和进站救助力度。

三是重复流浪和跨地区流浪。随着城市化的快速发展，未来城市户籍制度将有所松动，可能会导致更多的人涌向城市，尤其是经济社会条件较好的城市。重复流浪和跨地区流浪问题将会对流入地救助管理工作，尤其是与户籍相关的安置工作产生新的压力。

（三）救助服务精细化和专业化不足，救助效果欠佳

目前，中国救助管理工作以满足服务对象的生存需求为主，而在思想教育、心理疏导、职业培训和素质拓展等方面还很不足。个案化的、以解决流浪问题为导向的救助方式总体上较少。临时的、低层次救助难以满足受助者多样化、多层次的需求，缺少技能培训和素质拓展等个人发展性需求的救助难以从根本上帮助流浪乞讨人员走出困境。①

首先，中国救助管理政策的执行力度不足，部分工作人员的工作能力有待提高，一些救助机构因场地设施破旧、人员不足，无法完全按照《生活无着的流浪乞讨人员救助管理机构工作规程》开展工作。其次，返乡安置等拓展性服务及就业培训等发展性服务缺乏服务体系和标准。最后，参与救助管理工作的社会力量不够充分。在城市化进程日益加快的背景下，中国城市环境日趋复杂，政府部门反应不够及时、程序复杂、广度不够、力量有限。未来的救助管理工作在预防、救助、教育、就业、安置等方面，都需要加强社会各界的积极参与，形成救助保护的良性循环。

---

① 薛小勇．城市流浪乞讨人员救助管理困境及对策．社会福利（理论版），2012（4）：26－29．

中国大多数的救助管理机构遵循“快进快出”的原则。“快进快出”可以在一定程度上降低流浪儿童因滞留在机构而发生各类突发状况的法律风险[①]，但不利于流浪儿童精细化救助，降低了救助有效性。中国缺乏完备的流浪儿童救助法律体系。中国现有的政策法规在操作性上还有待提高，特别是流浪乞讨人员的前置保护和后续发展没有细化的、具有可操作性的规定。流浪儿童监护权、受教育权、收养安置办法散落于其他法条中，零星分散，一定程度上制约了流浪儿童救助保护工作的有效开展。

（四）救助管理与返乡安置未整合，导致重复流浪和长期滞留

救助管理制度是一项临时救助制度，但是站内救助一般规定只能进行 10 天左右，超过 10 天的要报民政部门批准。大部分被救助者都有行为能力，10 天之后自行返乡或由救助机构协助返乡。目前，仍有部分流浪儿童长期流浪或反复流浪，脱离或缺少法定监护人的正常监护。《关于开展家庭监护失当未成年人监护权转移工作的指导意见（征求意见稿）》对未成年人监护权转移问题有更为细致的规定，但未成年人监护制度理念落后、形式分散、内容存在很多空白和不足，多数情况下仅有原则而没有具体的实施细则，如转移前由谁提出、转移过程中向谁转移、转移后谁来监督等都存在实施难的问题。

由于和当地有关部门并未开展联合救助，救助站对流浪乞讨人员返乡后的安置问题无法掌握。如果不能解决造成流浪的根本问题，许多人会重新走上外出流浪乞讨之路，导致重复流浪乞讨。另外，对走失人员以及被拐卖儿童的身份鉴定也属于返乡安置工作的工作内容。目前，中国仍有一定数量的流浪人员因无法确定户籍身份同时又没有流入地户籍而长期在救助站滞留。因此，未来应加强信息化建设，提高返乡安置工作效率，同时加大站内或社区救助力度。

（五）救助管理经费不足，无法支撑救助的有效开展

现行救助管理制度要求县级以上人民政府根据需要设立流浪乞讨人员救助站，同时明确规定救助站不得向受助人员、其亲属或者所在单位收取费用，实施救助管理的经费一般由地方政府予以保障。救助站的开支包括职工工资、保险，被救助人员的饮食、住宿、医疗、返乡交通、教育辅导等多个项目的费用，数额巨大。但是，政府财政特别是边远贫困地区城市的财政比较困难，只能勉强保证机关的基本运转，无法筹集更多资金对流浪乞讨人员实施多样化、全方位和专业化的救助。许多被救助者接受救助后继续进入二次流浪甚至多次流浪的循环状态，造成救助资源因“跑站骗助”行为而遭受损失。[②]

---

① 冯元，彭华民．社会工作伦理视角下流浪儿童救助困境探析．前沿，2012（9）：103-106.

② 谢晗希．救助管理制度的不足及完善建议：基于多次流浪的救助．长江论坛，2018（5）：86-90；王金祥，蒋成国．谈谈实践救助管理制度中的突出问题．经济问题探索，2008（5）：87-89.

三、中国救助管理政策的未来发展

2021年，《“十四五”民政事业发展规划》对救助管理制度提出了新的要求，尤其强调要开展基层社会救助服务能力提升工程，包括提升基层社会救助经办服务能力和完善流浪乞讨人员救助管理设施体系。针对救助管理制度存在的上述问题，结合国际经验和最新政策要求，可采用以下手段完善救助管理政策。

（一）对城市流浪乞讨人员进行细致分类，酌情实施救助

目前，中国城市救助管理对象既包括少数无家可归或者有家难归的居民（家庭暴力受害者、走失人员等），也包括流动人口中的困难群众，其中后者占绝大多数。流动人口困难群众中，既包括一部分因灾害、生活贫困到城市流浪乞讨的农民，也包括一些流入城市务工、寻亲访友遇到临时生存困难的人员，而对后者的救助更具有临时性、突发性和迫切性。目前的救助管理制度还将有高流浪风险区域内的困境儿童和部分留守儿童纳入救助体系。救助管理制度基本定位在城市“生活无着”的流浪乞讨人员以及返乡人员的救助上。对真正“生活无着”的城市流浪乞讨人员，即弱势群体实施救助无可厚非，但目前的城市流浪乞讨人员并不都属于社会弱势群体，至少有几类人员不符合或不完全符合弱势群体的条件，如流浪型、好逸恶劳型、脱贫致富型、受控制型的流浪乞讨人员。他们恶意占用救助管理资源、伤害善良市民的公益心，给城市治安管理带来很多难题。因此，未来应借助先进的人脸识别、指纹识别等技术，同时利用全国流浪乞讨人员救助管理信息系统和社会救助管理信息系统对进站流浪乞讨人员精准识别，应救助的要及时开展个体化的救助，不符合救助条件的要具体问题具体分析，酌情考虑是否救助以及救助标准，实施精细化的分类和救助。

（二）合理确立救助管理制度基本理念，重视发展性救助

救助管理制度强调自愿求助，重视服务，淡化了社会控制。这一原则相对于收容遣送制度无疑是一大进步，但是，有些矫枉过正了。制度过于强调自愿，使救助站和公安、城管部门面临种种工作难题。救助管理制度应当在维护社会秩序与尊重个人自由之间寻找一个平衡点，使对城市流浪乞讨人员的救助管理既能配合社会控制的工作需要，又能有效地区分出真正的救助目标群体。未来要强化街面治安综合治理，依法依规处理违反治安管理、城市管理等规定的行为，有效减少“强行讨要”“职业乞讨”等不文明现象。要持续做好极端天气下“寒冬送温暖”“夏季送清凉”等专项救助工作。公安、城市管理和民政等部门要协同组织开展街面巡查，确保不发生冻饿死伤等极端事件。针对有劳动能力的反复流浪者，应当为其提供劳动就业培训和有酬劳动的机会；应把贫困家庭的儿童和就学青少年的教育摆在重要位置；通过提升人力资本、巡岗协助、创业辅导、家人照看服务等方式帮助贫困者积极就

业或创业，此外，也可积极引入“资产建设”方法，帮助贫困者积累资产，致力于促进其长期发展。①

（三）在科学分类的基础上实施专业化救助

首先，从流浪乞讨成因来看，流浪乞讨人员可分为不同类型，救助管理制度应予以区分，实施不同救助。“临时遇难型”和“奉献型”流浪乞讨人员一旦危机得到解除，将自动脱离这种生活。救助管理制度可以帮助或引导他们解除危机，前提是现行的救助人员的资格（条件）规定有所变通。“脱贫致富型”流浪乞讨人员不会自动脱离这种状态，除非找到比流浪乞讨收益更高的谋生方式。除了救助管理制度对其加强管理教育以外，还需要就业援助等政策措施加以引导，努力使之改变生存方式和生活状态。“求生存型”流浪乞讨人员脱离贫困状态需要其他救助制度发挥合力。“受控制型”流浪乞讨人员脱离流浪乞讨生活不仅需要自身危机得以解除，还需要脱离团体的控制。政府部门要依法加强对经营乞丐尤其是控制残疾人和未成年人乞讨牟利行为的打击力度。“好逸恶劳型”流浪乞讨人员不会轻易改变其生存方式，应该运用救助管理制度对其实施短期救助和思想引导，实施陪伴式有酬劳动教育和社区引导，并联合公安及城管等部门对此类行为进行严厉打击。

其次，针对不同户籍的救助对象，救助管理制度也应该实施不同的救助。针对本地户籍的临时遇困者，应根据情况提高临时救助专业性，引进社会组织开展专业救助，同时与其他救助制度协同制定个案化救助方案，临时困境解除后，将临时救助转移为社区化救助，避免重复流浪。这里的社区是包含医院、学校、社会组织以及社区居委会等在内的广义社区概念。针对异地流浪乞讨人员，在确保其基本生活的基础上，尽快与流出地共同协商制定转移救助方案。适合返乡的由流出地开展后续救助服务，并形成跨地区的救助档案；不适合返乡的争取开展流入地专业救助，帮助其融入城市生活。我们要总结西方国家经验教训，发挥中国既有户籍制度优势，平稳放开户籍约束，在有利于救助者的环境下开展救助，降低救助成本并提高救助效率，避免形成流浪乞讨人员在大城市扎堆，无限加大大城市救助压力和城市管理风险的情形。

最后，对于不同的救助人群，要根据他们的实际需求提供个性化的救助方案。如：对流浪孤儿，要及时联系相关福利机构予以接收，并为其提供良好的生活和学习环境；对残疾人，要根据其伤残程度，考虑由福利机构收养或提供技能培训、工作岗位；对家庭暴力受害者，需要严格评估其受害程度，在确保其安全的基础上综合妇联、社区、社会组织等多方力量开展专业救助，避免再次伤害。

（四）引入心理疏导等专业方法，提高救助站服务水平

《关于开展生活无着的流浪乞讨人员救助管理服务质量大提升专项行动的通知》

---

① 钟玉英．当代国外社会救助改革及其借鉴．中国行政管理，2012（12）：74－77.

提出，要全面开展照料服务达标行动。要按照“站内照料是常态、站外托养是例外”的原则，强化站内照料职责，有步骤、分批次开展托养人员站内接回工作，设施设备或人员不足、无法提供照料服务的救助管理机构，可以通过政府购买服务方式引入专业力量参与工作，提升站内照料服务水平；完善和落实救助管理监管、监督制度和死亡报告制度。

引入心理疏导和矫正方法，帮助受助人改变流浪乞讨生存（生活）方式。救助站应该根据不同人员的性格特征、个人素质和具体遭遇，采取不同的措施。首先，与受助人做充分的沟通，了解受助人的心理状态和想法，以不含任何价值评判的方式与受助人平等交流，并向其确保对话的安全性。其次，精细化解决问题。救助站工作人员除了应宣讲相关政策，激发受助人对生活的责任和热情外，还应当在充分了解情况的基础上对症下药，运用专业的方法和技巧（例如通过个案、小组工作以及心理学相关知识）矫正受助人颓废、偏激的心理。

（五）做好救助管理制度与其他救助制度的衔接，巩固救助成果

2014年，国务院《社会救助暂行办法》将流浪乞讨人员救助划到临时救助部分，提出由民政部门统筹全国社会救助体系建设，自此中国开始建设系统化的社会救助网络。但《社会救助暂行办法》只对中国的社会救助体系建设提出了框架性的要求，对不同救助制度之间的衔接机制的规定尚不够细化。截至目前，中国尚未出台社会救助法。加快社会救助的立法成为建设中国新型救助体系的当务之急。只有通过立法实现临时救济与常规性救助的良好衔接，完成社会救助制度的有效整合，形成统一的功能体系，才能履行政府的社会正义权能、制度正义权能，实现国家对困难群体的保护。①

首先，要健全基层社会治理体制机制，完善社会力量参与救助保护工作政策，加强救助管理机构工作与其他社区救助力量的良好衔接和紧密配合。救助管理部门需要做好流浪乞讨人员的分类管理和转移接续工作。社会组织也应多方发力，形成整合式的服务体系。

其次，要明确流出地政府的责任。流出地政府在受助对象返乡以后，应当担负起对这些流出人员的救助责任，将其作为重点救助帮扶对象，努力从根本上解决其生活困难，从而消除其外出流浪乞讨的动因。第一，关注和帮助农村剩余劳动力就业，完善进城农民工社会保障体系。第二，进一步推进医疗救助、住房救助等专业救助服务。第三，落实和完善最低生活保障制度和特困人员供养制度。第四，加大对农村教育的扶持力度，提高流浪人员的综合素质。

最后，要加强家庭监护责任。家庭保障对于个人生存具有保底的作用。对于一些有特殊需要的人群，如残障人士、年迈体衰的老年人、未成年人等，家庭的照顾、支持作用更加重要。因此，应当以法规的形式明确家庭的监护、保障责任，使外出

---

① 刘艳霞，张朝雄．建立与和谐社会相适应的流浪乞讨人员救助管理制度．兰州学刊，2007（4）：79-82.

流浪乞讨人员返乡以后得到应有的照顾和支持。

（六）建立跨地区、跨部门的协调机构和档案、信息管理系统

应当明确界定民政部门和公安、城管、卫生、交通、司法等部门之间的职责划分和财政责任，做好衔接、配合工作。在民政部建立各部委联席会议制度的基础上，在各级政府设置相对应的协调机构或赋予现有机构相对应的协调权限，确保多地区、多部门的协调与合作。[①] 加强信息上的相互沟通、管理上的相互协调、服务上的相互合作，形成管理与服务的合力。

充分利用流浪乞讨人员救助管理信息系统，实现各级政府之间、政府各部门之间的信息共享：收集和编制各部门（如民政、公安、城管、卫生等）、各地区（从中央到地方）、各种组织、新闻媒体有关流浪乞讨的信息数据；建立资料库、数据库和专家网络。发现和遏制恶意骗取救助行为，增强政府救助管理决策的科学化。[②] 救助管理协调部门要将 DNA 检测、人脸识别、互联网等最新技术运用到救助管理工作中，提高救助管理在登记管理、在站救助、犯罪预防、寻亲服务、返乡安置等方面的工作效率。此外，要探索救助管理区域中心站试点工作，优化资源供给，实现资源有序流动、优势互补，通过重新配置资源推动工作简约化、高效化，破解区域、城乡救助管理工作发展不平衡的局面。[③]

（七）增加救助管理政策资金支持，加强人才队伍专业化建设

要加大资金投入，拓宽救助管理制度资金来源渠道。各级政府应当把救助管理工作资金列入当地的财政预算给予保障，根据城市规模及流动人口规模等指标规划资金拨付，同时，重视吸纳来自社会组织和个人的救助经费，确保经费充足。开展生活无着流浪乞讨人员的返乡工作需要大量的资金，可以通过设立中央财政救助金的方式，来解决跨省救助产生的资金难题。对于特别困难的、人口流出较多较频繁的地区，可以加大财政支持力度。2020 年，《关于开展生活无着的流浪乞讨人员救助管理服务质量大提升专项行动的通知》提出，要开展全面提升救助管理干部队伍素质行动。鼓励救助管理干部职工学习社会工作、心理辅导、特殊人员照料等专业知识，设置社会工作专业岗位和专职寻亲岗位，提升救助服务能力，培养专业化寻亲队伍。救助管理机构还应提高危机管理能力，提高救助站疾病预防水平，提供工作人员解压服务，保障救助管理工作人员的身心健康。

---

① 崔晓乐．社会工作介入流浪乞讨救助管理的途径．吉首大学学报（社会科学版），2016，37（S2）：32－35.

② 刘艳霞，张朝雄．建立与和谐社会相适应的流浪乞讨人员救助管理制度．兰州学刊，2007（4）：79－82.

③ 王金华．坚持开拓创新　引领新时代社会事务工作高质量发展．中国社会报，2022－01－11（1）.

思考题

1. 转型期中国流浪乞讨现象的成因是什么？
2. 救助管理制度取代收容遣送制度有哪些重要意义？
3. 试述中国救助管理政策的发展历程。
4. 试述现阶段中国救助管理制度的主要内容。
5. 当前中国救助管理制度存在的困难与问题是什么？如何改革？

第十三章
反贫困社会政策

扶贫济困是社会政策的传统领域。缓解和消除贫困、实现社会成员的共同富裕，不仅是我国也是世界各国人民的普遍愿望。2015 年，联合国通过了 17 项变革世界的可持续发展目标（SDGs），作为《2030 年可持续发展议程》的重要组成部分。其第一个可持续发展目标就是“在全世界消除一切形式的贫困”。

第一节　贫困与社会政策的关系

一、贫困的概念及其内涵

从词义上看，“贫”在中国古代指“财分少也”，它指向分配的结果。蒲鲁东在《贫困的哲学》中也将贫困看成一种不平等，这些不平等是由社会分工、机器、竞争、垄断、捐税等造成的。亨利·乔治在《进步与贫困》中指出：“贫困及其伴随物正是以形成物质进步趋向的条件而出现在社会中。”[①] 马克思则将贫困与生产关系的性质联系起来。不过，很长一段时间内，人们对于贫困的认识都局限于物质或经济层面，贫困被视为一个人或家庭的经济收入不足以维持其基本的生活需要，或者一个地区经济不发达的状态。其中，较早的具有代表性的观点由英国经济学家朗特里（Rowntree）提出。在对英国约克郡的工人家庭进行家计调查的基础上，1901 年他写出《贫困：城镇生活研究》一书，书中提出贫困是“总收入水平不足以获得仅仅维持身体正常功能所需的最低生活必需品，包括食品、房租和其他项目等”[②]。

---

① 乔治．进步与贫困．吴良健，王翼龙，译．北京：商务印书馆，2010：15.

② ROWNTREE B S. Poverty：a study of town life. London：Macmillan，1901：86.

后来，随着经济发展、社会进步和人类文明程度的提高，学界对贫困内涵的认识不断深化。一是对贫困的表征认识不再局限于物质层面，而是开始关注心理贫困、精神贫困和人文贫困等。二是对贫困的内涵认识不再停留在经济（特别是收入）这一表层特征上，而开始认识到贫困是缺乏“能力”“机会”的表现。此时，对贫困的认识，已经从单纯经济层面扩展到生存、发展、文化、环境和社会权利等层面。三是对贫困的主体认识由个人或家庭的层面扩展到区域、群体和社会层面，认为贫困是一种不发达的社会现象。四是对贫困的判定标准认识由客观的“缺乏”过渡到相对的标准，认为贫困线的划定具有社会比较性。世界银行和联合国对贫困的界定充分体现了这种趋势。1990 年，世界银行将贫困界定为“缺少达到最低生活水准的能力”。2000 年，世界银行又扩大了贫困的概念，认为贫困不仅意味着低收入、低水平的教育和健康，还包括风险和面临风险时的脆弱性，以及不能表达自身的需求和缺乏影响力。[①] 2008 年，牛津大学贫困与人类发展研究中心（Oxford Poverty and Human Development Initiative，OPHI）主任阿尔基尔（Alkire）和其合作者建立了多维贫困指数（MPI）的测量标准。该指数分健康、教育和生活水平三个大类，三个大类又分营养状况、儿童死亡率、儿童入学率、受教育程度等 10 个指标维度。联合国开发计划署自 2010 年起运用多维贫困指数发布人类发展报告，并逐年更新全球多维贫困指数报告。2018 年，世界银行发布的《2018 年贫困与共享繁荣：拼出贫困的拼图》报告就采用多维贫困指数监测了全球层面消除多维贫困的进展情况。

在学术研究中，斯派克（Spicker）的“贫困轮”概念也揭示了贫困的多元复合内涵（见图 13-1）。在《定义贫困：12 个要素的聚类分析》一文中，他从物质水平、经济状况和社会地位三个维度定义了贫困，每个维度又可分为几个子维度。[②] 在物质水平维度上，贫困表现为基本需求得不到满足、资源匮乏和不同模式的剥夺；在经济状况维度上，贫困由低下的生活水平、高度的不平等和经济地位差异造成的社会结果组成；在社会地位维度上，贫困被理解为个人的正当权利和人身财产等基本安全缺少保障、严重的社会隔离、对福利制度的高度依赖，以及社会阶层不同带来的辖制。这些不同维度之间是相互联系的。

二、贫困的类型

（一）绝对贫困和相对贫困

按照贫困程度，可以将贫困分为绝对贫困和相对贫困。大多数学者把不能满足基本生活需要的贫困称为绝对贫困，把基本生活需要解决了的贫困称为相对贫困。绝对贫困侧重生存所需，具有绝对性和客观性；相对贫困侧重机会缺失、权利剥夺，

---

① 世界银行. 2000/2001 年世界发展报告：与贫困作斗争. 本报告翻译组，译. 北京：中国财政经济出版社，2001：15.

② SPICKER P，LEGUIZAMÓN S Á，GORDON D. Definitions of poverty：twelve clusters of meaning//Poverty：an international glossary. London：Zed Books，2007：229-243.

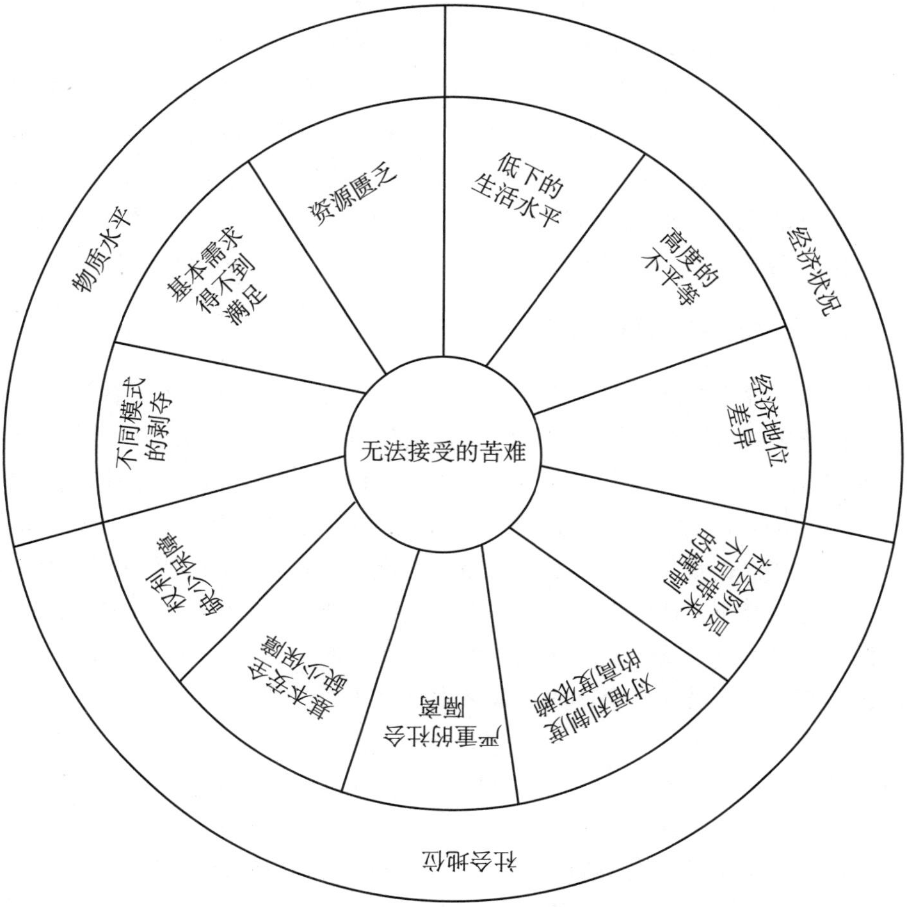

图 13-1　贫困轮示意图

注：引自斯派克的《定义贫困：12 个要素的聚类分析》，对斯派克的原图有所改动。

具有相对性、主观性、长期性和动态性。①

绝对贫困就是经济状况的最底层，这种按照经济状况定义的贫困，叫作收入贫困，也被称为物质贫困。绝对贫困的概念最早由布思（Booth）于 1887 年提出，他将每周收入少于 18 便士且拥有 6 个孩子的家庭定义为贫困家庭，同时还将收入之外的工作类型和生活条件纳入贫困的判定依据，如果个人没有工作且不存在酗酒、赌博等行为则被认定为贫困人口。② 朗特里在对英国约克郡的工人家庭进行家计调查的基础上，提出贫困是“总收入水平不足以获得仅仅维持身体正常功能所需的最低生活必需品，包括食品、房租和其他项目等”。可见，在绝对贫困定义中，基本需求是核心概念，准确把握最低基本生活所需是进行概念界定的关键。相对贫困的概念

① 汪三贵，刘明月．从绝对贫困到相对贫困：理论关系、战略转变与政策重点．华南师范大学学报（社会科学版），2020（6）：18-29，189.

② LADERCHI，C R. The monetary approach to poverty：a survey of concept and methods. QEH working paper，2000（58）.

内涵最早由英国学者汤森（Townsend）提出，他从资源分配角度定义相对贫困：若个人（家庭）所拥有的资源远远少于一般大众（家庭）所支配的资源量，以致无法获得某些类型的饮食、缺少正常的社会活动、无法享有社会广泛认可的生活条件和便利设施，则认为其处于贫困状态。① 阿马蒂亚·森从权利剥夺视角来定义相对贫困：若个人（家庭）在社会上享有的权利被剥夺则被认为处于贫困状态。② 相对贫困意味着相对排斥与相对剥夺，往往与社会的收入分配有关③，主要表现为收入差距、不均衡、不充分、不确定等。

（二）客观贫困和主观贫困

按照贫困的界定标准所划分的绝对贫困和相对贫困，应该都属于客观贫困范畴。汤森认为传统客观贫困线的一个缺陷在于，很难对基本需求的定义尤其是对非食品需求的界定有一个理想的标准。而主观贫困这一概念最初是以主观贫困线（subjective poverty line）的面目出现的，在学术史上源于学者对客观贫困线（objective poverty line）概念的反思。主观贫困是指在特定社会环境中的个体通过群体比较和自我比较，对社会所公认的最低生活标准做出的主观判断。它是一种感受贫困，指的是个体对于自身是否属于贫困状况的评估，通过对个体福利或生活的不同领域的满意度进行测量并加总来对个体的主观贫困状态进行分析。主观贫困可分为主观感受贫困和主观福利贫困。④

有些学者用精神贫困来代替主观贫困，将其看成是由主客观原因导致人在精神状态、价值取向、思维观念、道德水平、心理素质等方面落后于社会主要物质生产方式。⑤ 杭承政和胡鞍钢将“精神贫困”界定为贫困人口缺乏志向、信念消极和行为决策不理性的行为现象，其本质是个体失灵，具体来说是志向失灵和行为失灵的结果。⑥ 我国非常重视消除精神贫困，党的二十大报告指出，物质富足、精神富有是社会主义现代化的根本要求。物质贫困不是社会主义，精神贫乏也不是社会主义。

（三）收入型贫困和支出型贫困

收入型贫困是指因劳动力不足、劳动能力较弱或获取收入的能力存在差距，从而导致收入较低无法维持正常生活的现象。传统收入型贫困家庭社会救助体系运转资金来源主要包括国家财政拨款、信贷扶贫、社会捐赠与国际援助、社会救助基金

---

① TOWNSEND P. Poverty in the United Kingdom: a survey of household resources and standard living. Berkeley: University of California Press, 1979: 31.

② SEN A. Issues in the measurement of poverty. Scandinavian journal of economics, 1979, 81 (2): 285-307.

③ 林闽钢．相对贫困的理论与政策聚焦：兼论建立我国相对贫困的治理体系．社会保障评论，2020，4（1）：85-92.

④ 左停，杨雨鑫．重塑贫困认知：主观贫困研究框架及其对当前中国反贫困的启示．贵州社会科学，2013（9）：43-49.

⑤ 柳礼泉，杨葵．精神贫困：贫困群众内生动力的缺失与重塑．湖湘论坛，2019，32（1）：106-113.

⑥ 杭承政，胡鞍钢．“精神贫困”现象的实质是个体失灵：来自行为科学的视角．国家行政学院学报，2017（4）：97-103，147.

增值等。

支出型贫困是指由于家庭支出较大，导致家庭无法支付的一种状态，这种贫困大多数属于相对贫困。[①] 与收入型贫困不同，支出型贫困关注巨额支出对人的生活水平的影响。在现代社会，支出型贫困往往是因大病重病、子女上学、突发事件等原因造成家庭刚性支出过大，远远超出家庭的承受能力，导致实际生活水平处于绝对贫困状态。支出型贫困对反贫困政策提出了很大挑战，它具有发展性、预防性、风险性等特征[②]，要求对贫困者的救济更加精准、及时、高效。

（四）个体贫困、区域贫困、阶层贫困

从贫困所涉及的主体看，贫困可以分为个体贫困、区域贫困和阶层贫困等。

一般语境中的贫困其实指的是个体层面的贫困。早期研究者们大多围绕个体生存所需的物质条件是否得到满足这一基本条件来进行阐述。其概念在不同社会和不同时期有着不同的内涵，按发展顺序大致可分为收入贫困、能力贫困和权利贫困。

区域贫困是指在特定的经济发展区域内，人们由于没有足够的资源去获取社会公认的一般都能享受到的现金、生活条件、闲暇活动、舒适，参加某些活动和受教育的机会而处的状态，是区域内不同人群或社区境遇相比较得出的概念。[③] 我国的反贫困政策，非常注重解决区域贫困问题，划定了集中连片特困区、深度贫困区、国家级贫困县等。

阶层贫困源于社会学者将社会地位与贫困分析联系在一起，认为贫困是因为与之相关的个人或群体的阶层地位处于社会底层（下层阶级）。[④] 安东尼·吉登斯（Anthony Giddens）曾指出，“下层阶级”这个术语经常被用来描述处于阶层结构最底层的人口。下层阶级的成员的生活水平明显低于大多数人口的生活水平。这是一个以多重不利为特征的群体。[⑤]“贫困阶层”就被定义为在社会结构中处于底层，基本生活没有保证，温饱没有解决，或勉强解决温饱但居于不利的经济、政治和社会地位的人的集合。[⑥] 而贫困阶层所面临的窘迫生活状态被称为“阶层贫困”。

（五）文化贫困、资产贫困与能力贫困

文化贫困关注贫困的形成原因。人类学家刘易斯（Lewis）在《贫困文化》一文中指出，“贫困文化”是一种拥有自己的结构与理性的社会亚文化。它表达着“在既定的历史和社会的脉络中穷人所共享的有别于主流文化的一种生活方式”，也表达

① 黄缪，刘巍，陈佳．全面建成小康社会后中国农村贫困的再定义和识别．内蒙古统计，2021（1）：1-3.

② 郑瑞强．“支出型贫困”家庭社会救助模式设计与发展保障．农业经济，2016（2）：95-96.

③ 吴永红．区域发展中的区域贫困：兼论福利制度的区域安排．理论与改革，2001（2）：89-91.

④ “城乡困难家庭社会政策支持系统建设”课题组．贫困概念的界定及评估的思路．江苏社会科学，2018（2）：24-30.

⑤ 吉登斯．社会学：第4版．赵旭东，等译．北京：北京大学出版社，2003：375.

⑥ 郑丽箫．中国贫困阶层：问题、影响与对策．南昌大学学报（人文社会科学版），2004（2）：50-53.

着“在阶层化、高度个人化的社会里穷人对其边缘地位的适应或反应”。他强调贫困文化在信念上有下述特点：确信个人无法控制环境，相信命运或运气决定个人的生活，对攻击性冲动的控制力低，注重现在而不是将来，对教育成就和职业成就的抱负水准也较低。① 贫困亚文化的存在一方面是穷人在社会强加的价值规范下无法获得成功而做出的种种应对挫折和失望的不得已选择；另一方面，也有相当一部分穷人完全心甘情愿地生活于自己的文化圈。

资产贫困认为穷人的贫困源于他们缺乏积累财富的机会，无法形成个人资产，从而导致贫困。与此相对应，产生了专门针对资产贫困者的资产社会政策理论。这一理论认为，收入支持政策不足以解决长期的贫困问题，它们不能“使贫困家庭获得长远的发展”，而资产可以“产生福利效应”，资产社会政策更能保证贫困者从根本上脱贫。②

能力贫困是由阿马蒂亚・森的理论发展而来的。他指出，贫困的实质是能力的缺乏。一个人避免饥饿的能力依赖于他的所有权（所有权是权利关系之一），以及他所面临的交换权利映射，而饥饿的直接原因是个人交换权利的下降。他主张，应该改变传统的以个人收入或资源的占有量为参照来衡量贫富的标准，而应该引入关于能力的参数来测度人们的生活质量。其核心意义是必须考察个人在实现自我价值功能方面的实际能力，因为能力不足才是导致贫困的根源。同时，森提出，只有能力才能保证机会的平等，也就是说“真正的机会平等必须通过能力的平等”才能实现。

三、贫困的危害

从贫困的内涵可知，贫困反映出个人、家庭或某一社会群体在收入、消费、能力或社会权利方面的缺乏与被剥夺状态，也能反映出一个社会的公平程度。根据社会排斥理论，处于贫困状态的群体在社会生活中总是会受到一些有形或无形的排斥，形成所谓的社会区隔。而社会排斥的存在又会让贫困群体产生相对剥夺感以及其他负面心理。

有不少研究显示，贫困会不断地进行生产与再生产。20 世纪 50 年代，发展经济学家提出了贫困陷阱论。所谓“贫困陷阱”通常指这样一种情况：处于贫困状态的个人、家庭、群体、区域等主体或单位由于贫困的存在而不断地再生产出贫困，从而长期在贫困的恶性循环中难以自拔。③ 较具代表性的有纳克斯（Rogue Nexus）的贫困恶性循环理论、纳尔逊（Richard R. Nelson）的低水平均衡陷阱理论和缪尔达尔（Karl Gunnar Myrdal）的循环累积因果关系理论。例如，纳克斯认为，对资

---

① LEWIS O. The culture of poverty. Scientific American，1966，215（4）：19－25.

② 史乐山，邹莉．个人发展账户："美国梦"示范工程．江苏社会科学，2005（2）：201－205.

③ 陈月，韩海涛．跨越“贫困陷阱”的中国道路与历史经验：兼谈破除“陷阱论”的中国特色反贫困话语建构．理论导刊，2021（9）：72－81.

本的需求受到市场规模的限制，而市场规模的大小又取决于生产力的高低，贫困地区在资本形成的供给和需求两方面存在着双向制约的恶性贫困。贫困地区在供给方面形成了“资本缺乏—生产率低—实际收入低—储蓄能力小—资本缺乏”的恶性循环；而在需求方面则形成了“资本缺乏—生产率低—实际收入低—购买力小—市场规模小—吸引投资少—资本缺乏”的恶性循环。[①] 我国学者朱信凯、彭超等人也认为，贫困会通过贫困恶性循环造成贫困加剧：无钱就学、就医，导致获取知识和医疗保障的途径受阻，影响国民整体素质和健康水平的提升；无钱投资开发，致使贫困人口获得经济报酬的途径受阻，只能依靠劳动力和资源掠夺式的生产方式，导致生态环境受损；由于身心发展受到局限，贫困在代际传递，使贫困差距加大，不平等矛盾加深等。[②] 贫困的再生产还体现在贫困的代际传递上，贫困被一代代传递下去。

社会冲突学派认为，贫困本身就是对有限资源的不公平分配的一种表现，因此贫困本身就体现着社会层面处处存在冲突。大范围贫困现象的存在代表着社会不平等，不利于社会团结。在国外，贫困群体是城市犯罪的重要来源。英国学者盖伊·史坦丁（Guy Standing）曾用“不稳定无产阶级”（the precariat）来概括城市里新出现的贫困者，“在不稳定的状态下，他们的行为与态度都趋向机会主义。他们的行动没有未来的阴影（show of the future），并不觉得当下的言论、行为、感觉将会对于长期关系产生强大影响力或者约束力”[③]。他们的心理呈现出四个“A”特点：愤怒（anger）、失范（anomie）、焦虑（anxiety）和异化（alienation）。这一群体在“社会中散漫无序地存在，但有可能成为失败者，无法融入社会，转向铤而走险，变成犯罪分子”[④]。

四、贫困与反贫困社会政策

（一）贫困与社会政策的产生

社会政策与反贫困渊源颇深，社会政策被认为是解决贫困问题的最直接手段。对社会政策来说，从其诞生之初便以“克服贫困”作为目标。它主要通过再分配手段对社会财富进行调节以向贫困的弱势群体提供帮助。1601 年，英国政府颁布的《伊丽莎白济贫法》是社会政策解决贫困的开端。自此以后，无论在发达国家还是在发展中国家，社会政策一直是解决贫困问题的一个必不可少的手段。许多研究者运用社会科学方法对贫困进行研究，并试图用种种方法来消灭贫困，在这些方法中，社会政策始终被放在突出的位置。

随着经济社会发展，发达国家陆续构建起各项社会政策，以保证国民的福利。

---

① 讷克斯．不发达国家的资本形成问题．谨斋，译．北京：商务印书馆，1966：60－61. 讷克斯，现一般译为“纳克斯”。

② 朱信凯，彭超，等．中国反贫困：人类历史的伟大壮举．北京：中国人民大学出版社，2018：8.

③ 史坦丁．不稳定的无产阶级．刘维人，译．台北：脸谱出版社，2019：40.

④ 梁燕城．发达社会中的贫困阶层：不稳定无产阶级．北京城市建设，2021（1）：196－200.

目前，社会政策对贫困问题的解决方式已超出了《伊丽莎白济贫法》的救助手段，建立起了包括社会保险在内的各项社会保障措施，极大地减少了贫困人口尤其是绝对贫困人口的数量。反贫困社会政策已成了各国政策的必备内容，并在不断发展完善中。随着世界各国现代化进程的加快，以及工业化、城市化、市场化和全球化的不断深入，贫困问题变得更加复杂，各国纷纷加强了贫困立法和福利干预，通过了各种收入维持计划，反贫困社会政策也愈加系统。基于此，有学者认为，反贫困是社会政策的基本目标。

(二)反贫困社会政策

反贫困社会政策是国家和政府从社会公正的理念出发，为解决贫困问题，维护贫困者尊严，增进贫困者福利，弥补初次分配的漏洞，促进社会和谐，而实行的一系列政策、措施和办法。

1. 反贫困社会政策的前提：经济发展

经济发展是反贫困的重要条件之一。换句话说，反贫困离不开经济发展，只有以持续的经济增长为前提，反贫困社会政策的实施才具有稳定性和连续性。经济发展对反贫困社会政策实施的作用主要表现在两个方面：一方面，经济发展能够增加国民财富，为贫困人口提供更多、更好的就业机会，有利于贫困人口贫困境况的自我缓解，这是经济发展对反贫困直接而积极的贡献；另一方面，经济发展促进政府的财政收入增加，使国家和政府具备实施反贫困社会政策的客观条件，从而使反贫困社会政策的实施和落实得到保证，使政府更有能力去帮助贫困人口，这是经济增长通过政府而间接地促进反贫困社会政策的实施。例如，我国数次提升农村的贫困标准，其根本原因在于我国经济发展水平的提升。

2. 反贫困社会政策的形式

从各国的实践看，反贫困社会政策的形式包括就业、社会救助、社会保障、扶贫开发等。

首先来看就业，一般认为就业是解决贫困问题的最重要手段，因为就业能直接带来收入，提高个体的能力，增加社会支持，也有助于消除排斥。许多研究发现，城市中的贫困者往往是无业或在非正规部门中就业。从世界范围来看，给低收入者提供更多的就业机会是反贫困的不二法门。为此，许多国家纷纷加大了对人力资本的投资，实施发展型社会政策，帮助贫困者更好地适应市场经济，在劳动力市场中占据有利位置。

其次，社会救助也是反贫困的重要形式。社会救助是社会最后一道安全网，历来就是应对贫困问题和失业问题的重要制度安排和社会政策。① 甚至可以说社会救助是在应对贫困问题的过程中不断得到完善的。传统的社会救助制度主要是根据失业、贫困等社会风险组织起来的，用来解决已产生的生活困境，其救助目标是维持

---

① 江树革，古斯塔夫森．国外社会救助的经验和中国社会救助的未来发展．经济社会体制比较（双月刊），2007（4）：78－83.

陷入困境人群的生存，救助手段包括实物救济、现金补助等，救助机制主要是事后风险补救。[①] 随着现代社会各种不确定风险的出现，各国的社会救助制度都在进行改革，增加了救助绩效、个人责任等内容，这些都有助于提高低收入者摆脱贫困的能力。在我国，给低收入者发放最低生活保障金是城镇最主要的反贫困形式。1999年9月，国务院颁布了《城市居民最低生活保障条例》，以法律形式将城市的这一扶贫措施固定了下来。截至目前，以低保制度为基础的城市社会救助体系基本确立，为城市贫困者构建了一张稳固的安全网。

再次，社会保障是减贫的重要工具（见图13-2）。社会保障涉及养老、医疗、住房、失业、工伤、社会服务等多个方面，能够为低收入者提供更完整、更高水平的社会福利和社会保护，能够对低收入者进行更为系统的干预，能够为贫困者建立综合全面的社会保护网。同时，社会保障制度还具有预防性，可以帮助社会成员预防各种风险，降低社会成员陷入贫困陷阱的概率。因此，社会保障也成为世界各国反贫困的主要手段。早在1966年，英国工党就制定了《社会保障法》，以此减少社会救助给贫民带来的耻辱感。在我国，有学者指出，缺少预防性的社会保障制度是农民致贫和返贫的主要原因。[②]

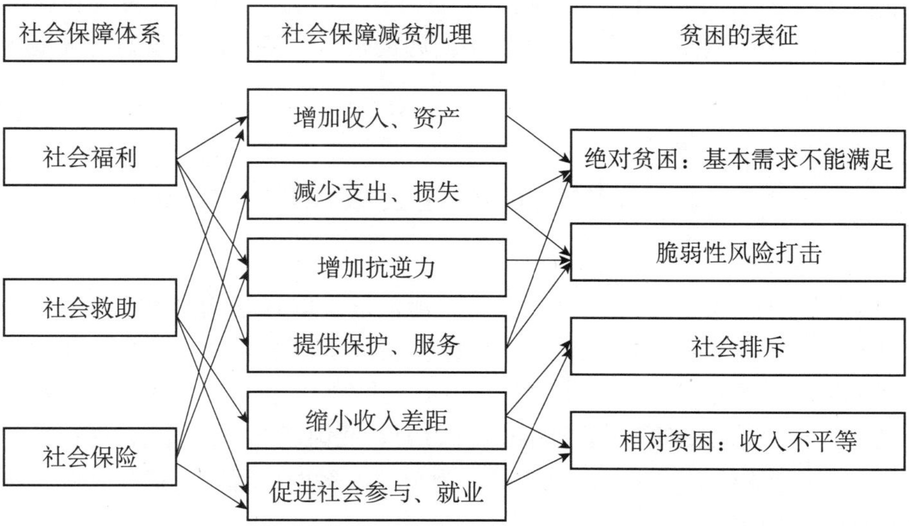

图13-2　社会保障减贫发展机理

资料来源：左停，赵梦媛，金菁．路径、机理与创新：社会保障促进精准扶贫的政策分析．华中农业大学学报，2018，133（1）：1-12，156.

最后是扶贫开发。扶贫开发这种反贫困形式的主要依据来自增长优先战略。该战略的理论基础是刘易斯的“二元经济模型”和西蒙·库兹涅茨（Simon Kuznets）

① 郭林，张巍．积极救助述评：20世纪以来社会救助的理论内核与政策实践．学术研究，2014（4）：54-62.

② 徐月宾，刘凤琴，张秀兰．中国农村反贫困政策的反思：从社会救助向社会保护转变．中国社会科学，2007（3）：40-53，203-204.

的倒U形发展理论。其基本特点就是先增长、后缓解贫困。在经济学上，该现象也被称为“涓滴效应”（trickle-down effect）或滴漏效应。在经济增长初期，增长的好处可能为一部分人所享有，并不会给贫困阶层、弱势群体或贫困地区特别的优待；随着增长的继续，通过已经富裕起来人群的多类型带动，增长效应会逐渐滴漏到其他社会成员身上。许多发展中国家在20世纪五六十年代确定了加速工业化，追求经济发展的反贫困模式。联合国也制定了支持GNP优先增长的计划。欧盟的2020战略就将反贫困目标纳入经济复苏总体战略。欧盟认为要消除贫困，关键是稳增长、合理的就业政策和教育政策。① 与经济优先增长战略相区别，扶贫开发这种模式并不把经济发展作为唯一指标，而是在此基础上加入了个体增能、社会发展、生态保护、可持续性生计等元素。所谓扶贫开发，就是以经济建设为中心，支持、鼓励贫困地区干部群众改善生产条件，开发当地资源，发展商品生产，增强自我积累和自我发展能力。② 我国从1978年开始就将扶贫开发作为主要减贫手段，始终坚持把发展作为解决贫困问题的根本途径，视贫困群众为扶贫开发的重要主体。通过建构有利于农村产业发展的基础条件，引导贫困人口参与其中，不仅在经济意义上使贫困人口摆脱了贫困，而且在社会层面使贫困人口远离贫困。同时，它还注重调动扶贫对象的积极性、主动性、创造性，提升其自身发展能力。③ 扶贫开发是我国扶贫的基本方针，我国一直把发展作为解决贫困问题的根本途径。这是我国减贫事业长期形成的基本经验。

第二节　我国反贫困社会政策的历史演进

反贫困是中国社会政策的一个重要方面，也是取得了明显成效的一个方面。1978—2006年，中国农村绝对贫困人口数量从2.5亿下降到2 148万；农村绝对贫困发生率由30%下降到2.3%。④ 2015年，《中共中央　国务院关于打赢脱贫攻坚战的决定》发布。经过长期努力，至2021年2月，我国庄严宣告脱贫攻坚取得了全面胜利，完成了消除绝对贫困的艰巨任务，为全球减贫做出了巨大贡献，也为解决贫困治理的世界难题提供了中国方案。

一、计划经济时期（改革开放以前）

新中国成立后至改革开放之前，我国的农民生活水平较低，绝大部分农民为温

---

① 李华．国际社会保障动态：反贫困模式与管理．上海：上海人民出版社，2015：122－125.

② 中国的农村扶贫开发．(2005-05-26)[2022-12-05]. http://www.gov.cn/zhengce/2005－05/26/content_2615719.htm.

③ 黄承伟．中国特色扶贫开发道路不断拓展．老区建设，2018（15）：10－13.

④ 王立芳．我国为全球反贫困作出重要贡献．(2007-05-27)[2022-12-05]. https://news.sohu.com/20070527/n250241989.shtml.

饱而奋斗，贫困问题十分严重，农村基本处于一种整体贫困状态。在这一时期，中国的反贫困社会政策主要表现为社会救济项目。这种反贫困方式被后来的一些研究者称为“输血机制”。遗憾的是，这种机制并没有为贫困地区培育出有效的“自我造血”能力。此外，这一时期我国还采取了一些广义的减贫举措，如确保农民对土地的占有权和使用权，改善农村基础设施，改善农民的基础教育和基本医疗服务条件，建立农业技术推广网络等等①，较好地增强了农民的发展能力、改善了农民的生活条件。因此，这一时期也被称为广义的减贫阶段。

二、体制扶贫阶段（1978—1985年）

这一阶段，我国制定了第一条贫困标准，即“1978 年标准”。这是一条低水平生存标准，按 1978 年价格为每人每年 100 元。根据该标准，当时我国农村约有 2.5 亿人处于贫困状态，贫困发生率超过 30%。

1978 年的改革开放是全方位的，农村的生产经营体制进行了变革，建立了家庭联产承包责任制度。农民获得了土地承包权以及劳动收益支配权，极大地提高了对农业生产的积极性和投入度。此外，国家在这一阶段还对农产品的价格管理进行了调整，对农产品流通管理进行了改革。1981 年，国家物价总局、全国供销合作总社、商务部、粮食部等八部委联合下发了关于《农副产品议购议销价格暂行管理办法（草案）》，允许省、市、自治区等对二、三类品种做个别调整，并提出农副产品议购议销既要有利于搞活市场，又要保持市场物价的基本稳定。之后几年，国家一直在对农副产业议购议销范围进行缩减。1985 年，中央 1 号文件《关于进一步活跃农村经济的十项政策》取消了实行 30 多年的农副产品统购派购制度。农业生产经营制度和农产品销售市场制度的变化极大地提高了农民的收入。1985 年，农村居民家庭平均每人总收入达 547.31 元，为 1978 年的 3.6 倍。② 按照“1978 年标准”，1985 年我国贫困发生率减少至 14.8%，贫困人口为 1.25 亿。③ 这一时期，政府和市场成为农村减贫的主体。

三、扶贫开发启动期（1986—1993年）

1986 年 5 月，国务院成立了贫困地区经济开发领导小组，负责拟定贫困地区经济开发的方针、政策和规划，协调解决开发建设中的重要问题，督促、检查和总结交流经验。领导小组涉及农牧渔业部、计委、科委、商业、财政、民政、卫生、交通等部门。在第一次全体会议上，领导小组就提出要改变之前单纯救济的扶贫办法，“充分调动贫困地区广大干部、群众的积极性，发扬自力更生精神，克服小农经济思

① 吴国宝．中国减贫与发展：1978—2018. 北京：社会科学文献出版社，2018：22 - 23.

② 国家统计局．中国统计年鉴 1999.[2022-12-05]. http://www.stats.gov.cn/yearbook/indexC.htm.

③ 朱信凯，彭超，等．中国反贫困：人类历史的伟大壮举．北京：中国人民大学出版社，2018：61.

想，在国家必要的扶持下，利用地上地下丰富的自然资源，进行开发性的生产建设，发展商品经济，启动贫困地区内部的经济活力，走依靠自己脱贫致富的道路”。由此，中国的农村减贫方针由传统救济过渡到了扶贫开发阶段。我国开始了有计划、有组织、大规模的开发式扶贫工作。

之后，国家确定了以县为单位进行扶贫开发，重点解决集中连片地区的贫困问题。中央政府很快确定了 331 个国家级贫困县，国家利用专项资金重点支持贫困县发展。当时划分国家贫困县的依据为：1985 年人均纯收入低于 150 元的特困县，1985 年人均纯收入低于 200 元的少数民族自治县和位于一般的老革命根据地的县，1985 年人均纯收入低于 300 元的在国内外具有重大影响的老革命根据地县，1984—1986 年人均纯收入低于 300 元的牧区县（旗）和低于 200 元的半牧区县（旗）。[①] 在国家的强力推动下，各省、市、自治区依据中央要求建立了自上而下的扶贫工作部门，设立贫困县，开展扶贫开发工作。当时，全国共设立了 368 个省级贫困县。此外，全国还划分了 18 个集中连片贫困地区，这些地区绝大多数位于中西部的山区、革命老区、少数民族地区和边远山区。除提供项目资金外，国家还鼓励各地坚持因地制宜原则，实事求是地确定贫困地区经济发展方针，扬长避短，发挥优势，增强自我发展能力；坚持智力开发，提升贫困地区农民的素质；积极发展农产品加工业，兴办乡镇企业；疏通流通渠道，改善交通条件，活跃商品经济；发挥科学技术治贫致富的作用等。

以县为扶贫开发单位的效果显著，全国农村贫困人口由 1985 年的 1.25 亿减少到 1993 年的 8 000 万，平均每年减少约 560 万人，贫困发生率从 1985 年的 14.8% 下降到 1993 年的 8.22%。[②] 18 个集中连片贫困地区贫困人口的持续减少使中国贫困地区的分布和类型发生了变化。

四、反贫困社会政策系统建设时期（1994—2010年）

这一时期是国家的反贫困事业持续深度推进期，也是我国的反贫困社会政策系统建设期。通过这一时期的建设，我国基本建成了反贫困的两种政策体系，即针对农村的扶贫开发政策和针对城市的最低生活保障政策。

针对农村的扶贫开发政策方面，国家制定了两个重要扶贫开发政策，分别为《国家八七扶贫攻坚计划（1994—2000 年）》《中国农村扶贫开发纲要（2001—2010 年）》。为实现国家“七五”计划提出的到 2000 年解决温饱问题的目标，1994 年国务院决定集中人力、财力、物力，动员社会各界力量，力争用 7 年时间，基本解决全国农村 8 000 万贫困人口的温饱问题。为此，国务院制定了《国家八七扶贫攻坚计划（1994—2000 年）》，强调坚持开发式扶贫方针，并且进一步完善了逐年增加财

① 林乘东．中国：走出贫困．昆明：云南教育出版社，1999：172.

② 阿利莫夫．中国脱贫攻坚新长征之二：中国为全球脱贫减贫和教育水平提升做出重大贡献．(2020-03-16)[2022-12-06]. http://world.people.com.cn/GB/n1/2020/0316/c1002-31634499.html. 文中提到的数据个别地方计算有误，引用时进行了订正。

政投入、扶贫到村到户、鼓励社会参与、加强地区间协作、支持自愿移民、扩大国际组织间合作、强化扶贫资金管理、扶贫重点向西部倾斜、动员中央政府各个部门支持贫困地区开发的各项措施。经过7年的扶贫攻坚，全国农村没有解决温饱的贫困人口由原先的8 000万减少到了约3 000万，占农村人口比重下降到了3%左右。除了少数社会保障对象和生活在自然条件恶劣地区的特困人口以及部分残疾人口以外，全国农村贫困人口的温饱问题基本解决。

进入21世纪以后，中国的农村扶贫开发工作进入了一个新的阶段。《中国农村扶贫开发纲要（2001—2010年）》提出了国家2001—2010年农村反贫困的奋斗目标：尽快解决少数贫困人口温饱问题，进一步改善贫困地区的基本生产生活条件，巩固温饱成果，提高贫困人口的生活质量和综合素质，加强贫困乡村的基础设施建设，改善生态环境，逐步改变贫困地区经济、社会、文化的落后状况，为达到小康水平创造条件。在工作体制上，纲要提出要坚持省负总责，县抓落实，工作到村，扶贫到户，同时继续实行扶贫工作党政“一把手”负责制，把扶贫开发的效果作为考核这些地方党政主要负责人政绩的重要依据。工作体制的强化推动了农村扶贫开发朝向深度开展。从2001年起，农村贫困人口快速减少，农村贫困人口从2000年的3 209万下降到2005年的2 365万；低收入人口（包括贫困人口）从2000年的9 422万下降到2005年年底的6 432万。[①] 这一时期，我国下沉了反贫困的基本单位，将扶贫开发的重点由县下沉到了村，共评出了15万个贫困村，通过贫困村整体推进扶贫开发。

通过两个计划的实施，我国的减贫体制更加健全，社会扶贫、定点扶贫、科技扶贫等手段与政府投入相互协同，反贫困的能力有了极大提升。2008年，我国公布了新的农村贫困标准，即“2008年标准”。它是一条基本温饱标准，为每人每年1 196元，比“1978年标准”增长了近11倍。按照这一标准，2008年我国农村贫困人口减少至4 007万，贫困发生率为4.2%。[②]

从20世纪90年代中期开始，我国城市的下岗、失业问题日益严重，国企下岗人员、待业青年、身体不健康者成为贫困的高发群体。有调查显示，1992年全国有5%的职工家庭实际生活水平过低，处于贫困状态。这些家庭的人均月生活费收入仅为48.52元，相当于被调查职工人均生活费收入的32.6%。贫困家庭人口总数为2 000万左右。[③] 1993年开始，国家在上海等6个城市初步建立低保制度，给予困难职工现金帮助。上海市在1993年4月确立了城镇居民最低生活保障线（月人均120元）和职工最低工资标准线（月人均210元）。5月，上海市多个部门联合下发了《关于建立上海城镇居民最低生活保障线的通知》，宣布从1993年6月1日起实施最低生活保障制度，这也标志着我国现代城市最低生活保障制度的诞生。在之后的几年，全国共有206个城市建立了低保制度。1997年，国务院发布了《关于在全国建

---

① 魏后凯，邬晓霞．中国的反贫困政策：评价与展望．上海行政学院学报，2009，10（2）：56-68.

② 王旭明．农村贫困标准变化彰显扶贫攻坚新成效．中国国情国力，2019（10）：47-52. 由于采用的贫困线标准不同，对农村贫困人口数量和贫困发生率的统计结果也有所出入。

③ 洪大用．改革以来中国城市扶贫工作的发展历程．社会学研究，2003（1）：71-86.

立城市居民最低生活保障制度的通知》，要求在全国建立低保制度，并对城市贫困人口进行了界定，主要包括三类：一是无生活来源、无劳动能力、无法定赡养人或抚养人的居民；二是领取失业救济金期间或失业救济期满仍未能重新就业，家庭人均收入低于最低生活保障标准的居民；三是在职人员和下岗人员在领取工资或最低工资、基本生活费后以及退休人员领取退休金后，其家庭人均收入仍低于最低生活保障标准的居民。1999 年 10 月 1 日，我国开始施行《城市居民最低生活保障条例》，将城市最低生活保障制度纳入了法制化轨道，并提出城市居民最低生活保障标准，按照当地维持城市居民基本生活所必需的衣、食、住费用，并适当考虑水电燃煤（燃气）费用以及未成年人的义务教育费用确定。之后，虽然我国城镇最低生活保障标准每年都在变化，但这部分群体的总量也在逐步增加。1998 年，城镇最低生活保障标准刚刚确立时，全国享受最低生活保障的城镇市民为 184.1 万人，至 2010 年，全国共有城市低保对象 1 145.0 万户、2 310.5 万人。① 此外，我国还不断完善养老、医疗、就业等社会保障制度，增强社会成员抵抗风险能力。

五、脱贫攻坚时期（2011—2020年）

2011 年，国家颁布了《中国农村扶贫开发纲要（2011—2020 年）》，明确提出："到 2020 年，稳定实现扶贫对象不愁吃、不愁穿，保障其义务教育、基本医疗和住房。贫困地区农民人均纯收入增长幅度高于全国平均水平，基本公共服务主要领域指标接近全国平均水平，扭转发展差距扩大趋势。"与纲要目标相比，我国的反贫困政策还比较薄弱，时间也比较紧迫，纲要还提出了实行扶贫开发目标责任制和考核评价制度，因此必须要有足够的攻坚勇气才能实现。2013 年，习近平总书记创新性地提出了"精准扶贫"思想，要求在反贫困中做到"四个精准"，即精准识别、精准施策、精准管理和精准考核。这一思想是对以前大水漫灌式扶贫开发的纠正。2015 年 11 月发布《中共中央　国务院关于打赢脱贫攻坚战的决定》，明确提出精准扶贫战略，要求在对贫困人口实行精准识别和建档立卡的基础上，根据扶持对象精准、项目安排精准、资金使用精准、措施到户精准、因村派人精准、脱贫成效精准的要求开展工作。《中共中央　国务院关于打赢脱贫攻坚战的决定》的颁布吹响了我国脱贫攻坚的号角，也明确了我国反贫困的方向——精准扶贫。

之后，我国密集出台了许多反贫困政策，采用了多种样式的政策工具，涉及命令型、激励型、能力建设型、系统变革型、劝诫告知型和自愿型工具等。2016 年 12 月，国务院发布《"十三五"脱贫攻坚规划》，提出了一系列的扶贫措施，如产业扶贫、旅游扶贫、电商扶贫、科技扶贫、转移就业扶贫、健康扶贫工程，大力推行易地搬迁脱贫，主张对贫困群体"智志双扶"，激发贫困人口内生动力。为了激发社会力量参与脱贫攻坚，我国还设立了扶贫日。为了保障这些政策的实施，我国还对扶

---

① 民政部．2010 年社会服务发展统计公报．(2011-06-16)[2022-12-05]. https://www.mca.gov.cn/article/sj/tjgb/201107/201107151705659.shtml.

贫体制进行了强化，要求五级书记抓扶贫，并将省、市、县区的年度扶贫状况纳入年度党委、政府的绩效评估中。邀请第三方对贫困人口的脱贫、贫困县退出进行评估。这一时期，我国极大地加强了扶贫资金的投入力度。据统计，中央、省、市县财政专项扶贫资金累计投入近 1.6 万亿元。2016—2020 年，中央财政累计安排补助地方专项扶贫资金 5 305 亿元，连续 5 年每年新增安排 200 亿元。① 东部 9 省市共向扶贫协作地区投入财政援助和社会帮扶资金 1 005 亿多元，东部地区企业赴扶贫协作地区累计投资 1 万多亿元。② 精准扶贫要求农村贫困人口建档立卡以户籍和家庭为单位，这一策略不仅能识别出农村贫困人口，也能覆盖到农民工。因此，精准扶贫战略不仅解决了农民的贫困问题，也解决了农民工的贫困问题。

除了农村外，国家也注意到了城市贫困群体的问题。在城市，虽然从 2011 年起享受最低生活保障的人口绝对数量在逐渐下降，但是城市的贫困现象却越来越呈现出多元化的特征。2011 年，中国城镇低保人口为 2 276.8 万，2013 年为 2 064.2 万，2015 年降低为 1 701 万。③ 以多维贫困标准来衡量城市贫困，2014 年我国城镇的贫困发生率为 1.6%，多维贫困人口规模为 1 124 万人；2016 年城镇的多维贫困发生率降低至 1.1%，人口约 786 万，比同年的城镇低保人口少 694 万。同时，城镇多维贫困人口呈现出“低就业、高负担”的特点，以老年户为主；东北地区、城乡接合区多维贫困发生率相对较高。④ 对此，2016 年，中央政治局常委会工作要点明确提出“加大城市困难职工解困脱困的帮扶和保障力度”。为确保城市困难职工同步迈入小康，中华全国总工会下发了《关于做好困难职工解困脱困建档立卡工作的通知》，将困难职工解困脱困融入国家脱贫攻坚大局，要求把精准贯穿全过程，整合资源，分类帮扶，通过“四个一批”措施，切实提升解困脱困效益。之后，全国各地纷纷开始做好困难职工的建档立卡工作。贵州、云南等 12 个省（区）党委、政府专门出台城市困难职工解困脱困实施意见，将城市贫困人口解困脱困工作纳入脱贫攻坚整体事业。在多方推动下，城市困难职工反贫困工作取得了长足进步。截至 2020 年年底，2015 年建档立卡的 549.87 万户困难职工家庭全部实现解困脱困，困难职工家庭可支配收入平均增长了 19.61%。⑤

六、巩固拓展脱贫攻坚成果与乡村振兴的衔接期（2021年至今）

经过多年艰苦卓绝的努力，我国脱贫攻坚事业取得了全面胜利。2021 年 2 月，

---

① 财政部农业农村司．财政支持决战决胜脱贫攻坚积极有效．中国财政，2020（21）：29－30.

② 中华人民共和国国务院新闻办公室．《人类减贫的中国实践》白皮书．（2021－04－06）[2022-12-05]. http://www.scio.gov.cn/zfbps/32832/Document/1701632/1701632.htm.

③ 民政部．2015 年社会服务发展统计公报．（2016-07-11）[2022-12-05]. https://www.mca.gov.cn/article/sj/tjgb/201607/20160715001136.shtml.

④ 冯怡琳．中国城镇多维贫困状况与影响因素研究．调研世界，2019（4）：3－10.

⑤ 中华全国总工会．中华全国总工会关于表扬在城市困难职工解困脱困工作中作出重要贡献的集体和个人的通报．(2021-06-01)[2022-12-05]. https://www.acftu.org/xwdt/ghyw/202106/t20210601_781385.html?7OkeOa4k=qAcDcqrJsVTJsVTJspR3BA0VEWkPDacL.yaHHUgB6zaqqm6QEiKlqAqqsA.

国家举行了全国脱贫攻坚总结表彰大会，宣告现行标准下 9 899 万农村贫困人口全部脱贫，832 个贫困县全部摘帽，12.8 万个贫困村全部出列，区域性整体贫困得到解决。我国历史性地解决了绝对贫困问题，为全球减贫事业做出了重大贡献。

脱贫攻坚的胜利标志着我国农村的贫困态势已经发生了转变。脱贫攻坚的胜利补足了全面建成小康社会的短板。国家的建设重心转变为第二个百年奋斗目标，开启全面建设社会主义现代化强国新征程。如何解决各区域、各阶层的不平衡问题，带领全国各族人民实现共同富裕，成为各级政府必须思考的问题。为此，国家适时启动乡村振兴战略，将之作为全面建设社会主义现代化强国的七大国家战略之一；并施行《乡村振兴促进法》，保障乡村能够实现产业兴旺、生态宜居、乡风文明、治理有效、生活富裕。乡村振兴战略的提出对我国反贫困工作提出了新要求。2020 年 12 月，《中共中央　国务院关于实现巩固拓展脱贫攻坚成果同乡村振兴有效衔接的意见》发布，提出："脱贫摘帽不是终点，而是新生活、新奋斗的起点。……要在巩固拓展脱贫攻坚成果的基础上，做好乡村振兴这篇大文章，接续推进脱贫地区发展和群众生活改善。"为了做好衔接工作，国家规定脱贫攻坚目标任务完成后，设立 5 年过渡期，过渡期内在巩固拓展脱贫攻坚成果上下更大功夫、想更多办法、给予更多后续帮扶支持，对脱贫县、脱贫村、脱贫人口扶上马送一程。巩固脱贫攻坚与乡村振兴的衔接阶段，国家反贫困的主要特征是"两个巩固"，分别为巩固"两不愁三保障"成果和巩固拓展脱贫地区自身发展能力。在巩固"两不愁三保障"成果方面，国家提出仍然要坚持做好教育帮扶、"雨露计划"、健康帮扶、危房改造、安全饮水、社会保障、残疾保障、养老保险工作；在巩固拓展提升方面，要着力做好就业帮扶、产业帮扶、消费帮扶、易地扶贫搬迁后帮扶、生态帮扶、以公代赈、金融服务等工作。

第三节　我国当前的主要反贫困社会政策

改革开放以来，我国反贫困社会政策体系建设有了长足的进步，特别是精准扶贫实施期间，我国反贫困社会政策体系更加完善，反贫困上升到国家战略层面，国家的重视程度和投入程度前所未有，构建起了专项扶贫、行业扶贫、社会扶贫"三位一体"的大扶贫格局。这些都为我国脱贫攻坚的全面胜利增添了助力。目前，脱贫攻坚任务虽已完成，但相对贫困依然存在，绝对贫困者的返贫风险依旧较高。目前，为推动农村反贫困事业的发展，我国正着力实施巩固拓展脱贫攻坚成果与乡村振兴有效衔接的政策，通过不断完善和落实社会救助的政策来保障相对贫困人口的基本生活。总体而言，我国当前的反贫困社会政策以社会救助制度为底线，以扶贫开发为主线，呈现出综合性与立体性特征。

一、社会救助政策

在我国的反贫困社会政策中，社会救助已经成为反贫困的第一道防线。这条防线起源于 20 世纪 90 年代在城市建立起的最低生活保障制度，后来又与民政的特殊人员社会救助结合，于 2014 年正式形成。2014 年，国务院颁布了《社会救助暂行办法》（简称《暂行办法》），2019 年进行了部分修订。它标志着我国社会救助完成了从传统到现代的初步转型。《社会救助暂行办法》对社会救助的反贫困功能进行了定位，即托底线、救急难、可持续，与其他社会保障制度相衔接。《社会救助暂行办法》规定了我国社会救助的制度框架，分为最低生活保障、特困人员供养、受灾人员救助、医疗救助、教育救助、住房救助、就业救助和临时救助八项社会救助制度，并明确社会力量参与社会救助的方法，建立综合社会救助体系（见表 13－1）。从预防风险的角度看，这八类救助涵盖了低收入风险、生存风险、自然灾害风险、医疗风险、教育风险、住房风险、就业风险以及突发意外风险，基本涵盖了社会成员日常生活中可能遭遇的主要风险，能有效避免社会成员滑入贫困陷阱。这些政策不仅确定了对贫困者的基本生活保障，而且将社会融入、心理慰藉及脱贫能力提升等发展型内容也纳入其中，充分彰显了救助政策在提升贫困群体生活质量上所发挥的作用。

表 13－1　我国社会救助政策的内容

救助项目	救助内容	救助对象
最低生活保障	最低生活保障金	共同生活的家庭成员人均收入低于当地最低生活保障标准，且符合当地最低生活保障家庭财产状况规定的家庭
特困人员供养	提供基本生活条件；对生活不能自理的给予照料；提供疾病治疗；办理丧葬事宜	无劳动能力、无生活来源且无法定赡养、抚养、扶养义务人，或者其法定赡养、抚养、扶养义务人无赡养、抚养、扶养能力的老年人、残疾人以及未满 16 周岁的未成年人
受灾人员救助	及时为受灾人员提供必要的食品、饮用水、衣被、取暖、临时住所、医疗防疫等应急救助；居民住房恢复重建补助；为因当年冬寒或次年春荒遇到生活困难的受灾人员提供基本生活救助	基本生活受到自然灾害严重影响的人员
医疗救助	对医保个人缴费部分给予补贴；对救助对象经基本医疗保险、大病保险和其他补充医疗保险支付后，个人及其家庭难以承担的符合规定的基本医疗自负费用，给予补助	最低生活保障家庭成员；特困供养人员；县级以上人民政府规定的其他特殊困难人员
教育救助	根据不同教育阶段需求，采取减免相关费用、发放助学金、给予生活补助、安排勤工助学等方式，保障教育救助对象基本学习、生活需求	在义务教育阶段就学的最低生活保障家庭成员、特困供养人员
住房救助	配租公共租赁住房、发放住房租赁补贴、农村危房改造等	符合规定标准的住房困难的最低生活保障家庭、分散供养的特困人员

续表

救助项目	救助内容	救助对象
就业救助	贷款贴息、社会保险补贴、岗位补贴、培训补贴、费用减免、公益性岗位安置等	最低生活保障家庭中有劳动能力并处于失业状态的成员
临时救助	具体事项、标准，由县级以上地方人民政府确定、公布，主要包括经济救助、提供临时食宿、急病救治等	因火灾、交通事故等意外事件，家庭成员突发重大疾病等原因，导致基本生活暂时出现严重困难的家庭，或者因生活必需支出突然增加超出家庭承受能力，导致基本生活暂时出现严重困难的最低生活保障家庭，以及遭遇其他特殊困难的家庭

此外，近些年来我国一直在优化社会救助的流程、提升经办能力，从而提高救助的针对性和可及性。一是，我国增强了社会救助的精准性。2016 年 12 月，《民政部、住房和城乡建设部关于做好社会救助家庭住房公积金、住房保障、住房买卖等信息核对工作的通知》发布，建立了部门协同机制，要求逐步建立跨部门、多层次、信息共享的社会救助家庭住房公积金、住房保障、住房买卖等信息核对机制，提升社会救助家庭经济状况核对的科学性和准确性。一些省份还通过政府购买社会服务的方式，邀请第三方力量介入家庭经济状况核查的环节。二是我国提高了社会救助的兜底保障水平，扩大了社会救助的覆盖范围。2020 年 2 月，民政部、国务院扶贫办印发《社会救助兜底脱贫行动方案》，健全了社会救助的监测预警体系，所有符合条件的贫困人口全部被纳入兜底保障范围，同时建立了民政部门和扶贫部门的定期信息比对机制。目前，国家已经建立了以低保对象、特困人员、临时救助对象数据为基础，汇聚残疾人帮扶、教育救助、住房救助、医疗救助等人员相关信息，分析可能存在影响基本生活的风险的相关机制，对符合条件的人员及时提供救助。三是分层分类的社会救助体系已经初步建立。2020 年 8 月，中共中央办公厅、国务院办公厅发布了《关于改革完善社会救助制度的意见》，提出要用 2 年左右时间，健全分层分类、城乡统筹的中国特色社会救助体系；到 2035 年，实现社会救助事业高质量发展，改革发展成果更多更公平惠及困难群众，民生兜底保障安全网密实牢靠，总体适应基本实现社会主义现代化的宏伟目标。为此，国家着重健全了分层分类的社会救助体系，构建了政府主导、社会参与、制度健全、政策衔接、兜底有力的综合救助格局。打造了多层次的城乡统筹的救助体系，对共同生活的家庭成员人均收入低于当地最低生活保障标准且符合财产状况规定的家庭，给予最低生活保障。对无劳动能力、无生活来源且无法定赡养、抚养、扶养义务人，或者其法定义务人无履行义务能力的城乡老年人、残疾人、未成年人，给予特困人员供养救助。同时，根据实际需要给予相应的医疗、住房、教育、就业等专项社会救助。对不符合低保或特困供养条件的低收入家庭和刚性支出较大导致基本生活出现严重困难的家庭，根据实际需要给予相应的医疗、住房、教育、就业等专项社会救助或实施其他必要救

助措施。对遭遇突发事件、意外伤害、重大疾病，受传染病疫情等突发公共卫生事件影响或由于其他特殊原因导致基本生活暂时陷入困境的家庭或个人以及临时遇困、生活无着人员，给予急难社会救助。对遭遇自然灾害的，给予受灾人员救助。

覆盖城乡的分层分类救助体系有效地为城乡困难群体建构了第一道反贫困安全网，通过提供及时、多元的社会救助，能快速增强城乡困难群体应对各种风险的能力。

二、巩固拓展脱贫攻坚成果政策

目前，我国正处于巩固拓展脱贫攻坚成果与乡村振兴有效衔接期。衔接期的一系列政策构成了当前我国农村反贫困的主要政策体系。

（一）防止规模性返贫是政策的主要目标

2020 年 3 月，《国务院扶贫开发领导小组关于建立防止返贫监测和帮扶机制的指导意见》出台，要求建立防止返贫监测和帮扶机制，并将防止返贫作为当前及今后一个时期扶贫工作的重要任务。2020 年 12 月，印发了《中共中央　国务院关于实现巩固拓展脱贫攻坚成果同乡村振兴有效衔接的意见》，指出要健全防止返贫动态监测和帮扶机制，在农村建立起防止返贫动态监测制度，对“三类户”（脱贫不稳定户、边缘易致贫户，以及因病因灾因意外事故等刚性支出较大或收入大幅缩减导致基本生活出现严重困难户）开展定期检查、动态管理，重点监测其收入支出状况、“两不愁三保障”及饮水安全状况；并要求全国各地要对“三类户”进行建档，将监测对象信息录入全国防返贫监测信息体系。2021 年 5 月发布的《中央农村工作领导小组关于健全防止返贫动态监测和帮扶机制的指导意见》对监测对象和范围、监测方式和程序等做了详细的政策要求。根据该文件的精神，各地把防止返贫、巩固拓展脱贫攻坚成果摆在突出位置。根据规定，各省（自治区、直辖市）对本区域健全防止返贫动态监测和帮扶工作负总责，层层压实各级各部门工作责任。

（二）反贫困的对象

根据巩固拓展脱贫攻坚成果的要求，反贫困的对象既包括人群，也包括区域。这是对脱贫攻坚政策的延续需要。在人群方面，我国反贫困的对象主要是“三类户”以及农村低收入人口。就目前政策而言，“户”仍然是我国农村反贫困的重心。具体而言，脱贫不稳定户、边缘易致贫户，以及因病因灾因意外事故等刚性支出较大或收入大幅缩减导致基本生活出现严重困难户是我国反贫困政策的主要对象。此外，衔接期也特意强调要将农村传统的低收入人群，主要为农村低保对象、农村特困人员、农村易返贫致贫人员纳入反贫困对象范围。与脱贫攻坚时期的政策相比，目前我国的反贫困对象拓展到了突发严重困难户，这部分群体靠临时救济难以战胜风险，可能会陷入贫困。在区域方面，贫困地区也是我国目前反贫困的一个重要对象，主要包括原深度贫困地区、大型特大型安置区和脱贫县。前两者易地扶贫搬迁户较多，国家规定要确保搬迁群众稳得住、有就业、逐步能致富。贫困地区（脱贫县）主要指在扶贫开发过程中设立的贫困县。

（三）关于贫困的标准

设立贫困标准是反贫困的第一步，贫困标准直接反映出社会政策反贫困的能力和水平。目前，我国没有划定全国统一的贫困线。2021 年 5 月发布的《中央农村工作领导小组关于健全防止返贫动态监测和帮扶机制的指导意见》明确指出："各省（自治区、直辖市）综合本区域物价指数变化、农村居民人均可支配收入增幅和农村低保标准等因素，合理确定监测范围。"不过，全国大部分地方仍然坚持用综合性的标准来考察贫困，2021 年以年人均纯收入 6 000 元为参照，综合考察贫困家庭的"两不愁三保障"情况、家庭综合开支、饮水安全情况。可以说，这一标准既考虑了收入情况，也考虑了支出情况，聚焦解决支出型贫困问题，还考虑了可及性问题。例如在安全用水方面，一个重要指标是用水方便程度。以江西省为例，供水管已进入用水户宅基地范围内或院内的为达标；供水管未进入的，人力取水往返时间不超过 10 分钟，取水水平距离不超过 400 米、垂直距离不超过 40 米为达标；往返时间不超过 20 分钟、取水水平距离不超过 800 米、垂直距离不超过 80 米为达标。从收入标准看，年人均纯收入 6 000 元的标准已经远远高于世界银行在 2015 年提出的日人均收入 1.9 美元的绝对贫困标准。此外，我国贫困监测标准还要考虑贫困风险是否消除了防止返贫问题。对于区域贫困问题，国家政策主要考察脱贫地区巩固拓展脱贫攻坚成果同乡村振兴的有效衔接情况，包括特色产业发展、稳定就业、基础设施、整体发展水平等。

（四）反贫困的手段

衔接期的反贫困政策主要延续了脱贫攻坚时期的政策，在此基础上做适当优化，做到摘帽不摘政策，防止急刹车；摘帽不摘帮扶，防止一撇了之。因此，目前的反贫困政策包括兜底保障、产业帮扶、教育帮扶、健康帮扶、危房改造、残疾补贴、养老保险代缴、就业帮扶、消费帮扶、生态帮扶、以工代赈、小额信贷等多种帮扶政策，易地扶贫搬迁户还可以获得就业帮扶、产业帮扶、社会融入关爱服务等。在金融帮扶政策方面，2021 年 3 月，中国银保监会等四部门联合发布《关于深入扎实做好过渡期脱贫人口小额信贷工作的通知》，提出综合保障脱贫人口小额信贷的贴息方式由原来的全额贴息调整为财政资金对贷款适当贴息，适当发挥利率的市场功能。2021 年 7 月，中国人民银行会同相关部门发布了《关于金融支持巩固拓展脱贫攻坚成果　全面推进乡村振兴的意见》，明确了过渡期内将保持主要金融帮扶政策总体稳定，并加大对脱贫人口、易返贫致贫人口和有劳动能力的低收入人口的信贷投放，加大对易地搬迁安置区后续发展的金融支持力度。在就业政策方面，2021 年 5 月，人力资源社会保障部等五部门联合颁布了《关于切实加强就业帮扶巩固拓展脱贫攻坚成果助力乡村振兴的指导意见》，提出要健全就业帮扶长效机制，加大脱贫人口、农村低收入人口职业技能培训力度，支持脱贫户、农村低收入人口所在家庭“两后生”就读技工院校。2022 年 3 月，人力资源保障部、发展改革委、财政部等五部门联合发文，要求 2022 年脱贫人口稳岗就业工作要聚焦重点区域、保持规模稳定，帮助有劳动能力和就业意愿的脱贫人口实现就业，帮助已就业脱贫人口稳定就业，守住不发生规模性失业返贫的底线。

在健康帮扶方面，国家卫生健康委等 13 部门于 2021 年 2 月联合印发《关于巩固拓展健康扶贫成果同乡村振兴有效衔接的实施意见》，提出各级政府不再实施对脱贫人口无差别的医保资助政策，对脱贫不稳定且纳入相关部门农村低收入人口监测范围的，过渡期内只享受一定期限的定额资助政策，坚决治理医保扶贫领域过度保障。于 2021 年 11 月发布的《国务院办公厅关于健全重特大疾病医疗保险和救助制度的意见》中提出，新调整的健康帮扶政策聚焦减轻困难群众重特大疾病医疗费用负担，建立健全防范和化解因病致贫返贫长效机制，强化“基本医保、大病保险、医疗救助”三重制度的综合保障，促进三重制度综合保障与慈善救助、商业健康保险等协同发展、有效衔接，构建政府主导、多方参与的多层次医疗保障体系。

在具体的帮扶方式上，政策非常强调精准施策，要求按照缺什么补什么的原则，根据监测对象的风险类别、发展需求等开展有针对性的帮扶。不同类型的监测户，所能获得的帮助是不同的。对风险单一的，实施单项措施，防止陷入福利陷阱；对风险复杂多样的，因户施策，落实综合性帮扶；对有劳动能力的，坚持开发式帮扶方针，促进稳定增收；对无劳动能力或部分丧失劳动能力且无法通过产业就业获得稳定收入的，纳入农村低保或特困人员救助供养范围，政策兜底进行保障；对内生动力不足的，持续扶志扶智，激发内生动力，增强发展能力。这些举措既有预防性的，也有事后帮扶性的。

在区域扶贫开发上，国家制定了支持脱贫地区乡村特色产业发展壮大政策、促进脱贫人口稳定就业政策、提升脱贫地区公共服务水平政策等，继续加大对脱贫地区基础设施建设的支持力度，重点谋划建设一批高速公路、客货共线铁路、水利、电力、机场、通信网络等区域性和跨区域重大基础设施建设工程。以教育方面的政策为例，2021 年，教育部等四部门发布了《关于实现巩固拓展教育脱贫攻坚成果同乡村振兴有效衔接的意见》，提到除继续巩固控辍保学成果外，各级乡村振兴部门要注重加大脱贫地区职业教育支持力度，提高普通高中和普惠性学前教育质量，实施国家通用语言文字普及提升工程，打造升级版的“一村一名大学生计划”，提升人力资本质量。

（五）以政府为主导，同时不断强化市场和社会组织的作用

《中共中央　国务院关于实现巩固拓展脱贫攻坚成果同乡村振兴有效衔接的意见》提出，充分发挥中央和地方各级党委农村工作领导小组作用，建立统一高效的实现巩固拓展脱贫攻坚成果同乡村振兴有效衔接的决策议事协调工作机制，这表明

我国政府将反贫困作为自身的重要职能。根据这一要求，我国政府选派了大量干部组成驻村工作队进行帮扶。驻村工作队一般不少于 3 人，队长原则上由第一书记兼任。第一书记和队员主要从省市县机关优秀干部、年轻干部，国有企业、事业单位优秀人员和以往因年龄原因从领导岗位上调整下来、尚未退休的干部中选派。此外，我国仍非常重视发挥市场和社会组织的力量，相关文件也规定要继续发挥东西部协作、对口支援、中央单位定点帮扶等制度优势，动员社会力量积极参与，创新工作举措，对监测对象持续开展帮扶。例如，在社会工作参与扶贫方面，民政部和国家乡村振兴局联合印发了《“十四五”时期社会工作服务机构“牵手计划”实施方案》，从 2021 年至 2025 年，以国家乡村振兴重点帮扶县为主，从社会工作先发地区遴选一批社会工作服务机构一对一牵手帮扶受援地区，力争实现受援地区县域乡镇（街道）社会工作服务站全覆盖。

第四节　我国反贫困社会政策的创新发展

目前，我国实现了全面小康这个中华民族的千年梦想，站在了更高的历史起点上。反贫困的态势已经发生了改变，这对反贫困社会政策提出了新的要求。

一、国际反贫困的一般趋势

无论是在发达国家还是在发展中国家，贫困始终是人类社会普遍面临的难题。随着全球风险的增加，贫困治理变得越来越难。由于政治经济、历史文化以及福利体制的不同，世界各国的反贫困社会政策各有特点。

发达国家，通常通过制度型的福利体制来保障穷人生活。例如，欧洲则以《贝弗里奇报告》为指引，建立了广覆盖的、侧重于社会保障的反贫困社会政策。进入 21 世纪后，欧盟制定了两个反贫困战略，分别为《里斯本战略》和《欧洲 2020 战略》，聚焦工作贫困，并综合运用税收、社会分配、劳动力就业、住房福利、终生学习等政策来解决工作贫困问题。发展中国家由于经济落后，经济增长在反贫困中的作用远大于收入再分配的作用。通过高速的经济增长，尤其是劳动密集型经济增长带来大规模就业，是落后国家反贫困的基本经验。但无论是发达国家还是发展中国家，制定专项的反贫困计划已经成为各国反贫困的重要举措。例如，2018 年，加拿大也发布了第一份国家扶贫计划，即《所有人的机会——加拿大的第一份减贫战略》（Opportunity for All—Canada's First Poverty Reduction Strategy），实施了多种计划，如儿童福利金计划（Canada Child Benefit）、收入保障津贴、加拿大工人福利计划等。[①] 吉尔吉斯共和国在 2017 年推出的《吉尔吉斯共

① 李欣．如何治理相对贫困?：加拿大治贫实践及其启示．宜春学院学报，2021，43（5）：33－38.

和国 2018—2040 年国家发展战略》秉持“发展的目的是战胜贫困”的理念，将减贫摆在重要战略位置，为居民的体面生活创造有利条件。

综合来看，全球的反贫困趋势主要表现出以下几个特点。

（一）持续关注不确定风险带来的绝对贫困加重现象

当前世界正处于大变局当中，社会风险加剧。世界银行在《贫困与共享繁荣 2020：形势逆转》报告中指出，受新冠病毒感染疫情、冲突以及气候变化影响，2019 年至 2020 年的极端贫困人口增幅预计将大于世界银行开始持续跟踪全球贫困状况以来的任何时期。仅 2020 年，疫情就有可能使极贫人口大幅增加 8 800 万至 1.15 亿。绝对贫困的增加带来的是人的生存权得不到保障，社会的不平等加剧。根据联合国的预测，疫情的持续扩散已经使全球饥饿人口数量多达 2.7 亿，2021 年世界上需要救助的人口数量将增长 40%。在此背景下，世界各国加大了对绝对贫困的持续关注，出台了各种收入维持项目，为儿童发放普惠的福利金等。

（二）关注相对贫困和多维贫困问题

人类可以通过努力消除绝对贫困，但由于贫困的相对性，消除相对贫困是非常困难的。相对贫困主要包括两方面的含义：一方面是指由于社会经济发展，贫困线不断提高而产生的贫困；一方面是指同一时期，由于不同地区之间、各个社会阶层之间的各阶层内部不同成员之间的收入差别而处于生活底层的那一群组人的生活状况。① 因为贫困的相对性永远存在，治理相对贫困将是一个长期的过程，甚至是一个不可能结束的过程。一些高收入国家已适应贫困演变趋势，将反贫困的工作逐渐从消除绝对贫困转移到治理相对贫困上来。例如，由于部分高收入国家会采用收入比例法来设定相对贫困线，最常用的是可支配收入中位数 60%和居民收入中位数 50%。② 相对贫困标准想要明确的是相对中等社会生活水平而言的贫困状况。同时，解决相对贫困的过程也是一个缩小贫富差距、促进社会融合的过程。因此，扶贫政策从绝对到相对的转变不仅体现了全球经济的发展、贫困的缓解，更体现了社会的进步。

（三）反贫困的重点：从克服贫困到反对排斥、促进社会融合

社会排斥理论由“社会剥夺”概念发展而来，形成于 20 世纪 90 年代。1995 年在丹麦哥本哈根召开的“社会发展及进一步行动”世界峰会将“社会排斥”视为消除贫困的障碍。此后，社会排斥理论更多地被应用于贫困、弱势群体等问题的研究。

1985 年，世界银行将人均年消费 370 美元即日均 1 美元的标准确定为贫困线。但是随着社会经济的发展，人们逐渐认识到贫困不单纯是物质生活方面的问题。英国学者汤森曾指出，贫困是一个被侵占、被剥夺的过程。在这一过程中，人们逐渐

---

① 叶普万．浅谈中国贫困问题研究视角的几个转化．人文杂志，2003（2）：158－159.

② LAYTE R，WHELAN C. Moving in and out of poverty. European societies，2003，5（2）：75－99.

地、不知不觉地被排斥在社会生活主流之外。这种观点后来被发展为一种贫困理论，称为“相对剥夺说”或者“社会排斥论”。欧盟在20世纪90年代就成立了反社会排斥的国家政策观察机制。英国政府在1999年实施了名为“所有人的机会”的计划，旨在通过反贫困排斥来保障社会权利。2000年，欧盟启动了《里斯本战略》，通过了一系列关于反就业歧视和反种族歧视的指令。其中，社会融合是一个重要指向。之后，各成员国特别注意消除三种排斥：性别排斥、族群排斥和电子排斥。[①] 扶助贫困的重点已经从克服物质上的贫困发展到反对社会排斥，促进社会融合。近年来，随着人类生活日益数字化，一些国家已经开始关注数字化给贫困群体带来的社会排斥问题。

（四）反贫困的内容：从物质扶贫到精神扶贫

如前所述，世界银行及各个国家最初所定义的贫困是指生活上的物质贫困，贫困线也是依据人们维持温饱的需要而设定的。可以说，开始的反贫困工作主要针对的是物质贫困。但随着扶助贫困工作的推进，研究者们发现：贫困从表面上看是经济性的、物质性的，而实际上是深层的社会文化在起作用。这种社会的、文化的或心理的因素长期积淀后就形成落后的心态和一成不变的思维方式、价值取向，进而形成顽固的文化习俗和意识形态，即贫困文化。[②] 这种文化实际是对贫困的一种适应，一旦形成贫困文化，陷入其中的人将不自知，在外人看来他们就是“安于贫困”，缺乏“进取精神”。从这一层面来说，扶贫的内容不能仅限于救助生活的物质扶贫，而更要注重贫困人口的心理层面和所处的文化氛围，将其从“自甘堕落”的贫困文化的泥沼中拯救出来。

（五）反贫困方法：注重社会工作专业方法的运用

从社会工作的起源看，社会工作一直以反贫困为己任，以此来推动社会公平。西方社会工作的理论和方法较为发达，在反贫困工作中他们也很好地运用了这点。在美国鼓励贫困人口就业的过程中，社会工作者及相关组织就做出了很大贡献。一方面，社会工作者通过专业的方法和组织对贫困者进行就业辅导和职业训练，并为他们提供大量就业信息。另一方面，这些培训以及与社会工作者的交流，也有助于贫困者摆脱自己的贫困文化，从而脱离贫困。因此，社会工作方法在反贫困中的运用也是发达国家重要的反贫困经验。

二、我国反贫困社会政策的创新发展

经过多年努力，我国创造了减贫治理的中国样本，为全球减贫事业做出了重大

① 杨立雄，陈玲玲．欧盟社会救助政策的演变及对我国的启示．湖南师范大学社会科学学报，2005（1）：26－32.

② 樊怀玉，郭志仪，等．贫困论：贫困与反贫困的理论与实践．北京：民族出版社，2002：27.

贡献。在迈向中国式现代化的新征程中，要实现全体人民共同富裕，仍需要继续坚持我国贫困治理已有经验，根据贫困态势改变的现实，精准发力，防止规模性返贫；同时，还需进一步创新我国的反贫困社会政策，使之更加积极、公平、包容。

（一）坚持共同富裕理念，通过高质量发展缩小阶层差距

坚持用发展的方法解决贫困问题是我国脱贫攻坚取得胜利的主要经验之一。我国一直坚持扶贫开发策略，通过社会经济发展和对低收入群体的能力提升来消除贫困。党的十九届五中全会提出，到 2035 年全体人民共同富裕要取得更为明显的实质性进展。这为我国下一阶段的反贫困提出了新挑战。共同富裕具有富裕和共享两个维度，富裕包括物质和精神富裕，共享是一种有差别的共享。[①] 这要求我国各阶层在收入、财产和基本公共服务上要进一步缩小差距。目前，我国反贫困政策只关注了绝对贫困群体的生存问题和部分发展问题，对群体之间的差别以及基本公共服务的共享程度还关注不多，使贫困群体与其他社会群体之间的差距较大。在迈向共同富裕的大背景下，我国的反贫困政策应该由聚焦维护贫困群体权利转向缩小贫困群体与其他社会群体之间的差别上。为此，需要进一步坚持高质量发展战略，从数量发展转向结构升级，通过创新驱动发展，缩小城乡、区域和阶层的差距。同时，要通过高质量发展来带动二次分配、第三次分配能力，缩小人群差距。

（二）加快反贫困社会政策与乡村振兴战略的衔接

乡村振兴战略的实现程度关系到我国第二个百年奋斗目标的实现。乡村振兴的基本目标是产业兴旺、生态宜居、乡风文明、治理有效、生活富裕，即要通过农业现代化实现乡村全面振兴，达到农业强、农村美、农民富。为此，我国制定了《乡村振兴战略规划（2018—2022 年）》，实施了《乡村振兴促进法》，将原来的扶贫开发机构更名为国家乡村振兴局。乡村振兴为我国农村贫困治理提供了支撑和动力。后续的反贫困社会政策创新应该在政策理念、目标、政策内容等方面与乡村振兴进行深度衔接。

当前，我国农村贫困治理以巩固脱贫攻坚成果为主。随着农村产业的发展、农业现代化的不断深入，农村会获得更强的发展动力，农村自身的造血功能将增强。因此，反贫困社会政策应该加强与农村产业的发展和农业现代化的整合，帮助农民特别是低收入群体形成可持续发展能力。下一阶段反贫困社会政策可以结合乡村振兴要求，不断祛除农村贫困文化的滋生土壤，优化阶层关系，拓展社会流动渠道。

（三）从制定相对贫困标准入手，形成清晰的相对贫困治理思路

在脱贫攻坚和乡村振兴衔接工作完成后，绝对贫困规模性返贫问题将会得到解决，反贫困政策应该随着态势的改变将治理重心转移到相对贫困治理上，形成清晰

---

① 李实．共同富裕的目标和实现路径选择．经济研究，2021，56（11）：4－13.

的相对贫困治理思路。在此过程中，应该结合经济发展状况和贫困发生状况确定绝对贫困线和相对贫困线。2021 年，我国人均 GDP 达到 1.25 万美元，首次超过世界平均水平，即将成功跨越中等收入国家陷阱。在国家经济继续高质量发展的同时，一是可以适当提高绝对贫困标准，让发展成果惠及更多社会成员。例如，世界银行曾发布中低收入国家贫困线标准，即每人每天 3.2 美元；中高收入国家贫困线标准，为每人每天 5.5 美元。[①] 二是可以借鉴全球相对贫困的治理经验，合理确定相对贫困线。根据学者测算，如果参照世界银行关于相对贫困的操作化测量标准，将低于居民可支配收入中位数 1/3 的人口界定为相对贫困人口，2019 年可支配收入低于 8 753 元的人口约为 4 亿人；如果按照可支配收入中位数 20%的最低标准，2019 年可支配收入低于 5 305 元的人口约为 2 亿人。所以，建议先从相对贫困测量的最低标准开始测算。[②]

在具体反贫困形式上，实践已经证明，消除绝对贫困的水平治理和垂直治理结构仍适应 2020 年后的相对贫困治理。[③] 政策重点可以根据相对贫困内涵将反贫困内容拓展到社会排斥、社会融合等方面，加强对老年、儿童等弱势群体的社会保护，明确相对贫困帮扶内容，探索有效的相对贫困帮扶手段。也可以结合多维贫困内涵，给予贫困群体更多帮扶。还应该调整反贫困重心，不再把扶贫目标定在减少贫困人口数量上（或不再将贫困人口规模缩小作为唯一扶贫成就标准），而要通过各种手段实现贫困人口收入更快增长，观察贫困指数的合理下降，或者观测贫困户年收入高于社会人均收入的水平，即减轻相对贫困的程度。[④]

此外，与绝对贫困相比，相对贫困是一种参照性贫困：不仅要维持人的生存和满足其基本需求[⑤]，而且涵盖了饮食、便利环境、家庭支持、休闲等与人的体面生活相关的方方面面，具有多维特征。因而，不仅需要满足贫困者的基本需求，也需要对贫困者的心理、思想文化、发展能力、自我认同与定位等进行引导。实践已经证明，专业社会工作和心理服务是消除社会成员尤其是低收入者相对剥夺心理的有效手段。因此，需要加强专业社会工作服务和心理服务对低收入者的介入，以解决相对贫困问题。

（四）加快反贫困社会政策的城乡整合，构建一体化反贫困社会政策

我国贫困发生状况呈现出区域、省份、人群等差异，反贫困社会政策的城乡分割特征在一定程度上适应了这一形势，有利于集中解决农村贫困问题。但城乡融合

---

① 世界银行将全球贫困线上调至 2.15 美元.（2022-05-09）[2022-12-06]. https://baijiahao.baidu.com/s?id=1732325840977419160&wfr=spider&for=pc.

② 张文宏．后 2020 我国反贫困政策选择的社会学思考．社会发展研究，2020，26（3）：39-47.

③ 王小林，张晓颖．中国消除绝对贫困的经验解释与 2020 年后相对贫困治理取向．中国农村经济，2021（2）：2-18.

④ 张琦，沈扬扬．不同相对贫困标准的国际比较及对中国的启示．南京农业大学学报（社会科学版），2020，20（4）：91-99.

⑤ 杨立雄．相对贫困概念辨析与治理取向．广东社会科学，2021（4）：180-193，256.

也是当前国家发展的重要目标之一。2019 年，《中共中央　国务院关于建立健全城乡融合发展体制机制和政策体系的意见》下发，提出要重塑新型城乡关系，计划到 2035 年，城乡融合发展体制机制更加完善，城乡发展差距和居民生活水平差距显著缩小，到本世纪中叶，城乡融合发展体制机制成熟定型。因此，反贫困社会政策的创新发展不仅要适应城乡融合的大趋势，还应该成为城乡融合的助推器。为此，应该着手梳理反贫困政策的城乡差异，并进行梯队整合。具体而言，可以从先统一绝对贫困线入手，建立起城乡统一的绝对标准，统一建档立卡监测。在脱贫标准上也要建立绝对贫困的统一标准，以保障社会成员的基本权利。在相对贫困的治理上，可以根据区域、城乡和家庭贫困特点进行差异性治理，分类施策。在具体反贫投入上，应该以基本公共服务均等化为重点，加强反贫困社会政策的城乡整合。

（五）建设高质量社会保障体系，强化对贫困的源头治理

完善的社会保障是制度化反贫困的关键，它有助于从源头上消除社会成员的贫困风险。目前，农村地区（包括连片特困地区）的生产条件和基础设施已经有了极大改善，大规模易地扶贫搬迁已经解决了一方水土不能养一方人的问题。社会成员的致贫风险主要集中在民生领域（如养老、医疗、教育、失业等），以及突发的社会灾难、家庭解体等方面，而完善的、高质量的社会保障政策体系有助于化解以上风险。社会保障能够有效地满足民生需求，及时高效的社会救助与社会支持能够帮助社会成员应对突发社会风险。在农村，监测户主要是受突发重大疾病、家庭成员残疾、劳动力市场衰退等方面影响的家庭。为此，应该加强社会保障的保护力度和保障水平。从 2022 年开始，国家着力建设惠普型的医疗保障制度。近两年一系列的医保改革已经释放了较大的医疗红利，医药价格有了较大幅度的下降。后续应该发挥好医保的分配资源功能，进一步引导医疗机构和医药企业提供价廉质优的医疗服务和产品。此外，应该根据 2021 年发布的《国务院办公厅关于健全重特大疾病医疗保险和救助制度的意见》精神，尽快建成以基本医保三重制度为主体，商业健康保险和慈善救助等协同发展、有效衔接，政府主导、多方参与、多元经办、多重保障的重特大疾病救助模式。养老保障方面，要尽快在基础养老金国家统筹基础上，提高养老金标准，探索多元养老模式；在农村地区，要发挥好家庭养老的主体功能，增强家庭对老年人的支持。要加强社会救助体系的建设，推动救助的城乡、区域整合，提高救助水平以及救助的精准性。

（六）拓展社会组织参与反贫困的空间，优化反贫困的多元参与机制

在脱贫攻坚时期，我国已经探索出一系列的专业社会力量参与反贫困的项目和可复制经验，但是社会组织为贫困群体提供专业服务的覆盖面还不够，针对性还不强，与政府、市场等主体的协助机制还有待进一步优化。后续应该积极探索反贫困领域中社会组织与政府的同位关系，优化二者的互动机制，进一步激发社会组织参与反贫困的积极性与活力。同时，针对覆盖面不足的问题，应进一步从对接平台入

手，完善社会组织参与帮扶合作机制，持续优化社会组织参与乡村振兴支持体系，引导更多的社会组织参与反贫困。可以参考 2022 年《民政部 国家乡村振兴局关于动员引导社会组织参与乡村振兴工作的通知》精神，引导多种类型的社会组织参与，重点引导志愿服务组织和专业社会工作服务力量参与反贫困。截至 2020 年年底，在全国志愿服务信息系统登记的志愿服务团体数量已超过 6 000 万个，一些农村边远乡镇都成立了志愿服务组织。新时代文明实践中心已经覆盖到村、社区一级。民政部也计划在“十四五”期间，乡镇（街道）社工站实现基本全覆盖的目标，构建完善县（区）、乡镇（街道）、村（社区）三级社会工作服务体系。下一阶段的反贫困政策创新，应该充分利用好以上三种力量，为贫困群体提供更多的、可及性高的服务，努力实现贫困群体接受志愿服务、社会工作专业服务的全覆盖，增加贫困群体的社会融合，减少社会排斥。

（七）增强反贫困社会政策的发展性

强调社会政策的发展性是当前反贫困理论的一般趋势，它代表着政策取向对贫困群体发展权的不断强调。脱贫攻坚时期，我国反贫困社会政策已开始为贫困农民进行资产建设，通过发展扶贫产业、集体经济等多种方式提升贫困农民的可持续能力。但以可持续生计框架来衡量，当前政策对贫困群体资产建设的机制还不完善，局限于资产数量，忽视资产类型、组合、时间等因素的作用；未关注不同类型资产的角色与功能，对自然、金融、人力、物质和社会资产不加区分，忽视了资产建设的时间、类型、组合等因素。国际关怀（CARE International）认为农户的生计系统包括三个要素：拥有的能力（如教育、技能、健康、生理条件等）、有形的和无形的资产的可及性以及经济活动。①

以可持续生计框架理论为指导，后续的政策创新一方面要从经济活动这一要素出发，激励贫困群体参与经济活动，探索其参与经济活动的多样形式。在农村，除了鼓励贫困农民从事生产活动外，还可以继续改善贫困农民与合作社、集体经济的关系，以后者来帮助贫困农民抵抗市场风险。另一方面，要积极探索资产的类型与组合对贫困群体脱贫的影响。根据资产功能，可以将资产分为发展性、保障性、目标性等多种形式，应持续探索不同资产的组合对反贫困的影响。在此过程中，也应加强贫困群体的金融能力建设。现代经济大量依靠个人和多元经济主体的金融活动，人们的生产、交换、分配和消费活动等与金融逻辑越来越密不可分，经济与社会生活的金融化将可能导致越来越严重的财富不平等和社会排斥。② 国内的研究也表明，金融素养的提高能够显著地降低贫困发生的概率，金融素养对低收入家庭脱贫的边

---

① 唐丽霞，李小云，左停．社会排斥、脆弱性和可持续生计：贫困的三种分析框架及比较．贵州社会科学，2010（12）：4－10.

② 邓锁．社会发展、金融能力与社会工作参与反贫困．中国社会工作，2018（28）：25－26.

际效应更大。[①] 为此，可以大力发展金融社会工作，提升底层群体的金融素养，提升资产建设效果。

思考题

1. 简述贫困与社会政策的关系。
2. 我国反贫困社会政策的发展可以划分为几个阶段？
3. 简述当前我国的主要反贫困社会政策。
4. 试述我国反贫困社会政策的主要特征及其经验。
5. 新时代我国反贫困社会政策应如何创新发展？

① 方舒，王艺霏．金融能力与相对贫困治理：基于 CFPS2014 数据的实证研究．社会学评论，2021，9（3）：181－198.

第十四章

公益慈善政策

作为第三次分配的重要载体，公益慈善事业被赋予推进共同富裕的重要使命。以《中华人民共和国慈善法》（简称《慈善法》）的出台为标志，随着公益慈善实践的多元化迅猛发展，我国的公益慈善政策的法制化、专业化和体系化也在不断增强。本章将在对公益慈善政策的发展演变、结构特征进行概述的基础上，分别对社会组织政策和志愿服务政策进行梳理，并对公益慈善政策的未来取向与发展原则进行探讨。

第一节　公益慈善政策概述

一、公益慈善与公益慈善事业

（一）公益与慈善的相关概念

作为高频词，公益与慈善概念经常相伴出现，但对于二者之间的区别与联系，学界、大众乃至政府尚无明确界定。为本章行文上的方便，有必要厘清公益与慈善之间的关系。

从词源上看，我国自古就有“慈善”一词。概括而言，可涵盖慈心和善举两个层面：前者指悲悯之情，后者是基于此的帮助或者救助行为。而现代意义上的公益慈善事业，其中的慈善和公益概念则与西语中的“charity”“philanthropy”以及“public benefit”“public interest”等词密切相关。从对应关系上看，“charity”与“philanthropy”经常被译作慈善，前者原指来自教会的传统慈善，后者则是以企业为主的现代慈善，二者分别被称为狭义慈善和广义慈善。随着时代进步，以英国

2006 年《慈善法》[1] 为例，“charity”与“philanthropy”的外延逐渐接近，都趋向广义慈善。同时，“philanthropy”（也扩展译为公益）与“public benefit”所代表的公益之区别在于：“philanthropy”仅指民间公益，后者的主体则包括政府在内；二者又有狭义与广义之分。所以，有学者主张在“philanthropy”一词上将公益与慈善概念统合起来，即狭义的公益等同于广义上的慈善，“公益慈善、慈善和公益的概念可以等同”[2]。

除去从外延和主体上进行的广义、狭义区分，也有学者从公益和慈善的性质角度对两个概念进行了辨析：利他性和志愿性是两个性质分析维度。[3] 公益是与私益、互益相对应的概念，既不是为私人利益，更不是特定群体内部的相互利益[4]，而是为公共利益，其本身即包含利他性；慈善概念的利他性所包含的对象，既包括公众也包括单个的人。所以，这里关键取决于对公共利益的范围界定，如果公共利益仅指公众或者多数人的利益，那么慈善的利他性范围大于公益；如果将不特定的个人利益归为最小化的公共利益，则慈善与公益的利他性在范围上是一致的。在实践中，通常采用的是后一种。在志愿性维度上，慈善与公益之间的分野在于：慈善本身内含志愿性，志愿性是慈善的灵魂；公益则可以分为志愿性公益和非志愿性公益。“例如，国家通过向公民征税提供的社会福利便是一种典型的非志愿性公益，它不属于慈善的范畴。”[5] 因此，如果将公共利益中的“公共”做广义上的解释，则本章探讨的公益慈善等同于慈善和志愿性公益，是公益的一部分。

从结论上来讲，前两种关于慈善与公益概念的关系的主张，不存在本质上的分歧。结合上述两种主张，本章也将在公益与慈善概念相重合的外延部分上讨论慈善公益，即广义上的现代慈善与狭义的志愿性公益的集合，非志愿性公益不在本章公益慈善的讨论范畴。在一致性之外，公益与慈善在概念上也因表述效果差异而互相补充，通常称为公益慈善，以免偏颇疏漏，或是在不同情境下，分别使用公益概念或者慈善概念。例如，社科文献出版社的慈善蓝皮书，统一“将社会捐赠总量、全国志愿服务贡献价值和彩票公益金三者之和设定为全核算社会公益资源总量”[6]。与慈善概念相较而言，这里用“公益”显然更恰当。因此，本章将在公益与慈善的一致性基础上使用公益慈善概念，但也不排除在不同情境下，对公益概念与慈善概念的分别灵活运用。

（二）公益慈善事业在我国的发展

在我国古代，慈善事业与政府救助是一体的。从商汤赈恤饥寒的措施，到管仲

---

① 英国 1601 年《慈善用途法》对“charity”的定义仅限于扶贫、教育、宗教和社区四个领域，而 2006 年英国新修订的《慈善法》对“charity”的界定扩大到文化艺术等 13 个领域，已不再是狭义的慈善。（邓国胜. 公益慈善概论. 济南：山东人民出版社，2015：3.）

② 邓国胜. 公益慈善概论. 济南：山东人民出版社，2015：3.

③ 陈可鉴，郁建兴. 慈善的性质与模式. 南京社会科学，2015（5）：64－70.

④ 如社会团体作为社会组织中的一类，主要就是为了会员利益而形成的组织，属于互益型组织。

⑤ 同③.

⑥ 杨团，朱健刚. 慈善蓝皮书：中国慈善发展报告：2021. 北京：社会科学文献出版社，2022：1.

提出的“兴德六策”[①] 与“九惠之教”，这些具有救助色彩的活动，都被视为国家慈善事业的施行。我国民间的公益慈善事业肇始于佛教的兴起。自两汉时期，佛教传入中国之后，以寺院为场所设立的公益慈善机构，开展了救灾济贫、恤病抚幼、传播慈善思想等一系列内容丰富的慈善活动，带动了民间慈善事业的发展。至宋代，乃至明清之后，在官办慈善事业之外，民间公益慈善事业也不断推陈出新。尤其是明中后期工商业繁荣，民间积累了大量财富，客观上为公益慈善事业的兴盛提供了物质基础。纵观历史上的民间公益慈善事业演进历程，基本上呈现出宗教慈善、宗族慈善、地域性慈善的特征。此外，清末，随着西方列强入侵而进入我国的教会，兴办了包括医疗机构、孤儿院等在内的一系列公益慈善机构，对我国近代公益慈善事业的发展产生了较大影响。

新中国成立后，慈善事业经历了曲折的发展过程。尤其是改革开放之前，我国的慈善事业一度陷入停滞。“归结起来，是当时的政治、经济、意识形态等因素共同作用造成的。”[②] 首先，新中国成立初期，为维护新生政权的稳定，对旧社会遗留下来的以及外国扶持建立的慈善组织采取了较为极端的措施：原有的慈善机构被清理、整顿，大量的慈善组织被取缔。其次，高度集中的计划经济体制的施行，一方面使大部分生产资料都掌握在国家手里，普通大众根本没有多余的资源可以用于开展慈善活动；另一方面，社会福利国家化，政府成为新中国福利救济事业的唯一主体，极少数幸存的慈善组织也被整顿改组，纳入政府保障和福利体系中。最后，在意识形态上，“慈善”被官方文件定义为“资产阶级的糖衣炮弹”，是落后和腐朽的；慈善作为“仁政”，被认为是对新中国“社会主义优越性”的否定。因此，在计划经济时期，政府对福利救济事业大包大揽，公益慈善事业完全被排斥在经济社会发展之外。

改革开放之后，我国的慈善事业得到了恢复和发展。一方面，政治环境得到改善，政府的职能也发生转变，政府的工作重心从阶级斗争转变为经济建设，不再统揽一切，而是逐渐实行简政放权；另一方面，在经济体制上由“计划经济”走向“市场经济”，使社会可以拥有自由支配的资源和自由活动空间，同时，市场经济之下的区域发展差距和贫富分化等问题，为公益慈善事业的复兴提供了基础与契机。首先，20 世纪 80 年代，为解决社会问题，动员社会资源，由政府推动成立了一批基金会，至今它们仍然是我国慈善组织的主力军，这些基金会开展的公益项目，如“春蕾计划”、希望工程等已经成为著名公益品牌。随后的 20 世纪 90 年代，中华慈善总会的成立，被学者视为我国真正意义上的慈善事业的开始与复兴。[③] 2004 年《中共中央关于加强党的执政能力建设的决定》指出，要“健全社会保险、社会救

---

① “兴德六策”指匡其急、赈其穷、厚其生、输之以财、遗之以利及宽其政；所谓“九惠之教”，一曰老老，二曰慈幼，三曰恤孤，四曰养疾，五曰合独，六曰问疾，七曰通穷，八曰振困，九曰接绝。

② 周秋光．现代中国社会保障制度与慈善事业 70 年发展进程及其思考．中南大学学报（社会科学版），2020，26（6）：150－162.

③ 郑功成，等．当代中国慈善事业．北京：人民出版社，2010：108.

助、社会福利和慈善事业相衔接的社会保障体系”，这是慈善事业第一次被写入党的文件。此后，慈善事业在我国全面兴起。2008 年，汶川地震引发了“全民慈善”，当年全年慈善捐赠首次突破千亿元，公众捐赠首次超过企业捐赠，对我国慈善事业的发展产生了深远影响。同年，民政部成立“社会福利和慈善事业促进司”，明确了政府对慈善事业的积极支持态度，以及相应的管理职能。2016 年，《慈善法》出台，我国公益慈善事业进入了制度化发展新阶段。截至 2021 年 11 月《民政部关于指定第三批慈善组织互联网募捐信息平台的公告》发布，民政部共指定三批 30 家互联网公开募捐信息平台。我国的公益慈善事业在政府慈善、商业慈善、民间慈善、互联网慈善等不同领域产生了不同的话语和实践。①

二、公益慈善政策的发展历程

所谓公益慈善，是将志愿服务、慈善捐赠等公益资源动员起来，通过组织、项目等各种形式，致力于解决社会问题，帮助受益者改善生活状况，旨在提高社会整体福利水平的活动。而公益慈善政策，则是国家和政府为规范公益慈善活动，促进公益慈善事业健康发展而制定和采取的原则、方针，具体表现为法律、法规、规章以及其他规范性文件等。随着公益慈善事业在我国的发展，公益慈善政策也经历了相应的演变。由于改革开放之前，我国的慈善事业处于停滞阶段，因此，本章的公益慈善政策也将围绕改革开放之后的阶段展开。以关键性公益慈善政策的发布出台为节点，本章将公益慈善政策的发展历程概括为三个阶段：零散化阶段（1978—1997 年）；系统化阶段（1998—2015 年）；法制化阶段（2016 年至今）。

（一）零散化阶段（1978—1997年）

改革开放之后，以 1981 年我国第一家基金会——中国儿童少年基金会的成立为起点，我国先后成立了一系列基金会，包括中国宋庆龄基金会、中国残疾人福利基金会、中国妇女发展基金会、中国青少年发展基金会、中国扶贫基金会等。该时期成立的基金会基本都是由政府主导、推动成立。例如，中国儿童少年基金会是由全国妇联、总工会、共青团等 17 家体制内单位联合发起的；中国青少年发展基金会是由共青团中央、全国青联、全国学联和全国少工委共同创办的；中国妇女发展基金由全国妇联创办；中国人口福利基金会脱胎于原国家计划生育委员会。王名教授认为：“20 世纪 80 年代成立的基金会，可以说都是有中国特色的非典型意义上的基金会，或者说是以基金会之名募集社会资源的，类似于慈善会的形式。”② 同一时期，农村地区的农民合作基金会也如雨后春笋般出现。在这一背景下，1988 年，《基金会管理办法》出台，作为改革开放之后国务院制定的第一部规范社会组织登记管理

① 杨团，朱健刚．慈善蓝皮书：中国慈善发展报告：2020．北京：社会科学文献出版社，2020：3.

② 基金会行业 40 年人物系列专访　王名：重新理解基金会．(2021-11-19)[2022-12-05]. https://baijiahao.baidu.com/s?id=1716871990410941445&wfr=spider&for=pc.

的行政法规。在《基金会管理办法》中，将基金会的活动宗旨界定为“通过资金资助推进科学研究、文化教育、社会福利和其他公益事业的发展”，贴合了当时“官办”基金会作为政府助手的功能定位。同时，该办法规定了基金会成立的“三重管理体制”：中国人民银行审查、民政部门登记、省级以上政府部门备案。从这一规定即可看出，1988 年的《基金会管理办法》以“官办”基金会为主要对象，对基金会的发展以严格限制为原则。

随后，1989 年版《社会团体登记管理条例》出台。该条例以列举方式罗列了社团的范围，包括协会、学会、联合会、研究会、基金会、联谊会、促进会、商会，并确立了沿用至今的“双重管理体制”：民政部门负责登记注册，体制内的相关单位作为业务主管部门。可见，当时的基金会作为社会团体中的一种类型，与现代意义上的基金会相去甚远；同时接受《基金会管理办法》与《社会团体登记管理条例》两部行政法规的共同规制，存在政策混乱现象。另外，《社会团体登记管理条例》规定的社团范围有限，并设置了苛刻的管理体制，体现了政府对社会团体发展的审慎态度。

该时期，另一具有重要意义的公益慈善政策是 1993 年出台的《中华人民共和国红十字会法》（简称《红十字会法》）。中国红十字会是旧中国慈善组织中的极少数幸存者之一，新中国成立后被改组为“中央人民政府领导下的人民卫生救护团体”。针对红十字会的专门立法，体现了红十字会在我国公益慈善事业中的特殊地位。根据《红十字会法》的规定，“人民政府对红十字会给予支持和资助”，且“县级以上地方按行政区域建立地方各级红十字会”，体现了红十字会的政府助手作用。在我国公益慈善组织中，具有行政层级的慈善组织包括红十字会系统和慈善会系统，但享有单独立法的只有红十字会系统。而且，《红十字会法》沿用至今，未经修订废弃，而该时期的其他公益慈善政策如今基本都已经废止。

1994 年实施的《企业所得税暂行条例》和《个人所得税法实施条例》首次规定，企业和个人公益性捐赠税前扣除比例分别为年度所得额的 3％和 30％，并且只有通过指定的社会团体的捐赠才允许税前扣除。这一政策可以作为 1989 年版《社会团体登记管理条例》的配套性规定，通过税收优惠促进社会团体的发展，但是覆盖的范围不够广，力度明显不足。

综上所述，该阶段的公益慈善事业处于恢复萌芽时期，相应地，公益慈善政策呈现出零散化特点，对基金会、社会团体等组织尚未形成理论性认识，相应的政策制定也存在一定瑕疵，但这也是我国公益慈善政策发展的必经阶段。

（二）系统化阶段（1998—2015年）

之所以将 1998 年作为该政策阶段的起点，原因在于，沿用至今的《社会团体登记管理条例》（1998 年）和《民办非企业单位登记管理暂行条例》在 1998 年出台，并与后来的《基金会管理条例》（2004 年）构成了社会组织的核心政策，俗称社会组织的“三个条例”，建构了现代公益慈善政策的框架基础。实际上，早在 1998 年的两个条例出台之前，公益慈善史上的重要事件为两个条例的出台提供了可能。其一是，1994 年《人民日报》发表评论员文章《为慈善正名》，标志着政府当局对慈善事业的重新认识与认可；同年，新中国第一个全国性的慈善组织——中华慈善总会成立，标志着新中国的公益慈善事业的正式开启。其二是 1995 年联合国第四次世界妇女大会在北京举办，该事件被称为“NGO 在中国发展的里程碑”，从此 NGO 进入我国公共话语，以此为起点，我国的非政府组织在理论和实务领域均取得了快速发展。

之所以将该阶段概括为公益慈善政策的系统化阶段，原因在于狭义的三类社会组织——社会团体、民办非企业单位和基金会相关的核心政策先后在该时期出台。《社会团体登记管理条例》于 1998 年由国务院制定颁布，1989 年版的《社会团体登记管理条例》同时废止，1998 年的《社会团体登记管理条例》后于 2016 年修订并沿用至今；《民办非企业单位登记管理暂行条例》于 1998 年由国务院制定出台并沿用至今；《基金会管理条例》于 2004 年由国务院制定出台并沿用至今。在 2016 年《慈善法》出台之前，这三个条例是我国公益慈善政策的核心和基础。值得一提的是，《基金会管理条例》将基金会区分为公募和非公募两种基本形式，才有了现代意义上的基金会，“开辟了非公募基金会的发展道路，翻开了我国基金会发展新篇章”①。三个条例共同体现了社会组织管理的基本原则：归口管理、双重管理、分级管理、分类管理以及监督管理与培育发展并重原则。②

1999 年，《中华人民共和国公益事业捐赠法》（简称《公益事业捐赠法》）出台，这是新中国成立后关于公益慈善事业的第一部法律，旨在鼓励捐赠，通过规范捐赠和受赠行为，保护捐赠人、受赠人和受益人的合法权益，来促进公益事业的发展。在该法中，对公益事业的界定，比其后的《慈善法》更加宽泛，将“促进社会发展和进步的社会公共和福利事业”均纳入其中。在该法的指导下，2010 年江苏省结合自身实际，制定出台《江苏省慈善事业促进条例》，这是我国首部有关公益慈善的地方性法规，其中有关慈善组织、慈善捐赠和募捐、慈善救助和服务等内容规定，以及在江苏省的政策实践，对公益慈善事业的法制化起到了开路先锋的作用。在此基础之上，2014 年印发了《国务院关于促进慈善事业健康发展的指导意见》，对如何促进慈善事业的发展做出了系统性安排。在该意见的落实过程中，全国各地共出台了百余项促进慈善事业发展的地方性政策。

系统化阶段的公益慈善政策主要包括两个方面：一是有关社会组织的“三个条例”在该阶段陆续出台，构成了社会组织核心政策框架，为后续公益慈善政策提供了基础；另一方面，《公益事业捐赠法》作为专门规范捐赠行为的法律，与之后《国务院关于促进慈善事业健康发展的指导意见》共同为促进和规范公益慈善事业的发展提供了依据，协同《江苏省慈善事业促进条例》等地方性试点法规，为后期全国范围内《慈善法》的出台提供了条件。整体上来说，该阶段内的社会组织政策已基本形

---

① 王名．社会组织概论．北京：中国社会出版社，2010：200.

② 同①105－107.

成并完备。以此为基础，有关公益慈善领域内的政策处于持续探索与完善过程中。

（三）法制化阶段（2016年至今）

2016 年，《中华人民共和国慈善法》正式出台并实施，作为我国公益慈善政策的里程碑，“全面正式地开启了我国慈善事业的法治之门，为新时代慈善事业的全面转型与发展提供了基本法律依据”[①]。因此，以《慈善法》的出台为标志，本章将 2016 年定为我国公益慈善政策进入法制化建设的起点。自《慈善法》实施以来，我国的公益慈善政策“从有限的政策性文件规制走向法治”[②]。然而，《慈善法》在推动公益慈善政策建设、促进公益慈善事业发展的同时，也暴露出我国公益慈善政策建设存在的问题。2020 年 7 月至 9 月，全国人民代表大会常务委员会执法检查组对《慈善法》的实施情况在全国范围内进行了检查。检查报告认为：《慈善法》第 9 章共 15 条，对信息提供、活动指导、税费优惠、建设用地、金融政策、购买服务、人才培养、文化宣传等十多类促进措施进行了原则性规定，部分法律制度在细化具体政策方面落实不到位，配套政策或尚未出台，或已经出台，但尚未落地执行。[③] 整体而言，我国的公益慈善政策的法制化进程仍然任重而道远，需要各方共同做出长期的努力。

在对国内公益慈善事业进行法制化规制的同时，对国外社会组织在国内的活动规制，也制定了系列政策，主要包括 2017 年实施的《中华人民共和国境外非政府组织境内活动管理法》（简称《境外非政府组织境内活动管理法》）和 2013 年修订的《外国商会管理暂行规定》。《境外非政府组织境内活动管理法》的适用对象为“在境外合法成立的基金会、社会团体、智库机构等非营利、非政府的社会组织”，也是我国公益慈善事业的重要主体，该法旨在引导国内的境外社会组织开展经济、教育、科技、文化等领域活动，以及济困、救灾等公益事业。因此，《境外非政府组织境内活动管理法》是我国公益慈善政策的重要组成部分。《外国商会管理暂行规定》则是针对外国商会的专门规定，与《境外非政府组织境内活动管理法》之间应属专门法与一般法的关系。

2017 年，《志愿服务条例》颁布并实施，旨在鼓励和规范志愿服务，发展志愿服务事业。至此，社会公益资源的三大组成部分均已制定了相关政策，具体包括：对社会捐赠进行规范的《公益事业捐赠法》以及《慈善法》；对志愿服务进行规制的《志愿服务条例》；对彩票公益金进行规制的《彩票管理条例》。在法制化阶段，公益慈善政策趋于完备，并向完善化迈进。

三、公益慈善政策的结构与特点

随着《慈善法》的实施以及不断完善，我国公益慈善政策逐渐从零散化的单项

---

①② 郑功成．中国慈善事业发展：成效、问题与制度完善．中共中央党校（国家行政学院）学报，2020，24（6）：52－61．

③ 张春贤．全国人民代表大会常务委员会执法检查组关于检查《中华人民共和国慈善法》实施情况的报告．(2020－10－15)[2022-01-25]. http://www.npc.gov.cn/npc/c30834/202010/afc0a05adb4242b49920c22510 17205e.shtml.

政策发展为日渐完备的政策体系。在公益慈善政策体系中，《慈善法》占据核心地位；《公益事业捐赠法》与《境外非政府组织境内活动管理法》则以法律的形式，从捐赠活动和公益主体等不同层面对《慈善法》进行了补充；以社会组织“三个条例”为主，联合《志愿服务条例》与《彩票管理条例》等行政法规分别从公益慈善事业的主体范围以及公益慈善资金来源等方面为《慈善法》的实施打下了支持性基础。归根结底，法律法规层面的公益慈善政策要依靠民政部等部门规章，以及地方性法规来贯彻执行。当前，我国具体公益慈善政策结构如图 14－1 所示。

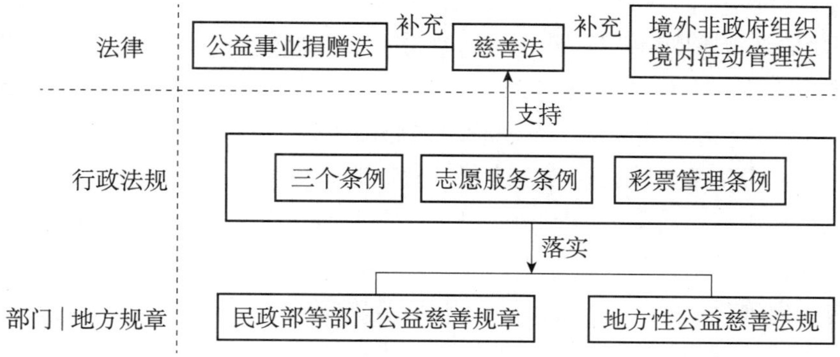

图 14－1　我国公益慈善政策结构图

我国的公益慈善政策结构呈现出如下几个特点。

第一，政策体系逐渐完备。在政策形式上，体现为从法律法规、部门规章、规范性文件到行业标准等类政策，构成了政策体系。其中，公益慈善法律包括《慈善法》《公益事业捐赠法》《境外非政府组织境内活动管理法》；公益慈善的行政法规包括社会组织“三个条例”、《志愿服务条例》、《彩票管理条例》等，以及各地方为推动公益慈善事业的发展而制定出台的地方性公益慈善法规；在部门规章方面，由于公益慈善政策涉及多个不同部门，所以，公益慈善领域的部门规章的制定主体也较为丰富，其中当然以慈善事业的主管部门——民政部门为主。根据民政部规章库显示，现行有效的规章共计 45 部，其中属公益慈善领域的规章，具体包括《慈善组织信息公开办法》《社会组织信用信息管理办法》《慈善组织认定办法》《慈善组织公开募捐管理办法》等。[①] 公益慈善规范性文件包括国务院各部门、各级地方政府以及其他主体公布实施的对公益慈善事业进行规范的各类通知、办法、意见等，数量众多，所涉内容庞杂，而且实时变化，例如《民政部、中国银行业监督管理委员会关于做好慈善信托备案有关工作的通知》《民政部　财政部关于加强社会组织反腐倡廉工作的意见》等，都是与当时的金融工作和反腐败工作有关。另外，作为政策形式之一的行业标准范畴中，在民政部公布的现行行业标准中，排除与彩票管理相关的行业标准之外，与公益慈善相关的行业现行标准共计 7 条，分别是《志愿服务基本

---

① 信息来源于民政部规章库：http://xxgk.mca.gov.cn:8011/gdnps/pc/gzk/index.jsp。最后检索日期：2023 年 6 月 10 日。

术语》《社会组织数据质量管理基本技术规范》《社会组织业务元数据》《社会组织信息交换格式》《慈善组织互联网公开募捐信息平台基本管理规范》《慈善组织互联网公开募捐信息平台基本技术规范》《志愿服务信息系统基本规范》。当然，上述各类公益慈善政策不仅在政策形式上有所区别，在效力强度、效力范围等层面也各有不同，互相补充。

第二，政策原则趋向一致。如前所述，改革开放之后，慈善事业才得以在新中国重获生机。对这一时期内慈善事业的发展过程，学者们做了不同的划分。周秋光教授认为，慈善事业在市场经济时期经历了缓慢复苏、全面兴起与蓬勃发展三个阶段。[①] 郑功成教授等则将 1994 年中华慈善总会成立之前的时期界定为对慈善事业的限制与排斥阶段，之后的发展时期又划分为政府对慈善事业的接纳与倡导两个阶段。[②] 显然，在慈善事业的不同发展阶段，公益慈善政策的发展原则是存在转向变化的。比如，青年学者陈斌认为，改革开放以来，慈善事业"政策体系体现出从限制发展、个案优待、有限支持到全面鼓励的特征演变"[③]。对慈善事业的全面鼓励，构成当前公益慈善政策的基本原则。尤其是《慈善法》的颁布实施，成为我国慈善事业从传统向现代、从人治向法治、从政府救灾济贫的补充到独立事业的重要转折点。《慈善法》开篇即提出，"为了发展慈善事业，制定本法"，奠定了公益慈善政策体系的原则方向。更具体的表现是，自 1989 年版《社会团体登记管理条例》起，到后来的社会组织的"三个条例"，对社会组织的登记管理分别实行三重管理原则与双重管理原则，尽管当前对部分类别社会组织的登记管理已经实行一元化直接登记，但针对社会组织的双重管理仍大范围普遍存在，体现了对社会组织监督管理与培育发展并重原则。在现行《慈善法》中对慈善组织采取了认定加登记的双重发展原则，尽管这一原则在实践中存在一些问题，但体现了对慈善组织乃至慈善事业的促进发展的原则取向。以《慈善法》为核心，公益慈善政策体系的原则取向将逐步趋向一致。

第三，政策横向配套与纵向落实逐渐实现。《慈善法》实施以后，中央和地方共出台 400 余份配套法规规章和规范性文件，基本涵盖了慈善组织认定登记、公开募捐、慈善信托、活动支出、信用管理、志愿服务、信息公开和财产保值增值等主要环节。[④] 这些配套政策又可分为横向与纵向两个方面。横向配套政策主要是指通过制定新政策或者修订既有政策，以使各政策相衔接与协调。例如，在税费优惠方面，依据《慈善法》的要求，《财政部、税务总局、民政部关于公益性捐赠税前扣除有关事项的公告》《财政部、税务总局、民政部关于公益性捐赠税前扣除资格确认有关衔

---

① 周秋光．现代中国社会保障制度与慈善事业 70 年发展历程及其思考．中南大学学报（社会科学版），2020，26（6）：150－162.

② 郑功成，等．当代中国慈善事业．北京：人民出版社，2010：127－152.

③ 陈斌．改革开放以来慈善事业的发展与转型研究．社会保障评论，2018，2（3）：148－159.

④ 张春贤．全国人民代表大会常务委员会执法检查组关于检查《中华人民共和国慈善法》实施情况的报告．(2020-10-15)［2022-01-25］. http://www.npc.gov.cn/npc/c30834/202010/afc0a05adb4242b49920c2251017205e.shtml.

接事项的公告》于2020年开始施行，对新的税收优惠政策和政策的过渡衔接等做出了明确规定。这些对《慈善法》中提到的制度的政策细化，属于横向配套政策。《慈善法》及其他公益慈善政策的落实，不仅仅指横向配套政策的落实执行，更强调法律规定的纵向落实，即国家层面的法律规定在各地的细化与执行。《慈善法》颁布之后，各地先后根据本地情况制定了一系列地方性法规。其中包括《北京市促进慈善事业若干规定》（2020年施行），《江苏省慈善条例》（2018年施行）、《山东省慈善条例》（2021年施行）、《湖北省慈善条例》（2021年施行），等等。为贯彻落实《志愿服务条例》，北京、上海、广东等地分别对本省（市）既有的《志愿服务条例》进行了修订。地方性法规的不断制定出台，体现了公益慈善政策的纵向落实。

第二节　我国的社会组织及志愿服务政策

一、社会组织政策

（一）社会组织在我国的发展

社会组织又称“民间组织”“非营利组织”“非政府组织”“第三部门”等，作为公益慈善事业的主要主体，在我国经历了曲折的发展过程。在国家、市场、社会的三元划分中，社会组织是社会的主体，与政府和企业共同构成了广义社会福利的来源。从这个意义上来说，社会组织是在政府和企业之外的第三部门，“向社会某个领域提供社会服务，并具有公益性、非营利性、自治性、志愿性等特点的组织机构”①。社会组织也有广义和狭义之分。狭义的社会组织是根据现行法律制度，在各级民政部门登记注册的社会团体、基金会和民办非企业单位三类组织。广义的社会组织，是在狭义的社会组织之外，又不属于国家或者市场范畴的组织，比如工商注册的非营利组织和社会企业等。前者是因为社会组织登记注册的规定更严苛，所以虽登记为企业之名，而从事非营利性社会活动之实的社会组织；后者则是市场与社会的结合体，通常以市场手段解决社会问题，目前在理论与实务界已有一定探讨，但我国目前尚未针对社会企业出台相关政策法规。当然，本章探讨的社会组织是指狭义的、有法律规定的三类社会组织。

社会团体是为保障公民结社自由，由个人或组织作为会员组成的人合性组织。社会团体既可以是会员互益性组织，也可以以社会公益为目的。社会团体是改革开放前社会组织的唯一存在形式，彼时社会团体指“人民群众团体、文艺工作团体、学术研究团体、社会公益团体、宗教团体，以及其他人民政府法律允许组成的团体，所包含的范围几乎包括了所有类型的社会组织”②。所以，在这一时期，社会团体既

---

① 王名．社会组织概论．北京：中国社会出版社，2010：8.

② 龚万达．社会组织的称谓变迁．学会，2020（4）：5－10.

是社会组织的唯一法定类型，也是代替社会组织存在的称谓。基金会、民办非企业单位兴起于20世纪80年代。基金会作为财产性非营利法人，是资合性组织。民办非企业单位是指从事非营利性社会服务活动的社会组织，也被称为“社会服务机构”，涵盖科、教、文、卫、体育等各个领域。早在20世纪80年代，随着体制改革的推进，民办教育科研机构逐渐兴起。到市场经济确立之后，曾经完全由事业单位提供的公共服务和公共物品，陆续向民间开放，各种形式的民办事业单位如雨后春笋般迅速发展起来。

（二）社会组织政策的演进

在社会组织的发展过程中，政府政策起到了关键性的作用，决定了社会组织的发展走向与态势。社会组织政策体系内容庞杂，尤其是在当前，相关政策仍在不断调整完善之中，甚至部分社会组织的称呼（如“民办非企业单位”与“社会服务机构”）在政策层面尚未统一。在此背景下，社会组织的政策文本与内容势必会不断增加。在此，本章将仅对已有的社会组织政策进行梳理分析，政策文本以规范社会组织登记注册与管理的三个条例——《社会团体登记管理条例》《民办非企业单位登记管理暂行条例》《基金会管理条例》为核心，辅以社会组织相关配套政策，包括支持社会组织发展的税收优惠政策，以及对社会组织进行监管的相关政策等。

关于新中国社会组织政策的演变，不同学者给出了不同的阶段划分。李友梅、梁波将变迁轨迹概括为：“从严格控制到适度培育，再到选择性适度培育加规制”[①]。李健等则将1950—2017年我国社会组织政策变迁历程划分为两个政策均衡期和一个政策间断期：1950—1987年“身份信任”政策图景下政策均衡期，1988—2011年“清理整顿”政策图景下政策均衡期，2012—2017年“放管结合”政策图景下政策间断期。[②] 黄晓勇则将新中国70年的社会组织政策跃迁划分为四个阶段：1949—1977年的初始与停滞阶段，1978—1997年的恢复与规范阶段，1998—2011年的开放发展阶段，2012年至今的规范发展阶段。[③] 参考上述划分，根据已有的政策文本，结合民政部历年民政事业发展统计公报（报告）和社会服务发展统计公报相关内容，以社会组织称谓的变化为主线，本章将社会组织政策的演变划分为三个时期：社会团体监管时期（1950—1997年），民间组织管理时期（1998—2003年），社会组织发展时期（2004年至今）。

1. 社会团体监管时期（1950—1997年）

“20世纪80年代之前，中国社会组织的种类相对单一，主要为高度行政化的社

---

① 李友梅，梁波．中国社会组织政策：历史变迁、制度逻辑及创新方向．社会政策研究，2017（1）：61－71.

② 李健，成鸿庚，贾孟媛．间断均衡视角下的政社关系变迁：基于1950—2017年我国社会组织政策考察．中国行政管理，2018（12）：66－71.

③ 黄晓勇．新中国70年中国特色社会组织创新发展报告//黄晓勇．中国社会组织报告：2020. 北京：社会科学文献出版社，2020：1－45.

会团体。”[①] 这种情况一直延续到 1997 年前后，所以将社会组织的这一段历程定名为“社会团体时期”。这一时期以 1950 年政务院颁布的《社会团体登记暂行办法》为起点，1951 年发布《社会团体登记暂行办法实施细则》，将社会团体分为全国性和地方性社团，并由内务部和地方政府分别对其进行管理，这是新中国最早的有关社会组织的分类管理规定。这一时期的社会团体以官办社团为主，并承担统一战线的政治任务。“官办社会团体被新政吸纳，成功进入政府制度体系，民间社会团体则遭遇政府的‘策略性忽视’，逐步形成独具特色的官民二元格局。”[②] 20 世纪 80 年代之后，随着改革开放的开启，各类社会团体迅猛发展，已有政策难以覆盖，各种新的社会团体管理政策陆续出台。

1985 年，国家经济体制改革委员会发布了《关于成立全国性组织的若干规定》，对全国性组织的范围、条件、审批程序等进一步做了明确规定，以加强对全国性社会团体的登记管理；1986 年，民政部发布《民政部主管的社会团体管理暂行办法》，奠定了民政部门作为社会团体主管部门的方向。1988 年，作为社会团体的专门管理部门的社会团体管理司成立，负责社会团体的登记与管理工作。同年，《基金会管理办法》颁布。《基金会管理办法》中并未将基金会作为社会组织的一种单独类型，而是将基金会作为社会团体的一种特殊类型进行专门规定与管理，并确立了专门针对基金会的“三重管理体制”，增加了中国人民银行的金融监管。相较而言，1989 年发布的《社会团体登记管理条例》则确立了社会组织管理的基本事项，民政部门作为唯一登记管理机关、民政部门加业务主管单位的“双重管理体制”以及按行政级别进行分级管理等都是持续至今的基本管理原则。1989 年，国务院发布《外国商会管理暂行规定》，对外国商会这一特殊社会团体的管理进行了专门规定，这一规定经过修正后沿用至今。1990 年，国务院紧急下发《国务院办公厅转发民政部关于清理整顿社会团体请示的通知》；1996 年，民政部颁布《社会团体年度检查暂行办法》；此前已经对社会团体的印章、登记证书进行了专门的规定；1997 年，《国务院办公厅转发民政部关于清理整顿社会团体意见的通知》延续了对社会团体的清理整顿，也体现了该时期对社会团体的强力监管与限制的政策取向。

在前述政策之下，从 1992 年开始，在民政部发布的《1992 年民政事业发展统计报告》中，报告了全国性社团和地方性社团的数量，并将其归为“社会行政管理”内容。《1993 年民政事业发展统计报告》则设专章“社团管理”，专门报告全国性和地方性社团的情况。这种分类管理和报告持续到 1997 年为止。这段历史资料也为本阶段的年代划分提供了依据。

2. 民间组织管理时期（1998—2003 年）

实际上，早在 1996 年，基于民办非企业单位迅猛发展的情形，中共中央办公

---

① 蒋甫玉．1949—2019 年中国社会组织 70 年极简史//黄晓勇．中国社会组织报告：2020. 北京：社会科学文献出版社，2020：369.

② 李健，成鸿庚，贾孟媛．间断均衡视角下的政社关系变迁：基于 1950—2017 年我国社会组织政策考察．中国行政管理，2018（12）：66－71.

厅、国务院办公厅就下发了《关于加强社会团体和民办非企业单位管理工作的通知》，由民政部门对民办非企业单位进行统一登记管理，明确了对社会团体和民办非企业单位实行业务主管单位和登记管理机关双重管理体制，并确立了修订《社会团体登记管理条例》、起草《民办非企业单位登记管理暂行条例》的任务。1997 年，党的十五大报告中明确提出，培育和发展社会中介组织，此时的"社会中介组织"仍然以社会团体为主。

之所以将 1998 年作为民间组织管理元年，原因有两点。其一，1998 年 10 月 25 日国务院发布修订后的《社会团体登记管理条例》（国务院令第 250 号），以及新制定的《民办非企业单位登记管理暂行条例》（国务院令第 251 号）。前者与 1989 年《社会团体登记管理条例》最大的区别在于，没有再将基金会明确列入社会团体范畴，并在 2016 年经修订之后沿用至今；后者与前者共同构成了当时的民间组织基本法律框架。其二，1998 年 6 月，民政部民间组织管理局（现"社会组织管理局"的前身）成立，负责社会团体和民办非企业单位的政策拟定，以及登记管理工作。1999 年，《中共中央办公厅　国务院办公厅关于进一步加强民间组织管理工作的通知》，延续了 1996 年的通知[①]精神，在落实双重管理体制的基础上，要求进一步加大管理力度，并在民间组织中建立党的组织，加强党的建设；同时要求修订《基金会管理办法》。2000 年，民政部发布《取缔非法民间组织暂行办法》，体现了对民间组织活动的强力监管。所以，在民间组织管理时期，当时的社会组织官方称谓是"民间组织"，组织形式包括社会团体和民办非企业单位，基金会仍归于社会团体之下进行管理，政策取向仍以强力监管为主。

3. 社会组织发展时期（2004 年至今）

2004 年，国务院发布《基金会管理条例》，将基金会彻底从社会团体中独立出来，使其成为与社会团体和民办非企业单位并行的、独立的第三种社会组织类型。至此，社会组织的"三大条例"全部出台，形成社会组织法律制度的基础。之后，2005 年《民办非企业单位年度检查办法》和《基金会年度检查办法》发布，结合 1996 年《社会团体年度检查暂行办法》（民社发〔1996〕10 号），标志着社会组织三大条例的实施办法制定出台，社会组织的制度体系逐渐完善。但是"社会组织"这一法定称谓直到 2006 年才出现，之前仍然统称为"民间组织"。

2006 年，党的十六届六中全会公报中正式提出"社会组织"概念，是我国官方文件中的首次。2010 年 7 月，民政部与国家档案局联合发布的《社会组织登记档案管理办法》是最早以"社会组织"命名的政府文件，直至 2016 年，民间组织管理局正式更名为社会组织管理局。同年，中共中央办公厅、国务院办公厅印发《关于改革社会组织管理制度促进社会组织健康有序发展的意见》，提出"稳妥推进直接登记"，对社会组织实行分类培育，优先发展准予直接登记的社会组织；2016 年，财政部与民政部联合印发《关于通过政府购买服务支持社会组织培育发展的指导意

① 指 1996 年《关于加强社会团体和民办非企业单位管理工作的通知》（中办发〔1996〕22 号）。

见》；2017 年年底，民政部发布《关于大力培育发展社区社会组织的意见》；2021 年，民政部发布《“十四五”社会组织发展规划》，提出“十四五”期间，要在健全社会组织监管体系的基础上，支持引导社会组织发展。这基本上概括了我国当前社会组织发展时期基本的政策取向：完善监管与培育发展并重。对境外社会组织则仍以加强监督管理为主，并于 2016 年出台《境外非政府组织境内活动管理法》，以“规范、引导境外非政府组织在中国境内的活动”。

2018 年，民政部拟将现行的《社会团体登记管理条例》《民办非企业单位登记管理暂行条例》《基金会管理条例》三大条例合并为《社会组织登记管理条例》，《社会组织登记管理条例（草案征求意见稿）》已经公开征求社会意见，但由于各界争执较大，该条例迟迟未能出台。《“十四五”社会组织发展规划》中将推动出台《社会组织登记管理条例》，同步健全配套制度作为未来完善社会组织法律制度的核心内容。

（三）现阶段社会组织政策的特征

从社会团体监管到民间组织管理，再到社会组织发展，我国社会组织发展经历了不同的发展阶段。其间，从监管时期的社会团体单一类型，到民间组织时期的社会团体与民办非企业单位两类，再到社会组织时期的社会团体、基金会与民办非企业单位三种组织类型，社会组织的外延范围不断扩大。社会组织的社会政策也经历了从严格限制，到强调监管，再到监管与支持培育并重的不同发展阶段。从我国社会组织政策的演变历程来看，总体上，我国社会组织的政策发展具有如下几个特征。

第一，坚持党的领导。改革开放之前我国的各级各类社会团体，是在中国共产党领导之下开展工作的，是在人民民主统一战线的基础上团结社会各界、各阶层人民的一种组织形式。改革开放之后，社会团体的范围更加广泛，扩展为民间组织，为加强对民间组织中党组织建设工作的领导，1998 年，中组部与民政部联合发布《中共中央组织部、民政部关于在社会团体中建立党组织有关问题的通知》，要求民间组织中，凡是有正式党员 3 人以上的，必须于 2000 年 6 月 30 日前建立起党组织。在社会组织发展时期，2015 年 9 月中共中央办公厅发布《关于加强社会组织党的建设工作的意见（试行）》，以切实加强党对社会组织的领导。此后，社会组织的有关政策文件中，党建工作一直被排在首位。所以，在社会组织社会政策的不同发展时期，社会组织的党建工作贯彻始终，持续推进社会组织党的组织和党的工作全覆盖。

第二，从整顿限制到“管育并举”。从新中国成立至今，对社会组织的清理整顿工作一直在进行，但是强度与方向不断变化，从全面清理整顿逐渐转向依法监管。新中国成立之初，对社会组织的清理整顿以取缔为主、重组为辅，导致我国改革开放之前只存在官办社会团体。1990 年《国务院办公厅转发民政部关于清理整顿社会团体请示的通知》、1997 年《国务院办公厅转发民政部关于清理整顿社会团体意见的通知》，都是对社会团体等社会组织的全面清理整顿。2000 年，民政部发布《取缔非法民间组织暂行办法》，以及之后发布的对社会组织的各项管理政策，如民政部会同其他部委于 2007 年出台的《关于规范社会团体收费行为有关问题的通知》，2010 年出台的《社会组织评估管理办法》，以及 2021 年民政部等部门联合开展的“打击整治非法社会组织专项行动”，都表明对社会组织的清理整顿已经转向依法监管、精细监管、专业监管。尤其是党的十八大以来，党和政府对社会组织的认识日益加深，在实践层面对社会组织的治理从限制转向培育与服务：2013 年国务院发布《关于政府向社会力量购买服务的指导意见》，同年民政部印发《2014 年中央财政支持社会组织参与社会服务项目实施方案》；在支持社会组织发展的同时，有关社会组织的信用管理、名称管理、印章管理等监管更加多元与深入。

第三，从民间结社到社会治理主体。从改革开放前起到统一战线作用的社会团体，到民办非企业单位兴起后对社会组织民间属性的强调，再到当前尤其是党的十九大以来，社会组织作为多元共治的重要力量，是社会治理主体之一，在共建共治共享的社会治理格局中起着不可替代的作用。有学者将新中国成立以来社会组织的变迁历史划分为团结型社会组织、行政型社会组织与治理型社会组织三个阶段形态。[①] 治理型社会组织是当前社会组织运行的主导形态。在这一形态之下，社会组织不仅发挥着民间结社功能，更是社会治理主体，相应的社会政策取向也转向对社会组织参与社会治理进行引导。如 2014 年，财政部与民政部印发了《关于支持和规范社会组织承接政府购买服务的通知》；2015 年，中共中央办公厅、国务院办公厅印发《中国科协所属学会有序承接政府转移职能扩大试点工作实施方案》《行业协会商会与行政机关脱钩总体方案》等，通过推进“政社分开”，激发社会组织活力，承接更多公共事务，以参与社会治理；2015 年，中共中央印发《关于加强社会主义协商民主建设的意见》，要求健全与相关社会组织联系的工作机制和沟通渠道，引导社会组织有序开展协商，更好为社会服务，从参与渠道方面对社会组织参与社会治理进行规范引导。当然，在支持社会组织参与社会治理的政策中，仍然存在支持激励政策不够完善的问题。但不可否认的是，与之前的民间结社政策相比，上升到社会治理主体层面的社会组织政策将具有更为广阔的政策发展视角与前景。

二、志愿服务政策

（一）志愿服务在我国的发展

志愿服务起源于 19 世纪西方的宗教慈善服务，在中国，利他主义的志愿精神早已有之。中国传统文化中，儒、墨、道、佛思想中蕴含的仁爱、互助、奉献、慈善的思想，为志愿服务的发展奠定了深厚的基础。儒家学说中“仁者爱人”“老吾老以及人之老，幼吾幼以及人之幼”的精神内涵，墨家学说“兼爱、非攻”的主张，道教“积德成仙”的传统，佛教中“以慈悲为怀”的思想对国人的影响深远而普遍。志愿服务精神与中国的传统文化一脉相承，同时又与马克思主义核心价值观——一

---

① 罗婧．从团结型社会组织、行政型社会组织到治理型社会组织：1949 年以来社会组织的变迁历史．清华大学学报（哲学社会科学版），2020，35（3）：191－206，212.

切为工人阶级及广大人民群众的利益服务——相辅相成。我国的志愿服务是在中国传统文化的基础上，吸收了西方志愿服务的理念发展起来的。总体来说，新中国成立以来，我国的志愿服务发展大体经历了民众自发探索阶段，以共青团为代表的政府推动阶段，以2008年汶川地震和北京奥运会为代表的全民参与阶段，以及法治化阶段等四个阶段。

1.1949—1993年：民众自发探索阶段

新中国成立以后，随着社会主义制度的确立，我国的社会主义道德文化建设也被提上了日程。1955年，为解决粮食短缺和城市青年失业问题，北京市组织了第一支青年志愿垦荒队。1963年，毛泽东主席发出“向雷锋同志学习”的号召，全国掀起了“学雷锋”活动热潮，奠定了志愿服务事业的社会基础。1983年，北京市宣武区青年志愿服务总队的“综合包户”，开了北京市志愿服务的先河，被称作我国现代志愿服务发展史上的重要起始事件。在改革开放的前沿，中西方文化交汇的广州、深圳，一批热心公益的民众在参考和借鉴香港、澳门“义务工作”活动的基础上，结合“学雷锋、做好事”，开始了志愿服务的探索：1987年，广州市诞生了全国第一条志愿者服务热线电话；1989年，天津和平区新兴街朝阳里社区13名党员自发组成了我国第一个社区志愿者协会；1990年，深圳市义工联合会正式注册成为我国内地第一个义工法人社团；1992年，佛山市在香港义工的直接指导下诞生了“义工团”。这些不断涌现的志愿服务组织和活动，开启了民众在志愿服务领域的自主探索之路。

2.1994—2007年：政府推动阶段

1993年年底，共青团中央决定实施中国青年志愿者行动。1993年12月19日，铁路青年率先打出了“青年志愿者”的旗帜，在京广铁路沿线开展了为旅客送温暖的志愿服务。1994年12月5日，团中央成立我国最早的促进志愿服务事业发展的全国性社会团体——中国青年志愿者协会。依托各级共青团组织，建立起全国、省、市、县四级青年志愿者协会，部分地区延伸到社区、农村，建立镇（街）青年志愿服务中心和社区（农村）青年志愿服务站。这期间，由民政系统推动的社区志愿服务和由中国红十字会推动的专业志愿服务也在发展。联合国宣布2001年为“国际志愿者年”，中国为此开展了一系列宣传活动，使志愿服务得到更多民众的认可，各种志愿者组织协会蓬勃发展。民政部也加快了发展社区志愿服务的步伐，于2005年3月成立了中国社会工作协会社区志愿者工作委员会①。

3.2008—2015年：全民参与阶段

2008年在我国志愿服务事业发展史上具有里程碑式的意义，被称为“中国志愿服务元年”。在汶川地震救灾期间，数以千万计的志愿者参与抗震救灾；北京奥运会期间，170多万名志愿者为奥运会提供了热情周到的服务，受到国际国内的广泛赞誉。2008年的这两大事件，推动了志愿服务的全民化发展。随后，2010年上海世界

---

① 2007年更名为“志愿者工作委员会”。

博览会举办，广州举行亚洲运动会，2011 年深圳举行世界大学生夏季运动会，这些大型赛事的举行，极大地推动了我国志愿服务事业的发展。

4. 2016 至今：法制化阶段

2016 年 3 月，十二届全国人大四次会议通过的“十三五”规划纲要把志愿服务纳入加强和创新社会治理的总部署。2017 年国务院颁布实施《志愿服务条例》，标志着我国的志愿服务事业进入法制化发展阶段。中国志愿服务网（民政部志愿服务官方网站）的数据显示，我国当前共有实名志愿者 2.31 亿人，志愿者队伍 135 万个，志愿项目总计 1 101 万个，志愿服务总时长达 532 076 万小时。[①] 疫情防控、应急救援、大型赛事以及社区志愿服务等成为当前志愿服务的主体，志愿服务制度化、标准化与专业化建设正在进行中。

（二）志愿服务政策的演进

志愿服务的发展离不开政策的支持。志愿服务政策是指国家和政府制定和实施的有关志愿服务发展的统筹、协调、支持、保障等方面的原则、方针、措施、办法等。我国的志愿服务政策随着志愿服务实践的发展，经历了从无到有、从点到面、从单一政策到政策体系的发展过程。

1. 民政部、共青团等部门志愿服务政策探索期（1949—1998 年）

随着早期尤其是改革开放之后，我国各地志愿服务实践的兴起，中央层面对作为国内新兴事物的志愿服务给予了肯定，并批准民政部和共青团两个部门优先试验发展志愿服务。所以我国早期的志愿服务政策多出自这两个部门，围绕社区志愿服务和青年志愿服务展开。在社区志愿服务政策方面，1993 年，民政部、国家计委等 14 部门联合制定《关于加快发展社区服务业的意见》，明确了社区服务和社区志愿者的地位；1994 年，《民政部、中国社会工作者协会关于进一步开展社区服务志愿者活动的通知》要求加强志愿者活动的组织领导。在青年志愿服务政策方面，1994 年，根据《关于成立中国大中学生志愿服务总队的决定》，全国学联通过了《中国大中学生志愿服务总队章程》，对志愿服务总队的性质、活动原则和任务、团队成员的权利和义务、组织设置以及活动经费等做了明确规定；1996 年 10 月，共青团中央在总结各地实践经验的基础上，同时颁发了五个规范青年志愿服务的政策文件[②]，涉及青年志愿者参加大型活动和抢险救灾志愿服务等多方面的内容；1997 年，发布《共青团中央、中国残联关于进一步深化青年志愿者助残活动的意见》；1998 年发布《共青团中央、教育部关于实施青年志愿者支教扶贫接力计划有关政策的意见》等多项推进青年志愿服务的政策。

---

① 数据来源：中国志愿服务网（https://chinavolunteer.mca.gov.cn/site/home）“全国志愿服务数据统计”栏。最后访问时间：2023 年 6 月 10 日。

② 分别是《关于青年志愿者为大型活动提供志愿服务的暂行规定》《关于青年志愿者参加抢险救灾的暂行规定》《关于建立青年志愿服务站若干问题的意见》《关于加强青年志愿者规范管理的暂行规定》《中国青年志愿者行动评选表彰工作条例（试行）》。

这一时期的部门政策不仅对引导、推进社区志愿服务和青年志愿服务起到了重要作用，而且也将志愿服务和志愿者等概念引入大众视野。但同时带来的问题是，公众在对志愿服务的认识上存在局限性，认为志愿服务仅仅是共青团和民政部门工作的一部分，不涉及其他领域。所以，破除误解，推广志愿服务成为下阶段工作的主要任务。

2. 地方性志愿服务条例发展期（1999—2007 年）

20 世纪末，随着中国青年志愿者协会等全国性社会团体和行业性志愿者协会的陆续建立，志愿者服务开始进入深化发展阶段。同时，党的十五大报告中提出依法治国和以德治国相结合的治国方略，地方政府纷纷响应。在此背景下，地方性志愿服务条例陆续出台。

1999 年，《广东省青年志愿服务条例》出台，这是全国第一部地方性志愿服务条例。2003 年，黑龙江省颁布实施了《黑龙江省志愿服务条例》，该条例首次取消"青年"限定词，规定志愿者无年龄限制，鼓励全体社会公民参与志愿服务，大大拓展了志愿服务的范围。随后，各地加紧了出台地方性志愿服务法规的进程。总体来看，这一阶段各省市志愿服务条例的制定呈现出三个趋势：一是立法对象由单一的青年志愿者群体扩展为全体公民；二是从强调党政及群团部门协调转变为在党政统筹支持下社会自主协调发展；三是对志愿服务的限制越来越少，更多以鼓励为主，并强调对志愿服务的激励和保障。

3. 全国志愿服务政策统筹推进期（2008 年至今）

2008 年北京奥运会和汶川地震的志愿服务实践，大大推动了全国范围内志愿服务的发展和普及。在此背景之下，志愿服务政策也从之前的单独部门政策和地方政策，逐渐走向多个部门的不同领域，政策层级也逐渐从地方走向全国。这一时期的政策发展有如下特点：第一，面向不同领域的志愿服务政策不断出台。比如，2004 年，商务部颁布实施《援外青年志愿者选派和管理暂行办法》，对援外青年志愿者管理做出了规定；2005 年《共青团中央、教育部、财政部、人事部、劳动和社会保障部关于做好大学生志愿服务西部计划志愿者就业服务工作的意见》发布，以促进大学生志愿者就业、创业观念的转变；2010 年，中央文明办、中国残联等八部门联合印发《关于加强志愿助残工作的意见》，提出要广泛开展形式多样的"志愿助残阳光行动"；2012 年，《民政部关于加强减灾救灾志愿服务的指导意见》发布，明确了开展减灾救灾志愿服务的原则、目标、保障措施等。第二，志愿服务事业发展被纳入国家总体规划。党的十八大报告做出"广泛开展志愿服务"的决策部署，党的十八届三中全会、四中全会都对发展志愿服务进行了明确阐述。不仅如此，在《中华人民共和国国民经济和社会发展第十三个五年规划纲要》《共青团中央关于深入开展学雷锋活动的意见》《中共中央办公厅关于培育和践行社会主义核心价值观的意见》《中共中央、国务院关于加强和完善城乡社区治理的意见》，以及《中共中央关于制定国民经济和社会发展第十四个五年规划和二〇三五年远景目标的建议》等一系列中央纲领性文件中，都对志愿服务提出明确规定和要求，对志愿服务政策的完善和志愿服务实践的发展起到了方向性引领作用。第三，全国性的志愿服务立法有序推进。2016 年，《慈善法》颁布实施，其中有多条关于志愿服务的专门规定，从法律层面保障了志愿服务的发展；2017 年，国务院颁布《志愿服务条例》，是当前有关志愿服务的专门的、法律效力最高的全国性法规，是志愿服务政策体系的核心。与此同时，地方性法规依照《志愿服务条例》精神不断充实、修订和完善，已经逐步形成在全国性法规引导下的、具有地方特色的志愿服务政策法规体系。

（三）我国现阶段志愿服务政策的特征

1. 政策体系不断完善

在中央党政纲领性文件指导下，当前有关志愿服务已经形成了包括法律、法规、部门规章、行业标准等多种形式、多种层级的政策体系。具体来说，志愿服务法律指《慈善法》，其中对志愿服务做了法律上的规定；行政法规《志愿服务条例》于 2017 年颁布施行，是当前专门关于志愿服务的具有最高法律效力的政策，在《志愿服务条例》之后，截至 2021 年年底，已经有北京、江苏、广西、广东等 16 个省份重新出台或者修订了地方性志愿服务法规[①]，志愿服务立法统一进程持续加速。有关志愿服务的部门规章，如民政部 2021 年发布的《志愿服务记录与证明出具办法（试行）》、共青团中央 2013 年修订的《中国注册志愿者管理办法》等；志愿服务的行业标准已经出台的有《志愿服务基本术语》、《志愿服务组织基本规范》（征求意见稿）、《志愿服务信息系统基本规范》，以及《中国青年志愿者标志基本规范》等。一系列的志愿服务政策，不仅层级不同，更是对中央提出的有关志愿服务纲领性论述的层层贯彻执行。《慈善法》作为法律，对志愿服务进行了原则性规定；《志愿服务条例》则是在此基础上进行的专门性规定；地方性法规以及部门规章、行业标准等更是推进《志愿服务条例》贯彻落实的配套政策与细化措施。

2. 政策实践更加丰富

党的十八届三中全会提出，要“支持和发展志愿组织”。以此为导向，各领域、各行业纷纷制定出台部门政策，以推动本领域志愿服务的发展。在文化志愿服务领域，2012 年发布了《文化部、中央文明办关于广泛开展基层文化志愿服务活动的意见》；2016 年，文化部进一步印发《文化志愿服务管理办法》，推动文化志愿服务的规范化。在学生与教师群体参与志愿服务方面，2014 年发布《教育部关于教师参与志愿服务活动的指导意见》，2015 年印发《学生志愿服务管理暂行办法》。在脱贫攻坚行动方面，2019 年，发布《共青团中央办公厅、民政部办公厅关于实施青年志愿者助力脱贫攻坚行动的通知》，青年志愿者助力脱贫攻坚行动全面启动。就退役军人群体如何开展志愿服务，2021 年，中央文明办、民政部、退役军人事务部联合印发《关于加强退役军人志愿服务工作的指导意见》，对做好退役军人志愿服务工作的原则、任务目标等进行了明确。同年，印发《生态环境部、中央文明办关于推动生态

---

① 闫薇．汇集慈善社工力量　推进民政“三基”服务：2021 年慈善、社会工作、志愿服务发展综述．中国社会报，2021－12－27（1）．

环境志愿服务发展的指导意见》，以促进生态环境领域志愿服务的规范化与常态化。在法律援助领域，2021 年底，司法部与中央文明办发布《法律援助志愿者管理办法》，对开展法律援助志愿服务的原则范围、服务管理、激励保障等做出了规定。在此期间，2016 年，中宣部、中央文明办、民政部等八部门联合印发《关于支持和发展志愿服务组织的意见》，指明了我国志愿服务组织的发展方向，为志愿服务健康持续深入发展奠定了政策基础。

3. 政策取向走向制度化、标准化

2014 年，印发了《中央精神文明建设指导委员会关于推进志愿服务制度化的意见》，开启了志愿服务制度化进程。2017 年，党的十九大报告进一步强调，要推进志愿服务制度化。2020 年 12 月，中共中央印发《法治社会建设实施纲要（2020—2025 年）》，明确要"加强志愿服务立法"，将志愿服务纳入国家法制化建设总体框架。在上述中央政策的指导下，志愿服务政策不断走向制度化、规范化、标准化。具体体现在两个方面：首先是各领域不断制定完善本部门、本行业的志愿服务专门政策，以推进行业志愿服务的规范化与制度化，如前文中提到的法律援助、生态环境、文化、脱贫攻坚等领域均制定或修订了专门政策规定。其次是在标准化的推进上，自《志愿服务条例》实施以来，作为配套政策的行业标准不断出台，至今已经针对志愿服务术语、志愿者标志、志愿服务组织三个方面制定了全行业标准。其中，在 2020 年民政部发布的《志愿服务基本术语》中，对志愿服务制度的界定即为"为促进志愿服务发展所制定的要求志愿者、志愿服务组织和志愿服务工作者遵守的法律、法规、规章、政策以及准则"。随着志愿服务需求与志愿服务实践的发展，未来志愿服务的制度化与标准化必将进一步推进。

需要指出的是，新冠病毒感染疫情暴发以来，志愿者和志愿服务组织在抗击疫情中做出了重大贡献。国务院新闻办公室 2020 年 6 月发布的《抗击新冠肺炎疫情的中国行动》白皮书指出："据不完全统计，截至 5 月 31 日，全国参与疫情防控的注册志愿者达到 881 万人，志愿服务项目超过 46 万个。""另有 1 300 多万党员志愿者和数以百万计未注册的境内民间志愿者与海外华人华侨和留学生志愿者，在全国各地和互联网上参与了抗疫志愿服务，共计约有 2 300 万名中国志愿者为疫情防控贡献志愿服务时间 7.59 亿小时，相当于无偿提供 94.9 万名全日制抗疫工作者。"[①] 为规范和引导志愿者行动，2020 年党政各部门连续出台相关政策：首先是中国青年志愿者协会于 1 月 26 日发布《中国青年志愿者协会关于青年志愿者组织和志愿者开展疫情防控应急志愿服务的工作指引》；次日，中央文明办、中国志愿服务联合会发出《关于号召广大志愿者、志愿服务组织积极有序参与疫情防控的倡议书》；3 月，民政部办公厅印发《志愿服务组织和志愿者参与疫情防控指引》，成为疫情防控常态化下，志愿者与志愿服务组织参与疫情防控的基本依据。疫情防控期间的志愿服务政策，不仅是对疫情防控工作的制度化与规范化，更是以疫情防控为契机，从宏观上

① 翟雁，辛华，张杨．2020 年中国志愿服务发展指数报告//杨团，朱健刚．慈善蓝皮书：中国慈善发展报告：2021. 北京：社会科学文献出版社，2022：38 - 39.

促进了志愿服务和志愿服务政策在我国的发展。

第三节 公益慈善政策展望

一、进一步明确公益慈善事业的功能定位

公益慈善事业在我国发展至今，既不是过去政府济贫救灾的补充，也还不能如美国等西方国家一样，将慈善事业作为基本公共服务的提供者。前者对慈善事业的功能定位层次太低，后者又过高。在我国当前乡村振兴、共同富裕的时代背景之下，慈善事业被赋予了发挥第三次分配作用的重任。因此，在公益慈善事业的当前发展阶段，有必要对其功能定位进行重新界定。

对未来公益慈善事业的发展，郑功成教授提出两个尊重："尊重现代慈善事业的客观发展规律，尊重中国的具体国情，不能以规律为由脱离国情，也不能以国情为由扭曲规律。"① 在两个尊重前提下，郑功成教授提出对慈善事业的定位："一是中国基本经济制度特别是收入分配制度的有机内容；二是中国社会保障体系的有机内容，特别需要其与社会救助、社会福利及特殊群体权益维护有机结合；三是中国社会治理体系的有机内容，充当着共建共治共享的社会共同体的有效载体和社会成员参与社会建设并发挥作用的重要途径。"② 作为公理式表述，学界对两个尊重尚无异议。但对于慈善事业的定位，还有待学界的进一步研究。

（一）关于慈善事业与分配制度的关系

党的十九届四中全会的官方表述为："重视发挥第三次分配作用，发展慈善等社会公益事业。"党的二十大报告则进一步提出："构建初次分配、再分配、第三次分配协调配套的制度体系。"不同于前两次分配的市场机制和政府机制，第三次分配是社会机制，以慈善事业为核心，如何实现三次分配制度的协调配套，王名教授认为："这是对我国公益慈善事业提出的更高要求，就是要在改革创新的实践中，探索企业、政府与慈善组织的深度合作，努力构建市场机制（初次分配）、公共服务机制（再分配）与公益的社会服务机制（第三次分配）三种机制之间的协调配套的制度体系。"③ 所以，在与前两次分配协调的基础上，建构完善公益慈善事业制度体系，既是今后一段时间内慈善事业的发展路径，也是即将面临的发展挑战。

（二）关于慈善事业与社会保障的关系问题

慈善事业作为社会保障体系的组成部分，或者作为社会保障的补充形式，一直

①② 郑功成．慈善法实施效果评估报告．(2020-10-16)[2022-12-03]. http://www.charityalliance.org.cn/leadertalk/14061.jhtml.

③ 赵莹莹．"我国慈善事业面临前所未有的发展机遇"：访第十、十一、十二届全国政协委员，清华大学公益慈善研究院院长王名．人民政协报，2022-11-15 (9).

是党和国家的基本政策表述。存在争议的是，“作为行业领域的慈善，其外延比社会保障要大得多，民间自愿自主的慈善事业还包括科教文卫体、环境保护、生态发展和一切以美好社会理想为目标的各类公益事业”①。这又与“大小慈善”观念之争相关。我国的传统慈善以及当前慈善事业的主管部门都体现了“小慈善”取向，慈善主要涵盖灾害救助、扶贫济困、安老救孤、帮残助医、支教助学以及其他公益事业领域；而不是指向一切有利于社会公共利益的活动，即公益活动。在我国当前公益慈善政策中，从政策表述来看，“小慈善”观念仍然占据主流。值得指出的是，“大小慈善”之争，从另一个角度证实了公益与慈善的关系，以及将公益与慈善概念放在一起的必要性：前者是对后者使用传统的有力补充。

（三）关于慈善事业与治理体系的关系

朱健刚与严国威认为：“治理逐渐吸纳慈善，让慈善服务于整个国家治理体系的大局。”② 2020 年，在举国抗疫的大背景下，韧性慈善共同体建设，不仅是“回应风险社会中人们对于安全和尊重的渴望，也是反思一段时间以来公益慈善被工具化后的价值回归”③。因此，“在后疫情时代，在政府负责的治理机制吸纳社会的同时，我们依然需要推进社会自发的情感联系和社会自组织为本的慈善共同体的建设”④。虽然表述不同，但是与“慈善事业是中国社会治理体系的有机内容”，在观点主张上是基本一致的。

综上，当前关于公益慈善事业的功能定位有共识也有争议，理论来源于实践，相信随着公益慈善实践的不断丰富与发展，关于公益慈善事业的功能定位将会逐渐明晰。

二、进一步修正公益慈善政策理念

未来，“以财富向善为中心的公益慈善事业将蓬勃发展”⑤，这与我国全面鼓励慈善事业发展的原则是一致的。与此同时，“慈善组织的能力不足和相应的制度约束将日益显现，全面深化改革将成为公益慈善事业发展的主旋律”⑥。因此，对于公益慈善事业来说，鼓励发展是基本方向。公益慈善事业的发展原则最终体现在公益慈善政策之中，在此方向之下，当前及未来相当一段时间，就公益慈善政策来说，应

---

① 马剑银．当代中国慈善法制发展的勾勒：回顾与展望//杨团，朱健刚．慈善蓝皮书：中国慈善发展报告：2021. 北京：社会科学文献出版社，2022：202.

② 朱健刚，严国威．治理吸纳慈善：2019 年中国慈善事业综述//杨团，朱健刚．慈善蓝皮书：中国慈善发展报告：2020. 北京：社会科学文献出版社，2020：26.

③ 朱健刚，严国威．建设韧性的慈善共同体：2020 年中国慈善事业发展报告//杨团，朱健刚．慈善蓝皮书：中国慈善发展报告：2021. 北京：社会科学文献出版社，2022：1.

④ 同③18.

⑤⑥ 王名，蓝煜昕，高皓，等．第三次分配：更高维度的财富及其分配机制．中国行政管理，2021(12)：103－111.

当进行深化改革，不断修正。具体来说，公益慈善政策的深化改革至少应包括如下两个方面。

（一）《慈善法》与其前后的公益慈善政策存在冲突，需要改革清理

《慈善法》作为公益慈善政策体系中的核心政策，对我国公益慈善事业发展具有决定性作用。但从现行《慈善法》的实施过程来看，“《慈善法》与2014年《国务院关于促进慈善事业健康发展的指导意见》、2016年《关于改革深化组织管理制度促进社会组织健康有序发展的意见》的政策目标有冲突”[①]。另外，《慈善法》与2021年施行的《民法典》也存在政策理念上的不同：《民法典》对非营利法人做了专门规定，其中有关非营利法人的定义与《慈善法》对慈善组织的界定，在表述上存在差别；两部法律分别对“捐助”与“捐赠”概念的使用，也表明二者在政策基本理念上的差距。不仅如此，《慈善法》与《公益事业捐赠法》之间的关系也有待进一步整合：《慈善法》的文本结构中，最重要的前三位的慈善概念是慈善组织、慈善捐赠与慈善募捐，在“组织化的慈善确实已经成为慈善事业发展的主要载体与不可逆的趋势”[②] 这一背景下，两部法律均对公益慈善捐赠进行了规制，而且同时有效，但对于募捐者和捐赠者这对共生主体采用不同的法律规制，显然不合理。《公益事业捐赠法》自1999年开始实施，远早于《慈善法》，其代表了慈善事业曾经的发展历史与政策理念。在当前时期，理应通过政策清理改革，实现《慈善法》及其他相关政策在政策理念和政策目标上的一致。

（二）社会组织政策体系的改革与完善

之所以将社会组织政策体系的改革与完善放在这里，是因为社会组织政策体系的改革，不仅表现为公益慈善政策体系的完善，更涉及公益慈善政策理念的转向。

社会组织作为主要的非营利法人，是慈善组织的基础与来源。虽然在广义上，社会组织可以归为公益组织，但根据《慈善法》对慈善组织的界定，社会组织的规模范围要远远广于慈善组织。《2022年3季度民政统计数据》显示，全国共有社会组织89.320 6万个[③]，同期“全国登记认定的慈善组织数量超过1万个”[④]。巨大的组织数量差距，导致在政策体系和实践中，都必须将社会组织纳入进来，甚至以社会组织作为公益慈善事业的主体。在政策体系上，社会组织政策既是公益慈善政策的一部分，也是《慈善法》等慈善政策的基础。

基于此，当前的公益慈善事业离不开社会组织，那么，为完成这一使命，更好

---

① 参见杨团等的《关于〈慈善法〉执法检查后启动修法程序的建议》，该建议的执笔人有杨团、刘培峰、金锦萍、马剑银、李德健、徐会坛。

② 马剑银．当代中国慈善法制发展的勾勒：回顾与展望//杨团，朱健刚．慈善蓝皮书：中国慈善发展报告：2021. 北京：社会科学文献出版社，2022：197.

③ 其中包括社会团体36.9万个，民办非企业单位51.5万个，以及基金会9 206个。

④ 民政部．民政部对“关于高质量发展慈善社工事业的提案”的答复．(2022－11－08) [2022－12－03]. https://xxgk.mca.gov.cn:8445/gdnps/pc/content.jsp?id=16141&mtype=.

地促进公益慈善事业的发展，以社会组织三个条例为核心建构的社会组织政策体系必须予以改革。《"十四五"社会组织发展规划》提出，要在"十四五"期间，"推动出台《社会组织登记管理条例》"。对此，也有学者建议，尽快制定《社会组织法》或者《非营利法人法》，以从组织法层面厘清《慈善法》相关基础性问题。[①] 所以，关于社会组织，结束目前的三个条例分治的局面，就社会组织整体制定政策已成共识。当前的争议核心在于，是采用法律形式，还是延续之前的条例形式。本书认为，无论从组织数量，还是从社会组织与慈善组织的关系，抑或是从二者在我国发展历史中的作用来看，社会组织都是能够与慈善组织相匹敌的概念与实体，应平等对待二者，均从法律层面进行规制。否则，作为慈善组织的母体，社会组织政策的法律位阶反而低于慈善组织，逻辑上无法自洽。

三、进一步完善公益慈善政策体系

所谓完善公益慈善政策体系，是指以《慈善法》为核心，根据 2020 年的全国人大常委会执法检查组的检查结果，结合我国的公益慈善实践，对《慈善法》本身及其配套政策体系进行完善。具体包括如下两个方面：

（一）查漏补缺修订《慈善法》

对《慈善法》本身的修订，既包括应该在《慈善法》中进行规制但尚未纳入规制的内容，也包括《慈善法》中已经制定法条，但规定过于宽泛或者严格，难以实现法律目标的情况。前者包括慈善的公益要件、网络慈善、社区慈善、枢纽型慈善组织、公募资格的取消、退出情形与程序等，这些是在《慈善法》中尚存在空白的方面，需要增加相关规定。至于个人求助是否应该纳入《慈善法》规制，仍然存在争议：根据 2020 年全国人大常委会执法检查组的报告，应该"明确个人求助的条件和义务，加强平台责任、审查甄别、信息公开、风险提示和责任追溯"[②]；而由诸多学者执笔的《关于〈慈善法〉执法检查后启动修法程序的建议》中认为，"个人求助行为缺乏公益性审核，归根结底是私益性质的"[③]。而对《慈善法》已有内容的修改，也涉及多个方面，包括慈善监管、慈善活动、慈善信托、慈善组织的财产保护、信息公开、法律责任，以改善法律规制不足或者法律规制过严的情况。

需要说明的是，《慈善法》第七章有关慈善服务的专章规定中，通篇是有关志愿服务的内容，对"自己提供"以及"委托有服务专长的其他组织提供"的慈善服务

---

① 参见杨团等的《关于〈慈善法〉执法检查后启动修法程序的建议》，该建议的执笔人有杨团、刘培峰、金锦萍、马剑银、李德健、徐会坛。

② 张春贤．全国人民代表大会常务委员会执法检查组关于检查《中华人民共和国慈善法》实施情况的报告．（2020－10－15）[2022－01－25]. http://www.npc.gov.cn/npc/c30834/202010/afc0a05adb4242b49920c2251017205e.shtml.

③ 参见杨团等的《关于〈慈善法〉执法检查后启动修法程序的建议》，该建议的执笔人有杨团、刘培峰、金锦萍、马剑银、李德健、徐会坛。

所涉甚少，造成慈善服务被窄化为志愿服务。对此，郑功成教授认为，应该“进一步明确服务型或运作型慈善组织的服务职责，取消慈善组织委托有服务专长的其他组织提供服务的规定”①。也有学者主张对慈善服务进行重新界定，区分职业化服务和非职业化服务——前者是由慈善组织和社会组织承担的，后者则是由志愿者承担的，并将专业社会工作纳入慈善服务中来。② 这两种主张有相似或者重合的部分，但在操作上仍有待完善。对于将专业社会工作包括社会工作技术和社会工作人才纳入慈善服务专章规定的观点，本书是完全赞同的。民政部2019年新调整的慈善事业促进和社会工作司，也在管理体制上为这一建议的落地提供了基础与可能性。

（二）完善《慈善法》配套政策体系

完善《慈善法》的配套政策体系，就是完善促进《慈善法》落地执行的支持措施。没有配套政策，《慈善法》只能是空中楼阁，纵然精美，但不实用。所以，关于完善《慈善法》配套政策体系，已经达成共识，成为修订《慈善法》的重要组成部分。《慈善法》配套政策体系内容丰富，包括税收优惠、购买服务、用地、金融等支持政策。2020年全国人大常委会执法检查组对《慈善法》的执法检查报告以及各类意见建议等都对此进行了较为全面的表述。总结起来，主要有如下几点：一是在《财政部、国家税务总局关于非营利组织免税资格认定管理有关问题的通知》《财政部、税务总局、民政部关于公益性捐赠税前扣除有关事项的公告》《财政部、税务总局、民政部关于公益性捐赠税前扣除资格确认有关衔接事项的公告》基础上，进一步完善税收优惠政策，加大税收优惠力度，并使税收减免更加便捷，解决慈善信托等专项领域税收优惠难题；二是将公益慈善领域的公共服务事项纳入政府购买服务指导性目录，支持符合条件的慈善组织向社会提供服务，并优先考虑向慈善组织购买服务；三是探索慈善人才培养模式以及职业评价体系，可以利用和借鉴当前较为完善的社会工作专业体系，建立符合法定要求、市场规律且具备激励作用的阶梯式薪酬待遇标准。与前两项措施相比，人才培养与职业评价体系的建立均是系统工程，本身就需要多项政策的制定出台，以及长期施行才能形成效果。

在制定修改《慈善法》配套政策之外，还有一点至关重要，就是打通现有政策之间的壁垒，形成衔接，以利于政策的一致与执行。比如，关于慈善组织的登记认定，现行政策有二：《民政部关于慈善组织登记等有关问题的通知》与《慈善组织认定办法》，前者是对《慈善法》实施后新成立的慈善组织的设立申请予以规定，后者是对《慈善法》公布前登记的社会组织经申请认定为慈善组织予以规定，那么在《慈善法》公布之后、实施之前的这段时间③内登记的社会组织如何转为慈善组织，

① 郑功成．中国慈善事业发展：成效、问题与制度完善．中共中央党校（国家行政学院）学报，2020，24（6）：52－61.

② 参见杨团等的《关于〈慈善法〉执法检查后启动修法程序的建议》，该建议的执笔人有杨团、刘培峰、金锦萍、马剑银、李德健、徐会坛。

③ 《慈善法》于2016年3月21日公布，2016年9月1日施行，中间有近半年的时间差。

现有政策并未做出明确规定，出现政策漏洞。不仅如此，从全国人大常委会执法检查组对《慈善法》的执法检查结果可知，前两项政策在促进慈善组织发展方面，效果不尽如人意：社会组织申请认定慈善组织的积极性不高，新增慈善组织数量也不乐观。其中既有慈善组织政策优惠力度不足的原因，也有前述政策造成的障碍：《慈善法》实施后新登记的社会组织，如果登记之初没有申请登记为慈善组织，之后也不再有机会被认定为慈善组织。对此，将慈善组织与社会组织分开对待、分别管理的原则是正确的，为促进慈善组织的发展，应该修改慈善组织登记认定政策，改管制思维为主动鼓励。在具体操作上，改“认定申请”为“认定邀请”，对已经登记的社会组织中可能符合慈善组织条件的大部分基金会和部分民办非企业单位（社会服务机构），可由登记部门专门发文进行慈善组织“认定邀请”，邀请这些社会组织进行慈善组织认定；再有新的社会组织登记注册，登记部门主动审核是否符合慈善组织条件，符合即可登记为慈善组织。将慈善组织登记认定的主动权由社会组织掌握转向由登记部门掌握，将有利于慈善组织的发展。

还有一点是关于民办非企业单位的称呼，现状比较混乱，充分体现了公益慈善各政策之间的壁垒。对民办非企业单位的直接规制，仍然以1998年版的《民办非企业单位登记管理暂行条例》为准，但在《慈善法》与《民法典》中称其为“社会服务机构”。早在2016年，民政部为与《慈善法》相衔接，一度将现行《民办非企业单位登记管理暂行条例》名称改为《社会服务机构登记管理条例》，形成了《社会服务机构登记管理条例》[《民办非企业单位登记管理暂行条例（修订草案征求意见稿》]，但最终未能出台，造成了“社会服务机构”与“民办非企业单位”两个名称并行的当前局面，而这一局面的扭转尚未可期。总之，以《慈善法》为核心的公益慈善政策体系的完善，道阻且长。

思考题

1. 从内涵与外延两个层面分析公益与慈善的关系。
2. 我国公益慈善政策发展可以分为哪几个阶段？各阶段有哪些标志性政策？
3. 试述我国当前公益慈善政策体系的构成与特点。
4. 试述当前我国社会组织政策的特征。
5. 试述当前我国志愿服务政策的构成与特征。
6. 谈谈我国公益慈善政策的发展方向。

第十五章

中国社会政策展望

实现人的全面自由发展是人类的崇高追求，也是马克思主义理论的出发点和落脚点，共同富裕是实现人的全面自由发展的题中应有之义。党的二十大报告指出：中国式现代化“既有各国现代化的共同特征，更有基于自己国情的中国特色”，并将“全体人民共同富裕的现代化”确定为中国式现代化的特色之一。[①] 在开启全面建成社会主义现代化强国的第二个百年奋斗目标新征程的关键时期，党的十九届五中全会提出《中共中央关于制定国民经济和社会发展第十四个五年规划和二〇三五年远景目标的建议》，将“人民生活更加美好，人的全面发展、全体人民共同富裕取得更为明显的实质性进展”确定为到 2035 年基本实现社会主义现代化的远景目标之一。2021 年 8 月 17 日召开的中央财经委员会第十次会议强调在高质量发展中促进共同富裕，并做出具体部署。习近平在会上发表重要讲话指出：“我们说的共同富裕是全体人民共同富裕，是人民群众物质生活和精神生活都富裕”，并要求“深入研究不同阶段的目标，分阶段促进共同富裕”[②]。实现共同富裕，第一要富裕，第二要共享，而人的全面发展是出发点和落脚点。[③] 共同富裕是基于所有人的全面发展。[④] 社会政策作为国家运用立法和行政手段调节社会成员财产所得和劳动所得分配不均的关键机制，作为推动人的全面自由发展、全体人民共同富裕的重要手段，能够发挥难以替代的独到作用。本章基于新征程国家推进全体人民共同富裕、全面自由发展的目标追求，探讨分析新时期社会政策推动共同富裕的作用机制与作用路径，并针对社

---

① 习近平．高举中国特色社会主义伟大旗帜　为全面建设社会主义现代化国家而团结奋斗：在中国共产党第二十次全国代表大会上的报告（2022 年 10 月 16 日）．北京：人民出版社，2022：22.

② 习近平．扎实推动共同富裕．求是，2021（20）.

③ 专家论“共富”：人的全面发展是出发点和落脚点．(2021-06-06)[2022-02-09]．https://baijiahao.baidu.com/s?id=1701825790384309010&wfr=spider&for=pc.

④ 刘尚希．共同富裕：基于所有人的全面发展．北京日报，2021-09-06.

会政策现状存在的不足（我们在本书导论一章中已经全面分析）提出进一步完善之策，最后从社会政策与经济政策关系视角、基于中国社会政策演进逻辑对其未来发展方向进行展望。

第一节　社会政策与共同富裕

一、实现全体人民共同富裕是中国式现代化的本质要求

共同富裕是全体人民通过辛勤劳动和相互帮助最终达到丰衣足食的生活水平和精神富足，实现消除两极分化和贫穷基础上的普遍富裕。在共同富裕这个概念中，“富裕”反映了社会对财富的拥有，是社会生产力发展水平的集中体现；“共同”则反映了社会成员对财富的占有方式，是社会生产关系性质的集中体现。共同富裕包含着生产力与生产关系两方面的特质及其关系逻辑，成为社会主义的本质规定和奋斗目标。共同富裕具有鲜明的时代特征和中国特色。“是全体人民通过辛勤劳动和相互帮助，普遍达到生活富裕富足、精神自信自强、环境宜居宜业、社会和谐和睦、公共服务普及普惠，实现人的全面发展和社会全面进步，共享改革发展成果和幸福美好生活。”① 科学认识共同富裕的深刻内涵和运动规律，在推进共同富裕进程中自觉遵循客观规律，必须充分认识推进共同富裕的长期性、艰巨性和复杂性，推进共同富裕的阶段性，以及通过深化改革推进共同富裕的基本路径。②

中国共产党在领导中国人民夺取新民主主义革命伟大胜利，取得民族独立、人民解放，为实现中华民族伟大复兴创造了根本的社会条件之后，于新中国成立初期，毛泽东就指出：“现在我们实行这么一种制度，这么一种计划，是可以一年一年走向更富更强的，一年一年可以看到更富更强些。而这个富，是共同的富，这个强，是共同的强，大家都有份。”③ 并且，毛泽东首次在《关于农业合作化问题》的报告中提出“共同富裕”的概念，该报告明确指出：“实行合作化……使全体农村人民共同富裕起来。”④ 进入改革开放历史新时期，邓小平将共同富裕看作是社会主义的本质要求，多次强调共同富裕。他指出，贫穷不是社会主义，社会主义就是要发展出更高的生产力，就是要满足人民群众不断增长的物质需要和精神需要。因此，他明确指出“整个社会主义历史阶段的中心任务是发展生产力”⑤，社会主义“第一是发展

---

① 中共中央、国务院关于支持浙江高质量发展建设共同富裕示范区的意见．(2021-06-10)[2022-02-09]. http://www.gov.cn/zhengce/2021-06/10/content_5616833.htm.

② 黄泰岩，刘宇楷．共同富裕的理论逻辑与价值取向．光明日报，2021-09-14（11）．

③ 毛泽东．毛泽东文集：第6卷．北京：人民出版社，1999：495.

④ 同③437.

⑤ 邓小平．邓小平文选：第3卷．北京：人民出版社，1993：254-255.

生产，第二是共同致富”[①]，“不搞两极分化”[②]，“我们要始终坚持两条根本原则，一是以社会主义公有制经济为主体，一是共同富裕”[③]，并制定了以建设小康社会为目标任务的分阶段走向共同富裕的战略规划。在1992年春天的南方谈话中，邓小平指出“社会主义的本质，是解放生产力，发展生产力，消灭剥削，消除两极分化，最终达到共同富裕”[④]，创造性地提出“先富带动后富”的共同富裕方法论，即在坚持按劳分配原则的前提下，“一部分地区、一部分人可以先富起来，带动和帮助其他地区、其他的人，逐步达到共同富裕”[⑤]。党的十八大以来，习近平对共同富裕这一重要命题做出深刻阐释，对推动共同富裕必须坚持的基本原则及其实现路径进行了全面、系统、科学的论述，将共同富裕的理论和实践向前推进，取得了举世瞩目的重大成就。

当前，我国正处在立足新发展阶段、贯彻新发展理念、构建新发展格局的新时期。在“两个一百年”的历史交汇点上继往开来，推动全体人民共同富裕有了新的内涵和更加重要的意义与紧迫性。2021年8月17日习近平主持召开的中央财经委员会第十次会议强调：适应我国社会主要矛盾的变化，更好满足人民日益增长的美好生活需要，必须把促进全体人民共同富裕作为为人民谋幸福的着力点，不断夯实党长期执政基础。在庆祝中国共产党成立100周年大会上习近平总书记号召全党：新的征程上，必须践行以人民为中心的发展思想，发展全过程人民民主，维护社会公平正义，着力解决发展不平衡不充分问题和人民群众急难愁盼问题，推动人的全面发展、全体人民共同富裕取得更为明显的实质性进展。[⑥] 中央财经委员会第十次会议就扎实促进共同富裕问题做出全面系统部署，习近平在会上发表重要讲话强调，共同富裕是社会主义的本质要求，是中国式现代化的重要特征，要坚持以人民为中心的发展思想，在高质量发展中促进共同富裕。并就分阶段推进共同富裕做出部署：“到‘十四五’末，全体人民共同富裕迈出坚实步伐，居民收入和实际消费水平差距逐步缩小。到2035年，全体人民共同富裕取得更为明显的实质性进展，基本公共服务实现均等化。到本世纪中叶，全体人民共同富裕基本实现，居民收入和实际消费水平差距缩小到合理区间。”[⑦] 党的十九届六中全会做出的党的历史上具有划时代意义的《中共中央关于党的百年奋斗重大成就和历史经验的决议》擘画了本世纪中叶我国建成社会主义现代化强国的宏伟远景：“到那时，我国物质文明、政治文明、精神文明、社会文明、生态文明将全面提升……全体人民共同富裕基本实现，我国人民将享有更加幸福安康的生活。”2021年5月，《中共中央、国务院关于支持浙江高质量发展建设共同富裕示范区的意见》发布，提出六大方面20条重大举措，还指

---

① 邓小平．邓小平文选：第3卷．北京：人民出版社，1993：172.

② 同①123.

③ 同①142.

④ 同①373.

⑤ 同①149.

⑥ 习近平．在庆祝中国共产党成立100周年大会上的讲话．求是，2021（14）．

⑦ 习近平．扎实推动共同富裕．求是，2021（20）．

出：促进全体人民共同富裕是一项长期艰巨的任务，需要选取部分地区先行先试、作出示范。浙江省在探索解决发展不平衡不充分问题方面取得了明显成效，具备开展共同富裕示范区建设的基础和优势，也存在一些短板弱项，具有广阔的优化空间和巨大的发展潜力。支持浙江高质量发展建设共同富裕示范区，有利于通过实践进一步丰富共同富裕的思想内涵，有利于探索破解新时代社会主要矛盾的有效途径，有利于为全国推动共同富裕提供省域范例，有利于打造新时代全面展示中国特色社会主义制度优越性的重要窗口。

党的二十大报告强调："共同富裕是中国特色社会主义的本质要求，也是一个长期的历史过程。我们坚持把实现人民对美好生活的向往作为现代化建设的出发点和落脚点，着力维护和促进社会公平正义，着力促进全体人民共同富裕，坚决防止两极分化。"

以上中央层面的顶层设计和理论创新充分表明：扎实推动共同富裕已成为新征程党和国家经济社会政策的出发点、着力点和落脚点。

二、社会政策是推动全体人民共同富裕的关键机制

把促进全体人民共同富裕作为为人民谋幸福的着力点，社会政策可以发挥独特的作用。社会政策是基于公平理念运用立法和行政手段调节财产所得和劳动所得的分配不公的国家政策。一般认为，"社会政策"一词起源于 1873 年德国学者为解决本国当时最迫切的社会问题——劳资冲突而组织的德国社会政策学会。第一个给予社会政策以科学概念的是瓦格纳。1891 年他在发表的一篇论文中提出，社会政策是运用立法和行政手段，调节财产所得和劳动所得之间的分配不均问题。① 20 世纪中期以后，社会问题日益复杂，经济学、社会学、政治学和管理学等学科都介入社会问题研究，源于社会福利理论的社会政策逐渐成为开放性、交叉性和系统性的应用社会科学学科。

作为一门应用性社会科学学科，社会政策的研究内容主要涉及社会政策的本质特征、政策过程的理论和方法，以及政策在各个相关领域中的应用等方面。就后一个方面而言，社会政策又可分为狭义和广义两类。狭义的社会政策仅仅涉及对劳工、贫民等困难群体生活的干预，而广义的社会政策则包括就业、住房、健康、文化、教育、人口、婚姻与家庭生活、社区及社会公共环境等诸多方面的国民福利以及针对宗教、难民、国际移民等等的政策举措。显然，狭义的界定所对应的只是狭义的社会福利政策，而广义的界定则对应于各种社会问题，当然主要限于国民（跨境）福利问题。

在社会主义市场经济条件下，发展是硬道理，效率原则是必须遵循的。党的十九届六中全会通过的《中共中央关于党的百年奋斗重大成就和历史经验的决议》告

① 曾繁正，等．西方国家法律制度　社会政策及立法．北京：红旗出版社，1998：35.

诫全党："必须清醒认识到，我国仍处于并将长期处于社会主义初级阶段，我国仍然是世界最大的发展中国家，社会主要矛盾是人民日益增长的美好生活需要和不平衡不充分的发展之间的矛盾。"因此，可以认为，在整个社会主义初级阶段，社会财富的初次分配都必须体现效率原则，按每个社会成员、市场主体贡献的大小进行分配，以打破平均主义。其结果是市场主体之间收入（财富）的分配出现差距，如果不加以调节，就可能出现两极分化，影响社会的安全运行。在这种情况下，国家通过社会政策对市场机制进行矫正，对分配格局进行调整，使收入（财富）在不同社会阶层之间的分配变得相对公平合理，就非常有必要。社会政策就是国家调节收入分配格局、落实共享发展的制度化举措，对促进共同富裕、践行以人民为中心的发展思想、夯实党长期执政的基础十分重要。

中央财经委员会第十次会议强调：要正确处理效率和公平的关系，构建初次分配、再分配、三次分配协调配套的基础性制度安排，加大税收、社保、转移支付等调节力度并提高精准性，扩大中等收入群体比重，增加低收入群体收入，合理调节高收入，取缔非法收入，形成中间大、两头小的橄榄型分配结构，促进社会公平正义，促进人的全面发展，使全体人民朝着共同富裕目标扎实迈进。社会政策作为基于公平理念运用立法和行政手段调节财产所得和劳动所得的分配不公的国家政策，在初次分配、再分配、三次分配领域都有独特的作用空间和作用路径，构建初次分配、再分配、三次分配协调配套的社会政策体系，是新时代社会政策创新完善的着力点。

虽然社会政策在分配制度的三个层次中都可以发挥作用，但作用机制不同。在初次分配中，市场机制发挥主导作用，社会政策发挥补充协同作用，初次分配的作用机制可以概括为"市场-政府"机制；二次分配中社会政策发挥主导作用，市场机制发挥配合作用，二次分配的作用机制可以归纳为"政府-市场"机制；三次分配也是社会政策的重要作用空间，但更主要是基于自愿的民间行为，其作用机制大致为"政府-社会"机制或"社会-政府"机制，强调社会的自主、自发、自愿，当然政府的社会政策起推动、引导作用。

第二节　创新社会政策、完善分配制度

一、构建"市场-政府"机制，改革初次分配制度

改革开放以来，特别是党的十八大以来，党抓住经济建设这个中心，领导人民埋头苦干，创造出经济快速发展奇迹，使国家经济实力大幅跃升的同时，"努力建设体现效率、促进公平的收入分配体系，调节过高收入，取缔非法收入，增加低收入者收入，稳步扩大中等收入群体，推动形成橄榄型分配格局，居民收入增长与经济

增长基本同步，农村居民收入增速快于城镇居民”[①]。

一般认为，初次分配体现效率，由市场主导，是市场行为，再分配体现公平，由政府主导，是政府行为。这其实是误解，初次分配和再分配都要体现公平，只是初次分配效率优先，再分配公平优先。也正是从这个意义上，我们认为，初次分配是“市场-政府”机制，再分配是“政府-市场”机制，而将市场与政府分开的观点和做法是错误的，也是行不通的。[②] 将初次分配的作用机制明确为“市场-政府”机制，强调市场机制的主导地位，同时注意政府机制（通过社会政策）的调节作用，改革初次分配制度，对推动全体人民共同富裕具有重要的现实意义和理论创新意义。实际上，党的十七大报告就明确提出：“初次分配和再分配都要处理好效率和公平的关系，再分配更加注重公平。”[③] 党的十八大及多个重大场合又重申了这一点，充分表明，构建“市场-政府”机制，发挥社会政策作用，改革初次分配制度，业已成为中央高层的共识。

（一）构建公平的就业准入制度

工业化、城镇化、现代化的推进吸引农业转移人口持续地、大规模地进入城镇，我国近年农民工规模一直保持在近 3 亿（见图 15－1）[④]，但由于户籍的差别，农民工在城市尤其是大城市就业受到各种限制，他们的收入也长期处在较低水平。据调查[⑤]，2021 年农民工收入总体较上年略微提升，月均收入从上年的 4 072 元提升到 2021 年的 4 432 元，提升幅度为 8.8%。[⑥] 另据统计，2021 年全国城镇非私营单位就业人员年平均工资为 106 837 元，比上年增长 9 458 元，名义增长 9.7%。[⑦] 地域（本地/外地）、身份、性别、所有制等也构成就业准入、收入差距等的有形、无形门槛。2021 年国家出台“三孩”生育政策，构建“儿童友好型城市”等社会政策密集出台，但反应不如预期，效果如何尚需较长时期的实践验证。其中一个重要原因就在于，就业的性别公平问题本就长期存在，二孩、三孩政策的实施对女性就业的影响难以令人乐观。因此，构建公平的就业准入制度，破除就业市场客观存在的各种门槛，对推进共同富裕的意义不言而喻。

---

① 中共中央关于党的百年奋斗重大成就和历史经验的决议．(2021-11-16)[2022-02-09]. http://www.gov.cn/xinwen/2021－11/16/content _ 5651269. htm.

② SMITH A，YOUNG A. Amartya Sen and the role of the state. History of economics review，2021，78(1)：17－43.

③ 胡锦涛．高举中国特色社会主义伟大旗帜　为夺取全面建设小康社会新胜利而奋斗：在中国共产党第十七次全国代表大会上的报告．人民日报，2007－10－25 (1)．

④ 国家统计局．2021 年农民工监测调查报告．(2022-04-29)[2022-12-09]. http://www.stats.gov.cn/xxgk/sjfb/zxfb2020/202204/t20220429 _ 1830139. html.

⑤ 为准确反映全国农民工规模、流向、分布等情况，国家统计局 2008 年建立了农民工监测调查制度，在农民工输出地开展监测调查。调查范围是全国 31 个省（自治区、直辖市）的农村地域，在 1 587 个调查县（区）抽选了 8 488 个村和 22.6 万名农村劳动力作为调查样本。采用入户访问调查的形式，按季度进行调查。

⑥ 同④.

⑦ 国家统计局．2021 年城镇非私营单位就业人员年平均工资 106 837 元.（2022－05－21）[2022－09－18]. http://www.gov.cn/xinwen/2022－05/21/content _ 569 1600. htm.

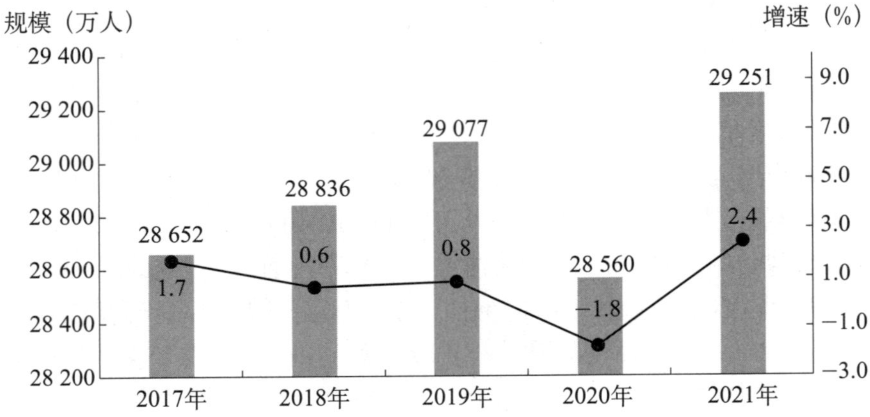

图 15－1　农民工规模及增速

（二）创新就业促进政策

现阶段，劳动者通过就业不仅取得了经济收入，维持个人和家庭生存，实现了发展的权利，而且还体现自身价值，为社会创造了更多财富。党的十九大报告强调，就业是最大的民生，并提出了一系列重要措施："坚持就业优先战略和积极就业政策，实现更高质量和更充分就业。大规模开展职业技能培训，注重解决结构性就业矛盾，鼓励创业带动就业。提供全方位公共就业服务，促进高校毕业生等青年群体、农民工多渠道就业创业。破除妨碍劳动力、人才社会性流动的体制机制弊端，使人人都有通过辛勤劳动实现自身发展的机会。"① 党的十九届五中全会将高质量发展确定为新时代的主题，要求在新发展阶段，以高质量就业促进高质量发展，推动劳动者收入水平稳定增加和全体人民共同富裕持续推进。当前，在推动经济高质量发展、经济结构转型升级的同时，应当注重缓解结构性就业矛盾，加快提升劳动者技能素质，完善重点群体就业支持体系，千方百计扩大就业容量，提升就业质量，促进充分就业。通过健全就业公共服务体系、劳动关系协调机制、终身职业技能培训制度，保障劳动者就业权益。通过扩大公益性岗位安置，帮扶残疾人、特殊困难群体，特别是零就业家庭成员就业。完善促进创业带动就业、多渠道灵活就业的制度，支持和规范发展新就业形态，提升就业水平。

（三）增加劳动者劳动报酬

改革开放以来，我国居民收入持续增长，2016 年至 2019 年居民人均可支配收入年均实际增长 6.5%。中等收入群体规模扩大，由 2010 年的 1 亿多人增加到 2019 年的 4 亿多人；但我国低收入群体规模仍然比较庞大。因此，提高劳动报酬在初次分配中的比重，增加劳动者特别是一线劳动者劳动报酬，对推动共同富裕而言是迫切需要。2020 年 3 月通过的《中共中央　国务院关于构建更加完善的要素市场化配

① 习近平．决胜全面建成小康社会　夺取新时代中国特色社会主义伟大胜利：在中国共产党第十九次全国代表大会上的报告（2017 年 10 月 18 日）．北京：人民出版社，2017：46.

置体制机制的意见》明确要求："健全最低工资标准调整、工资集体协商和企业薪酬调查制度。深化国有企业工资决定机制改革，完善事业单位岗位绩效工资制度。建立公务员和企业相当人员工资水平调查比较制度，落实并完善工资正常调整机制。""十四五"及更长一段时期，我国应切实关注并不断提高劳动报酬在初次分配中的比重，健全工资合理增长机制，保持居民收入与经济增长基本同步，着力提高低收入群体的收入，扩大中等收入群体。

（四）提升中低收入阶层的财产性收入

关于资产建设对穷人的福利效应，迈克尔·谢若登（Michael Sherraden）等权威学者早在 20 世纪 90 年代初就已做过系统实验和研究①，近年在国际上盛行不衰，成为反贫困的社会政策创新举措②。当然，国际上的资产为本的社会政策主要是针对穷人的。实际上，资产社会政策可以扩大到广大中低收入层。在新发展阶段，要探索各类生产要素（劳动、资本、知识、技术、管理、数据等）配置、分配市场与政府相结合的机制，通过政府干预避免非市场因素及市场失灵的干扰，合理扩大中低收入层的份额。探索通过土地、资本等要素使用权、收益权增加中低收入群体要素收入，探索农村宅基地所有权、资格权、使用权分置实现形式。保障进城落户农民土地承包权、宅基地使用权、集体收益分配权，鼓励依法自愿有偿转让。城乡居民家庭拥有的动产和不动产所获得的收入，包括出让财产使用权所获得的利息、租金、专利收入，以及财产营运所获得的红利收入、财产增值收益等，所有这些财产性收入，只要合法，都应受到保护。通过政府和市场机制帮助脱贫人口（户）建立资产、获得收益，巩固拓展脱贫攻坚成果。

二、构建"政府-市场"机制，完善二次分配制度

如果说初次分配是效率优先，再分配就是公平优先。社会政策经典界定都是将其作为再分配的基本机制，业已表明初次分配、再分配的基本机制是不同的。党中央近年一直强调再分配要更加注重公平，突出了再分配中社会政策的核心、关键角色。社会政策在再分配中的核心地位并不否认市场机制的作用或重要性。传统上认为经济政策注重效率、社会政策注重公平，将社会政策与经济发展割裂开来，是失之偏颇的。事实上，将经济发展与社会政策结合、融合的发展型社会政策是当今发达国家社会政策理论与实践的新近趋势，也是整个社会主义初级阶段我国社会政策的基本范式。③ 基于此，可以认为，再分配领域的运作机制可以概括为"政府-市

---

① 谢若登．资产与穷人：一项新的美国福利政策．高鉴国，译．北京：商务印书馆，2005.

② CHRISTIAN L，RICHARD R. Asset-based welfare and social investment：competing，compatible，or complementary social policy strategies for the new welfare state?. Housing，theory and society，2016，34（2）：201－220.

③ 李迎生．中国共产党建党百年来的社会政策探索．学术月刊，2021，53（6）：148－159；李迎生．从依附到自主：中国社会政策的历史演进与范式转换：基于社会政策与经济政策关系的视角．中国人民大学学报，2020，34（4）：79－90.

场”机制，即以社会政策为主兼顾市场机制、经济发展。实现社会政策与经济政策（经济发展）的互构互促正是发展型社会政策的主旨。

在社会主义市场经济条件下，由于社会成员在自然禀赋和社会条件等各方面存在差异，一定程度结果意义上的分配不公是客观存在的。进入 21 世纪以来，国家统计局公布的数据表明：我国居民收入基尼系数一直在 0.4 以上。家庭财产基尼系数更高一些，据经济学家任泽平提供的数据，从 2000 年的 0.599 上升到 2005 年 0.636、2010 年的 0.698、2015 年的 0.711，达到高峰，而后略微下降到 2019 年的 0.697，2020 年继续上升到 0.704。2017—2019 年，中等收入群体（中间 60%）收入平均增速 6.3%，明显低于低收入群体的 9.3%、高收入群体的 7.9%和全国的 7.1%。这里必须指出，低收入户收入提升主要得益于中国扶贫政策的引导。2020 年中国财富排名前 1%居民占总财富量的比例也从 2019 年的 29.0%上升至 30.6%。任泽平指出，目前中国收入分配主要呈现出四个特征：收入差距处于较高水平，贫富差距在 2020 年再度扩大，居民的社会流动性放缓，收入分配结构差距分化。① 这表明现阶段我国居民收入和家庭财产格局还存在值得重视的不公平、不合理，制约了共同富裕的实现进程。因此，有必要进一步健全完善再分配制度，对初次分配的结果加以矫正，将共享发展理念落到实处。当今不少发达国家初次分配的基尼系数都曾经在 0.4 以上，但经过再分配的调整，大多回落到 0.3～0.4（见图 15－2）这个比较合理的区间，其经验值得借鉴。

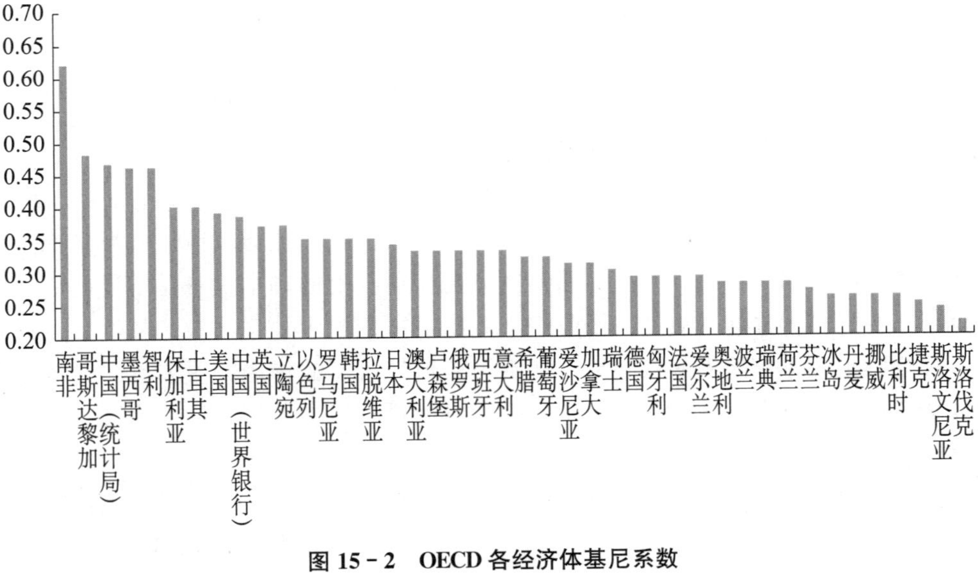

图 15－2　OECD 各经济体基尼系数

注：由于采用不同来源、不同口径的收入基础数据，因而我国统计局统计的基尼系数与世界银行统计的中国基尼系数有些出入。

党的十八届五中全会首次提出以“共享发展”为落脚点的新发展理念，要求

① 任泽平．中国收入分配真相．企业观察报，2021－08－20.

“作出更有效的制度安排，使全体人民在共建共享发展中有更多获得感，增强发展动力，增进人民团结，朝着共同富裕方向稳步前进”①。党的十八大以来，为了保障和改善民生，党按照坚守底线、突出重点、完善制度、引导预期的思路，在民生保障各个方面推出一系列重大举措，注重加强普惠性、基础性、兜底性民生建设，推进基本公共服务均等化，取得了举世公认的巨大成就，其中包括“我国建成世界上规模最大的社会保障体系，十亿二千万人拥有基本养老保险，十三亿六千万人拥有基本医疗保险”②。但毋庸讳言，我国现行社会政策还存在不少亟待健全完善之处。在党的十九届五中全会将高质量发展作为新时代主题的背景下，推动民生保障高质量发展必须基于新时代社会主要矛盾变化对再分配制度做出全面改革创新。

民生问题千头万绪，如何从中理出头绪并采取措施加以解决是推动民生保障事业高质量发展的关键。在纷繁复杂的民生现象中社会政策制度机制建设问题显然是最具根本性的，社会政策制度机制建设是“因”，民生保障事业高质量发展是“果”，抓住社会政策制度机制建设这个“纲”，能起到“纲举目张”之成效。应以时代变迁带来的人民需要的变化作为社会政策制度机制改革创新的基本依据，以问题意识为导向，发现和分析现行社会政策制度机制存在的短板、不足和缺陷，加快健全完善与新发展阶段相适应的社会政策制度机制，推动民生保障事业高质量发展。这里着重提出以下几点。

（一）科学确立新征程社会政策制度、机制创新的目标（方向及标准）

全面建成小康社会后，我国进入全面建设社会主义现代化国家新时期，其目标是到 2035 年基本实现社会主义现代化，人均国内生产总值达到中等发达国家水平，人民生活更加美好，全体人民共同富裕取得更为明显的实质性进展。“十四五”将为实现上述目标开好局、起好步。因此，应当在全面小康民生保障事业各项目标已经实现的基础上，根据中等发达国家水平确立我国民生保障事业发展的近中长期目标。近期目标即年度规划；中期目标可以五年为期，通过五年规划体现；长期目标即到 2035 年民生保障事业发展要达到的目标。制定这样的目标固然有国际上发达国家的先例可以借鉴参考，但我国国情具有特殊性，所以中国实际是基本立足点。新发展阶段社会政策制度、机制创新应以上述目标作为标准，判断社会政策推动满足人民美好生活需要实现的进展，并持续加以监测推进。

（二）推进社会政策体系内部的改革，协调处理好体系内部的各种关系

（1）基于人的全生命周期健全完善社会政策体系。可以民生建设“七有”目标为重点找差距、补短板，健全完善社会政策制度体系。在党的十七大提出的民生建

---

① 中共中央关于制定国民经济和社会发展第十三个五年规划的建议．(2015-11-03)[2022-02-09]. http://www.gov.cn/xinwen/2015-11/03/content_5004093.htm.

② 中共中央关于党的百年奋斗重大成就和历史经验的决议．(2021-11-16)[2022-02-09]. http://www.gov.cn/xinwen/2021-11/16/content_5651269.htm.

设“五有”目标的基础上党的十九大补充了“幼有所育”及“弱有所扶”。这是继承了中国传统“大同”思想、借鉴了发达国家福利建设思想与实践、基于人的全生命历程而构建的民生福利框架，也为新发展阶段健全完善社会政策制度机制提供了基本依循。《中共中央关于制定国民经济和社会发展第十四个五年规划和二〇三五年远景目标的建议》提出的提高人民收入水平、强化就业优先政策、建设高质量教育体系、健全多层次社会保障体系、全面推进健康中国建设、实施积极应对人口老龄化国家战略、加强和创新社会治理等七个方面的要求，是新发展阶段提升人民生活品质、提高社会建设水平、推进民生“七有”目标建设的新的要求，应当通过相应的制度机制建设和政策体系的完善加以落实。应当承认，我国坚持以人民为中心的发展思想，不断保障和改善民生、增进人民福祉，走共同富裕道路，社会政策制度具有显著优势，基于“七有”的制度机制建设也取得了显著进步，但还存在着不少短板、不足，无论是“七有”的各个具体层面，还是整体的体系建设，都还存在着不少缺陷，与新时代的新要求不相适应，急需改变。

（2）协调好社会政策各具体制度、项目之间的关系。社会政策按功能（项目）划分，涉及社会保险、社会救助、社会服务、特殊保护、社会互助、公益慈善等不同制度。要正确处理体系内部的各种复杂关系，使不同项目、不同制度顺畅衔接，让人民群众在遭遇不同风险时能及时得到针对性帮扶和高质量保障。

（3）按照新发展阶段要求构建多层次社会政策体系，满足人民多样化需求。在注重加强普惠性、基础性、兜底性民生建设，保障群众基本生活的同时，基于社会主要矛盾的变化，基于公平效率统筹兼顾的原则，构建既不损害基本公平又能提升人民创造财富积极性的社会政策制度、项目，使我国新时代社会政策体系既维护秩序又充满活力，推动构建秩序与活力兼具的社会。

（三）加大力度解决各种突出的公平性不足问题

（1）通过制度创新解决城乡、区域、职业、人群之间民生保障发展不平衡问题。发展不平衡、不充分的问题在我国长期存在，新时代社会主要矛盾定位于人民日益增长的美好生活需要与不平衡不充分的发展之间的矛盾就表明这个问题至今依然没有解决。在民生保障领域，社会政策制度、项目在城乡、区域、职业、人群之间的发展不平衡不充分问题同样突出。精准扶贫时期我国脱贫的832个扶贫工作重点县全部分布在中西部地区。这些地区不仅面临巩固脱贫攻坚成果的艰巨任务，还面临着解决相对贫困问题的现实挑战。就业、收入水平、教育、社保、健康、养老、扶幼、助残、助弱等在区域、城乡、职业、人群之间都还存在程度不等的差距。全面小康已经实现了，但对部分刚刚脱贫的地区、乡村、人口，对低端、传统等产业的从业人员，对各类困难群体来说，仍是刚刚达标的小康，离共同富裕、美好生活、高品质生活还有很大差距。解决民生发展不平衡不充分问题，制度建设仍然是基本抓手。应当通过接续、优化财政转移支付制度、对口帮扶制度、社会力量参与制度等（外因）与强化内生动力、能力、人力资本建设制度等（内因）的结合，推动城乡、区域、职业、人群之间民生保障发展不平衡不充分问题的逐步解决，实现“全体人民共同富裕取得更为明显的实质性进展”。

（2）社会政策的城乡不平衡不充分发展在一定意义上是社会政策职业、阶层、人群、区域不公平的叠加、交叉，当下的重点是围绕推进以人为核心的新型城镇化和全面实施乡村振兴战略，加快相关城乡社会政策的改革创新和协调发展，通过提升社会政策的公平性促进国家相关重大战略部署的实施。按照党的十九届五中全会通过的《中共中央关于制定国民经济和社会发展第十四个五年规划和二〇三五年远景目标的建议》“全面推进乡村振兴”及“推进以人为核心的新型城镇化”要求，2021年1月4日，《中共中央　国务院关于全面推进乡村振兴加快农业农村现代化的意见》发布，强调“把全面推进乡村振兴作为实现中华民族伟大复兴的一项重大任务，举全党全社会之力加快农业农村现代化，让广大农民过上更加美好的生活”，并对“十四五”时期全面推进乡村振兴做出了部署。2021年3月召开的第十三届全国人民代表大会第四次会议上，国务院总理李克强在《政府工作报告》中对“十四五”深入推进以人为核心的新型城镇化战略做出部署：加快农业转移人口市民化，常住人口城镇化率提高到65%，发展壮大城市群和都市圈，实施城市更新行动，完善住房市场体系和住房保障体系，提升城镇化发展质量。全面推进乡村振兴及推进以人为核心的新型城镇化涉及就业、社会保险、住房、教育、公共卫生、社会服务等城乡社会政策体系的重大变革，涉及农民、农民工、进城家属、农村留守人员等社会政策的全面调整，是一项巨大的系统工程。应当按照中央相关重大决策的要求，聚焦乡村振兴、新型城镇化现阶段社会政策的重大关切，精细筹划，精准推进，使社会政策改革创新成为两大重大战略的重要组成部分，并助力两大战略目标的实现。

（四）协调处理好民生保障与相关系统的关系

从社会政策与相关系统的关系看，社会政策属于社会建设的范畴，与政治、经济、社会、文化、法治等系统联系密切，在新发展阶段要通过体制、机制创新更加自觉、更加明确地将民生保障事业纳入国家统筹推进“五位一体”总体布局、“四个全面”战略布局的进程中，统筹处理好民生保障的发展和改革问题，特别是要协调处理好社会政策与经济发展、政治建设、社会建设、文化建设、法治建设等的关系。社会政策制度机制的发展完善与这些系统关系直接或十分密切。从社会政策与政治建设的关系看，中国共产党的领导和中国特色社会主义制度是我国社会政策制度机制建设和发展的显著优势，推动民生保障高质量发展提出了在新发展阶段如何进一步发挥这一优势的课题。从社会政策与经济建设的关系看，一方面，从根本上，经济发展是民生保障事业发展的基础和前提，社会政策体系的改革创新受特定时代经济发展水平的制约。另一方面，经济发展、技术进步也对社会政策改革创新提出了新的要求，并提供了动力。随着新技术革命的推进和经济结构的转型升级，劳动力就业结构、就业形态等发生了深刻变化，同时，农民工在我国还将在一个时期存在，要根据上述变化和实际，健全灵活就业人员、新业态从业人员、农民工等参加社会保险、社会保护制度，在农民工已成为新兴产业工人的一个重要组成部分的今天，应将农民工纳入城镇职工社会保险、社会保护体系中。平台经济从业人员参加社会保险、社会保护也是当前需要重点考虑的。从社会政策与社会建设的关系看，其关系更为直接。当今我国社会人口老龄化速度加快、人均预期寿命提升、受教育年限增加、劳动力结构变化、就业方式多样化，面对这些趋势我国社会政策体系还存在着种种不足，难以及时有效应对。因此，要加大再分配力度，健全完善社会保护制度，为广大人民群众提供更可靠、更充分的保障，不断满足人民群众多层次多样化需求。此外，特别值得一提的是，现代社会是风险社会，新冠病毒感染疫情作为影响全人类的重大公共卫生事件，其影响还将持续一段时间，其他重大突发公共事件层出不穷。应对重大突发公共事件的社会政策制度建设还存在严重不足，无论事件涉及的是哪类主体，常规性制度都难以应对，急需构建相应的社会保护制度。从社会政策与文化建设的关系看，社会主义核心价值观汲取了人类历史上一切先进价值理念的精华，特别是马克思主义以人民为中心的发展思想和中国文化传统的精华，在挖掘、汲取这些文化传统以深化社会政策改革创新方面，还有很多工作要做。从社会政策与法治建设的关系看，社会政策依法推进是国际惯例，我国经过 40 多年的改革在这方面有长足进步，但还远远不够，新时代社会政策改革创新，这方面也应当作为一个重要的突破口。

（五）强化社会政策制度的实施机制建设

实施机制是落实制度的“最后一公里”（last kilometer）。党针对民生保障事业发展的社会政策出台了很多，新发展阶段推动民生保障事业的高质量发展还会出台、优化更多的相关政策，这些政策、制度取得的成效不容置疑，但不可否认的是，在实施中一定程度上存在“上有政策下有对策”的问题，如一些地区城乡低保存在的“问题保”“养懒汉”“关系保”“维稳保”等人民群众反应强烈的情况。为避免政策制度“走在路上”，服务“停在嘴上”，难以“落在身上”，出现“末梢堵塞”的状况，提升民生保障政策制度的治理效能，必须强化政策制度的执行机制建设，将党和政府的民生保障政策真正落到实处，使政策对象得到实实在在的好处。党的十九届四中全会提出了“完善党委领导、政府负责、民主协商、社会协同、公众参与、法治保障、科技支撑的社会治理体系，建设人人有责、人人尽责、人人享有的社会治理共同体”的要求，对健全完善社会政策制度的实施机制具有方法论的指导意义。完善中国特色社会治理体系、建设社会治理共同体在打赢脱贫攻坚战、构建世界上规模最大的社会保障体系中发挥了显著优势，对推动民生保障事业的高质量发展同样具有重要意义。

推进再分配领域社会政策建设、构建二次分配的“政府-市场”机制的当务之急，是要加快政策范式的转换，以积极进取型（发展型）社会政策实现社会政策与经济政策的互构互促，取代传统再分配范式对困难群体未加区分的资金、资源的直接分配而导致的无效率。坚持在发展中保障和改善民生、以民生改善促进经济的进一步发展的原则，尽力而为、量力而行，促进基本公共服务均等化，加大普惠性人力资本投入，形成人人享有的合理分配格局，完善养老和医疗保障体系、兜底救助体系、住房供应和保障体系。重点加强基础性、普惠性、兜底性民生保障建设。最为关键的，社会政策要注重为人民提高受教育程度、提高身心健康水平、增强发展能力创造更加普惠公平的条件，畅通向上流动通道，扩大中低收入群体。

必须指出，再分配制度作为落实共享发展理念的关键机制，其改革创新要完整准确体现共享发展的深刻内涵。共享发展包含全民共享、全面共享、共建共享、渐进共享等丰富内容。全民共享，正如习近平总书记所指出的，全面建成小康社会"一个也不能少"。同样，推动共同富裕"一个也不能少"。全面共享是人的需求的全面满足，是经济、政治、文化、社会、生态权利的全面保障。渐进共享则强调共享是随着国家经济社会发展与时俱进、逐步到位的。共建共享涉及共享的路径，是关键，再分配强调公平合理，对无劳动能力者切实保障生存权、发展权，对有劳动能力者强调通过诚实勤奋的劳动获得劳动收入、创造财富，对其遭遇障碍、发展不足等通过社会政策给予帮助和补偿，这也正是发展型社会政策的主旨所在。

三、构建"政府-社会"机制，创新三次分配制度

第三次分配涵盖慈善、志愿服务等社会公益事业，是基于一定的价值理念通过民间（个人、组织）自愿参与（慈善捐赠、志愿服务）而进行的分配。早在 20 世纪 90 年代初，著名经济学家厉以宁就曾指出，影响收入分配的力量有三种，即市场、政府和道德力量。道德力量对收入初次分配和再分配的结果发生作用，包括对已经成为个人可支配收入的收入进行自愿的转移、缴纳和捐献等。这样，最终归个人支配和使用的收入等于个人可支配收入减去个人自愿转移出去的收入。[①] 实际上，除了个人基于道德等因素的自愿收入转移之外，组织（如企业）、群体自觉履行社会责任，个人、群体、组织从事的志愿服务等，也可视为影响分配的第三种力量。党的十九届四中全会首次提出"重视发挥第三次分配作用，发展慈善等社会公益事业"[②]。党的十九届五中全会强调"发挥第三次分配作用，发展慈善事业，改善收入和财富分配格局"[③]。党中央明确将第三次分配作为收入分配制度体系的组成部分，为新时代加快发展中国特色的慈善公益事业提供了方向性引领。

如果说改革初次分配制度切实提升中低收入层收入水平、完善再分配制度使共享发展理念落到实处等是实现共同富裕、先富帮后富的"市场-政府"机制及"政

---

① 厉以宁．论共同富裕的经济发展道路．北京大学学报（哲学社会科学版），1991（5）：3－13，128.

② 中共中央关于坚持和完善中国特色社会主义制度　推进国家治理体系和治理能力现代化若干重大问题的决定．(2019-11-05)[2022-02-09]. http://www.gov.cn/zhengce/2019－11/05/content_5449023.htm? ivk_sa=1024320u.

③ 中共中央关于制定国民经济和社会发展第十四个五年规划和二〇三五年远景目标的建议.（2020-11-03)[2022-02-09]. http://www.gov.cn/zhengce/2020－11/03/content_5556991.htm.

府-市场”机制，那么，发挥以慈善为主体的第三次分配的调节作用则是先富帮后富的“政府-社会”机制。李迎生在《完善推动全体人民共同富裕的社会政策体系》一文中曾提出第三次分配的作用机制是“社会-道德”机制，“当然同时也需要政府出台政策法规加以规范、引导和监督”①。在该文中，作者明确将第三次分配的作用机制概括为“政府-社会”机制，是因为政府在第三次分配中的作用同样不可小觑，从中外经验看，完全的自主、自发、自愿往往是难以实现的。厉以宁早在30多年前就谈到，政府的收入调节政策可能对第三次分配有一定的影响，比如说，假定政府在收入调节政策中规定个人向慈善机构的捐献列入免税范围之内，就会鼓励一些人向慈善机构捐献。他还预见：“在现阶段，社会上可能只有少数人会自愿转移出一部分收入，从而对缩小收入差距的影响很小，但从长期来看，随着社会主义物质文明建设和精神文明建设的进展，道德力量对于缩小收入分配差距的作用是会逐渐地尽管是缓慢地增大的。”② 道德力量的增大，固然与个人的自觉修为有关，更重要的，是政府引导、培育的结果，是社会主义物质文明建设和精神文明建设的结果。

发展慈善事业是促进全体人民共同富裕的内在要求。当前区域、城乡、行业、群体间的收入差距客观存在；老、弱、病、残、孤、灾、困等困难群体规模还比较大，在我国长期数以亿计；脱贫攻坚取得决定性胜利、绝对贫困消除以后，巩固拓展脱贫攻坚成果、消除相对贫困、实现乡村振兴，任务仍然十分艰巨；教育、医疗、住房、环保等各项社会公益事业的发展也都受到财政资金有限的制约；新冠病毒感染疫情的常态化防控等重大公共事件对经济的负面影响难以小觑；如此等等。广泛开展慈善事业、志愿服务关爱行动，不仅对救助困难群体、改善收入和财富分配格局具有直接意义，而且有助于广义的共同富裕的实现，丰富人的精神文化生活，推动人的全面自由发展及社会全面进步。

中华民族有着悠久的乐善好施的传统。春秋战国时期就提出了“大同社会”理想：“人不独亲其亲，不独子其子。”（《礼记·礼运·大同》）孟子提出：“老吾老，以及人之老；幼吾幼，以及人之幼。”（《孟子·梁惠王上》）墨子主张天下之人“兼相爱，交相利”：“天下之人皆相爱，强不执弱，众不劫寡，富不侮贫，贵不傲贱，诈不欺愚。”（《墨子·兼爱中》）汉代出现的“常平仓”③、隋代出现的“义仓”④ 等

---

① 李迎生．完善推动全体人民共同富裕的社会政策体系．光明日报，2021-09-28.

② 厉以宁．论共同富裕的经济发展道路．北京大学学报（哲学社会科学版），1991（5）：3-13，128.

③ 公元前54年，汉宣帝采纳大臣耿寿昌的建议，始设由政府直接管理的粮仓，粮食贱的时候购进储存，粮食贵的时候压价出售，以此来调节粮价，备荒赈恤，保持社会稳定。常平仓的设置时断时续，一直延续到晚清。一般而言，常平仓是官仓，但是由政府主导、民间配合实施，可以认为是古代的一种官办慈善举措。

④ 义仓是传统中国各地民间储粮备荒的一种社会习俗，兴起于隋唐时期，影响至今。据《隋书·长孙平传》：“平见天下州县多罹水旱，百姓不给，奏令民间每秋家出粟麦一石已下，贫富差等，储之闾巷，以备凶年，名曰义仓。”宋代曾巩《本朝政要策·义仓》：“使岁穰，输其馀；岁凶，受而食之：故义仓之法自此始。长孙平修之，隋以富足。”《五代史平话·梁史·卷上》记载：“仍开发义仓，亟加赈给。”明代冯梦龙《醒世恒言·张廷秀逃生救父》：“官府看不过，开发义仓，赈济百姓。”晚清王闿运《储玫躬传》：“譬喻州人，积谷设义仓，以待非常。”

慈善义举更是经久不衰，一直延续到清末民初，至今仍有影响。当代先富地区、富裕阶层乃至民间的慈善义举更是不胜枚举。如：2021 年，腾讯宣布投入 1 000 亿元资金启动“共同富裕专项计划”[①]；阿里巴巴出台“阿里巴巴助力共同富裕十大行动”，将在 2025 年前累计投入 1 000 亿元[②]等。但也必须看到，当前我国慈善公益事业的发展还存在着不少困难和不足，制约了其规模的扩大和功能的发挥，主要表现在国家对慈善公益的顶层设计还很不足，有待进一步加强，对慈善公益事业的激励措施还有待进一步落实，民间慈善公益意识的养成还需要进一步强化，对慈善公益资源的监管还需要进一步加强，等等。

构建“政府-社会”机制，发挥第三次分配的作用，需要在体制机制和政策体系上探索创新，注重培育慈善文化，发展慈善组织，发展慈善公益事业，发挥慈善资源在扶老、救孤、恤病、助残、扶弱、济困、托幼、救灾及社会公益方面的调剂、补充作用，健全志愿服务体系。以下几个方面的工作对构建“政府-社会”机制、发挥第三次分配的调节作用、推进共同富裕具有重要的意义。

（一）加快健全完善规范第三次分配的法律法规体系

我国慈善公益事业长期以来无法可依。1999 年 6 月，《公益事业捐赠法》出台，但所涉范围狭窄，影响有限。2014 年，《国务院关于促进慈善事业健康发展的指导意见》出台，鼓励慈善事业发展；2016 年，我国慈善事业第一部基础性、综合性法律《慈善法》颁布施行，是我国慈善法制建设的重要里程碑。此后，民政部联合财政部、国家税务总局等有关部门出台了 20 多项配套政策，地方出台了更多的配套措施，我国慈善事业进入了依法治善的新时代。[③] 由于《慈善法》出台比较仓促，又是第一部，随着时间推移，出现了不少不适应、难落地等深层次问题。全国人大社会建设委员会副主任委员、中华慈善总会会长宫蒲光指出了四个问题提请《慈善法》修订工作加以注意[④]，包括：近年来经常引发公众关注的网络慈善；社会生活各个领域慈善活动的特点规律；公开募捐主体、接收捐赠主体的范围界定和公开募捐资格的审批、取消、退出情形和程序；与相关法律的衔接，特别是对公共卫生事件、自然灾害等重大突发事件下开展慈善募捐、进行慈善活动的规定。这些问题，2016 年的《慈善法》都没有涉及，显然已难以适应当今新的形势需要，《慈善法》的落地也急需做出更切实的制度安排。2021 年年初，《慈善法》修订工作正式启动，这些问题乃至更多的问题希望能够得到解决。

---

① 四个月 1 000 亿！腾讯启动“共同富裕专项计划”.（2021 - 08 - 19）[2022 - 02 - 09]. https://www.forbeschina.com/life/56951.

② 阿里巴巴集团将投入 1 000 亿元助力共同富裕.（2021-09-02）[2022-02-09]. https://m.thepaper.cn/baijiahao_14341882.

③ 宫蒲光. 高度重视第三次分配作用，完善中国特色慈善法规体系. 慈善公益报，2021 - 07 - 28.

④ 中国基金会发展论坛. 政学商善各界齐聚，对《慈善法》修订提出了这些观点.（2021-05-08）[2022-02-09]. https://baijiahao.baidu.com/s?id=1699118921210477441&wfr=spider&for=pc.

（二）通过相关税制改革，推动公益慈善发展

遗产税、房产税、赠与税等国家强制性税制及公益捐助的减免税税制，对公益慈善起到了直接和间接的推动作用。有学者指出，发达国家对税收相关的捐赠激励实行“疏堵”结合：“疏”指免税待遇，以具有较强操作性的免税法律法规为保障；“堵”指采取较高的遗产、赠与和奢侈品消费类税种。[①]“疏”的措施有利于正面激励捐助人、组织积极捐助，“堵”的举措让捐助人不得不捐助。这方面，我国还有很大的提升空间。“疏”的措施目前看就存在很多的不足乃至缺陷；“堵”的举措我国目前还几乎付之阙如，遗产税、赠与税等都还未出台，房产税还在试点过程中。推动慈善公益事业发展，助力共同富裕，相关税制改革还有很长的路要走。

（三）发展慈善组织，强化能力建设

这里所谓的慈善组织，范围比较广泛。《慈善法》规定：本法所称慈善组织，是指依法成立、符合本法规定，以面向社会开展慈善活动为宗旨的非营利性组织。慈善组织可以采取基金会、社会团体、社会服务机构等组织形式。改革开放以来，特别是1992年党的十四大确立我国改革的目标是建立社会主义市场经济体制以来，我国社会组织有了长足的发展。截至2021年第三季度，我国社会组织总量超过90万个，其中社会团体37.4万个，民办非企业单位51.9万个，基金会8 733个。[②]其中绝大部分都可纳入慈善组织范畴。虽然慈善组织的总量和规模都有了可观的增长，但能力建设尚存在严重不足，尤其是公信力建设提升空间极大。“郭美美事件”提供了一个导火索，迫使我们正视慈善体制的问题，通过改革创新打捞公信力，实现公开透明的管理。美国卡耐基基金会前主席卢塞尔曾说“慈善事业要有玻璃做的口袋”，我们应当为此而努力。

（四）出台有效举措，培育慈善文化

慈善文化的核心是利他主义价值观，其所追求的境界是人与人之间互助友爱和社会和谐。在西方，慈善文化有相当长的历史。现代西方慈善文化主要基于一种新教理念，即富人只是财富的社会管理人。也就是说，在法律上，财富是私有的，但在道德和价值层面，超过生活需要的财富就是社会的。中华民族以怜悯之心、慈悲为怀、乐善好施、扶贫济困、助人为乐等为特征的优秀慈善文化，在数千年的文明进程中薪火相传，不断发扬光大。当代中国特色社会主义核心价值观、共享、共富等价值理念塑造了新时代的慈善文化。不可忽视慈善文化对慈善公益事业的巨大促进作用。2000年1月，世界富豪比尔·盖茨决定两年内淡出微软公司的业务，专力从事慈善事业。“股神”巴菲特决定向慈善基金会捐资370亿美元，其中大部分交由

---

① 杨斌．第三次分配：内涵、特点及政策体系．学习时报，2020-01-01（6）．

② 民政部．2021年3季度民政统计数据．[2022-02-03]．http://www.mca.gov.cn/article/sj/tjjb/2021/202103qgsj.html.

盖茨夫妻的基金会管理。西方基金会动辄成百上千亿美元的捐资规模，西方的慈善文化功不可没。中国特色社会主义慈善文化是社会主义先进文化的重要组成部分，应当抓紧对其进行梳理，在马克思主义指导下结合当代中国实际创新发展，并通过教育、宣传、公民培训、志愿服务等各种途径使之成为新时代民族精神的有机成分，助力我国的公益慈善事业的可持续发展。

第三节　中国社会政策展望

自 1949 年 10 月 1 日中华人民共和国成立到 21 世纪中叶我国全面实现社会主义现代化，是人类历史发展进程中独一无二、波澜壮阔的“激荡的百年史”[①]。在这一百年间，中国将从一个积贫积弱的半殖民地半封建的旧中国，建设成为“富强民主文明和谐美丽的社会主义现代化强国”，实现中华民族伟大复兴的“中国梦”。新中国社会政策的百年演进既是追随共和国前进脚步的自然历史过程，也是体现社会政策发展演变的规律性又兼具本土特色的合逻辑的进程。在本书第一作者 2020 年发表的一篇文章中[②]，曾以新中国成立至 21 世纪中叶中国全面实现社会主义现代化一百年的发展历程为背景，对新中国社会政策的发展历程和演进逻辑加以讨论。该讨论依循新中国在其发展的不同历史时期对社会政策与经济政策关系的回应和处理作为基本分析视角，遵循历史与逻辑相统一的研究方法，结合马克思主义关于人的全面自由发展的理论，分析研究我国社会政策发展演变的历史轨迹及其内在的逻辑或规律性。显然，这一讨论回应了包括中国社会政策未来走向等涉及中国社会政策发展演变规律性的重大理论问题和现实关切。鉴于本书导论中我们在讨论中国共产党建党百年来的社会政策探索时涉及了新中国成立迄今社会政策演进的梳理分析，故本节我们着重对中国社会政策未来走向进行前瞻性展望。

一、如何处理与经济政策的关系是社会政策的核心关切

关于社会政策发展演变内在逻辑或规律性的研究，国际上有不少值得关注的成果，国内也有一些相关成果。国际上，出现了不同的解释视角，如工业化的逻辑、权力（分层）视角、意识形态视角、后现代视角、全球化视角等。其中意识形态视角的分析的标志性成果如埃斯平-安德森的“福利资本主义的三个世界”[③]。工业化的逻辑视角的成果更加集中和丰富。从本书的研究出发，我们主要关注相关比较研究成果。当然，相关成果中既有基于一国比较的纵向分析，也有基于国际横向

---

① 吉田茂．激荡的百年史．孔凡，孙文，译．北京：世界知识出版社，1980.

② 李迎生．从依附到自主：中国社会政策的历史演进与范式转换：基于社会政策与经济政策关系的视角．中国人民大学学报，2020，34（4）：79－90.

③ 埃斯平-安德森．福利资本主义的三个世界．苗正民，滕玉英，译．北京：商务印书馆，2010.

比较的分析。鉴于本章的主旨是探讨中国社会政策的历史演进，横向比较的成果这里就不多关注了。这里着重梳理有关社会政策的演进逻辑或范式的相关历史比较成果。

学界经常引用的沃伦斯基（Harold L. Wilensky）和莱博克斯（Charles N. Lebeaux）在《工业社会与社会福利》一书中，从功能主义的视角[①]，依循“工业化的逻辑”，以美国的社会变迁及福利制度演变为例，根据国家在社会福利供给中的职能，将社会福利制度区分为“补缺型”（residual）和“制度型”（institutional）两种类型。“补缺型”强调只有当家庭和市场难以发挥作用时，公共福利制度才发挥作用。与前者相对照，“制度型”将公共福利制度视为现代工业社会的最基本功能。他们认为，美国在1929年之前，其福利范式是“补缺型”的，随着社会转型和工业化进程的推进，福利制度从补缺型演变为制度型具有必然性。[②]

稍后，蒂特马斯又提出了三分范式。[③] 一是“残余模式”。社会福利的需求主要是通过个人的努力来满足的，只有当基本社会安全网无法提供有效保障时，公共部门才有必要进行介入并提供帮助。二是“工业成就模式”。福利体制是社会经济体系的一个附属部分，而社会政策在经济政策中处于从属地位。人们的生活需求应该通过参与生产劳动来获得，而人们的福利保障状况与他们的工作状况相联系。三是“制度化的再分配模式”。社会福利体系被看作与其他社会制度具有同等重要的意义，它不仅仅是为处在生产劳动中的工人提供保障，而且为那些处于劳动力市场之外的福利需求者提供普遍的保障。[④] 实际上，蒂特马斯的三分范式是在沃伦斯基等人二分范式的基础上的发展，在“补缺型”和“制度型”之间增加了一个“工业成就模式”。

在国内学界，从范式演进（历史比较）的角度探索中国社会政策发展演变的成果值得关注的有李迎生、岳经纶等学者的相关著述。李迎生从如何处理国家与市场的关系（国家和市场在福利提供中的角色）这一角度出发，将新中国社会政策的发展演变分为三大阶段（三大范式），即国家统揽型社会政策、市场主导型社会政策及国家主导型社会政策。[⑤] 岳经纶等人以福利资源配置的价值基础为标准，将中国社会政策范式演进划分为基于等级特权的“社会身份本位”和基于普遍主义社会权利的“人类需要本位”两种范式。他们认为：当代中国社会政策的发展肇始于“国家主义”的劳动保险制度，具有明显的“社会身份本位”特征。改革开放以来，中国社会政策的范式经历了从“发展主义”到新世纪社会政策的转型和变革，“人类需要

---

① 林卡，陈梦雅．社会政策的理论和研究范式．北京：中国劳动社会保障出版社，2008：32－37.

② WILENSKY H L，LEBEAUX C N. Industrial society and social welfare. 2nd ed. New York：The Free Press，1965：138－140.

③ 蒂特马斯．社会政策十讲．江绍康，译．长春：吉林出版集团有限责任公司，2011：14－16.

④ 同①131.

⑤ 李迎生．国家、市场与社会政策：中国社会政策发展历程的反思与前瞻．社会科学，2012（9）：50－64.

本位”的要素开始出现，并逐渐成为社会政策范式演进的重要基础。①

无论按照何种标准或分析视角划分，各种社会政策范式的核心关切都或多或少、或直接或间接涉及如何处理社会政策与经济政策的关系这样一个重大问题，因为社会政策与经济政策是难解难分的。其实，在社会政策的实际发展进程中，在各国社会政策建设实践中，在社会政策理论发展历程中，如何处理社会政策与经济政策的关系始终是一个焦点。②

因此，从社会政策与经济政策关系的视角讨论社会政策的历史演进是一个重要的学术角度，只是这个角度至今尚未引起应有的关注并得到充分的重视。当然，必须承认，选择从社会政策与经济政策的关系视角分析研究社会政策历史演进其难度也是显而易见的。经济政策包罗万象，社会政策也复杂多样，泛泛地谈论二者的关系显然难以着手。实际上，只有进一步聚焦，从二者的本质特征进行比较，才有可能把握二者关系的状况及其发展演变。景天魁指出，划分社会政策成长阶段的根据是社会政策的“自性”，即它的独立性、不可替代性和完整性。③ 王思斌也认为，衡量社会政策发展状态最主要的变量是社会政策的本质特征，即其“自性”或曰社会性。④ 因此，从“自性”或者说本质属性的角度去讨论社会政策与经济政策关系的现实定位与发展演进是可行的。社会政策主要是政府的责任行为，主要解决公民基本生活方面的问题，维护民众的社会权利与促进社会公平和谐，重在社会效益。经济政策是国家和政府为解决经济问题、促进经济发展出台的指导原则和措施，其“自性”或本质属性是促进经济发展，提升生产力水平，重在经济效益。二者的本质属性是有明显区别的。

在纪念马克思诞辰200周年大会上，习近平总书记指出：“马克思主义博大精深，归根到底就是一句话，为人类求解放。”基于马克思主义关于人的全面自由发展理论，经济政策、社会政策都是实现人的全面自由发展的条件或手段。在马克思、恩格斯看来，实现人的全面自由发展需要具备一定的物质、制度及社会条件。在建立了社会主义制度的条件下，生产力的发展就成了实现人的全面自由发展最基本的前提条件，“只有在实现它的物质条件已经具备的时候，才能成为可能，才能成为历史的必然性”⑤。阿马蒂亚·森认为：“发展可以看作是扩展人们享有的真实自由的一个过程。”⑥ “社会制度的设计应致力于促进人们所拥有的自由的平等。”⑦ 他反对片面强调GNP增长、个人收入提高、工业化、技术进步的狭隘发展观，这些因素

① 岳经纶，方珂．从“社会身份本位”到“人类需要本位”：中国社会政策的范式演进．学术月刊，2019，51（2）：68-77.

② 关信平等人认为：“在社会福利理论和社会政策实践发展的历史上，一直存在着关于社会政策与经济发展之间关系的争论。”（关信平．社会政策概论．3版．北京：高等教育出版社，2014：230.）

③ 景天魁．论中国社会政策成长的阶段．江淮论坛，2010（4）：5-10.

④ 王思斌．我国社会政策的“自性”特征与发展．社会学研究，2019，34（4）：10-19，241.

⑤ 马克思，恩格斯．马克思恩格斯选集：第3卷．2版．北京：人民出版社，1995：631.

⑥ 森．以自由看待发展．任赜，于真，译．北京：中国人民大学出版社，2002：1-2.

⑦ 森．再论不平等．王利文，于占杰，译．北京：中国人民大学出版社，2016：25.

只是扩展社会成员自由的手段，自由的扩展还依赖于其他因素，诸如社会的和经济的安排以及政治的和公民的权利。[①] 从以上论述可以推论，基于人的全面自由发展的目标，经济政策及其带来的经济发展是前提、基础，社会政策及制度带来的合理分配是桥梁、中介，二者各司其职，缺一不可。当然还涉及其他各种因素，限于篇幅，这里从略。

以新中国成立到我国全面实现社会主义现代化的百年历史发展进程为背景，从经济政策与社会政策关系的视角看，中国社会政策的百年发展历程也是随着经济发展、现代化推进进程社会政策“自性”逐渐回归的过程。据此我们可以把中国社会政策的发展历程划分为四个历史阶段，涉及四个本土特色社会政策范式的逻辑演进：其一，依附范式（社会政策服务经济政策，1949—1978 年）；其二，兼顾范式（经济政策兼顾社会政策，1979—2002 年）；其三，互构[②]范式（社会政策和经济政策并重，2003—2035 年）；其四，自主范式（经济政策服务社会政策，2036— ）。迄今我国社会政策的发展演进已经经历前两个阶段，尚处在第三个阶段，将向第四个阶段迈进。

二、中国社会政策的发展前瞻

（一）新中国成立至今我国社会政策的演进概述

不少学者认为计划经济时期我国不存在社会政策，在我们看来有两个原因：一是新中国成立之初我国取消了含社会政策、社会工作的社会学一级学科。其实，社会政策作为学科被取消了，但实际的社会政策仍然存在。二是计划经济体制下社会政策基本上是与经济体制事实一体的。这固然是事实，但国家和政府实施的属于社会保护、社会福利方面的措施还是可以与经济政策区分开的。[③] 因此，我们认为计划经济时期我国也是存在实际的社会政策的。计划经济时期我国依托计划经济体制对全民及集体所有制职工推行“单位（企业）福利”“集体福利”，对农民依托农村集体推行充分、终生就业，也正是在这个意义上，我们将这一阶段的社会政策概括为“依附范式”。只是针对游离于体制之外的民众或特殊困难人群出台补缺式社会政策提供救助保护，因此，我们也可以把当时的社会政策看作是“补缺型”的。

1978 年年底至 1979 年年初召开的党的十一届三中全会，拉开了改革开放和中

---

① 森．以自由看待发展．任赜，于真，译．北京：中国人民大学出版社，2002：1－2.

② 此处的“互构”一词借鉴自“社会互构论”。社会互构论是我国当代著名社会学家郑杭生（1936—2014）及其团队创立的一种社会学理论。通过对当代社会生活的重大现象和过程的研究，社会互构论摒弃了关于社会与自然、个人与社会、市场与国家、自治与政府、西方与东方、世界与中国、全球与本土的二元对立或相互排斥、压制、支配、制衡的传统视角，阐释了人类生存共同体中相互关联的多种二重性关系，它们既差异、对立和冲突，也适应、协调和整合。在社会互构论看来，多元社会行动主体间相互形塑、同构共生，“我们身处于社会互构的时代”。［杨敏，郑杭生．社会互构论：全貌概要和精义探微．社会科学研究，2010（4）：102－107.］

③ 关信平．社会政策概论．3 版．北京：高等教育出版社，2014.

国特色社会主义现代化建设的序幕，我国从此开始进入经济转轨和社会转型的快速推进期。虽然从正式文件来看，1993 年在《中共中央关于建立社会主义市场经济体制若干问题的决定》中才首次提出“效率优先，兼顾公平”，并将其作为分配原则①，但实际上自改革开放至今，这个原则不仅一直是我国分配领域的基本原则，也是我国处理经济政策与社会政策关系的基本原则。当然在 2002 年之后情况发生了较大的变化。正因如此，我们把自 1979 年开始改革开放至 2002 年我国社会政策的发展界定为社会政策的“兼顾范式”时期，即经济政策兼顾社会政策或者说经济发展兼顾社会发展的时期。

2003 年以来，我国政府改变了过去 20 多年片面追求 GDP 增长的发展模式，强调并推动经济社会协调发展，长期没有得到应有发展的福利制度受到高度重视，并通过切实措施得以推进，我国进入了福利制度建设的黄金期，有的学者甚至认为我国进入了“社会政策时代”②。然而近年来，随着我国经济发展步入“新常态”，关于如何发展和完善福利制度成为一个关键问题：是回到上一个阶段继续社会政策的“兼顾范式”，还是在经济稳中有进的同时，实现社会福利的稳中有进？我们当然选择后者。但福利制度的建设并不是对经济发展亦步亦趋、如影随形，二者是互构互促、共同进步的。因此，在社会政策发展的这个时期，社会政策和经济政策并重是必然的，我们可以将其称为社会政策、经济政策互构时期，即“互构范式”。“互构范式”在精准扶贫中得到了较好的实践，取得了值得肯定的成果，对如期打赢脱贫攻坚战功不可没。这个阶段尚在进行中。

（二）我国社会政策的未来展望

按照党的十九大的战略部署，到 2035 年我国将基本实现社会主义现代化。到本世纪中叶，我国将建成富强民主文明和谐美丽的社会主义现代化强国。我国社会政策经过“互构范式”阶段的发展，到我国基本实现现代化时，社会政策制度体系将更加健全，政策项目更加完善，覆盖对象更加全面，享受标准不断提高，随着经济发展和综合国力的显著提升，我国社会政策进入“自主范式”发展阶段。在社会政策自主范式发展阶段，经济政策无疑仍然是重要的，是一切事业包括社会政策发展的基础，但社会政策的地位进一步提升，与经济政策相比，社会政策处在优先发展的地位，经济政策服务社会政策。进入社会政策“自主范式”发展阶段后，之所以社会政策处在优先发展的地位、经济政策应当服务社会政策，是因为社会政策在实现人的全面自由发展中扮演着无可替代的角色。

---

① 中国共产党第十四届中央委员会第三次全体会议 1993 年 11 月 14 日通过的《中共中央关于建立社会主义市场经济体制若干问题的决定》指出：“个人收入分配要坚持以按劳分配为主体、多种分配方式并存的制度，体现效率优先、兼顾公平的原则。劳动者的个人劳动报酬要引入竞争机制，打破平均主义，实行多劳多得，合理拉开差距。坚持鼓励一部分地区一部分人通过诚实劳动和合法经营先富起来的政策，提倡先富带动和帮助后富，逐步实现共同富裕。”

② 王思斌．社会政策时代与政府社会政策能力建设．中国社会科学，2004（6）：8-11.

1. 人的全面自由发展成为国家发展的基本和最高目标

这也是我们将这个阶段我国社会政策的发展模式界定为“自主范式”的基本依据。人的全面发展，就是“人以一种全面的方式，也就是说，作为一个完整的人，占有自己的全面的本质”[①]。实现人的全面自由发展是人类最崇高的理想，也是马克思主义全部理论的出发点和落脚点。[②] 在马克思和恩格斯看来，资本主义解放了生产力，推动了生产的发展，却没有实现人的解放，呈现出人和劳动的异化。在《1844年经济学哲学手稿》中，马克思指出：“劳动为富人生产了奇迹般的东西，但是为工人生产了赤贫……劳动用机器代替了手工劳动，但是使一部分工人回到野蛮的劳动，并使另一部分工人变成机器。”[③] 资本主义社会的特点是“物的关系对个人的统治、偶然性对个性的压抑”[④]。在资本主义现实下，“每一个工人都只适合于从事一种局部职能”[⑤]，导致工人畸形发展，成为局部的人，甚至成为机器的附属品。“机器劳动极度地损害了神经系统，同时它又压抑肌肉的多方面运动，夺去身体上和精神上的一切自由活动。”[⑥] 因此，必须推翻资本主义制度，实现共产主义，才能实现工人阶级及广大人民群众的全面自由发展。“代替那存在着阶级和阶级对立的资产阶级旧社会，这个新社会将是这样一个联合体，在那里，每个人的自由发展是一切人的自由发展的条件。”[⑦] 在这里，马克思和恩格斯对他们心目中的共产主义社会做出了科学的构想。中国共产党作为全体中国人民利益的代表，将实现人的全面自由发展作为自己的出发点和奋斗目标。党的十九大提出的“坚持以人民为中心”的发展思想既是对马克思主义关于人的全面自由发展科学思想的全面继承，也是中国共产党一直以来“发展为了人民、发展依靠人民、发展成果由人民共享”思想和实践的高度概括。在中国特色社会主义新时代全面推进“以人民为中心”的发展，必将为人的全面自由发展创造各方面的充分条件。到2035年我国基本实现社会主义现代化，人的全面自由发展将成为国家发展的基本和最高目标。

2. 社会主义现代化的基本实现将为人的全面自由发展提供发达的经济基础

实现人的全面自由发展是要具备各方面条件的。马克思指出：“‘解放’是一种历史活动，不是思想活动，‘解放’是由历史的关系，是由工业状况、商业状况、农业状况、交往状况促成的。”[⑧] 实际上，马克思在这里是将生产力的充分发展作为工人阶级和人类解放的必要条件和前提。在原始社会生产力极其低下的现实下是不可能实现人的全面自由发展的。在分工和私有制条件下，“人们的发展只能具有这样的

① 马克思，恩格斯．马克思恩格斯全集：第42卷．北京：人民出版社，1979：123.

② 郭海奇，张积良．对马克思恩格斯关于人的全面发展思想的现实思考：基于中国梦的视角．中共山西省直机关党校学报，2016（2）：18-20；燕连福，夏珍珍．论习近平“以人民为中心”的发展思想．北京工业大学学报（社会科学版），2018，18（5）：83-89.

③ 马克思．1844年经济学哲学手稿．北京：人民出版社，2000：54.

④ 马克思，恩格斯．马克思恩格斯全集：第3卷．北京：人民出版社，1960：515.

⑤ 马克思．资本论：第1卷．北京：人民出版社，2004：393.

⑥ 同⑤486-487.

⑦ 马克思，恩格斯．马克思恩格斯选集：第1卷．3版．北京：人民出版社，2012：7.

⑧ 同⑦154.

形式：一些人靠另一些人来满足自己的需要，因而一些人（少数）得到了发展的垄断权；而另一些人（多数）经常地为满足最迫切的需要而进行斗争，因而暂时（即在新的革命的生产力产生以前）失去了任何发展的可能性”①。进入社会主义时代，生产资料公有制的建立，为人的全面自由发展创造了重要的前提条件。但由于社会主义绝大多数是在生产力比较落后的国家建立起来的，因而发展生产力成为这些国家的核心任务。“如果没有这种发展，那就只会有**贫穷**、极端贫困的普遍化；而在**极端贫困**的情况下，必须重新开始争取必需品的斗争。”② 从这里可以看出人的解放与自由全面发展必须以生产力发展作为根本依托，必须坚定不移地从现实中寻找力量，创造条件。③ 到2035年我国基本实现社会主义现代化，必将为人的全面自由发展提供发达、坚实的物质基础。在此基础上，我们通过社会政策等制度政策创新，必然将人的全面自由发展大大向前推进一步。

3. 社会政策将成为实现人的全面自由发展的基本依托和中介

社会政策以促进社会公平正义、社会成员共享发展成果为基本理念，以提升社会成员普遍福祉和社会和谐为最终目标。社会政策致力于改善民生，帮助困难群体和弱势人群，提供公共服务，合理调节贫富差距，降低社会风险和社会代价。党的十九大报告中提出了“幼有所育、学有所教、劳有所得、病有所医、老有所养、住有所居、弱有所扶”等保障和改善民生的目标，实现这些目标，是社会政策的基本职责，也是实现人的全面自由发展的基本要求。在我国社会主义现代化基本实现的基础上，通过社会政策更高水平的创新发展，推动人民群众享有更好的教育、更稳定的工作、更满意的收入、更可靠的社会保障、更高水平的医疗卫生服务、更舒适的居住条件、更优美的环境、更丰富的精神文化生活，从而获得更大的自由、更全面充分的发展。我国坚持走中国特色的社会主义道路，在基本实现现代化时期，之所以通过社会政策创新实现包括广大困难群体在内的全国人民的全面自由发展具有可行性，关键在于以下两点：其一就是社会主义制度、体制的优越性，中国共产党是代表全体中国人民根本利益的政党，党的统一领导及利用体制集中力量办大事的优势，使我们能够通过政策创新将发展成果更多更公平惠及全体人民；其二是到我国基本实现现代化时，科技进步、人工智能将取得新的更大的发展，其时人们摆脱了分工、劳动等对人的全面自由发展的束缚，国家通过出台更高水平的普惠型社会政策使人的全面自由发展由可能走向现实。

4. 构建更高水平的普惠式社会政策以实现人的全面自由发展

构建一种什么样的福利制度以实现人的全面自由发展是需要加以探讨的。国际上，“基本收入”（basic income）计划被讨论了几个世纪，近几十年不时成为热点。菲利普·范·帕里斯（Philippe Van Parijs）认为，基本收入是指一个政治共同体向

---

① 马克思，恩格斯．马克思恩格斯全集：第3卷．北京：人民出版社，1960：507.

② 马克思，恩格斯．马克思恩格斯选集：第1卷．3版．北京：人民出版社，2012：166.

③ 燕连福，夏珍珍．论习近平“以人民为中心”的发展思想．北京工业大学学报（社会科学版），2018，18（5）：83-89.

所有社会成员支付的一项相同的收入。这种收入是以个人为基础的，既不要家计调查，也不需要有工作的要求。[①]“基本收入”计划对保障个体自由无疑是基本的，是一项基础的普惠计划。在物质生产力发展到可以按需分配、人工智能等新技术革命的发展使人工被大量取代的社会条件下，西方右翼社会政策学者主张通过福利制度“管理穷人”，提升工作伦理的社会基础便不复存在了[②]，“基本收入”是可以实现的。我国自2003年以来福利制度建设突飞猛进，现阶段基本实现“全民皆保障”“全民皆福利”，项目已经比较齐全了，全体国民也基本涵盖在其中了，可以说已经在一定意义上实现“普惠”了，但这种“普惠”还是水平不高的普惠，可以称之为“适度普惠型”社会福利，给付标准存在着城乡、地域、职业、阶层、行业等诸多明显差异，制度、项目的统筹层次存在着从县（市）统筹到省（直辖市）统筹到全国统筹等不同层次，福利制度存在突出的“碎片化”现象，而“碎片化”的社会政策是不可能实现所有人的全面自由发展的。在我国国家现代化基本实现时期，依托强大的经济基础，我们应当基于人的全面自由发展需要构建一种全新的普惠型福利制度。它将体现出以下几个鲜明的特点：其一，这种福利制度摆脱了“碎片化”。实现福利体系的全国统一，不仅体现了待遇标准的统一，而且实现了统筹层次的统一。其二，这种福利制度基于人的全生命周期。一个人的全生命周期，涉及孕育、出生、幼儿、少年、青年、壮年、老年、死亡等不同时期，每个时期都应当有相应的福利制度保障其正常发展，对广大的普通民众尤其如此。其三，这种福利制度是基于“需要”“发展”而非“身份”“职业”的。[③]基于“身份”“职业”等的普惠性只是有利于优势阶层、职业、家庭的。其四，这种福利制度是与时俱进的，因为人对“需要”“发展”的追求是与时俱进的。

思考题

1. 为什么说社会政策是推动全体人民共同富裕的关键机制？
2. 如何理解社会政策在初次分配制度中的角色地位与作用空间？
3. 我国二次分配制度建设取得了哪些成就？存在哪些问题？如何推进改革？
4. 如何发挥第三次分配的调节作用，推进共同富裕？
5. 为什么说如何处理与经济政策的关系是社会政策的核心关切？
6. 试从社会政策与经济政策关系的角度谈谈中国社会政策的历史演进与发展前景。

① PARIJS P V. Real freedom for all：what（if anything）can justify capitalism?. New York：Oxford University Press，1995：38－40.

② CLOWARD R，FOX-PIVEN F. Regulating the poor：the functions of public welfare. London：Tavistock Publications，1971：343.

③ 岳经纶，方珂．从“社会身份本位”到“人类需要本位”：中国社会政策的范式演进．学术月刊，2019，51（2）：68－77.

图书在版编目（CIP）数据

当代社会政策分析/李迎生等著．-- 北京：中国人民大学出版社，2023.7

新编21世纪研究生系列教材．社会工作硕士（MSW）

ISBN 978-7-300-31909-4

Ⅰ．①当… Ⅱ．①李… Ⅲ．①社会政策－政策分析－研究生－教材 Ⅳ．①C916

中国国家版本馆CIP数据核字（2023）第125852号

新编21世纪研究生系列教材·社会工作硕士（MSW）

当代社会政策分析

李迎生　等著

Dangdai Shehui Zhengce Fenxi

出版发行	中国人民大学出版社		
社　　址	北京中关村大街31号	**邮政编码**	100080
电　　话	010－62511242（总编室）		010－62511770（质管部）
	010－82501766（邮购部）		010－62514148（门市部）
	010－62515195（发行公司）		010－62515275（盗版举报）
网　　址	http://www.crup.com.cn		
经　　销	新华书店		
印　　刷	天津中印联印务有限公司		
开　　本	787 mm×1092 mm　1/16	**版　　次**	2023年7月第1版
印　　张	27 插页 1	**印　　次**	2023年7月第1次印刷
字　　数	571 000	**定　　价**	89.00元